君临天下

〔英〕 多米尼克·利芬 著

王岚 译

In the **Shadow** *Of The* *Gods*

The Emperor
in World History

Dominic Lieven

九 州 出 版 社
JIUZHOUPRESS

本书献给剑桥大学三一学院的院长、研究员、学生和工作人员，因为他们，我在三一学院度过了愉快的时光，思如泉涌。

目　录

前言和致谢

本书研究的主题是皇帝（emperor）。也许，大多数读者读到本书时，都会认为自己知道皇帝是什么样的。没有比这更要命的错觉了。各国的皇帝身处的环境大不相同，其统治规模也大小不一。而帝国（empire）是历史上和政治上最具争议的词语之一。在第 1 章，我将深入研究这些问题。目前，我只能说，本书研究了历史上许多强大且重要的政体中世袭的最高权威的拥有者。大体上来讲，这是一部关于皇帝的全球史。不过实际上，我将研究范围限定在 16 世纪之前的欧亚大陆和北非。由于现存资料有限，历史学家难以细致地了解 16 世纪之前的美洲和撒哈拉以南的非洲诸多皇帝的个性。这一研究项目的规模已经非常庞大，令人绝望，这一点是促使我决定不拓展研究范围，留在自己的舒适区内的一个额外因素。

对于规模如此庞大的主题来说，最显而易见的一点是，需要舍弃的内容远比需要保留的多。甚至，欧亚大陆的一些重要帝国在本书中也几乎没有被提及。位于此名单前列的有拜占庭帝国、加洛林帝国、萨珊帝国、塞尔柱帝国，以及东南亚的一些帝国。即便是本书论及的帝国，我也只能专注于它们特定的统治时期。有时，我难免将主要的注意力集中在处于鼎盛时期的帝国之上。实际上，这本书中的几乎每一句话都值得单讲一段。几乎每一个陈述都应该有相应的一系列限定性条件、例外情况和细微差别。皇帝在世界历史中的角色是一个宏大而迷人的主题，读者读完一本关于这个主题的书时，难免会觉得不够满意。如果大多数读者认为，本书是一部英勇的、发人深省的，有时还很有趣的失败之作，我将会感到非常满足。

当然，我处理这个主题的方式，以及我选择的重要论点，在某种程度上不可避免地受限于我个人的学术背景和经历。从学术背景的角度来说，我首先是一个研究俄罗斯帝国史的国际历史学家。地缘政治、外交和战争在这本书中至关重要。在我看来，这是必要的，毕竟，三者对帝国统治者的重要性不可忽视。就个人而言，我的出身背景颇为多元化，但帝国是其中一个无处不在的主题。在童年和青少年时期，爱尔兰、英属印度、俄罗斯帝国和波罗的海的德意志人都潜移默化地影响着我。在那些年里，占主导地位的身份是英帝国公民和天主教徒，然而，20世纪60年代末和70年代初，这两种身份在很大程度上都崩溃了。取而代之的是俄罗斯帝国，即我父系亲属所属的世界。在过去的50年里，我将大部分时间用于研究这个帝国。当然，沙皇统治的俄国从未完全主导我的身份认同。1991年，拉脱维亚政府慷慨地恢复了我的公民身份，这是父亲在他的祖国于1940年并入苏联前一直拥有的身份。柏林墙的倒塌和中欧的重新崛起令我非常兴奋，于是我给儿子取名马克西米利安·利奥波德，以此纪念我的奥地利教父和哈布斯堡家族——中欧历史的最高体现。

我们家族对帝国的记忆绝不是简单的必胜主义。我的父亲在一所优秀的法国国立中学接受了出色的智识和人文主义教育，有赖于此，我的父亲成了一名巴黎左翼知识分子，不留恋任何旧政权。我的家族曾经效劳过的帝国都在极度的混乱和悲剧中崩溃了。此外，根据"俄罗斯人"这个词的现代含义，我父亲的家族从来就不是确凿无疑的俄罗斯人，而我们的祖先没有一个是英国人。童年时期，我们每年夏天都要在基尔肯尼附近的休伯特·巴特勒之屋生活几个星期。休伯特是一位绅士，信仰新教，出身某个贵族之家的小分支，奥蒙德公爵曾是这个贵族之家的首领。尽管如此，他仍是一位著名的盖尔语学者，也是一名坚定的爱尔兰爱国人士，虽然有些乖僻。在青少年时期，我对爱尔兰的记忆是大房子，想来是当地传统和贫穷的缘故，大房子潮湿而寒冷。最奇特的大房子要数罗斯康芒的"克洛纳丽丝"别墅（Clonalis），它是奥康纳家族首领的住宅。他们是爱尔兰至高王的后裔，11世纪，也就是英格兰人到来之前，至高王统治着该地。如果你在"克洛纳丽丝"的四柱床上睡过了头，你很可能会被由导游引导着参观的、前来寻根的爱尔兰裔美国游客团吵醒。此外，如果你在雨天冒险爬到顶层——罗斯康芒大概是爱尔兰雨水最多的郡吧——拿把伞是明智之举。

在我曾祖辈的四名男性长辈中，唯一来自中产阶级的是普林格尔·肯尼迪，他也是四人中最有趣的一位。他出生在印度，在 1857 年的印度民族大起义中死里逃生。他是一名成功的律师，同时也是一名优秀的民间学者。在曾祖母（或外曾祖母）去世后，他娶了一位印度女性。对于他所属的阶级和他所处的时代来说，这个决定需要相当大的勇气。1908 年，这位印度女子和我祖母（或外祖母）的一个姐妹被一个印度民族主义者暗杀了，他将她们的马车误认成一个不受欢迎的英国官员的马车。关于这起暗杀事件——当时，这是一起热点事件，英国和印度出于各自的理由，都没有提及两名受害者中的一个是印度女子。

与日本妻子的婚姻生活占据了我的大半生。每年，我至少有三分之一的时间在日本度过。这使我受益匪浅。从东京的视角来看，过去、现在和未来似乎截然不同。最近，有部分犹太人血统的女婿和主要是菲律宾血统的儿媳兴高采烈地加入了这个多元化的家庭。本书主要是在我们的乡村住宅里写的。这所住宅坐落在一座高山上，当然也有人说，它只是个小山包，一切全凭是否具备浪漫的心境。当我透过书房的窗户向外眺望时，雄奇而美丽的富士山便映入眼帘。在晴朗的日子里，人们可以望出 100 英里（约 161 千米）远，望到太平洋乃至更远的地方。疫情期间，这里简直是学者的天堂。不过，可怕的疫情当然也破坏了这处天堂的生活。借此机会，我要向最亲爱的两个朋友，即哈里·瓦苏德万教授和大卫·沃什布鲁克教授致敬，他们都在疫情期间去世了。唐纳德·特朗普的咆哮要比疫情本身更容易引发长期的焦虑。在所有英国式习惯中，每日的《金融时报》（*Financial Times*）和大量的马麦酱成了我的生活支柱。

在身份认同和忠诚的这种冲突中，有一点我一直都很清楚，我是一个英国人，更准确地说，我是剑桥大学的历史学者。我一生中最有价值的部分，大多要归功于在剑桥大学历史系接受的教育。非常感谢以前教导过我的老师（他们中的许多人现在已经去世了）：德里克·比尔斯、尼尔·麦肯德里克、亨利·佩林、西蒙·沙玛、乔纳森·斯坦伯格和诺曼·斯通。除了这几位，不得不提的还有克里斯托弗·贝利，他是我认识的最优秀、最慷慨的历史学家之一。我还要向以下几位致以最诚挚的感谢：我在攻读博士期间的导师休·西顿-沃森；我在伦敦政治经济学院的学术引路人伦纳德·夏皮罗；以及我在唐赛德学校的历史老师德斯蒙德·格雷戈里。

　　许多朋友和同事都读了我的手稿。本书的主要观点和错误之处责任在我，但如果没有这些读者，结果将远不如现在。这些朋友和同事有：彼得·费比格·邦、杰伦·杜因达姆、艾伦·福里斯特、加思·福登、珍妮特·哈特利、格伦·朗瓦拉和彼得·萨里斯。久姆胡尔·贝卡尔是一位非常高效的研究助理，他在我以前的博士生塞尔坎·凯切吉的协助下，带领我在伊斯坦布尔四处探险。在写这本书的后期阶段，尼维迪塔·查克拉巴蒂在我不擅长的信息技术方面给了我极大的支持。在此书创作过程中，给予我极大帮助的还有：克里斯托弗·克拉克、乔纳森·戴利、奥利弗·哈尔特、约翰·霍尔和尼古拉斯·波斯特盖特。在日本，朋友小町恭士和德川家广给了我宝贵的支持，对此我深表感激。凡尔赛市立图书馆馆长樊尚·埃热勒，以及热拉尔·罗博带我游览了凡尔赛宫，这着实是一场令人难忘的旅行，我们参观了许多难得一见的房间，包括皇家图书馆、路易十六的工作室，以及蓬帕杜夫人和杜巴利夫人的套间。此外，英国《金融时报》的一些工作人员也协助我将自己撰写的主题与当代的领导人问题和地缘政治问题进行了比较。与其逐一感谢个人，不如直接对《金融时报》表示感谢。这份日报通常能让我持续阅读和思考 90 分钟，在当今社会，这不啻为一个奇迹。

　　我还非常感谢经纪人娜塔莎·费尔韦瑟，以及出版人温迪·伍德和西蒙·温德尔。特别值得一提的是，西蒙针对手稿提出的建议远远超出了出版人的职责范围，这使本书的质量得到了极大的提升。另外，非常感谢敏锐的文字编辑理查德·梅森，以及伊娃·霍奇金和塞西莉亚·麦凯的付出。多年来，家人一直包容我对帝王研究的痴迷。我的妻子已经可以心平气和地接受这样的生活：墙壁上挂满罗曼诺夫王朝和清朝君主的画像，客厅里摆放着巨大的俄罗斯套娃，这些精美的玩偶在莫斯科绘制，是为了特别纪念哈布斯堡王朝、奥斯曼王朝、莫卧儿帝国和清帝国。直到我委婉地要求将第三批俄罗斯及奥匈帝国的前无畏舰（越南造船商制造的木制模型）放在卧室里，妻子才发出了不满的惊呼。

最后，我要感谢的是剑桥大学三一学院。在创作这本书的过程中，它给予我的帮助是最大的。我在三一学院做了八年的高级研究员，换句话说，就是剑桥大学的研究教授，不必承担任何管理或教学责任。这个职位对于英国学术界的人文学科教授来说，无疑是一份无与伦比的优待。考虑到眼睛的健康状况，如果我承担了常规的管理和教学责任，这本书是不可能完成的。所以，从最浅显的意义上来说，本书的完成归功于三一学院。从更广泛的意义上来说，我在三一学院度过了愉快的八年时光，成果丰硕，为此，我要感谢同事，感谢院长（马丁·里斯勋爵和格雷戈里·温特爵士）和历史专业的学生，以及在每一阶段给予我极大帮助的大学职员。我要将这本书献给他们，尤其是三一学院。

除了致谢，我还要表达歉意。实际上，在开始写上一本书《走向火焰：帝国、战争和沙皇俄国的终结》（*Towards the Flame: Empire, War and the End of Tsarist Russia*）时，我的视力问题和内耳失衡问题越来越严重。当我通过旧手稿和缩微胶片研究俄国档案时，高强度的工作大大加剧了这些问题。终于读完档案资料时，我有一个月看不清字。后来，情况有所好转，为这本书进行研究时，只要我注意，大部分情况下，我每天可以阅读6个小时。对于一本如此体量的书来说，时间不算充足。就在我开始动笔时，弗雷德里克·保尔森给了我一笔丰厚的资助，以建立一个旨在帮助俄国史学家（尤其是年轻的）的基金会。在我曾经担任教职的伦敦政治经济学院开办这个基金会，对于我来说是一个巨大的荣誉，它为我的生活增加了目标和价值。然而，不可避免的是，它增加了我双眼的负担，也占据了我的时间。高级研究员都要面对无穷无尽的工作：阅读手稿，撰写参考文献，审查论文，完成任命委员会的要求，一般还要提供各种各样的建议和指导。我很快就意识到，如果我继续像过去那样忙于这些工作，我就没有机会完成这本书了。在过去的六年里，虽然我仍继续帮助以前的学生和亲密的同事，并一直试图在必要的情况下用自己的知识提供帮助，但对于更多的要求，我心有余而力不足，只能婉拒。

我还要向许多学者致歉。他们的研究成果对我很有价值，但我在书尾的注释中没有将其——列举。这本书我写了六年，但在很多方面，它几乎涵盖了我在近五十年的职业生涯中，学习过、教授过并写过的一切。如果我列出参考过的所有著作和延伸参考书目，那么它的篇幅将是本书的几倍。所以，我不得不止步于列出本书直接引用和大量参考的著作，否则我就会"剽窃"到令人发指的地步。至于延伸阅读，我只列出了有限的英语著作。此外，对于人名和地名，我采用了英语读者最熟悉和最容易理解的拼写方式。

考虑到主题极其复杂，我尽可能地为本书选择了最简单的结构，即按时间顺序展开叙述。然而，有些例外是不可避免的。第 1 章介绍了贯穿整本书的主题。它解释了皇帝一职的要素，以及决定其成败的因素和品质。本书的其余章节则通过个例分析，解决同样的问题，这不仅需要了解不同皇帝的个性及其王朝的传统，还需要了解每位皇帝面临的特有的挑战、资源和机会。

第 2 章到第 6 章涵盖了数千年的历史，上至第一批帝国形成，下至3—5 世纪西罗马帝国和汉帝国的崩溃。第 2、3、4 章介绍了近东和地中海区域的帝国，从最初的帝国到罗马帝国。第 5 章介绍了古代印度的孔雀王朝，第 6 章探讨了古代中国的帝制起源和建立。在西方，这段时期通常被称为"古代"或"古代世界"。从西方的角度来看，这个时期和下个时期之间确实存在急剧的转变。西罗马帝国灭亡后，欧洲在近千年的时间里几乎没有再形成帝国，欧亚大陆的最西端因而孕育了根深蒂固的非帝国传统。伊斯兰教的出现同样标志着与古代世界急剧而重要的分裂。不过，在中国的汉朝与唐朝之间就很难看到如此明显的割裂。在大多数情况下，本书的结构和时期划分是为了方便，而不是为了给历史强加一个标准。

第 7 章的主题是游牧帝国，它打破了本书按时间顺序讲述的结构。这一章涵盖从公元前第一个千年到公元 15 世纪的整段历史时期。在这 2500年的时间里，游牧民族的军事力量对欧亚大陆和北非的历史和地缘政治（我指的是地理对政治和政策的影响）而言，是一个关键因素。最后的游牧帝国之一——蒙古帝国，是到它那个时代为止最庞大的帝国，后来只有大英帝国超越了它。

第 8 章和第 9 章涵盖的历史阶段，以古代世界的消亡为起点，持续到历史学家通常所说的早期现代 —— 可以追溯至 16 世纪，介绍的是这一阶段最伟大的两个非草原帝国。这两个帝国分别是中国的唐朝和宋朝，以及哈里发帝国。第 10 章至第 14 章涵盖了早期现代五个最伟大的帝国 —— 哈布斯堡、奥斯曼、莫卧儿、中国清朝和罗曼诺夫。在某种程度上可以确定，这个时期和前一时期之间同样存在重大的转变。16 世纪，西班牙征服了美洲，有人认为，全球史就此开端。从这一时期开始，游牧民族的军事力量开始急剧衰弱，最终这一点改变了欧亚的地缘政治。到 18 世纪下半叶，欧洲国家在全球的势力范围越来越大。然而，在这五章论及的大部分时间里，莫卧儿帝国和清帝国这两大帝国的历史，是由当地因素驱动的，而非源于欧洲势力或欧洲政权的影响。由于明显的地理和地缘政治因素，奥斯曼帝国和罗曼诺夫王朝的情况就不尽相同了。在介绍这两个伟大帝国的章节中可以看到，它们应对欧洲挑战的方式是影响其历史的一大因素，尽管并非唯一的因素。

到了第 15 章和第 16 章，时期的划分就变得更加清晰。第 15 章回顾了法国大革命前哈布斯堡王朝的最后两代人，结尾讨论了法国大革命本身和拿破仑。法国大革命的意识形态通常被视为现代性的两个关键因素之一。而另一个更根本的因素则是工业革命。第 16 章介绍了 1815—1945 年的君主制，当时，欧洲控制着世界，社会、文化和政治都因上述两大现代革命的影响而发生着变化。19 世纪之前的帝国依靠农牧业维持，其社会和经济形态与工业革命创造的世界截然不同。贯穿第 16 章的一个关键主题是，在这个全新的时代，世袭、神圣的君主制已不再可行。另一个主题则是，帝国为了应对这个时代的挑战采取的策略和决定，在当时至关重要，它们还给当今世界留下了许多印记。

第 1 章

身为皇帝

本书不仅是多位皇帝的集体传记，还剖析了世袭帝制这种政体。帝国和帝制自古代起便已存在，而最后一批真正的帝国在 20 世纪消失了。在本书中，我回顾了几千年来世界上大部分地区的帝国的历史。有一股重要的张力，紧紧围绕本书的核心。理解如此庞大的主题，需要熟习理念、比较和归纳。但本书研究的更多是统治帝国的人，而非帝国本身。在某种程度上，我们确实可以将皇帝归纳，分为不同的群体和类型。比如，个别王朝有其特定的传统。但是说到底，君主仍是有血有肉的人，他们的个性同样至关重要。对于客观力量与个人能动性在历史上的作用这个古老的争论有所贡献，这也不失为看待本书的其中一种方式。[1]

在剑桥大学三一学院用餐时，偶尔会有自然科学领域的研究员询问我的研究。我试图说明，他们的研究和我的研究是相似的。他们经常会研究实验材料在极端温度下的表现，我也会考察人类在相似的实验条件下的反应。皇帝常常承受常人无法容忍的重压。其结果很可能令人惊讶。能举一个快乐的例子，就足够了。疫情期间，我在日本山间的一座住宅闭门写作本书时，非常依赖英国广播公司（BBC）的国际新闻。有几个月，新闻简报在正式播报前会插播令人钦佩的新西兰总理杰辛达·阿德恩的片段。她在片段中说，她是有史以来第二位在任职期间分娩的国家领导人。她想要为年轻女性树立榜样，这个意图很好，但让我感到遗憾的是，她忽略了奥地利女大公玛丽亚·特蕾莎（1740—1780 年在位）。23 岁继承王位时，她没有任何统治经验，也没有受过相关的训练。她的父亲，即神圣罗马帝国皇帝查理六世，曾认为这个位置不适合女性。因此，他任命特蕾莎的丈夫，也就是洛林公爵弗兰茨·斯特凡进入重要的帝国会议，而不是她。玛丽亚·特蕾莎深爱弗兰茨·斯特凡，但在 1740 年父亲去世后，她很快明确表示，她才是领导者。普鲁士、法兰西、巴伐利亚和萨克森这四支军队入侵了她的帝国，因为由女性继承王位的主张很容易引起争议。勇气和强大的领导才能拯救了玛丽亚·特蕾莎和她岌岌可危的帝国。她统治了 40 年，在政府和执政管理中扮演着领导角色，留下了一个比以前更强大、更繁荣，而且更开明的帝国。在这些年里，她生下了 16 个孩子。过着这样的生活，扮演着一个如此非凡的角色，究竟是怎样的经历呢？成功地扮演这个角色，需要哪些品质？这些都是本书的重要主题。

我们对皇帝的大部分了解，都与他们如何完成工作有关。即使是今天，高层领导人的个性也常常为职务及其强加给他们的行为掩盖。皇帝的性格则更有可能涵盖于皇权之下，他们自小就为继承皇权而努力，并执掌皇权直至逝世。即便是在现代，君主制的光环与合法性也需要神秘元素的加持。在过去，情况更是如此，因为君主通常既是最高政治领袖，又是半神圣化的人物。没有一个君主能安心向臣民透露自己内心深处的想法。虽然确实存在一些例外，但一般来说，越是往前追溯历史，我们就越难找到君主在王权面具之后的真实人性证据。不过，我确实有足够的证据来全面而真实地呈现一部分君主。和常人一样，他们的个性是由遗传基因、家庭教养和文化氛围，以及社会和时代综合决定的。我的任务就是将这些个性放置在他们面临的具体挑战、限制和机遇等背景之下。[2]

在学术生涯的大部分时间里，我一直在研究帝制的各个方面。即便如此，因为巨大的体量和复杂程度，本书的写作依旧是一个挑战。在第 1 章，我试图引导读者去穿越一个广阔而复杂的领域。幸运的是，这个领域确实有许多共同的特征。皇帝经常会面临相似的挑战。他们经常使用相似的手段和策略来实现目标。他们的行动都受到强大的，有时甚至是特有的约束。其中，最明显的是来自外部的约束，包括前现代的通信手段、外国势力和国内的既得利益群体。也有内在的约束，即皇帝自身的价值观和心智视野。在这一章，我将介绍贯穿此书的一些关键主题：人类的生命周期、家族政治的动态、妇女的角色、继承制和继承人的培养。领导地位也是本书的一个关键主题。对于皇帝来说，领导地位通常有多种形式。根据等级和组合方式的不同，皇帝可以是神圣的象征、武士国王、政治领袖、政府机构的首席执行官、家族首领，以及诸多关乎政权存亡的"软实力"要素的管理者。跨越一个个君主、王朝传统和时代，探寻皇帝角色的这些要素间的不同之处及不断变化的平衡，是本书的主要任务之一。

皇帝有四个必备要素。第一，他是一个人，而且在绝大多数情况下，他是一个男人。第二，他是一个领导者。第三，他是一个世袭君主。第四，他统治着一个帝国。在本书中，尤其是当我概述皇帝的生平时，这四大要素是融合在一起的。不过，暂时分别介绍它们，有助于我们了解皇帝是什么样的，以及他们扮演的角色牵涉什么。

皇帝最重要，也最乏味的共同点在于，他是一个人。因此，他有着人类对吃喝、睡眠和性的基本需求。人是群居动物，大多数皇帝也需要陪伴，甚至需要友谊。他们通常还能够欣赏美和感受爱。人类生命的每个阶段都有其独有的特征。儿童是脆弱的，年轻人试图坚持自己的权利，再年长一些的人可以从自己的经验中获得一定程度的智慧，老年人则失去了肉体和精神的耐力。作为人类，皇帝无法长生不老，不得不面对必将到来的死亡，但他们也思考人类和动植物出生和繁衍的奥秘。从最早的时期开始，和其他人一样，皇帝也喜欢仰望星空，想要获悉生命的意义和天与地的关系。

当然，人的天性，尤其是人的思想，在这本书涵盖的数千年里并非一成不变。史前的大多数君主都是半神圣化的人物，他们在人世与遍布自然世界的灵魂，已故祖先所在的世界和指导凡尘事务的上天之间起到调和作用。这些君主提供了与诸如太阳、火和丰产等神秘力量的联系。以现代用语来形容，他们都是萨满。目前，地球上唯一仍在统治着的皇帝是日本的德仁天皇。就地位和古代传统而言，现今与他最相近的是英国女王伊丽莎白二世（写作本书时尚未去世）和西班牙国王费利佩六世。就像所有更古老的欧洲王朝一样，英国和西班牙的君主都是战团首领的后代，他们被最伟大的救世宗教之一——基督教——半驯化了。德仁天皇的血统则可以追溯到一个更古老、信奉万物有灵的神圣君主制世界。[3]

大约在公元前 500—公元 700 年的几个世纪里，世界上涌现出多个伟大的宗教和伦理体系，它们至今仍在很大程度上界定了世界上的主要文化区域：佛教、印度教、儒教、基督教和伊斯兰教。所有的大帝国都或早或晚地采用了上述的某种宗教。就中国而言，儒教和佛教结合，并且随着时间的推移不断演变。这些宗教向统治者阐释了生命的意义，提供了目标、伦理体系和宇宙观，使他们在内心求得了一定程度的安宁。但是，这些宗教不得不与更古老的、充满魔法和占星术的世界共存。16 世纪前，即便是基督教和伊斯兰教的神学家，也得承认，星星可能是神的旨意和规划的一部分。科学革命和启蒙运动破坏了这一信念，并创造了一种根本性的思维转变。在性格和政策方面，罗马帝国皇帝"叛教者"尤里安一世（361—363 年在位）与神圣罗马帝国皇帝约瑟夫二世（1765—1790 年在位）有一些相似之处。他们都是聪明而有思想的人，但有时也会感到近乎歇斯底里的焦躁和兴奋。与大多数世袭君主不同，他们是带着激进的国内改革计划登上皇位的。尤里安试图恢复异教信仰，约瑟夫则以启蒙运动的三大原则——功利主义、统一性和进步——为基础，进行根本性的改革。然而，两位皇帝的国内计划都被冒险的外交政策和由此导致的战争破坏了。因此，在某种意义上，尤里安和约瑟夫是做比较研究的好对象。但是，尤里安所在的是一个信奉古典异教神祇和新柏拉图主义形而上学的世界，而约瑟夫拥有的则是从启蒙运动中汲取的世俗、功利主义、理性的世界观，两者之间存在着鸿沟。[4]

皇帝身上正常的人类属性可能会产生戏剧性的结果。在他的疆域内，他是万物之主，因而死亡对于他来说，可能比普通人更无法忍受。一些君主为了获得永生而吞下致命的灵丹妙药。诸多伟大的宗教——佛教、印度教、基督教、琐罗亚斯德教和伊斯兰教，为有关死亡和不朽的问题提供了答案。即便如此，皇帝仍大兴土木，建造宏伟的宫殿、陵墓和纪念碑的一个原因是，想要留下永恒的印记。皇帝通常受其所处时代的文化泰斗的教育，此外，皇帝还拥有巨大的财力，经常资助同时代最优秀的艺术家和音乐家。

对于一位君主来说，做一个庇护人要比做一个朋友容易得多。友谊通常需要某种程度的平等，伴随着一定的玩笑、反驳和批评。一个缺乏安全感或善妒的统治者，可能特别容易一边渴望友谊，一边憎恨那些做出某种亲密行为的人，更不用说平等了。一些导师提醒他们，一旦登上王位，他们就永远不会有真正的朋友了。不过，公元 2 世纪，罗马帝国的思想家声称，古典时代的四位贤帝（图拉真、哈德良、安敦尼努斯·庇乌斯和马可·奥勒留）不受奉承的影响，因为他们心胸开阔，接受了真正的友谊。罗马的贵族文化喜欢将皇帝看作"同侪之首"（primus inter pares）。而大多数帝国的传统都不那么主张"平等主义"。对于君主而言，友谊的寻求最终大概率会竹篮打水一场空。考虑到君主的"朋友"意味着潜在的权力和庇护，这种寻求也可能导致严重的政治后果。更危险的可能是，君主对性和爱情的追求。路易十四（1643—1715 年在位）警告他的继承人，绝对不能让任何朋友成为自己的"宠儿"，并掌控信息渠道和任免权，因为它们是王权的基石。如果是一个女人占据了这个位置，情况将更加严重，因为女性天生的魅力使她对君主拥有独特而强大的控制力。[5]

这提醒我们，皇帝不仅是一个普通人，还是一位领袖。很多商学院都传授了关于领导力的知识，今天，许多总统和首席执行官的回忆录和传记也讲到了领导力，这些也都与皇帝相关。曼弗雷德·凯茨·德·弗里斯是欧洲工商管理学院——世界上首屈一指的商学院之一——的教授，同时他也是一名执业临床精神分析学家，拥有心理学博士学位。作为教授和精神病专家，他的研究重点就是领导力。在其最新著作《首席执行官的低语》（The CEO Whisperer）中，他将自己为首席执行官提供建议和分析的角色比作文艺复兴时期君王宫廷中的弄臣：他可以对当权者说真话。权力是领导力的本质。权力的腐败和诱惑是政治思想中最古老的话题之一。凯茨·德·弗里斯回顾了自己对纳粹领导人的解读，以及他一生中为诸多首席执行官所做的分析和建议，然后写道："我们内心的那匹狼不需要多少鼓动，轻易便可以被释放出来，并吞噬所有阻碍它的人，这是一个可悲的事实。"在某种程度上，对于皇帝的教育就是为了控制这匹狼，甚至把它变成一只牧羊犬。[6]

凯茨·德·弗里斯描述和分析过的一些首席执行官的性格与一些著名的君主相似。法王路易十三（1610—1643 年在位）在位期间正值法国和欧洲的关键时期。在其统治期间，法国君主重获权力，为现代法国奠定了许多基础，并成功领导欧洲抵抗了哈布斯堡王朝可能会施行的霸权。路易十三去世后的第五天，罗克鲁瓦战役取得的决定性胜利，以及路易十三之子的继位，绝不意味着法国取代哈布斯堡成为欧洲主导力量的进程的终结，就像温斯顿·丘吉尔提到 1942 年 11 月第二次阿拉曼战役大捷时所说的那样，这标志着"开始阶段的结束"。为路易在国内外的成功出谋划策的是他的首相，即红衣主教黎塞留。法国与哈布斯堡王朝的斗争在前半阶段给法国社会带来了巨大的压力，并招致了强烈的反对。成功常常是险而又险地取得的，没有黎塞留，也不可能获得成功。他对权力的掌握依靠的只有国王的支持。这根植于君主和大臣对王权和法国荣耀的共同承诺。但这也要求大臣能熟练地应付国王脆弱又难以预测的性格。[7]

路易十三觉得生活困苦不堪、矛盾重重，统治则是一项折磨人的挑战。生理缺陷——舌头下垂，很容易流口水——令他的处境雪上加霜。他说话有点结巴，每天都被迫向外界袒露内心的紧张和信心的缺乏，这一点也令他难堪不已。他崇拜父亲亨利四世，可以想象，当亨利四世在 1610 年被暗杀时，他遭受了极大的痛苦，更不用说突然间发现自己成了法国国王的情况了，这位年仅 9 岁的继承人想必内心十分惊惶。他的母亲玛丽·德·美第奇毫不掩饰自己对路易的弟弟，即奥尔良公爵加斯东的偏爱，并成了反对路易政策的精英团体的首领。路易是双性恋。他在一生中与许多男女廷臣有过热切的情感关系，但全部结局惨淡。国王非常看重自己的君主地位，他迫切地需要情感上的支持，却又对这种需求感到厌恶。

路易十三的统治有两个主要特点：毫不动摇地决意实现他为法国制定的目标，以及不畏险阻地捍卫君主的权力。根据凯茨·德·弗里斯的描述，一些首席执行官有着类似的个性，他们内心脆弱，近乎痴迷地捍卫自己的权力，有着根深蒂固的牛脾气。考虑到"这些顽固分子脆弱的心理平衡，你不仅要极其注意说话的内容，还要注意说话的时机。当提出不同意见的时机到来时，你的态度要非常恭敬"。在凯茨·德·弗里斯的口中，给这样的领导者提供建议，仿若"在练习情感柔道"。随着时间的推移，黎塞留成为国王的导师和父亲般的人物，在这个过程中，他利用了自己红衣主教的地位，以及国王对精神指导和安慰的需要。他以极强的心理洞察力研究路易的性格，开始了解后者的各种情绪，并且"非常小心谨慎地避免给人留下任何他侵犯了国王权威的印象"。对于路易来说，黎塞留不仅是大臣，还扮演着凯茨·德·弗里斯的角色。然而，就他的情况而言，风险要高得多——不是单单一家公司的命运，而是法国的未来和欧洲的势力均衡。[8]

凯茨·德·弗里斯在书中妙语连珠，他提醒道，在绝大多数等级化的组织中，"下级都更愿意向"上级"说他们想听到的话"。因此，成功的领导者必须创造并实施一种能遏制这种倾向的文化。所有有能力的皇帝都会认同这一点。贝拉克·奥巴马在他的回忆录中也对此表示认同。奥巴马在回忆录中评论说，在政治上，友谊变化无常，运气和机会是靠不住的，至高的权力意味着孤独，一个领导者身处逆境，需要在内心和外在都保持平和、冷静，还需要做出艰难的决定，想必大多数皇帝都会认同他的观点。有些皇帝做出了和托尼·布莱尔一样的选择，他们厌倦了国内琐碎的政治生活和遭受的挫折，转而将注意力集中在更宏大、更令人满意的国际关系舞台上。与国内政策面对的既得利益集团不同，当时的军队和外交官通常在领导人的直接控制下行动，服从他的命令。当然，一个君主享有的地位和光环远高于当代的英美政治家或首席执行官，皇帝更是如此。这意味着他很少会遭到下属的公开反驳，但这也必然会增加下属向其隐瞒听起来令人不快的真相的可能。在帝国精英和宫廷政治中，当着君主的面阿谀奉承，背后则为了维护自己或委托人的利益违背君主的意愿，是最古老的伎俩。[9]

为了有效地统治，皇帝需要拥有当代成功领袖的许多特质。政治活动和管理是一件艰苦的事情：统治者需要耐力、身心的韧性和自信。他需要对问题和人进行良好的判断，这个能力有一部分是天生的，但也是教育和经验的结果。优秀的头脑对于设定优先事项、权衡相互矛盾的建议，以及根据需求调整目标来说至关重要。在面对保守意见和反对意见时，推行政策需要决心。同样重要的还有情商，领导者要靠它来选择并管理明智而忠诚的顾问和官员。而没有这样的追随者，任何政府的任何领导人都无法进行有效的统治，更不用说统治幅员辽阔的帝国了。任命一个比自己更能干的下属，不仅需要自信，还需要谦逊。与当代的政治或商业领袖不同，皇帝的地位意味着，至少他不需要把这些人视为潜在的竞争对手或继任者。有一部论述领导力的作品令人印象深刻，书中强调了首席执行官"平衡亲切感与距离感"的必要性和困难程度。这对于皇帝来说更加困难，他们既神圣，又深陷于管理和政治。然而，最成功的皇帝都知道如何激励和管理人，以及如何保持他们的忠诚。大卫·朗西曼研究了最近一段时期的英国首相和美国总统，他写道："自知之明可能是最有价值的政治财富。"凯茨·德·弗里斯也同意这一观点，并引用了老子的名言加以佐证："胜人者有力，自胜者强。"皇帝也是如此。在掌权多年后，当代的一些领导人和首席执行官失去了对现实的感知，成了傲慢和狂妄自大的受害者："自大和优越感最终对他们自身也造成了损害。"皇帝有更多的理由屈服于这些诱惑。但对于一个皇帝来说，最容易导致毁灭的就是相信官方意识形态对他的宣扬，即他是仁慈、全能、全知、近乎神圣的存在。[10]

　　正如当代商学院关于领导力的研究对如何成为一个成功的皇帝有很多看法一样，路易十四的回忆录对所有想要成为领导者的人都给出了很好的建议。关于如何成为卓越的君主，如果你想知道睿智君主本人的看法，这些回忆录无疑是一座金矿。路易写下这些回忆录从来不是为了出版，而是为了指导自己的继承人学会统治。国王写道，大国之君需要给自己设立高远而雄心勃勃的目标，然后集中精力和资源，努力实现这些目标。国家的利益必须始终优先于国王个人的乐趣和爱好。治理国家需要树立坚定的目标和运用灵活的手段。政治环境不断变化，统治者必须对此加以适应。关于外交政策和战争——路易视它们为伟大君主的核心活动——在策略上，理性和谨慎必须占据上风，不过，法国及法王的地位和荣耀是至关重要的战略目标。必须在权衡所有可获得的证据后再做出决定。选择有能力的大臣是"君主的主要职能"。他必须鼓励顾问提出诚实的建议，奖励和提拔那些与他意见不一致、向他说逆耳忠言的人。君主必须毫不犹豫地任命强势、野心勃勃且才智过人的大臣。地位和手中任免、奖励的权柄，使君主可以控制他们。但要想有效地做到这一点，他必须富有见识且消息灵通。这既需要付出辛勤的努力，又需要保持多种信息渠道的畅通。最重要的是，君主必须了解自己，并"学会非常严格地审视自己"。路易的角色一方面是尊贵的，另一方面却深陷于人性和政治的现实泥沼。他警告自己的继承人，君主总是被寻求庇护的人包围着。说"是"当然是最容易的，这有助于获得舒适的生活和慷慨的名声，但没有任何一个国家的金库可以满足大多数寻求帮助的人。君主最艰巨的任务之一就是保卫国库，当然，手段要足够得体，不要冒犯那些骄傲的、总在申请队列中排在首位的贵族。[11]

当然，路易十四不仅仅是政治家或首席执行官。他身上兼具现代君主、国家元首和政府首脑的角色。他的统治充满自信，这种自信根植于两个事实：他是上帝指定的统治者，以及他的家族在法国的统治已经持续了700 多年。并不是所有君主的统治都这样稳固。有史以来，关于王室领导者的最知名的著作可能是尼科洛·马基雅维利的《君主论》(The Prince)。这部作品对任何一个领导者都有一定的价值。美国安然公司前首席执行官杰弗里·斯基林曾在监狱长期服刑。他在自己事业的全盛时期"有时也被称为'君主'(The Prince)，这个称呼就来自马基雅维利的著作。事实上，作为一种培训方式，新员工常被鼓励通读《君主论》"。在某些方面，这个竞争激烈的世界——安然公司在其中蓬勃发展——与马基雅维利所在的 16 世纪的意大利很相似，后者是新兴城邦的专制君主和王朝的天下。它与罗马帝国皇帝所处的世界也有相似之处，马基雅维利在他的书中就列举了罗马帝国的许多皇帝。正如马基雅维利本人认识到的，统治意大利专制城邦和罗马帝国的手段，与统治一个长期存续的合法王朝的手段大不相同。例如，马基雅维利警示君主，永远不要任命首相来管理他的政府，也不要任命将军来指挥他的军队，他的王位可能因此被篡夺。然而，如果皇帝想让帝国和王朝延续下去，他们常常不得不做这两件事。本书研究的大多数王朝和皇帝都有足够强大的合法性，故而可以这样做。我们已经通过路易十三和黎塞留的例子，认识到了这样做的重要性。正如法国在欧洲的首要地位取决于路易十三和黎塞留的关系一样，普鲁士的奥托·冯·俾斯麦与国王，即日后的皇帝威廉一世的关系，同样决定了普鲁士的地位。[12]

最接近马基雅维利模型的皇帝都是王朝的创始人。与我论及的绝大多数皇帝不同，他们既没有继承重要官职，也没有继承合法性，其统治并非基于惯性或传统。可以说，他们是在恐怖、混乱的政治旋涡中挣扎，而不是像一个古老王朝的合法皇帝那样，凌驾于它。王朝的创始人需要掌握马基雅维利叙述的所有黑暗权术。他们通常还需要一定的个人魅力（charisma）。个人魅力的概念被马克斯·韦伯这位20世纪早期最著名的社会学家引入到政治辩论中。韦伯自己对个人魅力的定义不是非常清晰，随后在使用这个概念时又进一步扩展了它的意义。"个人魅力"一词的起源和概念可以追溯到古希腊。拥有它的一般是具有非凡品质和善举、似乎获得上天赐予的精神力量的人。个人魅力与战场上的英雄主义密切相关。它主要局限于男性。韦伯本人引用《圣经·旧约》中的先知作为个人魅力的早期例子。领袖的个人魅力可以为自身吸引到支持者，尤其是在既有的权威、法律和规范已经崩溃的混乱时期。[13]

韦伯明确区分了基于个人魅力的权威与根植于古老传统、习俗和等级制度的权威。当然，他知道，偶尔也有世袭君主拥有并利用了强大的个人魅力，亚历山大大帝就是其中最著名的一位。然而，韦伯对这两种权威做出区分，具有现实而重要的意义。魅力型权威是个人的，转瞬即逝，而且往往成于乱局，也以乱局告终。世袭王朝的君主恰恰相反，他们必须使自己的个性服从于集体——他所属的家族，以及从祖先那里继承而来并为其命运负责的王国——的利益。世袭君主制依靠的通常是秩序、稳定和习俗。古希腊英雄亚历山大大帝凌驾于所有的规则和规范之上。他是19世纪欧洲众多浪漫主义天才的蓝本。一位作者提到了"个人魅力的疯狂和无度"。这样的人物可能会利用自己的魅力来激发人们广泛反抗，乃至反叛既有的王朝权威。对于一个统治者来说，更可怕的是韦伯在个人魅力和预言之间建立的联系。由充满个人魅力的先知引发的千禧年大规模起义是皇帝的噩梦。这种情况会周期性地发生。以中国为例，上一次这样的起义就是"太平天国运动"。这场运动（1851—1864年）被称为人类历史上规模最大的起义，据说死亡人数甚至超过第一次世界大战。伊斯兰帝国尤其容易受到充满魅力的先知的威胁。萨法维王朝的领袖伊斯玛仪就是其中之一，16 世纪早期，他改变了中东的政治格局，将伊朗变成了什叶派信仰的家园。[14]

在本书中，我对王朝创始人的关注相对较少。究其原因，这些人与历史上绝大多数的皇帝具有不同特征。他们接受的教育和培养，他们的心态和才能，都与世袭君主不同，而后者才是本书的主要研究对象。前文提到，我研究的皇帝有四个必备要素，而世袭君主的身份正是第三个要素。世袭君主制特有的政治正是本书的核心主题之一。世袭君主制意味着权力在家族内部代代相传，换句话说就是王朝政治。总体来说，掌权的家族也会有一些与普通家族一样的动态，考虑到他们的背景，这些动态可能会产生重大的政治影响。兄弟之间可能是亲密的朋友，也可能是竞争对手。哪种关系在王室兄弟中占上风，会对王朝的稳定，乃至存续产生巨大的影响。一些君主国的继承制度要求王子们争夺王位，在这种情况下，强烈的敌意不可避免，因为竞争失败的人会失去生命。莫卧儿王朝和奥斯曼王朝都遵循这一传统。无论是在普通家庭还是在王室，婆媳间的较量都存在，她们争相影响自己的儿子或丈夫。在 20 世纪的头几年，俄罗斯帝国的末代皇帝尼古拉二世（1894—1917 年在位）也面临同样的问题。最重要的是，他的母亲和妻子支持截然相反的政治策略，因此也必然支持不同的高官候选人。在继位之后的头十年里，尼古拉更多地受到母亲的影响。在剩下的时间里，他则大多听从妻子的意见。[15]

在帝制下，如同在所有前现代政体中一样，女性通常服从于男性。女性统治者很少。与一些较小的非洲国家不同，君主制从未将母系继承列为首选。然而，世袭君主制的核心现实给了女性巨大的权力。很少有官方职位对女性开放，但是在大多数王朝国家，庇护关系对政治的影响不小于政策。宫廷里的女性往往是强大的庇护人，她们处于王室和精英家族等网络的中心，而这些网络是政治体系的核心。君主是庇护和政策的最高来源。能接触到他，意味着巨大的利益。单独与君主相处几个小时是所有廷臣的梦想。当然，统治者的性伴侣最容易实现这个梦想。继承始终是政治的核心。今天的民主派政治家痴迷于民意调查和选举。在世袭君主制下，继承则是由生物学决定的。其基本意义很简单。从历史上看，将女性排除在军队、官僚机构和法庭之外并不困难，但从来没有人能找到办法将她们排除在家族事务和繁衍之外。[16]

对于不认同世袭君主制的人来说，女性的影响显得更加阴险，因为它在一定程度上是非正式的，发生在君主的私人领域，隐藏在视线之外。和17世纪的英国清教徒一样，法国的雅各宾派将君主制与女性的阴谋，以及宫廷的腐败、邪恶和奢侈联系在一起。在他们眼中，这个世界与他们完全男性化的理想世界截然对立，而后者是由真诚、尽职、共和主义的武装公民构成的。许多世袭君主制国家的官员都认同雅各宾派对妇女的不信任。儒家的官方意识形态与雅各宾派和清教徒一样厌恶女性。对于儒家官员来说，皇帝如果把时间花在与妃子寻欢作乐上，不听取臣子对政策和职务的建议，就是违背天理。在中国，女性的影响力尤其招致厌恶，因为它发生在后宫之内，而除了皇帝和宦官，其余所有男性都不能随意进入后宫。然而，尽管大臣可能会厌恶女性的影响，但他们知道自己别无选择，只能与可以影响皇帝的女性建立良好的关系。[17]

在评估女性影响力时，我们很快就会发现，本书的核心是结构和传记之间的紧张关系。在大多数帝国，皇帝母亲的地位都高于他的妻子。在中国和奥斯曼帝国的后宫，情况总是如此。一般来说，欧洲王后的地位不仅高于奥斯曼帝国、莫卧儿帝国和中国的妃嫔，甚至比中国大多数朝代的皇后都高。在基督教君主制国家，统治者只能有一位妻子，离婚极其困难，只有婚生子才能继承王位。在中国，皇后的地位低于皇帝的母亲，妻子可以被休弃，在一些王朝，嫡子甚至没有优先于其他皇子的皇位继承权，尽管在某些情况下，皇后可以"过继"，换句话说，就是在一定程度上夺走妃嫔的儿子。然而，这样的概述最多只是故事的一部分。一个女人的影响力主要取决于她与那个拥有至高权力的男人的个人关系。在生活的各个方面，没有什么比男女之间的关系更难概括了。路易十五的王后玛丽·莱什琴斯卡的地位在某种意义上是不可动摇的：她始终是王后，也是继承人的母亲。但是没有人怀疑，她对庇护关系和政策的影响远小于国王最宠爱的情妇蓬帕杜夫人。[18]

可以说，最有权势的女人是拥有丈夫的宠爱和忠诚的基督教国家的王后。拥有制度赋予基督教国家王后的地位，加上她对君王的性生活乃至情感生活的把控，她的影响力毋庸置疑。这些女性因为对庇护关系和政策的影响而不可避免地招致不满。最先浮现在脑海中的有英国国王查理一世（1625—1649 年在位）的妻子亨丽埃塔·玛丽亚、法国国王路易十六（1774—1792 年在位）的妻子玛丽-安托瓦内特和沙皇尼古拉二世的妻子亚历山德拉。这三个女人在她们各自所处的时代都声名狼藉，她们的不受欢迎在一定程度上导致了丈夫的垮台。[19]

当然，英国、法国和俄国的君主制并不是因为君主受到妻子过度影响而崩溃的，但仍然存在一些联系。要想成功地管理政府，君主需要拥有许多驯狮者的品质。他必须会驾驭那些常常能爬到政治体系顶端的人，那些人往往性格强硬、坚定，有时甚至冷酷无情。在极度厌恶女性的文化背景下，当人们认为查理、路易和尼古拉连自己的妻子都不能驯服时，他们的权威便打了折扣。同样重要的是，亨丽埃塔·玛丽亚、玛丽-安托瓦内特和亚历山德拉都是异国公主，却仍然处于政治体系的中心，并在她们的儿子——未来的君主——的成长过程中发挥了至关重要的作用。随着政治局势越发紧张，这些女性可能会被指控为敌对势力的间谍。仇外心理和厌女癖结合在一起。这一指控对玛丽-安托瓦内特来说有些道理，但对亨丽埃塔·玛丽亚来说基本没有道理，而对亚历山德拉皇后来说则完全是诽谤。更不公正的是对她们性堕落的指控。在罗曼诺夫王朝的最后几年，亚历山德拉皇后，即维多利亚女王保守、拘谨的外孙女，甚至被广泛认为是拉斯普京的情妇。这样的指控由来已久。早在 13 世纪，在所谓的巴黎公众舆论的起点，即始终都保持虔诚的王后卡斯蒂利亚的布朗歇，也就是圣路易（即路易九世，1226—1270 年在位）的母亲，被指控犯有淫乱和叛国两大罪状。人们声称，她的主要情人是教皇使节——仇外心理和淫乱指控的完美目标。[20]

世袭君主国的政治深受王朝婚姻策略的影响。有些王朝与贵族阶层的成员结婚。这助长了权贵及其追随者的势力和傲慢气焰，还在贵族精英内部引发了强烈的嫉妒。有时，这甚至会导致王位被王室姻亲篡夺。为了避免这些危险，一些王朝选择"下娶"。在"大帝"彼得一世（1682—1725

年在位）的时代之前，俄国沙皇通常迎娶来自体面的中等贵族家庭的女孩。这可以避免激起贵族之间的竞争和嫉妒。地位较低的姻亲不会成为沙皇的威胁，恰恰相反，他们甚至可以成为沙皇有用、可靠的盟友。最极端的"下娶"发生在奥斯曼帝国，其君主避开婚姻，令奴隶身份的妃妾孕育继承人。在奥斯曼帝国的鼎盛时期，每个妃妾只被允许拥有一个儿子，最终赢得竞争并继承父亲皇位的那个皇子会杀死他所有同父异母的兄弟。奥斯曼帝国的宫廷政治不可避免地变成了一场异常邪恶的零和游戏。与此完全相反，欧洲王室的传统是只与同等身份的人结婚。这只有在多极化的国际体系中才能实现，在这个体系中，即便是对立的君主，也依然能平等地尊重彼此（而不是其他人）。通过将联姻对象限制在王室之内，欧洲王朝强调了他们凌驾于贵族之上的地位，哪怕是最伟大的贵族。但王室通婚有其危险性，对异国配偶的叛国指控只是其中之一。王朝之间的频繁通婚可能意味着近亲繁殖，并导致生育能力的丧失。再加上基督教的一夫一妻制，王室通婚可能会导致王朝失去男性继承人。而母系亲属中，关系最亲近的基本上都是外国王公。这往往会导致王位继承战争，到 18 世纪，其影响蔓延到了世界上的大部分地区。[21]

在大多数帝国王朝，由儿子继承父亲的王位。这赋予父子关系以极重要的政治意义。继承人承载了父亲的骄傲和成果，是王朝的未来，也是君主自身地位的延续。但继承人也可能是一个重大威胁。随着国王年龄的增长，他对事务的控制逐渐减弱，他的朝臣很容易将注意力转向代表未来的年轻王子。王子本人则可能会对父亲的统治感到越来越不耐烦。新君继位有其优势，它可以给王朝的管理和庇护制度带来新的思想、能量和团体。此外，原本被视为其父亲暗淡复制品的年轻人，将因此一步登天，获得至高无上的地位。然而，在所有的政治制度中，王位继承是导致许多不稳定局面和阴谋的原因。不稳定的程度则主要取决于王朝关于继承的法律和惯例。

欧洲盛行的长子继承制是一个极端。这种制度最大限度地确保了稳定性，但也导致王位有时被儿童或无能的人占据。另一个极端是奥斯曼帝国和莫卧儿王朝强迫统治者的儿子争夺王位的做法。这确实能保证继承王位的人既是能力出众的将领，又是称职的政治领导人，但付出的代价是周期性的内战。从统治者的角度来看，到 17 世纪时已经深深植根于法律和传统的欧洲体系，减弱了他对继承人的控制，但也降低了他本人被竞相争夺王位的儿子废黜的可能性。这种情况有时也会发生在奥斯曼帝国和莫卧儿王朝的君主身上。即使他们避免了这种危险，到了后期，他们的统治也会变得越来越困难，因为继承人之间的斗争破坏了政治稳定和忠诚。面对继承难题，一些朝代试图采取折中方案，即允许皇帝选择自己的继承人。原则上，这种做法将功绩引为王位继承的参考因素，同时减少了爆发冲突的风险。为了达到这一效果，皇帝需要选择他最能干的儿子，而不是他自己、他最宠爱的妃嫔或主要朝廷派系最喜欢的那个。这一点很难确定。任何制度都不能保证君主的选择在他去世后还能得到拥护，如果他指定的继承人还是个孩子，情况将更不乐观。在任何一个世袭君主国，如果君主年老力衰时，或是因为英年早逝，其继承人还是个孩子，政权的稳定一定会受到威胁。尽管大多数政治文化都厌恶女性，但它们都承认，母亲是其年幼儿子的合法监护人，并将摄政权交到她的手中。现实考量强化了文化规范。母亲篡夺孩子王位的可能性要远小于孩子的叔伯。不过，摄政时期通常是世袭君主国的疲软期。对于历史较短、合法性不那么强的王朝来说，摄政时期可能是毁灭性的。[22]

　　无论怎样选择王位继承人，政治制度都倾向于竭尽全力地使他为将来的角色做好准备。一旦登上王位，这个孩子单薄的身躯就肩负着王朝和帝国的命运。一旦他成为皇帝，就没有人有权批判他、控制他。他将接触到世间最极致的奢靡、邪恶和诱惑。特别是在继承权确定的王朝，继承人从幼年起就知道，自己是一个非常特殊的人。随着时间的推移，他会逐渐意识到，他遇到的大多数人都希望利用他来实现个人目标和抱负。他未来的使命必需的自我约束、权衡和责任感必须发自内心。这些品质需要由他信任并喜爱的成年人在童年和青少年时期灌输给他。在孩子年幼、天真无邪的时候获得他的信任，是许多人辉煌事业的基础。一些导师后来成了首席大臣。对女人来说，宫廷里最好的职业就是做王室子女的家庭教师。在欧洲，这个职位一直由贵族担任。许多家庭女教师填补了王子生活中深切的情感空白，她们及其亲属经常从中受益匪浅。接下来，如果王室的自我意识没有失控，家庭女教师和导师需要向孩子灌输深刻的宗教责任意识和王朝责任意识。另一方面，单纯培养一个尽职、虔诚、顺从的年轻人是不够的，甚至是危险的。一个未来的统治者还需要强大的意志、自信和决心。教育一个未来的独裁者是一项艰巨的挑战。在训练继承人方面，有些王朝比其他王朝优秀。研究王子的教育，可以对精英群体的价值观、文化和自我认同产生独特的见解，而这正是其王朝和政权依赖的根基。领导力到底是习得的，还是由基因决定的品质，在今天的商学院，这个问题引发了很多争议。研究帝国王位继承人的教育，可以从一个不寻常的角度来探讨这个问题。[23]

关于世袭君主制，最重要的问题或许是，为什么这样一个有着明显缺陷的政治体制，却仍然是迄今为止历史上最普遍的政体。毕竟，如果政治的目的是把权力赋予有道德、有能力的人，那么任何一个理智的人都不会相信世袭是实现这一目的的最佳方式。这一事实不言而喻，不仅现代人这样想，古希腊人，以及古代中国和古代印度的许多思想家也对此心知肚明。然而，在几乎所有的古代文明中，神圣、世袭的君主制都主导着政治思想。在世界上的大部分地区，它的基本原则几乎一直没有受到挑战，直到18世纪下半叶。然而，直到20世纪，神圣的世袭君主制才丧失了尘世主流政体的地位。[24]

神圣的世袭君主制盛行的一个关键原因是，在大多数前现代社会，政治思想其实是神学的一个分支。在大多数文化中，尘世的事件和制度，其合理性和正当性，通常可以通过上天（Heaven）找到。事情的发生是因为众神的意愿，或者至少得到了他们的许可。基督教的受膏君主、佛教的转轮王、伊斯兰哈里发和中国的天子，都将人与上天联系在一起。君主被视为神圣秩序和人类秩序的代理人，为了维护它们，君主至关重要。如果说众神创造了人类，那么神圣法则和自然法则必定至少是重叠的。路易十四写道，如果没有一个公正，必要时则严格的世袭统治者，人类社会就无法存续。毫无疑问，国王真诚地表示，作为基督教国家的君主，维护和捍卫社会秩序，就是允许真正的宗教和道德繁荣发展，也就是在侍奉上帝。此外，没有什么比子承父业更自然的了。毕竟，在大多数由皇帝统治的社会，这几乎是日常生活的普遍法则。亚里士多德写道，任何一个国王都会希望自己的儿子继承他的王位。从古代开始，继承便以血统的形式，在社会的组织和权威的合法化中发挥了重要的作用。君主制最早的源头，通常与声称属于一个部落的高等世系有关，而这个世系往往与一些神话人物，通常是半神圣的创始人，有直接的血缘关系。[25]

自然法则和神的祝福，与支持世袭君主制的务实而审慎的理由交叠并融合在一起。其他选择通常被认为是混乱的。很少有政治思想家相信人民拥有理性、自律或自治的能力。选举君主制被精英视为内战的导火索，会削弱王权。随着规模的不断扩大和复杂程度的不断加深，社会需要争端的最高裁决者、秩序的守护者和外部威胁的抵御者，君主制应运而生。无数历史案例表明，君主制的解体伴随着混乱。不仅是来自精英阶层的思想家，民间智慧和传说也通常支持君主制。古代的王朝，与传说及其治下民众的身份认同交织在了一起。当地的掌权者通常比遥远的君主剥削得更厉害。只有强大的世袭君主才有可能限制他们的剥削，控制他们之间的冲突。无政府状态和入侵的最大受害者一般都是群众。儒家的政治思想和中国古代传说都强调需要贤德的统治者。这种需求必须与孝道和世袭权的要求相平衡。中国的"禅让传说"讲到，神话中的古代国王把权力交给了最贤明的大臣，而不是自己的儿子。公元前 4 世纪晚期，燕国的统治者想要效仿这种做法。不出所料，他的儿子拒绝接受，结果内战爆发了。这个教训似乎很清楚：世袭权受到挑战，会破坏稳定。[26]

在古代世界的政治思想家中，古希腊人的独特之处在于，他们一般支持民主制度。亚里士多德相信自治的、参与式的希腊城邦，并认为希腊人是"治理得最好的民族"。他补充说，"最好的政治社会是由中间阶层的公民组成的"，当一个城市有大量的中间阶层男性时，向民主的转变几乎是不可避免的。这是古代版的"华盛顿共识"（Washington Consensus）。此外，亚里士多德认为，民主只有在中等规模的城邦，即"观察所能遍及"的城邦才可行。就连规模大一点的城邦，也几乎不可能得到很好的治理。柏拉图不像亚里士多德那样支持中间阶层的民主。他写道，"除非哲学家成为我们这些城邦的国王，或者我们目前称之为国王和统治者的那些人物，成为真正的哲学家"，否则永远不会有好的政府。他提出的"哲人王"需要长期而严格的教育，以实现统治所需的真正智慧和理解力。到目前为止，历史上最知名、最成功的哲人守护者是儒家的士大夫。他们同样在当今我们所谓的"人文学科"方面接受了长期而严格的教育。这些人与声称遵循儒家哲学的皇帝结盟，统治了中国 2000 年。如果儒家士大夫——有时不太情愿——支持皇位世袭，这在一定程度上可能是因为这似乎是实现他们最高理想之一——中国大一统——的唯一途径。[27]

　　欧洲的精英是学着古典历史的课程长大的。该段历史表明，城邦无法长期抵御外部敌人。不安分的希腊民主城邦也没有能力维持长久的联盟，以保护自身的安全。从 18 世纪的人看来，欧洲历史似乎证实了希腊的教训，即城邦是不可行的，未来属于君主制。当时，英国君主制甚至完善了长期以来被视为城邦制为数不多的权力政治优势之一，即监督和维持有效的公共债务体系的能力。哈布斯堡王朝的继承人、守护者、未来的皇帝约瑟夫二世，结合史实并从理性角度出发，列举了世袭君主制的合理性，最后简单总结道，事实证明它比其他任何类型的政体都更成功，这与他所处的启蒙时代相符。如果约瑟夫需要任何令人信服的理由，他只需要反思神圣罗马帝国和波兰的弱点，它们是欧洲最后两个通过选举产生世俗君主的国家。与小国不同，幅员辽阔的帝国在管理上困难重重，考虑到这一点，一个强大、世袭的专制君主对其生存似乎更加必不可少。孟德斯鸠明确地提出了这一观点，不过，在历史上大多数皇帝看来，这一点是不言而喻的。[28]

　　这促使我想到了本书研究的这群人的第四个构成要素。他们是人、领导者和世袭君主，但此外，他们也是皇帝。定义皇帝，尤其是定义皇帝与单纯的国王的区别，并不是件容易的事。在大多数方面，皇帝是更厉害的国王。他通常统治着更多的土地和民族。因为他掌握着更多的资源，所以他可以部署规模更大的军队，建造更宏伟的宫殿。但是在大多数方面，他的工作与国王的很相似。他的大部分精力都集中在延续王朝并维持其地位上。国王和皇帝举行许多相似的仪式，并在其领土内成为合法性的来源和主权的化身。作为政治领导人，如果要实现目标，他们就需要熟练地选择、管理和指导大臣。一般来说，战争和外交是他们优先关注的方面，二者也是他们可能会留下最强个人印记的领域。

皇帝和国王之间的区别原则上在于级别和地位。英文中的"皇帝"（emperor）一词来源于拉丁语"imperator"（意为军队总指挥，大统帅），在罗马人看来，"imperator"凌驾于世间其他所有的统治者之上，在其帝国的外围，有许多国王担任他的扈从和副手。在某种程度上，神圣罗马帝国最初是查理大帝为复兴罗马传统而创立的。这也与查理大帝声称自己是基督教世界的世俗领袖有关，尽管在拉丁基督教的案例中，领导权要与教皇共享。历史上，就君主制和帝国传统方面而言，伊朗均可算得上极为持久和重要的了。自阿契美尼德时代起，其君主便被称为"万王之王"（Shahanshah），在权力和地位上都能与罗马帝国皇帝匹敌。

最强大的当数中国的帝制传统，它能更好地说明皇帝与国王的区别。公元前 221 年，当秦王政统一中国时，他接受了"皇帝"的头衔，这个头衔通常被译为"August Thearch"。除了这个新头衔，秦王政的整个宣传机器，以及政策的许多方面都在强调，他的帝国和统治标志着历史上的一个新纪元，与以往的一切截然不同。在这种情况下，他自称"始皇帝"，毫无争议。这个新帝国比过去几个世纪分而治之的诸多王国都要强大得多。始皇帝为中国奠定了帝国的长久基础，因而在世界历史上具有非凡的意义。和基督教徒罗马帝国皇帝一样，中国皇帝也知道，地球上还有其他统治者并不直接处于他的控制之下。和他的罗马同侪一样，中国皇帝也相信自己领导的文明是世间唯一真正的文明，是被上天选中的独一无二的文明。任何寻求开化、想要遵循正确的原则生活的人，都应该尊重他并遵循他的指导。这就是历史学家口中的最纯粹形式的普世帝国（universal empire）。[29]

然而，在将拥有普世帝国作为一切真正的皇帝的标志之前，我们必须告别抽象的概念，回归客观现实的世界。许多统治者和王朝都宣称拥有普世的统治权和它赋予的优越地位。例如，巴厘岛上的一群小国王。人类学家克利福德·格尔茨进行过一项颇具影响力的著名研究，其主题正是这群国王。这些国王通过举行壮观的典礼和仪式相互竞争，将自己置身于巴厘岛上印度教徒的想象世界和宇宙观的中心。在格尔茨研究的"这些地区性的又脆弱的，且彼此之间联系松散的小公国"，仪式性的竞争是政治的一部分。用他写的一句名言来说，"是权力服务于盛典，而非盛典服务于权力"。用当代的术语来说，这是一个存在于平行的虚拟现实的普世帝国。人类学对君主制和帝国的研究有很大的贡献。仪式的盛大不仅是帝国软实力的一部分，还是许多皇帝的核心思想。然而，我在书中讨论的统治者在大多数方面都与格尔茨研究的小国王大相径庭。还有许多其他的例子更能证明，皇帝宣称的卓越地位和他的实际权力并不匹配。有时，国王可能比拥有皇帝头衔的统治者要强大得多。例如，在神圣罗马帝国最后 500 年的统治时间里，皇帝通常比他的劲敌法国国王弱。[30]

当维多利亚女王在 1837 年登上王位时，她直接或间接地统治着的帝国，比历史上其他任何帝国都更广阔。维多利亚毫不动摇地相信欧洲文明，尤其是英国文明的优越性。这种文明的核心是新教信仰和私有制，以及自由主义的政治、经济和文化原则，当然，是 19 世纪的"自由主义"。随着时间的推移，这些原则在世界上征服的区域，远远超过以往任何一个帝国传播的价值观和信仰。其中，甚至包括一些从未受过英国管治的地区。19 世纪，极其强大的英国海军、伦敦城的财力和金融网络，以及英国作为第一个工业强国的地位，支撑着这些原则持续传播。根据我对皇帝身份的定义，维多利亚女王在 1876 年 5 月获得"印度女皇"头衔前的几十年里，一直是女王。英国的君主制在重要方面发生了变化，成为历史上最伟大的帝国之一最引人注目的部分。即便如此，它的基本角色仍然保持不变，英国君主的大多数日常工作和生活也是如此。王子们进行了盛大的帝国之旅，但只有一位皇帝访问过印度。维多利亚非常关心帝国，但她大部分时间都在忧虑自己的王朝，与英国大臣一起工作，尤其是在外交政策方面。结束了寡居生活后，她继续在伦敦的仪式和典礼中扮演自己的角色。然而，即使是在帝国和新封建主义的顶峰，再如何挥霍无度，王室也从未设想仪式中让君主骑着一头大象在伦敦的街道上招摇过市。

帝国这个概念难以捉摸，不易定义。帝国自古以来就存在，而且有多种形式。帝国的定义是多样的，它们拥有不同的疆域，其疆域的治理方式往往也大不相同。一些大帝国绵延几个世纪，其间经常发生根本性的变化。仅用几个词来准确地定义这个多面万花筒的基本特征，几乎是不可能的。基本上，任何一个定义，除非它笼统到几乎失去意义，都仅适用于某些帝国或帝国的某些特征。即使是在结构和分析的限制下进行，情况也是如此。如果还要考虑君主的思想和想象世界，情况将变得更加复杂。虽然我是最不后现代主义的历史学家之一，但有些时候，我确实认为我们不能仅用语言去定义帝国，还应该去看、去感受、去想象。对我来说，最能感受帝国本质的方式，就是在伊斯坦布尔坐下来俯瞰金角湾，或是站在北京天坛（中国明清两代的皇帝每年都在此地举行隆重的祭祀仪式）的台阶上。在这样的环境下，我们很难不感受到帝国的权力、壮阔、自信和美妙，以及伟大帝国的历史感和命运感。用更直白的话来说，传记之所以在本书中发挥重要作用，原因之一在于，它使同理心、想象力和感官尽情释放，这是单纯的政治结构分析永远无法做到的。

当然，本书的读者至少应该清楚我所说的帝国到底是什么，不是什么，这一点至关重要。开启这一探索的好方法是，寻找本书论述的帝国之间主要的异同。它还有助于读者深入了解单个皇帝施政的环境。15 世纪末，欧洲开始征服世界上的其他区域，因而在当代世界，"帝国"这个词大多首先与这些欧洲跨洋帝国的历史联系在一起。欧洲人征服美洲，为了欧洲的实力增长和繁荣，征用并开发了几乎整个西半球，这些最终改变了全球的地缘政治。1500 年，欧洲在世界文明的阶梯上仅位列第三。中国和伊斯兰世界在争夺榜首之位。拉丁欧洲则处于东部草原游牧民族和南部伊斯兰帝国的包围之下。15 世纪晚期，航海技术的发展促使大洋向西欧人开放。这些大洋比草原更加广阔，更能避免冲突。它们允许欧洲人去造访那些远不如他们强大、毫无准备的美洲民众，以相较于大多数帝国的征服而言最小的代价，攫取了两个大洲的资源。美洲首次为欧洲人提供中国和印度迫切需求的白银。跨越大西洋，一场前所未有的大流动开始了，一头是劳动力（通常是非洲奴隶），另一头是种植园的农产品，大西洋世界就此逐渐成为日益一体化的全球经济的中心。

在这本书中，我们讲到欧洲的跨洋帝国时，最先介绍的是奥地利哈布斯堡王朝的查理五世。对于查理及其儿子，即西班牙国王腓力二世来说，新大陆的帝国就像一棵摇钱树，他们可以从它身上攫取资源，以维护他们的王朝在欧洲的霸权，并支持天主教的反宗教改革运动。对哈布斯堡王朝权力的恐惧，促使它的竞争对手创建自己的跨洋帝国。直到17世纪末，最伟大的几个欧亚帝国仍与欧洲人分庭抗礼。1700年，奥斯曼帝国基本上仍与奥地利哈布斯堡王朝旗鼓相当，仍比沙皇俄国强大。面对莫卧儿帝国和清朝皇帝的威严和权力时，所有的欧洲人都表现得相当恭顺。18世纪，权势的天平严重倒向欧洲。到1800年，英国接管了之前莫卧儿帝国统治的大部分地区，而奥斯曼帝国的相对实力却在急剧下降。英国能击败拿破仑，在很大程度上取决于它通过跨洋贸易和跨洋帝国获取巨额财富的能力。我们在第15章的末尾再详述这个故事。19世纪，世界上的大部分地区逐渐被欧洲帝国统治，其中，英国、俄国和德国是最强大的。它们是本书最后一章（后记除外）的主题，那一章的篇幅也最长。

在欧洲的跨洋帝国内部，本土和外围殖民地之间存在显著差异，它们主要表现在地理位置、种族和日益巨大的财富差距上。到了1900年，本土的公民和殖民地的非白人臣民之间也有了明显的区别。历史上，征服者对原住民进行种族清洗，侵占其财物，有时甚至对其进行种族灭绝，而白人移民殖民地是迄今为止这些行径最典型的代表。如果把帝国定义成一个大宗主国对周边民族的政治征服、经济剥削和文化统治，这些帝国无疑与这一定义十分吻合。至于本书论及的其他帝国，这个定义的吻合程度各不相同。[31]

在公元1500年之前的大约2000年里，关于欧亚大陆的地缘政治，最基本的事实是善战的游牧民族在军事力量上优于定居社会。从匈牙利到中国东北，横跨欧亚大陆北部的广阔草原是游牧民族的理想家园。阿拉伯半岛和北非的半沙漠地区范围较小，但仍是游牧民族军事力量的重要据点。欧亚大陆的大部分历史都围绕着一个问题，即一个定居社会是否容易受到游牧民族的袭掠。对于欧亚大陆的大部分地区来说，这个问题的答案是肯定的。而西欧、东南亚和日本的答案则是否定的。游牧民族的帝国和王朝是第 7 章的主题。奥斯曼帝国（第 11 章）、莫卧儿帝国（第 12 章）都起源于草原或草原附近地区。它们与欧洲的跨洋帝国有很多共同之处。它们的建立靠的都是武力，都受统治者剥削被征服者及其土地的愿望驱使。但在关键方面，它们与欧洲拥有海外殖民地的帝国截然不同。面对被统治的伟大定居文明，统治者有时甚至会认为自身在文化上低其一等。在极端情况下，这种类型的帝国见证了征服民族的同化和最终的消失。[32]

英文中的"帝国"（empire）一词，来源于拉丁文"imperium"（意为统治权）。在欧洲人的想象中，罗马帝国是帝国的范本，因此它成了早期现代欧洲国家争相效仿的对象。在关键方面，早期的罗马帝国与后来的欧洲帝国相似。罗马帝国是一个定义明确的国家，它征服了许多其他民族。罗马帝国的精英通过这些征服，获得了巨额财富。即使是罗马帝国的平民，也因为对被征服领土的开发而获得了慷慨的粮食补贴。罗马人可以异常残忍，在某些情况下，他们会诉诸近乎种族灭绝的政策，去征服和镇压敌人。罗马帝国的公民和非罗马帝国的臣民能享受的特权天差地别。然而，经历了数个世纪，罗马帝国发生了根本性的变化。最重要的是，罗马人表现出一种罕见的意愿，不但给予被征服的民族以公民权，而且允许当地精英进入帝国的本土贵族团体。212 年，除了奴隶，几乎所有自由民都被授予了罗马公民的身份。3 世纪，大多数元老，甚至皇帝都不再是意大利人，更不用说是罗马人了。至少在精英阶层，一个统一的帝国民族出现了，从 4 世纪中期开始越来越多地被称为"Romania"（源于拉丁文"Romanus"，原意是指罗马人的土地）。要是罗马帝国幸存了下来，人们可以设想一种类似于中国的演变。事实上，罗马帝国在外来入侵者的冲击下开始收缩。它在 5 世纪失去了西部行省，在 7 世纪失去了更为重要的、位于非洲的行省和黎凡特。然而，后来的罗马帝国（通常被称为拜占庭帝国）又存活了几个世纪。它自称为帝国，并且自豪地认同罗马帝国的遗产。但当代一位研究拜占庭的著名历史学家认为，它不是早期罗马帝国或后来欧洲模式下的多民族帝国，而是一个庞大却基本同质的政治共同体，它被称为帝国，只是因为统治者自称为"皇帝"。[33]

本书有三章（第 6 章、第 8 章和第 13 章）论述中国。这可以体现中国帝制传统独特的悠久历史、重要性和本质。两千年前，罗马帝国和汉帝国分别控制了欧亚大陆的西部和东部。罗马帝国解体，形成了一个持久的多极国际秩序，而中国的帝制传统却幸存下来，这在当代具有非常重要的意义。欧洲和中国为什么走上了不同的道路？关于这一问题的争论，也是本书关心的。一个关键的问题是，在欧洲，宗教权力和世俗权力被教皇和君主分割，而在中国，它们统一集中在皇帝手中。如果我对将中国皇帝称为祭司王心存犹豫，那么只是因为"祭司"（priest）这个词与犹太-基督教的一神论传统的联系过于紧密。中国皇帝举行的仪式包含儒教、道教、佛教和萨满教（如果他的王朝来自长城以外的地区）元素。这反过来又提出了一个发人深省但无法回答的问题，即中国的多神论是否比一神论更适合帝国的治理和生存。

毫无疑问，中国有帝制传统。它植根于古代的儒家和法家等思想，以及历朝历代不断演变的制度和风俗之中。然而，即使对于中国历史只有粗略的了解，我们也会发现，中原王朝（尤其是宋朝、明朝），与元朝、清朝和唐朝这些完全或部分起源于欧亚大草原游牧战士世界的朝代差异显著。比起宋朝和明朝，元朝、清朝和唐朝统治的帝国疆域更庞大，民族更多样化。中原王朝统治的至少是最初是庞大但相对同质的民族，它也统治着少数非汉族地区。近来，一份研究提到了 10 世纪和 11 世纪宋朝统治时期兴起的一种特殊的国族认同。该研究认为，宋朝政权之所以迫切地想要夺回割让给契丹的燕云十六州，是因为这片地区被视为中原。中国为帝国与民族之间的复杂关系提供了自己的处理方法。定义帝国和民族，不单纯是教授们的游戏。这些定义可能会导致严重的政治后果。[34]

我个人对帝国的理解现在应该很明确了。它有助于说明皇帝面临的挑战和诱惑。广阔的疆域是帝国的一个重要标志。它意味着丰富的资源和巨大的权力。鉴于前现代的通信条件有限，幅员辽阔也是帝国统治者面临的一个巨大挑战。传统上，帝国的统治必然是"低干涉"的。它把大多数方面的管理留给了当地的精英和团体，将主要精力用于从民众身上攫取足够的税收，以维持军队和宫殿。自古希腊人开始，欧洲人就倾向于将专制视为统治帝国规模的国家的必然结果。孟德斯鸠同意这一观点，但与希腊人不同的是，他认为城邦无法自卫，并认为像法国这样的中等规模政体最能够平衡国家对内部自由以及外部权力和安全的需求。在孟德斯鸠死后的一个世纪里，事实证明，比起庞大、松散且治理不足的帝国，中等规模的欧洲国家更便于集中统治和发展。欧洲民族国家的统治占据了主导地位。19 世纪下半叶，权力的钟摆又回到了庞大、大陆规模的政体一方。其中的许多原因将在本书的最后一章进行讨论。其中一个重要原因是，现代技术，尤其是铁路和电报，使殖民、开发和发展大陆的中心地带成为可能。支撑着所谓的"帝国主义巅峰期"（约 1870—1918 年）的地缘政治现实，依旧主导着当今的世界。正如新著《牛津帝国史》（*The Oxford World History of Empire*）的合编者所说，"在当前的国际秩序中展现权力的一个先决条件是庞大的人口，这一条件的重要性不断提升。目前的大国和正在崛起的大国 —— 美国、俄罗斯、中国和印度 —— 都是这样的帝国规模的国家"。[35]

帝国的第二个标志是统治着许多不同的民族。在权衡这一点的重要性时要谨慎。在前现代政治中，精英在政治上的重要性通常要高于普通民众。皇帝威逼利诱，赢得精英的支持，也加强宣传帝国的意识形态和身份认同。定义了大多数现代国家的民族-语言学标准，对前现代世界的精英和大众而言没什么意义。偶尔发生的大规模反叛，比如 1 世纪的犹太人起义，可能有原始民族主义的一面，但皇帝通常更害怕由经济压力导致的或由千禧年宗教狂热引发的大规模起义。皇帝通过宣称自己是许多土地和民族的主人而获得尊严和地位。这种情况在 19 世纪发生了改变。由民族-语言学标准、公民身份和历史定义的民族国家，越来越被视为唯一完全合法的政体。这是一个巨大的、最终也会致命的挑战，无论是对帝国，还是对其他任何一个国家来说，除了民族君主国，而且它的君主制得在很大程度上是象征性的。民族主义获得了信仰的力量，赋予许多人以生活的意义和目的。民族主义不断推动分裂既有的多民族帝国，这与推动国家向大陆规模发展的地缘政治力量相冲突，后者将此视为成为现代大国的唯一途径，它意味着地位、安全和繁荣。这种碰撞是冲突和不稳定的基础，最终导致了第一次世界大战。它继续在破坏当代政治的稳定方面发挥着关键作用。

在我看来，最重要的一点是，帝国意味着权力。一个国家除非在其生命的很长一部分时间里，在全球相当大的地区的历史上发挥重要作用，否则不配拥有帝国的称号。几乎所有的帝国都是通过征服建立的，没有强大的军队，它们无一可以幸存下来。帝国为其统治者带来荣耀，为臣民带来安全，这是帝国合法性和存在理由的关键因素。但是，单纯的军事力量不足以建立一个帝国，更不用说让帝国代代延续了。除了政治和经济，文化和意识形态的力量同样至关重要。最有声望的帝国都与一些伟大的普世宗教或灿烂的文明联系在一起。在这种情况下，帝国的统治不仅决定了由谁统治世界，还决定了占世界主导地位的信仰、价值观和文化。蒙古人曾统治着有史以来最为庞大的帝国，直到 19 世纪被英国人超越。蒙古帝国的一些痕迹仍然影响着当今世界。然而，从长远角度来看，它与阿拉伯的哈里发帝国相比，就显得微不足道了。阿拉伯游牧民族在军事上远不如蒙古人强大，但他们与伊斯兰教的联合，从根本上改变了全球的地缘政治和文化，其影响在当代世界仍然至关重要。在这本书中，我论及了蒙古帝国的统治者，但将更多的注意力给了哈里发。一定程度上，这是因为一些哈里发的个性更容易为人了解。但也有部分原因是，我想把注意力集中在最重要的帝国和统治者身上。

通过定义帝国，皇帝扮演的角色更加清晰可见。皇帝是一个王朝的君主，也是一家之主。他最主要的任务包括维护继承权，管理自己的亲密关系，以及培养自己的继承人。在为王朝献身的过程中，皇帝融入自我的程度，视个体和王朝而异。帖木儿的后代既对自己的王朝充满自豪，又不愿意牺牲个人的野心和自我来维护它的传统，因而名声不佳。1808 年，没有子女的奥斯曼苏丹穆斯塔法四世下令谋杀仅剩的两位奥斯曼皇子，将他自己的生存凌驾于一个统治了 500 多年的王朝之上。相比之下，哈布斯堡家族一般都表现出对王朝的极度忠诚和团结。当然，这也是因为哈布斯堡王朝的皇帝或皇子不用冒被亲戚割断喉咙的风险。

在某种意义上，皇帝是一种神圣的存在，受到某种"上天"的庇佑。即使是与天主教会不和的革命继承人拿破仑，也坚持让教皇主持他的加冕典礼。一个没有神圣光环和合法性的王朝很难长久存续。在公元后最初的几个世纪里，日耳曼国王基本上都是选举产生的军事领袖，他们的合法性来源于战争的胜利。战争充满冒险和不确定因素，国王的任期就像当代英格兰足球超级联赛足球经理人的一样无常。皇帝精心地塑造自己作为神圣统治者的合法性，这需要宗教的支持，但他们有时会与各种"神职人员"发生矛盾，争夺在一系列问题上的最高权威。此外，围绕官方神职人员经常持有的巨额财富的争议也很频繁。

尽管日本天皇和阿拔斯王朝后期的哈里发几乎失去了他们所有的政治权力，几个世纪以来，仅仅作为神圣的象征，为那些拥有真正政治权力的人的统治提供合法性，但除此之外，大多数皇帝都是其王国的首席政治官员。19 世纪，英国和荷兰的君主制发生变化，它们的君主开始扮演类似的角色。至少，王室首席政治官员通常保留了外交和军事政策、最高层官员的任命，以及与王室成员有关事务的最终决定权。树大根深的王朝，其君主可以安全地将大部分政府事务交给首相，不过，他们如果这样做，通常会因为没有履行王室的职责而受到指责（通常是背后议论）。君主是选择任用首相，还是自己扮演独裁者的角色，取决于其个性及王朝传统，也取决于他是否能找到一个值得信任、能够担此大任的代理人。这两种选择都有风险。风险最大的情况是，君主认为他有责任扮演独裁者，却缺乏这样做的能力。没有哪位皇帝能完全等同于现代意义上的首席执行官。他的角色是否能在某些方面类比于首席执行官，取决于他是否领导着一个庞大而复杂的政府机构。中国的皇帝显然可以。而欧洲的领导人自罗马帝国灭亡之后，没有一个配得上这个头衔，直到 16 世纪西班牙政府发展起来。阿拉伯帝国、奥斯曼帝国早期和莫卧儿王朝的统治者也不行。

大多数帝国和君主制都是由军事首领建立的。即便是中国的汉朝、宋朝和明朝等中原王朝，也是如此。从长远来看，通常是宗教和文化规范占上风。尽管中国一些中原王朝的君主渴望军功，且大多保留了在大战略和最高军事任命问题上的最终决定权，但信奉儒家思想和佛教的君主更多是圣人和道德典范，而不是战士。相反，欧洲的封建君主和游牧战士的后代则珍视他们的军事传统，如果他们想要拥有贵族精英的尊重，就需要维持这些传统。一方面，沉迷于军功带来的荣耀，可能会给君主带来灾难。另一方面，几乎在所有帝国，至高荣耀和合法性都是由战场上的胜利带来的。在军营里，皇帝可能会获得他在宫廷里难以体验的同袍之情和自由。此外，在危急关头，面对巨大的危险和不确定性时，一个有军事经验的统治者可以保持冷静，游刃有余地迅速做出决定。

与大多数国家相比，一个帝国更需要强大而忠诚的军队，这些军队可以击败外敌，又不会对本国的政府构成威胁。罗马帝国在兼顾军事力量和军队忠诚方面最不成功。渴望登上皇位的将领频繁发动政变，引发内战，给帝国造成了巨大的破坏。其主要原因之一在于，罗马的王朝观念十分单薄。在本书研究的所有帝国中，王朝观念在欧洲"封建时代"和早期现代是最强大的。这正好解释了早期现代的欧洲军队既强大又忠诚的原因。君主和贵族军官有着相同的出身，即"封建"武士，也具备相同的价值观和自豪感。他们拥有共同的经历、仪式、英勇事迹和传统，他们认为自己只是漫长的、史诗般的家族戏剧中最新出场的演员，这一切将他们紧密联系在一起。无论是在现实意义上，还是在象征意义上，这些军队都代表了君主政体和贵族地主阶层之间的紧密联盟，这正是大多数早期现代欧洲国家的基础。军官的制服具有重大的象征意义，将他及其君主绑在了一起。制服上有许多半隐晦的标记：王家花押和王冠往往是最常见的，而挂在军官颈前的护喉甲胄，则是封建骑士盔甲的最后遗迹。从18世纪中期开始，普鲁士、俄国和奥地利的君主除了穿着军装外，越来越少出现在公共场合。人们也不应该忘记军装那种单调但强大的性感魅力。19世纪，当男士正装变得越来越无趣，越来越"制服"化时，军服则开始走向相反的方向，充满了浪漫的异国情调。在帝国主义巅峰期，半殖民地风格的苏格兰高地短裙和哥萨克斗篷为英国君主和俄国君主的服装增添了额外的魅力。[36]

成功帝国的基础是君主政体与地主精英之间紧密而稳定的联盟。长远来看，在前现代，想要在帝国范围内建立一个庞大、高效的官僚机器，如果忽视这些精英，直接与农民打交道，是不可能的。君主制与地方精英的联盟需要一个稳定的协议，来分享从农业群体那里榨取的盈余。这一点很难实现。农民不应该被过度剥削到破产，以致被迫反抗或逃跑的程度。前现代的君主制总是等级分明、充满剥削，由自私自利的精英主导。但他们通常也依赖对正义的诉求，这可以引发广大民众的共鸣。帝国政权在用文字、仪式和形象向臣民展示自己时，最核心的方式就是编造公正而仁慈的皇帝神话。如果实际行为明目张胆地打破了这个虚构的神话，危险就会逼近。如果确定已久的剥削规则突然改变，变得越发严重，情况尤其如此。即使不考虑君主和贵族的贪婪和无能，作物歉收、气候失调，以及诸多其他自然灾害，也都很容易破坏皇帝、精英和农民之间始终脆弱的惯常临时妥协。日益增长的外部威胁也是如此，因为这会迫使君主国扩军，增加税收。[37]

精英自然不愿意将自身的部分盈余交给君主，如果君主被视为外国人，或者住在很远的地方，情况更是如此。必须说服他们这样做。这通常需要一些强制措施，特别是在王朝初创的几十年里。长远来看，必须利用他们的自利意识，以及一致的文化、宗教和意识形态，将精英与君主制绑在一起。王室宫廷通常对巩固君主与上层贵族的联盟起到了核心作用。庇护是帝制政治的基础，而宫廷是庇护关系分配的中心。对于贵族之家来说，它还是一个极好的婚姻市场。宫廷允许君主和贵族进行私人接触，这种接触有时甚至是非正式的。宫廷经常进行各种娱乐活动：音乐、戏剧和社交。君主可以充当慷慨的主人。在欧亚君主制国家几乎普遍存在的皇家狩猎活动，作为战事的半替代品，可以供男性宣泄同袍之情，展示过人的勇气和精湛的马术。[38]

朝臣如同身处一场精心编排的盛大芭蕾舞剧，他们既是观众又是舞者，而芭蕾舞剧的中心是君主。在正式场合，君主的一举一动都是为了彰显威严、崇高和仁慈。坐于宝座之上，围绕在他身边的是穿着华丽制服的护卫和等级分明的朝臣。这反映了等级制度的关键原则，即等级取决于与君主的亲疏远近。在某种程度上，从公元前 5 世纪的阿契美尼德王朝统治者到路易十四及后世君主，这一原则同样支配着宫廷。今天，当我们欣赏一幅描绘宫廷活动的大型画作，看到画面中成群的贵族戴着精致假发，穿着繁复的裙子时，我们会觉得很可笑，因为这些活动的核心准则已经不再具有任何意义或合理性。但在当时，画像中的人物会详尽"阅读"画中的细节,每个人物的位置、服装和骑士勋章都能展示他们的地位和重要性。

然而,需要警惕,不要被路易十四的情况迷惑了,以至于认为所有的皇帝都和他一样,是个皇家表演者。即使以欧洲的标准来衡量,法国国王在展示方面也是独一无二的。只举两个例子,中国和奥斯曼帝国的皇帝就远没有法国国王那样高频率地在公众场合露面。在欧洲以外的地区,君主可能会在后宫消失数周。即使在公共场合看到他,他也可能像雕像一样一动不动。17世纪80年代,路易十四的大使在觐见泰国国王时,"完全进入了另一个神圣的王权世界。在那里,他们见到的国王如同众神一般端坐于宝座之上"。而在回访凡尔赛宫时,泰国国王的大使震惊于宫廷的不拘礼节,当国王在宫殿的走廊上与密友聊天时,甚至会被争相寻求庇护的朝臣拦住。当代英国和日本君主的主要宫殿的比照较能说明问题。白金汉宫及其道路是为举行公共仪式和展览而建造的。日本天皇则住在一组古朴的小型现代建筑里,它们掩映在御苑的树木后面。伊丽莎白二世的加冕典礼遵循欧洲的传统,是在伦敦街头举办的一场大规模盛会。而在日本天皇的登基仪式上,最重要、最神圣的环节都是在半私密或者完全私密的情况下进行的。它们不是为了观众举行的,也不能被描述为一场演出。真正的观礼者是上天,不是朝臣,更不是公众。[39]

老生常谈但至关重要的一点是,君主在仪式中的角色,部分可以由任何没有身体和精神缺陷的人(甚至是一个孩子)来完成,但皇家表演者这一工作的其他方面确实需要高超的技巧。良好的仪态和强烈的责任感,足以使统治者为完成仪式角色的许多部分做好准备。对王子的教育通常两者并重。指导者通常努力教导年轻的王子和公主,以优雅、恰当的方式站立、行走、挥手和微笑。如何穿戴衣服和长袍以达到最佳效果,是他们在童年和青少年时期学习的又一课程。在当代,能与之相提并论的是选美大赛参赛者或年轻模特接受的训练,他们要学会如何最大限度地约束和展示自己的身体。对于那些天性害羞、笨拙的皇室子女来说,在皇家剧院的这种训练可能会产生很大的压力。虽然一个普通人也可以成功地完成君主的仪式职能,但管理朝臣和庇护体系才是统治者最重要、最困难的任务之一。从某种意义上来说，本书是一本关于皇帝的集体传记。它当然没有忽视他们的仪式角色，但更强调他们工作中主要取决于个性和才能的那些方面。[40]

成为一个成功的皇帝，意味着做好一项困难的工作。路易十四享受做君主，也擅长做君主。但很多皇帝并非如此。正如本章所述，他们被期望完美地扮演各种角色，其中一些需要不同，甚至互相矛盾的特质。皇帝必须是废寝忘食的政府首脑，近乎神圣不可侵犯的象征，虔诚、道德的典范，最高军事指挥官，寻找庇护、进行社交的中心，而同时兼顾这些责任则十分棘手，必须要做出取舍。君主制国家声称拥有半神圣的权力，但其往往没有足够的能力去实现、落实自身的愿望和政策，主张与能力之间存在巨大的差距。"所有的政治生命均以失败告终"，这句格言得到了许多更睿智、更善于内省的君主的认同。统治帝国要面临巨大的困难。一个年轻的君主很可能会通过恣情享乐来逃避现实。此外，随着时间的流逝，年迈的君主很容易陷入厌倦、沮丧和失意的情绪之中。现在，人们常用"过劳"（Burnout）一词形容那些过于勤奋的首席执行官。但与当代的首席执行官不同，君主通常无法退休，即便他愿意。在帝国历史上，国力衰弱乃至政权倾覆的剧目在漫长统治期的最后几年反复上演。

然而，失败和无力感绝不是问题的全貌。皇帝的权力可以是强大而有效的。意料之中地，这一点经常体现在军事事务和外交政策方面。在危急关头也是如此，当最高权力拥有者必须做出决断时，皇帝的能力或其他特质，可以决定一个王朝的命运。领导能力也可能对帝国的长期兴衰起到至关重要的作用。几百年甚至两千年前的君主做出的一些决定，仍然影响着当今的世界。牛津大学政治学前皇家钦定教授塞缪尔·芬纳称，秦朝的开国皇帝（公元前221—前210年在位）是历史上最重要的政治领袖，因为他创造的帝国模式使中国最终保持了统一国家的地位，从而对全球的地缘政治产生了决定性的影响。君主为自己及其帝国选择的宗教，有时还能界定世界文化区域的边界。君士坦丁大帝改宗基督教就是一个很好的例子。如果没有孔雀王朝的阿育王，佛教很可能仍只是众多教派中的一个，局限于印度一隅，甚至很可能已经随着时间的推移消失了。而现在，它传播到了东南亚和东亚的大部分地区，对这片广阔地区的文化和信仰体系造成了巨大的影响。离我们更近的例子来自 16、17 世纪的欧洲。16 世纪，萨法维王朝的沙阿为自己和伊朗选择了什叶派信仰，这一决定可能至今仍是中东地区地缘政治中最重要的一个因素。皇帝的重要性不言而喻。[41]

第 2 章

帝国的摇篮

古代近东和世界上最早的一批皇帝

农业、城镇、书写体系，以及大多数我们所说的其他文明元素，首先出现在近东。这个地区最初的核心是美索不达米亚，即底格里斯河与幼发拉底河之间的土地。如果没有这两条河流，农业和城镇都无法在这个半干旱地区可持续发展下去。随着时间的推移，"近东"一词逐渐包含今天的伊拉克、叙利亚，安纳托利亚的部分地区，以及埃兰（伊朗西南部）。虽然这个地区有许多民族和语言，但密切的贸易联系，一个又一个帝国统治下的周期性统一，以及同样的书写体系——由顶端为楔形的短线条笨拙地组合而成的符号文字，将这片地区联结在一起。

这个地区的基本政治单位是城邦，每个城邦都有自己的神明。早在公元前 3 千纪初，君主制就已经成为一种普遍的统治制度。天与地被视为平行的领域，而国王是两者之间的中间人。国王举行仪式和祭祀安抚众神，并确保其臣民的福祉。作为城邦神明的代言人和管理者，国王提供了秩序、正义和安全。世界各地的王权都兼具宗教和世俗的双重属性。在接下来的几千年里，一句亚述谚语在世界范围内广为流传，只不过表述的方式略有不同："人民没有国王，犹如羊群没有牧人，人群没有头领，犹如河水没有管理者……房屋没有主人，犹如女人没有丈夫。"一位当代历史学家评论说："王权对美索不达米亚人来说是如此当然和正确，他们认为，它是神发明的，是'上天传授的'。"在古代近东，就像在大多数其他前现代社会一样，我们只能估计王室和精英的意识形态被大众内化和接受的程度，而对这种意识形态的反抗或其他选择，没有记录留存下来。[1]

虽然神圣君主制的观念在城邦世界占据主导地位，而且实际上它往往是世袭的，但认为某个特定家族或世系继承了某种形式的神授王权的信念，似乎来自周期性征服并统治城市社区的部落和半游牧民族。一位研究古巴比伦（在许多方面，都是近东文化的中心地带）的历史学家评论称，在公元前 3 千纪，"出于人的天性，父亲通常希望儿子继承自己的遗产，并为此培养他们"，但在阿摩利人征服（公元前 2 千纪早期）美索不达米亚，建立巴比伦之前，没有任何迹象表明，"某个家族拥有神授王权"。他补充说，这种神圣世系的观念在该地区的许多闪族人和游牧民族中十分常见，它与祖先崇拜有关，并传播到了包括亚述人在内的城邦民族之中。[2]

一些城邦通过侵占邻邦进行扩张。极少数人在这个游戏中取得了非凡的成就，创建了世界上第一批帝国。通常认为，帝国的历史始于阿卡德的萨尔贡（公元前 2334—前 2279 年在位）。在此之前，国王最多统治几个城邦，而萨尔贡的帝国包括现今伊拉克和叙利亚全境。萨尔贡帝国因此获益颇多：他积累了大量的战利品和贡赋。他试图将自己塑造成不同于过去任何统治者的存在。他利用宗教来巩固自己的合法性，将一个女儿任命为神庙-城市乌尔的月神大祭司。萨尔贡的王朝和帝国延续了 100 多年。我们不知道它衰落的具体原因，但其中必然包括被征服的城邦对萨尔贡的残暴统治和他强加的沉重税赋的深切怨恨。然而，随着时间的推移，萨尔贡成了一名英雄，至少在精英的眼中是这样。"他的一生值得崇敬，对于国王来说，是值得效仿的。在萨尔贡辞世后的 1500 多年里，他的故事不断流传。"我们不知道与萨尔贡同时代的大众在其生前身后是如何看待他的，很可能带着厌恶、冷漠，甚至怀疑：当然，如同历史上的大多数情况，我们的历史资料几乎都是由与统治者关系亲密的精英写就的。这是我们历史学家必须忍受的一种变形。[3]

在接下来的 1500 年里，王国、王朝和帝国在近东你方唱罢我登场。在遥远的后世看来，近东地区最著名的皇帝可能是巴比伦尼亚的阿摩利人国王汉穆拉比（约公元前 1792—前 1750 年在位）。1901 年，考古学家发掘出了《汉穆拉比法典》，而汉穆拉比的名声主要便源于他制定的这部法典，而不是因为他统治了伊拉克的绝大部分地区和叙利亚的大部分地区。汉穆拉比非常关心自己生前身后的声誉。与其说他将自己描绘成一个征服

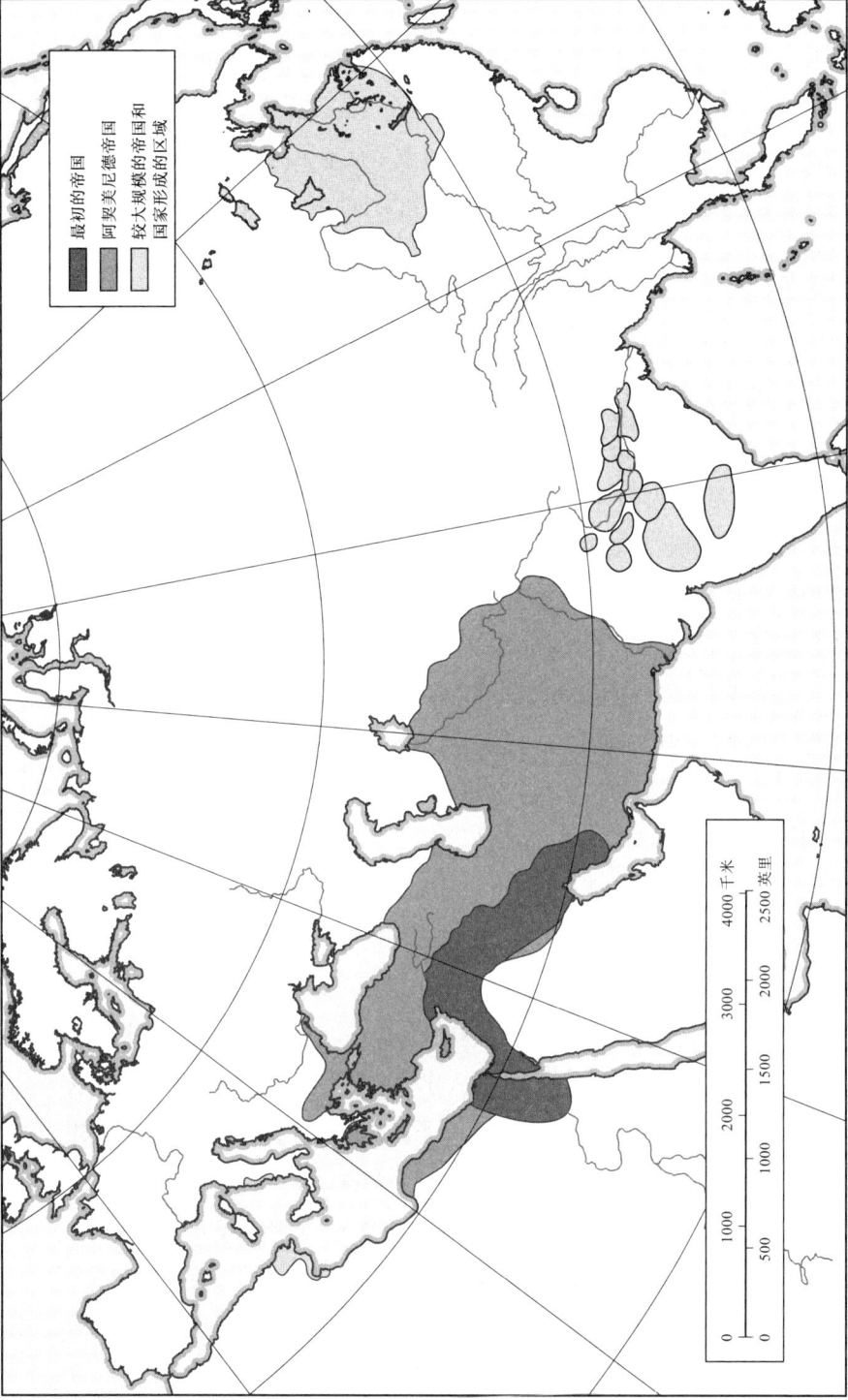

地图 2.1 最初的帝国（韦中地图系原文插附地图）

图例：
- 最初的帝国
- 阿契美尼德帝国
- 较大规模的帝国和国家形成的区域

比例尺：
千米：0 500 1000 1500 2000 2500 3000 4000
英里：0 1000 2000 3000 4000

者，不如说将自己塑造成一个统治者——为臣民开展公共工程（供水系统和运河），保护弱者，最重要的是为王室和神圣的正义理想服务。

近东最大的帝国是新亚述帝国，它存在于公元前 972—前 612 年。它比此前任何一个近东帝国都大四倍，覆盖了从地中海到波斯湾的整片地区，甚至还统治着历史上的近东地区边界以外的领土。几个世纪里，距离今伊拉克北部城市摩苏尔不远的亚述一直是一个中等规模的城邦。早期，亚述的主要名声来源于其商人在安纳托利亚和伊拉克南部建立的广阔商业网络。到公元前 13 世纪，亚述已经成为一个庞大而强盛的王国。当时，在统治该地区的王国之中，能与亚述相提并论者屈指可数。公元前 1200 年之后，似乎有一场普遍的危机笼罩了近东。危机的原因尚不明确，但伊拉克的大旱和地中海海盗的袭击起了推波助澜的作用。赫梯帝国和古埃及王国瓦解，巴比伦尼亚被来自伊朗西南部的埃兰人征服，亚述缩小到原来的城邦范围。其复苏开始于公元前 10 世纪早期，帝国在公元前 7 世纪发展到顶峰。在公元前 7 世纪末，它突然崩溃，其原因至今仍存在争议。

新亚述人似乎一直用异常无情的制度来压榨被征服的领土。官方意识形态强调对亚述主神阿苏尔的忠诚。在阿苏尔信仰中，征服和掠夺是美德。亚述语是亚述人独有的，是阿卡德语的一种方言。最初的亚述城邦没有天然防御，有时会被外来者征服。"宗教和黩武主义意识形态结合成一种黑暗的观念，它将国王视为宇宙的中心，将亚述描述为一片被邪恶之环包围的土地。"亚述人的宣传热衷于讲述残酷折磨和处决反对其统治的人的故事。他们还经常大规模驱逐被征服的民族。这些民族中有犹太人：鉴于《圣经》对于基督教世界（大多数研究古代近东的历史学家和考古学家都属于这一世界）的影响，亚述人作为极度邪恶的帝国主义者被载入史册一事，令人毫不意外，正如拜伦所写的诗句，"亚述人来了，像狼扑群羊"。尽管程度有所不同，但恐怖和残忍是所有帝国都奉行的政策。然而，正如一位历史学家评论的那样，在亚述之前，近东的王朝从未吹嘘自己给敌人造成了如此可怕的痛苦，而亚述的宣传也从未响应与巴比伦国王汉穆拉比类似的立场，即寡妇、孤儿和弱者的捍卫者。从长远来看，肆无忌惮的恐怖、剥削和扩张对于任何帝国来说，通常都是致命的。[4]

根据现有的资料，比起古代君主内心深处的自我，历史学家通常更容易了解他们的所作所为，以及他们展现在世人面前的样子。关于亚述皇帝，情况当然也是如此。许多亚述皇帝显然是优秀的将军和精明而无情的政治领导人。在某些情况下，我们可以确定，他们是具体政治方案的撰写人。例如，提格拉特帕拉沙尔三世（公元前 745—前 727 年在位）是一位令人敬畏的领袖，他扩大了帝国的边界，加强了对周边领土的控制。他还将高级官职及其酬劳集中在不同出身的王室官员手中，借此削弱亚述贵族的权力。这些王室官员有许多是宦官，君主认为宦官的荣辱完全系于己身，因而相信他们绝对忠诚。这一政策在短期内强化了王权，但也削弱了社会精英对王朝的支持，"导致了一旦宫廷崩溃，帝国就会崩溃的局面"。[5]

唯一在某种程度上显露了个性的亚述君主是亚述巴尼拔（公元前 669—约前 627 年在位）。亚述巴尼拔是一个极其不同寻常的君主，比起自己的军事才能（他可能从未上阵指挥），他更自豪于自己作为学者的能力："传统上，国王常常被描绘为战士和民众的保护者，亚述巴尼拔则与众不同，他选择了腰别尖笔的形象。"这位君主在公开场合夸耀其作为占星家、占卜师、数学家和文学家的资质。其中一些技能与决策制定密切相关。所有政府在采取政策时都会对未来进行估计和预测。对亚述人来说，关键是通过观测星星和研究绵羊的内脏领会众神的意图。相互对立的专家会给出不同的建议，他们身后可能是不同的派系，而一个掌握了占星和占卜原理的统治者，可以更好地判断这些建议。[6]

这种展示统治者在如何最好地权衡其官员提出的专业建议时面临许多不可避免的困境的事例，在现代人看来，似乎显得怪异和原始。相较之下，亚述巴尼拔面临的其他困境更为人熟知。作为权力、地位和财富的最高来源，君主一直是奉承、阴谋和诽谤的目标。在宫廷里，关于政策和立场的争端经常是通过向国王进言来解决的。统治者不能闭目塞听，但也要过滤掉纯粹的猜忌和诽谤。亚述巴尼拔在争夺王位继承权的激烈斗争中占得上风。他知道，那场斗争中的失败者尚未全部被摧毁，之前他的一些王室先祖成了宫廷阴谋的牺牲品。对于一位统治者来说，洞察他人的内心，不仅是其成功的关键，往往还是其生存的关键。一位深受亚述巴尼拔信任的老臣因对手的诽谤而恐惧，亚述巴尼拔试图安抚他："不要害怕！这个恶棍能说你什么坏话呢？难道我不知道你……时刻警醒，守护着我，没有犯下任何错，却为了你的主子一家而遭到压迫？他能说些什么不利你的话呢？我为什么要听？……不要害怕他的归来；你的生命与我同在。"[7]

亚述是第一个征服埃及的近东帝国，尽管他们对那里的控制短暂而不稳定。埃及文明是独特而古老的。它有自己的神明、文化和政治传统，以及截然不同的书写体系。埃及和美索不达米亚之间的贸易已经存在了几千年，但是使埃及摆脱了地缘政治上的孤立状态的是希克索斯人的入侵和征服。公元前17世纪，这群以黎凡特为主要基地的地中海航海民族入侵了下埃及。希克索斯人带来了诸多技术，在军事方面，最重要的是战车和复合弓。随后，在公元前16世纪，上埃及底比斯的土著王朝利用这些技术驱逐了上述外来者。这开启了埃及历史上的新王国时期（公元前1550—前1069年），它可能是古埃及最辉煌的时期。毫无疑问，它也是学者研究得最多的古埃及历史时期。

在这段时期的大部分时间里，埃及是地中海东部和近东最富有，可能也是最强大的国家。由于记忆里存有希克索斯人统治的阴影，新王国时期初期的法老优先发展军事力量，主要将自己描绘成武士国王。埃及控制着今天我们称之为以色列、巴勒斯坦和黎巴嫩的地区。其军队有时会长途跋涉到远方作战，如幼发拉底河。然而，埃及最多也就是"同侪之首"了。有许多强大的王国相互制衡，包括米坦尼王国、赫梯王国、古巴比伦王国和亚述。为了巩固这些"大国"君主之间的关系，公约出现了。国王们约为兄弟，互相交换礼物和大使。各王朝有时还会通婚。代代维系的联盟和互不侵犯条约，使各国能够在一个相对稳定的国际体系内追求不同的利益。近东的体系也像国际关系中的大多数此类势力平衡体系一样，最终崩溃了。米坦尼王国被赫梯吞并了。之后，生态和经济危机摧毁了该地区所有较大的国家。最后，复兴的亚述帝国控制了整个地区，包括埃及。

古埃及是否真的能被称为一个帝国，这个问题目前尚无定论。当然，在关键方面，它不同于萨尔贡的帝国和亚述人的帝国。在近东，城邦发展成了帝国，但埃及早在公元前 3 千纪初就已经是一个幅员辽阔的王国了。当时，上埃及和下埃及在政治上刚刚统一，但甚至在此之前，它们就已经形成了一个统一的文化单元。尼罗河及两岸受其滋养的富饶农业，创造了埃及，为它在政治、经济和文化方面的统一打下了基础。这条河可以双向通航 800 千米。埃及的君主被描绘成一个神圣的存在，有能力控制尼罗河每年的洪水，埃及民众的福祉有赖于此。从早期开始，埃及国王就征服并统治了努比亚，主要是因为他们觊觎努比亚的黄金和其他矿产。在新王国时期，他们间接统治着亚洲的大片领土。不过，按照近东和许多后世帝国的标准，他们的核心"国家"领土非常大，而其帝国则相当小。[8]

一位研究古代政治思想的历史学家称，埃及的政治思想是古代世界最极端的绝对君主制理论。即使是在近东的神圣君主制国家，君主也很少被视为神或作为神接受崇拜。但"在埃及，国王与神的联系，在紧密程度上远超其他任何文化。他是荷鲁斯和奥西里斯的化身，是至高神阿蒙-拉之子"，结束在地球的短暂停留后，他将回到天上的父亲身边。传统上，历史学家倾向于强调法老的宇宙角色，并将其与更世俗的近东传统进行比较，后者的国王主要是军事首领和政治领袖。这种差异不应被过分夸大。古代近东的大多数国王——尤其是帝国的统治者——在王室的宣传和臣民的眼中绝不是凡人。与此同时，法老在原则上同样履行一个世俗统治者的关键任务：他是政策的最终决定者，也是国家庇护关系的总分配者。现存的古埃及资料（几乎全部都是考古资料）更多地描绘了法老神圣的一面，而不是将其描绘成危险的宫廷政治世界的中心人物，不过，偶尔也会发现后者的迹象。埃及君主，就像几千年来的其他君主一样，必须应对其王朝成员的野心，以及其王位赖以存续的军事精英和祭司精英。在埃及，至少是在新王国时期，最大的威胁似乎是祭司精英和他们极度富有且强大的神庙。事实上，在新王国时期即将结束时，他们的权力已经超过了法老。[9]

法老的个性偶尔也会有一部分显露出来。图特摩斯四世（约公元前1400—约前 1391 年在位）年轻时十分热爱战车比赛。他的儿子阿蒙霍特普三世约 10 岁时登上王位，统治了 38 年。阿蒙霍特普的传记作者写道，根据现存的资料，我们对阿蒙霍特普的了解比大多数当代人对自己曾祖的了解还多，这原本是鼓舞人心的，直到有人意识到，在如今的第一世界，大多数人对其曾祖辈的了解极为粗略，至于他们的内心世界，就更加知之甚少。不过，阿蒙霍特普性格的某些方面确实可以通过传记找到答案。同其王朝（第十八王朝）的许多成员一样，阿蒙霍特普三世也是畸形足。他的儿子和继承人阿蒙霍特普四世（即埃赫那吞），（除了其他疾病）还患有腭裂。阿蒙霍特普三世的孙子图坦卡蒙是"一个虚弱的男孩，左脚畸形，右脚患有令人痛苦不堪的科勒氏骨病"。随着图坦卡蒙的去世，埃及第十八王朝逐渐消亡。这并不奇怪，因为法老实行近亲通婚的程度就连哈布斯堡家族也无法想象。有些君主娶了他们的姐妹，甚至是他们的女儿。图坦卡蒙很可能是"一代堂表亲"三代通婚的产儿。[10]

　　尽管是近亲繁殖的产儿，阿蒙霍特普三世仍是一位能干的统治者和优秀的艺术赞助人，他对美、比例和工艺有着敏锐的眼光。也许，这是因为在生命的前十二年里，他只是众多王子中的一个，而不是法定继承人。与后文论及的大多数王子相比，他接受的早期教育相当民主。王子们、幼小的贵族，以及王室官员和家政人员的儿子，都在一起接受教育。这可能有助于阿蒙霍特普在以后的岁月里评判他人并选择有能力的副手，其中一些人并非精英出身。男孩在算术、音乐和绘画方面接受了良好的基础训练。最重要的是，他们接受了古埃及经典文本的教育，每一部经典都有供孩子学习的道德规范和指导。离开了初级的"幼儿园"后，阿蒙霍特普首先在孟菲斯的宫廷学校学习，最后到他父亲的母校，即底比斯的姆特寺庙学校跟随导师学习。除了接受学术教育，年轻的王子还学习了宫廷礼仪和贵族运动，比如射箭和驾驭战车。在底比斯和孟菲斯，阿蒙霍特普沐浴在古埃及文明取得的众多辉煌灿烂的成就之中。他的首席导师赫卡勒舒非常尊重埃及君主制最初的历史和传统，并因此而闻名，他似乎将这种对古制的尊重传给了阿蒙霍特普。阿蒙霍特普在位期间，他青年时期的一些导师担任高级职务，享有他的特殊信任，世袭君主大多如此。

　　作为继承人，阿蒙霍特普可能曾经短暂地担任过努比亚总督。在统治早期，他就开始与努比亚叛军作战。但是阿蒙霍特普三世不想扩张埃及的领土，也不想扮演武士国王的角色。相反，他把精力投注于建筑、雕塑和装饰艺术，将努比亚和近东的特色融入古埃及传统，给子孙后代留下了丰厚的文化遗产。阿蒙霍特普热爱艺术，对扮演武士国王的角色缺乏兴趣，再加上这个王朝的女性在其统治期间扮演的角色，导致英国一些老派的埃及学家认为他身体柔弱，缺乏男子气概。事实上，纵观埃及整个王朝的历史，王室女性一直都是强大的存在，在新王国时期更是如此。阿蒙霍特普的大王后蒂耶似乎与丈夫有着亲密的私人关系，给他生了很多孩子，是第一位在生前被神化的埃及王后。她出身于军事贵族家庭，在阿蒙霍特普的军队和管理方面扮演着关键角色。在阿蒙霍特普的眼中，这种与军事贵族的联盟，可能是抗衡强大的祭司精英的一种手段。[11]

在阿蒙霍特普三世的儿子兼继承人阿蒙霍特普四世统治时期，对高级神职人员及其巨额财富的敌意是其重要主题。阿蒙霍特普四世将名字改为埃赫那吞（意为"阿吞的大祭司"），以表示他放弃了埃及过去主要的神祇阿蒙，并证实他对太阳神阿吞的崇拜。随同阿蒙神一起被抛弃的，还有埃及众神和宇宙论的类人特质及其神话。法老将阿吞神提升到至高无上的、准一神论的地位。他放弃了旧都底比斯和那里供奉阿蒙神的庞大宗教机构。取而代之的是，他在现今阿玛纳建立的、献给阿吞神的新都。对旧日的祭司精英来说，这是对其地位和财富的巨大打击。这对于埃及人的宗教情感来说也是一个令人震惊的打击，因为新的至高神和创造者是一个纯粹抽象的概念，它以太阳圆盘为标志，从未被描绘成人类或动物的形象，也从不说话。埃赫那吞改变埃及宗教的尝试，与后世的皇帝有许多相似之处。关于埃赫那吞的事例，我们无法说明其个人和宗教动机在该项政策中发挥了多大程度的作用。他的统治给出了一个明显的教训——许多政治体系都曾遇到过——那些过于相信自身权威、试图正面攻击核心精英和根深蒂固的公众信仰的皇帝，不太可能取得成功。埃赫那吞的革命尝试彻底失败了。在他死后，过去的宗教信仰和精英重新确立了自己的地位。埃赫那吞本人也成了埃及历史上最为人厌憎的人物之一。[12]

考古学揭示了很多关于古埃及君主制的纪念碑、仪式和典礼的信息。金字塔的庞大规模和对称美至今仍令人赞叹。通过卢克索和卡尔纳克存留的新王国时期的遗迹，连同现存的浮雕和铭文，我们可以知道仪式是如何进行的，以及它们被设计出来所要传达的信息。秩序、等级、辉煌气象和王权都是常见的主题，这一切都以法老为中心。纪念碑、建筑和公共空间永久地传达着这些刻在石头上的信息，它们还提供了举行仪式的场所，这些信息在那些场所被反复灌输给参与者和观看者。重要节日往往与宇宙和自然力量有关：例如，尼罗河汛期的结束。每当那时，水位退去，人们开始种植。典礼将法老与众神、宇宙及其祖先联系在一起：法老每天都举行仪式来供奉他神圣的父亲。[13]

在随后的几千年里，上述主题中的大多数在帝制君主国反复出现，当然是以各自特定的宗教和文化形式。俄罗斯帝国的尼古拉二世是世界上最后的皇帝之一。20 世纪初，他参加了许多专门设计的仪式和典礼，想要传达的信息与法老宣布和展示的相似。例如，在每年 1 月的主显节盛宴上，他在圣水祭礼中扮演核心角色，地点就在流过圣彼得堡冬宫的涅瓦河上。涅瓦河的水象征着基督受洗的约旦河河水。东正教的宗教仪式和法袍与宫廷典礼结合在一起。在东正教神职人员之后，穿着最华丽的制服的宫廷官员也依次围绕在皇帝周围。尘世和天堂的等级制度和真理得到了确认。圣彼得堡巨大的广场和宏伟的宫殿营造出了令人敬畏的氛围。像大多数帝国的首都一样，它的建筑传达了王朝的古老、威严和神圣等常规信息，也传达了具体的信息。对圣彼得堡来说，完全欧式的外观是为了表明，俄国是一个欧洲大国。点缀在城市景观中的方尖碑提示人们，这个帝制君主国拥有悠久的历史。方尖碑起源于古埃及，法老们一些最壮观的方尖碑被当作战利品，带到了罗马和君士坦丁堡。方尖碑成了帝国建筑和纪念碑的重要特征。罗曼诺夫王朝的皇帝建造方尖碑，是为了宣称他们拥有一个伟大的帝国，更具体一点来说，就是其血统可以追溯到罗马帝国和拜占庭帝国。[14]

第 3 章

波斯皇帝和马其顿的亚历山大

公元前 550—前 530 年，整个近东都被波斯的阿契美尼德王朝征服了。不久之后，埃及也被征服了。波斯帝国成了那时有史以来规模最大的帝国。它横跨今天的伊朗，向东延伸至阿富汗和中亚。除了阿契美尼德王朝，只有哈里发帝国能够将伊朗高原和地中海这两大地区权力中心纳入一个帝国。就连罗马人也没有做到这一点，因为事实证明，伊朗的安息帝国和萨珊帝国是他们最强大而持久的敌人。

阿契美尼德帝国的西半部是城邦的世界，其东半部则很少有城镇，取而代之的是许多农民和贵族庄园。波斯人起源于高加索地区和安纳托利亚，是使用印欧语系雅利安语支的族群。游牧民族斯基泰人是他们的远亲。波斯人也很可能是游牧民族出身，但到公元前 550 年，他们已经在伊朗西南部生活了几个世纪，在政治和文化方面，已经吸收了该地区定居民族，尤其是埃兰人的许多影响。作为生活在定居文明边缘的征服民族，波斯人将祖先的战士技能与来自定居社会的政治制度、政治手段和政治思想结合在一起，这一模式在日后的欧亚大陆反复出现。

公元前 6 世纪初，伊朗的西南部为邻近的波斯王国和米底王国所统治。阿契美尼德帝国的创建者居鲁士大帝（约公元前 560—前 530 年在位）是这两个王国的继承人，因为他的母亲是米底国王的独生女。居鲁士是一位大胆并且善于鼓舞人心的领袖，一位优秀的军事战略家和战术大师，他还是一位精明的政治家。通过关于其生活和战争的记录，我们可以凭直觉看出这几点。然而，我们无法说出他的更多特点了。尽管古希腊作家色诺芬的一部著名作品以居鲁士为主人公，也于事无补。这部作品有时被称为第一部传记，有时也被描述为领导者的启蒙书。问题是，尽管书中的一些历史背景是准确的，但色诺芬对于居鲁士的描述，与其说是传记，不如说是历史演义。此外，它还是一个设定在古希腊英雄主义领导规范下的历史演义。居鲁士去世后，帝国过度扩张，王位争夺，再加上其继任者冈比西斯在没有指定继承人的情况下于公元前 522 年突然离世，共同导致了阿契美尼德王朝早期的叛乱，帝国几乎瓦解。然而，居鲁士的远亲、阿契美尼德家族旁支的大流士一世镇压了叛乱，在更持久的基础之上重建了帝国。历史证明，大流士是一位杰出的政治和军事领袖，同时也是一位优秀的管理者。他创建的政治、思想、军事和行政框架，使帝国绵延了近两个世纪。幸运之神站在了大流士和阿契美尼德王朝一边，在公元前 522 年顺利夺权，并在内乱中击败了诸多对手和叛军之后，他一直生活和持续统治到公元前 486 年。在前现代世界，每个世袭君主国的命运都在很大程度上取决于君主的身体状况。[1]

　　与埃及、亚述一样，阿契美尼德王朝也是神圣君主制政体。[2] 虽然这个王朝声称自己既不是天赐的，也不是神的后裔，但它的合法性依旧有一部分基于琐罗亚斯德教最高神阿胡拉·马兹达的赐福。皇帝凌驾于普通人之上，具有一种直接来自神的个人魅力 —— 可以用"神授灵光"（Farr）一词来概括 —— 通常以太阳圆盘为象征。在阿契美尼德王朝，琐罗亚斯德教的关键方面尚未完全成形，它的圣典《阿维斯陀》（据说成书于阿契美尼德王朝末期，后在亚历山大远征波斯时焚毁，3—7 世纪重新编纂）要到一千年后才写成，因而对于这一时期琐罗亚斯德教的诸多方面，我们很难有准确的了解。与佛教、基督教和伊斯兰教一样，琐罗亚斯德教也解决了一些相同的关键问题。它提供了一个宇宙观，解释了世界的开始和终结。它讲述了善恶之间激动人心的故事，说明了善人与恶人死后的命运。国王是阿胡拉·马兹达的大祭司，也是最高神与民众之间的调解人。不过，琐罗亚斯德教是一种宽容的宗教，至少在阿契美尼德王朝确实如此，甚至波斯人之中也接受其他民族的次要神明。例如，阿契美尼德的思想和习俗给予了密特拉荣耀的地位，而他主要是米底人的神明。此外，波斯国王不仅坚持接纳被征服民族的神明，还会在巡行经过这些神明的家乡城市时敬奉他们。[3]

　　这是一个相对宽容、仁慈的帝国具有的意识形态元素。阿契美尼德王朝和波斯精英征服了一个帝国，为自己赢得了财富和地位。那些反抗或拒绝进贡和征兵的被征服民族都遭到镇压。不过，大流士一世设置了一个相对适度的贡赋数额，阿契美尼德的宣传（与亚述不同）强调的也不是无情的镇压，而是帝国提供的和平与安宁。阿契美尼德王朝安抚当地精英，并通过他们进行统治。考虑到帝国疆域的大小和波斯精英的规模，这是明智的选择，但这也意味着统治者永远不能过度施压。一般来说，只要他们克制自己的欲望，保住权力的光环，他们的臣民就不太可能反抗。相对地，一旦被惹怒，非波斯的地方精英会调动大量资源支持叛乱。而且，王朝、波斯精英和帝国的意识形态无法深入渗透到非波斯社会。统治者不能指望被征服的民族忠心耿耿。

　　阿契美尼德王朝也称波斯帝国，它的基础——就像我们将要研究的大多数帝国一样——始终都是皇家王朝与贵族和地主精英之间的联盟。阿契美尼德家族和波斯贵族相互需要。随帝国而来的巨大好处主要在这个小群体内部分享，它们是帝国体系的政治基础。宫廷、中央军队和行政部门的所有高级官员几乎都是波斯人，其中绝大多数是贵族。执掌地方的总督一职也是如此。波斯的核心精英仍然是半部族制的，基本上是世袭的。通过建立功勋或获得统治者的青睐，一些"新人"进入了精英阶层。一个贵族家族及其财富总是容易因为皇室独断而不受约束的权力遭受损害。但是，阿契美尼德王朝的统治者从来不希望，也不敢挑战整个贵族群体。波斯的精英从未质疑过阿契美尼德王朝的统治权，但个别统治者的地位则远没有那么稳固。很少有君主能自然死亡，大多数君主都成了宫廷阴谋的受害者。波斯贵族效力于阿契美尼德王朝，因为可以获得丰厚的回报，但他们最忠诚的仍是自己的家族和部落。[4]

　　阿契美尼德王朝的宫廷拥有历史上诸多帝国宫廷的大部分特征和功能。宫廷里聚集着君主、他的家人、大臣和社会精英。它可以同时是家庭住所、政府中心、庇护源头，以及进行宣传和惊人表演的剧院。统治者衣着华丽，威严地坐在王座之上，而王座本身在高于朝臣的高台上。统治者走在只有他本人才能走的地毯上。周围都是穿着华美制服的卫兵和朝臣。每个人的位置和动作都经过严格而精心的编排。站在君主身边的哪个位置，穿戴的衣装的款式和颜色，以及是否拥有代表特殊恩宠的徽章和头衔（比如"国王的朋友"）等，能界定自身所处的地位。宴会上，也得遵循严格的等级顺序，不过晚宴后，君主可以选出大约 12 名高级朝臣与他一起参加私人酒会。荣誉和影响力、政治和社交能力结合在了一起，皇家宫廷通常如此：在这些私人聚会（座谈会）上，君主和朝臣讨论了关于任命和政策的重要问题。皇后和公主也参与了宫廷生活。只有嫔妃被半限制在后宫里。皇家的兄弟姐妹及其母亲、姻亲之间的竞争和仇恨，可能会不死不休，尤其是在王位继承权的争夺陷入白热化的时候。对于年迈的君主和新继位的君主来说，这是最危险的时候。由于没有固定的继承法，局势的动荡不可避免：即使在父亲生前就被指定为继承人，也不一定能顺利继位。更不用说长子继承制了。虽然嫡子的继承权优先于妃子诞下的皇子，但有时继承皇位的是后者。[5]

没有任何现存的证据，能使我们准确地判断阿契美尼德王朝君主的个性或内心深处的想法。不过，大流士一世墓碑上的铭文有助于我们深入了解这位阿契美尼德王朝最伟大的君主对于王权本质的看法，以及他眼中成功地履行君主角色必需的品质。大流士首先通过追溯先祖世系，宣称自己属于阿契美尼德王族，是一个古老王朝的成员，有许多王室先祖。他接下来表示自己是波斯人，然后是雅利安人——可能主要是为了向米底人致意。与其他人一样，大流士补充说，他统治着广阔的领土和许多民族，因此他理应获得"万王之王"的头衔，几乎是一位普世统治者。他的权力来自阿胡拉·马兹达的任命，这位神祇赋予了君主"智慧和能量"。大流士是"正义"的朋友，也是"谎言"的敌人，他惩罚恶人，奖励善者。他身体强壮，是一个优秀的骑士、弓箭手和长矛兵，同时也是一位优秀的指挥官。在战争中，他足智多谋，充满威信，面对敌人时从容不迫。他拥有统治者必需的能力，可以抑制自己的愤怒，不急不躁，赏罚有度。此外，大流士在了解事情全貌前，从不轻信指控或诽谤。[6]

关于阿契美尼德王朝的传统叙事，读起来就像一个中国王朝得失天命的故事，也类似于一个伟大的现代家族企业的兴衰历程。一位敢于冒险、富有革新精神的创始人（居鲁士二世）被一位强大的家族企业管理者、巩固者（大流士一世）接替，此后，衰退开始了。问题是，这个传统叙事完全依赖于希腊文献，而这些文献通常带有严重的偏见。首先，它们几乎只关注波斯在西方的政策，尤其是针对希腊人的政策。关于帝国巨大东翼的信息近乎空白。其次，希腊人相信，他们自己是充满男子气概、热爱自由、纪律严明且朴素的，而波斯人则完全相反，他们奢侈放纵、胆小懦弱，这种观念影响了他们的叙事。希腊人认为，这就是生活在绝对君主制宫廷里的原因和结果，这种宫廷充斥着女人、宦官、奴性和阴谋。将波斯人的恶习与希腊人的美德并列，是一种奇妙的修辞手法，希腊人可以借此赞美自身，以及他们宣扬的希腊人的核心品质。这些描述产生的非凡文化影响持续了两千多年，给"东方"及其统治者安上了上述特定的罪行，然而实际上，欧洲这边的国王和精英往往也以类似的方式行事。

公元前 480 年，大流士一世的继任者薛西斯一世入侵希腊失败，柏拉图嘲笑他败于"女子气的教育"，他的统治被描述为阿契美尼德王朝实力和领导地位迅速衰落的开始。公元前 4 世纪 30 年代，王朝毁于马其顿的亚历山大（公元前 336—前 323 年在位）之手。西方出于偏见，将这个"东方"王朝的漫长历史时期简化成关于衰退的单一叙述，这既不真实，又不符合历史，而这种叙述方式对于研究奥斯曼帝国的历史学家来说已经数见不鲜。这个关于衰落的故事内容包括皇室女性之间的血腥斗争、宦官的阴谋，以及皇室对于朝臣和总督控制力的减弱。而亚历山大之所以能摧毁波斯帝国，部分被归因于阿契美尼德王朝的最后一位君主大流士三世的懦弱和声名狼藉，据说，他被麾下的许多波斯军官抛弃，因为他们认为他的统治是不合法的。这个故事的大部分内容显然是错误的。公元前 480年，波斯帝国在希腊只遭到了相对轻微的挫折，此后仍然非常强大。在公元前 4 世纪上半叶，波斯人间接对希腊本土施加着巨大的影响力，还重新控制了埃及，此前，阿契美尼德王朝内部因为继承战争，导致中央权力削弱，已经失去埃及长达数十年。至于大流士三世，他现在通常被描绘成一个合法的称职领导人，不幸的是，他面对的是可怕的马其顿军队。它在国王腓力二世的手中得以创立和完善，公元前 4 世纪 30 年代末，在腓力之子亚历山大的带领下作战，亚历山大是历史上最伟大的将领之一。[7]

亚历山大所属的阿吉德王朝统治马其顿两百余年。这个君主制国家有着神圣的气息："宗教和只有国王才能举行的仪式，以及祭祀和典礼"，是构成阿吉德王朝地位和合法性的重要因素。另一方面，继承规则并不明确：统治者的儿子经常相互竞争，以继承王位。即使登上王位，国王的"政府也是其个人的，他的权威完全取决于自身能力所能到达的限度"。为了巩固国王的权力，成功至关重要，而最重要的是在战争中取得的成功。首要的一点是，亚历山大继承的马其顿君主国是武士王权的一种变体。马其顿王室军团经过腓力二世的扩充和完善后，希望它的国王能在战争中扮演成功的领袖。腓力满足了军队的期望，在战争中身先士卒，甚至因此多次受伤，失去了一只眼睛。腓力还在马其顿之外、更广阔的希腊世界寻求合法性：例如，他在奥林匹克竞技会中取胜，从而确立了自己作为一名英雄运动员的身份。早在腓力统治之前，阿吉德王朝的国王就已经开始资助并招揽希腊的主要艺术家。[8]

在腓力统治期间，阿吉德王朝的宫廷和精英结合了马其顿的勇武和希腊的高雅文化。亚历山大两者兼具。亚里士多德是他的导师。终其一生，亚历山大始终热爱希腊的诗歌、音乐和文学。亚历山大"将欧里庇得斯的戏剧熟记于心"，当他在伊朗最东部作战时，还"派人取来欧里庇得斯、索福克勒斯和埃斯库罗斯（是比索福克勒斯更出色的前辈）的戏剧，作为休闲读物"。作为一个王子，亚历山大与马其顿的贵族男孩一起长大：接受战争训练，在狩猎时互相鼓劲，变得更加勇敢，希腊的文学和艺术主导了他的青少年时期。他成了历史上最伟大的将领之一，以敢于冒险、敏锐的战略洞察力和迅捷的作战方式而闻名，同样广为人知的还有他的战术天赋。他还因英勇无畏而出名。他身先士卒，与士兵一起承受危险和负累，因此获得了士兵的崇拜、信任和追随。就连他的恶习——包括酗酒狂欢——在程度上也远超常人。亚历山大极具魅力，是希腊式英雄的典范。就像最典型的浪漫主义英雄一样，他征服了世界，然后英年早逝，享年 32 岁。[9]

亚历山大对历史做出的最重要的长远贡献是，将希腊文化传播到了亚洲的大部分地区。其中，最重要的就是阿契美尼德帝国的领土：亚历山大在这片土地上建立了希腊殖民地，在他去世后，他麾下的将军——塞琉古和托勒密——建立的王朝统治着这些地区，绵延数代。不过，即便是亚历山大的军队从未到达的地区，乃至中国，也可以找到其遗产的痕迹："现在，有明确的证据表明，一些更复杂的工艺——空心铸模等——是中国从西方学习而来的，它们在中亚的确立和持续发展都归功于亚历山大的征服。"像往常征服帝国一样，文化影响向四方的传播必须与征服者造成的破坏相平衡。在亚历山大的例子中，这包括对波斯波利斯恢宏的宫殿建筑群造成的破坏。他传播希腊文化的努力产生了巨大的长期影响，这一点甚至连他自己也始料未及。也许最重要的是，如果没有亚历山大在近东和中东的大部分地区推行的通用希腊语，"基督教永远也不可能传播到犹地亚以外的地方"。[10]

亚历山大的母亲奥林匹娅丝所属的家族声称，阿喀琉斯是他们的祖先。亚历山大的父亲所属的马其顿王朝则声称，他们是宙斯之子赫拉克勒斯的后裔。战场上的英雄主义行为和精美的铠甲，在某种程度上是一场王室表演，不仅是为了获得麾下马其顿士兵的敬佩，也是为了获得深受荷马史诗影响的希腊世界的认可。亚历山大本人将这些传说内化了，对个人荣耀的渴望成了他的主要动力。他希望自己获得的荣耀能超过其先祖和希腊传奇中的英雄，更不用说他的父亲腓力了。近来，一位研究亚历山大和希腊古典时代"大人物"的历史学家写道："亚历山大似乎想在生前凭借自己的能力被视为神明。他对阿喀琉斯、赫拉克勒斯和狄俄尼索斯的模仿和超越强烈暗示了这一点，他声称自己是神的直系后裔，这更加表明了他的想法。"随着时间的推移，接连的胜利促使他越来越痴迷和执着于个人荣耀。与早期对波斯帝国的征服相比，他在印度的战役更加血腥，也更加不切实际。在这一点上，即便是对亚历山大忠心耿耿的士兵，也忍无可忍，要求撤退，其中许多人要求返回马其顿。然而，即便是这样，也没有阻止亚历山大对荣耀的渴望。他去世时，正计划征服阿拉伯。[11]

毫无疑问，亚历山大是一个天才，他对历史产生了巨大的影响。不过，他是否是一位优秀的世袭君主，还是一个帝国开创者，就是另一个问题了。毋庸置疑，大多数帝国的建立者和当代公司的创始人都有些狂妄自大。而帝国和公司要想生存下去，就需要克服这一点。亚历山大死后，只留下了几近于无的制度和两个年幼的儿子来维系他所征服的帝国。不可避免地，内战爆发，帝国解体。他的儿子、哥哥（有智力障碍）和姐姐，都迅速被谋杀了，他的王朝甚至失去了原本在马其顿的王位。在亚历山大去世后，马其顿本身的实力很快就不如他刚继位时那么强了。

对于亚历山大要为此负多少责任，人们仍有争议。他本人知道，从只是马其顿"民族"的国王到成为统治着广阔疆域和多元民族的阿契美尼德帝国的皇帝，是怎样的挑战，他聪明地克服了这一挑战。新建立的帝国常常因为继承危机而解体，以亚历山大的情况来说，他缺少的是一个成年的男性继承人。一方面，人们很难因英年早逝而责备亚历山大。另一方面，在战场上指挥军队时舍生忘死的英雄主义气概，很可能导致了他的早逝。

和大多数伟大的历史人物一样，有历史学家崇拜他，也有历史学家批判他。至于我个人，我的主要目的是探索他的生活和统治，借此阐明本书的关键主题。亚历山大既是一位世袭君主，也是一个拥有超凡魅力的领袖。他使世人看到了，这种组合是多么不可战胜。他英年早逝，因而没有留下成年继承人，这提醒人们，世袭君主制有其固有的脆弱性，它需要强大的制度和完善的继承规则作为支撑。亚历山大的一生还说明，作为权威来源和领导准则，世袭君主制与个人魅力之间存在矛盾。世袭君主必须效忠于比他自身更重要的目标，通常指他的王朝和民众。为了民众的福祉，国家的存续至关重要，不能像一家私人企业那样冒险，更不用说是为了满足领导者追求个人英雄主义而冒险了。希腊的英雄崇拜传统是"对个人的崇拜，英雄总是被想象成孤身一人"。亚里士多德称，阿喀琉斯——所谓的亚历山大的祖先和榜样——是"一个非合作者，就像跳棋游戏中的孤子"。正如一位研究希腊英雄的学者所指出的，"政治管理的责任与英雄必需的个人主义不能很好地结合在一起"。在后来的罗马统治者和基督教世界、伊斯兰世界的统治者中，没有哪位古代皇帝比亚历山大更声名显赫、更有魅力，但他产生的影响往往是恶劣的。从概念上讲，个人魅力和世袭君主制本质上就是冲突的。从更现实的层面上来说，生于宫廷，王位触手可及，本就容易使人狂妄自大，不需要再受荷马史诗中的人物误导了。此外，不是谁都能像亚历山大一样，成为一个军事天才，并继承其所在地区最强大的军队。[12]

第4章

罗马帝国君主制

在这本书中，我主要研究了罗马帝国从公元前 1 世纪的最后几十年到公元 7 世纪 30 年代的历史，换句话说，就是从奥古斯都建立君主制到伊斯兰教在近东兴起。考虑到本书的主题，从第一位皇帝开始论述是理所当然的选择，但讲到 7 世纪 30 年代为止可能会受到质疑。毕竟，西罗马帝国在 476 年就灭亡了。这里，我选择追随杰出的比利时历史学家亨利·皮雷纳的脚步，他在很久以前就提出，7 世纪伊斯兰教的到来意味着古代世界的真正结束。[1] 正是在此之后，过去统一的地中海世界很快就分裂为基督教的北岸和伊斯兰教的南岸。尽管这场意识形态和地缘政治的分裂并不彻底，但时至今日，它仍然是全球史上的一个关键分水岭。相比之下，公元 476 年就显得没那么重要了。那时，意大利已经不再是罗马帝国的地缘政治和经济核心，取而代之的是君士坦丁堡、东部行省和北非。在伊斯兰教崛起之前，它们一直是（东）罗马帝国的一部分。从 476 年到 7 世纪 30 年代，人们很容易相信，终有一天，旧帝国的核心行省会重新征服其西部领土，就像查士丁尼一世在 6 世纪中期实现了部分目标那样。

像古代近东的许多帝国一样，罗马帝国最初也是由一个城邦创建和统治的，服务的主要是这个城邦的精英的利益。到奥古斯都时代，它已经发展成一个庞大的帝国，面积达 135 万平方英里（约 350 万平方千米），从不列颠到红海，从葡萄牙到亚美尼亚。这片领土需要治理到能足够获得税收和新兵的程度，以满足其防御需求。罗马帝国处于铁器时代，以农业经济为基础。它的经济基础不一定优于其潜在的敌人，此外，在这个时代，经济优势并不总是能转化为军事实力。在奥古斯都统治期间，大约一半的国家预算用于武装力量，维持了 30 万人的军队。他们都是长期服役的职业军人，比此前共和国时期的军队更擅长作战，但花费也更高。如果是一支由意大利地区的公民士兵组成的共和式军队，你永远也无法指望它在帝国遥远的边境巡逻。然而，无论这些士兵（30 万左右）多么职业，也不足以保卫长达 1.7 万英里（约 27359 千米）的边境线。在奥古斯都的时代，外部的威胁是有限的。在后来的皇帝统治时期，外部威胁有所增加，税赋也随之增加。

不列颠是个麻烦，因为难以快速增援，罗马帝国不得不在那里派驻远超其大小和战略价值的永久驻军。相较之下，欧洲的莱茵河和多瑙河上游，以及亚洲的波斯前线，才是两大主要军事战区。这两条战线的大本营分别是科隆和安条克。在一个战季内，援军不可能在两条战线间来回调动。如果遭遇突袭，帝国首都和意大利中部核心地区的后备部队也无法及时赶到任何一个前线：罗马到科隆需要行军 67 天，到达安条克则需要 124 天。穿越地中海可以缩短时间，但风险太大，考虑到那个时代的造船技术，这条通道在一年中有半年不能使用。罗马帝国的战略危机主要意味着在波斯和欧洲的两条战线同时遭到威胁。在这种情况下，必须在波斯和欧洲这两大战区分别部署一支强大的军队。在罗马帝国，讲希腊语的东部和讲拉丁语的西部之间一直存在分歧，尽管因为东部精英也可以当选帝国元老院成员，再加上旧罗马贵族本身大多承认希腊文化优于罗马文化，并深受希腊高雅文化的影响，这种分歧有所弱化。313 年，君士坦丁大帝发布《米兰敕令》，接受基督教，此后，基于对源于东方的救赎信仰的拥护，整个帝国在 4 世纪逐渐演变为一个统一的政体。也许从长远来看，是民族文化的差异分裂了罗马帝国，但东、西帝国之间最初的分裂是地缘政治造成的，而不是民族文化或宗教因素。[2]

罗马帝国君主制是完全军事化的。并非所有最著名和最成功的皇帝都是成功的将军，但大多数都是。对于一个皇帝来说，没有什么比在战争中取得的胜利更能带来合法性了，在危急时刻尤其如此。2 世纪上半叶的图拉真和哈德良是第一批来自意大利以外地区的皇帝，他们都是著名的将领。3 世纪末，在帝国存亡之际，戴克里先和他来自伊利里亚的将领关系网，正是凭借对罗马的敌人的压倒性胜利获得了合法性，进而拯救帝国并

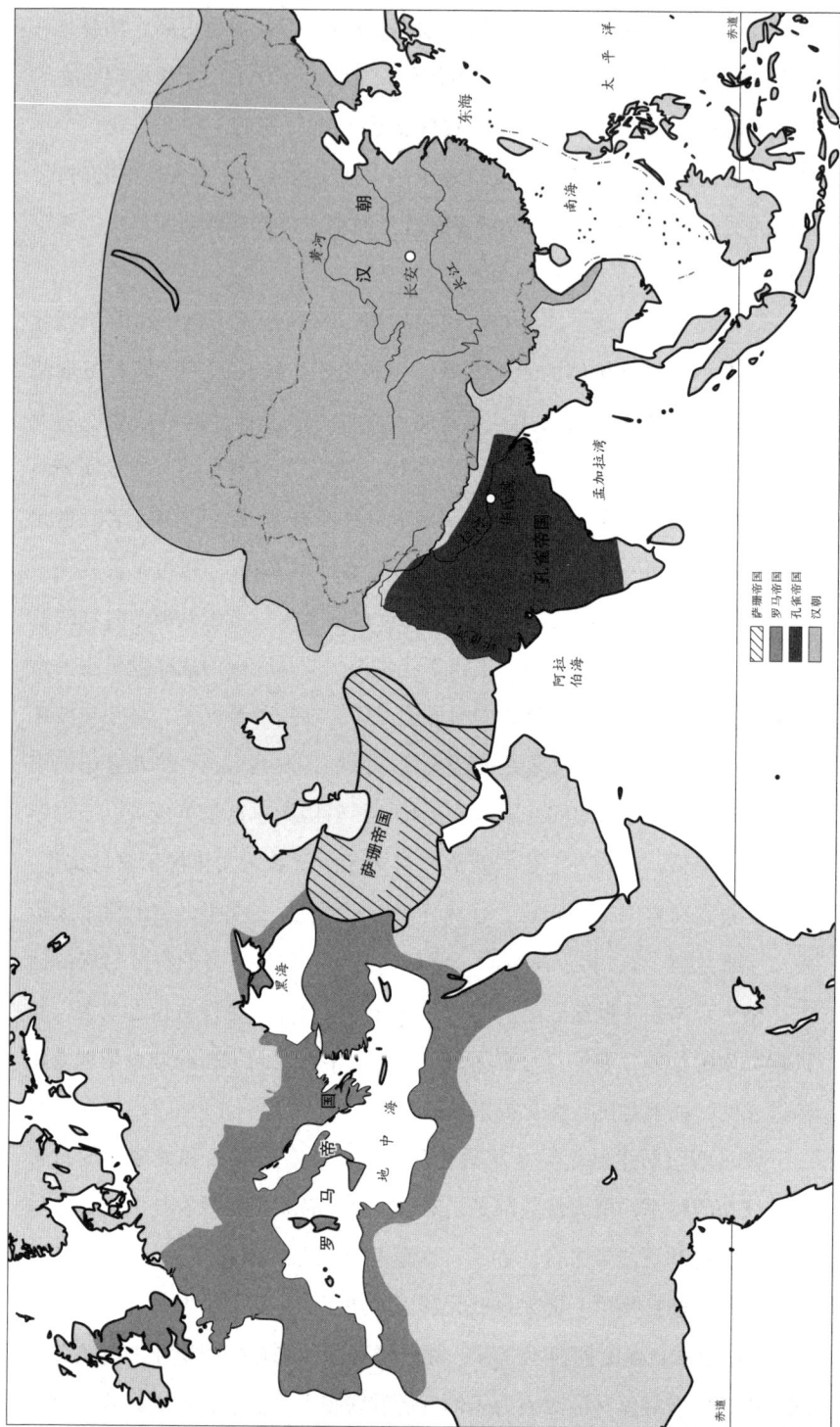

地图 4.1　古典时代的四大帝国

改革了政体。284 年，戴克里先即位，在此后大约一个世纪里，帝国一直由武士皇帝统治。然而，在公元 395 年之后，君主大多不再在战场上指挥军队。一位研究罗马帝国晚期的历史学家评论说，"随着皇帝不再亲自参加战役，生活在宫殿之内，帝国保卫北部边境、控制西部行省的能力被严重削弱了"。[3]

　　这指出了帝国通常需要面对的一个关键困境，尤其是指出了罗马帝国的命运。帝国的历史就是一部皇帝在战场上指挥作战的漫长历险史。如果帝国发展出了完善的制度和习俗，使皇帝不必再亲临战场，那么帝国稳定并长期存续的机会就会大大增加。罗马在这方面失败了，这可能是它最大的弱点。在共和国时期，拉丁语中代表"皇帝"的词（imperator）与用来表示"凯旋的将军"的词语义相同。大多数皇帝和朝代都是通过内战和军事政变上位的。帝国卫队，即所谓的"禁卫军"（Praetorians），非常擅长这种游戏，以至于"禁卫军"在英语里已经成了"反叛者"的同义词。罗马帝国的历史和罗马帝国君主制脆弱的王朝合法性意味着，任何成功的将军都可能梦想成为皇帝，即使他没有这种野心，也可能受到怀疑。这种情况频繁导致政治动荡、战略欠妥，以及由内战造成的巨大资源浪费。与其他大帝国相比，罗马帝国皇帝的平均统治时间很短。在罗马帝国的前 311 年里，也就是从公元前 27 年奥古斯都即位到公元 284 年帝国危机结束的元首制时期，罗马有 53 位皇帝。而在大致相同的时间跨度内（1710—2021 年），英国只有 12 位君主。也许，将罗马帝国与其最大的敌人，即伊朗的萨珊王朝进行对比更加公平。如果不考虑最后那混乱的 10 年，在224—628 年的 400 多年里，萨珊王朝一共有 30 位君主。而罗马帝国，哪怕只是西罗马帝国，也存续了近 500 年，如此还称其脆弱，显然是荒谬的。在很长一段时间里，精英对帝国忠心耿耿，帝国的许多君主能力卓越，这些完全抵消了王朝观念薄弱带来的脆弱性。

　　历史学家早已将罗马帝国的历史分为两个时期，即所谓的"元首制"时期和"君主制"时期。公元前 44 年，尤利乌斯·恺撒遇刺，此后内战爆发，公元前 31 年，恺撒的甥外孙兼养子奥古斯都胜出，4 年后，他建立了"元首制"这一统治制度。奥古斯都是一位无情而手腕过人的政治家，他的权力最终建立在内战的胜利和对罗马军队的持续控制上。一旦他的敌人在战场上被击败，他就转而致力于合法化和巩固自己的政权。他明白，根据罗马的传统和精英的价值观，赤裸裸的军事独裁和君主专制是不受欢迎的，容易招致攻击。因此，在掌握核心权力的同时，他向元老院贵族让渡了一小部分权力，以及更多的高级职位和庇护。此外，他小心翼翼地维护贵族的自豪感和尊严，在与元老院贵族打交道时，表现得好像只是友好的帝国第一公民，而不是帝国君主。鉴于尤利乌斯·恺撒的教训，他禁止官方将自己塑造为活着的神明，也拒绝在罗马城内采用皇室的礼仪或标志，不过，奥古斯都高兴地接受了帝国东部当地精英为他塑造的官方神圣地位。乃至在罗马城和帝国西半部，都有人将奥古斯都当作神明进行私人崇拜，对此，他也欣然接受。

　　奥古斯都是一位敏锐而有能力的政治家，但他不需要成为一个真正的首席行政官。中央政府规模很小，非常初级而私人：其核心是奥古斯都自家的皇室自由人和奴隶。帝国的统治非常分散。城市管理自己的事务，在内部发生矛盾或与其他城市产生纠纷时才向皇帝寻求仲裁。奥古斯都是总司令、总庇护人、大祭司和帝国外交政策的负责人，但在内部事务方面，他更像最高法官，而不是首席行政官。在这方面，元首制时期的罗马帝国在帝制君主国中，甚至在其巅峰期，不是例外，而是朝向更加分散的方向发展。由于幸运和强健的身体，奥古斯都活到了（罗马时代）罕见的 77 岁，这个条件得以使元首制打下深厚牢固的根基。[4]

　　奥古斯都建立的制度大部分得以延续，直到 3 世纪的最后 25 年，被戴克里先（284—305 年在位）建立的所谓的"君主制"取代。这一转变主要是因为帝国遭受的外部威胁日益严重。罗马精英以令人印象深刻的方式适应了这个新的挑战，正如奥古斯都及其盟友适应公元前 1 世纪共和制政体面临的新挑战一样。224 年，安息王朝（又称帕提亚王朝）被更强大的萨珊王朝取代后，波斯的威胁显著增加。例如，260 年，萨珊王朝的沙普尔一世洗劫了罗马东部的枢纽城市、该地区所有军事活动的总部安条克。他击败并俘虏了罗马帝国皇帝瓦勒良。与此同时，日耳曼部落一方面为了应对挑战，另一方面出于对罗马人的模仿，逐渐形成了更大的群体，帝国的欧洲战场变得越发危机重重。越来越多的外部挑战迫使罗马帝国征收更多的赋税，征召更多的士兵。再加上继承斗争和军事叛乱，帝国内部产生了剧烈的动荡和冲突。217 年，卡拉卡拉被一名心怀不满的士兵暗杀，284 年，戴克里先即位，其间帝位以令人眼花缭乱的速度更迭。许多时候，敌对的将军各自统治着帝国的部分地区，互相争斗。终于，罗马精英再次找到了一位可以拯救并重塑帝国，以迎接新挑战的统治者 —— 戴克里先。

在公共形象和管理方式上，戴克里先治下巩固起来的统治制度与奥古斯都建立的制度不同。3 世纪，军队不再由来自罗马的贵族元老院成员指挥。这时的将领都是外省出身、身经百战的职业军人。这些人往往不像原来的元老院精英那样拥有极高的文化素养，但他们完全忠于罗马的帝国理念。军官团体在 3 世纪拯救了罗马帝国，而戴克里先是其称职的领导人和代表。这些人没有意识到这是奥古斯都营造出来的假象，即君主只是其帝国的第一贵族。他们非常需要仪式和意识形态，以凌驾于臣民之上。此时期的皇帝肖像展示的是统治者"僵硬的正面姿态，高高在上的样子"。戴克里先被称为"主人和神"。奥古斯都允许人们在招待会上用"受宠的朋友和扈从问候其庇护者的传统方式"问候自己（其元首制时期的继任者更是如此），而在戴克里先的宫廷典礼上，即便是精英阶层的成员，也要跪在他的面前，亲吻皇帝的长袍下摆。"紫色成了帝王的专属颜色，只有他们才能穿戴或展示。"尽管增加了君主的仁慈品质，但皇帝的形象不再是罗马传统上拥有公正、慷慨、善良和睿智等品性的仁慈的第一公民。在戴克里先及其继任者的统治下，君主被描绘成"遥不可及、神一样的、穷兵黩武的可怕独裁者"。为了符合这一形象，皇帝承受了额外的压力。[5]

从戴克里先即位开始，皇帝在保留其他角色的同时，迈出了成为首席行政官的步伐。虽然在元首制时期，帝国行政机构的规模和复杂性有所增长，但其数量和活跃程度此时才有了显著增加和提升。甚至在 2 世纪晚期，帝国也只有几百名受薪官员，主要还是由奴隶和临时派来的士兵担任信差、文书和看门人。然而，到了 4 世纪末，帝国受薪官员的数量已达 3 万至 3.5 万人。通过这一机制，皇帝能够获得大部分他需要的额外收入，来招募和供养他的士兵，也能在其领土范围内维持一定程度的控制和秩序。目前，历史学家仍在争论，这些烦琐的新行政安排，除了短期内增加了皇帝的可支配收入外，是否真有价值。唯一可以确定的是，这台行政机器的重量不仅压在了帝国臣民的身上，也给君主本人增加了负担。用一位历史学家的话来说，"书面记录激增"。帝国首都的精英官僚一般都是称职的，但他们也是自利的，热衷于争权夺利。被正式划分到不同的部门后，他们追求晋升、薪酬和额外待遇，为此创建了强大的庇护关系网络。扩大一个部门的职权范围，意味着增加部门官员自其监督的经济和社会领域获得的收入。恶性的职权之争不可避免。[6]

当代一位研究罗马帝国晚期政府的重要学者，生动地描述了本书中反复出现的一个主题——理论上全能的皇帝，身处神圣典礼的包围之下，却常常受其官员束缚——在罗马帝国晚期的变体："官僚制度有其可预测的规则和既定的规范，几乎没有给专制统治的反复无常留下活动的空间。在这一制度下，皇帝面临被置于金碧辉煌但难以接近的宫廷里的风险；不情愿地被困在表面光鲜的仪式之网中，他们介入政府的能力、意愿，乃至时间，都不得不屈从于无休止的盛大仪式。"大多数皇帝都能感觉到这个镀金的笼子，并对它心怀憎恨。其中，有许多皇帝对此进行任意而频繁的干预，以便向臣属展示谁才是主人。皇帝之所以干预，可能还有其他原因。有些问题和大多数紧急情况无法通过官僚制度的规则和规范来解决。随心所欲地行使皇帝的权力，对于快速协调，解决威胁国家生存的危机来说，可能至关重要。最重要的是，统治官僚既是一个政治团体，也是一个行政团体。对于皇帝来说，制定正确的政策往往很重要，但庇护关系同样很重要。政治和庇护关系有其自身的"逻辑"，对皇帝来说，通常可以利用它们打破官僚制度的规则。[7]

当然，任性和残忍可能只是一个不受任何法律约束、沉溺于权力的君主一时兴起的念头。它们也可能是出于皇帝的恐惧，他恐惧朝臣们常常掩藏在顺从背后的阴谋和隐患。它们也可能只是君主将意志强加给官僚的一种手段。阿米阿努斯·马尔切利努斯是一位敏锐的观察者，他非常了解4世纪罗马帝国的宫廷，他回忆称，无论是作为个人，还是作为统治者，君士坦提乌斯二世在许多方面都是温和的，然而，哪怕只闻到一丝阴谋的气息，他也会立即变得残酷。即使在平时，皇帝和他的间谍也不断地打探、调查，寻找阴谋的迹象。瓦伦蒂尼安一世因暴脾气而臭名昭著：小错误也可能会招致可怕的折磨和处决。这位皇帝在寝殿之外豢养了两头凶猛的食人熊，一头叫"金子"，一头叫"纯真"，并且故意不喂饱它们，以此警告他的随从。[8]

　　自然，在元首制时期和君主制时期，帝国都既有好皇帝，又有坏皇帝。然而，君主制的原则很快就获得了几乎普遍的认可。公元 68 年，尼禄的自杀终结了奥古斯都的"尤利乌斯-克劳狄乌斯"王朝，并导致了内战，但是此时并没有显著的、要求重返共和制的呼声。到这时为止，君主制被认为是必要的，因为它能遏制精英内部的冲突，这种冲突在共和国的最后几代时几乎摧毁了罗马。共和国终结的惨痛历史已经成为皇帝和罗马精英皆知的政治和道德寓言。人们普遍认识到，旧有的罗马城邦制度无法治理一个庞大的帝国。从行省的角度来看，君主制提供了更有效的治理形式，限制了罗马外派到各行省担任总督的元老的贪欲。公元 68—69 年出现的呼声，要求的不是共和国，而是奥古斯都治下的"美好旧日时光"。

　　尽管君主制 ——以奥古斯都精心设计的半遮半掩的形式 ——拥有了极大的合法性，但单个的君主和王朝依旧没有多少合法性。罗马帝国是"古代世界中君主制思想最薄弱"的国家，君主制能在这里存续下来，主要是因为精英内部达成了共识，即君主制实际上只是个可实行的最不糟糕的选择。罗马人的国家自古以来就有它的城市神，并拥有神圣的光环。君主制建立后，皇帝使国家人格化，还分享了它的光环。最初是奥古斯都，随后，所有在位时去世的皇帝都在身后被神化。他们因此成为帝国崇拜的一部分，其神庙和仪式传播到整个帝国。然而，在罗马人眼中，这样的"崇拜"和"神性"不具备它们在几大一神论宗教中的内涵。对于罗马人来说，诸神的世界和凡人的世界之间没有不可跨越的鸿沟。杰出的人物死去后，便会被授予神的地位：他们是超凡的人，而不是基督教意义上的神。没有罗马人会认为，皇帝是宇宙的创造者和统治者，无论是活着的还是死去的。罗马精英十分现实，在政治上很精明。一旦生前平庸乃至劣迹斑斑的皇帝在死后被神化，这种荣誉就失去了意义。到了需要将矛头指向君主的时候，这些精英中没有谁会受到君主所谓的半神圣地位的影响和约束，哪怕是以其名义主持献祭仪式的祭司。[9]

如果说宗教给罗马帝国的皇帝提供的支持是有限的，那么王朝合法性的助益就更小了。早在奥古斯都建立君主制之前，罗马人的国家和帝国就已经存在了。与它们相比，任何王朝都黯然失色。罗马的精英完全认同国家和帝国，之后逐渐认可君主制对于国家和帝国的存续来说至关重要。只有最疯狂、最专制的皇帝才会认为，罗马人的国家和帝国与后世欧洲的封建制国家一样，是其家族的创造物和所有品。这种自命不凡的统治者通常结局惨淡。偶尔，皇帝会试图将统治权分给众多儿子中的两个，但这种方式从来不是主流。

按照帝国的标准，罗马各王朝的寿命都非常短暂。奥古斯都的尤利乌斯-克劳狄乌斯王朝统治了95年，但仍比后续继任的任何王朝都长久。鉴于在任何地区，一个王朝的悠久历史都是其合法性的一个重要来源，我们不难理解，为何罗马的王朝无法获得公众的拥护和忠诚。即使在尤利乌斯-克劳狄乌斯王朝，由于奥古斯都没有儿子，继承顺序也十分混乱。由于不和、收养关系、暗杀和意外死亡，继承权在奥古斯都的后裔及其妻子利维娅的后裔之间来回往复了四代，直到尼禄登上皇位。这也是王朝到了末代的典型特征。令人惊讶的是，纵观这个时期，皇位甚至无法连续三代父子相传。[10]

帝国的王朝繁衍失败，整个罗马精英阶层也一样。男人晚婚却早逝。在这方面，罗马城的情况尤其严重。1世纪，只有10%的罗马人是在其祖父在世时出生的。每一代，大约有75%的执政官家族男嗣断绝。由于预期寿命较低，为了维持人口水平，每位女性需要生育五到六个孩子。然而，贵族女性一般生育三个或更少。罗马女性的地位远不及男性，但她们比许多古代社会的女性享有大得多的权力。例如，她们可以按照自己的意愿与丈夫离婚，也确实常常这样做，而且她们可以在离婚后保留自己的财产。保守的男性批评者抱怨说，比起生育孩子，精英阶层的女性更喜欢安逸和奢侈的生活。奥古斯都曾两次颁布法律，要求已婚夫妇至少生育三个孩子，如果他们不这样做，将被处以罚款或其他惩罚，但他的努力没有产生什么长期效果。据我了解，其他任何帝国的统治者都不需要向精英家族下达这样的命令。如果说罗马精英阶层对生育的态度是独特的，那么在一定程度上，它可能要归功于罗马同样独特的收养法。"在罗马的法律和公众观念中，亲生儿子和养子之间没有区别。"[11]

对于一个帝国王朝来说，收养法有很多优点。如果皇室夫妇无儿无女或他们的儿子去世了，他们可以收养合适的皇位候选人。这些候选人通常是皇帝的亲戚，尽管不总是如此。罗马历史上一些最著名、最成功的皇帝就是被当时还在位的前任皇帝领养的：例如，2 世纪的四大君主——图拉真、哈德良、安敦尼努斯·庇乌斯和马可·奥勒留。近乎完美的收养原则只有一个缺点，那就是只有当一个人没有合法的亲生儿子来继承其财产和地位时，才会采取这一原则。通常，让养子取代亲生儿子的行为被认为是不虔诚的。

结果，当自然继承人确实存在时，他们大多可以继承父亲的皇位。考虑到平均预期寿命，大多数自然继承人在非常年轻的时候，甚至在少年时期就继承了皇位。他们不可避免地缺乏履行职责所需要的知识、成熟程度和信心。潜伏在年轻皇帝身边的诱惑是极多的。自律和自知对君主来说至关重要，而两者在人年轻时都不太容易做到。卡利古拉、尼禄和康茂德是罗马"纨绔子弟"的顶级代表，他们不想为了当皇帝这件苦差事委屈自己，他们的性格也不适合这份艰苦的工作。与生活在其他帝国制度之下的年轻君主不同，他们的地位没有得到传统、制度和意识形态的支持。如前所述，王朝和宗教提供的合法性都有限。此外，奥古斯都的君主制建立在恢复共和制的虚假基础上，因而不能颁布法律确定皇位继承权，这使年轻的君主更加孤立无援。

罗马帝国皇帝的角色要求非常苛刻。他被期望在政治和军事领域均能担任主宰、治理和领导的角色。对罗马帝国皇帝来说，一个关键任务就是管理那些骄傲而经验丰富的元老和将军。罗马精英仍然保留着许多继承自共和国时期贵族的态度。如果年轻的皇帝因为不安或自大而装腔作势或打击潜在的反叛者，就会招来许多怒火。皇帝的合法性在很大程度上取决于他的表现。想要摆脱一个无能或残暴的君主，谋杀是唯一途径，罗马的政治文化是血腥的。元首制时期的前三个王朝——尤利乌斯-克劳狄乌斯王朝、弗拉维乌斯王朝和安敦尼努斯王朝——都以年轻皇帝（尼禄、多米提安和康茂德）的惨死而告终，他们都与精英群体内部的关键人物和利益发生了冲突。

康茂德的父亲马可·奥勒留出生于121年，后于161年登上皇位，死于180年。在罗马帝国所有的皇帝中，他名声最盛。这部分归功于他的成就，部分归功于现存的同时代文献中流露出的对他的钦佩之情，还有一部分原因则是他的《沉思录》（Meditations）使人们有幸一窥统治者的内心世界。这部作品记录的是个人感想，从未编辑过，也不打算出版。用天主教的话来说，阅读《沉思录》，几乎就像一位神父在倾听皇帝的忏悔。

《沉思录》是马可·奥勒留晚年所作，当时他已疲惫不堪，经常沉浸在痛苦中思考死亡。在这种情况下，感到悲观是很自然的。但是，皇帝在字里行间也透露了自己在政治生涯中遭受的种种挫折。他表示，"国王的命运"就是"行善事而遭恶誉"。他补充说，不考虑哲学观念，在情感上不畏死亡也有一个令人满意的理由，因为死亡可以使人摆脱深陷于政治泥淖的人生——围绕在他周围的不是志同道合的人，而是痴迷财富、地位、名望和权力的人。即使是他的顾问和大臣，即便他在他们身上投入了这么多的"努力、期待和心思"，他们中的一些人也仍会因他的死亡而愉悦。他揣测他们内心的想法："摆脱了这位教导者，我们终于又可以自由地呼吸了，……我感觉他在默默地谴责我们。"马可·奥勒留一直是个保守派，他为罗马的法律和传统而自豪。在罗马帝国的势力和自信达到巅峰的时期，他的这种心态基本上也代表了罗马贵族的普遍立场。例外的是反对派，他们渴望想象中那种更早的文化和政治的黄金时代。生活在一个极不平等、一定程度上基于奴隶制的社会中，如果皇帝挑战了支持这一社会的原则和制度，他就不可能活下来，不过，马可·奥勒留或许从来没有产生过这样的想法。作为一个非常尽责、公正的最高法官，他对自己所处的时代、社会和阶级语境下的公正观念坚信不疑。在他所著的《沉思录》中，他表达了理应全能的君主近乎无能的态度："不要期望柏拉图的理想国，而应该满足于取得的最小的进步，并将这一结果视为不平凡的成就。"[12]

　　这位皇帝曾经是一个认真、勤奋且遵守纪律的孩子。他选择睡在一张行军床上，只盖一件斗篷。在这方面，他在当时的贵族青年中独树一帜。罗马贵族在 1 世纪已经变得非常富有，比同时代中国的精英或 16 世纪的欧洲贵族都要富有得多。与已经习惯了奢侈和享乐的纨绔子弟不同，马可·奥勒留重拾了共和国精英的严格纪律。再加上他引人注目的智慧，难怪没有子嗣的皇帝哈德良在马可还是个少年时，就将他选为未来的君主。[13]

　　由于马可还太年轻，不能统治，哈德良选择能力出众但上了年纪的贵族安敦尼努斯·庇乌斯，在他死后（138 年）担任过渡时期的皇帝。安敦尼努斯是马可的姑父，此时他将马可收为养子，并将自己的女儿嫁给了他。安敦尼努斯当时 51 岁，按照罗马人的标准，他已经迈入老年，所以没有人预料到他能再活 23 年。大多数皇位继承人会对这种漫长的等待感到愤怒，有些甚至会密谋推翻养父。马可则完全相反，他深爱着被自己视为父亲、导师和模范统治者的安敦尼努斯，对后者忠心耿耿。他在《沉思录》中对安敦尼努斯的评论，不仅描述了这个人，还揭示了马可自己对于统治者必备品质的看法。"作为一个成熟睿智、经验丰富的男人"，安敦尼努斯善良、耐心，"能对他人的性格和行为做出准确的判断"。他不为流言蜚语所扰，能坦然面对批评，即使有时并不公平，还摒弃了嫉妒、狭隘和愤怒等情绪。他不知疲倦、生活俭朴、责任心强，对问题的研究深入细致，总能迅速掌握问题的核心要点。开会时，他鼓励辩论，但对"经过深思熟虑后做出的决定坚定不移"。安敦尼努斯不喜欢盛大的仪式，表现得更像一个贵族共和国的总统，而不是一个专制君主。马可将这个典范铭记于心，他写道，他自己代表的"是最重视臣民自由的君主制"。[14]

　　尽管马可全力赞扬自己的养父，但在一些重要方面，安敦尼努斯忽视了对其继承人的培养，没能使他为未来的角色做好准备。马可在 161 年登上皇位之前从未离开过罗马，没有任何军事经验，也没有接受过任何军事训练。过去 30 年一片安宁，但新皇帝很快就要面临多瑙河前线和波斯前线的大规模入侵。波斯人和日耳曼部落决定入侵，他们各有其内部因素驱使，不过，他们可能也都感觉到了，经过几十年的和平，罗马军队有所松懈，故而决定试探帝国的实力。不久之后，一场瘟疫肆虐了整个帝国。2世纪，罗马面临到此时为止其史上最致命的安全威胁，不过，这场危机尚不包含导致 3 世纪漫长危机的根深蒂固的结构性因素。马可不喜欢军旅生活，但责任感驱使他在欧洲前线担任指挥。他在位的大部分时间都在指挥军队，逐渐证明自己是一个称职而成功的将军，赢得了士兵的忠诚和尊重。

由于不能同时在欧洲和亚洲进行指挥，马可·奥勒留任命经验丰富、技法娴熟的将军阿维狄乌斯·卡西乌斯负责对抗波斯人。阿维狄乌斯不仅是罗马贵族，还是塞琉古王朝的后裔，该王朝在亚历山大去世后统治波斯长达数代人的时间。阿维狄乌斯取得了辉煌的成功，得到了丰厚的奖赏和高度赞扬，在波斯人被击败后，他仍留在东方担任最高统帅。175 年，马可日渐老迈，继承人问题进入议程，阿维狄乌斯反叛并自立为帝。许多重要的东部将领和总督都支持这次反叛，不过，其中一些人这样做是听信了皇帝已死的谣言。马可·奥勒留已经是罗马帝国皇帝中最具合法性、最仁慈的一位了，所以阿维狄乌斯的反叛清楚地说明，君主制政体无法控制，也无法信任其将领。阿维狄乌斯失败了，叛军受到了宽大处理，但马可立即开始确认康茂德的继承权。康茂德是马可和皇后福斯蒂娜所生 15 个孩子中唯一幸存的儿子，177 年，年仅 15 岁的康茂德被任命为共治皇帝。三年后，马可去世，康茂德登上了皇位。后来，人们有时称，马可·奥勒留唯一的重大污点就是任命了一个不合适的继承人，但事实是，他别无选择。罗马习俗坚持认为子随父业。此外，放弃康茂德，意味着很大程度上签署了他的死刑令，因为他的存在对于其他任何一个继承了马可皇位的人都是一个巨大的威胁。

在马可·奥勒留看来，哲学是比统治更为崇高的使命。他写道："亚历山大、尤利乌斯·恺撒和庞培，与第欧根尼、赫拉克利特和苏格拉底相比又算得了什么呢？后者洞察现实，熟知它的原因及实质，支配他们的是理性。而前者则是野心的奴隶啊。"皇帝感到遗憾的是，他在生活中的身份不允许他独自避居到"乡村、海边或山上"，也没给他留下时间去思考和阅读。他厌恶统治者对名誉和荣耀的追求，嘲笑那些想要彪炳千古的人。在他看来，所有的名声都是肤浅的，转瞬即逝。真正的满足存在于一个人的内心和头脑。马可通常被归类为斯多葛派哲学家。这是一个起源于希腊的哲学学派，但它对罗马精英产生了巨大的影响。它的基本信条是，人类是理性的、社会性的存在。他们的天性要求将理性置于一切之上，并对同胞仁慈。罗马的斯多葛学派最感兴趣的是作为一种道德体系和公共行为准则的斯多葛主义。原则上，斯多葛学派相信人类普世共同体的存在，但后来的罗马帝国基督徒皇帝和教士与斯多葛学派不同，他们不认为自己的帝国具有普世人类共同体的政治面目。[15]

罗马的斯多葛学派在一些观念上未免有些矛盾，他们既在理论上相信普世人类共同体的存在，又坚定不移地认为，罗马的男性贵族文化代表了人类文明的顶峰。他们认为，理性和自律是罗马的男性文化、社会精英独有的属性。相反，野蛮人，以及罗马的平民和妇女，都是自身情绪的奴隶。放眼帝国的历史，这种自负的想法十分常见、普遍。没有哪位皇帝的政权不是建立在基于等级制度的意识形态之上，这种意识形态有一整套人造的、却让人深信不疑的关于性别和阶级的臆断，它们使等级制度变得"自然"。就连 18 世纪的奥地利"女皇"玛丽亚·特蕾莎也赞同这个想法，尽管她的行为与之矛盾。7 世纪的唐朝女皇武则天可能是本能地认为，女性有足够的能力像男性一样进行统治。而俄国的叶卡捷琳娜二世可能是第一个既相信这一点，又能够清晰地表达想法来支持这一信念的女皇。不过，在一个厌恶女性的世界里，她太过聪明和谨慎，不会在公开场合发表这样的言论。

马可将四大美德描述为"正义、真理、节制和勇气"。他的哲学没有给感觉和情绪留下任何位置。在《沉思录》的第一卷里，他详细地介绍了一些对自己影响较大的人，其中被提及的女性只有两位，是他的母亲和妻子。然而，即便是她们，所占的篇幅也远远不如他的那些男性教师、导师和榜样。与此同时，马可也鄙视同性恋者。也许就是因为这个原因，他的老导师哈德良，历史上最著名的同性恋皇帝，在《沉思录》里没有得到认可。关于生活的困扰或面对死亡时，马可·奥勒留的哲学几乎不提供什么慰藉，也不提供任何暖意。以老年的视角回顾自己的一生，他写道："我的心灵……你能否享受到一种亲爱而温柔的甜蜜心情？"他的思想在很大程度上是男性统治阶级的准则，与儒家思想和后世英国公立学校灌输给帝国精英的价值观有许多相似之处。毫不意外，维多利亚时代的福音传教士、教育家马修·阿诺德认为，马可·奥勒留"可能是历史上最出色的人物"。[16]

在本章论及的时段的后半部分——换句话说，就是"君主制"时期和拜占庭早期的几个世纪——罗马帝国由许多强大的君主统治。立刻浮现在脑海中的是戴克里先、君士坦丁、狄奥多西一世和查士丁尼一世。然而，我们对这几位皇帝的认识，不可能像对马可·奥勒留的认识那样深入。围绕本书的主题，戴克里先的统治时期最有趣的是他为解决威胁帝国生存的两大问题做出的努力。当时，帝国在面对继承问题的同时，其东部和西部也都需要称职的皇帝-领袖。为了应对这一挑战，戴克里先设计的统治方式是所谓的"四帝共治制"（Tetrarchy）。

戴克里先在284年夺取了皇位，集中精力恢复罗马帝国在东部的地位，并立即任命他的密友、伊利里亚将军马克西米安为西部的副君。293年，他和马克西米安被公认为共治皇帝，各自拥有一个具有"恺撒"头衔的副君来帮助他们完成任务，并且在他们死后继位。305年，年迈多病的戴克里先做出了一个对于罗马帝国的皇帝来说十分罕见的决定，他决定退位，并要求马克西米安和他一起。关于继承权的冲突立即爆发了。四帝争夺主导权的竞争日益激烈，儿子们则坚持他们有权取代已故的父亲。四帝共治是一种过于新颖的人为制度，无法约束野心勃勃的将军，也无法抑制人们心中根深蒂固的父死子继的观念。其存在依赖的是戴克里先的个人权威——他是毫无争议的最高君主。如果他有一个亲生儿子，他也许一开始就不会建立四帝共治制。

君士坦丁一世赢得了继承战争，并最终在323—324年确立了他对整个帝国的统治。他的王朝一直统治到363年他的侄子尤利安去世为止。这个王朝的主要历史事件是君士坦丁改宗基督教，以及尤利安试图推翻他伯父的遗产，引导帝国恢复古罗马宗教。君士坦丁的生活和统治都深深隐藏在基督教的圣徒传记和传说之下。我们不能寄希望于了解这个人，也无法确定他的动机。根据一般的说法，他的母亲很早便是一位虔诚的基督徒；如果事实如此，他从小就熟悉这个宗教。此外，从 3 世纪中期开始，皇帝们就一直试图将自己与某种至高神联系起来，并宣称自己是其代言人，借此强化自身的地位。戴克里先选择了朱庇特。君士坦丁的父亲曾担任马克西米安的副君（恺撒），他是"无敌的索尔"（Sol Invictus，即不可征服的太阳神）的信徒。君士坦丁本人即便在改宗基督教后，也在某种程度上将自己等同于这位神。但是，在生命和统治的最后几年里，他成了一个更加明确的基督徒。当然，就像历史上的其他每一个皇帝一样，他认为，政治需要往往比严格遵守宗教教义更加重要。例如，君士坦丁的基督教信仰没有阻止他处决自己的长子。

对基督徒来说，皇帝的改宗和支持可以带来巨大的好处。然而，基督教君主国的建立，使皇帝和基督教主教都面临全新的难题。也许，君士坦丁本人一开始对基督教信仰的独特特征只有模糊的理解，并没有将基督教定为其帝国特权宗教的想法。基督教作为一神教，不同于过去罗马帝国皇帝认可的任何一种宗教。它与世间的其他任何宗教都不能和谐共存，它对天堂的描述也与其他宗教不兼容。更危险的是那些支持错误教义的信徒。不以正确的方式敬拜上帝，会招致永恒的诅咒。"正统"和"异端"的概念是基督教的基础，而这与传统的罗马宗教格格不入。

皇帝很快就参与到建立制度和定义真正教义的斗争之中，以统一并指导基督教群体。这是一项必要但也十分困难的任务，因为分布广泛的基督教团体强烈渴望实现统一，然而，不同团体在实际观点和信仰方面存在"巨大差异"。在主教们的要求下，325 年，君士坦丁在尼西亚召集并主持了关键的基督教第一次普世公会议。主教们欢迎皇帝的支持，但也担心皇帝会篡夺他们在基督教团体和教义方面的权威。会上产生了一些问题，它们将贯穿基督教的历史，类似的问题也困扰着伊斯兰教君主国。鉴于君主和主教都是由上帝选择和祝福的，他们的关系和角色怎样才合适？君主是神父吗，如果是，他是负责定义基督教教义的高级神职人员吗？是应该由皇帝任命主教，还是主教在某种加冕仪式上的祝福赋予君主以合法性？这些，以及与此相关的问题，将在本书中反复出现。它们的本质是，统治者和神父的权威都直接来自同一位神。它们往往是其所属时代最重要、最具争议性的政治问题和宗教问题。[17]

相较于同时代和后世历史学者的评论，尤利安自己的著作能够让我们更好地了解这位皇帝。他是古代世界最具争议的人物之一，因为他试图推翻基督教并恢复异教诸神。围绕着他的争论数不胜数，就连对他的外表和言谈举止的描述也截然不同，更不用说对他的心理描述了。337 年，在伯父君士坦丁皇帝去世时，尤利安 6 岁。已故皇帝的三个儿子当即下令屠杀尤利安的父亲、叔叔和堂兄弟。只有尤利安和他的哥哥加卢斯活了下来，因为他们还都是孩子。我们只能猜测这些亲人的死亡对于尤利安性格的影响，但他经常被描述为高度紧张、容易激动且心思敏感。很少有人否认他的聪慧。尽管他是作为基督徒长大的，并在半与世隔绝的乡村庄园里生活多年，但他接受了良好的希腊和罗马古典文学教育。他对古老的希腊-罗马文明的热情，最终促使他致力于恢复异教诸神。

君士坦丁的儿子君士坦提乌斯二世在与兄弟们的斗争中胜出，到 350 年，最终统治了整个帝国。他没有孩子，又不得不把自己的大部分注意力放在帝国东部的事务上，然而，当时罗马帝国在高卢的权威受到双重威胁，一个是日耳曼部落的入侵，另一个是无效的管理，他只得冒险任命尤利安（他最后的男性血亲）为他在高卢的副君。尽管没有接受过军事和行政管理训练，对此毫无经验，但尤利安似乎表现得很好。不过，关于他的表现有多好，他的崇拜者和对手争论激烈。360 年年初，关键时刻到来了，君士坦提乌斯命令尤利安派遣他的大部分军队前往东部支援，以瓦解波斯人的入侵。我们不知道尤利安当时是否已经在考虑叛乱了。如果他失去了军队，他确实有理由担心自己的命运。但他决定反叛，在一定程度上可能是因为他的士兵极不愿意离开驻地和家人，而前往一个遥远的战区。尤利安受到了命运的垂青，君士坦提乌斯二世突然去世，皇位落在了尤利安手中。

361 年，尤利安刚在君士坦丁堡继位，就透露了他的宗教倾向和政策。由于他只统治了 20 个月，这项政策没来得及充分推行。后来的基督徒对于残酷迫害的描述并不真实。但是，尤利安确实点燃了基督教教派与他重建并资助的异教神庙之间的冲突。他的目的是边缘化基督教，恢复古老的希腊–罗马诸神在国内的首要地位。他发现，基督教因为神父的虔诚和赈济行为获得了巨大声望，于是敦促他资助的异教神庙采取类似的举措。鉴于尤利安对于哲学和希腊–罗马文化的浓厚兴趣，他将马可·奥勒留视为罗马帝国最伟大的皇帝，完全不足为奇。马可本人也认为，基督教是一种没有哲学实质的粗浅而夸张的宗教。他肯定会支持尤利安的观点，认为这是"乡下人的信仰"，"一个人如果被敬为神，就绝不可能被放入女人的子宫"。[18]

关于尤利安的反向宗教改革是否有成功的机会，历史学家各执己见。基督教尽管在一些时期遭到过严重迫害，但此时已经存在了 350 年。在过去的 40 年里，它一直得到国家的大力支持。此外，尽管尤利安打算对异教祭司的活动和组织进行许多变革，但他的信仰体系在本质上仍然是马可·奥勒留的。在此基础上进行的反向宗教改革，很难在男性社会精英阶层以外的广大世界，与基督教信条比拼影响力和吸引力。不过，如果有较长的统治时间去推行，人们也不应低估帝王庇护和资助的影响。然而，尤利安的统治时间如此之短，我们无法确定尤利安的异教改革能否成功。363 年，尤利安在发生于现今巴格达附近的一场小规模战斗中被杀。他决定对波斯帝国发动全面入侵，不是出于战略需要。他之所以做出这个决定，在一定程度上似乎是想要增强合法性，提升自己在国内的声望。当然，皇帝没有理由冒着生命危险在前线参加一场小规模的冲突。但是，除了马可·奥勒留，尤利安心目中的另一位英雄皇帝是马其顿的亚历山大，这无疑是一个致命的榜样。尤利安试图用勇气去激励军队，效仿荷马式英雄，最终，他被长矛刺中肝脏，不幸去世。尤利安一死，复兴异教的希望全部破灭了。

第5章

阿育王、印度和佛教的起源

印度北部土壤肥沃的平原一直是世界文明的一个中心。到公元前3千纪中期，在城市化水平和先进程度上，以印度河为中心的哈拉帕文明已经足以与世界上的第一个帝国，即萨尔贡的阿卡德帝国相媲美。在生态危机摧毁了哈拉帕社会后，印度北部文明的中心转移到了恒河流域。到公元前1000年，最初居住在这个地区的游牧民族已经创建了一个富饶的农业社会、最先一批城市定居点，以及一个独特的宗教文明。这个宗教文明通常被称为"吠陀"文明，这一名字来自用于赞美和祭祀的圣歌吠陀（vedas），这些经典塑造了吠陀文明的核心信仰和传统。吠陀文明将社会分为四个种姓，其中的两个高级种姓分别是祭司（婆罗门）和武士（刹帝利）。人们相信，这四个世袭种姓自创世以来就已经存在，得到了神的认可。安东尼·布莱克在对古代政治思想的比较史著作中说，"根据已知记录"，吠陀传统是"众多强调身份和等级制度的意识形态中最强烈的一个"。[1]

公元前1千纪，世界上的许多地区都有类似的发展，一些历史学家因此称这个时代为"轴心时代"（Axial Age）。印度北部、希腊和中国北部在这一进程中处于领先地位。阿契美尼德帝国是联结希腊文明、印度文明和中东文明的纽带。文明的发展伴随着铁制工具使用的增加。日益繁荣的生活和城市化创造了一群我们可以称之为知识分子的人，他们讨论、完善了关于宗教、伦理和政治的基本概念。过去存在于口头神话和诗歌中的思想和观念得以书写下来，变得更加集中、抽象和复杂。与其他地区一样，印度的王国乃至帝国有时取代了城邦的世界。在这个时代，印度最重要的政权是孔雀王朝，它存在于公元前321—前187年。孔雀王朝的前三任皇帝分别是旃陀罗笈多（公元前 321—前 297 年在位），他的儿子宾头沙罗（公元前 297—前 273 年在位），以及他的孙子阿育王。阿育王在公元前 269 年或公元前 268 年继位，统治了近 40 年。

古印度创作出了古代世界最杰出的"政治科学"著作之一，即《利论》（*Arthashastra*）。该书流传至今的作者的名字是考底利耶（Kautilya），过去人们一直认为，考底利耶是皇帝旃陀罗笈多的首席大臣遮那迦耶（Chanakya）之名的变体。事实上，我们已知的《利论》版本可能成书于 2 世纪或 3 世纪。这本书的成书年代颇有争议，而现存的版本可能是一个可以追溯到许多世纪前的文本最后的修订版。孔雀王朝对后世的印度历史影响有限。秦王嬴政在公元前 221 年一统中国，为后世的帝国奠定了基础，而孔雀王朝没有在印度次大陆创建一个持久的帝国传统。但在佛教兴起为世界几大宗教之一的进程中，阿育王发挥了关键作用，这使他成为历史上最重要的皇帝之一。[2]

《利论》主要针对治国之道和王权进行了"细致、有条理、严谨而合乎逻辑"的研究。这是中国古代著作《孙子兵法》的印度版本，不过它涵盖的内容要宽泛得多。用欧洲的术语来说，它相当于马基雅维利的《君主论》加上 18 世纪探讨各国如何鼓励经济发展的官房学派作品。《利论》有大约三分之一的篇幅致力于分析战争和外交，从我们所谓的大战略探讨到战役计划和战场战术，简直无所不包。考底利耶还详细地讨论了国王必需的品质，以及他管理家族、政府、宫廷和官员的方法。发展经济，利用其资源增强国家实力是《利论》的一个核心问题，不过考底利耶还详细阐述了前现代政府经常面临的一个挑战——如何调和神圣法、国家法和习俗法。《利论》尤其关注权力，论述了统治者该如何最好地维持、强化和使用权力。考虑到这本书所处的时代，除了丰富的内容和非凡的智慧，比之马基雅维利或中国的政治著作，《利论》最大的价值在于，它的重点是王朝和世袭君主制，其最重要的目标读者是在残酷的现实政治世界中寻求繁荣的王朝统治者。[3]

《利论》的核心思想是，没有国王的强制性权力，无政府状态会摧毁社会："没有国王的人民，会像鱼一样互相吞噬。"国际关系是国家之间争夺权力和主导地位的斗争。弱国被强国吞并。领土的扩张带来财富和权力。成为帝国是每个强大国家必备且不可避免的野心。它要求那些"精力充沛"的君主拥有"敏锐的智慧"和"强大的记忆","远离欲望、愤怒、贪婪、固执、反复无常、轻率和背后诽谤等习惯"。要想成功，他们需要在必要时表现出残酷、狡猾、表里不一的一面。但国王不是一个强盗头子："他的幸福在于其臣民的幸福。"国家实力的基石是社会的繁荣，如果国王无视正义，将自己的快乐置于社会利益之上，那么这两者都不可能实现。成为一个征服者且创建一个帝国是君主必备的野心，它值得赞美，但仅凭武力，帝国无法长久。相反，皇帝必须为他的新臣民提供正义、和平和安全。他必须尊重他们的宗教和财产，不仅如此，"他还应该采用与那些人相同的生活方式，以及相同的服饰、语言和习俗"。[4]

国王是整个政权的核心，后者的成功在很大程度上取决于前者的能力和责任感。没有任何制度能从任性的国王手上保住国家。尽管考底利耶认为，继承的最佳形式是长子继承制，但他也相信，让一个未受训导或愚蠢的王子继位是致命的。在这种情况下，国家"会像遭到虫蛀的木头一样消亡"。如果没有其他王子可供选择，可以选择女儿的儿子。最后，如果国王不育，或许有必要偷偷带一个合适的男人溜进后宫，让国王的某个妻子受孕。考底利耶强调了潜伏在君主周边的巨大诱惑，主要是饮酒、赌博、女人和狩猎。教育王子的第一步就是灌输自律意识和责任感。那些无法控制自身情绪和感官的君主，也不可能控制住政府和王国。君主必须三思而后行，他的决定必须基于冷静的考量，而不是愤怒、厌恶或欲念等情绪。他必须认真听取建议，仔细权衡，但与此同时，他必须及时做出决定并坚持执行。在审判他人时，他不能过分温和，否则会招致蔑视，也不能因严厉或偏见而引发仇恨。在人们心中，他必须是公正的。性格训练是必不可少的，但这还远远不够。少年王子必须学习武术、写作和算术。进入青春期后，除了这些基本学科，他还需要学习哲学、经济学和政治学。关于后两个领域的课程，不仅应该包含理论内容，还应该由经验丰富的官员来教授。阿育王受到的教育是全面而成功的："他的铭文揭示了，他对治国之道、哲学和伦理的深刻兴趣和理解。"[5]

《利论》警告国王，他面临许多危险，其中最可怕的来自其王朝和政权的核心圈子。他必须记住，在自己的宫殿休息或享受时，他往往是最脆弱的。他必须密切监视后宫里进进出出的人员。王室成员，尤其是不忠的王后和不满、叛逆的王子，极度危险，"王子们像螃蟹一样，有吞噬自己父亲的恶习"，不过，一个看似深爱着丈夫的王后可能更加危险，尤其是在继承问题进入议程之后。对大臣必须精挑细选，使他们相互制衡，但永远不能完全信任他们。关于如何建立并控制密探机构，以监视统治者的家人、大臣和侍臣，《利论》给出了诸多建议。军队及其指挥官的忠诚也至关重要。如果军队发不出薪酬，他们就会哗变。特别是指挥官，必须给予丰厚的报酬，才能确保他们的忠诚。虽然最大的危险来自君主的宫殿和核心圈子，但不公和贫困将导致大规模的民众反叛。臣民的忠诚和顺服主要取决于他们的肚子是否饱了。[6]

关于阿育王在公元前 260 年羯陵伽战役之前的生活，我们知之甚少，这与《利论》一书描述的印度政治原则相吻合。在接受了全面的教育后，阿育王被父亲派去镇压旁遮普地区塔克西拉的反叛，后来担任该地总督。对大多数帝国来说，如此派遣王室王子有利有弊。一个忠诚的王子可以为王朝掌控一个关键的边远地区，同时在政府事务中锻炼自己。然而，他在这一过程中积累的政治经验和追随者也可能会对君主构成威胁，尤其是在继承权问题亟待解决的时候。阿育王就是这样。他的父亲打算按照习俗——并非从无例外，将王位传给长子修私摩王子。然而，随着皇帝宾头沙罗日渐年迈，阿育王回到了都城，争取了足够的支持，在公元前 273 年父亲去世后，夺取并掌握了王位。我们不知道他有多少个兄弟死于继承斗争，但这场冲突似乎是血腥而持久的。[7]

羯陵伽战役发生在阿育王继位九年之后，这是他统治期间我们确切了解的第一个事件。羯陵伽是印度东部沿海地区的一个大国，征服这个国家给孔雀王朝带来了极大的战略利益和经济利益，这是一场巨大的军事胜利。我们接下来论及的几乎每一位皇帝，都会利用这种大胜来宣告其作为战士和征服者的荣耀。阿育王恰恰相反，他在岩石和柱子上留下了诸多铭文，他在最早的一份铭文中表示，他对自己造成的杀戮和苦难感到悲痛和内疚："15 万人被俘，10 万人被杀，实际死亡人数是此数的许多倍……关于征服羯陵伽一事，天佑王（即阿育王）感到懊悔，因为当一个独立的国家被征服时，其民众遭受的屠杀、死亡和驱逐使天佑王极其痛苦，这一切沉重地压在他的心头。"更糟糕的是，大多数受害者都是遵纪守法的无辜平民，他们过着道德生活，"对朋友、熟人、同事、亲戚、奴隶和仆人都友好而忠诚，然而，他们都遭到了暴力、谋杀，不得不与所爱的人分离"。他补充说，即使死亡和痛苦比实际情况少一千倍，这次胜利也不值得付出如此代价。羯陵伽战役期间，阿育王已经 40 多岁，此前已经历过很多流血事件，但此次战争中的大规模屠杀导致他皈依佛教，或者说至少大大加快了他皈依佛教的进程。[8]

阿育王继位时，佛教已经存在了 200 多年。它一直稳步传播，但尚未有令人印象深刻的进展，佛教仍然只是印度主流宗教（"印度教"）之外的诸教派之中的一个。因此，对佛教团体来说，使皇帝皈依他们的信仰是一大壮举。在佛教的万神殿中，阿育王的地位仅次于佛陀本人。在他的宗教故事中，他显得比君士坦丁更加高大，他的真实面目因而深深地掩埋在圣徒传记的溢美之词之下。无论如何，经过 2000 多年的沧海变迁，他皈依佛教的确定原因已经无从得知。然而，任何一个君主都不可能不顾政治后果就皈依一种宗教。[9]

和基督教一样，佛教也是一种面向所有人的救赎宗教。它的核心教义解答了人类最关切的问题：生命的短暂；此世遭受的苦难；人生从何来，死往何处；我们在宇宙中处于什么位置。这些答案都有强大的哲学和情感基础。佛教对转世的信仰与基督教和伊斯兰教完全不同，但有一点与后两者一样，它将此世的德行与死后所得的奖励联系在了一起。作为佛陀在尘世的代表，君主可以宣称自己比单纯的部落国王拥有更强大、更普遍的合法性。佛教满足了像阿育王这样的统治者的需要，他统治着一个新建立的、多元而又幅员辽阔的帝国，他需要巩固自己的统治，赋予其合法性。在"印度教"传统中，社会（基于种姓制度）秩序的神圣性往往会掩盖国王的光环，所以可以想象，阿育王可能认为，佛教能够提升君主制的地位。还有一个合理的推测，到阿育王统治的时候，孔雀帝国十分庞大，已

兰巴卡 ✡

夏巴兹加希
■ 曼希拉
✡ 塔克西拉

✡ 坎大哈

印度河

托普拉 ◆   ■ 卡尔西
✡ 密拉特
巴哈布尔
白拉特 ✡

尼格利-萨格尔 ◇
蓝毗尼 ◇   ◆ 兰帕尔瓦
◆ 劳里亚·南丹加尔
◆ 劳里亚·阿拉雷索
鹿野苑   ● 华氏城
古贾拉 ✡   桥赏弥
阿赫劳腊   ⚮ 巴拉巴尔山
沙阿须蓝
桑奇 ◇   罗钵那

基那   潘吉拉利亚 ✡
德奥泰克 ✡

陶利 ■
索帕拉 ■   杰格达 ■

羯陵伽   孟加拉湾

阿拉伯海

阿马拉瓦蒂

桑纳蒂 ■
马斯基 ✡   ✡ 尼杜尔
伽毗摩 ✡   ✡ 乌达戈兰
波尔基毗陀 ✡   ✡ 婆罗摩吉里
✡ 悉达坡

朱 罗

✡ 小摩崖法敕
■ 大摩崖法敕
◆ 石柱法敕
◇ 小石柱法敕
⚮ 石窟铭文

印度洋

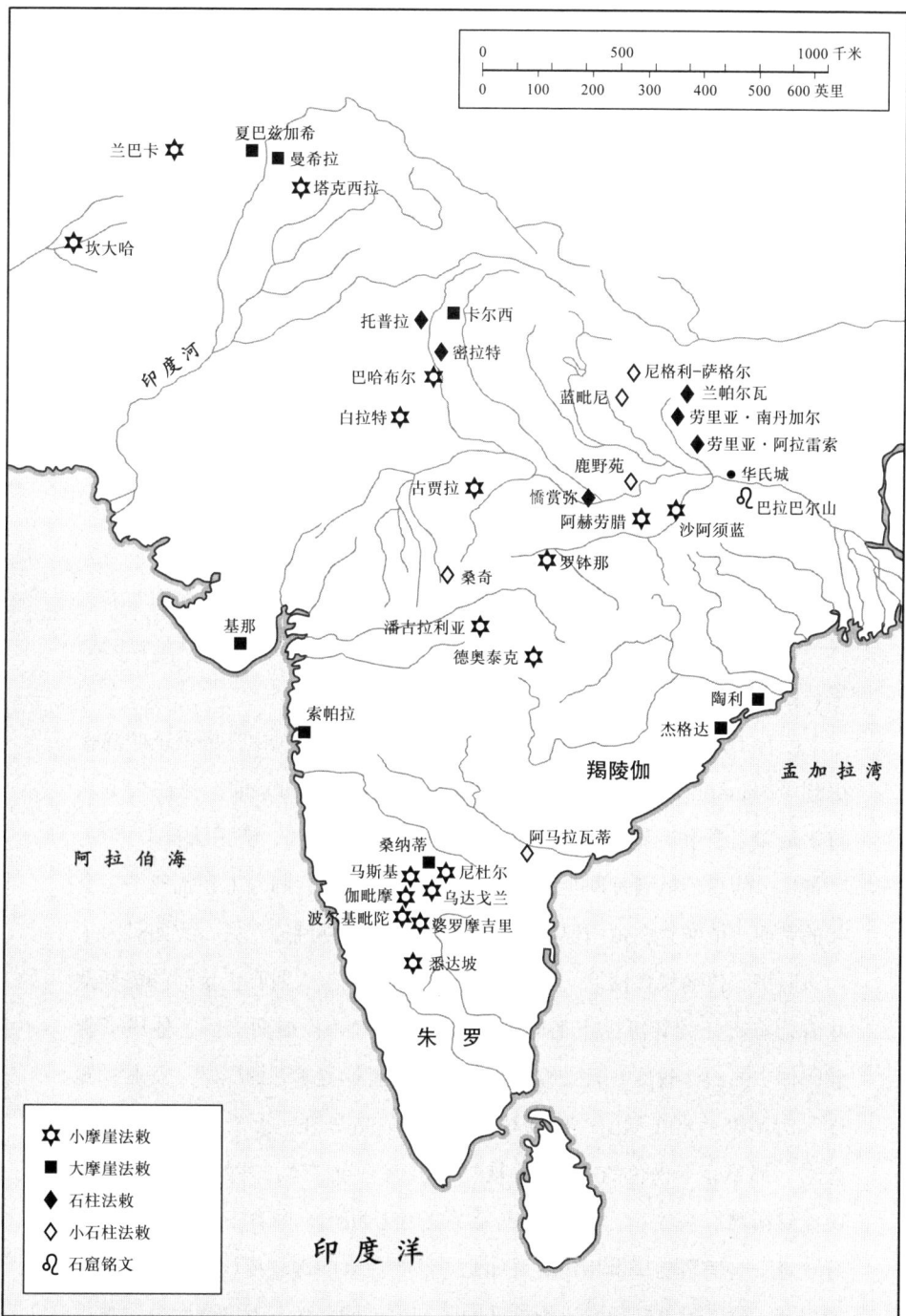

地图 5.1　阿育王和孔雀帝国

经接近其自然极限：因此，采用佛教这一禁止侵略战争和内部争斗的宗教是合适的。[10]

　　然而，大多数当代历史学家认为，阿育王对佛教的个人信仰是其政策的核心。他成长的世界充满激烈的宗教辩论和强烈的宗教热情。他的祖父偏爱耆那教，而阿育王自己除了佛教，还有其他选择。阿育王曾在岩石和柱子上铭刻了许多声明，根据那些流传至今的铭文，我们可以了解到，在后续的大部分统治时间里，他对佛教的虔诚是如何加深并影响其政策的。在铭文里，他明确表示，对来世救赎的关注是其佛教热情的部分原因。本书论及的绝大多数君主都喜欢夸耀其王朝和血统，但阿育王两者都没有提及。他似乎"重获新生"，对过去不感兴趣，下定决心致力于传播慈悲、拒绝暴力的佛教。几千年过去了，我们仍能通过铭文，强烈地感受到他的个性和信仰。"为字斟句酌的铭文所阻碍，我们通常很难辨识古印度国王的个性。但阿育王是个例外。上述铭文中常见的第一人称和强烈的个人语气……毫无疑问地说明，这些铭文并非他人代笔，它们代表着皇帝的思想、愿望和命令，以及偶尔的……坦率和自我反省。"[11]

　　阿育王的铭文传达的关键信息是，他致力于在臣民中传播真正的佛教思想（Dhamma，即法）。"天佑王……不看重名誉和荣耀，他在当下和将来渴望名誉和荣耀，只是为了使他的人民遵守正法，依正法行事。"为了将这一信息传播到帝国全境并确保信息得到尊重，阿育王还创建了一个新的官职。他频繁在帝国巡游，一方面是为了礼拜佛迹，另一方面是为了广布赈济，传播佛教信仰。阿育王毫不怀疑，他个人对真正信仰的信奉意味着他有责任领导臣民走上同样的道路。经过一段时间之后，他成了佛教团体中的纪律权威和教义权威，他利用两者捍卫佛教的团结，反对"异端"。"不管是谁在僧团（即佛教僧侣）中制造分裂，无论是比丘还是比丘尼，都要穿上白色的衣服"，被驱逐出他们的群体，"因为我希望，僧团能够团结、长久"。不过，与许多宗教信徒相比，阿育王对其他信仰十分宽容，与信教的皇帝相比更是如此。这为后来的佛教传教僧侣建立了一种规范。佛教的策略通常是影响和吸收其他信仰，而不是以犹太教一神论的精神去征服它们。阿育王的法令强调了各宗教间相互尊重的必要性。他强调，佛教以外的宗教同样寻求精神上的领悟，过着道德的生活。蔑视其他信仰的激进传教士只会造成伤害。"天佑王……尊重所有的教派……凡只尊重自身教派或出于对自身教派的忠诚贬低他人教派，以显示自身教派优势者，更多的是在伤害自己的教派。因此，诏令和谐，以使人们听取他人的原则。"12

阿育王想要传达的核心主旨和信息是慈悲而非狭隘、教条的佛教。日常生活中的道德行为，其本质原则是不伤害其他有感知能力的生灵，而这也是寻求更高的精神领悟的基础。与犹太教、基督教和伊斯兰教相比，佛教没有彻底排斥万物有灵论的宗教观念。在佛教观念中，理性使人类区别于动物和植物，但所有的生命都是宝贵的。阿育王的许多敕令都禁止杀害动物，禁止不必要地砍伐森林。这就将佛教与基督教区别开来，后者称，上帝已经将动物和自然世界交给人类处置。阿育王的敕令与当代的生态关怀一致。

不过，基督教和佛教在一点上是一致的，它们都在宣扬一定程度的平等，而这与他们所处时代的等级秩序相冲突。阿育王对婆罗门的公开谴责，完全没有基督对罗马帝国皇帝和犹太社会秩序的抨击强。即便如此，阿育王声称任何种姓的人均可平等地获得真理和救赎，这依然是颠覆性的言论。在主流的"印度教"中，四种姓的社会等级是神创造的，每个种姓都有各自的行为标准和信仰准则。阿育王在他所谓的"10 号大摩崖法敕"中写道，"无论地位高低，没有卓绝的努力，不摒弃其他一切"，实现真正的理解对所有人来说都是困难的，"对于地位高的人来说，尤其困难"。对于后世的佛教徒来说，关于阿育王的记忆主要通过传说故事流传，最初是口头传播，后来则被书写下来。其中，没有哪部作品比《阿育王譬喻》（Asokavadana）更重要。它最终在 2 世纪成书，但其起源可以追溯到皇帝生前。在这个故事中，阿育王用以下话语斥责首席大臣："你看重种姓，而不是僧侣的本性。你因为傲慢而被种姓欺骗、困扰，害人害己……正法在乎的是品质，而品质却不取决于种姓。"13

在所有神圣的君主制国家，现实的政治生活与神圣君主理应代表和发扬的崇高宗教原则和道德原则之间，都存在很大的差异。阿育王的铭文与

《利论》的巨大差异是其典型代表。同其他所有的救赎宗教一样，佛教的最高理想也是超脱并放弃此世的一切，但在这些宗教中，佛教在原则上是最不政治、最不世俗的。尽管如此，重要的是，阿育王没有像祖父一样退位，将人生最后的几年用于寻求精神上的满足。旃陀罗笈多在晚年过着耆那教苦行者的生活。阿育王则留在俗世，试图通过个人的榜样作用及其财富和地位固有的影响力，发扬佛教的慈悲观念。

阿育王的铭文和政策表明，君主必须妥协，才能实现他的整体目标。完全禁止杀害动物是不可能的。但他可以努力保护部分物种，也可以通过成为素食者，树立一个好榜样。死刑不能完全废除，但可以对其进行更好的控制和约束。没有君主可以解散军队或完全放弃战争。但阿育王谴责不必要的侵略，试图限制暴力的使用，他强调，最持久的征服源于真正宗教的胜利。在佛教传说中，阿育王成圣王，也就是"转轮王"（chakravartin）。在佛教观念中，转轮是王权的伟大象征，悬挂在想象的宇宙中心的皇宫上方。在黄金时代，转轮王仅凭正法的力量就能统治整个尘世，他的转轮由黄金包裹。相比之下，阿育王虽然是最伟大、最令人钦佩的皇帝，但他生活在不太理想的时代，因而有时不得不依靠武力来维护正法。他的转轮由铁包裹，他统治的只是四分之一的尘世，即印度次大陆。这是佛教语境下普世帝国君主制的理想和现实。[14]

阿育王和亚历山大大帝之间的强烈对比，在许多方面定义了后世"西方"君主制与佛教王权之间的区别，至少是理想上的区别。一方是战士，另一方则是精神向导和慈悲化身。已故的泰国国王普密蓬（1950—2016年在位）在公众面前的言行，在许多方面遵循了阿育王的传统。西方军事君主制的传统则逐渐受到基督教的影响，后者呼吁谦卑和接受"正义战争"的原则。即便如此，圣路易——基督教君主的典范，之所以能被封为圣徒，在很大程度上也是因为他向异教徒发起的十字军东征。亚历山大大帝与阿育王之间的差异不只在于他们一个是战士，一个爱好和平。亚历山大大帝是个人英雄主义的典型代表。他渴望生前身后的荣耀和名声。而佛教及追求涅槃（Nirvana）的动因——摆脱此世的喧嚣和琐事，其中包括荣耀和声誉——恰好与之相反。它将内在的平衡和平静视为更高精神领悟的基础。阿育王可能和马可·奥勒留一样，也蔑视亚历山大。但是佛教比马可的斯多葛主义更加深入，为更广泛的人类提供了更多安慰。

　　相比于对印度的影响，阿育王的遗产在印度以外地区的影响更大。他去世后，孔雀王朝没有延续多久就消亡了。此后，直到 16 世纪莫卧儿王朝建立，印度才再次拥有相近规模和实力的帝国。佛教在印度次大陆继续繁荣了好几个世纪。直到 11 世纪，孟加拉和比哈尔的寺庙建筑群仍然居于世界上最具影响力的佛教中心之列。然而，由于游牧入侵者随后越过西北边境进犯，再加上佛教本身逐渐在印度没落，这些中心遭到了破坏。几个世纪后，贾瓦哈拉尔·尼赫鲁宣称，甘地的非暴力理念和超越民族的精神原则是印度传统的一部分，可以追溯到阿育王。印度独立后，其国旗和国徽中有尼赫鲁加入的象征阿育王的标志。到纳伦德拉·莫迪的时代，阿育王的信条，如克己、宗教宽容和非暴力，似乎显得不那么重要了。距阿育王时代已有 2000 多年了，种姓制度仍对印度社会有着重大影响。高度概括来说，人们甚至可以将阿育王比作埃及法老埃赫那吞，后者在埃及强制推行一神教，最终因为祭司精英的反对和根深蒂固的大众信仰与习俗而失败了。[15]

　　当然，如果你将视野放大，脱离印度，看看佛教在东亚和东南亚的巨大影响，这种类比就毫无意义了。阿育王非常鼓励僧侣到国境之外去传教。在佛教传说中，他的儿子曾带领传教僧侣远征，使斯里兰卡和缅甸的民众皈依佛教，不过，阿育王的传教团到过更远的地方。随后，佛教的两大主要分支之一，即所谓的大乘佛教建立起来。它逐渐将佛教传播到了中亚、中国、朝鲜半岛和日本。到了 20 世纪，佛教的传播也开始在欧洲和北美取得了进展。就连当今西方的精神病学乃至神经科学，通常也相当尊重佛教的冥想术，以及潜藏于这些技法之下对于超然和平静的追寻。所谓的密宗出现在 7 世纪的印度，随后传到中国和日本。中国最后一位真正伟大的皇帝雍正（1722—1735 年在位）通过密宗，获得了内心的强大和平静。[16]

第 6 章

中国皇权帝制的起源

在英语中，罗马帝国和中国古代的统治者都被称为皇帝。而在他们各自的母语，即拉丁语和汉语中，这两种传统的统治权的不同性质变得更加明显。拉丁语的"皇帝"（imperator）一词最初的意思是"凯旋的将军"。而汉语的"皇帝"一词富有多种神圣的、宇宙层面的延伸含义，这也是秦王政在公元前 221 年一统中国后选择这个头衔的原因。然而，并非所有的罗马帝国皇帝都是将军。但他们都在帝国的膜拜仪式中扮演过主持祭典的祭司角色。同样地，中国的一些君主，主要是王朝的创建者，都是军事领袖。但大多数君主，无论是公元前 206—公元 220 年的汉朝，还是后来朝代的皇帝，首要的身份都是神圣的统治者。他们的关键作用是通过举行仪式和祭典，将上天与尘世，以及他们这一代人与其祖先联系在一起，进而使政权权威合法化。11 世纪，一位著名的儒家思想家说："天子为政，重在祭祀。"[1]

这句话从广义上来讲是正确的，但也有其风险。信奉儒家思想的官员希望皇帝专注于仪式，将管理工作交给他们。基本上，罗马帝国皇帝和中国皇帝都是政治领袖。所有的公共权力都是以皇帝的名义合法化和执行的。但汉朝的大多数皇帝在政府和政治中扮演的角色不像罗马帝国的君主那么活跃。在某种程度上，这种差异是必然的，因为罗马帝国的一些皇帝是因为拥有卓越的政治才能和军事才能，才被前任皇帝收养为继承人，还有许多皇帝则是通过军事叛乱或政变夺取了皇位。而中国的世袭君主制很难产生一系列有着同等毅力和能力的统治者。儒家的政治思想传统总是对那些过于专制的君主持怀疑态度，因为他们不能虚心接受熟知儒家经典的大臣提出的明智建议。道教传统对皇帝的激进主义更加心存怀疑。中国皇帝远不如罗马帝国皇帝那么容易接近。例如，他住在"禁宫"之内，除了少数人，其余所有人都没有资格进入。汉朝许多君主幼年登基，常常无法顺利活到成年。一些成年君主很乐意将政府的协调工作交给三公。即使是汉朝勤于政务的皇帝，通常也只是大臣间分歧的仲裁者，不是政策的发起者。此外，汉朝最后几十年的历史表明，如果没有成年皇帝亲理政务，没有成年皇帝全力支持称职的丞相，政府更加无法高效运行。[2]

在某种程度上，我们可以构建前文章节研究过的众多帝国的系谱。波斯人的系谱可以追溯到阿卡德帝国的萨尔贡。马其顿的亚历山大认为自己接管了阿契美尼德的遗产，他的遗产又对印度的孔雀帝国和罗马帝国产生了影响。相比之下，中国的帝国传统是独立的。直到汉朝灭亡后，佛教开始对中国产生重大影响，中国的社会和政治才受到外界的巨大作用。在某些方面，与中国最相似的是古王国和中王国时期的埃及，其古老而强大的政治传统大体上也是独立的。和中国一样，在埃及，古老的本土神圣君主制传统给后世的统治者留下了深远影响。但是，与中国相比，埃及是一个相对较小、容易统治的国家。几乎所有的居民都生活在尼罗河两岸 30 英里（约 48 千米）范围内的一片平原上。即便是汉代的中国，疆域也远大于此，广阔的领土被山脉、河流和森林划分为不同地区。黄河对古代中国政府和文明的意义，几乎等同于尼罗河对埃及的意义，但相较于尼罗河，黄河要危险得多，更难以治理。在过去 2000 年的大部分时间里，将这片庞大的地区统一在一个国家治下，是一项非凡的成就。一位当代历史学家称之为"中华帝国的政治奇迹"，这个评价恰如其分。支撑这一奇迹得以实现的许多关键因素早在汉代就已经存在，至少初具萌芽。其中包括神圣的君主制，视帝国（"天下"）为唯一合法政体的主导意识形态，官员越来越倾向于这种意识形态，以及对大一统思想的坚持。[3]

公元前 221 年，中国结束了分裂的局面，在此前和此后的几个世纪里，大多数中国思想家都相信，在传说和上古时期存在一个黄金时代。这个时代始于神话人物"黄帝"的统治，历经许多半神话性质的王朝，直到公元前 11 世纪周室代商。一直到 20 世纪，中国的政治思想依据的许多原则都源于这个黄金时代的故事。其中一个原则就是所谓的天命，正是它授予皇帝统治的权力。如果君主不能履行他的职责，上天也可以收回它授予的权力。这一观念的思想基础是，天、地、人均是宇宙的组成部分，它们必须和谐共存。如果皇帝的行为有违天道，导致自然灾害，上天便会给出警示，比如奇异的天象。商朝的末代暴君倒台，周朝贤明的首位统治者取而代之，这就是天命的体现。除了在传说中，天命在现实中也与"罕见的天文现象"相吻合。中国的天命理论以一种独特的方式，融合了宇宙论、现实主义和政治意识形态。中国思想家都非常清楚君主的易错性和暴政的可能性，但他们太过害怕民众的无知和可能的无政府状态，因而拒绝支持反抗，即便反抗的是暴君。他们做出了妥协，辩称暴君终将受到上天和自然的惩罚。[4]

从公元前 771 年西周灭亡到公元前 221 年秦朝统一，在这几个世纪的时间里，各诸侯国的大众文化乃至文字都存在显著差异。不过，诞生于这几个世纪的知识分子阶层——士［在英语中偶尔被译为绅士学者（gentlemen-scholars）或文人（literati）］，始终信奉大一统中国的思想。他们渴求某种贤明的帝国君主制，以恢复和维持他们认为的一体的中国文化空间的统一性。这种对统一愿景的拥护在一定程度上是对公元前 4—前 3 世纪，愈发惨烈的诸侯间的战争的回应。[5]

大一统之前的几个世纪里，在中国的知识分子中出现了百家争鸣、百花齐放的局面。许多关于美好生活、良好社会和统治本质的对立观念相互竞争。不过，直到汉朝建立，结束了短暂的分裂局面之后，这些思想家才被归拢起来，划分为不同的"学派"。即便如此，将思想家划分为不同学派的尝试，以及认为长期影响中国历史和哲学的三个关键学派是道家、法家和儒家的观点，有其现实意义。概括说来，道家呼吁人需顺应自然和宇宙。从政治层面来说，它提倡无为而治，谴责过度干涉的治理方式。法家强调人的愚昧，探究了管理官僚机构，以及动员民众来强化国家战争机器的最佳方法。孔子生活于公元前 551 年至公元前 479 年。要注意的是，不要将他的个人观点与公元前 2 世纪汉朝采用的正统儒家思想混为一谈，更不要与 1000 多年后被广泛接受的宋朝理学混为一谈。不过，从孔子的时代开始，他的一些思想一直是儒家世界观的基础。[6]

孔子眼中的良好社会和合法政治秩序，建立在理想化的古代中国这一基础之上，那是一个宗法社会。宗族生活等级分明：皇帝领导社会，父亲主导家庭，丈夫掌控妻子。适当的行为和礼仪要求并体现出对这些等级制度的尊重。只要有它们，就可以保证社会的稳定和经济的繁荣。但等级制度需要双方的付出，需要相互间的感情来维系。儒家思想的核心是伦理制度，它赋予为民服务以极高的地位。作为儒家典范和教师，士被要求为贤君效力，以捍卫民众的福祉。与世界上其他的伟大"宗教"——包括佛教、基督教和伊斯兰教——相比，它是最容易适应统治者和政府需求的宗教。它在很多方面与斯多葛主义接近，尤其是关于人在生前遭受的苦难，以及人对死亡的恐惧，它提供的安慰几近于无。此外，与基督教和伊斯兰教等一神教相比，"儒教"或者说儒家思想更加包容。它逐渐吸收了佛教和道教的一些元素。在中国，它与这两种宗教思想达成了妥协，而这种方式对一神论文化来说是不可想象的。[7]

意料之中地，在大一统之前的几个世纪里，获得各敌对诸侯国统治者青睐的是法家的思想家及其追随者。公元前 8 世纪早期，西周灭亡，紧跟着东周建立，只是周王室的地位一落千丈，再也无力掌控各地的诸侯，初期诸侯国大约有 150 个。到诸侯国的冲突进入残酷的最后阶段（即所谓的战国时期，公元前 475—前 221 年）时，诸侯国仅剩 12 个，其中有 7 个可以被视为逐鹿中原的主要竞争者。全面冲突的时代始于公元前 453 年，当时，晋国三大贵族家族联合起来灭掉了晋国另一个十分强大的家族。魏国是三者中最强大的一个，其统治者深感于贵族权势的危险，削弱世袭贵族的特权，选贤任能，旨在约束社会，调动所有可用的资源来满足军事需要。魏国统治者奉行这一政策的另一个原因是，魏国地处列国中央，处于潜在敌人的包围之中。魏国的变革及其建立的政治模式都非常成功。在接下来的 50 年里，魏国是该地区最强大的诸侯国，称雄中原。魏国发动的战争的最大受害者是他们西部的邻国——秦国。公元前 5 世纪末和公元前 4 世纪初，秦国的大部分边境地区丧失给了魏国。

为了生存，秦国的统治者决定，他们必须引进魏国的治理模式。变法始于秦献公（公元前 384—前 362 年在位），在继承秦王之位前，他在魏国流亡了 30 年。决定性的变法是在他的继任者秦孝公（公元前 361—前338 年在位）统治期间进行的，推行者是商鞅。商鞅成了后世法家思想家和政治家的榜样和英雄。他的著述被收集成册，被视为指导手册，乃至权威之作。商鞅本人是卫国的士，出身于卫国公族。和大多数士一样，他效忠的是整个中原文化区，而不是他自己的诸侯国。在商鞅的领导下，秦国的官僚机构深入社会，进行精密的管理，将军事力量最大化。处于社会底层的农民被以家庭为单位进行划分和组织，他们共同承担兵役和赋税。不过，如果他们在军队中表现出色，就会被授予土地和爵位。即使是王室成员，也必须在军队服役，获得军功，以维持他们的地位。

秦国能够战胜敌国，激进的变革至关重要，但其他优势也不能忽视。秦国的核心地区土地肥沃，群山环绕，易守难攻。最重要的是，位于诸侯国体系边缘地带的秦国，拥有此类诸侯国常有的优势。它可以利用在这个体系的内部冲突中磨炼出来的战争机器，去征服其西部和中原核心区以外那些通常相对较弱的邻近地区。对秦国来说，邻近弱小的部落"王国"统治着一个富饶且具有重要战略意义的地区（现今被称为四川）。征服四川，秦国不仅控制了肥沃的土地和丰富的盐铁矿藏，还控制了长江上游。这为秦国开辟了一条进攻强楚腹地的通道，公元前 278 年，秦国将领在一次精心策划和攻打的战役中，利用这条路线取得了良好的效果。与一些竞争对手相比，秦国占据优越的地理位置。相比之下，诸侯国中位于西北边缘的赵国，其邻居则是令人生畏的匈奴部落的游牧战士。它的大部分军队不得不部署在遥远的北部边界，以阻止游牧民族入侵。在楚国被吞并后的几十年里，秦国凭借冷酷无情、高效的军队和巧妙的纵横捭阖之术接连兼并了其他大国，事实证明，它们无法与秦国抗衡，也无法联合起来对抗秦国。公元前 3 世纪 20 年代，秦王政最后的战役大局已定，他建立了大一统的帝国，成了"始皇帝"。

秦始皇，前秦王嬴政，出生于公元前 259 年，13 岁时登上秦王之位。他的母亲因秽乱宫闱而臭名昭著，其中包括与她丈夫的相邦发生的婚外情。一位历史学家评论说："由于奇特的童年经历，嬴政残忍、多疑，缺乏情感，热衷冒险。"他的一位主要将领称秦始皇拥有"虎狼之心"。除了残酷无情，他还拥有无限的精力和坚定的意志。在称帝后的 11 年里，嬴政 5 次巡游自己广阔的领土。他建立了新的标准化的行政管理体制，统一了度量衡。他还大大扩建了道路和边墙，在帝国的南北边界发动了大规模的军事进攻。中国的长城通常被认为是纯粹的防御性城墙，但值得注意的是，秦始皇向北大规模扩建防御工事是为了保护他从匈奴游牧民族手中吞并的大片草原。[8]

对一些历史学家来说，秦始皇最深远的影响是扭转了战国时期出现的文字地区化和多样化趋势。如果没有他下令书同文，"可以想象，多个地区性的不同的正字法可能会永久存在。如果发生了这种情况，我们很难想象中国能够长久维持政治统一"。嬴政认为自己在历史上独一无二，代表了中国人自古以来渴求的圣君——重新统一了华夏文明，进而实现了帝国和平稳定的古老理想。他在泰山举行封禅大典，在山顶的石碑上记录了自己的这一成就。他建造的许多宏伟宫殿，尤其是他的陵墓，都体现了他的愿景，即永恒而包罗万象的宇宙帝国。他的陵墓可能是世界范围内单个统治者拥有的规模最大的陵寝。[9]

秦始皇的自负很快就遭到了惩罚。嬴政宣称他的王朝将世代相传，永无止境。然而，公元前 210 年，秦始皇去世，此后仅仅过了 4 年，秦朝就崩溃了。原因不难找到。公元前 221 年后，成千上万的六国精英不仅失去了独立的地位，还被迁徙到秦国腹地。残酷无情的秦始皇声称自己是中国知识分子长久所求的、一统天下的仁德之君，这遭到了大多数士人的蔑视。他臭名昭著的"焚书"运动旨在没收私人藏书，结束关于历史的公开辩论，并强加一套由国家主导的单一意识形态准则。这加剧了士人对他的不满，当然，尤其是百家（包括信奉儒家传统的人）之士的不满，因为他似乎贬低了他们的信仰。他发起战争，大兴土木，这给群众造成了极大的负担。据估计，公元前 221 年后，总人口中，有 15% 的人被秦朝征召去修建道路、防御工事和宫殿。仅皇陵建筑群就占地 25 平方英里（约 65 平方千米），征用了 70 万劳工，其中许多人技艺高超。

一位现代历史学家评论说，"任何这样冷酷无情的政权都无法长存"，但是导致秦朝灭亡的不仅仅是残忍和剥削。在某种程度上，秦朝的命运与新亚述帝国的崩溃相似。过度的中央集权，权力集中在皇帝及其朝廷手中，这是以长时期的衰弱为代价，换取了国家权力的短期收益。秦朝试图对社会进行微观管理，这意味着即使是在统一前，其官僚机构的运营成本也十分高昂。在前现代世界，将这一原则推行到一个庞大的帝国，势必无功而返。为了生存，秦朝需要迅速调整，以适应统治一个帝国的现实。这主要意味着皇室与地区精英之间建立起稳固的联盟。也许是传统使得秦朝无法实现快速调整，但彻底摧毁秦朝存续机会的是始皇去世后的惨烈继承斗争。随着政权本身陷入战火，秦朝大厦将倾，各地纷纷揭竿而起。[10]

　　尽管秦始皇建立的王朝迅速灭亡，但他无疑是世界历史上最重要的统治者之一。直到现代，帝国仍是中国主要的合法政权组织形式，它对 21 世纪的世界产生了巨大的影响。在关键方面，后世的皇帝和朝代都是嬴政的继承人，他们的统治建立在嬴政确立的模式之上。然而，他背负了暴虐的恶名，以至于他的遗产永远无法获得认可。汉朝的合法性有一部分来源于对秦朝苛政的强烈谴责。最终主导了汉朝意识形态国家机器的儒家士人有充分的理由抹黑秦始皇。因为不断演变发展的儒家思想定义了中国的国家意识形态，直到 20 世纪，甚至在某种程度上，直至今日，依旧如此，这导致了一个具有讽刺意味的结果，即中华帝国这个世界上最伟大的帝国传统在谴责它自己的创立者。

　　秦始皇驾崩后，内战爆发，最后的胜利者刘邦建立了汉朝。除了汉室被篡的 14 年，汉朝在接下来的 400 多年里一直统治着中国。刘邦（汉朝开国之君），尊号高皇帝，出身农民，曾在秦朝担任低阶官吏。由于犯下轻微过错，害怕遭到处决，他不得不发动反叛。凭借政治技巧、勇气、英明的领导和运气，刘邦取得了胜利。在内战的最后几年里，刘邦的主要竞争对手是项羽。项羽有着更高的社会地位，可能还指挥着更强大的军队，作为一个杰出的将领，赢得了应有的声誉。理论上，项羽拥有绝对的优势。许多年后，刘邦跟他的谋臣谈起了在劣势中战胜项羽的原因。皇帝承认，作为个人领袖，项羽在许多方面比他更鼓舞人心，表面上也更令人赞叹，但他补充说，与他不同的是，项羽无法创建并领导一支由顶级文武官员和谋臣组成的团队。这在一定程度上是项羽的性格使然，他很难信任谋臣，并与他们分享战利品。高祖补充说，通过避免这种缺点，他可以获得和维持核心官员的忠诚，他们在外交、军事和管理方面比他优秀，但在他的领导下能够有效地一起工作。历史上，许多成功的首席执行官和统治者可能都这样说过。但比起作为王位继承人长大的王子，一个白手起家的人更有可能拥有足够的谦虚和自知，来说出这样一番话。这样的人至少知道自己必须创建一个团队。而一个轻率的皇帝可能会过于相信自己有权命令他人服从。[11]

刘邦不得不适应广大民众对秦朝中央集权制的抵制。正如奥古斯都从恺撒的错误中吸取教训，用共和制的门面掩饰自己的权力一样，刘邦借着强烈谴责秦朝暴政的幌子，保留了秦朝管理体系的一些元素。但是相较于奥古斯都，汉朝的创始人不得不分出更多的实权。鉴于汉初的政治现实，以及取得内战胜利依靠的策略，刘邦不得不将一半以上的帝国领土分配给他的主要支持者作为自治封地。也许，他非专制的个人管理风格也是促成这一决定的因素之一。这些封地最初的强大自主权力和丰富资源，是汉帝国和刘氏王朝存续的主要威胁，因此刘邦之后的三位继任者均将重新掌控这些封地视为优先事项。在大臣的敦促下，到公元前 141 年汉朝第六位皇帝武帝即位时，高祖的两个儿子和一个孙子已经实现了这一目标。[12]

汉朝的第四任君主文帝（公元前 180—前 157 年在位）在统治期间成果显著。史料中记载了他和丞相陈平之间的对话。文帝问陈平，在他看来，君主真正的作用是什么。陈平回应说，皇帝的主要职责是在国家的重大仪式中担任主要的祭祀者进行献祭。至于治理，统治者的主要职责是任命丞相，丞相将遵循天道和伦理的和谐原则来指导政府，"使卿大夫各得任其职"，确保行政管理顺利、有效地进行。这一对君主角色的定义，是战国时期儒家（和其他学派）的许多著名士人提出的。这是中国的整个帝制历史中，信奉儒家思想的大臣始终抱持的皇权观念。一位研究中国的帝制政治制度的专家评论说："当这种政治安排顺利运转时，它看起来很像现代的君主立宪制。"[13]

问题是，要想"顺利运转"，该制度要求君主有足够的见识和智慧来任命一个称职的大臣。而且决定丞相退隐的时机想必同样是君主的职责，尽管陈平对此委婉地保持沉默。这一职责需要极高的政治意识和敏感度，在中国，除了皇帝，很难想象还有哪些机构或个人能够履行这一职责。然而，即使统治者有足够的洞察力来做出这些决定，人们仍期望他把治理工作交给丞相，并将他自己的角色限制在仪式和祭祀方面。丞相及其政策必然会招致强烈的批判、猜忌和诽谤，可以想象，皇帝必须对此充耳不闻。但皇帝又不能完全闭目塞听，否则丞相会使他变得昏聩，从而带领帝国和王朝走向灾难。找到一个愿意遵守和能够遵循这些有点矛盾的准则的统治者并不容易。原则上来说，皇帝是专制君主，他不受法律的约束和限制，是所有合法权利的来源，因此在管理帝国的过程中以多大的程度扮演个人角色，完全取决于他自己。当代西方读者可能会倾向于认为，官僚机构及其官员比世袭独裁者能更有效地管理国家。但是，中国（以及其他国家）的许多历史都与这一假设相矛盾。一旦让官僚自行其是，派系之争很容易导致政府的瘫痪和腐败。儒家官员和学者有一些共同的设想，例如薄赋，但这些设想很可能会破坏政府的效能。[14]

文帝的孙子武帝统治了 54 年，他常常被描述成汉朝最活跃的君主。我们对武帝的性格了解甚少。到目前为止，关于秦朝，以及汉朝早期历史的最佳史料是司马迁的《史记》，但关于武帝在位时期的那一章已经散佚。也许，这不是一出意外事件。这位伟大的历史学家不赞同武帝的专制性格和政策。后来，司马迁举荐的高级将领在对抗游牧民族的战斗中被击败，愤怒的武帝下令将太史令处以宫刑。伴君如伴虎，在武帝身边尤其如此。武帝在位期间，处决了 6 位丞相。以公元前 113 年为例，当时武帝出巡郡国，因为突然微服驾临，太守及数名下级官员被发现了不少问题，他们或是自杀，或是遭到处决。武帝采取了激进风格的君主的典型做法，以牺牲丞相、朝臣和政府机构为代价，提升其私人秘书部（尚书台）的地位。这是为了将权力纳于所谓的"中朝"之内，而中朝的官员主要由宦官构成。与之类似，皇帝任命他的姻亲担任高级职务，尤其是在军中。姻亲像宦官一样，被认为（并不总是正确的）在官僚网络之外运转，其个人对君主忠心耿耿。

我们可以指出武帝统治时期的关键政策变化，也可以假定，如果没有皇帝的大力支持，这些变化就不可能发生。例如，从允许民间自由经营盐铁调整为盐铁官营，武帝政权致力于更加活跃的经济政策。与游牧民族匈奴的关系是武帝统治时期最重要的外交政策问题。公元前 200 年，汉高祖遭匈奴围困，此后汉朝对游牧民族主要采取安抚和收买的政策。到武帝即位时，朝廷内部越来越多地讨论起安抚政策的利弊。这项政策成本高昂，又令人羞耻，即便如此，也没有阻止游牧民族几乎持续不断的小规模袭击，更不用说偶尔发生的大规模战争了。随着国库的充实和藩王问题的解决，许多官员主张抱持更激进的军事立场，但与匈奴的战争的潜在风险和高昂军费令人畏惧。在帝国，这种类似于是战还是和的关键性决定，是专属于君主的工作。武帝决定采取更具进攻性的军事战略，其直接结果之一是对所有的工商业者征收高达 1.2% 的财产税（算缗钱），为深入匈奴领地、花费极高的军事进攻提供资金。

不过，这些进攻通常经过严密的部署和执行，获得了丰厚的回报。例如，在公元前 119 年的决定性战役中，近 25 万大军行军 870 英里（约 1400 千米），穿越戈壁，深入匈奴领地。凭借军事技巧、政治手腕和出色的后勤安排，大军最终摧毁了匈奴，为北方边境带来了数十年的稳定。作为这次胜利的成果之一，汉朝的疆域深入西北，影响力就此蔓延至中亚。这是通常所说的丝绸之路开通的先决条件，这条贸易路线一直延伸到罗马。但由于中国地缘政治和欧亚地缘政治的天然特性，对游牧民族的胜利只是暂时的。随着时间的推移，新的游牧政权会崛起，中国北部边境的安全威胁将随之卷土重来。从公元前 200 年汉高祖的失利到 18 世纪中期清朝最终消灭游牧民族政权，保卫北方边境，对抗游牧民族，是中国统治者面临的最大的地缘政治挑战。[15]

从长远来看，武帝对政府政策最重要的影响是意识形态方面的。正是在他的治下，儒家思想成了人们可以称之为国教的存在。武帝童年时期的许多老师深受他的信赖，而其中许多是坚定的儒家学者，这一事实对上述发展至关重要。影响继承人的教育，为自己的事业吸引他的兴趣，一直是帝国政治的关键因素。自统治初期开始，武帝就十分推崇儒家思想，任命知名大儒担任朝廷的关键职务。武帝在位期间，设立太学，旨在研究和编纂儒家经典，向每年入学的上千名预备官员传授儒家智慧。中央政府的职位越来越局限于熟知儒家观念、熟读儒家经典的人。此外，武帝的重要作用还体现在推行并完善了一些关键的仪式和祭祀，这些仪式和祭祀直到20世纪仍具有重要意义。不过，最重要的或许是，他在统治期间慷慨地庇护了那些发展和综合了儒家思想的学者。在这些学者中，董仲舒可能是最重要的一位。武帝向他寻求建议，数十年如一日地支持他的研究。董仲舒将儒家伦理、自然哲学、政治思想、仪式和宇宙论融合成了一个连贯的关于信仰和行为的指南，在这方面，他比任何人的贡献都大。[16]

这导致了一个明显的复杂难题。武帝是汉朝最专制的皇帝。儒家思想与之相反，强调君主的仪式性角色，要求——至少是含蓄内敛地——皇帝将主要的治理工作交给官员。按照常理，围绕在武帝身边的儒家学者和官员一定十分谨言慎行，不让武帝发现他们内心深处的想法。君主和儒家官员之间的联盟是中华帝国的基石。从一开始，它就包含了很深的矛盾。我们只是缺乏资料来详细了解这些矛盾在武帝统治期间是如何解决的。

被武帝封为皇后的两位女子，一位没有生育，另一位生下的皇子死于巫蛊之祸。公元前87年，武帝驾崩时，继承皇位的是嫔妃之子。对汉朝的后续历史来说，这基本成了一个常态。随着嫔妃之子有望继承皇位，后宫争宠的行为成了政治生活的一个重要方面。一旦孩子继承皇位，他们的母亲（有时是祖母）将获得巨大的权势，因为根据中国的习俗，只要皇帝继位时较为年幼，她们就可以监护儿孙。鉴于中国的亲缘纽带十分强大，这些女性不可避免地仰仗她们与男性的关系来管理国家。外戚干政是西汉时期政治的一个重要主题，在东汉依旧如此。而公元9—23年，外戚王莽篡汉，登上了最高的权位，试图建立自己的王朝。

王氏家族成员大多是中等地位的贵族地主和朝臣。在王政君入宫侍奉皇太子（汉元帝，公元前49年继位）之后，王氏家族的地位日渐显赫。公元前51年，王政君生下了一个儿子（汉成帝），两年后被封为皇后。公元前33年，元帝驾崩，成帝继位，年近18岁。实权落到了王氏家族手中：成帝的舅父接连成为事实上的摄政王，直到公元前8年，老一辈的王氏族人去世，权力转移到了年轻一代中最有能力的男性王莽手中，他是皇太后王政君的侄子。皇帝本人非常满意这些安排："……事实证明，成帝是一个有魅力又耽于享乐的男人，很容易被女人支配。他无心国事，很愿意让舅父们为他统治。"公元 3 年，王莽将女儿嫁给年少的平帝，汉朝皇帝君临天下而王氏家族实际统治的情况似乎将无限期地持续下去。然而，平帝驾崩，皇位似乎即将被传给汉室宗亲，正是这种可能性促使王莽篡位。[17]

最初，他的举动得到了广泛的响应。王莽是一位有才干的政治领袖和管理人员。相较之下，汉朝已数代没有出现过一个称职的统治者，这可以被视为天命转移的证据。导致王莽政权覆灭的部分原因是精英阶层反对他推行的土地改革，但最重要的原因是严重的自然灾害。公元 3—11 年，黄河多次决口，最终永久改道，导致数百万人死亡或流离失所。这场灾难使几个人口稠密的郡县陷入了严重的贫困，导致了极大的混乱，此外，王莽的敌人还充分利用这场灾害，将之作为上天不满王莽篡汉的标志。不过，虽然当时人们将一个汉室旁支拥立为帝，但显然不是出于忠诚，对于许多反对王莽的人来说，兴复汉室是一个相对而言不那么难以接受的妥协方案。[18]

在东汉时期，随着时间的推移，许多早期的政治冲突因素再次出现了。宫廷政治常常取决于家族和派系之间的斗争，在其背后则是皇后和皇太后的家族。有时，君主一旦成年，就会试图通过任命中朝宦官担任重要职务来重掌皇权。王朝的威信和合法性有所下降，尤其是在具有儒家价值观的官员眼中。削弱政权的还有更深层次的结构性问题。在大一统之前，秦国曾保护农民免受地方精英的压迫，因为农民是军队体系和税收体系的基础。然而，统一后，征召农民组成庞大步兵军队的需求消失了。关键的安全问题是防卫遥远的北部边境，以抵御游牧民族的入侵和袭扰。同罗马的情况一样，汉朝的军事力量主要依靠有组织的骑兵辅助部队和久经沙场的老兵。这些士兵忠诚的是他们的将领，而不是遥不可及的汉朝皇帝，特别是在皇帝不能继续定期支付薪酬的时候。到了 2 世纪，由于大地主兼并了黄河流域汉朝核心地区的大部分自由农民的土地，这种情况变成了现实。王莽扭转这一趋势的努力失败了，而东汉政权既没有手段，也没有意愿与势力日益庞大的地主豪强为敌。它无法说服或强迫这些精英缴纳足够的税款，这削弱了国家的军队和管理能力，从而极大地促成了汉帝国的灭亡。[19]

　　尽管汉朝的最后几十年风雨飘摇，但它仍为帝国在东亚的胜利做出了巨大而长久的贡献。在公元前 221 年之前，士人曾梦想建立一个统一的中国：400 多年的汉朝统治使这个梦想成为现实，还提供了一个令后世的中国统治者都向往的模式。在 4 个世纪的大部分时间里，汉朝政权将帝国的和平带到了曾饱经战争蹂躏的世界。和平带来了社会的繁荣和文化的繁盛。汉朝的影响力延伸至中亚，在这个过程中，汉朝通过丝绸之路连接了欧亚大陆的两端，接受了外界的影响。一以贯之的儒家国家意识形态和日益忠于此价值观的官僚机构的出现，对帝国的长久存续，以及帝国与社会和知识精英的关键联盟至关重要。220 年，东汉灭亡，人们口中的中华帝国模式至此尚未完全成熟。到宋朝（10—13 世纪），它就成熟了，那时科举制度有所演变，理学思想形成，经济文化也飞速发展。不过，事实证明，汉朝向这个方向迈出了有力的一大步。

第 7 章

游牧民族

从公元前 1 千纪早期开始，游牧战士就统治了欧亚北部的草原。此后，这样的情况一直持续了 2500 年。这片大草原从西部的匈牙利一直延伸到东部的蒙古，绵延了 3000 多英里（约 4828 千米）。而游牧民族的影响远远超出了这片大草原的边界。在这段时期，欧亚地缘政治的关键问题是，一个定居社会是否处于游牧战士的势力范围之内。这个问题主要取决于距离，但是也受到气候、地形和植被的影响——游牧民族在平坦的草原地带繁荣发展，在那里，他们可以喂养马匹，充分发挥骑兵部队的优势。在前几章中，我们提到了游牧民族对古代近东、罗马帝国和汉帝国的影响。本书后续章节的大部分篇幅会进一步论及这一主题。奥斯曼帝国和莫卧儿帝国是来自内陆亚洲（Inner Asia）的突厥游牧战士的后裔创建的。清朝则兴起于中国东北的森林和草原。这些王朝试图将其马背上的祖先的价值观，与其治下定居民族的文化、政治遗产结合起来，在后续章节，我们将探讨这些王朝为实现这一目的做出的努力。不过，在本章，我将重点探究内陆亚洲，以及游牧战士在这个地区创建的帝国。

最大的问题是寻找证据。游牧社会的书面资料远少于定居社会。此外，在绝大多数情况下，它们都是草原世界之外的人记录的。因此，现有的资料对游牧社会通常所知不多，又充满敌意。希腊-罗马人和波斯人都认为自己是开化的民族，而游牧民族则是处于对立面的野蛮人。他们蔑视这些野蛮人，同时也对他们感到恐惧。先知耶利米在《圣经·旧约》中写道："各城的人因马兵和弓箭手的响声就都逃跑……他们的箭袋是敞开的坟墓……看哪，有一种民从北方而来……他们拿弓和枪，性情残忍，不施怜悯。他们的声音，像海浪砰訇。"[1] 通过现有的资料，我们可以了解草原世界的社会结构和物质文化。例如，考古学家在皇家和贵族墓葬发现了令人赞叹的奢侈品，这证明等级制度和不平等主导着大草原，与定居社会的情况一样。然而，我们很难了解游牧民族的价值观，也不可能深入了解草原帝国统治者的个性和内心世界。想要了解这些方面的内容，我们不得不等到较晚的时代，毕竟关于奥斯曼帝国、莫卧儿帝国和清朝君主的资料要丰富得多。这些后世王朝统治者的身上体现出了草原战士文化与定居文化的复杂融合，比他们简朴而粗犷的战士祖先要更加有趣，我希望令自己得出这种结论的不是单纯的偏见。

将注意力完全放在内陆亚洲的部落和民族身上是很困难的。这片大草原如同一条高速公路。游牧部落可以沿着这条高速公路快速移动很远的距离。这些部落通常是难以界定、很不稳定的群体，倾向于在环境不利时分裂，在环境有利时吸纳外来者。特别是较大的部落，它们很少是单一民族构成、使用单一语言的。如果被好斗的邻居赶出了原有的牧场，一个部落（或部落的部分成员）可能会骑马迁徙数千英里，以寻找新的家园。在这个过程中，他们会打散沿途的其他部落，引发迁徙的连锁反应，波及大片地区。使情况更复杂的是，一个部落自身的成员、这个部落周围的游牧邻居，以及与它发生冲突的定居社会，可能会用不同的名字来称呼它。时至今日，历史学家、考古学家和文献学家仍争论不休，争论的焦点是公元前3世纪至公元1世纪，和中华帝国对抗的匈奴草原帝国与300多年后在摧毁西罗马帝国的过程中扮演了重要角色的游牧民族匈人（Huns）之间的关系（当然，如果有关系的话）。[2]

部落的名字实在令人困惑，鞑靼人（Tatars）只是众多例子中的一个。狭义上讲（尤其是蒙古人的用法），"鞑靼人"一词指的是一个居住在蒙古人东边的大部落，那里现在是蒙古的中心地带。虽然鞑靼人最初说蒙古语，但根据11世纪的记录，鞑靼人也说一种突厥方言。蒙古人与其更富裕的邻居鞑靼人是死敌。是鞑靼人背信弃义，毒死了成吉思汗的父亲。大草原是一个充斥家族仇恨的世界：回忆很漫长，复仇则甜如蜜。成吉思汗在建立帝国的过程中摧毁了鞑靼人，他消灭了鞑靼部落的精英，将普通民众分配给其他部落。我们可能认为，"鞑靼"一词会就此从史书中消失，但事实恰恰相反。鞑靼人东边的邻居契丹人（Kitans）总是用"鞑靼人"这个词描述一个更大、更混杂的蒙古部落集合。与此同时，在中国和伊斯兰教的文献中，"鞑靼人"一词"被用作指代东部大草原所有民族的便捷称谓，尤其是那些不是突厥人的民族"。在 13 世纪三四十年代征服了罗斯地区的"蒙古"军队，主要由说突厥语的人组成。所谓的金帐汗国统治了罗斯诸公国近 200 年，然而，随着时间的推移，就连金帐汗国原本是蒙古人的领袖，也采纳了突厥的语言和习俗。在俄罗斯人的记忆中，这一时期被描述为"鞑靼之轭"（Tatar Yoke），而他们的突厥-蒙古统治者则被称为鞑靼人。拉丁欧洲采用了一个大致相似的术语，将整个蒙古帝国称为"鞑靼利亚"（Tartary）。在当今世界，鞑靼人仍然存在，其中最大的两个支系是伏尔加鞑靼人（Volga Tatars）和克里米亚鞑靼人（Crimean Tatars）。鉴于鞑靼人和蒙古人之间的古老联系，不了解详情的局外人可能会惊讶地发现，今天的鞑靼人看起来更像意大利人，而不是中国人。[3]

　　尽管迷雾重重，但一些基本要点十分明确。游牧社会需要轮式运输工具来运送帐篷和其他生活必需品。长长的草原走廊供养着大量的牛、羊和马匹。在成吉思汗时期，世界上约一半的马匹生活在欧亚大草原上。草原马体格强健，耐力非凡。在冬天，它们也不是生活在马厩中，而是用未钉蹄铁的蹄子挖掘冰下的草和树根。考虑到大草原的气候和植被，马和牛需要不断地从一个地区迁移到另一个地区才能生存。至少，牧群要有夏季牧场和冬季牧场。到公元前 1 千纪末，欧亚大陆已经没有任何未被开发、无人认领的牧场，所以生活在大草原上需要不断斗争，以保护自己的牧场免遭邻近游牧部落侵占。比起徒步出行的人，骑马的人可以管理更庞大的牧群。几个世纪以来，马嚼、挽具和马镫的发展，使骑马变得更加轻松。熟练的骑手和牧民毫不费力地变成了强大的骑兵。过去为放牧而与游牧邻居作战的人轻易地转变为掠夺者，他们袭击城镇和农业定居点，沿途掠夺，勒索保护费。掠夺成性的游牧战士生活兴起于大草原的东端，也正是这个地区孕育了一批伟大的草原帝国——主要有匈奴帝国、突厥帝国和蒙古帝国。欧洲和西伯利亚大草原西部的牧场比蒙古的牧场更肥沃，气候也更温和，不那么反复无常。上述生态、政治和军事因素结合在一起，决定了大草原上的迁徙模式基本上是自东向西的。[4]

底层的游牧社会是由一个个帐篷家庭组成的，在同一片驻地放牧牛群的家庭又组成了小牧团。在这个层次之上形成了氏族、部落和部落联盟，而部落联盟是真正的国家和帝国形成之前具有的形态。人们常常错误地认为，部落团结的基础是共同的亲缘关系，然而事实是，通常只有部落的精英是被强烈的家族血缘观念和共同的祖先团结在一起的。大量普通民众在战争胜利后被接管，有些甚至可能会成为奴隶。氏族和部落的领导权是世袭的，游牧帝国的统治权更是如此。只有拥有核心王族血统的人才有权统治。游牧精英社会非常重视对祖先的祭祀，十分在意家谱和血统。王室的血统通常至少有一部分可以追溯到灵魂世界或超自然力量，而它们可以影响人类的事务。从这个方面来看，完全可以将游牧社会描述为王朝社会和贵族社会。不过，使用"贵族"一词存在风险。对现代社会来说，贵族意味着稳固和永恒，而草原社会的主要特点则是流动和易变。当遭到敌对的邻居征服和吞并时，部落精英能否存活全看运气。[5]

但就算是在部落精英和帝国精英内部，也有削弱贵族根基的抗衡潮流在涌动。战士游牧生活的一个核心机制是围绕在领袖身边，并承诺无条件誓死效忠于他的战团。这些战团的战士来自不同部落和社会，说着不同的语言，他们自愿加入，为领袖效命。他们与欧洲封建王国国王的家族骑士和家仆有一些相似之处，与伊斯兰统治者家族的普通奴隶战士则更相似。在草原帝国，战团的规模可能会非常庞大，成吉思汗的战团甚至有一万人之多。他从战团的普通战士中遴选贴身护卫、军队的核心力量，以及许多用来管理帝国的值得信赖的官员。为了保持战团的忠诚，领袖需要在战时身先士卒，并慷慨地分配胜利带来的战利品。维持忠诚的另一种方式需要战团领袖展现出超凡的个人魅力、深厚的同袍情谊，在战役中带领战士获得胜利。相较而言，世袭君主制和贵族制的合法性根植于截然不同的原则。当然，如果游牧战士的领袖获胜并建立了一个帝国，其战团的关键成员可能会世代相袭，成为该帝国世袭贵族的一部分。成吉思汗战团中的主要成员就是如此。[6]

定居社会及其统治者尤其害怕游牧民族的袭扰和军事力量。因此，文

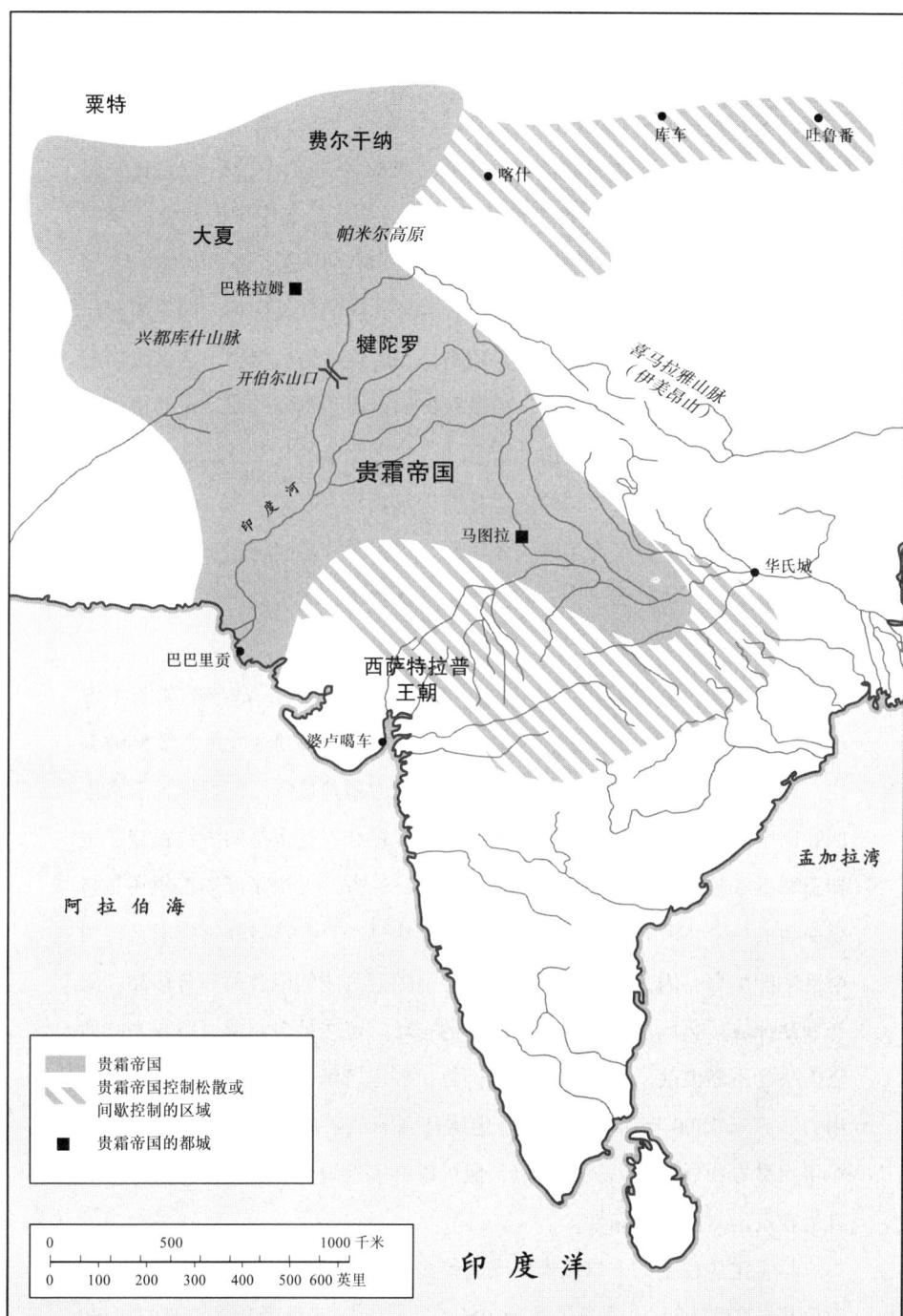

粟特

费尔干纳

大夏

帕米尔高原

喀什

库车

吐鲁番

巴格拉姆 ■

犍陀罗

兴都库什山脉

开伯尔山口

印度河

贵霜帝国

喜马拉雅山脉
（伊美昂山）

马图拉 ■

华氏城

巴巴里贡

西萨特拉普
王朝

婆卢羯车

孟加拉湾

阿拉伯海

贵霜帝国

贵霜帝国控制松散或
间歇控制的区域

■ 贵霜帝国的都城

0   500   1000 千米

0 100 200 300 400 500 600 英里

印度洋

地图 7.1　贵霜帝国

献中主要是对战争的描述。但是游牧社会与定居社会之间的关系远不止于此，也绝不总是敌对的。一般来说，稳定的游牧政权可以保护和监督长途贸易，因为他们完全了解通过征税可以获得多少利益。地中海、近东、内陆亚洲、南亚和东亚之间的贸易联系常被统称为"丝绸之路"，它在公元前1千纪末繁荣起来。这种长途贸易最著名的商品是中国的丝绸，罗马帝国的精英对丝绸的欲望永无止境，不过，贸易中还有许多其他的奢侈品。被交易的还有奴隶和马匹，这两者具有共同的巨大优势，即不需要运输。与后世一样，这个时代的国际贸易是在游牧帝国的保护下蓬勃发展起来的。在罗马帝国和两汉时期，提供保护的主要是贵霜帝国，在其鼎盛时期，它统治着今天的巴基斯坦、阿富汗、印度北部的大部分地区和内陆亚洲。游牧民族还直接与邻近的定居社会进行贸易，有时是为了购买粮食等基本必需品，但更多是为了购买奢侈品，战团领袖需要将这些奢侈品分配给他的追随者，从而彰显自己的慷慨，这是维持追随者的忠诚及其自身合法性的基石。

　　尽管如此，在游牧世界与定居世界之间的关系中，战争的影响不容轻视。对于大草原上的战士–掠夺者来说，定居社会是令人垂涎欲滴的存在。如果说位于大草原边缘、富饶而繁华的中国是最诱人的目标，那么伊朗和印度北部紧随其后。即便是一心与定居社会进行贸易的游牧民族，也知道军事威胁可以使贸易条款急剧偏向自己一方。无论是部落首领还是崭露头角的皇帝，所有的游牧政权统治者都知道，只有获得邻近定居社会的财富才能生存，因为他们需要借此获得追随者渴望的战利品和奢侈品。敲诈和劫掠成了草原世界政治经济体系的一环。定居社会与草原帝国之间的势力平衡不断波动。无论哪一方占优势，决定帝国权力兴衰的还有强大的内力。纵观2500年间游牧社会与定居社会的关系演变，尽管游牧帝国在军事力量方面通常占据优势地位，但可以肯定地说，大多数情况下，定居社会在政治方面更有韧性。

　　尽管定居社会的人口规模要庞大得多，但在军事方面占优势的仍是游牧民族。匈奴皇帝（单于）统治100万人，而汉朝皇帝统治着超过5400万的人口，但在80年的时间内，是匈奴向汉朝提条件。在游牧世界中，每一个身体健全的成年男性都是骑兵，他们从小就接受骑马训练，使用弓箭，参与狩猎活动——锻炼作战能力的极好方式。游牧骑兵使用复合弓，这是火器诞生之前人类发明的最强大的手持武器。游牧民族的弓骑兵让人胆战，而骑射的配合与熟练需要长年累月的训练。如果有必要，一个游牧统治者可以让四分之一的人口加入他的军队，让妇女去管理牧群。带有替换马匹的骑兵部队可以快速调遣，其灵活性和忍耐力是定居社会的军队难以匹敌的。[7]

定居人口的主体是农民，相较于游牧民族，他们不适合战争，不能轻易地放弃农田，经年作战。不同于狩猎和放牧，务农很难锻炼基本的军事技能。即使经过多年训练，农民也很难成为与游牧战士匹敌的骑兵。对于一个定居社会来说，应对游牧民族威胁的唯一方式就是建立一支职业军队，而这支军队通常包括大量"土生土长"的骑兵。维持庞大的职业军队费用高昂。而且定居社会投入战争的人口很难超过总人口的1%，尽管在紧急情况下，被动员起来在城墙内抵御外敌的人口远超于此。此外，这些军队难以控制，对其统治者来说亦是个威胁。

即使是职业军队，在面对游牧民族时，也普遍处于劣势。在大多数时期，游牧民族军队的大规模入侵往往是间歇性的。有时，一个定居帝国的职业军队可能在整整一代人的时间里都只是在兵营备战。这不仅消耗了巨额资金，在士气、纪律和军事能力的维持方面也造成了巨大的困难。游牧民族的军队往往主动出击，加上极高的机动性，其统治者通常可以选择进攻目标，全力打击。而定居社会有大量需要保护的田地和城镇。随着时间的推移，游牧民族对其定居邻居的了解不断加深。商人很容易兼任间谍，他们会提醒游牧民族的可汗，哪个城市或地区最容易进攻。尽管最初为攻城战所阻，但游牧统治者很快就通过来自定居世界的难民和俘虏，学会了相应的技巧。相反，击败游牧民族异常困难，早期例子有波斯帝国皇帝大流士在公元前6世纪遭受的挫折。正如希罗多德所述，他一路追击斯基泰游牧民族，深入草原，却完全无法诱他们迎战。任何能在大草原上切断游牧民族后勤保障的重大进步，都比战斗技能的提高更为重要。然而，话不能说得太绝对："困难"不等于不可能。公元前121年和公元前119年，训练有素的汉朝军队在精密部署下穿越戈壁。大军直捣匈奴腹地，捕获、屠杀了数百万牲畜，歼灭了 10 万游牧战士。匈奴的财富和军事人员的储备遭到严重打击，此后再未恢复。[8]

造成游牧民族在政治上的脆弱性最寻常、最重要的原因在于继承危机。不过，有一些游牧帝国在继承权的管理方面比其他游牧帝国优秀。公元前 2 世纪，匈奴的王权世系相传近 80 年，其间没有发生政治分裂，也没有爆发内战。对游牧民族来说，这是一个伟大且不同寻常的成就。此外，在 6 世纪建立了突厥帝国的两兄弟友好合作，和平地将权力交接给了下一代。但在世袭君主制下，情况通常是，这种打破常规的安排有时可以在兄弟之间进行，但它几乎总是在下一代崩溃，导致堂兄弟之间的继承战争。游牧世界总是如此。最基本的问题在于，游牧民族认为，统治权属于整个统治世系。理论上，所有的王子都有权继位。挑战这一原则就是在挑战游牧民族最基本的正义和公平理念。无论是在哪一个主要的游牧政权，一个有序、能被普遍接受的继承制度的出现，都伴随着王族内部持续数代的内战。这是游牧政权崩溃的最常见原因，游牧帝国也不例外。

还有其他原因导致游牧民族的政治脆弱性。游牧民族政权在成功进行掠夺和征服时最为稳定。在一定程度上，这反映了一个真理，即成功可以将任何群体团结起来，使其领导者的权威合法化。在所有的前现代社会，人们相信天上的神明会干预尘世事务，而成功则被视为拥有天佑的标志。蒙古人相信，天神腾格里命令他们统治整个世界，这比伊斯兰教发出的圣战号召要原始得多，但它同样为人类征服和掠夺的欲望提供了超自然的支持。

停止征服时，统治者不得不构想一种方法来满足和控制具有高度流动性的游牧战士，他们全副武装，分散在广阔的区域内。普通游牧战士如果想要摆脱勉强糊口的生活，掠夺至关重要。最重要的是，统治者必须安抚部落精英和领袖，因为他们控制着小型军队（包括战团），可以轻易地反叛或转而效忠邻近的统治者。此时，这些地方精英的回报来自被征服的定居社会，那里的臣民定期缴纳税收和贡品。建立有效的财政和行政体系来实现这一目标，可能十分困难。如果统治者希望自己的政权持续下去，他必须保障新征服的定居社会的臣民能够繁荣发展，必须使他们承认自己的合法性。当一位君主为此努力时，他很容易疏远自己的权力基石——游牧战士。

即使他实现了切实可行的平衡，他的问题可能也不会就此结束。14世纪，北非地区的思想家伊本·赫勒敦曾长期致力于研究游牧政治的动态。他相信，一旦游牧民族成功征服并开始统治定居社会，他们就会失去原本的军事素养。除了变得温和，他们还会失去过去曾带来军事胜利的锐气和凝聚力。虽然伊本·赫勒敦选择的例子来自北非，但马格里布和撒哈拉沙漠的游牧民族与欧亚大草原上的游牧民族是近亲。波斯人尼扎姆·穆勒克是 11 世纪安纳托利亚地区塞尔柱帝国的维齐尔，为了防止战士松懈，他敦促塞尔柱苏丹鼓励其游牧臣民不断与拜占庭人作战。这是一个合理的建议，但它可能会带来危险。正是匈奴首领无法或不愿阻止他的臣民袭扰汉朝，才导致了公元前 121 年和公元前 119 年那两场摧毁了匈奴势力的毁灭性战役。此外，不管游牧统治者将自己的臣民管理得多好，其政权仍旧很容易因外部因素覆灭。其他游牧政权之间的战争可能会在大草原上引发一系列的迁徙。而且，蒙古和东部大草原的牧场较为贫瘠，气候极端，生态环境始终是游牧民族头上的一把刀，即便只是微弱的天气变化，也有可能引发大规模迁徙。[9]

三个最重要的草原帝国分别是匈奴帝国、突厥帝国和蒙古帝国。匈奴自公元前 209 年开始统治蒙古地区，直到公元 91 年，在这一时期的前半段，匈奴还控制了塔里木盆地和中国北方的部分地区。他们为后世的草原帝国树立了典范。这些帝国的创立在很大程度上是因为在公元前 3 世纪第二个十年，游牧民族需要抵御秦始皇的攻击，更重要的是，秦始皇吞并了黄河以南鄂尔多斯盆地游牧民族最丰饶的牧场。第一个真正的匈奴皇帝是大胆而有魅力的冒顿单于，他在公元前 209 年从父亲手中夺取了权力，利用秦朝灭亡后爆发的内乱，夺回了鄂尔多斯地区。随后他大败汉朝军队，达成了严重偏向匈奴一方的和约。和约规定的贡赋对冒顿单于来说十分重要，因为他要借此维持大批追随他的战士与部落精英的忠诚。虽然从未像后来的突厥-蒙古帝国那样制度化，但匈奴政权也不只是一个部落联盟。

冒顿单于通常可以主导军事和外交决策。他也不仅仅是一个战团的领袖：他还举行宗教仪式和祭祀。他像组织军队那样构建自己的帝国，创建了一个在理论上非部落性质的十进制军事、行政层级组织制度，依次从十户到两万户。然而，考虑到他的领土规模，加上他在王庭之外缺乏任何有效的官僚机构，单于不可避免地仍旧要依赖地方首领。实际上，这些首领仍然是世袭的酋长。最终，由于汉朝的军事力量、匈奴内部的继承斗争，加上汉朝成功收买了大量匈奴精英，匈奴帝国崩溃了。[10]

在崛起为帝国的过程中，匈奴的早期举措是粉碎他们最重要的对手——月氏。月氏被匈奴驱逐出中国的西北边境，然后同过去的游牧民族一样，向西逃亡了 750 多英里（约 1207 千米），以寻找其他牧场。月氏向西进一步扩张的脚步在抵达伊朗地区时受到帕提亚帝国的阻挠，此后转而向南，因为那里的抵抗力量没有那么强大。他们逐渐形成了一个庞大的帝国，从内陆亚洲的撒马尔罕一直延伸到北印度平原的东部边界，其中甚至包括阿育王的旧都华氏城（今巴特那）。这个帝国以贵霜帝国之名被载入史册。它从约公元前 80 年一直延续到公元 3 世纪，直到贵霜帝国在强大的萨珊帝国的入侵下崩溃。在两个多世纪的时间里，贵霜帝国在开拓和保护亚洲的长距离贸易路线方面，发挥了至关重要的作用。多亏了贵霜帝国，大量中国丝绸经由该帝国被运到印度洋沿岸的港口，再从那里装船运往波斯湾、埃及和地中海世界。2 世纪，贵霜帝国发展到巅峰，当时的贵霜民众虽然保留了草原文化特征的元素，在宗教事务方面持宽容的态度，但已经不再是游牧民族了。不过，他们仍然为整个帝国的商人群体提供强有力的保护。贵霜帝国对信奉佛教的商人和佛教僧侣的庇护，对佛教自印度到中国的传播非常重要。[11]

匈奴倒台后，下一个在大草原上建立政权的是突厥部落。突厥帝国存在于 552—745 年。后来，它分为东突厥和西突厥，先后被唐朝攻克，7世纪 70 年代末余部建立了一个新帝国（尽管规模较小），一直持续到 745年。突厥政权除了本身的重要性外，还是内陆亚洲首次明确提及说突厥语的民族。突厥人起源于蒙古高原，他们穿越欧亚大陆北部的大部分地区向西迁移，在此过程中吸纳了大量其他的游牧民族。在欧亚大陆北部的诸多游牧部落中，只有蒙古人和匈牙利人没有被突厥化，而是作为独立的主要民族延续至今。突厥人起源于内陆亚洲，还迁移到了亚洲定居社会的大部分地区。从 11 世纪开始，突厥王朝统治了地中海和印度北部之间的许多土地，时间长达数百年。近东的第一批突厥居民是奴隶兵，他们是 9 世纪阿拔斯王朝诸位哈里发的军事随从。随后，突厥奴隶兵为草原的战团传统带来了新的关键性转变。从 10 世纪开始，突厥人开始大量改宗伊斯兰教。突厥人将军事游牧主义和伊斯兰教信仰结合在一起，在接下来的几个世纪里，这对欧亚大陆的历史产生了重要影响。塞尔柱王朝的创始人是一个微不足道的小战团的首领，该战团栖身于现今被称为哈萨克斯坦的地区，985 年改宗伊斯兰教。他的追随者"普遍被描述为一群衣衫褴褛的恶徒，在绝望和即将到来的饥荒的驱使下发动征服战争"。之后，他的后代在伊朗和安纳托利亚创建了一个庞大的帝国。紧随其后的是同样不太醒目的奥斯曼战团，13 世纪早期，他们为了逃离蒙古人的挺进而穿越内陆亚洲，最终在博斯普鲁斯海峡沿岸建立了最伟大、最长久的突厥-伊斯兰帝国。[12]

不可避免地，相较于大草原上的第一个突厥帝国，我们对塞尔柱、奥斯曼和其他后世的突厥王朝更为了解。"突厥"这个名称最初仅指处于统治地位的阿史那氏族，但随着时间的推移，它也被用于指代其多样化的臣民。现代土耳其语与他们说的语言存在传承关系，不过，当时的大草原上已经出现了许多独特的突厥语方言。根据最著名的阿史那王族起源神话，他们的祖先可以追溯到匈奴，并将该家族的幸存归因于一只富有同情心的母狼。在一场敌对部落展开的大屠杀中，母狼奇迹般地介入，拯救了唯一的幸存者。后来，母狼为他生了 10 个儿子，其中最聪明、最勇敢的一个——就是阿史那——成了这个氏族的世袭首领。其他草原王朝有不同版本但类似的起源神话，其中往往包含狼这个元素。他们通常将王朝的起源与动物和超自然力量联系在一起。

突厥人的宗教信仰和仪式十分复杂。普通突厥人在家里举行仪式，不需要萨满，例如，祭祀祖先。只有在紧急情况下，比如人或动物感染流行疫病时，萨满才会被召集起来，因为这时需要他们沟通和安抚灵魂世界的能力。阿史那氏族的统治者（可汗）使用萨满的频率更高一些，主要是因为相信他们能够预测未来，因此在军事和政治问题上咨询他们。但是在一定程度上，阿史那可汗和萨满也在争夺宗教的领导权。可汗们声称自己是天神腾格里和丰产女神乌麦（Umay）在尘世的代表。作为帝国祭礼的大祭司，统治者每年在蒙古地区的圣山于都斤向腾格里献祭时，萨满（以及妇女和儿童）都被排除在外。佛教在阿史那的臣民中发展了许多信徒，但因为和平主义的信条和对隐修的支持，佛教引发了阿史那氏族精英的敌意。长远来看，突厥游牧战士总是更容易被伊斯兰教吸引，因为伊斯兰教呼吁圣战，尊重那些履行了宗教义务、在全世界传播真正信仰的伊斯兰战士（加齐）。[13]

突厥帝国的政治史遵循草原世界常见的模式。一个大帝国以惊人的速度建立起来。在一段很短的时间内，从克里米亚到中国东北，突厥人控制了欧亚大陆的整个北部地区。例如，626—630年，他们介入拜占庭与萨珊的战争，对希拉克略皇帝的最终胜利起到了至关重要的作用。和他们的前辈贵霜帝国一样，突厥帝国与当地（主要是粟特）的商人群体结盟，并尽其所能地鼓励长距离贸易。但是这个帝国幅员辽阔，战士人口稀少，因而很难聚拢在一起。帝国没有承袭到任何全国性的官僚机构，因此担任地方总督的是阿史那氏族的王公们。这不可避免地鼓励了自治世袭封地的发展。从一开始，帝国就被两兄弟（土门和室点密）分为东突厥和西突厥。虽然东突厥的可汗最初被认为是大可汗和王族的首领，但这一安排的存续没有超过两代。意料之中地，不稳定性的一个关键原因是东突厥和西突厥都爆发了继承斗争。没有制定任何继承规则，主要是因为人们坚信帝国是王族的共同遗产。在这个时代和地区，人们没有国家的概念，换句话说，人们不认为有独立于统治王朝之外的公共权威和系列机构的存在。当王朝因不断的继承斗争而崩溃时，帝国也随之一起崩溃了。

草原帝国的兴衰往往与中国政权的兴衰密切相关。6世纪中期，当突厥帝国崛起时，中国正处于分裂状态。可汗从中国北方与其长期不和的政权那里获得了大量的贡品。当中国先后被隋朝和唐朝重新统一时，突厥的权力衰落了。唐太宗精心谋划发起进攻，不同寻常的大雪摧毁了游牧民族的牧群，加上可汗维护粟特定居臣民的利益并因此招致游牧精英的普遍愤

恨等因素，导致东突厥帝国在 629—630 年被消灭。此后 50 年里，突厥
人受到唐朝的间接控制。这种控制的基础是军事力量，但由于部分突厥精
英被唐朝的高雅文化和生活方式吸引，控制效力进一步增强。7 世纪 70
年代，唐朝受到西部吐蕃人的威胁，突厥人趁此机会重新独立，此后一直
延续到 745 年。在所谓的后突厥帝国，可汗及其顾问经常警告臣民，不要
屈服于唐朝定居文化的诱惑。面对唐朝压倒性的人数优势，如果突厥人失
去了其游牧祖先的机动性和战士品质，他们根本无法保护自己。如果被局
限于城镇和寺庙里，突厥人将无法抵抗唐朝的进攻。"此外，佛寺和道观
的教导只会使人们变得温和、顺从。"[14] 伊本·赫勒敦一定会赞同这些警
告。然而，事实最终证明，唐朝文化的吸引力太强烈了。后突厥帝国很快
就陷入了继承斗争，其实力和统一遭到破坏。

　　在众多草原游牧民族之中，蒙古人创建了有史以来疆域最广、声望最
隆的帝国。帝国的创始人是成吉思汗，他的部落生活在蒙古地区东北部，
也就是欧亚大草原气候最极端、环境最严酷的东角。成吉思汗大约出生于
1162 年，死于 1227 年。主要感谢《蒙古秘史》(*The Secret History of The
Mongols*)，这是第一部蒙古语书籍，它使我们对成吉思汗的了解远超过
去任何一位草原君主。《蒙古秘史》成书于他死后不久，但关于他掌权之
路上的黑暗面，此书有时诚实得令人惊讶。即便如此，我们对他的了解仍
然少于许多定居社会的君主，更不要说少数留下个人作品，得以使我们直
接走进其内心世界的君主了。

　　根据《蒙古秘史》(和其他蒙古语文献)，我们了解到，"他的优点在
于耐力、决心和精明。他一再证明，他知道如何前进，何时进攻，何时言
和，以及如何操纵联盟为自己谋取利益"。[15] 根据大草原上的观念，成吉
思汗是一名贵族：他出身蒙古部落统治家族孛儿只斤氏的核心。不过，成
吉思汗的成功主要是由于他的个人品质和努力。成吉思汗 9 岁丧父，他为
了生存而苦苦挣扎，为了最终重新领导蒙古人更是呕心沥血。毫无疑问，
他是一个拥有超凡魅力的人，能够吸引人们的追随，激发他们的忠诚，使
人对他的领导充满信心。当然，他在追求权力时也可以是无情和奸诈的。
像其他所有的草原领袖一样，他创建了一个战团，其忠实追随者出身各

异。在崛起过程中，他分担这些人的苦难，慷慨地奖励他们，任命他们在他的政府和军队中担任关键职务。他有能力找到优秀的顾问，听取他们的建议。其中有一些顾问可以指导他应对陌生的挑战，即在定居世界发动战争，实行统治。

到当时为止，蒙古的军事机器是最难对付的。它拥有游牧民族军队长期以来的优势：草原马匹的数量和韧性，以及游牧弓骑兵的顽强和习得的技艺。在匈奴灭亡后的一千年里，游牧民的武器和装备有了很大的改进：包括铁制马镫、木制马鞍，以及由木、角、筋和胶制成的更精细的复合弓——平均射程可达 325 米。草原上有大量的马匹，因此成吉思汗的军队在外出作战时可以为每个人配备 5 匹战马，在机动性上胜过对手的骑兵，榨干后者的精力。更优越的骑兵意味着成吉思汗可以更详细地了解敌方的调度，而敌方的将领则很难了解蒙古军队的实力和动向。

在成吉思汗的指挥下，蒙古军队获得了在大草原之外作战所需的额外技能和骨干队伍：这主要意味着在围城战中具备专业技能。更重要的是，他在战术、作战和战略层面逐步注入了严格的纪律和协调能力。战场上，所谓的"凿形战阵"允许一排排弓骑兵在射完箭后返回后方，重新装箭，之后发起又一轮攻击，这一战术所需的训练直到 17 世纪才在欧洲出现。胜利鼓舞了士气，丰富的掠夺物提高了积极性，但纪律确保士兵在完全击败敌人、取得彻底的胜利之前不会停止作战去洗劫战败敌人的营地。士兵一旦这样做，就会被处死。更高级的战术有佯退，它经常要持续数天，引诱精疲力竭的追击军队走向灭亡，实现这一战术不仅需要纪律，还需要蒙古军队的不同单元展开令人印象深刻的配合。无论是在战场上，还是在战争的计划和执行过程中，蒙古军队将领的地位都优于其遇到的所有敌军将领。军队中的纵队分散前进，这可以迷惑敌人，对其进行侧翼包抄和包围，但他们会在战场上重新集结。这早于拿破仑分兵前进、统一作战的思路，也早于闪电战这一战术。闪电战利用速度、出其不意和行动规模，使敌人的指挥官不知所措，失去作用。同闪电战一样，恐怖心理被系统性地大规模利用，以破坏未来的抵抗。一位历史学家评论说，自新亚述帝国时期到此时为止，没有比成吉思汗的军队间或实施的更大规模的屠杀了。[16]

现代历史学家试图"公平"地对待游牧世界，但与此同时，蒙古侵略者造成的破坏和残酷事件绝不能被忽略，当然，这不影响成吉思汗被视为历史上最伟大的武士皇帝之一。虽然其军事实力的构成要素源于继承，但确实是成吉思汗将它们锤炼成为历史上最强大的军队之一。数十年来，他领导着这一战争机器四处征伐。成吉思汗去世后，其创建的军队和任命的将领，在接下来三代人的时间里征服了欧亚大陆定居社会的许多地区。除了军事创新，成吉思汗还推行了一些政策，比起大草原上过去出现过的任何政权，正是这些政策推动蒙古游牧政权向帝制国家迈出了更远的一步。有时，成吉思汗是以既存的方法为基础更进了一步。这包括其战团（怯薛，keshik）的规模和用途，还包括他对军队进行的重组，即十进制的非部落作战单位。匈奴在一千年前就这样做了，但是成吉思汗更进一步，他甚至对其蒙古部落成员组成的作战单位实行了去部落化。他还推行了一部全面的帝国法典（即《青册》），这相当于一份指导继任者如何管理帝国的手册。至于帝国的意识形态基础，成吉思汗取得的惊人胜利使蒙古精英相信，伟大的天神腾格里赋予他们的责任，就是以他的名义去征服世界。[17]

政府管理机构在成吉思汗的孙子蒙哥（1251—1259 年在位）治下发展至巅峰。成吉思汗在帝国为四个儿子（术赤、察合台、窝阔台和拖雷）划分了封地，但指定窝阔台为他的继承者，成为大汗和整个帝国的统治者。被蒙古人征服的最富饶的定居地区（主要是中国北部和伊朗）没有被划为封地，大部分仍为中央所控制。窝阔台在哈拉和林建立都城，还设立了永久性的中央政府机构。他还负责监督并完善整个帝国的邮政系统，以促进帝国内部快速通信。蒙哥继续推动这一进程，建立了一个常规的行政制度来监督封地，以保护定居人口免受掠夺，还建立了适度的统一税收制度。一位历史学家评论说，如果蒙哥的政策继续下去，蒙古帝国将会"全面官僚化、集权化"[18]，17 世纪，奥斯曼帝国和莫卧儿帝国走的就是这条道路。

考虑到蒙古帝国前所未有的规模，人们不得不怀疑，在前现代世界，是否有任何可能的政权组织形式能够将它长期统一在一起。不过，存续的先决条件是克服游牧民族政权传统上无法建立稳定的继承制度的事实。在其余儿子的同意下，成吉思汗将他的整个帝国传给了窝阔台，但帝国的创始人和世界征服者享有其任何继任者都不可能匹敌的权力。窝阔台驾崩后，他的妻子脱列哥那成为摄政者，直到新一任大汗上位。这说明，该王朝的女性在蒙古帝国发挥了杰出的公共作用。最终，她的儿子贵由继承了父亲的汗位，这在一定程度上归功于脱列哥那的努力，部分也要归功于他自己的声誉。然而，1248 年，执政仅两年的贵由驾崩了，有序的继承制度就此崩溃。

最后，继承汗位的不是贵由的儿子，而是蒙哥，他是窝阔台的弟弟拖雷的长子。蒙哥之所以获胜，部分是因为他毋庸置疑的优越品质，但最重要的原因是，"拖雷阵营"比窝阔台的后代及其支持者更擅权谋。继承危机在没有导致内战的情况下得到了解决，但王室子女及其家族之间避免不了阴谋、降职和处决。1259 年，蒙哥驾崩后，他的弟弟忽必烈和阿里不哥开启了为时四年的内战。在这场内战中，为术赤、察合台和窝阔台的后裔统治的封地，放弃了对大汗的效忠。在内战中获胜的忽必烈汗集中精力攻克中原，根本没有尝试重新统一成吉思汗创建的帝国。忽必烈的弟弟旭烈兀征服了伊朗，也确实承认忽必烈作为大汗拥有更高的地位，但实际上，拖雷一脉统治下的两个分支——元朝和伊利汗国，尽管缔结了盟约，仍然保持独立的地位。1335 年，伊利汗国迅速瓦解，这在很大程度上是由于王朝内部的激烈冲突。1368 年，忽必烈的后代被驱逐出中原，取而代之的是明朝。然而，相较于王朝本身的缺陷，元朝统治的结束主要是因为黑死病和其他无法控制的自然灾害。

成吉思汗的真正继承人是帖木儿（"跛足帖木儿"），传记作者将他描述为"最后一位伟大的游牧征服者"，这并非虚言。帖木儿大约出生于1336 年，换句话说，是在成吉思汗驾崩后一个多世纪出生的。他是伊斯兰教信徒，也是拥有蒙古血统的游牧氏族成员，该氏族居住在撒马尔罕地区，与以伊朗人为主的城市及周边定居人口有着密切的联系。它属于成吉思汗的儿子察合台（从前的）领地，但到帖木儿出生时，察合台汗国的统治者（即察合台的后代）已经失去了大部分的领地和所有的权力。然而，成吉思汗的名字和血统仍具有很大的威望，这位大汗的后代被广泛视为唯一拥有合法统治权的人。帖木儿征服了欧亚大陆的一大片地区。他在安纳托利亚和黎凡特分别打败了奥斯曼帝国和马穆鲁克苏丹国的军队，洗劫了德里，还深入罗斯以击溃金帐汗国的军队。金帐汗国是此前成吉思汗帝国的最西端，由成吉思汗的长子术赤的后代统治。1405 年，在去世前不久，帖木儿还在计划征服明朝。为了获得合法性，他娶了成吉思汗的后裔为妻，而且直到统治后期，他仍然声称自己只是其君主 ——察合台汗 ——的首席仆人。[19]

帖木儿的目标、方法和意识形态都来自成吉思汗这个榜样和蒙古人的传统。他虽然目不识丁，但非常睿智，充满好奇心，他让学者围绕在自己身边，对历史颇感兴趣。他还委托建造了一些伊斯兰风格的典范建筑。他"一边有意地模仿成吉思汗，一边在宗教和文化方面进行以波斯–伊斯兰规范为主要基础的赞助"。1400 年，伊本·赫勒敦与他一起生活了 35 天。伊本·赫勒敦在回忆录中写道："帖木儿是最伟大、最强大的国王之一……他非常睿智，洞察力极强，沉迷于辩论，无论是关于他知道的事情，还是他不知道的事情。"帖木儿去世后，他的后代在不到一个世纪的时间里几乎摧毁了整个庞大的帝国，主要原因在于永无休止的继承斗争。但在他们的监督和鼓励下，一流的文学和艺术繁荣昌盛，它们用一种独特的方式将突厥、波斯和伊斯兰教的元素结合在一起。巴布尔是印度莫卧儿王朝的创始人，他是帖木儿和成吉思汗的骄傲后裔，也是这个突厥–波斯–伊斯兰高雅文化的产物。[20]

第8章

帝国文明与中国传统

唐朝和宋朝

220年，汉朝末代皇帝退位，581年，隋朝开国皇帝登基，在此期间，中国处于分裂状态，存在诸多王朝国家。最根本的分裂存在于南北方之间。"北方"指的是黄河流域及以北的小麦种植区。"南方"指的则是长江流域及以南的水稻种植区。在这三个半世纪里，许多突厥和蒙古的游牧民族定居北方，大多数在北方建国的王朝都或多或少地拥有突厥-蒙古血统。他们通常既保留了祖先的贵族和军事传统，又对汉族的高雅文化抱持深切的尊重。在南方精英的眼中，这些北方王朝仍然是半野蛮的，他们将自己所在的南方视为中原文明和高雅文化的腹地。

北方的人口更庞大，也更加军事化，因此重新统一中国的努力往往来自北方。557—581年，北周王朝在实现这一目标的路上取得了一定进展，然而，才干过人的君主英年早逝，新君年少登基，统一的进程就此停滞。不久，"大丞相"杨坚篡夺皇位，建立了隋朝，这种情况在过去的三个世纪里屡见不鲜。正如马基雅维利所警告的，创建不久的世袭君主国与历史悠久的王朝不同，允许丞相当权就相当于邀请他夺取皇位。[1]

杨坚随后重新统一南北的成果几近破灭，因为他的儿子杨广在征讨高句丽的过程中遭受惨败。这与1812年拿破仑在俄国的失败有相似之处。隋朝军队远离核心地区，在外作战，面对陌生的地形和气候；而敌人则了解作战区域，在部署和作战过程中充分发挥优势。隋军惨遭毁灭，这一点不足为奇。612—614年，这些战役费用高昂，加上惨败给隋帝杨广的威望造成了巨大打击，隋朝国势衰落。叛乱四起，随后内战爆发，最终取胜的是隋朝的高级官员和将军李渊。李渊建立了唐朝，即唐高祖，唐朝在

618—907 年统治中国，通常被视为中华帝国历史上最伟大的王朝。唐朝在 8 世纪中期发展到顶峰，统治着一个影响力延伸至中亚的庞大帝国。只有千年之后清朝的乾隆皇帝平定准噶尔部叛乱一举，才足以与之媲美。然而，唐朝的成就不止于此，它还见证了巨大的经济进步和文学、艺术的高度繁荣。

李唐王朝拥有汉族和突厥人的血统。它声称自己是汉朝武将世家和道家学派创始人老子的后裔。6 世纪时，李唐一族是中国西北部的主要贵族之一，不过算不上顶级贵族阶层。唐朝的第一位皇后出身于地位更高的贵族——窦氏，这个家族与北方的许多皇族世代通婚。唐朝的第二位皇帝唐太宗是她的儿子，他的身上兼具李、窦家族的汉族传统和突厥传统。

作为一位优秀的书法家和诗人，太宗接受了良好的教育，熟知汉族的典籍和历史。他精湛的骑射能力同样举世闻名。太宗有意无意地展现了一些不同的身份特征。唐太宗通过诗歌获得了汉族精英阶层的认同，因为他们对诗歌的重视高于其他任何文学和艺术形式。太宗的诗歌结合了北方儒家的道德热忱与南方的诗歌风格，还经常提及南方的自然风物。太宗会说汉语和鲜卑语（蒙古语系的一种方言），很可能也会说突厥语。他与汉族顾问吟诗作对，相互唱和，还与突厥战士首领宣誓结为异姓兄弟。626 年，太宗登基为帝，统治中国，打败突厥帝国后，630 年，他被尊为大草原上各族的"天可汗"。汉族和突厥-蒙古人对神授君权、普世帝国的理念有很多共同点，不过，作为一个权力遍及已知世界的皇帝，太宗也在探索和发挥自己的作用。"他有着真正的帝王气度，在朝廷内气势威严，令人望而生畏。他非常情绪化，容易被激怒，每逢此时便面色发紫，怒气冲冲，使周围的人胆战心惊。他能够战胜突厥，在很大程度上正是因为他的强势和英雄气概。"在草原游牧民族的世界，个人魅力和个人忠诚通常比对制度或意识形态的拥护更加重要。唐太宗是一位名副其实的游牧武士皇帝。

在唐朝建国之前的内战中，高祖曾经任命皇后为他诞下的长子为继承人。这是为了遵循儒家的长幼和继承规范。然而，战争一结束，高祖似乎就重拾起大草原和突厥人的传统，允许诸子争夺皇位。他没有采取任何手段来确认其长子的继承权。他的主要干预举措是确保皇位之争止步于皇城之内，他不允许任何一个儿子在整个帝国调动支持。鉴于任何超出宫墙之外的竞争很容易导致内战和王朝的崩溃，这是一个明智的预防举措。高祖在617年起兵反隋，当时他已经51岁了，继承问题显然刻不容缓。新生的唐朝几乎没有什么合法性，因此选择一位能干的继承人是攸关王朝存亡的大事。626年，继承纷争解决了：皇子李世民，也就是未来的唐太宗，在宫门伏杀了长兄李建成和四弟李元吉。也许高祖相信了李世民（可能是真的）的说法，即他的兄弟密谋毒害他。无论如何，他不仅接受了两个儿子的死亡，还接受了自己随后看似风光的退位。60岁高龄的他甚至可能很满意太宗安排的舒适而体面的退位生活。令他感到欣慰的是，继承危机解除了，王朝的未来掌握在一位才能出众的君主手中。[2]

　　唐太宗无疑是历史上最伟大的皇帝之一。后世令人敬畏的中国君主都视他为榜样，比如元朝的忽必烈汗、明朝的永乐帝和清朝的乾隆帝。西方一位著名的中国军事史专家称他是"天才"，是"中国历史上最著名的军事领袖之一"，但他还是一位手腕高明的管理者和政治领袖。太宗"擅长作秀，在这方面拥有毋庸置疑的天赋"。他是自身政权的主要宣传者。628年，许多州县遭到蝗虫侵害。太宗因这场蝗灾给国内农民造成的苦难而悲痛不已，他公开吞下了数只蝗虫，并说道："人以谷为命，而汝食之，是害于百姓。百姓有过，在予一人，尔其有灵，但当蚀我心，无害百姓。"关于太宗的此类故事广为流传，以至深入人心，成了民间传说，为太宗赢得了盛名和合法性。[3]

　　内战期间，唐太宗最初是作为一名杰出的将领而声名鹊起的，他的军事天赋为李渊在内战中获胜，继而创建唐朝，起到了决定性的作用。他从19岁开始统率军队。内战造成的混乱极大地限制了唐朝初年的国力，为突厥人的入侵创造了可乘之机，620年和626年，突厥人的军队逼近唐朝都城长安。在626年的那次危机中，唐朝不得不向突厥可汗支付了大笔金帛，太宗深以为耻。后来，太宗利用突厥帝国内部因继承问题导致的分裂和干旱对游牧民族马匹的影响，迅速扭转了局面，他的反攻不到四年就摧毁了突厥帝国，为唐朝掌控北部边境提供了条件。作为将领，太宗遭受的唯一一次失败是 645 年对高句丽的第一次远征，他失败的原因与隋炀帝相同，都在于距离、气候和后勤这三方面。649 年，太宗驾崩，当时他正准备进一步大规模进攻高句丽，使之屈服。唐朝试图收服高句丽有其战略考量，但更多是为了太宗的个人威望和王朝合法性。

与北方的草原边境相比，朝鲜半岛是次要的，隋朝和唐朝发起的大规模进攻是对资源的滥用。相比之下，太宗在北方前线的胜利，为向西北方的急剧扩张扫除了障碍。作为其成果之一，横跨欧亚大陆的丝绸之路重新焕发生机。不过，唐朝版图扩张带来的战略影响要比对外贸易的增长更为重要。一旦在内陆亚洲的边界地带站稳脚跟，唐朝民众就可以收集更多远近邻国的情报，朝廷也能推行精明但成本低廉的外交政策——分而治之，借此保卫帝国的边境。领土的扩张还使唐朝控制了从大草原到中原腹地的山口和土地肥沃的走廊。控制这些关键的战略要地，既提高了安全性，又降低了边防成本。此外，通过控制黄河以北的广阔草原，唐朝建立了一个"牧场"网络，马匹、骆驼和骡子在那里得到集中的饲养和训练。据估计，725 年，这些牧场已经拥有 43 万匹马和 33.6 万头其他牲畜。由于马匹是北方草原前线战争的关键，而骆驼和骡子在军事运输中发挥着至关重要的作用，唐朝对北方草原的控制具有极大的战略意义。

作战时，太宗常常诱敌深入，然后巧妙地利用防御工事或派遣轻骑兵突袭敌方基地与前线之间的交通系统，来拖延和摧毁敌军。太宗耐心、谨慎而狡猾，而且严密部署军队的行动、物资和后勤。他拥有诸多优秀的品质，是一位伟大的战略家和战术家，他还擅长发掘优秀的将领作为自己的副手。太宗对于时机和心理有着敏锐的直觉，能够本能地洞察敌人的弱点。在他看来，进攻和防守同样有效，在大多数情况下，为了取得胜利，必须将两者结合起来。反击的时刻到来，谨慎就变成了可怕而自信的攻击性。太宗无情地进攻，随后一鼓作气，命令机动性强的骑兵让敌人溃不成军。作为一名勇敢的战士，他知道如何在战场上以身作则，但他从不像马其顿的亚历山大那样鲁莽。他在很大程度上是中国冷静而现实的军事思想传统的继承者，这种传统可以追溯到孙子乃至更久以前。他明白，战争不是赌博，更不是男性展示自我的舞台。它需要的是分析、计算和谋划。最重要的是，它必须始终为现实的政治目标服务。与亚历山大不同，太宗对其王朝的命运和王朝治下的群体有着强烈的责任感。[4]

唐朝的绝大多数文官都是经由大臣和各州精英举荐入仕的。此外，还有科举制度，一小部分"外人"可以通过考试入仕，然后根据政绩升迁。省试是当时每年在京师长安举行的最高等级的科举考试。通过此举，太宗可以亲自了解并在日后任用帝国内一些优秀的年轻官员。他还花了很多精力，亲自审查各州刺史候选人的资格，做出取舍。最重要的是，他在任命大臣时表现出了出色的判断力，建立了一个由可靠而睿智的谋臣组成的核心圈子，在他统治的 23 年里，他们始终对他忠心耿耿。这个圈子里有过去曾经为他的父亲和兄弟效力的人，也有他自己的长期追随者。

太宗十分敬重文德皇后（长孙氏），她没有扮演明显的政治角色，但是她帮助太宗平复情绪。她的哥哥长孙无忌是太宗一生的密友，可能也是他最有影响力的谋臣。房玄龄是一位聪慧而务实的资深官员，他长期担任中央和地方的高级官职，经验丰富，还擅长撰写公文。太宗在位期间，房玄龄始终追随左右。同样重要的还有李勣将军，但是其出身相对低微，他早年加入了瓦岗军，后于内战期间归顺李唐，事实证明，他不仅是一位优秀的将军，还对太宗和唐朝忠心耿耿。626—641 年，李勣在军事要地并州担任行军总管、都督等职，一方面屏护都城长安免遭北方游牧民族的入侵，另一方面管控长安周边最强大的军事力量。太宗曾经评论说，李勣"使突厥畏威遁走，塞垣安静，岂不胜远筑长城耶"。不过，在政局紧张、政权衰弱时，由这位忠诚将领及其可靠下属控制都城周边的所有军事力量，同样非常重要。在并州任职 15 年后，李勣被征调入朝，担任兵部尚书，此职算是皇帝的首席军事顾问。闲暇时，唐帝国这两位最伟大的战士喜欢讨论过去的战役，分析制胜的关键。他们一致认为作战胜利的关键是，用计迫使敌人在于其不利但便于己方发挥优势的时机和地形作战。

还有一个完全不同的群体，即更为正统的儒家官吏，他们担任御史台的高级职务，以及皇帝的私人秘书，即所谓的翰林学士。御史台是中国政府的重要机构，承自汉朝，历代沿置，明朝改设都察院，此后一直行用至 1911 年中国帝制结束。在某种程度上，它是一个监察机构，旨在确保官员乃至君主遵守儒家道德规范，以及官僚机构的规则和惯例。对皇帝来说，御史台的官吏在某种程度上类似于欧洲宫廷的弄臣，他们获准向当权者直言不讳，但是中国的御史台官吏十分看重自己的职责，近乎严苛。在没有公众监督和独立法律体系的政治秩序中，御史台官吏的行事在某种程度上代表着儒家精英的观点。向皇帝直言进谏，可能会招致祸端，但如果君主对谏言置若罔闻或惩治进谏者，他会失去合法性，招致王朝丧失天命的流言。

唐太宗在位的大部分时间里，魏征频频直言进谏。太宗曾经杀死自己的兄弟，取代自己的父亲，他在继位初期表现最好，厉行节俭，虚心纳谏，因为他希望借此使人们忘记自己不光彩的过去，摆脱儒士的批评。然而，随着时间的推移，太宗不可避免地越来越耽于享乐、刚愎自用。魏征等谏臣批评皇帝日益傲慢和放纵，太宗对此越来越不耐烦。然而，尽管他经常有意忽略这些批评，但他从未惩罚过进谏的官员。考虑到这一点，他就能从有史以来的帝国专制统治者之列脱颖而出。有时，太宗甚至会自我纠正，例如，约束自己对狩猎的热爱，以防给农业和农民造成损失。太宗非常注重自己的历史声誉，经常敦促起居郎褚遂良修改起居注（后续的王朝修撰官方正史的主要依据），以提升他身后的形象。褚遂良是著名的文人、书法家和历史学家。他竭力拒绝这样的改动，并劝说太宗，一旦此举为人所知，皇帝的声誉势必受损。皇帝不是每次都能听从这个建议，但他也不因此感到愤怒。他信任并赞赏褚遂良，到太宗驾崩时，褚遂良已经成为皇帝核心谋臣团体中颇具影响力的成员。[5]

太宗是一个值得研究的君主，这不仅仅是因为他拥有不可忽视的重要性和过人的名声。他还留下了大量作品，人们可以在一定程度上深入了解其个性，体会到他如何认知皇帝一职的责任、诱惑和机遇。就连他的诗歌，也能有助于人们理解皇帝作为一个人的面貌。他的许多诗作都探讨了他内心的矛盾，一方面他身处奢华和诱惑的环境，另一方面儒家君主又有其肩负的责任，需要自制和节俭。后宫对他来说，充满了吸引力，里面有美丽的女人、富有异国情调的香气、性感的舞蹈和闪亮光滑的丝绸，这与大草原上军事驻扎区要求的严酷纪律形成了鲜明对比。通过他的诗歌和散文可知，他对中国大多数朝代的短暂命运保持警醒，强烈地希望唐朝能够长治久安，比肩汉朝。但也有一些诗表露出一位年事渐高的君主在繁忙的国事中对于宁静和自身价值的渴望：太宗在夜晚仰望星空，对月抒怀，他写道，继位后，他的统治给臣民带来了安宁，这证明他和臣民为此做出的牺牲是正确的。[6]

　　对研究帝王的历史学家而言，迄今为止，太宗最重要的作品有两部，其一是他在626年即位之初创作的，其二是他在647年或648年年初，即驾崩前不久创作的。第一部作品的标题是《金镜》（英文通常将之译为 The Golden Mirror）；第二部作品是《帝范》（有时被译为 Plan for an Emperor），这是他写给继承人和大臣的遗训。这两部作品表述的观点有一些重复。太宗驾崩后，他与重要谋臣的对话被整理成册，这些话语对上述两部作品表达的思想有所补充。[7]

　　在《金镜》一书中，新登基的年轻君主的言辞符合儒家观念。毫无疑问，他急于得到官员对其统治合法性的认可，但这不意味着他在文中表达的理想必然不真诚。太宗写道，皇帝必须修德、明智、克己。他决不能为了自己享乐而牺牲民众的福祉。平凡人如果想过上有序、道德的生活，就必须有人教导。而皇帝是其民众至高无上的老师。而他能提供的最佳教导就是以身作则，即用自己的智慧、德行和自制力去教育民众。他面临的最大挑战之一就是选拔德才兼备的大臣："哲后求才，若旱苗之思雨。"他决不可嫉贤妒能。接下来，他要广开言路："塞切直之路，为忠者必少；开谄谀之道，为佞者必多……明主思短而长善。"太宗遵循儒家传统写道，如果皇帝德行有失，例如"忽慢神灵"，则"风雨应其暴"。[8]

　　太宗深谙治国之道。到他27岁登基时，他在高级军事指挥、政事管理和朝政方面已经积累了8年的经验。他写道，一个皇帝不能只是简单地遵循儒家君子的道德准则。仅凭文德不能保证帝国边疆的安稳。国家和民众的利益必须被放在首位。宽仁确实至关重要，但宽仁必须辅以强硬，必要时甚至要辅以暴行。"留心宽恕，则法令不行。"一般来说，人，尤其是能力出众的大臣，都不能简单地以善恶概之。皇帝必须认识到人有短长，根据职位任用合适的人才。他指出，皇帝不应该奢望被喜爱。众目睽睽之

下，皇帝不可避免地会遭到无休无止的批评。"任使贤良，则谓偶得；委
仕庸夫，则言愚暗。"如果他听从某位大臣或某个群体的建议，势必会引
起他人的怨恨和嫉妒。如果他对官吏过于宽恕，他的臣民就会受苦。听从
家人、朋友对大臣的抱怨，会导致不公和低效。但大臣也可能会背信弃
义、诡计多端，所以皇帝必须保持警惕。太宗在文中明显地影射了不久之
前发生的政变，他指出，如果大臣反对选择有才干的继承人，反而推崇便
于掌控的无能之辈，他们就应该遭到严厉的惩罚。最重要的是，统治者
必须记住命运的脆弱和不确定性，尤其是政治生活，"晨兴夕惕"。最后，
他在这封写给臣下的信件结尾总结道，"略陈梗概，以示心之所存""聊书
所怀"。[9]

　　在第一部作品和第二部作品之间的岁月，太宗又获得了约 21 年的统
治经验。7 世纪 40 年代，他遭受了重大挫折。645 年，太宗远征高句丽失
败，这是他在战争中遭受的第一次重大失败。最重要的是，太宗还面临年
迈君主共同的噩梦——继承权问题。太宗即位后，立即任命皇后诞下的
长子为继承人。这是对儒家规训的让步，因为太宗决心在汉族精英面前扮
演一位模范君主。然而，到了 640 年——如果官方记录可信的话——继
承人明显出现精神失常的迹象。朝臣因继承人沉迷突厥事物感到震惊，更
不用说他放纵的同性恋行为了。面对父亲日益旺盛的怒火，皇太子冒失之
下密谋逼宫，事情败露后遭到幽禁。

　　太宗曾经试图在年纪较长的儿子中选择一个成熟而有能力的新继承
人，取代废太子，但是他的尝试失败了：受太宗青睐的皇子身边会迅速形
成一个危险的派系，这种情况至少出现过一次。最后，尽管心怀疑虑，皇
帝还是接受了其最信任的谋臣的建议，任命 15 岁的皇子李治为继承人，
将他托付给信赖的老师，让他为未来的角色做好准备。关于这件事，在皇
后去世后，她的哥哥长孙无忌是皇帝最信赖的人。太宗本人也在皇子李治
的培养过程中扮演了重要角色：继承人被安排在皇帝身边，共同参与朝
政。太宗私下指导儿子帝王之术，在公开场合则让他对亟待解决的问题发
表意见，并赞扬他的判断。然而，直到 649 年驾崩，太宗一直满怀忧虑，
太子还远远不够成熟，他甚至担心少年太子的个性不适合成为称职的皇

帝，无法确保唐朝的存续。这就是太宗写作第二部作品《帝范》的背景。

《帝范》一书是太宗写给李治及其老师，以及未来大臣的。太宗写道："朕以弱冠之年，怀慷慨之志，思靖大难，以济苍生……承庆天潢，登晖璇极，袭重光之永业，继宝箓之隆基。战战兢兢，若临深而御朽；日慎一日，思善始而令终。汝以幼年，偏钟慈爱，义方多阙，庭训有乖。擢自维城之居，属以少阳之任，未辨君臣之礼节，不知稼穑之艰难。每思此为忧，未尝不废寝忘食。"太宗在文中告诉儿子，因为他年纪尚轻，经验不足，他还不知道如何履行统治者的职责，难以管理大臣，也不了解民众的真实日常和生活所需。最重要的是，统治者的手腕在很大程度上依赖于对人的理解，而这恰恰是各种知识和智慧中最难掌握的。"所以披镜前踪，博览史籍，聚其要言，以为近诫云耳。"[10]

太宗的《帝范》中有许多他在《金镜》中写过，以及在与大臣谈话时提过的观点。它主要说明，要想实现高效但符合道德准则的统治，个人的品质和理想至关重要。不过，唐太宗在遗训里回忆自己的心路历程，忧心年轻的继承人即将承担的重大责任，因而《帝范》含有更明显的紧迫感和悲观情绪。太宗称帝位为"神器"，既然"皇天眷命，历数在躬"，君主有责任维持其存续。除了天命所在，帝国的创立也离不开先君的贡献，这些英雄的事迹可以追溯到传说中的黄帝，还包括李治的父亲和祖父。继承人对这些先人也负有一种深切的责任感。在臣民面前，帝王治理天下时必须如同山岳一般，"高峻而不动"。作为君主，"非威德无以致远，非慈厚无以怀人"。在管理大臣时，除了崇高的理想和严格的自律外，君主还要兼顾现实，灵活行事。我们不知道这些警告和禁令给太宗年少的继承人造成了什么影响。如果他——以及其他许多继承帝位的人——从未因未来的重大责任而不知所措，那就太奇怪了。太宗是一位真挚而又非常认真的导师。然而，面对未来的角色时，他的儿子在深感自身能力不足的同时，一定心怀忧虑，担心自己永远无法成为父亲那样令人敬畏的帝王。

除了道德训谕，太宗还根据长期处理政事得出的经验，给出了务实的建议。比起个人的奉承和野心，更危险的是党争。太宗告诫道："朋党相持，无深而不入；比周相习，无高而不升。"太宗引用古人之言："非知之难，唯行不易。"施行政策要比制定政策困难得多。"行之可勉，唯终实难。"但是哪怕在教导民众和机构时遭受无尽挫折，统治者也不能动摇、绝望，不能因贪图轻松而放纵、怠惰，以致放弃自己的职责。任何人想要活得道德、有价值，都必须遵循正道。而帝王之道是其中最难的一个。太宗兢兢业业地履行皇帝的职责，完全不逊于马可·奥勒留。他的价值观是等级分明的，用现代的话语来说，就是精英主义的。总的来说，两人都很好地履行了统治者的职责。但是唐太宗的性格和理想没有迫使他像马可那样，彻底压抑、否定自己的情绪。自然，比起罗马帝国皇帝，太宗更享受生活。[11]

　　649 年，太宗驾崩，21 岁的皇子李治顺利地登上皇位，即唐高宗。这位新君接受了良好的帝王教育，为人宽仁、勤勉，也绝不愚蠢。但他的个性远不如他的父亲强势，身体也很虚弱。因而不难理解，在登基后的头几年里，年轻的皇帝受制于以其舅父长孙无忌为首的太宗朝旧臣。后来，他又被强大的后妃武则天控制。高宗极为迷恋武氏，废弃了无子但出身影响力颇大的勋贵之家的原配王皇后。以长孙无忌为首的元老大臣大多对此感到愤慨。结果，长孙无忌被流亡，659 年自缢而亡，他的儿子也遭到惩处。这是第一批因反对武则天的野心而死去的人，这样的人还有很多。只要高宗还在世，武氏的地位就依赖于他。但是高宗在 660 年首次风疾发作，此后身体日益虚弱，对武后的依赖程度越来越深。武氏的势力不断壮大，一群野心勃勃、才干过人的朝臣和官吏加入了她的阵营。683 年高宗驾崩后，她控制了唐朝的政府和政治，最初是垂帘听政，但是自 690 年开始，她正式成为女皇，建立了新的王朝——周朝。在接下来的 15 年里，她作为中国历史上的唯一一位女皇，施行统治。

　　本书论及的所有前现代王朝和文化都是厌恶女性的。它们都赋予男性高于女性的地位。男性统治者的性欲几乎不受约束。即使是在实行一夫一妻制的基督教王朝，君主的情妇和私生子不仅能够被容忍，甚至可以得到公开的尊重。只要男性统治者的性欲不会导致对政策和庇护关系的处置失当，他们仍会被接受。对一位君主来说，唯一真正致命的罪过是，他对情妇的迷恋导致继承顺序改变。相比之下，女性的性欲受到了严重的限制、谴责，被视为威胁。除了一些非常受限的特殊情况（主要是母亲为年幼的儿子担任摄政者的时候），女性一旦行使权力，就几乎不可避免地会受到谴责。而这些谴责之中几乎总是包括性堕落：耸人听闻，而且通常是莫须有的。中国的儒家士大夫是厌恶女性的极端例子。他们创作了大部分的史书。他们笔下的武则天自然是残忍而可怕的。在研究武氏的生平和统治时，我们必须始终牢记这一点，尤其是在问题涉及她的性欲时。

当然，如果忽视武氏性格的这一面，将是一个巨大的错误。这样做，我们将无法真正了解这个迷人的人物，也将扭曲她走上皇位的真相。更重要的是，这样做会忽略帝制动态的一个关键因素。基本的要点很简单。男性君主、大臣的地位和他们行使的权力，很少来自性诱惑。对一些有权势的女性来说，情况也是如此，比如君主的姐妹、女儿，当然，最主要的是他的母亲。在君主的乳母中，也有一小部分因深受喜爱而获得特殊的青睐和庇护。然而，在绝大多数情况下，女性正是凭借性诱惑在君主制下赢得了偏爱、庇护和权力。即便是基督教王朝的王后，如果她能牢牢掌控丈夫的肉体和情感，她的权力也会大大加强。在一些情况下，嫔妃和情妇甚至能够说服皇家情人将她们的儿子定为继承人，从而获得太后的地位，这是绝大多数王朝的女性在宫廷中能够享有的最高地位。武则天就是这一现象的最佳典范。

武则天"拥有极高的政治天赋，善于操纵朝廷中的权力平衡。她非凡的掌权之路离不开才智、决心和识人之明，也离不开铁血手腕、无道德原则和政治投机主义"。女皇是一个不同凡响的人物，要想了解她的生活，人们需要了解她所属的唐朝精英阶层的文化。精英的面具之下有着源于游牧民族的非汉族元素，这对女性享有的自由和公共地位产生了巨大影响，与儒家理想中女性完全从属于男性，完全困于家庭生活的情况形成了鲜明对比。唐朝贵族妇女在有着多元观念的社会中安逸生活，在宫廷政治中发挥着明显的作用。她们甚至参加马球比赛，享有相当程度的性自由，这令儒家学者感到非常懊恼。[12]

武氏出生于 624 年。她的父亲武士彟中等商人出身，在唐朝的开国皇帝高祖还在隋朝为臣时，就成了他的心腹。他对高祖忠心耿耿，是开国功臣，因此在李唐建国后官至工部尚书，获封应国公。后来，武士彟迎娶前朝隋代宗室旁支之女杨氏。唐朝初期，社会的顶层是中国北方的古老贵族世家，那些爬到唐朝军政系统高层的人往往会通过联姻融入这个阶层。这个过程不可避免地存在摩擦：武氏最初就因身为商人之女而受到世家大族的轻视。她没有忘记受过的冷落，后来一些贵族为自己的怠慢付出了沉重的代价。武则天没有同胞兄弟，她的母亲十分宠爱三个女儿，在诗歌、历史和佛学方面为她们提供了良好教育。加上惊人的美貌和过人的智慧，武氏成了一名充满魅力的年轻女子。正因如此，637 年，13 岁的她被选入太宗的后宫，获封才人。然而，太宗喜欢更为成熟、端庄的女人，武氏没有给他留下太深的印象，不过，武氏的机会还是降临了。从 645 年起，17 岁皇子李治的寝宫离太宗的寝宫很近，他开始为继承君位接受训练。皇子李治比武则天小 4 岁，他彻底倾心于武则天，终其一生都离不开她，无论是在情感上还是肉体上。他们的最后一个孩子太平公主出生于 664 年，当时武则天已经 40 岁了。武氏对任何妨碍自己的人都心狠手辣，高宗有时会因此感到愤怒，但是他永远无法抵抗妻子充满魅力的个性，更不用说兴起离开她的想法了。

683 年，高宗驾崩，当时武皇后还不能独揽朝纲。要是她的长子，也就是能干而广受爱戴的太子李弘，没有在 675 年早逝，她很可能不得不让位于他。而她的第三个儿子李显（即后来的唐中宗），造成的阻碍就远不及此。事实上，关于中宗是否真的是高宗和武则天的儿子，还存在一些争议。在武氏怀孕期间，她的姐姐，也就是韩国夫人，受到高宗宠幸，有谣言说中宗可能是韩国夫人的儿子。对武则天来说，这件事可能远不如新继位的皇帝完全受控于他的妻子来得严重。中宗的皇后出身强大的贵族世家韦氏家族，甫一继位，中宗便准备任命岳父为宰相，重用皇后的亲戚。这不仅激怒了武太后，也激怒了其他重臣，武氏轻而易举就联合了诸多大臣，形成政治同盟，在两个月后废黜中宗，改立自己的小儿子李旦为帝，即睿宗。

李旦既没有政治经验，又没有野心，完全依赖于他的母亲，而武太后也一直将他视为自己最喜爱的儿子。起初，新帝与母亲关系良好，然而，武氏对皇位的野心越来越明显，这不可避免地招致了睿宗的反对，武氏对李旦的怀疑日益强烈。武氏临朝期间，李旦在软禁中幸存下来，但他的皇后和德妃（唐玄宗的母亲）都死于诬陷。此外，还有李唐宗室的数百位分支成员死于捏造的罪名。这在某种程度上说明，历史上，中国王朝的合法性相对脆弱，因为武氏篡夺儿子皇位、建立新王朝的行为在没有遭到精英强烈反对的情况下就被接受了。毫无疑问，处决或折磨一切可疑的敌人这一行为发挥了重要作用，但它不是唯一的原因。在帝国及其神话和传统的背景下，王朝显得相对渺小，这一点与罗马的情况类似，尽管程度不同。

683 年，高宗驾崩时，皇后武则天 59 岁。尽管年事已高，她仍在丧夫后交往了几个情人，其中至少有一个原本是高宗姑母的情人。后世的儒家批评者谴责这些情人，称这些年轻男子只是在满足女皇的性欲，认为其中一些无疑只是性伴侣。尽管被如此描述，这些人中的一部分，尤其是建筑师薛怀义，显然是聪慧而幽默的伙伴和情人。武则天的强烈性欲毋庸置疑，她的魅力也毋庸置疑。她以善于装扮进而青春常驻而闻名。但是武氏对巫术和超自然事物总是非常感兴趣，容易轻信。一开始，她对道教没什么好感，因为根据传统，道教一直与唐朝联系紧密，然而，随着年龄的增长，她越来越害怕即将到来的死亡，因而她越来越沉迷于这种充满预言、神秘主义、巫术和永生秘诀的宗教。道教的自然观念认为，采补之术可以延缓女性的衰老。

以巫术、酷刑和处决为背景，加上皇室祖母引人注目的性生活，我们仿佛身处《权力的游戏》(*Game of Thrones*) 描述的世界。对武则天时期的朝廷（以及许多其他朝廷）来说，这就是现实的一部分。但重要的是，我们要记住，武氏政权保护并重视那个时代高雅的艺术和文学。同样重要的是，尽管她在追求权力时杀死了许多人，但斗争和受害者基本仅限于朝廷。不仅绝大多数民众没有受到影响，就连政府机制及其有效应对危机的能力也没有受到影响。面对来自吐蕃和北方契丹游牧民族的威胁，武氏政权果断回应，并大获成功。武则天遴选最优秀的将军来指挥军队。她对过去主导唐朝政府的世家贵族心存疑虑，为了吸引更多人才和效忠她的人，她还推广了科举制度。太宗时期，高级大臣中进士出身者占比 23%，武周时期，占比 40%。在她的孙子唐玄宗漫长的统治时间里，她提拔的优秀年轻官员发挥了重要作用。武周时期的宰相之一是狄仁杰。尽管他忠于唐朝，但武则天还是全力支持他整治裙带关系、治理腐败的举措。狄仁杰在西方十分出名，因为他是高罗佩所写的侦探小说中的英雄。高罗佩是一位汉学家，曾作为荷兰的外交人员在中国生活多年。在高罗佩笔下，"狄公"是一位有教养、廉洁且能力出众的官员，尽管故事是虚构的，但它还是准确地展现了这位受到女皇武则天培养、重用的政府精英的形象。[13]

　　武氏统治的一个重要方面是，她对佛教的大力支持。到 7 世纪 90 年代，佛教不断深入中国的社会和文化，时间已长达近 500 年。它强大的信仰体系、仪式和艺术文化，满足了人们的情感、精神和智识需求，而这些需求是儒家思想无法实现的。和早期的基督教一样，它也吸引了在既存的秩序和意识形态中处于从属地位的群体，尤其是妇女。虽然佛教实际上没有宣扬男女平等，但是相较于伊斯兰教和基督教，它确实为女性提供了更多的自由和尊重，与儒家相比就更是如此。自出生起，武氏一直身处于佛教信仰及其文化的氛围之中，到 690 年武氏革唐建周时，佛教已经成为中国社会一股极其强大的势力，拥有数以百万计的信徒和巨额财富。武则天与著名的佛教僧侣成为朋友，修建大量寺庙、雕像和宝塔，慷慨地向当时的佛教机构捐赠礼物。宣传人员将她与佛典、佛教"圣王"联系在一起，从而提高了她的合法性。阿育王就是一位圣王：女皇效仿阿育王，加尊号"金轮圣神皇帝"。当然，她的宣传机构也采用道家和儒家的传统来颂扬女皇，并将她与中国历史和信仰体系中的许多强大要素联系起来。

　　多年来，女皇一直在思考如何建立自己的武氏王朝。关键问题是，这势必会剥夺其儿子的继承权，而使她的侄子受惠。如果有一个性格足够强大、令人印象深刻的侄子，武则天可能会任命他为自己的继承人。但他们无一人如此，而且他们的傲慢招致了许多敌人。武则天不愿任命侄子为继承人，这可能也与她根深蒂固的宗教信仰有关。尽管她非常信奉佛教，但她同样深受儒家价值观和仪礼的影响。这位年迈的女皇非常关心自己在彼世的地位，而这与她在家族宗庙中的地位密切相关。祭祀祖先通常只能由儿子和孙子来进行。如果她将皇位交给侄子，就没有人在她的坟前祭祀，照料她在彼世的灵魂。698 年，她接受了宰相狄仁杰的建议，召回被逐 14 年的李显，随后重新任命他为皇位继承人。[14]

到 705 年，年过八十的武则天明显失去了对朝政的掌控力。一群大臣力图拥立太子李显为君，发动了神龙政变，武则天被迫禅位。退位后，她被允许安享晚年。10 个月后，武则天去世，最终她与丈夫高宗合葬的遗愿实现了。更值得注意的是，武氏的几个侄子与李唐宗室实现了某种和解。中宗复位后，实际的权力不在这位懒散的皇帝手中，而是由他的妻子韦皇后掌控。她似乎是武则天的侄子武三思的情人。她唯一幸存的孩子安乐公主嫁给了武三思的儿子。上官婉儿曾是女皇的私人秘书，后来名义上成了中宗的昭容，实际上代表韦皇后主持科举考试。尽管中宗如同傀儡，但是对他的皇后韦氏、女儿安乐和昭容上官婉儿来说，能够掌握他并借用他的名义至关重要。中宗曾认真考虑任命安乐公主为继承人，但考虑到中国的传统和价值观，这是不可能的。710 年，中宗猝然驾崩，韦皇后试图任命中宗的幼子为帝，以便继续独揽朝纲。她的计划破灭了。武则天的女儿太平公主发动了政变，韦皇后、安乐公主和上官婉儿被杀，最终武则天的小儿子、太平公主的哥哥唐睿宗复位。

睿宗和他的兄长中宗一样，没有什么作为，只想退位过上平静的生活。712 年，睿宗坚持禅位，因为他被一颗彗星吓坏了，认为这是来自上天的警告。他的第三个儿子，即皇子李隆基继位称帝（唐玄宗）。武则天曾下令诛杀他的生母。李隆基在推翻韦皇后的政变中或许处于从属地位，但仍旧发挥了至关重要的作用，因为禁军中有许多他的朋友和追随者，而禁军在宫廷政变中总是能起到关键作用。太平公主意识到，除非她能迅速除掉年轻能干的李隆基，否则她的权势之路注定要失败。她努力鼓动新皇的异母兄弟反对玄宗，但没有成功。罕见但令人赞赏的是，玄宗的异母兄弟全部团结在他身后，将他视为捍卫他们共同事业的最佳人选，而实际上，最顺理成章的皇位继承人是睿宗的嫡长子李成器。也许，在皇子李成器看来，作为亲王平静地度过一生是比统治中国更好的选择。一般而言，在王朝政治的背景下，拥有皇位正统继承权的李成器很容易被玄宗视为威胁。然而，令人惊讶的是，在之后的岁月里，两兄弟始终亲密无间。

形势越来越紧迫，713 年，太平公主试图发动政变，先发制人。她继承了母亲的智慧及其大部分社会关系。如果她是个男人，此次政变很可能会成功。然而，即使已经处在女性权力的顶峰，公主也不能结交禁军，不能真正领导暗杀小组。太平公主不得不将这些任务委派他人，而这增加了被背叛的风险。事实上，她的阴谋泄露了，她被赐死于家中，维持了最后的尊严。至此，近半个世纪以来，由女性主导的统治和政治局面就此结束。

唐玄宗在位 44 年。在这数十年里，唐朝空前繁荣。无论是以强劲的实力而言，还是就高雅文化的过人魅力而言，这数十年都是唐朝最辉煌的岁月。唐代中国成了东亚文化圈的创造者和中心，它植根于儒家信仰、中国佛教、汉字书法，以及有显赫声名的唐代文学艺术。唐玄宗的宫廷对于整个东亚地区影响深远，就像之后路易十四的凡尔赛宫在整个欧洲的辐射作用一样。玄宗本人是一个令人印象深刻的人物：他是一位出色的音乐家、诗人、书法家，也是许多杰出艺术家和作家的赞助人。他还是一位成功的政治领袖。玄宗选贤任能，大臣们在他的坚定支持下，解决了许多重要难题，完善了土地赋税制度，攻克了帝都长安人口规模过大、供给网络即将崩溃的威胁等。玄宗努力加强官员管理，行事耐心，大体宽仁，没有采取过于暴力的手段：他裁决官员冲突，维护他们的面子，平衡朝堂，不给任何官员不受限制的权力，为自己保留了决定政策总体方向和任命高级官吏的权力。

如果唐玄宗在 740 年驾崩，他将是中国历史上最受尊敬的皇帝之一。然而，现实是他继续统治了 16 年。他接下来的故事同许多疲惫不堪的年迈君主一样，屡见不鲜。玄宗要协调相互对立的大臣，还要处理复杂的政事，30 年过去，代价来了。皇帝越来越无心朝政，转而专注于自己的内心世界和宗教问题。年近 60 岁时，他迷恋上了儿子的美丽王妃杨玉环，将她纳入自己的后宫，竭尽全力地讨她欢心。年老的男性在年轻女人的温柔乡里重温青春活力，这样自欺欺人的故事并不罕见。身处高位的男性惯常利用权力满足自己的肉欲和情感需求。唐玄宗的所作所为虽然算是人之常情，但导致了严重的后果，有史以来最伟大的帝国之一因此濒临毁灭。

玄宗为了让心爱的人吃上新鲜的荔枝，甚至命令专人从帝国的东南端快马将荔枝送到京师。更严重的是，玄宗还纵容杨玉环干涉高层的庇护和任命。这种局势迫切需要一位值得信赖、经验丰富的继承人来接管大部分的治理工作，然而，这种情况在中国很少发生。继承的规则尚不明晰，后宫的政治和竞争又介入其中，皇储往往得不到父亲的信任。皇帝的"朋友"和被庇护者也不可避免地会尽最大努力确保皇帝手握权柄。也许，儒家思想强调的孝道也使为人子者很难在父亲在位期间行使有效权力。

唐玄宗怠于政事，党争在他统治的最后几年里不断升级。如果结果只是暂时的朝廷内斗和政府效力的衰弱，问题就不会太可怕。不幸的是，朝廷的党派之争削弱了政府对节度使的控制力，最终，势力最大的节度使安禄山在755年起兵造反。对于任何研究帝国的历史学家来说，这些事件都遵循着熟悉的模式。从逻辑上来讲，为了保护辽阔的边疆，部署能够深入草原地区的骑兵部队，势必需要组建一支拥有大量少数民族部落骑兵的职业军队。而为了使节度使在距离都城如此遥远的地区施行管理，朝廷就必须赋予他们极大的自主权。8世纪上半叶，唐朝军队一直朝这个方向发展，从军事角度来说效果惊人。到8世纪中叶，最成功的唐朝将军就是安禄山，他有一部分突厥游牧民族血统，还有一部分粟特人血统。

在8世纪40年代和50年代早期，安禄山在朝廷的纵容之下扩张势力，对帝国的大部分军队和马场的控制到了一个危险的程度。由于玄宗无心政事，从734—753年，李林甫渐渐大权独揽。他是一位能力出众的管理者，出身李唐宗室旁支。不可避免地，李林甫及其追随者拥有的权力和庇护遭到其对手的憎恨和嫉妒。由于强敌环伺，李林甫十分愿意让安禄山加强对帝国军队的控制：他是李林甫最信任的军事方面的追随者，安禄山对他的庇护人忠贞不贰。安禄山对唐玄宗也有一定的忠诚度。但不幸的是，根据草原文化常态，安禄山的效忠针对的是个人，而不是朝代，更不用说帝国机构了。753年，当李林甫去世时，敌对的派系攻击了他的关系网。这次攻击的主导者是新任宰相杨国忠，他是玄宗爱妃的族兄。由于年迈的皇帝似乎无法提供保护，且大限将至，安禄山决定在自身的权力基础仍然完好的情况下先发制人。最终，唐政权在安史之乱中幸存下来，但它再未恢复过去的实力。唐朝接下来的命运与大多数帝国相同，随着中央的削弱，它失去了对许多州县的控制，先是外围地区，然后逐渐蔓延到核心地区。藩镇和地方精英割据一方，他们通常承认唐朝的最高统治权，但是纷纷为自己截留地方收入，拒绝皇帝在自己的辖地拥有任何管辖权。唐政权的进一步弱化产生了一个直接结果，即唐政权的影响力在内陆亚洲和西北边陲渐渐消退，这些地区此后受到伊斯兰文化的影响。[15]

经过数代的衰落，唐朝最终在 907 年灭亡。直到 960 年，唐朝的部分核心区域才由宋朝再次统一起来。唐、宋两代一直被视为中华帝国历史上的辉煌时期。这种观念基本上是合理的。这两个朝代统治着同一个核心区域，那里生活的是今天我们口中的汉族。他们的宫廷延续着一种共同的、卓越的高雅文化。这两个朝代都认为自己继承的帝国传统可以追溯到黄帝，认为其合法性源于儒家思想。它们都沿袭了汉代的诸多制度，其中最重要的是皇权。然而，在许多方面，这两个朝代的差异显著。最明显的是，宋朝的疆域要小得多，因为它失去了整个北部边境，以及那里的少数民族人口。和往常一样，中国的领土规模很难进行简单的比较。以唐朝的标准来衡量，宋朝的疆域可能要小得多，但它拥有占当时世界三分之一的人口。[16]

当然，以欧洲的标准来看，宋朝的面积非常庞大，但与今日的中华人民共和国相比，宋朝的疆域仅为其四分之一。如果采用大多数当代西方历史学家所持的帝国定义，人们很可能会得出这样的结论：宋朝的政治机制与其说是一个帝国，不如说是一个以汉族为主体的原型民族国家（proto-nation）。在宋代，规模更大的科举制度孕育了一个新的上层阶级，其基石是合理化的"理学"价值观。有迹象表明，这个阶层日渐形成了汉族的族群-民族认同。作为这种民族意识的一部分，人们强烈相信，被半游牧的契丹帝国强占的燕云十六州"自然"属于中原王朝和社群，因此必须被收复。这成了宋朝君臣的首要任务，有时甚至像是一种执念。[17]

唐朝政权至少在最初的几个世纪里，一直由植根于北部和西北地区，以及都城长安和东都洛阳的世袭贵族统治。根据历史事实，唐朝皇室甚至算不上这个贵族精英集团的顶层，这可能是他们的王朝轻易地被女皇武则天取代的另一个原因。9 世纪，古老的贵族世家被摧毁，然而，在唐朝衰落导致的混乱中，一个新的精英阶层在宋代形成了。[18]

在宋朝统治的前 150 年里（即北宋时期），新诞生的"官僚"精英来自帝国各地，其中许多成员是通过科举考试进入仕途的。到 1100 年，大约有 20 万名学生进入学校，其课程旨在帮助这些年轻人为每三年一次的科举考试做准备。每三年大概有 8 万名考生参加科举。在唐代，佛教和道教挑战了儒家学说作为国家和精英阶层核心意识形态和价值体系的地位。在宋代，儒家知识分子做出反击，完善了儒家学说。他们吸收了这两种对立宗教的部分元素，但强烈重申了儒家思想的核心作用，它是理性原则和伦理观念的来源，而这正是社会和国家的基石。新儒学的两位创始人分别是程颐（1033—1107 年）和朱熹（1130—1200 年），因此一些历史学家也将新儒学称为"程朱理学"。在宋朝统治的最后一个世纪，理学逐渐成为政治和社会秩序不可撼动的意识形态基础，但直到 15 世纪，也就是下一个中原王朝明朝治下，这一进程才彻底完成。通过科举考试，成了汉族精英集团成员及其家族获得地位和尊重的主要途径。科举制度、理学及其催发的高雅文化，有力地团结了汉族精英，并将他们与帝国政治秩序紧密联系在一起。我们粗略地将之与 19 世纪和 20 世纪的英国公学，以及牛津大学、剑桥大学扮演的角色进行类比。[19]

对北宋王朝的君主来说，这个新秩序的出现是一把双刃剑。一方面，唐朝贵族的消亡使王朝的地位远远高于社会上的其他一切群体。原则上，所有的权力都来自君主，行使权力的官员荣辱受君主掌控。官僚制度得以使皇帝的令状传遍广阔的帝国。制度、意识形态和威信对帝国的凝聚力至关重要。从某种意义上来说，皇帝不仅是政府的最高行政长官，还是一个强大团体的权威领袖，这个团体的核心信念是，统一的帝制王朝是唯一合法的国家形式，君主制是其中非常重要的顶石架构。然而，尽管官僚机构在原则上是帝国统一和君主统治的理想基石，但实际上，它往往成为皇帝的噩梦。

宋代的官僚制度比当时世界上的其他任何地区都更复杂。在宋代早期，大约有 1.3 万名专业文职官员，而疆域更辽阔的唐朝在权力鼎盛时期的文职官员的数量大概也就如此。到 1112 年，宋朝共有 4.3 万名官员。宋朝尝试做的事情超出了任何一个欧洲国家政府的想象，更不用说能力了。维持一支 100 万人的常备职业军队，需要提供薪酬、物资和装备。管理河道在组织和技术方面为帝国带来了极大的挑战。1048 年，黄河决堤时，中原地区大约有 20% 的人口死亡或流离失所，而这只是宋代诸多此类灾难中的一个。为了应对这些挑战，工事的规划和执行需要杰出的专业技能、组织能力和专业知识。在宋代治下，中国经济的发展水平无可匹敌，直到 18 世纪晚期的英国才堪与其比肩。宋朝成功地创建了一个复杂的赋税制度，以利用非农业财富。研究宋代中国，可能会令人感到困惑。一方面，我们面对的似乎是一个遥远的世界，对于来自异域文化的人来说更是遥远，而且与今日还隔着漫长的岁月；而另一方面，宋代社会、政府和统治的许多方面似乎都惊人地现代。[20]

从唐朝开始，皇帝一职已经发生了重大变化。在本书的前言中，我解释了皇帝的四种身份。他是一个人、一个领导者、一个世袭君主和一个帝国的统治者。而在宋代，我们首次在本书中遇到了从某种意义上来说真正可以被称为政府最高行政长官的领导者，换句话说，他们是复杂的大型官僚组织的领导人，这个组织由通过科举考试的专业官员组成，基本上遵循严格的客观标准晋升。当然，宋朝皇帝与现代总统差异显著，更毋论私人企业的负责人了。即便是与现代欧洲的皇帝进行比较，也是困难重重。与19 世纪晚期的德国和奥地利的皇帝不同，宋朝君主不受宪法或议会的限制。即便如此，管理这种规模庞大的复杂官僚机构，也必然要经历一些特别的挑战。欧洲君主要到 18 世纪，才会遇到北宋皇帝面临的困难，即便到那时，困难的程度与等级也很少达到北宋的水平。

北宋皇帝管理其政府的故事，基本上预示了欧洲皇帝在 19 世纪面对类似挑战时的反应。无论是北宋皇帝，还是后世的欧洲皇帝，他们都发现官僚机构极难管理、控制和运行。这给他们造成了极大的挫折，耗费了他们大量的时间和精力。皇帝通常将政策的协调工作委托给宰相，只保留自己眼中关键政策的最终决定权。这指的主要是外交政策，以及战争与和平的问题。对宰相——通常还有其他一些重臣——的任免，仍然是君主特权，这在某种程度上代表对政府整体政策方向的把控。与 19 世纪的欧洲君主一样，宋朝皇帝继续履行许多仪式职能，举行许多巩固其合法性的仪式。在危机时刻，他们被迫发挥出比平时更突出、更积极的作用，作为最高危机的应对者，承担全部和最终的责任。1940 年，就连成熟的立宪制国家比利时和挪威的君主，即利奥波德三世和哈康七世，也面对同样的困境。1125—1127 年，宋徽宗遭受了近乎致命的危难。

当然，管理宋朝政府有其独特的挑战。不仅是官僚机构，就连皇帝也陷入了层层文书之中。一方面，这是因为当时印刷技术的普及，另一方面，则是因为官僚机构的烦琐程序。决策需要多人签署，文件在不同部门间往返传递。即便是中层官员，如果拒绝签署他们认为违反官僚制度规范和原则的文件，也常常会导致政府工作的停滞。一个需要层层核查、拥有多种制衡机制的官僚机器天然容易瘫痪。尽管官僚制度自诩道德，但它实际上由于庇护关系网而分裂了，官员在为权力和庇护人斗争时，势必容易造成破坏。该制度还配备了"监察机构"，当大臣乃至皇帝违背儒家观念时，谏官的存在得以在精英舆论面前追究他们的责任。然而，监察机构常被用作党派之争的武器，因而它也有可能使政府陷入停滞。在世界各地的官僚机构中，儒家官员格外在意集体荣誉、使命和身份。他们拥有一种近乎虔诚的观念，认为官员有责任使臣民和皇帝都按照正确的伦理原则行事。他们认为，如果不这样做，就会导致宇宙自然秩序失控，给尘世引来灾难。管理一个视自身为半神职人员的政府机器，尤其令人沮丧。政见的不同很快就会上升成道德和思想层面的互相攻讦，不同党派利用儒家修辞相互口诛笔伐。

1069 年开始的王安石变法在官僚阶层造成了严重的思想和政策分歧，这使皇帝的生活变得更加艰难。该变法呼吁国家对经济和社会进行深度干预，以促进经济增长，提高民众福祉和国家税收。该变法的反对者谴责它不切实际，是腐败的根源，而且是对儒家原则的背叛，是要恢复秦朝始皇帝统治时期饱受诟病的法家政策。围绕国家在经济和社会中的适当角色而展开的政治冲突，在今日仍然存在。无论是在宋朝还是在现代，强大的既得利益集团都支持小政府主义（minimalist state）的理念。宋朝的第六任皇帝神宗（1067—1085 年在位）支持 1069 年开始的新政，但是他希望将新政的反对者留在自己的顾问圈子内，以便对政策有一个全面的看法，从而提高决策的质量。然而，激烈的党争破坏了他的努力。为了迫使官僚机构推行新政，他不得不建立一系列在许多方面平行于原官僚体系的"应急"机构，为首的就是"制置三司条例司"。为此，皇帝不得不削弱监察机构。神宗的两个儿子——哲宗（1085—1100 年在位）和徽宗（1100—1125 年在位），沿用父亲的政策，一方面是出于孝道，另一方面也是为了增加收入，以维持国家的军事实力，希望有朝一日能夺回东北地区被契丹侵占的燕云十六州。[21] 在皇帝的支持下，新政的支持者继续掌权，但是事实最终证明，这个政府机器无法提供改革者承诺的经济利益和社会福利。

1100 年，宋哲宗在无嗣的情况下突然驾崩，年仅 23 岁，继位的是他的异母兄弟——宋徽宗。相较于宋朝的其他皇帝，我们对徽宗的了解要多得多；但比起罗马帝国的一些皇帝，以及本书后续章节将论及的 16 世纪及后世的皇帝，我们对徽宗的了解仍很有限。就连我们对唐太宗的了解，也要多于对徽宗的。宋朝禁止所有年轻皇子参与政治、行政和军事事务，鼓励他们成为艺术和高雅文化的栋梁。即使是继承人，也没有接受过军事训练，没有军事经验。有证据表明，18 岁的徽宗在突然被拽离文化世界、推上皇位时，感到非常不满。哲宗驾崩后，徽宗原则上是第二顺位继承人，但是他的异母兄长患有眼疾，对于一个注定要领导官僚机构、陷于文书堆中的人，这是一个潜在的严重障碍。最终，是太后，也就是王朝地位最高的女性，在这两个异母兄弟之间做出了选择。即使是厌女的宋朝，也承认母亲在这一问题上的权利和资格。不过，她没有独断专行，而是与朝廷重臣一起，以理性而务实的方式讨论了两位候选人的优缺点。这一情况同样体现了宋代的混合型特质——在某些方面，它具有熟悉的现代特征，在其他方面则又显得非常古老，令人感到陌生。

在汉族精英群体看来，书法这种艺术形式不仅能够展示个人的学养，还有助于了解性格和举止，因此许多皇帝都是优秀的业余书法家。徽宗是所有皇帝中最优秀、最著名的书法家，其独特的字体至今仍广受赞誉。拥有高超绘画技能的皇帝相对罕见。他是中国唯一一位列一流画家的皇帝。徽宗是一位慷慨而敏锐的艺术赞助人、一个狂热的古物收藏家、一个热情的建筑和园林规划者。徽宗非常信奉道教，他相信天、人与自然秩序之间的联系：他建造园林不仅是出于爱好和审美乐趣，它们还反映了他的宗教信仰和宗教感悟。女真族是生活在中国东北部的牧民，1125—1127年，北宋在与女真的战争中遭受灾难性失败，儒家学者指责徽宗玩物丧志，疏于国事。这样说不是很公平。徽宗绝不同于巴伐利亚的路德维希二世，后者是理查德·瓦格纳的赞助人，热衷于建造浪漫的城堡，最终被他的大臣称为"疯王"，而徽宗则勤勉认真地履行了自己在仪式和政府管理方面的职责。的确，徽宗非常信任蔡京，在位期间基本上一直任命他担任要职，但是我们没有理由认为，若皇帝更专制一些，会带来好的结局。

那场摧毁了北宋政权的灾难（靖康之变）之所以发生，是因为徽宗在1121—1125年否决了行事更为谨慎的老一辈谋臣的建议，转而选择支持年轻的"主战派"——与女真结盟，击败契丹帝国，实现收复燕云十六州的梦想。几乎在任何一个帝国，这种关键的军事、外交政策最终都取决于君主。对宋朝一些大臣来说，女真族这个强大的潜在盟友在强敌契丹背后的兴起宛若天意。徽宗的政策依据的是一个古老定律，即敌人的敌人就是朋友，然而，它出现了可怕的偏差。事实证明，宋朝军队的战斗力低下，女真族发现了这一点，于是在摧毁契丹帝国后，趁势攻占了宋朝在淮河以北的所有领土。徽宗先是错误地选择了冒险的军事政策，后又过于信任无能的将军，在面对失败与危机，需要做出关键抉择时优柔寡断，没有果断地决定到底是殊死抵抗还是不惜一切代价争取和平。这个皇帝没有受过军事教育，也不具备军事洞察力。无论是性格、训练还是经验，都不足以支撑他应对这种危机。身处此种危机之中，他因自己的失败，以及由此导致的灾难性后果而感到气馁和厌倦，加上大臣疲累于他总是犯错，急于寻找一个替罪羊，徽宗轻易地接受了退位的建议。[22]

这场溃败给出了一个毋庸置疑的教训，即宋朝在防御上投入的巨额资金收效甚微：12 世纪初期，他们投入了超过五分之四的预算，这肯定是当时所有政权中军队预算最高的一个。在某种程度上，宋朝军队的问题与唐朝正好相反。安禄山叛乱给民众留下了不可磨灭的惨痛记忆。宋朝本身是通过军事政变获得的政权，其统治者因此坚持令文官控制军队。他们的目的实现了，但代价是军事实力的低下。派文官控制军事体系的关键位置，频繁更换将领，不允许有（相当于）团级以上的常驻军事单位，这些措施都不利于备战。自古以来，各政权就面临一个难题：一方面需要军队防御外敌，另一方面又不信任这些军队及其将领的忠诚。对帝国来说，这一困境更加严峻，因为出于需要，帝国在遥远的边境部署了规模庞大的正规军，而中央政府很难监管如此遥远的军队。在本书研究的帝国中，罗马帝国在处理这个问题时做得最糟糕，而早期现代的欧洲做得最好。中国处于中游，其军事管理方式在唐宋两代王朝的模式之间摇摆。

宋朝军队失败的部分原因在于，面临的战略困境异常严峻。和以往一样，最优先考虑的战略重点是保卫将中原王朝与大草原分隔开来的北方边界。中国的长城是太空中唯一肉眼可见的人类建筑，它是所有中原王朝的统治者决心阻止游牧民族脚步的丰碑。考虑到游牧民族的机动性，加上他们可以自己选择进攻目标，防御战略需要面对一些固有的困境。然而，宋朝面临的困境比大多数朝代更严重。失去了帝国的北部边疆，宋朝就此失去了对抗游牧民族必需的马匹储备。帝国边界后退到了大草原以南很远的地方，这意味着在外交和情报方面，宋朝无法像唐朝那样了解草原政治，挑拨敌人互斗。从大草原通往华北平原的关键山口和走廊尽皆落入敌人手中。从战略上来讲，1127 年惨败于女真族之手后，宋朝虽然被迫撤退到长江沿线，但防御变得容易多了。宋政权在淮河以南地区东山再起，又存续了近 150 年。最后，南宋政权屈服于蒙古人，不过，其他挡在成吉思汗及其继任者称霸之路上的政权尽皆如此。

具有讽刺意味的是，尽管造成了巨大的人员伤亡，蒙古的征服还是实现了帝国统一的古老梦想。自汉朝灭亡到蒙古征服这一千多年的时间里，就算往多了说，中国也仅统一了三四百年。蒙古征服后，帝国的统一一直持续到 1911 年帝制终结。当然，元代和清代是由少数民族（蒙古族和满族）入主中原建立的大一统政权。像许多人一样，徽宗是被短期内难以改变的地缘政治趋势压垮的，对此他既无法预测，也无法理解。在都城沦陷于女真族之手后，徽宗被囚禁到遥远的北方女真故土，在荒凉和屈辱中度过了人生的最后八年。[23]

第 9 章

伊斯兰哈里发国

终极普世帝国

在早期历史上，没有一个帝国像阿拉伯哈里发国那样，扩张得如此广阔而迅速。穆罕默德去世后不过三代，他的继承人就统治了从西边的西班牙和北非，到南亚印度边界和东亚中国边界的辽阔疆域。200 年间，之前阿契美尼德王朝的全部领土和罗马帝国晚期最富饶的行省集于一国统治者之手。历史上再也没有哪个帝国能像哈里发国那样，同时主宰伊朗高原和地中海南岸。哈里发国的影响不是短期的，也绝不局限于地缘政治。相反，它为广阔的伊斯兰文化和宗教区域的形成奠定了基础，这在当今世界仍然具有重要意义。

事实上，阿拉伯帝国的扩张大大受益于东罗马帝国（拜占庭）和伊朗萨珊王朝的衰落。6 世纪和 7 世纪初的几十年里，反复暴发的瘟疫摧毁了这两个正好位于阿拉伯扩张路线上的帝国。更糟糕的是，在 7 世纪的前 30 年，罗马与伊朗之间长达数个世纪的对立局面，因为一系列的破坏性战役而发展到了紧要关头。到 619 年，萨珊王朝已经占领了叙利亚、埃及和安纳托利亚，直抵君士坦丁堡的门户。东罗马帝国似乎注定要灭亡了。624 年，皇帝希拉克略一举扳回局势，他与大草原上的突厥帝国结盟，利用萨珊王朝内部统治者与贵族之间的矛盾，大胆入侵伊朗北部边境，大获成功。到 629 年，伊朗人投降了，获得胜利的希拉克略前往耶路撒冷，将真十字架放回了原本的位置。政治命运的反复无常很少如此残酷而迅速地展现出来。与此同时，一个巨大的、全新的、完全不可预测的威胁——伊斯兰教——在阿拉伯地区猝然爆发，而此前，阿拉伯地区在战略和文化方面几乎停滞不前。[1]

尽管伊斯兰教在欧亚大陆的爆发确实得益于拜占庭帝国和萨珊王朝的衰落，但两个关键因素是新生的伊斯兰教信仰的巨大影响力和游牧民族的军事实力。而在这两个因素之中，宗教因素更为重要。考虑到阿拉伯帝国的长期影响，这一结论的正确性显而易见。历史上，大多数游牧征服者在文化和语言方面基本上被其统治下的定居群体征服了。阿拉伯帝国恰恰相反。尽管统治着数个古代文明中心，但阿拉伯人还是保留了自身大部分的文化和语言。过去，阿拉伯语对文化的影响有限，但作为官方语言，尤其是作为伊斯兰教经典的书写语言，阿拉伯语逐渐在一个广阔地区占据主导地位。征服了这片地区的阿拉伯游牧民族以前没有建国的历史，部落之间的冲突永无休止。伊斯兰教和对穆斯林公社乌玛（Umma）的忠诚，促成了一个超部落共同体的形成，而这是过去从未有过的。

阿拉伯沙漠的部落成员与他们在欧亚大草原上的游牧兄弟，有着同样的韧性、流动性和战士精神，但相较后者，他们在其他方面显得比较弱，比如军事实力。他们的人数远不及草原游牧民族，此外，虽然他们骑着马和骆驼前往战场，但通常徒步作战。因此，令欧亚草原游牧民族无比强大的复合弓，以及熟练的骑射能力和成熟的骑兵战术，并不能解释阿拉伯帝国的胜利。不过，无论其原因为何，阿拉伯帝国取得的大规模军事胜利和征服，必然被视为天命所归，成为哈里发国的合法性标志。尽管任何民族和宗教都曾相信这一观念，但伊斯兰教义尤为欢迎这种观点。与基督教、琐罗亚斯德教和佛教不同，伊斯兰教从最初就与高级政治和政府活动关系密切。622 年，穆罕默德由于与麦加精英阶层关系破裂而离开，定居麦地那。他迅速成为这座城市的政治、司法和军事领袖。和其他任何一位统治者一样，战争是穆罕默德的主要责任。捍卫和传播伊斯兰教的责任——圣战——在《古兰经》中十分重要。这催生了澎湃的信心和热情，进而推动了伊斯兰征服大军的前进。[2]

虽然穆罕默德是一位政治领袖，但是《古兰经》很少提及政治管理，更没有为统治者提供任何指导原则。关于穆罕默德是否指定了继任者，伊斯兰教中的多数派（逊尼派）和少数派（什叶派）之间存在深刻分歧。什叶派主张，先知明确表示，他希望由他的堂弟兼女婿阿里任继承人。阿里

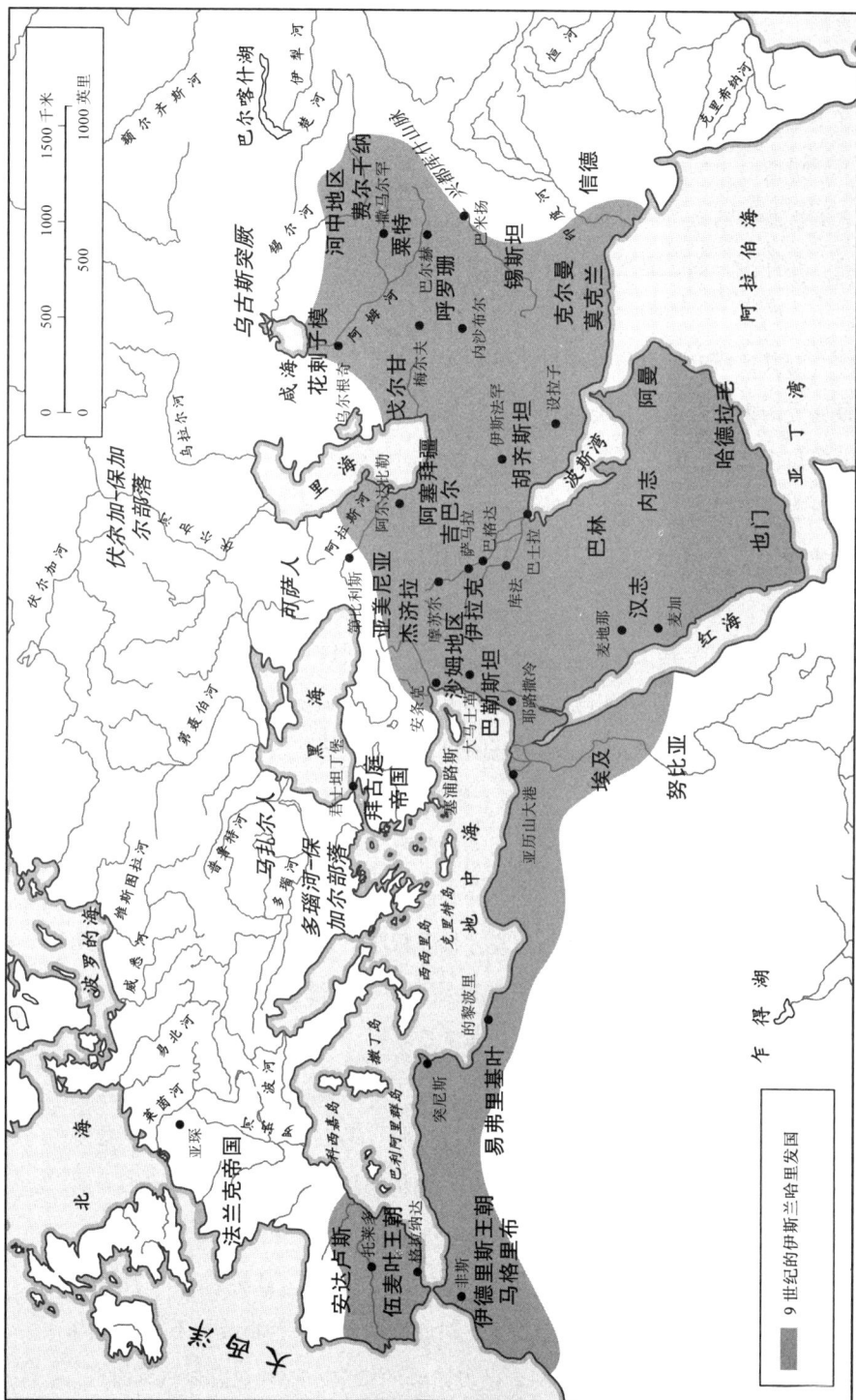

地图 9.1　阿拔斯王朝，约公元 800 年

的妻子法蒂玛是穆罕默德唯一活到成年的孩子。逊尼派则否认这一点。过去，严重的内部冲突分裂了早期基督教，延续至今的分歧通常涉及教义，其中最重要的争端是对耶稣基督神性和人性的结合的精准定义。相较之下，伊斯兰教的教义更清晰、简朴，是更明确的一神论。它没有三位一体之类折磨人的奇特神学观念。伊斯兰教早期发生的永久性大分裂与继承有关。在许多方面，逊尼派和什叶派的分裂属于历史上最重要的君位继承权斗争。

　　与其他所有的君位继承权斗争一样，这场斗争分裂了先知的家族。他最喜爱的妻子阿以莎与他的女婿阿里关系不好。穆罕默德的继任者是虔诚的哈里发艾布·伯克尔，支持者在一场临时集会中推选他为继承者。新任哈里发是阿以莎的父亲。在一定程度上，先知家族成员之间的竞争，与新形成的伊斯兰精英内部的不同派别和团体有关。继承权斗争的一大问题是，古莱什部落反对将伊斯兰教世袭领袖的继承权限定在一个氏族，也就是穆罕默德和阿里二人所属的哈希姆氏族。陪同穆罕默德从麦加迁往麦地那的穆斯林（被称为迁士，Muhajirun）拥有极高的声望，但他们在继承问题上没有团结一致。最初的四任哈里发——艾布·伯克尔、欧麦尔、奥斯曼和阿里——都是迁士：在这个新的政治组织中，有三人在争夺权力和战利品的过程中被谋杀。麦地那人曾为穆罕默德提供庇护，面对麦加人统治伊斯兰政体的企图，他们很容易心生不满。麦加精英要求得到领导地位，而他们之中的大多数成员很晚才接受穆罕默德和伊斯兰教，对此感到不满的许多迁士和麦地那人，可能会因此在某种程度上联合起来。此外，在传统的阿拉伯部落中，贵族血统非常重要。

　　征服带来了大量的战利品，很快，除了阿拉伯精英内部的分歧，王国疆域内又广泛出现了关于战利品分配的分歧。第三位哈里发奥斯曼出身传统的麦加精英阶层，但他是一个迁士。他越来越不得人心的一个原因是他倾向于偏袒自己的亲属，但他之所以被来自埃及和伊拉克（库法）的叛军杀死，是因为介入了当地争夺权力和战利品的冲突，引发了叛军的愤怒。阿里接替奥斯曼成为第四任哈里发，对此，部分伊斯兰精英拒不接受，内战很快爆发。内战的最终胜利者是奥斯曼的堂弟、叙利亚总督穆阿维叶。

他创建的伍麦叶王朝一直统治着伊斯兰世界，直到 750 年。内战的其中一个受害者是阿里。随后，他的儿子侯赛因在卡尔巴拉战役中战死。他们"殉难"的故事，以及视两者死后所有伊斯兰政权在根本上为非法政权的观念，成了什叶派身份认同和信仰体系的核心要素。[3]

在穆罕默德去世后的几十年里，伊斯兰群体和宗教面临瓦解的巨大危险。作为其核心的阿拉伯人，因个人、派系和部落之间的敌对而分裂。至少要到一个世纪之后，被征服的非阿拉伯民族才开始集体改宗伊斯兰教。《古兰经》是第一本用阿拉伯语写成的书，其本身直到先知去世后 20 年才完成。《古兰经》以韵文的形式呈现，富含隐喻和象征意义，往往很难理解，可以有多种解释。直到又一个世纪之后，《古兰经》的权威才得到《圣训》（Hadith）的支持，后者被认为是对先知及圣门弟子言论、决定的权威汇编。之后，经过一段漫长的时间，广受认可的宗教学者（乌理玛）才在 8 世纪和 9 世纪初的四位《古兰经》和《圣训》研究"创始人"的身上汲取灵感，以书面形式明确了普遍为民众认可的伊斯兰教义。在此期间，哈里发国的建立对伊斯兰教的维系至关重要。在 200 多年的时间里，最初的伍麦叶王朝和之后的阿拔斯王朝，保证了伊斯兰群体的统一和安全，支持宗教研习，全赖于此，伊斯兰文化和宗教联合体得以在王朝乃至帝国覆灭许久之后继续繁荣。[4]

在早期的几个世纪里，尽管伍麦叶王朝和阿拔斯王朝的君主制对于伊斯兰教的兴盛来说十分重要，但是它也不可避免地使许多真正的穆斯林感到痛苦。穆罕默德是历史上最重要的领袖之一，但他绝不是任何意义上的世袭君主，更不是世袭皇帝。马克斯·韦伯提出了魅力型领袖这一概念，并将《旧约》中的先知视为最典型的范例。与大多数魅力型领袖一样，他们给当时的犹太社会带来了颠覆性的影响。穆罕默德是一位史无前例的先知和颠覆者。伊斯兰神学家强调，穆罕默德与耶稣基督不同，他没有声称自己具有神性。但在大多数伊斯兰教徒心目中，他的地位丝毫不逊于耶稣在基督徒心中占据的地位。在魅力和权威方面，没有一位哈里发有望与穆罕默德相媲美。前四位哈里发的合法性均来源于穆罕默德，他们是追随他的圣门弟子，是他最亲密的副手。自身的虔诚，以及在伊斯兰群体中拥有的支持，同样是他们获得权威的关键因素，不过，围绕继承的冲突给伊斯兰政治带来了血统和世袭继承权的问题。随着伍麦叶王朝的建立，世袭君主制取得了胜利。哈里发不仅是世袭皇帝，统治的还是历史上最伟大、最重要的帝国之一。他们拥有有史以来疆域最辽阔的帝国。以帝国为跳板，一个更广阔的伊斯兰社会逐渐形成，最终覆盖了欧亚大陆和非洲的大部分地区。它对人类的影响遍及全球，在大英帝国和自由主义、资本主义文明到来之前，其深远程度超过其他任何一个帝国。换句话来说，哈里发是普世之君的典范。[5]

哈里发国通常严格遵循伊斯兰教的观念，将自身定义为穆罕默德的继承人和穆斯林群体的守护者，借此获得合法性。然而，随着时间的推移，它的仪式和价值观大量借鉴了中东地区的传统，特别是波斯帝国的君主制。统治王朝积累了巨额的财富，过着奢侈、优雅的生活，尤其是在阿拔斯王朝将帝国首都迁往巴格达之后。他们的宏伟宫殿大部分是用泥砖建造的，我们无法判断这些宫殿给当时的民众造成了怎样的影响，毕竟，相较之下，许多金字塔保存完好，就算是罗马帝国也留下了巨石废墟，而阿拉伯帝国早期的宫殿建筑大多已经消失。这一切与穆罕默德生前，以及阿拉伯传统中那个简朴而相对平等的世界已经大不一样。伊斯兰教这一伟大宗教在关键方面是平等主义的，它追求人类救赎，而其统治王朝与大量早期信徒期待的千禧年梦想相去甚远。许多宗教学者和真正的信徒与王朝和宫廷保持距离，即使他们一般依旧认为它的存在是不可避免的，甚至是必要的。哈瓦利吉派是伊斯兰社会的重要组成部分，他们从未认可世袭君主制的合法性，在先知去世后的数代时间里，他们针对统治王朝及其支持的社会秩序掀起了一场地下战争。[6]

对伍麦叶王朝和阿拔斯王朝来说，那些接受世袭君主制，但仅承认先知的直系后代——他的女儿法蒂玛与其丈夫阿里一脉——为合法哈里发的人群同样危险。这些人是今天什叶派的祖先，不过，即便是在8世纪，伊斯兰教什叶派的清晰界限和信仰仍然远没有得到明确的界定。法蒂玛和阿里的许多后代，即阿里后裔，在伍麦叶王朝的统治下心满意足地生活着，在阿拔斯王朝时期更是如此。阿拔斯王室是穆罕默德叔父的后裔，是哈希姆氏族的成员，阿里后裔与阿拔斯王室之间通婚频繁。此外，关于哪位阿里后裔是合法哈里发，即便是那些尽可能远离阿拔斯政权的什叶派，也不是总能达成一致的意见。765 年，最受尊崇的什叶派领袖（伊玛目 /哈里发）贾法尔·萨迪克去世，关于其合法继承人的争论，导致了少数派"伊斯玛仪派"（其世袭领袖的头衔是阿迦汗）和主流什叶派之间的永久分裂。[7]

然而，9 世纪，一种关于哈里发之位的不同的什叶派教义出现了。真正的哈里发必须是阿里的血脉，并且应该由他的前任指定。他的权威是绝对的，他的地位是半神圣的。虽然他在原则上不能改变伊斯兰教义，但只有他可以解释教义，而他如此做的基础是直接来自真主的超凡而深奥的智慧和洞察力。对于什叶派加到自己身上的末世论期望和千禧年希望，哈里发只能忍受，因为他生活在追随者的想象中，从未真正承担统治的重担。10 世纪，法蒂玛王朝在埃及建立什叶派哈里发国，当时的君主很难满足因教义而产生的期望，因而面临巨大的困难。由于法蒂玛王室来自什叶派的少数派伊斯玛仪派，大多数什叶派成员从一开始就认为他们的统治是不合法的。

874 年，出身阿里直系血脉的第十一位什叶派哈里发去世，主流什叶派（后来被称为伊玛目派）认为，他的继任者为了躲避阿拔斯政权的谋杀已经隐遁，直到末日来临，他会作为"救世者"（即马赫迪）引领尘世正义的统治（换句话来说就是伊斯兰教的胜利），宣告复生日和最后的审判。历史上，许多社会的君主在突然死亡或遭遇暴力横死（特别是死于贵族之手）后会继续存在于流传的神话中。他们催生了"篡位者神话"——他们在奇迹般地死里逃生后，重新出现，夺回王位，保护民众免受不公的待遇。在某种程度上，什叶派关于隐遁伊玛目的说法是世界末日层面上的篡位者神话。在后续的几个世纪里，马赫迪再次降世的宣言有时会威胁到伊斯兰世界的政治稳定。最严重的一次动荡发生在 15 世纪末，当时萨法维王朝迅猛登上政治舞台，这在短期内使中东的国际关系陷入混乱，从长远来看则导致伊朗成为什叶派国家。[8]

656 年，奥斯曼哈里发被刺身亡，此后伍麦叶王朝创始人穆阿维叶在内战中取得胜利，最终在661年建立了第一个伊斯兰帝国。在成为哈里发之前，穆阿维叶已经担任叙利亚总督近20年，有力地控制了该省，其中包括在叙利亚北部边境抵御拜占庭敌人的军队。与大多数帝国相比，伍麦叶帝国的统治最初相当温和。在长达19年的统治时期内，穆阿维叶一直在加固叙利亚部落首领对自己的支持，在某种程度上，这是其政权的根基所在。伍麦叶王朝的宫廷礼节十分简朴，君主也很容易接近。直到伍麦叶王朝爆发继承战争，穆阿维叶的远亲阿卜杜勒-马利克在685年继任哈里发之后，伍麦叶王朝才确立了强大的制度根基。能力卓著的阿卜杜勒-马利克在位20年，这一事实非常重要。阿拉伯语取代了希腊语、叙利亚语和波斯语，成了帝国管理部门的通用语；铸造了全帝国通用的、币值稳定的银币；从叙利亚招募的军队主要靠来自伊拉克的税收供养，大大减少了哈里发对部落首领的依赖。自始至终，伍麦叶王朝的权力基础都是叙利亚军队的支持，哈里发利用他们控制伊拉克的资源和税收。8世纪40年代，伍麦叶王朝王子之间的继承权之争与叙利亚军队内部的派系斗争和部落分裂交织在一起，导致政权崩溃。与唐朝的情况类似，伍麦叶王朝的王子们习惯于迎娶出身精英家族的女性，这很快就导致继承争斗变成了世家贵族之间争夺王位控制权的斗争。[9]

伍麦叶王室的内战给一场反叛创造了可乘之机，这场成功的反叛最初爆发于广阔的东部省份呼罗珊，该省从伊朗中部一直延伸到阿富汗北部和中国与中亚的边界。呼罗珊地域辽阔、位置偏远，任何以伊拉克或叙利亚为中心的政权都很难掌控它。此外，相较于帝国的其他省份，哈里发经常与呼罗珊当地的首领达成更大程度的妥协协议，他们能够保留所辖领地的控制权，如果他们决定反叛的话，可以调动强大的军队。如果哈里发或他任命的总督在征税时横征暴敛，反叛就会随之而来。尽管在伍麦叶王朝的治下，呼罗珊的伊朗精英开始逐步改宗伊斯兰教，但前伊斯兰时代的伊朗传统和身份认同依然存在。王公府邸保留了贵族文化。游吟诗人吟诵着源于古代伊朗故事的歌曲和诗歌，这种文学传统成了孕育《列王纪》（Shahnameh）的沃土，此诗创作于公元1000年左右，是伊朗的民族史诗。伊朗的高雅文化和帝国传统的持久存在给整个中东地区留下了强大的印记，影响直至现代。[10]

　　然而，尽管呼罗珊起义中存在一些伊朗"本土"因素，但它的核心群体仍然是该省的阿拉伯驻军。这些军队被动员起来，主要是为了反对伍麦叶政权，要求回归先知时期更纯洁、更严格、更千禧年主义的伊斯兰教。而只有先知所属的哈希姆氏族领导下的政权，才能重建真正的伊斯兰秩序，这一信念正是此次呼吁的一个关键部分。伍麦叶王朝的统治基本上背离了先知的榜样和启示，这很容易被理解为，伍麦叶王朝是从合法的哈里发手中篡夺了伊斯兰教的领导地位。由于灵活的政治手腕和机会主义，登上王位的是先知叔父的后裔阿拔斯家族，而不是穆罕默德的女婿阿里的后裔。这个新王朝的建立在很大程度上要归功于它在呼罗珊的主要负责人，即魅力十足的艾布·穆斯林，他在起义中团结了伊斯兰千禧年主义者和呼罗珊的本土主义者。新王朝的实际奠基人曼苏尔哈里发最初的举措之一便是处死艾布·穆斯林，因为后者在呼罗珊和伊朗的个人威望和追随者对哈里发政权来说是个威胁。[11]

　　曼苏尔不是阿拔斯王朝的第一位哈里发，不过，754 年，他的哥哥艾布·阿拔斯在四年的统治之后去世，没有成年的儿子可以继承王位。对阿拔斯王朝来说幸运的是，曼苏尔是一个"天资卓绝的政治家"，他统治了21 年。出生时相对来说较为低调，在起义反抗伍麦叶王朝的过程中，他逐渐掌握了政治的游戏。在这些年里，他逐渐能够敏锐地判断他人，与一些有能力的将军和官员结盟，他们在阿拔斯王朝崛起的过程中表现突出。这群旧日伙伴组成了他的核心顾问圈。由他对艾布·穆斯林的所作所为可知，曼苏尔在必要时可以冷酷无情，但他不是一个本性残忍、武断的人。他愤怒时令人恐惧，但这样的行为都是有目的的，甚至是故意展现的。臭名昭著的吝啬鬼曼苏尔是一个异常称职而勤恳的管理者。像阿拉伯说书人喜爱的那样，这位精明、吝啬、固执的奠基人有一位迷人、善良、虔诚、慷慨的继承人，即哈里发马赫迪，这种发展趋势在其他王朝的历史中也数见不鲜。与父亲不同，马赫迪还是一个慷慨的艺术赞助人。马赫迪之子哈伦·拉希德（786—809 年在位）的统治通常被认为是阿拔斯帝国的鼎盛时期。[12]

总体而言，阿拔斯王朝创造了一个比伍麦叶王朝更宏伟的帝国。一位研究该政权的权威学者指出，"阿拔斯王朝的君主声称自己是一个普世君主国的伊玛目，在许多方面模仿了萨珊帝国的统治，但是他们通过声称自己是先知的权威继承人而使统治合法化"。内部带有一颗星星的新月标志，至今还是伊斯兰教的象征，这个频繁出现在萨珊帝国晚期王座建筑中的标志很快就被阿拉伯征服者采用。随着时间的推移，新的统治者引入了"阿拔斯王朝许多军事支持者的伊朗政治传统，将华丽的宫廷仪式，以及大量使用的黄金、丝绸、香水和葡萄酒，作为贵族地位的奢华标志和王朝权力继承的传统"。受到幸存下来的萨珊建筑的启发，阿拔斯王朝在巴格达内外建造了巨大的宫殿。例如，距巴格达仅数英里的泰西封就矗立着沙阿的宫殿。其巨大的砖砌拱门是前现代世界跨度最大的砖造建筑。对哈里发来说，这是灵感的来源，但也导致了竞争。换句话来说，在某种程度上，一场旨在使伊斯兰教摆脱伍麦叶王朝过度统治的革命，导致一个君主政体风格远远超过其前身的王朝掌权。如果有必要，人们可以将伍麦叶王朝到阿拔斯王朝的伊斯兰政治演变，与罗马帝国从元首制到君主制的政治演变进行类比。就像奥古斯都那样，早期的伍麦叶王朝的君主表面谦逊，忠于传统，也就是伊斯兰教的传统和阿拉伯部落的习俗，其下掩盖的则是王朝君主制的现实。阿拔斯王朝代表了帝国以伊朗传统能呈现的无上荣光。此外，许多臣民认为阿里后裔才是哈里发的合法继承人。因此，在穆斯林眼中，阿拔斯王朝那些壮丽、高雅、越来越难以接近的巨大宫殿，是对王朝合法性的潜在威胁。毕竟，穆罕默德将伊斯兰教的真理带给人类并不是为了重建萨珊帝国。[13]

在这个王朝最初的 60 年里，阿拔斯王朝的实力核心是呼罗珊的军队，正是它在 8 世纪 40 年代末的内战中推翻了伍麦叶王朝。这时军队驻扎在伊拉克，还被重新命名为"艾布纳"（Abna，字面意思是"后裔"，也就是"革命军的后裔"），它代表阿拔斯王朝和自身，控制着伊拉克的资源。到当时为止，伊拉克是哈里发最富裕、最有价值的省份。它还是众所周知的伊甸园，其税收比埃及多 4 倍，比叙利亚多 5 倍。一个掌控了伊拉克税收的政权可以控制除了难以进入的山区之外的整个叙利亚。只要控制了伊拉克和叙利亚，统治者通常就可以确保获得埃及，这一收获价值非凡，因为埃及的人口主要集中在毗邻尼罗河的一小片区域内，它的南部和西部边界很容易防守。埃及是一个富裕的省份，在防御和治理方面的花费又相对较低，因此它可以将极大部分的税收上交帝国首都。控制埃及还有一个好处，就是阿拉伯地区，包括位于该地区的两大圣地——麦加和麦地那，可以依靠埃及出产的粮食生存。虽然占据圣地不具有多少军事和财政价值，但这对合法性来说十分重要。稳定地控制伊拉克、叙利亚、埃及和阿拉伯还不够，在统治呼罗珊时还需要表现出足够的智慧和约束力，不过，真正导致帝国存亡危机的，往往是宫廷、军队或王室内部的派系斗争而造成的中央权势变弱或崩溃。和绝大部分帝国一样，争夺继承权的战争是最有可能导致其崩溃的原因。一旦中央的权势变弱，前现代帝国固有的一切分裂倾向就会被释放出来。每个地区都有可能涌现军阀。各省总督将利用自己的家族军队和省内关系网络，自立为世袭君主。[14]

786 年，22 岁的哈伦·拉希德继承兄长的哈里发之位时，阿拔斯帝国面临的就是这样的现实。在《一千零一夜》中，哈伦扮演的角色处于伊斯兰帝国权势的巅峰，他因此成了阿拔斯王朝最著名的统治者。但在诸多哈里发之中，他既不是最有天赋、最有学识的一位，也不是最有政治敏锐度的一位。按照惯例，哈里发马赫迪任命长子哈迪为直接继承人，而哈伦被指定为哈迪的继承人。不出所料，新的统治者一登上王位就推翻了父亲的遗嘱，将自己的儿子任命为继承人。哈迪在位仅一年就突然去世，这挽救了哈伦的继承权。在兄长统治期间，哈伦有充分的理由担心自己的生命安全，有可信的证据表明，他十分愿意放弃王位继承权，以换取安全而奢华的个人生活。但他的母亲，即令人敬畏的太后海祖兰，以及首席顾问叶海亚·巴尔马克，都比他更加坚定：他们的命运取决于他的事业，因此尽其所能地反对哈迪的计划。

如上所述，哈伦缺乏自信。年轻时，他腼腆又害羞。一位年迈廷臣回忆说，即便是在成年后，哈伦也是哈里发之中"面容最温和的"。他似乎一直尽可能地避免面对面的争执，当争吵不可避免时，他有时会哑口无言。叶海亚是一位聪明、高效的高级官员，当王子还是个小男孩时，他就被任命为哈伦家的总管。叶海亚的父亲曾在曼苏尔哈里发统治时期的最后几年担任"宰相",并在马赫迪治下仍旧担任这一职务,直到去世。叶海亚和妻子是马赫迪及王后海祖兰的好友。据说,还是婴儿的哈伦甚至接受过这位大臣妻子的母乳喂养:如果这是真的,他就成了叶海亚之子法德勒和贾法尔的"奶兄弟"——在那个社会,这是一条强有力的纽带。年轻的哈里发哈伦称叶海亚为"我的父亲",在所有的政府事务上都遵从他的意见。有史料称,哈里发给了叶海亚如下指示:"我授权你管理我的民众……你可以随意任免官员。按照你认为合适的方式处理一切事情。"[15]

从 8 世纪 70 年代早期到 803 年倒台,巴尔马克家族在政事管理方面发挥了巨大的作用,在哈伦统治时期更是占据主导地位。这个家族出身于呼罗珊当地的精英阶层,数代以来一直担任兴都库什山麓一个著名佛教圣地的守卫者。改宗伊斯兰教后,他们与呼罗珊的一些王公家族通婚。在推翻伍麦叶王朝,将阿拔斯家族推上王位的起义中,一些来自呼罗珊地区、主要的非阿拉伯穆斯林家族发挥了关键作用,巴尔马克家族正是其中之一。后来,这个家族为阿拔斯王朝提供了三代忠心耿耿、教养非凡、能力过人的顾问和大臣。巴尔马克家族擅长宣传和文化赞助,在这些方面极好地满足了阿拔斯王朝的需求。叶海亚和他的儿子法德勒还先后作为总督在东部发挥了重要作用。他们的政治敏锐性,以及他们对当地的了解和在当地的人脉,确保了呼罗珊地区对阿拔斯政权的忠诚。803 年,巴尔马克家族失宠,阿拔斯王朝政府的整体效力和它对呼罗珊地区的控制都受到严重影响。809 年,哈伦在镇压呼罗珊地区反叛的远征中去世,这场反叛主要是因该省总督兼伊拉克(艾布纳)军团指挥官的高压手段和贪污腐败而爆发的。

哈伦与巴尔马克家族的故事吸引人而又充满戏剧性。就本书主题而言,它的有趣之处超越了阿拔斯王朝的语境。这是我们第一次可以相对详细地了解皇帝及其首席大臣之间的关系。首席大臣被称为"首相""维齐尔""亲信",还是其他头衔,这一点无关紧要,但这种关系在君主制历史上频繁出现,是贯穿本书的一个关键主题。这种关系既是政治的,又是个人的。在某种程度上,这种关系都是独一无二的,就像两个人之间的

1. 亚述君主亚述巴尼拔正在猎杀一头狮子，尼尼微宫殿墙上的浮雕（Copyright © Trustees of the British Museum）。

2. 已知的阿育王在印度吠舍离建造的最早的石柱（Amaan Imam/ Wikimedia Commons CC BY-SA 4.0）。

3. 罗马帝国皇帝马可·奥勒留在战胜日耳曼部落后，表现出对战败者的仁慈。浅浮雕，约 176—180 年，来自罗马的马可·奥勒留凯旋门。卡比托利欧博物馆，罗马（Luisa Ricciarini/ Bridgeman Images）。

4. 唐太宗接见吐蕃使者，《步辇图》（Bridgeman Images）。

5. 哈里发穆阿维叶一世接见大臣，出自 15 世纪的手稿插图，赫拉特，阿富汗（Yale University Art Gallery, Gift of Mary Burns Foss [1983.94.4]）。

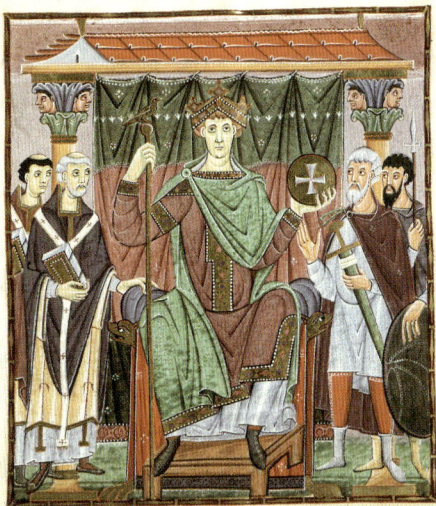

6. 神圣罗马帝国皇帝奥托的肖像，出自同时代的《福音书》，他的一边是军人，另一边是两位神职人员。在对开页中，四个人物如同东方三博士一样向他走来，他们象征着他帝国内的四个区域——德意志、法兰克、意大利北部和斯拉夫东部（Bayerische Staatsbibliothek, Munich [Clm 4453]）。

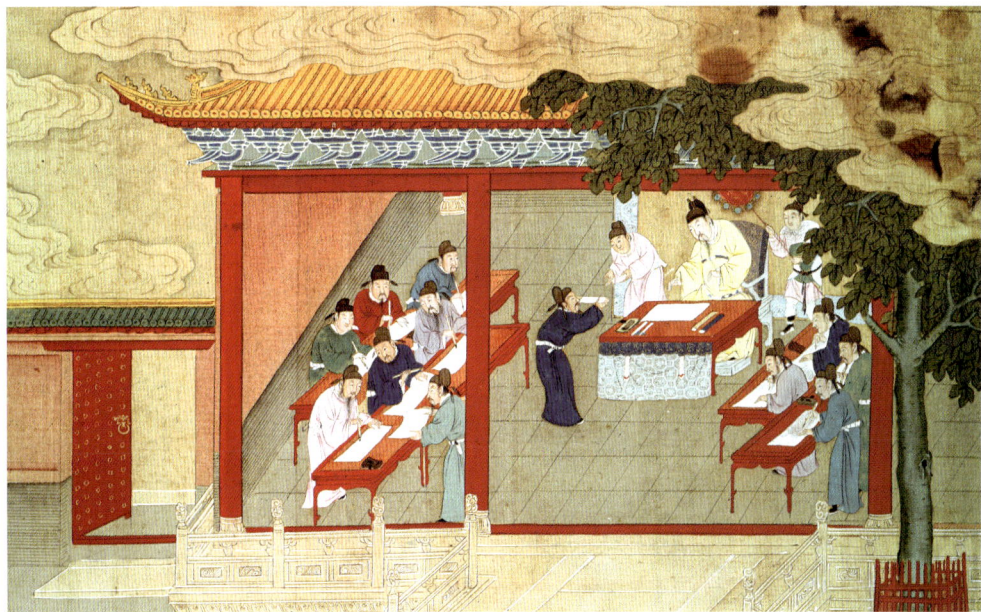

7. 参加科举的考生。绘于 17 世纪，是宋真宗时期画作的摹本。法国国家图书馆，巴黎（Bridgeman Images）。

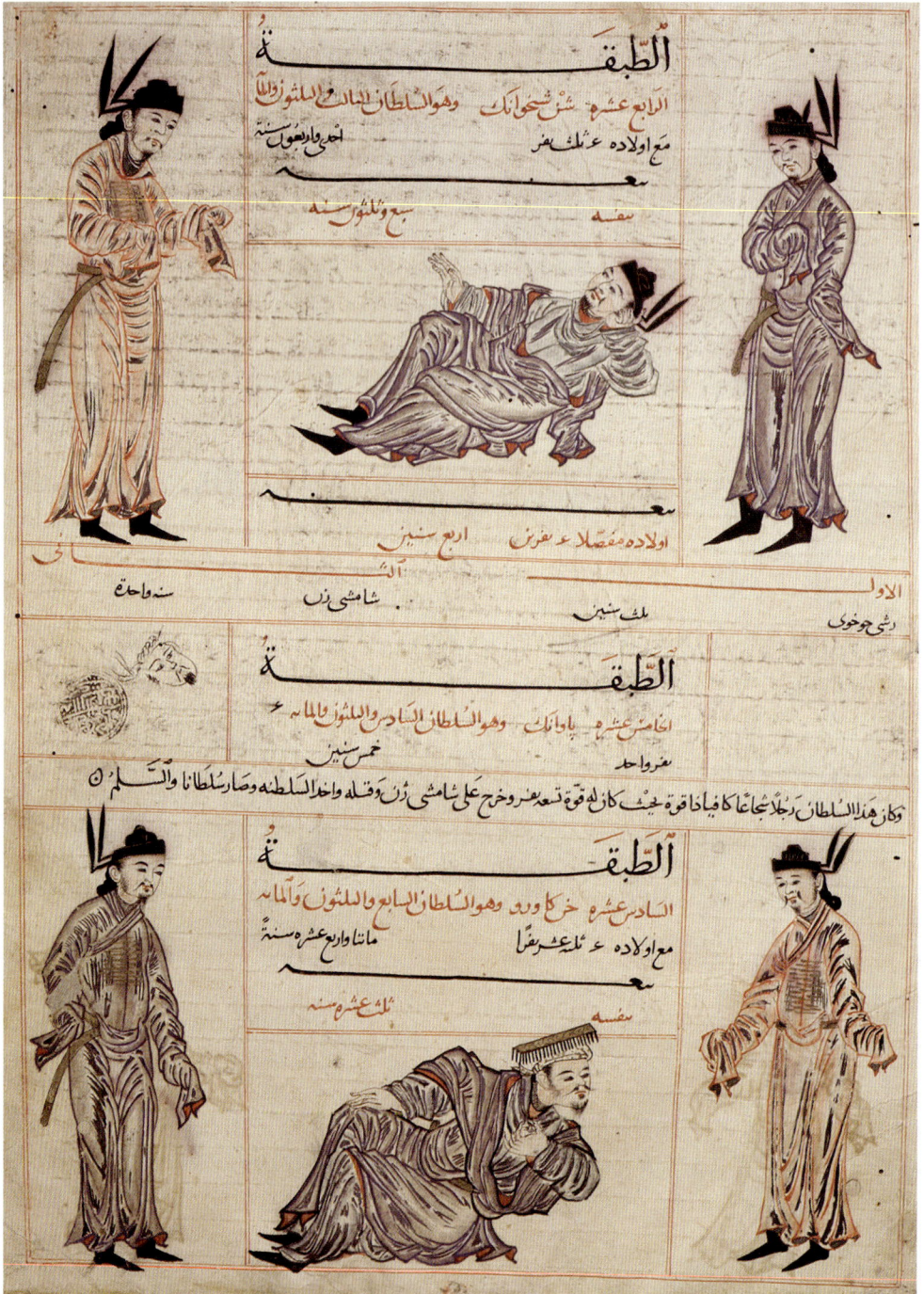

8. 秦汉两朝的开国君主，出自 14 世纪初的史书插图，所有者为帖木儿之子沙哈鲁。书页上有沙哈鲁的印鉴（图的中左处），旁边有一张面部草图（The Khalili Collections [MSS 727 fol.11a]）。

9. 莫卧儿帝国皇帝巴布尔在喀布尔的皇室花园中庆祝儿子和继承人胡马雍的出生。细密画，绘于 1590 年前后。大英图书馆，伦敦（Copyright © British Library Board. All Rights Reserved/ Bridgeman Images）。

10. 神圣罗马帝国皇帝马克西米利安一世及其妻子勃艮第的玛丽，以及家人，约 1515—1520 年。画作下方的两个男孩是腓力的儿子，即未来的皇帝查理五世和斐迪南一世，维也纳艺术史博物馆（Bridgeman Images）。

11. 贝尔格莱德围攻战时的苏莱曼大帝和忠心耿耿的苏丹禁卫军，1521 年。托普卡帕皇宫博物馆，伊斯坦布尔（Bridgeman Images）。

任何关系一样。不过，它们具备一些固定的元素。其中，最基本的是首席大臣的不安全感。根据君主制的本质，维齐尔的地位永远无法稳固或制度化。它完全依赖于皇帝的支持，在面对帝王之怒时，毫无自保能力。

对于一个君主来说，拥有一位首席大臣可能意味着极大的放松。即便是阿拔斯王朝的实际奠基人、工作狂曼苏尔哈里发，也曾指责他的大臣永远无法像伍麦叶王朝的维齐尔哈贾吉·本·优素福（死于 714 年）一样能干：“但愿我能找到一个可以依赖的人，就像他们找到他一样，使我在统治的重担下暂时松一口气。”曼苏尔的大臣无疑是机智的，他们知道，任何一个扮演哈贾吉角色的人，无论是谁，都不会活得太久。和我研究过的其他大部分君主制国家一样，阿拔斯王朝的合法性足够稳固，这个王朝根本不用害怕被一个权臣推翻。在阿拔斯王朝，至少在当时，即便是通过政变使另一位阿拔斯王室成员取代哈里发，也是近乎不可想象的。此外，如果君主将政府事务交给维齐尔，他自己就会觉得没有履行真主赋予的责任，而且他肯定会因此遭到朝臣的批评，当然，很少是当面的。[16]

维齐尔对庇护和政策的控制，会使他遭到广泛的憎恨和嫉妒。在哈伦统治期间，侍从法德勒·伊本·拉比憎恶巴尔马克家族，他在一定程度上控制着接近君主的资格。在他的允许下，针对巴尔马克家族的恶言缓缓地且持续不断地传到哈伦的耳朵里。在阿拔斯王朝，情况与其他前现代帝国一样，政治权力可以带来巨额财富。在某些情况下，停止对维齐尔的宠幸，很可能是为了将维齐尔手中的财富收归国库。一个明智的维齐尔不会在君主面前炫耀自己的财富。然而，即使维齐尔本人可以克制自己的行为，但是如果不欲损害自己的地位，节制必然是有限的。人们期望的政治显贵是富有而慷慨的。他们需要财富来招揽追随者。对于那些通过各种符合特定文化的媒介赞扬维齐尔美德的人来说，款待、礼物、津贴和酬金都是必不可少的。要想掌握恰当的分寸，就得具备钢丝上的舞者才有的平衡感。

和哈伦一样，许多年轻的君主登上王位时缺乏自信，对导师充满敬畏。随着信心的累积，年轻君主自然会产生摆脱导师控制的愿望。以哈伦为例，他不能只是简单地等待叶海亚死去，因为维齐尔几乎成了巴尔马克家族的世袭职务。叶海亚的小儿子贾法尔不仅是一位重要的政治人物，还是哈伦自儿时起最亲密的朋友。年轻时，他们一起度过了无数个漫漫长夜，欣赏歌舞，谈论诗词，品尝精致的食物和醇厚的葡萄酒。与君主保持亲密的友谊，可能会相当棘手。君主可以在弹指之间就结束你的生命，你和他的关系永远不会是完全平等的，也不会是轻松的。皇帝本人可能也会左右为难，作为一个人，他渴望友谊，但是他又有着君主的傲慢，为了维持权威和庄严，他需要与他人保持距离，使别人顺从自己。一个没有安全感的人可能特别倾向于既要友谊，又要顺从。而且统治者的密友还是其首席大臣，当政治介入时，不可避免地，保持平衡变得极为艰难。803年，哈伦决定将"父亲"叶海亚送进监狱，处决贾法尔，摧毁巴尔马克家族，这些举措没有给他带来赞誉，反而损害了王朝的利益。

自803年巴尔马克家族被摧毁到809年哈伦去世，阿拔斯王朝的局势逐渐由继承问题主导。祖蓓达是哈里发曼苏尔的孙女、哈伦的正妻，是没有官方头衔的王后。除了高贵的身份，她还拥有强势的性格，对她的丈夫产生了很大的影响。不出所料，他们唯一的儿子穆罕默德·艾敏被指定为继承人。但是根据当时基本已成为惯例的哈里发继承习俗，比艾敏年纪稍长的异母兄弟阿卜杜拉·麦蒙被指定为艾敏之后的哈里发继承人。不同寻常的是，麦蒙不仅被任命为呼罗珊总督（他母亲的家族来自那里），在艾敏统治期间，他几乎被授予该省的全部控制权。哈伦这样做，在一定程度上可能是因为他还记得自己在兄长手中遭到的迫害。哈伦很可能是想通过给予麦蒙自治权，使他拥有足够的力量，以防他人剥夺他的继承权。

也许，更主要的动机并非个人因素。身处巴格达的统治者很难有效控制呼罗珊。哈里发没有中国那样的官僚机构，来整合、管理他的庞大帝国。他的各省长官在本质上就是总督——他们依靠在当地的关系网、自己的家族和驻军，来保护被委托给自己的大片领土，并征收赋税。武装抵抗的威胁始终存在。哈伦消灭了巴尔马克家族，经历过伊拉克（即艾布纳）军团指挥官在呼罗珊造成的混乱，此时他似乎为这个问题选择了一个王朝式的解决方案。让一位帝国王子完全控制一个广阔而富裕的省份，会带来极大的危险，哈伦对此一定心知肚明。他很可能认为，只要允诺麦蒙之后继承整个哈里发国，就可以消除继承危机。相互盟誓是一种古老的阿拉伯习俗，其历史可以追溯到前伊斯兰时代，当时该地区尚不存在国家来强制履行契约。哈伦强迫他的儿子公开宣誓，庄严地保证支持继承方案，他在帝国范围内公开这些誓言，还将相关文件放在伊斯兰教最神圣的地方 —— 麦加圣地克尔白。[17]

809 年，哈伦去世，当时他正率领艾布纳军队帮助麦蒙政府恢复在呼罗珊及其边境地区的哈里发统治。他最后的命令是军队在他死后继续行军。然而，几乎没有统治者能够管到身后之事，在巴格达艾敏政府的命令下，艾布纳军队立即返回伊拉克。到 811 年年初，这对同父异母的兄弟，以及他们背后的派系之间爆发了全面的内战。理论上，胜利应该属于艾敏，因为他控制着伊拉克、艾布纳军队和呼罗珊以外的几乎所有省份。而麦蒙取得胜利的原因仍不明确，主要是因为我们对当时的军事行动知之甚少。年轻的呼罗珊贵族、后来的王公塔希尔·伊本·侯赛因骁勇善战，他的效忠令麦蒙获益匪浅。塔希尔的战略和战术展现了惊人的速度、力量和魄力，破坏了对手的信心和士气。塔希尔的军队或许拥有经受过草原作战训练的骑兵，因此在面对由步兵组成的艾布纳军队时占据了优势，不过我们对此无法确定。在塔希尔取得最初的压倒性胜利后，无论是年轻的哈里发艾敏，还是他手下的指挥官，都没有足够的感召力恢复军队的团结和信心。到 813 年秋，在持续了一年多的围城战后，巴格达即将被麦蒙的军队攻占，而哈里发艾敏仍困于其中。[18]

围城的军队有两支，一支由塔希尔指挥，另一支由哈萨玛·本·阿扬指挥，后者已经为麦蒙的祖父和父亲竭诚效命数十年。艾敏深感绝望，想向哈萨玛投降，他相信，这位为王室效力多年的老臣会给予他宽容和尊严，他的判断是对的。然而，到这时为止，哈里发的宫廷已经人声鼎沸，他们关心的通常只是在胜利者手中保障自己的未来。艾敏与哈萨玛的谈判被透露给了塔希尔，塔希尔的士兵伏击并掀翻了哈里发的船，俘虏了艾敏。

哈萨玛的下属艾哈迈德·本·萨拉姆也成为塔希尔军队的俘虏，他独自待在一间禁闭室里，哈里发被带来时，"几乎赤身裸体，穿着底裤，脸上蒙着头巾，肩上披着一块破布"。艾敏不久之前掉进了河里，由于寒冷和潮湿而瑟瑟发抖，但主要是因为恐惧。哈里发认出，萨拉姆也是阿拔斯王朝的老臣。"他说，'靠近一些吧，抱着我，我很害怕'。所以，我抱住了他。他的心跳得非常快，几乎要破胸而出。"好几分钟过去了。之后，一队波斯人拔剑进入房间，不过，一开始所有人都在门口犹豫，试图将其他人推到前面。第一个动手的是塔希尔某个下属的奴隶。艾敏拼命用垫子保护自己，大喊"我是真主使者的亲戚……我是哈伦的儿子。我是麦蒙的弟弟"，但是那些刺杀者已经重拾勇气，他们一拥而上，割开了他的喉咙。塔希尔将艾敏的头颅送到麦蒙手上，如此一来，再不必怀疑前哈里发的生死。据称，麦蒙因弟弟的死亡而痛苦万分，但他理解政治现实，他向悲伤的大臣表示："往者已矣。用你的才智为此找一个理由吧。"尽管此后有一段时间，麦蒙对塔希尔及其儿子心怀疑虑，但是他最终发现，即便已经取得了内战的胜利，他们的支持对他的统治来说依然非常重要。他是正确的。与过去的巴尔马克家族类似，塔希尔家族在两代人的时间内为阿拔斯王朝培养了众多忠心耿耿的大臣，有巴格达的维齐尔，也有呼罗珊的总督。这个家族凭借自身的地位、关系网络和对当地的了解，将阿拔斯王朝对呼罗珊的统治维持了数十年之久。[19]

阿拔斯王朝诞生过众多有趣而非凡的哈里发，内战的胜利者阿卜杜拉·麦蒙就是其中之一。虽然诸多哈里发都没有留下肖像，但成年的麦蒙曾经被描述为"中等身材，脸色苍白，相貌英俊，留着长长的胡子"，长胡子正是阿拉伯男子气概不凡、相貌英俊的标志，同样充满魅力的还有麦蒙脸颊的黑痣。从史料可以看出，他是一位威严的君主，但也可以不拘小节。私下里相处时，哈里发机智而幽默，言行随和，平易近人。他喜欢喝葡萄酒，但从不酗酒，就个人而言，他严格遵守除饮酒之外的伊斯兰规范和习俗。与大多数君主一样，麦蒙被寻求恩惠的恳求者包围着；毫不意外，他曾经评论说，他擅长交际，但也热爱独处，尽管从未处于任何意义上的隐居状态。这暗示了麦蒙性格中的一个关键因素，这一因素将产生巨大的政治影响。他是阿拔斯王朝所有哈里发中最具学者风度、最睿智的一位。[20]

麦蒙以博学和求知欲而闻名。毫无疑问，这在一定程度上是天性使然，不过，也要在很大程度上归功于他接受的教育和培养。出于慈爱，也经过一番深思熟虑，哈伦·拉希德尤为关心几位年长的儿子的教育。他们当然要接受训练，掌握王子应有的恰当举止：这包括如何在公共场合优雅而自信地发言，他们的举止要克制、端庄，对长者要始终保持适度的尊重。哈伦也坚持对子嗣进行严格的教育，帮他们养成勤奋、自律和严谨的习惯，培养分析技能。这种教育的核心不仅是仔细研究《古兰经》本身，还包括对阿拉伯语的语法和风格的深入研究。阿拉伯语错综复杂，对它进行深入研究，对于彻底理解伊斯兰教经典十分关键。[21]

麦蒙接受的教育，不仅使他醉心于对《古兰经》的学术研究，还对自己在这个领域的专业知识充满信心。不过，年轻的王子也接受了世俗教育，主要是波斯的高雅文化，尤其是诗歌。麦蒙被寄养在贾法尔·巴尔马克的家里长大。巴尔马克家族长期赞助伊朗的高雅文化和伊斯兰教的学术研究。贾法尔定期召集学者进行辩论，用希腊传统的辩论和辩证法来解决《古兰经》没有给出明确答案的棘手宗教问题。成为哈里发后，麦蒙大力支持穆尔太齐赖派（Mutazilites）——他们相信哲学是理解终极真理的重要工具，他的这种倾向可以追溯到在贾法尔家的岁月。出于同样的原因，他支持科学实验，最重要的是，他支持翻译工作，大量希腊、印度和伊朗的科学、医学、数学和哲学经典被翻译成阿拉伯语。从 9 世纪开始，阿拉伯帝国保存了诸多文明的古老知识，对其留存起到了至关重要的作用，此外，对这些知识在欧亚大陆和北非的交流、发展和传播，阿拉伯帝国也做出了巨大贡献。基督教欧洲的科学和哲学，尤其要感谢阿拉伯帝国，哈里发之中麦蒙的贡献最大。[22]

哈伦·拉希德处决贾法尔，并且摧毁整个巴尔马克家族，17 岁的麦蒙对此一定感到震惊，这是他第一次了解到宫廷政治的险恶。年轻王子的新导师是法德勒·伊本·萨赫勒，他来自呼罗珊地区一个显赫的家族，该家族近来刚改宗伊斯兰教，但仍然非常注重自己的波斯传统。法德勒过去曾受巴尔马克家族的庇护，与他们有着相同的价值观和政治手腕，年轻的麦蒙可能因此与新导师意气相投。当麦蒙被任命为呼罗珊总督时，法德勒跟随他去往该地，担任该省事实上的首席大臣，在内战期间和之前数年发挥了重要作用，引导麦蒙度过了那些危机四伏的岁月。我们无法确定麦蒙在多大程度上（如大多数史料暗示的那样）受制于法德勒，也无法判断年轻的哈里发是否（如少数人提出的那样）早已能够熟练地将职责下放给他的首席大臣，在其背后运筹帷幄。813 年，麦蒙的军队占领巴格达，此后他们决定留在呼罗珊东部的梅尔夫城，从那里统治帝国。这一决定通常被归结于法德勒的恐惧，他担心如果麦蒙回到巴格达，他对哈里发的控制会被削弱。无论是谁做出了这个决定，其结果都是灾难性的。将首都设在偏远的边境地区，从那里管理帝国，是非常困难的。成功的帝国不仅拥有强大且确立已久的制度和传统，还具备中央政府与地方精英之间的稳定联盟，这是它的统治根基。阿拔斯王朝的情况与此相去甚远，尤其是在 813 年，当时的内战促使各省总督和军阀自立为独立的统治者。[23]

直到 819 年处决法德勒并回到巴格达后，麦蒙才开启了收复各省、恢复政治稳定的进程。塔希尔·伊本·侯赛因王公及其儿子——之前遭到法德勒的排挤——在这一过程中发挥了关键作用。麦蒙同父异母的兄弟，即令人敬畏的王子、后来的哈里发穆阿台绥姆也是如此。麦蒙曾经写信给穆阿台绥姆，谈论阿拔斯王室成员："你已经清楚地意识到，他们没有任何突出的品质，即使他们中的个别人还保有对个人荣誉的尊重。"在麦蒙看来，唯一的例外就是穆阿台绥姆，后者强大的个性和作为一名成功将军的履历是无可争辩的。[24]

无论如何，麦蒙的求知欲都令其在阿拔斯王室中独树一帜，但真正使之超凡脱俗的是，他在赢得内战后作为哈里发做出的三个决定。第一个是任命一个非阿拔斯王室成员为继承人：他选择的阿里·伊本·穆萨不仅是一个杰出的阿里后裔，还是大多数什叶派心目中真正的哈里发和伊玛目。阿里是一位备受尊敬的宗教学者，他从未公开反对阿拔斯王室，但他的许多亲戚在反对阿拔斯王朝统治的反叛中扮演了关键角色。阿里·伊本·穆萨死后，麦蒙与阿拔斯王朝在一定程度上达成和解，但是他在一生中始终竭尽全力与阿里后裔紧密结盟，尽力将先知女婿的地位提升到其他哈里发之上。临终时，麦蒙确实指定了一个阿拔斯王室成员作为他的继任者，但他的选择再次违背了传统。大多数哈里发都竭力为自己的儿子争取继承权。麦蒙的儿子阿拔斯指挥着一支军队，是一位经验丰富的成功将领。尽管如此，麦蒙还是将自己的异母兄弟穆阿台绥姆选为继承人。但是麦蒙在维护哈里发对伊斯兰教义的最高决定权时十分强硬，他试图迫使所有著名的宗教学者（乌理玛）公开承认这种最高权力，这可能是最让其臣民感到震惊的举措。

我们无法确定麦蒙的动机。也许，他选择穆阿台绥姆作为继承人，只是因为临终时出现在身边的是他的兄弟，而不是他的儿子，前者利用这个机会操纵了继承权。然而，大多数历史学家认为，麦蒙的这三个决定与他最担忧的局势有关，即皇帝–哈里发的权威正在急剧削弱，亟待恢复，哪怕是通过极端手段。

一位研究穆阿台绥姆统治时期的著名历史学家写道，麦蒙"日益意识到……哈里发制度的真正问题，当这个制度最初被先知的直接继承者建立起来时，它就失去了最初的宗教–政治意义，然后逐渐失去了民众的支持"。内战给阿拔斯王室带来的混乱局面，以及随后对穆罕默德·艾敏的谋杀，进一步削弱了民众对王朝的敬意。麦蒙不仅信奉波斯的君主制传统，还信奉希腊、希腊化和波斯的政治思想传统，强调群众的无知，他们迫切需要强大的权威，才能避免混乱和不公。对他来说，宣扬重返先知及圣门弟子时期更平等、更无政府主义的世界，是不可想象的。相比之下，更有前途的选择是与阿里后裔结盟，接受什叶派崇高的哈里发国愿景。至于他最终选择的继承人是兄弟而不是儿子，可能是因为麦蒙不得不为了哈里发制度的利益而牺牲个人感情。他的兄弟是一位经验更丰富的将军，可能有着更强大的个性和更所向披靡的军队。他得到了阿拔斯家族的支持，几乎可以确定的是，他也得到了巴格达精英阶层的支持。拒绝麦蒙而支持他的儿子，很可能会导致第二次内战的爆发，王朝和帝国都很容易因此而毁灭。[25]

类似的逻辑可能也适用于麦蒙的宗教政策。麦蒙之前的阿拔斯王朝君主与宗教学者合作，越来越多地允许后者以双方一致同意的方式阐释伊斯兰教义。在阿拔斯王朝初期，哈里发曼苏尔拒绝了著名官员伊本·穆卡法的请求，没有亲自主持伊斯兰教法的统一和编纂。从曼苏尔表示拒绝到麦蒙决定重申哈里发在宗教事务中的权威，这80年间，伊斯兰社会和宗教学术研究已经成熟。这方面的一个迹象是，尽管《圣训》的权威版本，换句话说，先知和圣门弟子的裁决，有时会引用伍麦叶王朝哈里发的裁决，阿拔斯王朝却没有任何一位哈里发的裁决被《圣训》援引为权威。[26]

　　在麦蒙登上王位时，伊斯兰教法主流学派的四大创始人中有三位已经去世。唯一在世的伊本·罕百勒是麦蒙政策最著名的反对者。伊本·罕百勒主张严格遵循《古兰经》的字面含义。对他来说，所有的真理都存在于《古兰经》和《圣训》中，这些真理在经文中不证自明。麦蒙提倡以哲学和逻辑为工具，去探寻宗教真理，还主张哈里发对伊斯兰教义问题必须拥有最终决定权，然而，如果采用伊本·罕百勒的解读，麦蒙的主张完全没有意义。伊本·罕百勒因为自己的立场遭到监禁和鞭打，但巴格达的群众站在他那边，支持严格遵循《古兰经》的字面含义。而且，他们也没有时间学习"希腊"哲学。最后，穆阿台绥姆的儿子，即哈里发穆台瓦基勒放弃了对"哲学"（即穆尔太齐赖派）的支持，也（含蓄地）放弃了对一切伊斯兰教义问题的最终决定权。穆台瓦基勒认为，到此时为止，这些主张遭到了绝大多数臣民的排斥，这只不过是在进一步削弱阿拔斯王朝的合法性，他的判断是正确的。他的退让不仅反映了9世纪中期哈里发国特有的现实，还反映了一个更普遍的事实——关于皇帝与精英阶层、习俗，以及大众宗教信仰的关系。在伊斯兰教历的第一个世纪，在教义被编纂成典、根深蒂固的习俗被建立起来之前，哈里发不仅可以，有时甚至不得不积极扮演一个宗教领袖的角色。然而，一旦一种宗教生根发芽，挑战其教义和"神职人员"的皇帝必将面临危险。[27]

　　到9世纪50年代，穆台瓦基勒的处境更加紧迫和致命，他面对的是麦蒙和穆阿台绥姆两朝统治留下的烂摊子。由于811—813年的内战，阿拔斯王朝早期的权力基石，即艾布纳军队被摧毁。麦蒙，尤其是穆阿台绥姆，通过雇用突厥奴隶和征召雇佣军来取代它。这些突厥人装备了复合弓，掌握草原骑兵技能，是强大的士兵。原则上，他们在政治方面也更为可靠，因为他们与社会或政府中的派系没有联系。这些突厥士兵的基本特点是，他们忠于自己的战争领袖，至少在领袖支付酬劳、提供奖励时，他们对他忠心耿耿。穆阿台绥姆是一位令人敬畏的将军，而麦蒙在晚年也谨慎地领导了针对拜占庭的战役，重振了哈里发作为伊斯兰教战士的身份主张。然而，到穆台瓦基勒继位统治时，相较于对其将领的忠诚，突厥人对哈里发的忠诚更加值得怀疑。穆台瓦基勒不是一位战士哈里发。此外，他及其维齐尔越来越意识到，他们对突厥士兵和将领的依赖变得异常危险。不幸的是，他们为摆脱这种依赖做出的努力，与哈里发及其继承人之间的冲突纠缠在了一起。在 861 年的政变中，突厥卫兵谋杀了哈里发，将其继承人推上王位，就此导致了十年的政治混乱，阿拔斯王朝失去了大部分省份的控制权。

从 861 年开始，阿拔斯王朝江河日下。总的来说，这遵循了君主制历史上屡见不鲜的模式。权力过度地集中在宫廷和皇帝的奴隶手中，导致政权非常容易受到宫廷政治的影响。继承权斗争是最常见的冲突原因。本质使然，一旦中央衰弱或崩溃，大多数帝国的地方精英和军阀都会自行其是，有时会承认相距遥远的皇帝拥有名义上的统治权，但通常会拒绝与皇帝分享地方税收。不过，巴格达在之后的许多个世纪里仍然是一个伟大的文化和商业中心。也有一些时段，衰落的阿拔斯王朝会短暂中兴，但是公元 861 年后，王朝彻底丧失了对伊拉克以外地区的控制。从长远来看，即便是在伊拉克，阿拔斯王朝的君主也基本上无异于日本式的祭司国王，作用在于为拥有实权的武家政权提供合法性。1258 年，巴格达陷落，哈里发穆斯塔绥姆为蒙古人所杀，在马穆鲁克政权的庇护下，阿拔斯王朝继续在开罗苟延残喘。马穆鲁克王朝统治者出身突厥奴隶，没有高贵的血统，他们宣称自己是哈里发的保护者，从而在国际关系中获得了额外的合法性。1517 年，奥斯曼人占领圣地，之后又占领开罗，他们不再需要这层掩饰，而是自己占据了哈里发的头衔。阿拔斯王朝的最后一任哈里发穆罕默德·穆台瓦基勒三世，不仅向奥斯曼帝国献上了自己的头衔，还献上了先知的剑和斗篷，它们至今仍被存放在伊斯坦布尔的托普卡帕皇宫博物馆。作为回报，他得到了一笔养老金，在伊斯坦布尔过着体面的退位生活，甚至被允许在家乡开罗度过晚年。[28]

第 10 章

查理五世和腓力二世

最初的世界帝国之君

在公元 1500 年之前的 1000 年里，欧亚大陆的大部分地区都出现了帝国，或崛起或衰落。而拉丁基督教世界的腹地 ——欧洲西部，则是一个例外。查理大帝的帝国创建于 8 世纪末，历经大帝之子一朝后便分裂了。从 476 年西罗马帝国崩溃到 16 世纪早期查理五世当政，除了短暂却意义非凡的加洛林王朝，拉丁欧洲再没有真正的帝国。地理因素是欧洲西部基本没有帝国的一个重要原因。自孟德斯鸠时代以来，学者们就将拥有广阔平原的中国北部与海岸线漫长、有着大量半岛和岛屿的欧洲西部进行了对比，认为欧洲西部的地形容易形成林立的独立王国，而不是帝国。与亚洲广阔的核心区域相比，欧洲就如同一条相对狭小的死巷。与这个想法有关，但可能更加重要的原因是，欧洲西部在欧亚大陆上的位置离大草原的游牧战士最为遥远，而正是后者在欧亚大陆建立了许多伟大的帝国。中国、中东乃至印度北部，不仅距离游牧征服者更近，还更加富有，因而更容易成为征服者的目标。拉丁基督教世界的政治同样阻碍了帝国的发展。例如，在中国，政治和灵魂世界的领导权集于一人之手，即皇帝。在欧洲，这两个角色则被分给了教皇和神圣罗马帝国的皇帝。11—14 世纪，欧洲因教皇与皇帝的最高权力之争而陷入分裂。皇帝和教皇都是通过选举产生的，这一事实也导致他们更难统治欧洲的精英和在欧洲西部推行某种形式的帝国。[1]

因此，16 世纪第二个十年，在查理五世治下统一的庞大帝国，令大多数欧洲人备感惊讶，也使很多人心怀疑虑。如果查理统治的领土不能被定义为一个帝国，那么历史上也就没有帝国了。1519 年，查理被选为神圣罗马帝国皇帝，即便纯粹以形式为标准，查理也是欧洲唯一的帝国君主。为了拉拢七位选帝侯，打败最大的竞争对手法兰西国王弗朗索瓦一世，他投入了 100 万弗罗林，以及大量的补贴和礼物，因为选帝侯的选票决定了谁将成为皇帝。他还向德意志诸侯做出了政治让步。他最新的传记作者认为，这些举措都是极好的投资。神圣罗马帝国皇帝在德意志的权力远不如法兰西君主和英格兰君主在其各自王国拥有的权力，但是他仍然可以利用一些军事和财政资源，享有极高的地位和重要的政治影响力。

查理的权势主要来自他从祖先那里继承而来的王国。他的祖父是神圣罗马帝国皇帝马克西米利安，查理因此继承了哈布斯堡家族在奥地利和德意志西南部的世袭领地。马克西米利安的妻子是勃艮第的玛丽，查理从祖母手中继承了富有的低地国家。最重要的是，查理的母亲"疯女"胡安娜是卡斯蒂利亚王位和阿拉贡王位的唯一继承人。阿拉贡的王冠使查理得到了西班牙的西北部，以及意大利南部。而卡斯蒂利亚的王位则不仅使查理继承了伊比利亚半岛（除葡萄牙以外）的大部分地区，还使他继承了西班牙在美洲开拓的广阔新帝国，自然还包括他们在菲律宾群岛的前哨站。1530 年 2 月 24 日，教皇克雷芒七世为查理加冕为神圣罗马帝国皇帝，6天后，麦哲伦发现了后来被命名为"麦哲伦海峡"的那条通道，以及由它通往太平洋的航线。因此，查理五世不仅是近 700 年间的第一位欧洲皇帝，还是有史以来第一位真正的世界帝国之君。这个帝国有一个令人惊讶的独特之处，即哈布斯堡家族之所以能建立这个帝国，不是通过征服，而是通过王朝间的联姻和继承。这只有在拉丁欧洲才有可能实现。这个例子说明，相较于欧亚大陆的其他地区，王朝和王朝原则在欧洲历史上的重要性更显著。[2]

在罗马帝国衰落期间以及崩溃之后，欧洲西部出现了许多"蛮族"王国，这正是欧洲独特性的起源所在。大草原东部的冲突导致许多部落（有些是游牧部落，有些不是）迁移到罗马帝国的欧洲行省。罗马帝国灭亡后，部落战团和联盟的首领在那里建立了自己的王国。从长远来看，最重要的是法兰克王国，其统治者先是墨洛温王朝，然后是加洛林王朝。加洛林王室统治着法兰西王国和后来被称为德意志的大部分地区，他们给这两

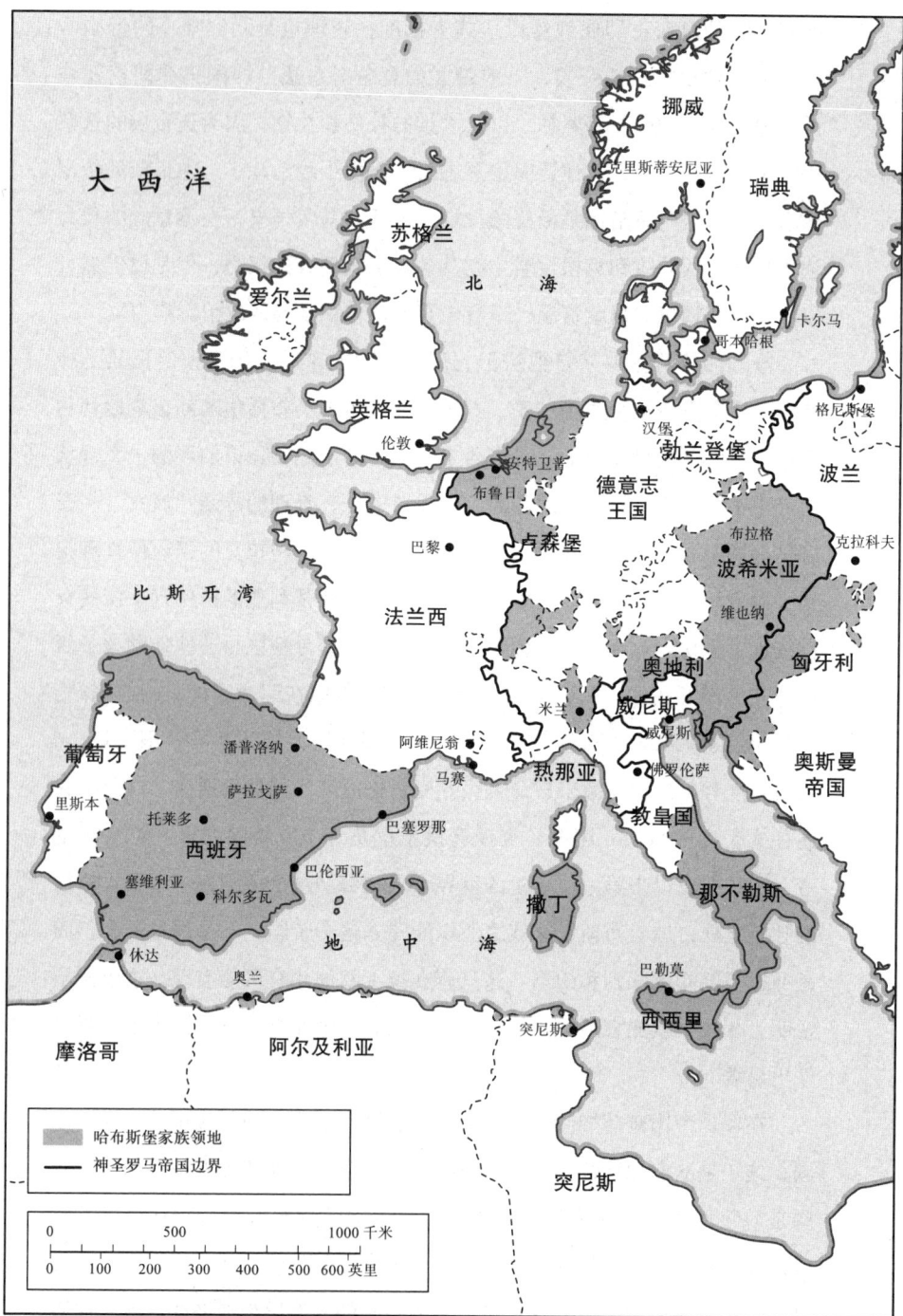

地图 10.1　查理五世在欧洲的帝国

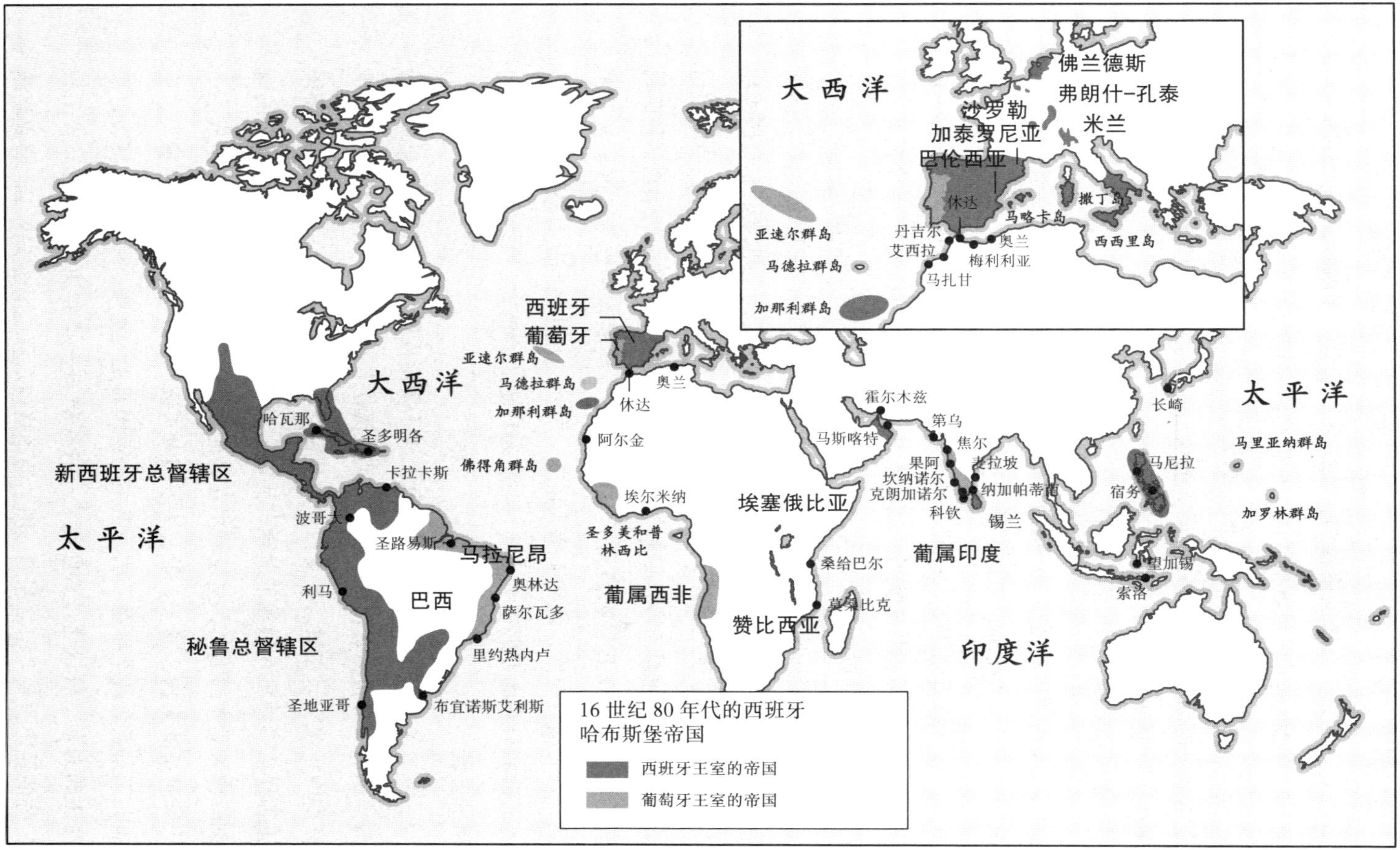

大西洋 大 西 洋

太平洋

佛兰德斯
弗朗什-孔泰
米兰
萨伏依
加泰罗尼亚
西西里岛
撒丁岛
那不勒斯
马略卡
丹吉尔
艾尔京
马扎甘
休达

亚速尔群岛
马德拉群岛
加那利群岛

马里亚纳群岛
加罗林群岛

长崎
马尼拉
宿务

印度洋

西班牙
葡萄牙

亚速尔群岛
马德拉群岛
佛得角群岛
加那利群岛

奥兰
休达
阿尔金

埃尔米纳
圣多美和普林西比
葡属西非
罗安达
本格拉

霍尔陌特
马斯喀特
埃塞俄比亚
桑给巴尔
莫桑比克
赞比西亚
葡属东非

第乌
果阿
焦乌尔
纳加帕蒂南
克朗加诺尔
卡利卡特
科钦
锡兰
科罗曼德尔
马拉巴尔
葡印度

新西班牙总督区
太平洋
哈瓦那
圣多明各
卡拉卡斯
波哥大

巴西
马拉尼昂
圣路易斯
奥林达
萨尔瓦多
里约热内卢

秘鲁总督区
利马
圣地亚哥
布宜诺斯艾利斯

16 世纪 80 年代的西班牙
哈布斯堡帝国

西班牙王室的帝国

葡萄牙王室的帝国

地图 10.2 腓力二世的帝国

个地区留下了深刻的印记。10 世纪，维京战士征服诺曼底，之后该地成为法王治下完全自治的诸侯国，他们最初是海上半游牧民族的战团。到其后代在 1066 年征服英格兰时，他们已经在很大程度上吸收了西法兰克（即法兰西人）战士–地主精英阶层的宗教、文化和政治观念。公元 1066 年以后，他们建立了盎格鲁–诺曼的政治和社会秩序，主要采用的是法兰西模式，不过也有着重要的地方特色。[3]

"封建主义"在加洛林王朝时期逐渐演变，在很多方面，它是法兰克战团对现实做出的适应 —— 他们需要利用并管理定居社会。欧亚大陆战团的存在，为其领导者提供了强大且完全忠诚的军事支持。它的基础是领导者与追随者之间的个人纽带，这种关系是相互的。领导者为他的军事追随者提供战利品和其他奖赏，以回报其忠诚。如果他征服了一片领土，他就会任命自己信赖的战团指挥官担任总督。法兰克的诸位国王以这种方式安排了他们的战团军官。他们统治的是一个以农业为主的定居民族，因而很快就开始用土地取代战利品，将其分配给他们的军事扈从。不仅因为战利品稀缺而土地供应充足，这种做法还建立了一个由忠诚的法兰克地主组成的网络，它使国王得以控制他的新王国。随着罗马帝国的消亡，长距离贸易和大型城镇几乎都消失了，想要通过支付薪水来维持官僚机构和军队，进而施行统治，无异于痴人说梦。当然，封建契约是有条件的，这一点对欧洲后来的发展至关重要。只有履行契约的领主，才有可能获得其封臣的忠诚。[4]

战争是一项危险、困难重重又充满不确定性的事务。一个仅以成功的战争领袖的身份为合法性来源的王朝，无法长久存续。法兰克国王克洛维在 506 年改宗天主教，接受教皇对基督教教义的阐释（而不是像西哥特国王那样信奉阿里乌教派或其他"异端"基督教教派），这是一个重要的时刻。作为受膏的国王，这位君主在普通教徒中的地位独一无二。他成了一个半神圣的人物，成了大卫、所罗门和《旧约》中其他君主的继承人。后来，天主教会甚至接受了法国君主和英国君主的主张，承认他们拥有近乎魔法的力量，可以通过御触治愈一种疾病 —— 瘰疬病，这是对异教王权传统的妥协，令人印象深刻。图尔的圣格列高利（生于 539 年）将克洛维的改宗比作君士坦丁的改宗。在国王接受洗礼时，据说有一只鸽子从天而降，为他带来了受膏所需的圣油，以及治疗瘰疬病的能力。这与基督受洗时圣灵的降临十分类似。在王室官僚机构形成之前的数个世纪里，天主教会及其主教是国王统治王国的主要盟友。国王和主教都希望压制战士贵族的暴力争斗，捍卫王国的法律与和平，这既是双方的理想，也是双方的利益所在。自 12 世纪开始，城镇和贸易开始发展，商人们也支持这一目标。他们缴纳的税金使国王得以培养行政人员和法官，这些人可以逐渐将维护和平和法律的愿望变成现实。[5]

除了经济和国家行政部门的发展，知识分子也日益成熟，尤其是在政治学和政府方面。在法兰克王国初期的数个世纪里，这个王国仅仅被视为这个王朝的祖产。随着王室官员和法学家的出现，一个可以被人们称为国家的存在也显现出最初的轮廓。到 12 世纪末，率先复兴的关于罗马法和古希腊哲学的知识，极大地促进了人们对于公共权威和国家的思考。其中，亚里士多德的《政治学》（Politics）尤其影响深远。13 世纪，诸多大学的出现极大地丰富了智性论争。正是在 13 世纪，圣托马斯·阿奎那锻造了天主教关于政治和道德秩序的基督教教义与古典智慧的官方思想综合体，它们的影响延续了数个世纪。在中世纪欧洲，一代又一代法学家、学者和基督教教士，逐渐发展出国王拥有两个身体的概念——第一个是君主的"自然之体"，第二个则是王国不朽的"政治之体"。相对而言，很少有罗马或中国的学者会将他们的帝国视为君主的祖产，因而也很少需要做出这样的区分。[6]

德西迪里厄斯·伊拉斯谟可能是 16 世纪早期欧洲最著名的"公共知识分子"。为了获得他的赞扬和（有时）效命，查理五世、法兰西的弗朗索瓦一世和英格兰的亨利八世相互竞争。1516 年，伊拉斯谟的著作《论基督教君主的教育》（The Education of a Christian Prince）出版，他将这本书献给了西班牙国王卡洛斯一世（此后将成为神圣罗马帝国皇帝查理五世）。这本书讲述的是如何塑造和教育年轻的王子，使其成为道德高尚、能力出众的合法君主，被视为有关这一方面的最后定论。马基雅维利可能提供了一份指南，展示了意大利新兴的王侯匪徒如何紧握自己的权力不放，但是真正的君主必须将权威建立在宗教和伦理原则之上，必须与其臣民分享道德共同体的意识。伊拉斯谟大量借鉴了古典时期的著作，特别是西塞罗、塞涅卡、亚里士多德和柏拉图的。他还引用《旧约》和基督教的博爱精神，以加强说服力。伊拉斯谟著作的一个特点是，它几乎与儒家一样蔑视战士及其勇士精神。他写道，对于基督教君主来说，战争绝对是最后的手段。"从军……是一种精力太过充沛的无益行为，也是最危险的行为，因为它会彻底摧毁一切有价值的事物，而且打开了一切邪恶的渊薮。"在伊拉斯谟看来，富有浪漫情怀和尚武精神的骑士故事特别令人憎恶。"今天，"他写道，"我们发现有很多人喜欢亚瑟和兰斯洛特的故事，也喜欢其他类似的传奇，它们不仅充满专制色彩，还十分无知、荒谬，不过是哗众取宠的荒诞故事。"[7]

遗憾的是，伊拉斯谟没有出生在中国。欧洲社会的精英是拥有土地的军人阶层，君主是他们的领袖。小国林立，无政府主义盛行，战争因此成了欧洲的一大特色。在职业生涯的大部分时间里，统治者不是在打仗、策划战争，就是在为战争资金而苦恼。迄今为止，军费开支是所有主要国家年度预算中占比最大的项目。除了为臣民提供正义，指挥战争几乎就是欧洲君主存在的理由。总的来说，比起本人的智慧、虔诚和辉煌的宫廷，在战场上英勇作战、胜利而归，能为国王赢得更多威望。他在贵族眼中的声望尤其如此。很少有君主能够在没有贵族支持的情况下进行统治，因此这一点非常重要。统治者也知道，当贵族的精力被引向国外时，国内往往能维持良好的稳固秩序。

君主也是贵族中的一员，他们有着相似的价值观和消遣方式，作为个人，君主最关心贵族的意见。如果说他们可以拥有同伴乃至朋友，他们会在贵族圈子里进行选择。查理五世、弗朗索瓦一世和亨利八世生活于同一个时代，他们梦想在战场上获得荣耀，并为此相互争斗。1515 年，弗朗索瓦一世继位不久便因马里尼亚诺战役的大胜而风光无两，战后，他坚持让巴亚尔领主在战场授予自己骑士爵位，后者是欧洲公认的骑士典范。这三位统治者都喜欢展示自己的骑士气概，无论是通过纹章、骑士故事和传说，还是通过成为骑士团的成员，比如嘉德骑士团和金羊毛骑士团。身处于金羊毛骑士团的同伴之间，即便是查理五世，也可以放松一下，在一定程度上放下作为皇帝高高在上的姿态。这三位君主还擅长狩猎和马上枪术比赛这两项准军事运动，以自己展现出的卓越技能、非凡勇气和承担的风险为傲。1559 年，弗朗索瓦一世的继任者亨利二世死于一场马上枪术比赛。他的死亡后果严重，导致法兰西在此后 35 年断断续续爆发内战。[8]

某种意义上，中国皇帝是祭司王，他在原则上居于一个远高于其精英官员的领域。在奥斯曼帝国的鼎盛时期，苏丹掌控的王室和政府由他的奴隶进行管理。16 世纪，欧洲的受膏君主查理五世不只是贵族精英中的"同侪之首"，不同于其他很多帝国的君主，他与贵族精英的距离并不遥远。例如，在 16 世纪的卡斯蒂利亚，国王将 35 个大贵族家族的首领称为"堂亲或表亲"，还允许他们在自己面前戴帽子。在每个王国，国王与贵族之间都存在一个灰色地带，属于这个地带的有王室次子和王室私生子延续的旁系，以及过去某个时段曾与统治王朝通婚的贵族家族。英格兰的灰色地带最小，而法兰西的则大得多，部分原因在于众多外国王公家族（例如洛林家族）的存在，数个世纪以来，他们的领地被法兰西兼并了。德意志的情况更加混乱。原则上，只有皇帝才具有完全的皇权和统治权。处于下一个等级的是少量的选帝侯，尽管他们拥有权力，但他们无权授予其臣民贵族头衔，因为这仍然是皇帝的特权。1356 年，确认选侯团成员时，哈布斯堡家族尽管此前出过两位神圣罗马帝国皇帝，仍被认为不够古老、强大，没有资格成为选侯团的一员。他们被降级到帝国贵族的第二梯队。[9]

君主制和贵族制都按照同样的原则运转。他们是当权的家族，换句话来说，他们就是王朝。因此，他们痴迷于系谱，为自身血统的古老和荣耀而感到自豪。在查理五世和腓力二世的宫廷中，卡斯蒂利亚历史最悠久的贵族是阿尔瓦公爵，作为哈布斯堡家族的主要将领，他毁誉参半，威名赫赫却也臭名昭著。阿尔瓦因坚定不移地献身于哈布斯堡王朝的事业而闻名。然而，他的传记作者记录道，"阿尔瓦确实忠于国王，但凌驾于此的是他对自身家族和血统的忠心耿耿"。正如人们预料的那样，哈布斯堡家族成员对其家族的古老和光辉历史感到自豪。查理五世不仅是神圣罗马帝国皇帝马克西米利安的孙子，还是查理大帝和布永的戈弗雷的后裔，戈弗雷在 1099 年被加冕为耶路撒冷王国的第一位十字军国王。为哈布斯堡王朝效力的系谱学家将这个家族的历史和神话，与其治下诸多王国长久以来的起源传说结合在一起。[10]

查理大帝的帝国和继承它的神圣罗马帝国一直被视为古罗马的直接继承者。因此，他们吸纳了古罗马的起源神话，古罗马将罗马城的建立与埃涅阿斯和特洛伊人联系在一起。金羊毛骑士团是将勃艮第王朝与贵族统治紧密联系在一起的关键因素，它赞美该王朝充满英雄气概的特洛伊起源，并将阿尔戈英雄视为贵族骑士精神和忠诚的早期典范。在君士坦丁改宗基督教之后的几个世纪里，学者们致力于将罗马与《旧约》历史编织在一起。查理五世的祖父、神圣罗马帝国皇帝马克西米利安一世，强迫维也纳大学的神学院承认他是诺亚的后裔。《旧约》为拉丁基督教世界提供了创世神话。欧洲文学的历史始于荷马史诗《伊利亚特》，它讲述了特洛伊被毁灭的传奇故事。哈布斯堡家族的神话和系谱则将这个王朝与上述两者联系在了一起。在现代人看来，这种对系谱的痴迷似乎很可笑，但在前现代的欧洲，它们意义非凡。我们很难确定它们对大众的想象有什么影响，但是它们显然给君主和贵族留下了深刻的印象。在临终之际，人们更倾向于思考自己在宇宙中的归处，而不是自己短暂的生命。当然，在马克西米利安一世奄奄一息时，他得到了安慰，因为对于那些在生活中和统治时信奉基督的君主，基督教神父允诺给予他们永生。但是皇帝也召集了自己的首席系谱学家，让他大声背诵自己的家谱。[11]

卡佩家族自 987 年起开始统治法兰西，直到 1848 年，在我写这一章的时候，他们仍然统治着西班牙，而勃艮第公爵正是这一家族的分支。因此，查理五世不得不与他的劲敌法兰西国王弗朗索瓦一世，争夺系谱优先顺序。像都铎王朝这样较小的王朝，则不得不用"残羹冷炙"来安慰自己，比如亚瑟王的传说，以及国王"忏悔者"爱德华的血脉，这位国王如同圣人一般，但能力有限。对国王和贵族来说，王朝既是他们的骄傲，也意味着义务。英格兰的亨利八世可能十分渴望建功立业，不负爱德华三世和亨利五世创立的光辉军事传统，不过，即便是在 12 世纪才获封法兰西贵族的居伊·德·巴佐什，也骄傲地将自己的家族追溯至克洛维，并劝诫自己的侄子："你拥有这样伟大的祖先，要仔细思考你应该成为怎样的人。"[12]

君主和贵族还有一个共同点，即二者都继承了一片土地和一份公职。在大多数国家，贵族不仅是地主，还拥有其庄园法庭内世袭的地方司法权。君主统治着国家，但是从另一个角度来看，他的王国也是一个王朝的财产，王国的命运取决于王室继承，而后者难以预测。1505 年，卡斯蒂利亚议会明确将王室与贵族继承系起来："根据长子继承制，王权是国家限定继承的不动产，而贵族限定继承的不动产则是国内的王国。"到 1500 年，长子继承制成为英格兰王国和法兰西王国及其主要贵族家族的继承制度。在德意志，王公贵族的惯常做法仍是将遗产分给众多婚生子。1556 年，查理五世的弟弟斐迪南继承了查理五世的皇位，他将自己的统治领地分给了三个儿子（马克西米利安、卡尔和斐迪南）。后来，完全是因为生物学上的偶然，它们才重新会合在斐迪南二世（1619 年当选为神圣罗马帝国皇帝）的手中，进而形成了后来的哈布斯堡（即奥地利）帝国。[13]

一位研究欧洲国家起源的学者评论说，"正如财产权和继承权在每个国家都是基本的法律原则，一个王朝对某个公国或王国的所有权是国际政治的基础"。君主和贵族生活在同样的法律、宗教和文化规范之中。其中包括基督教的一夫一妻制、禁止离婚，以及剥夺非婚生子女的财产继承权。到 12 世纪末，教会和贵族对最后一点的重视不相上下。另一个始终存在的问题是极高的死亡率，尤其是儿童的。王室和贵族家族都执着于与同等地位的家族联姻，借此维持自身的地位。从 13 世纪开始，统治家族越来越多地仅与其他王室联姻，也就是所谓的异国王室。他们希望借此提高王室的地位，此外，给贵族家族添加王室血统会助长他们的野心，因而有充足的政治理由避免这种危险。欧洲大陆的统治者和国家之间存在竞争和冲突，但是各国王室之间的通婚可以鼓励交战国化干戈为玉帛，还能够加强欧洲和基督教共同的认同感，强化共同的行为准则。王室之间的通婚可以对欧洲内部的国际关系，以及欧洲国家的形成产生显著影响，除非公主被剥夺一切继承权。[14]

在王室继承权方面，法兰西独树一帜，其王位不仅禁止女性继承，还禁止王室公主的男性后代继承。这就是所谓的《萨利克法》(Salic Law)。这部法律在理论上可以追溯到法兰克时代,在现实中,它是在 1316 年被编造出来的,当时已故国王路易十世年幼的女儿与国王的弟弟因继承问题发生纠纷。国王的弟弟,即后来的腓力五世能够取胜,是因为政治原因,而非法律原因。原本是政治上的权宜之计,却随着时间的推移变成了不可动摇的风俗,最终成了国家法律的核心原则,这种情况在前现代欧洲屡见不鲜。法国王室,也就是卡佩家族,拥有优秀的生育能力,持续统治了近 1000 年,男嗣从未断绝,这在王室和贵族家族中是一项了不起的成就。1589 年,在位的卡佩家族瓦卢瓦分支男嗣断绝,王位由家族远亲纳瓦拉的亨利继承,也就是后来的亨利四世。亨利四世是路易九世的后裔,在这一脉的先祖中,路易九世是最后一个成为法兰西国王的人,他死于1270 年。

只有在欧洲,王朝的法律和正统性才能延伸到这个地步。尽管纳瓦拉的亨利的合法王位继承权至关重要,但这不足以确保他获得王位。为了实现这个目的,1593 年,亨利决定,他必须放弃新教,改宗天主教,因为这是他即将要统治的大多数臣民信奉的教派。以法兰西的情况来说,是社会大众将自身的宗教强加给了国王,不过,这并不是 16 世纪的惯例。例如,1555 年的《奥格斯堡和约》在神圣罗马帝国确立了"教随邦定"的原则,即诸侯国君主的信仰通常决定其臣民的信仰,不过,后者有权移居,生活在与自己信仰相同的统治者治下。1648 年,《威斯特伐利亚和约》结束了三十年战争,这一原则在该和约中得到了确认。这足以令当代人感到震惊——王朝的偶然性和竞争不仅决定着国家的生死存亡和至关重要的地缘政治局势,还决定着全体民众的宗教信仰。这为 16、17 世纪的众多王朝战争额外增加了一个恶毒的维度。

尽管政治考量主导着哈布斯堡家族的婚姻,但是查理五世能够通过继承凝聚起这个庞大的帝国,其生物学和医学概率仍旧近乎为零。神奇的是,同样的偶然事件发生在 1526 年,他的兄弟斐迪南获得了波希米亚王国和匈牙利王国,这个王朝似乎获得了双倍的祝福。然而,这种广阔的领土积累对哈布斯堡家族来说也是个危险。不可避免地,哈布斯堡王朝的权力规模不仅吓到了异国统治者，还吓到了他们自己的许多臣民。而恐惧是滋生怀疑、抵抗和敌对联盟的温床。从表面看来，罗马教皇和神圣罗马帝国的天主教诸侯是哈布斯堡王朝的天然盟友，但即便是他们，也经常反对哈布斯堡王朝的政策。而且，考虑到该帝国建立起来的途径，哈布斯堡家族的实力不像外在显示出来的那么强大。促使哈布斯堡王朝获得这些领地的法律，同样也限制了他们在这些领地内的权力。

在中世纪，欧洲的大多数地区都发展出了严格限制统治者权力的法律、习俗和制度。这些限制涉及君主与贵族的"封建"契约，也涉及神职人员的自主权和授予城市市政当局的自治权。尽管限制的程度和惯常形式因地而异，有时相去甚远，但在大多数情况下，统治者不能未经正当法律程序而惩罚他的臣民，也不能未经臣民同意便向他们征税。此外，无论是出于法律，还是单纯出于习俗，任何将职位和养老金分配给外国人的统治者，都会受到强烈的反对。社会上存在一批错综复杂的代表性机构和司法机构，以维护这些权利和习俗。掌握权力时，统治者必须要发誓维护这些制度、法律和习俗。总的来说，出于原则和审慎等原因，哈布斯堡王室在履行这一义务时分外严格。即使臣民发起反叛，君主的誓言得以解除，查理和腓力在打败叛军并对其进行惩罚之后，通常仍会保留既有的法律秩序。不仅是这两位最著名的成员，1519—1648 年，哈布斯堡王朝所有的君主都认为自己是合法的君主，因此自然也是守法的君主。无论是在他们自己的观念里，还是在现实中，他们都不是不受法律、制度和习俗约束的绝对君主。[15]

查理五世在管理帝国时本就面临艰难险阻，因而这些限制简直是雪上加霜。和其他每一位皇帝一样，他不得不统治辽阔的疆域和不同的民族，还需要保卫漫长的边界。即便是帝国的欧洲部分，也十分松散，没有明确的首都。查理在西班牙、尼德兰、意大利和神圣罗马帝国之间匆匆奔忙，迎接各种危机。考虑到当时的时代和文化，面对危机时，如果需要调动资源、推行政策、争取傲慢贵族的支持并压制反对派，君主的个人存在往往至关重要。

查理最主要的两个敌人是法兰西和奥斯曼帝国，它们的军队和舰队有时会在地中海联合起来对抗他。法兰西的人口是西班牙的两倍，资源和收入则不只是西班牙的两倍。在查理统治时期，美洲的黄金和白银远远无法弥补这个差距。而且，法兰西的战略位置也十分关键，恰好位于皇帝最富有、最重要的两片领地——卡斯蒂利亚和尼德兰——之间。与此同时，奥斯曼帝国正处于实力和信心的巅峰时期。据推测，其收入是查理治下西班牙及美洲的四倍。奥斯曼帝国的常备军有 8.5 万人，远远超过欧洲所有主要君主的正规军人数之和。即便是在 16 世纪 50 年代，神圣罗马帝国的大使在比较欧洲雇佣军与奥斯曼军队时，仍认为前者在纪律、耐力和许多技能方面远不如后者。不过，对查理来说最糟糕的问题或许是基督教世界的宗教分裂。统治一个由诸多自治单位组成的帝国有其优势，即不同群体和地区很难形成统一的反对势力。然而，新教产生了一股势力，可以动员和团结大规模的反抗。因为在灵魂救赎这一问题上的争议，政治冲突变得更加惨烈和不可调和。[16]

在这个时代，战争的代价高昂。军队规模变得更大了。需要训练和协调长枪兵，为步兵配备火器，骑兵和炮兵也需要足够的技能和经验。几乎持续不断的战争意味着雇佣兵在提供服务时占据了卖方市场。最重要的是，正是在这个时代，欧洲的军事技术开始超过世界上的其他地区。欧洲军事技术在两个领域最为突出，一个是"意大利式"堡垒的建造，这种要塞几乎坚不可摧；另一个则是特制战舰，这种战舰可以在舷侧发射大量火炮。两者的建造经常能催生有益的经济活动，但它们造价高昂。由于统治者不得不向臣民征收更多的税金，政治局势不可避免地变得更加紧张。在欧洲，哈布斯堡王朝带头采取了新措施——以前所未有的高利率向银行家借贷巨额资金，然后宣布破产。

很快，一个恶性循环就形成了。要想围攻几乎坚不可摧的新式堡垒，需要庞大的军队和沉重的攻城器械。这延缓了战争的进程。决定性的胜利和攻城略地变得更难实现。过去，战争季总是因气候因素而缩短。现在，财政压力也产生了同样的效果。随着雇佣军因得不到薪酬而解散，战场上看似决定性的胜利成果很容易烟消云散。1527 年，查理的士兵因薪酬拖欠洗劫了罗马，不仅导致 8000 名平民丧生，还损害了皇帝的威望。1576

年，腓力二世在尼德兰的军队因得不到薪水而哗变，他们一度团结了全体民众去反对哈布斯堡王朝的统治。为了对抗地中海的奥斯曼帝国势力，以及英荷，查理五世和腓力二世不得不发动海上战争，在最初的几十年里，帆船舰队之间的战争充满了危险和不确定性。1540 年，风暴摧毁了查理对阿尔及尔的进攻，在 16 世纪 90 年代和 1601 年，大西洋的气流、潮汐和风暴阻碍了西班牙对爱尔兰的潜在危险干预。正是在这段时期，欧洲逐渐进入"小冰河时代"，在 17 世纪的大部分时间里，它给欧洲造成了沉重的苦难和政治动荡。任何一个试图将自己的意志强加于整个欧洲大陆的统治者，都会遭遇巨大的阻碍和挫折。[17]

从查理五世的掌权（自 1516 年起即位成为西班牙国王，自 1519 年起成为神圣罗马帝国皇帝）到 1648 年三十年战争结束，纵观哈布斯堡王朝在这一整段时期的统治，我们或许可以概括地说，王朝的成功主要取决于它与顶级贵族的联盟。1517 年，查理生平第一次来到卡斯蒂利亚，他不会说西班牙语，身边环绕着来自勃艮第的廷臣。1520 年，作为新当选的神圣罗马帝国皇帝，他前往德意志履行自己的皇帝职责，就此疏远了卡斯蒂利亚社会的大部分阶层。随后爆发的危险反叛被卡斯蒂利亚的大贵族镇压，比起社会和政治激进主义，他们更愿意接受哈布斯堡王朝的统治。从那时起，查理就非常注意维持与西班牙、尼德兰两地主要贵族家族的关系，不想引起他们的敌意。[18]

在德意志，查理的任务更加艰巨，一方面，他作为君主的权力在这里更加有限，另一方面，16 世纪 20 年代的新教挑战最初爆发在这里。为了镇压德意志新教，哈布斯堡王朝做出了两次巨大努力：一次是查理在 16 世纪 40 年代做出的，一次是斐迪南二世在 17 世纪 20 年代和 30 年代做出的。两位皇帝都因行事太过头而疏远了潜在的盟友，但是他们也需面对根本性的问题。许多诸侯都已经因为强烈的个人信念而改宗新教，当然，有时也是出于家族利益的考量。此外，想要天主教在德意志取胜，需要更大的皇权，然而，哈布斯堡王朝为加强皇权做出的努力，甚至使他们失去了许多天主教诸侯的支持。腓力二世在尼德兰的统治也面临相似的困境。16 世纪 60 年代，新教在尼德兰迅速蔓延，这种情况通常容易发生在城市化水平较高的欧洲地区。天主教如果想要做出有力回击，需要对教会的组织和策略进行根本改革，红衣主教格兰维尔试图尝试改革，但这些改革本身触犯了关键利益，违反了继承方面的许多权利规定和习俗。[19]

到 16 世纪晚期，即便是欧洲中部的哈布斯堡领地，也就是奥地利、捷克和匈牙利，天主教也遭到围攻。绝大多数的土地贵族和城市精英已经改宗新教，在地方会议，支持新教徒的人也占了绝大部分。17 世纪上半叶，天主教取得显著成功，在很大程度上重新征服了这片广阔地区，这主要归功于天主教会的复兴和反宗教改革运动的活力，而这离不开 1618 年斐迪南二世继位后哈布斯堡王朝的不懈支持。在教育年轻贵族方面，其中包括斐迪南二世和其他诸多哈布斯堡王室成员，耶稣会会士投入了尤为多的精力，并因此获益不凡。皇帝只向忠诚的天主教贵族提供庇护和权力。教会、哈布斯堡王朝，以及掌控各省土地所有权和政治权力的大贵族缔结了稳固的联盟，它至关重要，在接下来的几百年间，一直是哈布斯堡帝国的基石，直到 1918 年帝国瓦解。[20]

贯穿本书的一个关键线索是皇帝如何管理他们的家族。在众多帝国王朝之中，哈布斯堡王朝（不可避免地存在个别例外）在团结、忠诚和对在位君主的强力支持方面，名列前茅。这一点在查理五世统治时期尤其突出，尽管皇帝有时也会压迫他的兄弟姐妹，削弱他们的权力，并利用他们对自己的忠诚。查理先后任命姑姑玛格丽特和妹妹玛丽（丧偶的匈牙利王后）担任尼德兰总督。她们都非常聪明，优秀而能干。尤其是玛丽，她对兄长忠心耿耿，愿意私下向他提出有益的批评，在这方面，她几乎独一无二。卡斯蒂利亚是查理的权力核心，但在位期间，他大多待在其他地方，还任命自己的儿子腓力为总督，毫不怀疑他的忠诚。当然，腓力（与欧洲以外的大多数王子不同）可以确信，总有一天自己会继承父亲的帝国（西班牙），这一点对此有很大帮助。最引人注意的是，查理与斐迪南大公的关系，后者是他唯一的兄弟，也是后来的神圣罗马帝国皇帝。纵观查理的统治时期，斐迪南几乎一直是他的代理人和神圣罗马帝国的指定继承人。1524 年，查理写信给斐迪南，称"在这个世界上，没有任何人能像你一样得到我如此之多的爱和信任"，随后查理提醒自己的儿子，斐迪南明智、绝对忠诚，是世界上最值得他信赖和听取建议的人。不过，在查理统治的最后几年，这种忠诚受到了严峻考验，因为查理试图背弃早期的承诺，将神圣罗马帝国交给腓力。面对这种严重的挑衅，斐迪南的耐心、冷静、宽容和忠诚显得更加可贵，因为他知道查理的尝试不仅会瓦解哈布斯堡家族的团结，还会遭到选帝侯的坚决抵制。[21]

值得赞扬的是，腓力自己在一开始就放弃了继承神圣罗马帝国的一切主张。尽管没有犯下什么过错，但是当他准备利用家族来管理帝国时，他远不如父亲幸运。他的长子（腓力在位的大部分时间内唯一的成年儿子）卡洛斯王子（唐·卡洛斯）身体畸形，还有精神缺陷，1568 年，腓力不得不将他软禁起来，并取缔他的继承权。作为坚持长子继承制的代价，人们偶尔会面临这种尴尬局面。腓力的妹妹胡安娜深受他的喜爱，而且聪明能干，但是她坚持成为一名修女。结果，国王不得不转而求助于查理的私生女，即帕尔马的玛格丽特，让她担任尼德兰总督。但是，玛格丽特既没有匈牙利的玛丽的威信，也没有她那样的能力。16 世纪 60 年代，反对势力兴起，是应该与其针锋相对，还是对其进行安抚，玛格丽特与红衣主教格兰维尔在这一问题上存在根本分歧，而后者是腓力在尼德兰的顾问，深受腓力信赖。腓力的宫廷里也发生了类似的分裂。加上布鲁塞尔和马德里之间的物理距离，腓力无力应对日益严重的危机，这种情况在即将爆发的尼德兰革命中也发挥了重要作用。不过，20 年后，玛格丽特的儿子亚历山德罗·法尔内塞开始为腓力效力，他是一名强大的战士和优秀的总督。

至于哈布斯堡王朝的奥地利分支，尽管腓力和叔叔斐迪南一世一直保持良好的关系，但两支之间的关系后来还是疏远了。神圣罗马帝国皇帝马克西米利安二世（1564—1576 年在位）很难相处，是个睚眦必报的人。他的伯父（也是岳父）查理五世曾试图剥夺他的帝国继承权，这一直令他怀恨在心。他的儿子和继承人鲁道夫二世（1576—1612 年在位），则更令人不满：在政治上碌碌无为，沉迷神秘世界和占星术，精神越来越不稳定。从腓力的角度来看，最严重的问题是，这两位统治者都不喜欢反宗教改革运动，他们允许新教在奥地利和波希米亚自由传播。直到 1618 年，也就是腓力二世去世 20 年后，斐迪南二世的即位才恢复了西班牙哈布斯堡家族和奥地利哈布斯堡家族这两个分支的统一，并捍卫毫不妥协的反宗教改革原则。在随后的三十年战争中，正是哈布斯堡王朝的团结，支撑着天主教的事业。[22]

　　然而，王朝原则使哈布斯堡家族笑到了最后。由于渴望将王朝的西班牙分支和奥地利分支整合在一起，哈布斯堡家族进行了近亲通婚，这种通婚的程度即便是在欧洲，也很罕见。这一政策延续多代，导致了精神问题、不孕不育、身体残疾，以及在那个年代都算得上极高的儿童死亡率。腓力二世的继承人唐·卡洛斯只有四位曾祖辈亲长，而一般人则有八位。他的外祖母和祖父查理五世都是卡斯蒂利亚女王"疯女"胡安娜的孩子。1700 年，身体残疾、性无能的查理二世去世，他是腓力四世唯一活到成年的儿子，哈布斯堡王朝的西班牙分支就此绝嗣。根据一个相对已改善了的合法的家族继承方式，西班牙帝国被分成了几部分，其中最大的部分传给了法兰西王室的一个分支，他们是路易十四之妻、西班牙国王腓力四世之女的后裔。查理五世和腓力二世如果知道自己的努力会产生这样的结果，一定会感到震惊，有所退缩。40 年后，也就是 1740 年，随着神圣罗马帝国皇帝查理六世的去世，奥地利哈布斯堡家族男嗣断绝。幸亏查理六世之女玛丽亚·特蕾莎勇气非凡、意志坚决，奥地利的领地在哈布斯堡王室的手中几乎完好无损地幸存下来。1700 年和 1740 年，哈布斯堡王朝的两个分支先后绝嗣，这对欧洲地缘政治，以及欧洲大陆王朝国家之间的权力平衡，产生了重大影响。由此导致的战争持续多年，代价高昂，它们甚至可以被称为世界大战。

　　关于查理五世的统治，一个有趣的视角是观察皇帝在不同时期的行事变化。虽然讲的是查理个人，但是他在人生不同阶段对统治的不同态度，可以代表许多君主。这位皇帝跟随杰出的导师接受过良好的教育，其中一位就是后来的教皇阿德里安六世。在青少年时期，查理对武艺和骑士传说的兴趣远远超过学习。到了晚年，他有时会对此事产生的缺憾而后悔。他的大臣纪尧姆二世·德·克罗伊，出身高贵，来自克罗伊家族，直到 1521 年去世，这位男爵一直对查理有着巨大的影响。在某些方面，这种影响是有益的：在查理成年后，纪尧姆二世·德·克罗伊鼓励年轻的君主勤于工作，令后者充满责任感。不幸的是，与其他许多贵族一样，纪尧姆二世·德·克罗伊贪得无厌地争取任免权，将职位授予自己的亲戚和被保护人。在卡斯蒂利亚，他说服查理将肥缺托莱多大主教一职授予自己年仅 19 岁的侄子，损害了君主在卡斯蒂利亚贵族心目中的地位。后来，查理认识到这一行为的愚蠢，也意识到了皇帝受宠臣的影响、允许其掌控任免权的危险。[23]

16 世纪 20 年代，查理的主要顾问是大臣梅尔库里诺·迪加蒂纳拉，皇帝谦逊地接受了老臣对其管理方式的坦率批评，态度令人钦佩。即便如此，查理仍广泛听取意见，不允许自己为迪加蒂纳拉所控制。他仔细阅读文件，收集意见，深思熟虑，这一过程常常缓慢得令人痛苦，但他一旦做出决定，基本上就不会再改变主意。随着时间的推移，他对自己的判断越来越自信，也变得越来越固执，他自己有时也坦率地承认，这是一个弱点。到 16 世纪 40 年代，他越来越不可能听从那些他不想听到的建议。1544—1545 年，他击败弗朗索瓦一世，1548 年，他又击败德意志新教徒，此后的情况更是如此，等到 1550 年他的最后一位高级顾问尼古拉斯·德·格兰维尔去世后，情况变得更严重了。虽然格兰维尔的身份在某种程度上由他的儿子、未来的红衣主教继承了，但是经验丰富的皇帝更不可能听从一个年轻人的建议，而小格兰维尔也畏惧这样做。一个不愿意听取逆耳之言的皇帝，也不太可能接受这些反对意见。1549—1552 年，查理在军事方面惨遭失利，之后他又愚蠢地试图强行指定腓力为神圣罗马帝国的继任者。不过，以负面的评价结束对查理统治的叙述是不公平的。法兰西试图把握住在 1552 年的战役中取得的胜利，趁热打铁。而查理尽管身心俱疲、疾病缠身、闷闷不乐，还是振作精神击退了法兰西的尝试。最后，他机智地放下了德意志的事务，允许斐迪南与新教徒做出必要的妥协。查理选择退位，摆脱了皇位带来的负担，将领地和平地交给了自己的继承人，然后隐居到埃斯特雷马杜拉的尤斯特王家修道院，为彼世做准备，他实现了许多年迈的皇帝的梦想。鉴于查理面临的巨大挑战，他能为继承人保住全部遗产，已经是一个了不起的成就。[24]

偶尔有人会问，查理五世和腓力二世在行事时是否遵循了当代术语所谓的大战略。这意味着一整套明确的总目标和优先事项，实现这些目标所需的政策，以及调动成功必需的政治经济资源的计划。事实上，没有一个前现代君主使用这些精确的术语来思考和规划。毋庸置疑，查理拥有的是一个愿景。他的梦想是履行皇帝的职责，领导基督教王公进行十字军东征，结束奥斯曼帝国的威胁，解放圣地。在国内政策方面，他的愿望则是捍卫基督教群体的统一，捍卫福音书和自 4 世纪起便引导着天主教会的大公会议留下的教义。此外，他的愿望还包括促进教会实践的根本改革，他深刻地意识到了这样做的必要性。在自己的领地内，他愿意以基督教国王必备的公正和仁慈来进行统治。从本质上来说，这种愿景与中世纪的君主典范圣路易的理想几乎没有什么不同。这种一致性说明，查理的核心信仰异常地保守和传统。[25]

与圣路易不同，查理五世从未真正参与十字军东征，但他的愿景并不只是一个脱离实际的幻想。法兰西与哈布斯堡家族的对立是基督教世界的主要政治分裂。关于米兰和尼德兰的争端是它的主要爆发点。在 1543—1544 年的战役中击败弗朗索瓦之后，查理提议将自己的女儿嫁给弗朗索瓦的儿子，并授予他们勃艮第或米兰的领地，借此结束两国的对立，建立一个统一的基督教世界。这个计划失败了，但它很有远见，也很有原则，就政治层面而言，或许也十分明智。查理曾为儿子腓力写过三份遗嘱（1538 年、1543 年和 1548 年，查理在离开西班牙时任命腓力为摄政），1548 年，当查理写最后一份遗嘱时，他对法兰西的态度变强硬了。

在这份遗嘱中，他嘱咐腓力，任何妥协都不能缓和法兰西的野心，他必须保卫哈布斯堡家族的领地，寸土必争。但是皇帝也很担心，因为他的继承人主要待在西班牙，可能无法像自己一样维持对尼德兰的控制。因此，将尼德兰授予另一位哈布斯堡家族成员或许更加明智，他可以自主统治这片领地，但是需要发誓遵守家族领袖的外交政策。

在查理看来，控制热那亚和米兰是统治意大利的关键。至于教皇，一切有关天主教教义的问题都必须服从教皇，但是教皇意欲成为领土最高统治者的野心往往是邪恶的，必须强烈反对。最后这份遗嘱也表明，随着时间的推移，查理对德意志新教徒的态度越来越强硬。他在遗嘱中写道，只有武力才能抑制他们的发展。腓力的主要传记作家称，1548 年的遗嘱极具洞察力，并认为这个大战略最能保障腓力继承的遗产的完整性，但将它称为"大战略"似乎过于牵强。皇帝非常清楚政治具有天然的不确定性，他也知道，面对意想不到的情况和挑战，一个庞大帝国的统治者会受到怎样沉痛的打击。在一份较早的遗嘱中，他曾告诫腓力，自己不可能给他提供详细的政策指导，"因为政治中的例外远多于规则"。[26]

与查理五世不同，腓力二世并不具有皇帝的头衔。这个头衔被交给了他的叔叔斐迪南，随后便在斐迪南一脉，也就是奥地利哈布斯堡王朝传续。然而，在腓力二世所处的时代，每一个欧洲人都不会怀疑，西班牙国王才是哈布斯堡王朝的首领。腓力的财力、权力和野心都远远大于他的奥地利堂兄弟。17 世纪早期，西班牙国王统治着一个面积达 440 万平方英里（约 1140 万平方千米）的帝国，比鼎盛时期的奥斯曼帝国大出三分之一，比奥地利哈布斯堡王朝的领地更是大得多。在腓力统治时期，美洲的白银为哈布斯堡王朝财政做出的贡献呈几何级数增长，达到了顶峰。即使在欧洲，腓力也保留了查理五世的帝国中最重要的两个部分，即卡斯蒂利亚和尼德兰，它们的税收是查理政权的关键。他还统治着意大利的一半领地，控制了意大利半岛的大部分地区。腓力视卡斯蒂利亚为祖国，就连查理也将这个王国选为隐退、埋葬之所。但这两个人都不认为自己是西班牙的国王。这是将民族主义的假设回溯到了更早的历史时期。无论是在现实中，还是在哈布斯堡王朝这些君主的心目中，都没有西班牙王国这一概念。从实际出发，对他们来说，从美洲获取资源要比从阿拉贡获取容易得多。腓力的观念同样充满普世性，程度纵然及不上他的父亲，也只是差了一点而已。他从查理那里继承了同样的信念，认为自己的职责是维持一个真正的普世教会。这意味着他既有义务使美洲人改宗天主教，也有义务利用美洲的资源来重振天主教在欧洲的主导地位。在地缘政治和文化方面，西班牙在美洲的统治产生了长期的重要影响。根据本书对"帝国"和"皇帝"的定义，腓力毫无疑问是一个皇帝，他统治着有史以来最为庞大、最重要的帝国之一。[27]

腓力面临的挑战比查理稍小。由于他不是神圣罗马帝国的皇帝，他并不直接负责对抗德意志新教徒。这项任务得以被置于次要位置，直到哈布斯堡王朝击败了其他敌人，可以将力量再次团结起来，重新开始在德意志的战斗。这一刻发生在 1619 年，它给欧洲带来了数十年的战争。腓力也不负责在奥斯曼帝国的铁蹄之下保卫匈牙利边境。在 16 世纪的最后 25 年里，奥斯曼帝国的相对实力有所下降，它的主要进攻目标不再是地中海的中部和西部地区，而是波斯和奥地利哈布斯堡王朝。1577 年年初，腓力二世同意休战，此后一直到他统治结束都维持着停战状态。最重要的是，自 1559 年亨利二世去世至 16 世纪 90 年代亨利四世的地位得到巩固，法兰西王国由于宗教纷争而分裂，根本无法维持一项有意义的外交政策。哈布斯堡王朝意欲在欧洲重申其王朝和天主教反宗教改革的主导地位，而法兰西一直是这一事业最持久和最危险的障碍。随着法兰西丧失了强国地位，腓力二世得到了一个千载难逢的机会。然而，由于尼德兰革命，这个机会在很大程度上流失了。可以说，在腓力的帝国计划中，尼德兰革命及其后果是他遭遇的最重要的挑战和失败。

在尼德兰，腓力面临一个典型的帝国困境。管理深深扎根于当地精英，却又位于帝国边缘地带的富饶社群，对任何一位皇帝来说都绝非易事。距离严重制约着决策，在危机时期尤为如此。当地民众起义很可能会得到强大敌国的有力支持。尼德兰革命时，所有这些因素都交织在一起，不过，关于尼德兰革命的爆发，腓力本人也负有部分责任。回顾过去，至少有一点很明显，比起腓力以武力推行政策的行事手段，采取保守策略，维护与地方贵族的联盟，显然要合适得多。1566 年，阿尔瓦的军队第一次被派往尼德兰，在此后的几十年里，这场起义似乎时不时地处于消亡的边缘，但它总是会星火重燃，这主要是因为西班牙军队的掠夺行为。没有当地精英的支持，就不可能利用当地税收支付占领军的巨大花销。战争使卡斯蒂利亚本就沉重的税收负担雪上加霜，导致了腓力的破产。最糟糕的是，西班牙在尼德兰的行动将腓力拉入了与英格兰的战争。1580 年，腓力继承了葡萄牙帝国，这是一笔庞大的意外之财。这使腓力成为一个比查理五世更伟大的世界性帝国皇帝。葡萄牙国王的帝国和权力向来不及哈布斯堡王朝。即便如此，在海外殖民地方面，它还是令法兰西、尼德兰和英格兰相形见绌。欧洲第二大海外帝国落入腓力之手，而他本就统治着世界上最庞大的帝国之一。然而，在 16 世纪 80 年代，英格兰和尼德兰海军大肆劫掠伊比利亚海岸和殖民贸易，这导致哈布斯堡王朝损失惨重，使其资源不堪负荷，抵消了因继承葡萄牙而获得的大部分潜在利益。

腓力的顾问们告诫他，高度流动的海上敌人可以任意选择进攻的地点，而一个幅员辽阔的帝国不可能对每一处可能会遭遇敌人进攻的地方都提供保护。这是欧洲君主第一次面临中国皇帝的经典困境。海洋是一条比大草原更宽广、更开阔的大通道。它为英格兰和尼德兰的海上掠夺者提供了无与伦比的机动性。与草原游牧民族一样，或者说比起草原游牧民族，海盗更能够在广阔的空间内纵横驰骋，追求利润，进行劫掠。他们也可以轻易地集中力量，还有一系列固定的、富有吸引力的目标可供选择。而定居的帝国不可能充分保卫这些目标中的每一个。西班牙帝国被海洋分隔为数个部分，其内部交通容易受到海上"游牧民族"的攻击，这对陆地帝国而言十分罕见。西班牙只能采取进攻策略，换句话说就是入侵英格兰，才有可能成功。来自法兰西王国和奥斯曼帝国的威胁有所缓和，因而实施这样的行动成为可能。从战略角度来看，腓力的无敌舰队——他入侵英格兰的大规模计划——是有意义的，但在较低的操作层面，正如腓力的主要军事和海军顾问所提醒的那样，发动这样一场复杂的水陆两栖战役，将面临极大的困难。[28]

腓力没有理会这个建议，这在很大程度上是因为他的固执和铤而走险，这两个特质由于年龄的增长有所加剧。不过，腓力的脑海中还潜藏着一个信念，就像他的父亲和整个卡斯蒂利亚精英阶层一样，他相信，他的事业也是上帝的事业，因此他终将克服一切阻碍，取得胜利。在这一信念的背后，存在一个观念：上帝在过去给予西班牙和哈布斯堡家族众多的胜利和如此庞大的帝国，他这样做一定带着某种伟大的目的。在某种程度上，这体现了西班牙和哈布斯堡王朝对帝国权力的认知，以及他们的狂傲。前现代时期有一个广泛存在的假设，即上天以某种形式干预尘世俗务，奖励那些顺天而行的统治者，惩罚那些违背天意的统治者，而上述观念正是这一假设的基督教变体。[29]

以英语为母语的历史学家通常更喜欢查理五世，而不是他的儿子。这位精力充沛、拥有骑士风度的勃艮第青年，通常与身着黑衣、隐居在埃斯科里亚尔（马德里附近）王室修道院的冷寂石墙之后，筹划阴谋的邪恶男子形成鲜明对比。25 岁的查理写道："我不想在没有做出任何壮举的情况下离开人世，我想要建立伟业，名垂千古……迄今为止，我还没有做出任何使自己荣耀披身的事情。"可能是因为过度自制，腓力二世没有说过这样的话。与腓力二世简朴而整洁的作风相比，查理的恶习——他对女色的沉迷，以及他对冰啤酒和牡蛎的热爱——也成了优点，可以使他看起来更通人情。这两个男人之间有着显著的差异。查理的个性更有魅力，他经常能够赢得扈从的极度忠诚和深切喜爱。他机智幽默，有时甚至会打趣自己。腓力的性格受到母亲的深刻影响，程度不亚于他父亲的影响。在人生的前 12 年里，腓力生活在西班牙，其间查理大多不在。腓力的母亲伊莎贝拉则恰恰相反，她一直都在。皇后以美貌、雅致和矜持而闻名，是贵族女性的典范。"伊莎贝拉以强大的自制力而闻名，是一个令人敬畏而专横的女人，腓力从她那里继承了非凡的自律和帝王所需的镇定。"年仅 12 岁时，他便需要这样的自律，当时他的母亲突然去世，而他的父亲再次前往欧洲北部，将他留下，作为名义上的西班牙摄政王。[30]

作为君主，这对父子之间最大的区别在于，查理沉迷于武士国王的角色。他率领军队进行了 9 场战役，其中大多数取得了胜利。同时代的记录称，在战争中查理放下了一些烦恼，变得更加放松和随和。相比之下，尽管腓力很高兴能在 1557 年的战役中一举成名，但是他在此后再未表现出任何领导军队作战的意愿。他是典型的王家首席官僚作风，肩负着管理的重担，最喜欢通过文书进行管理，而不是通过面对面的会议。据其最著名的当代传记作家所述，他的个性近乎强迫症：沉浸于细枝末节，无法将事情委派他人；顽固不化，严格控制自己的情绪；工作勤奋，但往往效率低下。毋庸置疑，这种批评在一定程度上是合理的。但是腓力对掌控权和细节的痴迷，在一定程度上源于他的深切怀疑——他担心宫廷和政府中隐藏着敌对的个人和派系，疑心他们筹划阴谋诡计。这样的怀疑通常具有充分的根据。在一个恶名昭著的例子中，一名重要顾问狡诈地通过抹黑对手来掩饰自己的不忠，极力说服腓力下令处死对手。当完整的故事浮出水面，真相传播到整个欧洲时，西班牙和天主教的敌人高兴地利用它来诋毁国王的声誉。[31]

即便如此，太过夸大两位君主之间的差异也是错误的。这两人都不是特别聪明或富有想象力：人们不应该对严格遵循长子继承原则而选择的世袭君主抱有这种期待。和腓力一样，查理经常因为固执和讲究细枝末节而遭到指责。为此深感抑郁的是查理，而不是腓力。按照王室的标准，这两个男人对他们的妻子都格外忠贞。没有任何证据显示，查理对深爱的伊莎贝拉皇后有不忠行为，她的死亡令他崩溃。他确实有私生子，但要么生于他结婚之前，要么生于伊莎贝拉去世之后。此外，为了维护他们眼中神圣、合法的事业，查理五世和腓力二世都愿意撒谎、杀人。相较而言，腓力更加无情，这一方面是因为时代不同，另一方面是因为两位统治者的个性或道德差异。特兰托公会议对毫不妥协的反宗教改革教义进行了最后修改，并于 1555 年结束。从那以后，欧洲划分了明确的意识形态战线，敌对的宗教阵营之间的斗争变得更加残酷，不再容易接受任何可能的妥协。

兼具宫殿功用的埃斯科里亚尔修道院是腓力的伟大创造，是他的骄傲和快乐之源。人们几乎可以说，这是他承担统治重任之余的安慰和解脱。他将个人注意力大量灌注于它的建造、装饰和收藏品。腓力和查理都有良好的艺术品位。他们最欣赏佛兰德斯画派，试图将其引入西班牙，在那个时代，西班牙就像欧洲的一潭死水，粗野不堪。根据大多数宫殿的标准，其中包括腓力二世度过大部分时间的其他西班牙王家住宅，埃斯科里亚尔修道院显得十分简朴。当然，埃斯科里亚尔的首要功能是修道院和王家陵墓，它的相对简朴不足为奇。腓力之所以选择这个地方，是因为这座新修道院周围环绕着壮丽的群山和森林，这是他所喜爱的。他还是一名热情的园丁。在他统治期间，埃斯科里亚尔周围拥簇着一流的花园。腓力还喜欢在附近的池塘和森林里钓鱼和打猎。他是西班牙最伟大的绘画、书籍和异国植物收藏家。此外，他并不是一个完全没有幽默感的人。有一次，他秘密安排自己的宠物象"拜访"埃斯科里亚尔单人隔间里的修士，这使他们大吃一惊。当然，腓力的精力并不旺盛，他感到了处于权力巅峰的孤独。像其他许多君主一样，他牢牢地控制着自己的情感，只对妻子、姐妹和女儿敞开心扉，因为她们是他的挚爱。面对谦恭的请愿者，腓力耐心地倾听，面带鼓励的微笑，从不打断他们，总是给他们先表达的机会，这是一幅极具吸引力的画面。他还十分守礼，总会亲吻神父的手，即便是最年轻、职位最低的神父。[32]

查理和腓力都不是善于做戏的君主，至少在扮演西班牙国王这一角色时不是。与查理有关的盛大仪式，比如 1530 年教皇在博洛尼亚为他举行的恢宏的加冕典礼，都与他作为皇帝的身份有关。与法兰西和英格兰相比，卡斯蒂利亚国王没有举行太多的仪式。他们没有华丽的宝座、权杖和王冠，无须加冕礼，他们就可以获得权力。相较于欧亚大陆的许多非基督教君主，身为卡斯蒂利亚国王的查理和腓力绝对称不上神秘，但是以欧洲的标准而言，他们过着相对安静而与世隔绝的生活。他们对自身王朝的合法性充满信心，觉得没有必要进行都铎式的宣传或个人崇拜。两人都没有威严的外表。查理甚至有些丑陋，身体畸形导致嘴巴张开、下颌突出，还因为一次狩猎事故而失去了门牙。为了抵消这些缺点，他不仅蓄起了胡子，还练就了冷静、克制但威严的举止，给初次见他的人留下了深刻的印象，比起亨利八世和弗朗索瓦一世（程度较低）采用的更外向、更热情、更大众的行事作风，查理显得更加成熟。查理和腓力还有一个最重要的相似之处，他们为共同的理想和身份认同 —— 王朝的、基督教的和帝国的 —— 而全力奉献，他们的个性因此得到升华。他们以不懈的努力和坚定的决心为这一事业服务，时而令人钦佩、感动，时而又令人恐惧。[33]

研究哈布斯堡王朝的这些君主意义非凡、十分有趣，这不仅是因为他们的帝国和所处的时代有着重要的地位，也是因为有足够的文献使我们深入了解他们的个性，以及他们内心对政事的想法。在众多文献之中，最好的大概是查理在 1538 年、1543 年和 1548 年写给儿子的那些遗嘱。第一份遗嘱写于 1538 年，当时腓力只有 11 岁，这份遗嘱的内容在另外两份中也有所体现，还得到了进一步的阐释。1548 年的遗嘱主要是对国际局势的概述，对此，上文已经讨论过了。在这里，我将简要总结一下查理在 1543 年起草的两份备忘录，它们构成了第二份遗嘱的一部分。这两份备忘录都是机密文件，但第二份文件是专门写给腓力一个人的，皇帝在这份文件中阐述了其治下重臣们的优缺点。

这两份备忘录不仅臧否人物，还包含一些更普遍的有关管理帝国的想法。查理敦促腓力密切关注国家财政，"今时今日，财政部是国家最重要的部门；财政部清楚地知道，你有多少可以任意支配的收入"。他必须小心谨慎，避免侵犯阿拉贡王国的权利和特权，因为当地的精英在这个问题上非常敏感，容易激动。至于军权，他应该相信阿尔瓦公爵的建议，但应该以查理为榜样，将阿尔瓦排除在最高政府委员会之外，"最好不要让大贵族进入王国的政府部门"，这主要是因为他们容易将政府视作永不枯竭的职位源泉，利用它为自己的亲戚和被保护人牟利。对腓力来说，他绝对不能成为政党的傀儡，无论是宫廷里两个主导政党中的哪一个。他必须同时任用两个团体的成员，凌驾于二者之上，使他们相互制衡。为此，他需要任命能力卓越但忠心耿耿的大臣。

进而，他需要对重要大臣的学识、才智和可靠性进行评估。根据每个人的专长和可信程度，他再对其进行针对性的掌控、激励，赋予他们正确的角色。查理不是一个残忍的君主。他的主要顾问没有一个遭到处决，甚至没有一个遭到贬黜。他们中的大多数都在任多年。皇帝接受高级官员将职权作为获取财富的一种手段。当然，查理不是现代意义上的最高行政长官。作为君主，他的地位远远高于其大臣。他们既不能取代他，也不能推翻他。关于政策的意见和异议只有在得到允许时才可以提出，而且通常是以非常恭敬的方式。即便如此，对于当代政治领导人乃至一些大公司的领导来说，备忘录的大部分内容都是真实的。无论是为了实现什么目的，皇帝都需要通过人和机构进行。自幼年开始，所受的教育就告诉查理，在做决定之前必须听取建议，因此必须选择诚实的顾问，而不是阿谀奉承的人。所以，我们发现，这位由上帝指定的皇帝向自己的儿子介绍只任命一位重臣的缺点，以及这种做法在过去的事件中如何为这位大臣招致同僚的野心和怨恨；设置两位重臣对有效治理西班牙的重要性，以及如何有效地劝导他们和谐相处；如何鼓励和奖赏逆耳忠言，但也提到，要怎样在信任一位重臣的同时提防他的妻子。政府的高层就像一个小村庄，查理对"村里的居民"耳熟能详。

1543 年，查理为腓力写下遗嘱时，后者还没有成年。他是皇帝唯一的儿子，也决定着王朝和帝国的未来。查理以道德绑架的方式"管理"所有的家族成员。他可以顺利地做到这一点，因为他们从小就接受有关家族团结的教育，被要求将效忠王朝首领视为天职，他们自幼便将这些教导内化了。自然，皇帝对待继承人时进行的道德绑架最为极端。16 岁的腓力不能彻底摒弃年轻人的一切消遣，查理对此聊表遗憾，然后便提醒腓力，他是已婚的王子，是他父亲的西班牙摄政，"尽管尚未成年，但这些事实已经早早使你成为一个男人"。腓力对上帝，以及对自身灵魂的责任，要求他始终将职责放在首位。无疑，对于查理提出的一些建议，大多数想方设法训练继承人的君主都会认同，想必本书的读者至此也已经对它们很熟悉了。查理敦促腓力，永远不要因"激情、偏见或愤怒"做出决定，举止要"冷静而矜持"，要"察纳雅言，像警惕火焰一样警惕谗佞"。

实际上，查理的要求甚至超越了一般的王家父亲所能提出的警示。查理提醒腓力，他永远是自己唯一的儿子，这无疑与死去的伊莎贝拉皇后有关，她的丈夫和儿子都十分尊敬她。他必须保持自己的纯洁、健康和生育继承人的能力。"想想看，如果你的姐妹和她们的丈夫将来继承你的一切，会造成什么后果。"腓力年轻时就受到警告，即便在婚姻生活中，也不可以过度放纵（更不用说与其他女性了），查理让他不要忘记舅公的悲惨命运——因放纵而早逝。为了避免这些肉体和情感的诱惑，腓力必须训练自己，即便是自己年轻的妻子，也要与其长期分居。为了统治一个庞大的帝国，查理本人与妻子曾分离多年，因此他坚信这个警告对他的儿子来说十分有益，可以令他为将来的生活做好准备。

作为君主，身处于压力和诱惑之中，保持自己的道德准则至关重要。为此，必须选择一个坚定、无畏且没有私心的修士担任告解神父，他会在绝对私密的告解室中向君主陈述逆耳忠言，让君主忠于自己的职责，作为统治者和个人为上帝服务。这使告解神父在决策过程中扮演了一个合法的、有时甚至十分重要的角色，这是哈布斯堡王朝统治的一个特征，一直延续到 1648 年乃至以后的岁月。例如，在 16 世纪 30 年代和 40 年代，殖民者对美洲原住民的虐待问题严重困扰着查理。许多与皇帝关系密切的著名神职人员（包括他的告解神父）都十分关注这个问题。查理本人似乎认为，1541 年妨碍他袭击阿尔及尔的风暴是上帝对他的警示，这一方面是因为西班牙殖民者在拉丁美洲犯下的罪行，另一方面是因为他未能保护南美洲当地的臣民。皇帝试图控制殖民者，强制推行帝国正义，最终导致了一场反叛，几乎失去了秘鲁。随后，出于对税收的需要，加上王室不可能对如此远离马德里的群体和精英进行严格管理，国王对正义的要求不得不做出妥协。大多数皇帝对这些问题都不陌生。然而，在后来写就的 1548 年遗嘱中，查理以上帝和正义的名义敦促腓力，要求他保护南美洲当地的臣民免受西班牙殖民者因贪婪而做出的残忍对待，而这种情况之所以难以遏制，是因为遥远的距离和殖民统治的天性。

　　皇帝的禁令和道德上的疑虑不是在作秀。他知道，对于一个为上帝的事业而奋斗的统治者来说，欺骗、暴力，以及与现实妥协不可避免。但他坚信，他的王朝拥有上帝赋予的使命，上帝会保护他们的努力，这种信仰支持着他，激励他前进。"我的儿子，"他写道，"但愿你可以在上帝的帮助下生活、行动，但愿你可以正确地服务上帝，但愿当你结束尘世的岁月时，他会在天堂迎接你。你亲爱的父亲一直如此祈祷。"事实证明，腓力完全忠于他父亲的事业和遗志。为了完成这一使命，他给自己施加了极大的压力和约束。评估基因、教育和父母的榜样对一个早在 400 年前便已经死亡的人的影响，是一项不可能完成的任务。但如果事实正如部分文献所暗示的那样，腓力二世是"强迫性人格"，那么他年轻时承受的极大压力肯定对此有所作用。[34]

第 11 章

皇帝、哈里发和苏丹

奥斯曼王朝

16 世纪，欧亚大陆的大部分地区由三个伊斯兰王朝统治。奥斯曼王朝统治着近东、北非和欧洲东南部。萨法维王朝统治着伊朗（有时包括现今伊拉克的大部分地区），正是在他们的统治下，伊朗及其大多数人口从逊尼派转为什叶派。与此同时，1000 多年来，近乎整个印度次大陆首次形成了一个统一的帝国，统治者是莫卧儿王朝。莫卧儿王朝是历史上最伟大的两位征服者-皇帝——成吉思汗和帖木儿——的后代。萨法维王朝则声称自己是先知穆罕默德及其女婿阿里的后裔。与这些欧亚大陆和伊斯兰历史上的庞然大物相比，祖先仅是小型突厥战团首领的奥斯曼王朝不值一提。然而，奥斯曼王朝比萨法维王朝和莫卧儿王朝都长久。奥斯曼帝国国祚 600 多年，自称伊斯兰王朝中最伟大的一个，只有阿拔斯王朝可以与之相媲美。[1]

在 600 多年的时间里，奥斯曼帝国君主制的性质发生了变化，君主实际行使的权力也起伏不定。从 13 世纪兴起到 1453 年，奥斯曼帝国的君主一直领导着一支异常成功的战团，在安纳托利亚和欧洲东南部，也就是基督教世界和伊斯兰世界的交界地带行动。君主的行事遵循战团首领的准则，一般是不拘礼节、相对平等的。1453 年征服君士坦丁堡（伊斯坦布尔），随后在 1517 年征服埃及的马穆鲁克王朝，他们成了世界上最强大的帝国之一的统治者。奥斯曼王朝取代马穆鲁克王朝，成为麦加和麦地那的统治者和守护者，并因此成为伊斯兰逊尼派王朝的杰出存在。从 1453年到 16 世纪末，这段时间通常被人们视为奥斯曼帝国的巅峰期。三位最著名的奥斯曼苏丹在这个时期当政——穆罕默德二世（1444—1446 年、

1451—1481 年在位），塞利姆一世（1512—1520 年在位），以及苏莱曼一世（1520—1566 年在位）。他们是令人敬畏的政治领袖和军事首领，也是越来越威严和高高在上的皇帝。

17 世纪上半叶是奥斯曼帝国和王朝的危机时期。作为这场危机的组成要素之一，在这一时期的大部分时间里，君主要么尚未成年，要么患有精神缺陷。17 世纪 50 年代，大维齐尔柯普律吕·穆罕默德在苏丹穆罕默德四世（1648—1687 年在位）的明确支持下，重新稳定了朝政。柯普律吕家族掌控奥斯曼政府几十年，由他们稳定下来的政治秩序一直持续到 18 世纪末。君主的权力受到了强烈的限制：政治生活由乌理玛（高级法官和宗教学者）、地方显贵和伊斯坦布尔的禁卫军（苏丹亲兵）控制。苏丹亲兵与伊斯坦布尔的商人、工匠，以及首都的保守派宗教团体（苏菲派）关系紧密。

奥斯曼帝国大维齐尔当政的局面最终由于未能维持帝国的军事力量、保卫边界免受俄罗斯帝国威胁而破灭。1768—1812 年，奥斯曼帝国在三场战争中惨遭失败，结果，中央集权化的君主制重新确立起来，被视为保卫帝国、抵御外敌入侵和内部反叛的唯一手段。这个进程始于塞利姆三世（1789—1807 年在位）当政时期，在他被推翻并遭到谋杀后，1807—1808 年，他的堂弟马哈茂德二世（1808—1839 年在位）成功使这一进程更进一步。在奥斯曼帝国君主制的历史中，这个时代持续了一个世纪。1908—1909 年，奥斯曼帝国最后一位专制统治者阿卜杜勒·哈米德二世（1876—1909 年在位）被"青年土耳其党人"推翻。其成员大多是致力于社会经济现代化、"精英政治"和土耳其民族主义的军官和民间知识分子。最初，他们保留奥斯曼王朝但不赋予其权力，将其作为帝国荣耀和统一的象征。然而，帝国在第一次世界大战中惨败并因此分裂，协约国随后占领伊斯坦布尔，这引发了穆斯塔法·凯末尔·阿塔图尔克领导下的土耳其民族主义群体的强烈反对。他将这个王朝描绘成导致宗教蒙昧主义、政治落后，以及土耳其软弱不堪、屈从于基督教欧洲的原因。1922—1924 年，他先是剥夺了奥斯曼王朝作为最高统治者（苏丹）的身份，之后又剥夺了他们作为宗教领袖（哈里发）的地位。[2]

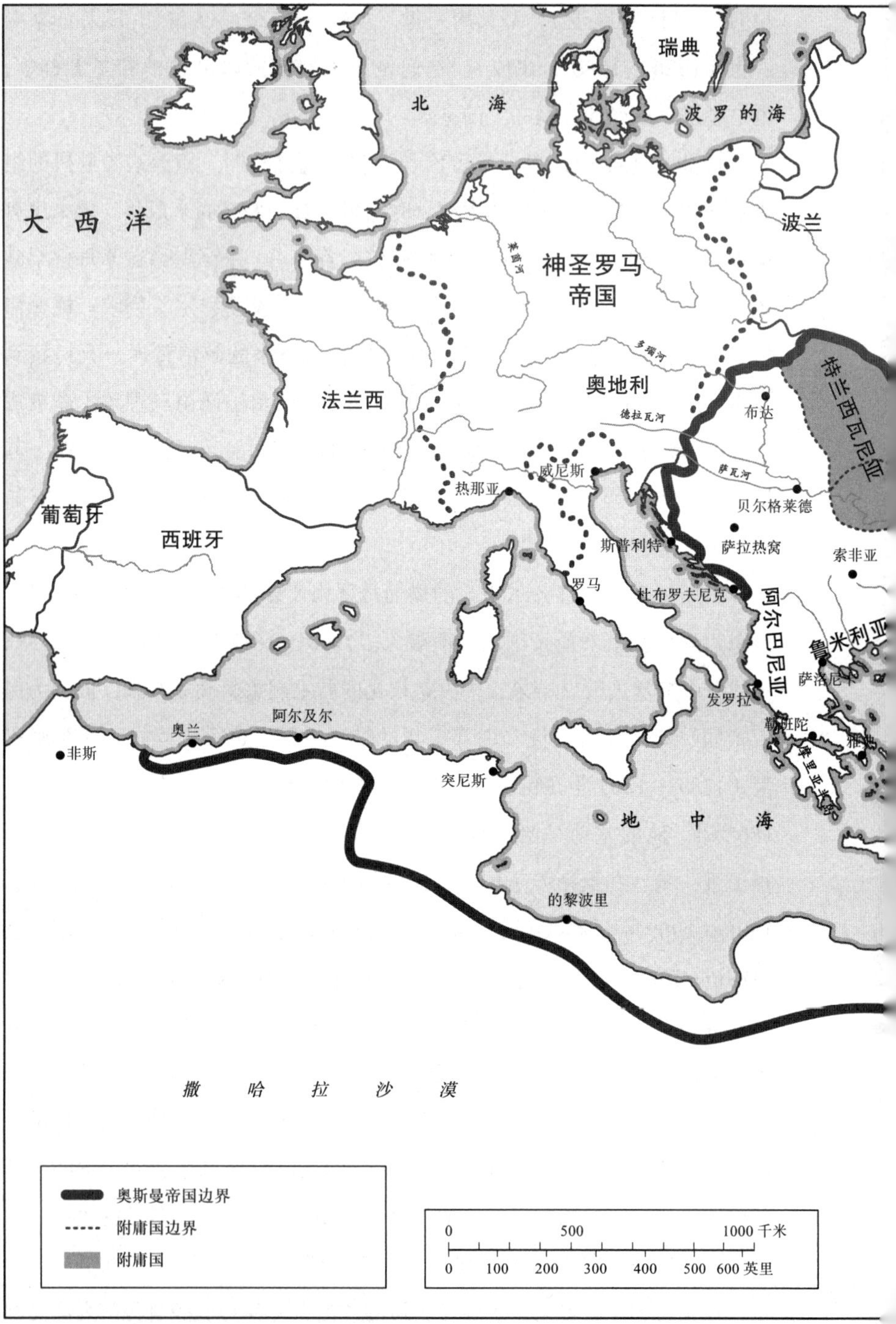

地图 11.1 奥斯曼帝国，约 1550 年

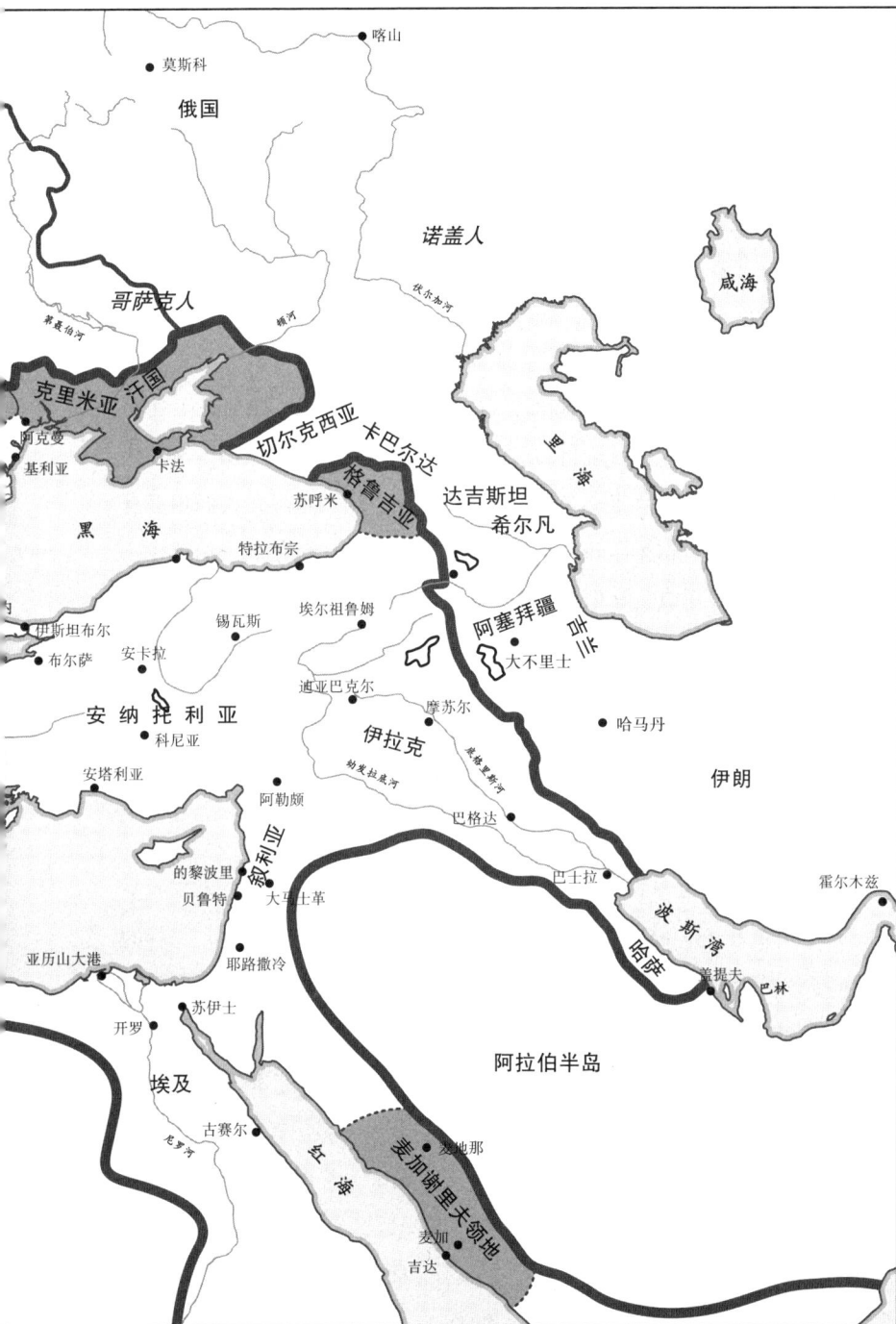

喀山

莫斯科

俄国

诺盖人

咸海

哥萨克人

顿河

克里米亚汗国

伏尔加河

里海

阿克曼

基利亚

卡法

切尔克西亚

卡巴尔达

格鲁吉亚

达吉斯坦

希尔凡

黑海

苏呼米

特拉布宗

埃尔祖鲁姆

阿塞拜疆

库拉河

大不里士

伊斯坦布尔

布尔萨

安卡拉

锡瓦斯

迪亚巴克尔

摩苏尔

哈马丹

伊朗

安纳托利亚

科尼亚

底格里斯河

伊拉克

幼发拉底河

安塔利亚

阿勒颇

叙利亚

巴格达

的黎波里

贝鲁特

大马士革

巴士拉

波斯湾

霍尔木兹

亚历山大港

塞浦路斯

耶路撒冷

哈萨

盖提夫

巴林

苏伊士

开罗

埃及

阿拉伯半岛

古赛尔

尼罗河

红海

麦加谢里夫领地

麦地那

麦加

吉达

几个世纪以来，奥斯曼帝国用许多方式获得了合法性。最初，与改宗伊斯兰教的突厥-蒙古战团首领一样，他们宣称自己是"加齐"，也就是响应先知号召，将伊斯兰信仰传播到全世界的战士。这个王朝从未放弃宣称自己的"加齐"身份，但是随着时间的推移，他们增加了其他更适用于定居王国统治者的合法性来源。11 世纪，塞尔柱王朝在伊朗和安纳托利亚创建了第一个伟大的突厥帝国。奥斯曼帝国声称，其核心领土是塞尔柱王朝的末代统治者授予他们的。他们借鉴了塞尔柱王朝的波斯-伊斯兰君权观念，它的根基是"正义之环"。概而论之，就是只有在君主公平、公正地统治的情况下，社会财富和军队实力才能得以维持。奥斯曼王朝还追随塞尔柱王朝的脚步，宣称自己是世界征服者乌古斯汗的后裔，在神话中，他是西亚所有突厥穆斯林的祖先。在突厥-伊斯兰世界，人们相信真主会直接给人托梦。据奥斯曼帝国的核心传说描述，王朝创始人奥斯曼一世做了一个梦，梦里真主在他的胸部种下了一粒种子，这颗种子长成的大树遮天蔽日，树荫覆盖了整个世界。这个传说表明，真主应许奥斯曼王朝终有一日会统治全人类。同样广为流传的还有"红苹果"的传说，土耳其人想象中的苹果的具体位置在君士坦丁堡圣索菲亚大教堂前的查士丁尼巨像之手，它是世界霸权的象征。这些传说深入渗透到民间故事中，将这个王朝与其治下的大多数土耳其臣民联系在一起。[3]

君士坦丁堡在近东世界的想象中地位非凡。它是一座独一无二的皇城，是宇宙的中心。650 年，伊斯兰军队第一次围攻这座城市。此后的800 年里，君士坦丁堡的雄伟城墙经受住了一位又一位伊斯兰统治者的进攻。1453 年，它被奥斯曼王朝征服，此次事件一举改变了这个王朝在自己和伊斯兰世界眼中的地位。这座城市的征服者穆罕默德二世早就希望成为另一个亚历山大。毫无疑问，穆罕默德相信著名希腊学者特拉布宗的乔治在这座城市沦陷后对他说的话："拥有这座城市（君士坦丁堡）的人就是罗马人的皇帝……谁是罗马人的皇帝，谁就是整个世界的皇帝。"一个世纪后，穆罕默德的后裔苏莱曼一世永远不会称查理五世是一位皇帝，因为他将自己视为罗马帝国传统的唯一继承人，以及这座千年帝都的统治者。总而言之，在他眼中，相较于近乎丧失权力、已然失去君士坦丁堡的德意志民族的神圣罗马帝国皇帝——查理的官方头衔，自己的身份位于更高的层面。

穆罕默德二世的孙子塞利姆一世征服了麦地那和麦加，这对奥斯曼帝国的身份认同和合法性的影响同样深刻。作为圣地的最高统治者和守护者，奥斯曼苏丹在伊斯兰逊尼派统治者中获得了显而易见的首要地位。简单引用一些被塞利姆挪用的头衔，他是"真主之影""末世的弥赛亚"和"亚历山大式的世界征服者"。当逊尼派受到新的什叶派帝国萨法维的威胁时，塞利姆又成了"宗教复兴者"和维护逊尼派教义正统性的伟大护盾。[4]

奥斯曼王朝在击败马穆鲁克王朝后获得的另一个头衔是"哈里发"。埃及被吞并后，阿拔斯王朝最后一位哈里发被送往伊斯坦布尔，过着体面的退位生活。塞利姆一世从未使用过"哈里发"这一头衔，但他的儿子苏莱曼一世偶尔会这样做。在背后推广奥斯曼哈里发国理念的关键人物是之前担任过大维齐尔的卢特菲帕夏。在与妻子发生暴力冲突后，卢特菲帕夏失去了自己的地位，但幸运地逃过了一劫。他的妻子是塞利姆一世的女儿，她认为自己拥有自主权和独立的身份，这是她的穆斯林丈夫难以忍受的。或许是为了恢复塞利姆一世的宠幸，他随后写了一部学术专著，提出哈里发不需要像阿拔斯王朝那样出身于先知的部落，只要他是一位有道德的伊斯兰统治者，保护并支持伊斯兰教的圣地——麦地那和麦加，他就可以获得这个头衔。虽然苏莱曼一世之后的奥斯曼君主都保留了这个头衔，但直到王朝的最后几十年，即阿卜杜勒·哈米德二世在位时期，他们才充分发挥了作为哈里发的作用。王朝和帝国受到内部敌人和欧洲帝国主义者的威胁，才智过人的阿卜杜勒·哈米德利用自己的哈里发之位，加强了奥斯曼帝国在治下臣民、外国势力和世界伊斯兰群体心目中的威信。[5]

透过奥斯曼苏丹的官方面具，了解他们的个性十分困难。即便对象是这个王朝最伟大的两位战士领袖，即分别征服了君士坦丁堡和圣地的穆罕默德二世和塞利姆一世，情况自然也是这样。有关个人的信息偶尔才会出现。这个王朝的成员接受过一些技能的实践训练。穆罕默德二世是一名训练有素的园丁，尤其喜欢侍弄花草。从每一份材料都能看出的是，穆罕默德和他的孙子塞利姆都是强大、无情而有力的专制君主：为了自己和王朝的权力，他们愿意牺牲一切。1479 年，穆罕默德二世颁布法令，允许新继位的苏丹杀死自己的兄弟，实际上，这种行为在过去频繁发生。法令规定，"无论我的哪个儿子继承苏丹之位，他理应杀死自己的兄弟，以维护世界秩序。大多数法学家都批准了这一程序。以后按程序行事"。这条规则对后来的苏丹没有约束力，然而，新继位的苏丹都这样做了，直到 17世纪早期。塞利姆一世在继位时杀死了他的兄弟和 7 个侄子。几乎可以肯定的是，他还杀死了父亲巴耶济德二世，在突厥人眼中，这是一项更为严重的罪行，无疑是"这个王朝的悠久历史中，一次得到充分证实的篡位事件"。[6]

许多奥斯曼苏丹都拥有绰号，大多数都是带有奉承意味的。塞利姆一世被后人称为"冷酷者"。一名高级官员称塞利姆是"一头正在寻找狞猫的……凶猛狮子……是食人的野兽之王"。苏丹愤怒时的疯狂行径恶名昭著，令他的家人和扈从胆战心惊。他将自己的多个大维齐尔处以死刑，据传闻，在处死其中一位后，他还将死者的头颅踢来踢去，目的是杀鸡儆猴。尽管塞利姆的愤怒行为真实而可怕，但人们通常认为，他的恐怖行为是一种手段，而非无法控制脾气的表现。他通常欣赏诚实和有能力的人，尤其是拥有这些品质的学者，即使他的命令因此遭到质疑。曾在塞利姆之子手下担任大维齐尔的卢特菲帕夏在回忆过去时写道，塞利姆利用恐怖和严峻的手段，成功地遏制了民政部门和军政部门的裙带关系、腐败和无能。他对比了塞利姆与其子、其父的政策，前者严格控制公共财政，后两者则纵容精英官员的腐败和奢靡。卢特菲帕夏对苏莱曼一世和巴耶济德二世的评价别有用心，但他的评论或许可以反映一些真实情况。任何社会中，统治和统治者的历史几乎总是由精英阶层书写。温和、慷慨的统治者广受赞扬，但这些慷慨通常针对的是精英阶层，往往以牺牲普通臣民的利益为代价。对于社会底层来说，一个约束精英阶层、轻徭薄赋的强大统治者往往更受欢迎。[7]

1512 年，结束了与长兄艾哈迈德和父亲巴耶济德二世的激烈斗争，塞利姆登上统治者之位。作为一个统治者，巴耶济德比父亲穆罕默德二世、儿子塞利姆一世更加温和、虔诚，活跃度则相对较低。到 1511 年，年过 60 的巴耶济德已在位 30 年，他迫切想要解决继承问题，以摆脱重担，安享晚年，准备逊位给艾哈迈德。伊斯坦布尔的大多数高级官员都支持艾哈迈德。巴耶济德的另一个儿子科尔库德王子是一位名声斐然的学者。1508 年，他写了一部著名的作品——《有罪的灵魂对善行的呼唤》（*The Erring Soul's Summons to Virtuous Works*），这既是对宗教真理的个人探索，也是请求获允离开政治世界，继续过着沉思的生活。现实于科尔库德而言十分不幸，因为奥斯曼帝国的传统不允许王子享有这种自由，而伊斯兰教也不像基督教一样，有大主教、红衣主教这种偶尔可以帮助王子逃避、摆脱政治斗争的职位。

巴耶济德的幼子塞利姆比哥哥们强硬得多。遵循历史悠久的奥斯曼政治传统，他组建了一个联盟，以支持自己的继承权斗争。其中包括其总督辖区的精英、不满巴耶济德治下中央官僚权力增长的欧洲边境贵族，以及逊尼派宗教领袖（乌理玛）——他们怀疑艾哈迈德王子及其儿子为异端，乃至持有亲什叶派的观点。1511—1512 年，继承危机发展到高潮，苏丹禁卫军对塞利姆的支持是决定性因素。这不只关乎派系忠诚和群体利益。这些年里，奥斯曼人在东部面临攸关存亡的威胁，萨法维王朝的沙阿伊斯玛仪实力渐盛，频繁入侵。苏丹禁卫军及其首领认为，塞利姆比他的兄弟和巴耶济德更适合应对这种威胁。他们试图在支持塞利姆的同时保住科尔库德的性命，但是失败了，因为这不仅有违奥斯曼帝国继承政治的逻辑，也不符合塞利姆一世冷酷无情的个性。[8]

伊斯兰教苏菲派领袖建立了萨法维王朝，该教派起源于伊朗北部和安纳托利亚东北部。定义那个时代的苏菲主义十分困难，因为它教派众多，各自有着截然不同的信仰、仪式和传统。许多教派的领导者都出自拥有"圣徒"头衔的世袭王朝。他们都寻求在教派领袖的单个门徒与真主之间建立一种情感上的直接联系。他们强调内在的信仰，而非单纯地坚持宗教学者（乌理玛）和伊斯兰教法（沙里亚法）规定的伊斯兰教的外在形式。一些教派宣扬的只是比普通穆斯林表现出略微更深沉、强烈的虔诚。这些教派的成员资格要求能够完全兼容对社会秩序、宗教学者和伊斯兰教法的尊重。到了 15 世纪，一些苏菲教派财力已十分雄厚，有权有势。他们的支持者和门徒中甚至还有君主。即使是备受推崇的教派，也经常鼓励举行宗教活动，如集体诵经祷告，以及一些呼吸训练、节食和仪式。在苏菲派反现存社会体制的运动中，最极端的一些教派沉迷音乐、舞蹈、酒精乃至纵欲，将此作为逃离此世理性、法律和空虚的途径，以体验与真主的直接且令人心醉神迷的交流。到 15 世纪晚期，萨法维教团已完全属于苏菲派中的激进派。他们的仪式和救世主预言，吸引了该地区的许多突厥游牧部落成员，后者的伊斯兰信仰和实践往往与正统乌理玛确立的教义没有什么相似之处。萨法维教团的一些做法，包括仪式性的同类相食，可能更多出自这些部落传统的突厥-蒙古萨满教元素，而非苏菲主义。[9]

如果说逊尼派的政治和宗教权威对萨法维教团的野蛮行径感到恐惧和厌恶，那么它会对该教团在 15 世纪转向什叶派一事感到震惊。在大众层面，尤其是在苏菲派的世界里，逊尼派和什叶派之间的区别常常是模糊的。分歧双方都具有天启和救世主观念，它们并非泾渭分明。13 世纪，伊朗北部遭到蒙古人的毁灭性打击，之后又在 14 世纪受到黑死病的摧残，这些观念因而在这片地区积蓄了力量。随着伊斯兰教千禧年的临近，宗教和天文学都被用来支持世界末日和最终审判即将到来的预言。这样的背景有利于诞生一位富有魅力的先知型领袖。

萨法维王朝综合了苏菲派和什叶派的信仰，宣称沙阿伊斯玛仪是马赫迪，也就是隐遁的什叶派第十二任伊玛目的代表，是世界末日和真主对人类的最终审判到来前的救世主。伊斯玛仪在自己的宗教诗歌中，近乎声称自己就是真主，许多原始的游牧部落成员跟随着他的旗帜，也这样看待他。宗教救世主观念给萨法维王朝的军队带来了显著促进团结、士气和力量的益处。和往常的魅力型领袖和千禧年政治运动一样，初期的惊人声势无法长久持续。这样的领袖和运动有望为尘世带来奇迹，但是随着时间的推移，会遭到现实的侵蚀。对萨法维王朝而言，马克斯·韦伯所说的"魅力常规化"产生了巨大的长期影响。在 16、17 世纪的大部分时间里，奥斯曼帝国的东部面临一个强大的敌人。如果没有萨法维王朝的威胁，他们很可能已经占领维也纳，在欧洲中部和意大利南部占据一席之地。以当代视角来看，伊朗改宗什叶派的影响更为重大，因为它加剧了地中海东部与伊朗高原这两个地区之间的古老地缘政治对立。[10]

在 16 世纪的头几年，奥斯曼帝国无暇顾及长远影响。对于他们来说最紧迫的是，萨法维王朝带来的巨大威胁。1500—1512 年，沙阿伊斯玛仪不仅征服了伊朗的大部分地区，还征服了巴格达和整个美索不达米亚。在奥斯曼王朝看来，更糟糕的问题是，伊斯玛仪在奥斯曼帝国的安纳托利亚地区拥有很多潜在的支持力量。安纳托利亚的许多游牧部落不满日益官僚化的奥斯曼政权控制他们，向他们征税的行为。奥斯曼帝国的许多苏菲派成员与萨法维王朝的苏菲派拥有共同的信仰和习俗。其中包括苏丹的禁卫军士，他们是奥斯曼军队的核心。1511 年，安纳托利亚爆发了一场支持萨法维王朝的严重反叛。巴耶济德二世和他指定的继承人艾哈迈德王子都无法应对这一威胁，后者似乎是由于过于懦弱，而且因继承问题心烦意乱。艾哈迈德之子穆拉德王子则对萨法维王朝和什叶派事业心存认可。在这种情况下，包括苏丹禁卫军将领在内的奥斯曼帝国精英阶层主要成员，会指望塞利姆王子拯救危局也就不足为奇了。[11]

塞利姆没有辜负他们的信任，因此也证明了奥斯曼帝国残酷继承方式的合理性。1510—1514 年，在存亡之际，奥斯曼帝国诞生了一位奋起迎战的领袖。1511 年反叛被镇压，在安纳托利亚部分地区，近乎种族灭绝式的镇压手段阻止了进一步的反叛。塞利姆的政策为他的王朝保住了安纳托利亚东部地区。1514 年，他在查尔迪兰战役中继续重创波斯萨法维王朝，这在很大程度上是因为（与他的敌人不同）他在战场上有效使用了火力。他还诱导萨法维王朝在他选择的时机和地点作战。在随后的几十年里，萨法维王朝的危险系数降低，再也无力威胁奥斯曼王朝的生存。1516—1519 年，塞利姆没有停下脚步，而是摧毁并吞并了马穆鲁克帝国，占领了圣地。正如所有伟大的启示性宗教都喜欢强调的那样，即便是最伟大的皇帝，也会迅速在真主面前感到谦卑。1520 年，塞利姆在盛年突然去世，将王位留给了他唯一幸存的儿子苏莱曼一世。苏莱曼统治近 46 年，是奥斯曼帝国历史上在位时间最长的君主。无论是考虑军事实力和军事胜利，国内法律和制度的巩固，还是奥斯曼独特高雅文化的蓬勃发展，他在位期间通常被视为奥斯曼帝国的鼎盛时期。苏莱曼一世是奥斯曼苏丹中最著名的一位。

苏莱曼是一位武士国王，他曾十二次率军作战并赢得胜利，最终征服了塞尔维亚、匈牙利和美索不达米亚。奥斯曼军队在距离伊斯坦布尔超过700英里（约1127千米）的战场上击败了萨法维王朝和哈布斯堡王朝的军队。从苏伊士港和也门的基地出发，他们阻止了葡萄牙人统治印度洋的企图。在苏莱曼统治的头20年里，前进的步伐似乎毫无障碍，苏丹梦想着占领罗马、维也纳和大不里士，进而建立一个近乎普世的帝国，规模甚至能够超越早期的阿拉伯哈里发国。就像其他所有的帝国一样，距离、地形和敌对的国家最终限制了奥斯曼的扩张。奥斯曼帝国在西部和东部的前线基地分别是贝尔格莱德和巴格达，两地与伊斯坦布尔的距离分别为364英里（约586千米）和828英里（约1333千米）。距离、后勤和通信不畅等因素结合在一起，破坏了占领维也纳、摧毁哈布斯堡王朝在奥地利的权力中心的企图。在伊朗高原，奥斯曼人发现，他们既不能在旷日持久的战争中维持军队供给，也不能迫使萨法维人应战。到16世纪40年代，奥斯曼王朝不得不承认帝国已经达到其自然极限，与哈布斯堡王朝和萨法维王朝共存是大势所趋。

在苏莱曼统治的后半阶段，其最大的成就是在奥斯曼国内取得的。尽管被后世欧洲人称为"大帝"，但在土耳其，他以"立法者"之称而闻名。没有其他任何伊斯兰政权的法典能够完全与他的法典比肩，它包罗万象，完美地协调了伊斯兰教法和以既往判决为基础的奥斯曼法规。对奥斯曼帝国及这一文明来说，众多美丽的清真寺，以及苏莱曼的宫廷建筑师锡南建造的其他建筑，以超乎寻常的轻盈、精致而简约的典雅、华丽的地毯和伊兹尼克瓷砖，成为其最持久、最知名的美学纪念碑。在苏莱曼统治时期，一种高雅的文学和诗歌文化因大量借鉴波斯传统而形成，不过，是通过重新精炼过的奥斯曼土耳其语表达出来。逃离萨法维伊朗的知识分子和文化精英为这一进程做出了贡献。苏丹本人颇具文化素养，在考古学和文学领域发挥了重要的个人作用。最重要的是，他认为它们有利于巩固奥斯曼帝国的国际地位，此外，身处奥斯曼帝国的鼎盛时期，他有足够的资源来资助它们。然而，在大多数人看来，苏莱曼不是一位像莫卧儿王朝创始人巴布尔皇帝那样优秀的诗人，在推动土耳其语成为高雅文学的载体的过程中，他的个人贡献也并不显著。但是他被当代土耳其民族、土耳其国家视为祖先，相较而言，在当代印度，没有任何强大的势力将巴布尔及其母语——察合台突厥语——视为国家的遗产或身份认同的一部分。和往常一样，当今的现实和当代国家的需求很容易误导我们的历史判断和观点。[12]

意料之中的是，苏莱曼在奥斯曼帝国的法律、制度演变方面的个人影响更加显而易见。新的法典诞生于苏莱曼与其首席宗教、法律顾问埃布苏德的合作，这位著名学者在 1545—1574 年担任帝国宗教机构的负责人（即大穆夫提或大教长）。苏丹深信伊斯兰教的真理和智慧。他对宗教学者普遍报以极大的尊敬，而埃布苏德正是这一职业的最佳典范，二人之间形成了一种半平等的关系，在此基础上，两人发展出一段牢固而真挚的友谊。两人一起扩大、重组、完善了帝国的司法体系和教育体系。宗教学校的等级制度被建立起来，从省级城镇学校一直上升到伊斯坦布尔的帝国学校。锡南为苏丹建造了集清真寺、学校和慈善机构于一体的综合性建筑群，它被命名为苏莱曼尼耶，位于这个学校系统的顶端。部分毕业于这一系统的学生成为学校教师（乌理玛），还有许多担任法官（kadis），开始攀爬职业阶梯，以小城镇为起点，终点则是列席帝国国务会议（divan）、分管欧洲和亚洲的两位首席法官（kadiaskers）。国务会议是帝国最高行政、司法机构，由五到八位成员组成，负责主持的是大维齐尔。[13]

独立于宗教、教育和司法机构之外的国家行政机构，负责管理税收和征兵系统，这是奥斯曼帝国（以及大多数其他帝国）的政府和权力核心。即使在苏莱曼统治末期，中央官僚机构也仅有不到 200 名官员，当然，有一批抄书吏、传令员和看门人为他们提供辅助。这 200 名精英官员管理着一套通信、记录和账务系统，对那个时代而言，它异常地复杂、高效。土地调查、税收评估和军事人员登记，决定着国家招募、供养军队的能力，是他们工作的重要组成部分。1528 年，这支军队中花费最高昂的部分是3.7 万名骑兵，作为服兵役的回报，他们拥有国家授予的土地（蒂马尔，

timars）。与欧洲的封邑不同，这种授予的土地并非骑兵的私人财产，不能出售或遗赠给自己的儿子。相反，在苏莱曼时代，兵役制度受到国家的严格管理。奥斯曼近五分之二的税收被用于支付蒂马尔骑兵的报酬。作为回报，蒂马尔骑兵不仅是奥斯曼军队的核心，还为乡村地区的税收征收，以及法律和公共秩序的维护发挥了关键的辅助作用。[14]

奥斯曼帝国政府的核心是苏丹的宫廷。这并不令人惊讶：在前现代的君主制国家，宫廷通常是政府的中心，不过，无论是规模还是特质，奥斯曼帝国的宫廷都独树一帜。它的大多数成员是奴隶，通过所谓的征募（德夫希尔梅，devsirme）制度招募进来。在这一制度下，每三到七年一次，帝国欧洲省份基督教家庭的男孩（8 岁至 20 岁）被征召而来，改宗伊斯兰教，成为苏丹的奴隶。这违反了伊斯兰教法中禁止强迫他人信教和禁止奴役穆斯林的规定，但似乎没有高级宗教学者敢于抗议。这些男孩长大后，大多数会成为苏丹禁卫军，其规模在 16 世纪 60 年代大约有 1.2 万人。当时，苏丹禁卫军自称是世界上最擅长作战、纪律严明、积极进取的步兵部队。少数更有前途的男孩被送到托普卡帕宫内廷的男侍学校，苏丹在伊斯坦布尔时就住在托普卡帕宫。男孩们在那里生活两到八年，接受严格的监督和训练，几乎与宫墙之外的世界隔绝。最后，能力相对较差的男孩成为近卫骑兵团（六个）的士兵。虽然他们后续的职业生涯大多是在军事领域，但也有一些近卫骑兵军官被临时调派到行政职位。[15]

男侍学校的教育结合了军事、体育和智识方面的训练。其管理非常严格，旨在为苏丹培养顺从而忠诚的仆人。学校的智识训练优质而严格，课程包括土耳其语、阿拉伯语和波斯语，还包括土耳其、伊斯兰和波斯的历史、文学和诗歌。要想以优异的成绩毕业，需要非凡的智慧、自律和勤奋。最优秀的毕业生可以获得在苏丹身边效力的机会。无论在哪个君主制国家，与统治者的亲近都是最重要的。精英男侍在苏丹的寝殿内外任职。一个人在这些职位上停留的时间越长，就越有可能得到苏丹的注意和青睐。假以时日，一个男侍可能会从宫廷的高级职位升迁为行省总督，甚至成为维齐尔和国务会议的成员。

吕斯泰姆帕夏是德夫希尔梅征募系统的成功典范，他是苏莱曼时期在职时间最长的大维齐尔。在受到征募前，吕斯泰姆帕夏是巴尔干半岛的一个文盲猪倌。然而，他最终不仅晋升至帝国的最高官职大维齐尔，还迎娶了备受苏莱曼宠爱，也是其唯一的女儿米利玛赫公主。迎娶帝国公主是有风险的。在奥斯曼帝国的女性中，她们是独一无二的——可以与丈夫离婚，将他的妾室赶出家门，并禁止他与其他女性结婚。另外，与公主结婚也不能确保自己不会被苏丹厌弃或处以死刑。但是吕斯泰姆帕夏的职业生涯完全可以说明，一段婚姻可以带来多大的政治利益。他的妻子对她的父亲有极大的影响力，还可以任意接触她的母亲，也就是最受苏丹宠爱、权势惊人的许蕾姆。皇帝可以将女儿嫁给一个农民出身的奴隶，这种观念公然蔑视欧洲社会、政治秩序中最基本的原则。它使奥斯曼帝国的皇权独树一帜，甚至不同于莫卧儿王朝和中国清王朝，即便后两者同奥斯曼王朝一样广纳后宫。一些欧洲观察家非常赞赏奥斯曼帝国的精英领导阶层。欧洲贵族原则的捍卫者则认为，奥斯曼帝国的情况说明了平等、奴隶制、社会地位攀升和专制之间的联系。[16]

在公开场合，苏莱曼知道如何使自己的行为举止看起来像一个皇帝。即便是在 16 世纪 50 年代中期，苏莱曼快 60 岁了，看起来仍然十分高贵、威严。那时，他已不再饮酒，他的简朴和节制——以奥斯曼帝国的标准而言——减缓了衰老的迹象。一位见过他的欧洲人称，他的仪态和表情十分"威严"，他写道，苏莱曼周围的一切"富丽堂皇"，他穿着"一件金色长袍，上面繁复地点缀着最珍贵的宝石"。至此，奥斯曼帝国的宫廷仪式已经截然不同，再不是战团首领那种简单的做法。苏丹不在公开场合发言，采取"一种塑像般的姿态"。他的禁卫军同样一动不动，有时一连几个小时保持静默，他们的纪律和表现给外国人留下了深刻的印象。与奥斯曼的绝大多数苏丹不同，我们确实可以透过苏莱曼的帝王假面，一窥他的真实面目。这主要是因为他与易卜拉欣帕夏的关系。在苏莱曼统治的前半段，易卜拉欣帕夏是他最好的朋友，也是他的大维齐尔。当然，最能揭示其真实面目的是他与妻子、儿女的关系。[17]

易卜拉欣帕夏是一名希腊渔民的儿子。他比苏莱曼小两岁，年幼时被送给年轻的王子当奴隶，结果成了王子最亲密的朋友。他是一名优秀的小提琴演奏者和歌手，还因为与苏莱曼一样对古代历史充满兴趣，而深受后者喜爱。1520 年苏莱曼继位，此后他一直韬光养晦，直到他凭借出色的军事领导才能，征服了罗得岛这个被奥斯曼帝国视为眼中钉的基督徒阵地，使高层官员认可了自己的地位。然后，他直接将担任宫廷侍臣的易卜拉欣提拔为大维齐尔。这是一个史无前例的举动，严重激怒了这一职位的预期继承人，以至于此人凭借自己埃及总督的地位发动反叛。通过任命易卜拉欣，苏莱曼在将自己厌恶的枯燥的行政烦琐工作下放的同时，强调了自己对政府的控制权。每天，两人或是面对面交流，或是书信往来。易卜拉欣甚至可以进入苏丹的卧室，这是一种严重违背奥斯曼帝国习俗的行为。这位大维齐尔聪慧过人、魅力非凡，同时还是一位杰出的将领和行政人员。他对文化和知识充满好奇，大力赞助学术研究和艺术创作。易卜拉欣还颇具表演和宣传天赋，他借此将苏丹的形象营造为世界征服者和普世帝国之君。在苏莱曼统治早期，大维齐尔和苏丹共享这个令人兴奋的愿景和野心。

　　1536 年 3 月，易卜拉欣突然被苏莱曼下令处死，当时他刚刚成功领导了一场对抗萨法维王朝的战役，就在被处死前的几个小时，他还与苏丹共享了一场看似友好的盛宴。这与哈里发哈伦·拉希德突然摧毁巴尔马克家族的行为有相似之处。没有人能够确定苏莱曼这样做的原因。随后，当被请求允许大维齐尔兼女婿吕斯泰姆帕夏如此亲近自己时，苏丹拒绝了，他补充说："这样疯狂的事情，做一次就够了。"也许苏莱曼只是表示，他对易卜拉欣的另眼相待催生了后者的傲慢和放肆。和绝大部分"宠臣"一样，这位大维齐尔嫉妒任何看似得到苏莱曼喜爱的潜在对手，试图摧毁他们，至少也要将他们逐出宫廷，有多远赶多远。易卜拉欣的抄书吏随后写道，权力改变了他的主人，使他更加傲慢，失去了谨慎之心。这位宠臣树立了大量的敌人和竞争对手，这些人会竭尽全力地将他的缺点展现在苏莱曼面前。不过，苏丹的话或许有另一种理解方式，它展示了维持这类关系特有的艰难之处——一方是皇帝，另一方既是皇帝的童年密友，又是他一生的宰相和奴隶。和往常一样，分析这些事件必须考虑到奥斯曼帝国特定的宫廷和政治文化背景，实际上，在奥斯曼帝国，一意孤行地将大维齐尔和其他大臣处以死刑的行为近乎常态。政治生活往往是友谊的坟墓。当然，这并不总是导致人们将朋友勒死在睡梦中。[18]

在苏莱曼继位时，奥斯曼确立已久的习俗规定，苏丹不得结婚，应与奴妾生育子嗣。已诞下一子的女人日后一般不会再得到苏丹的宠幸，生育第二个男嗣更是遭到绝对禁止。她的角色从爱妾变成了母亲。当她的儿子接近青春期时，他会被送离宫廷，以行省总督的身份证明自己的勇气。母亲会随他赴任，担任顾问，为他管理家庭。即使在这个最私人的情感领域，人们也期待君主将可能因女性而生的爱情置于国家利益之下。如果年轻的王子在不可避免的冲突中取得胜利，继承了王位，那么他的母亲将成为皇太后，是帝国最有权势、最受尊敬的女人。如果他输了，他会死去，他的母亲则会被发配到托普卡帕宫某个偏僻、荒凉的角落。苏莱曼的经历再次让我们看到，这位苏丹的个性，以及他对友谊和爱情的需求是如何超越了传统的。1521 年，他爱上了一个名叫许蕾姆的奴妾。1500—1650年，克里米亚地区的鞑靼奴隶发动袭扰，其间，每年约有 1 万名俄罗斯人、乌克兰人和波兰人沦为奴隶，被卖给奥斯曼帝国，许蕾姆正是其中之一。最终，苏莱曼迎娶了许蕾姆，不再和其他女人生育子嗣。[19]

这给奥斯曼帝国的宫廷政治，特别是继承政治，造成了极大的影响。苏莱曼的长子穆斯塔法王子能力出众、广受欢迎，他的母亲是妃姜玛希德夫兰。对他来说，苏莱曼对许蕾姆的迷恋是一个致命的威胁。继承政治是一场零和游戏。许蕾姆知道，如果苏莱曼去世时穆斯塔法还活着，苏丹禁卫军很有可能助其继位。他是长子，经验丰富，还拥有非凡的魅力和能力，局势很可能会这样发展。一旦如此，她的儿子就会失去性命。苏莱曼同样对此心知肚明，因此在 1553 年下令杀死了穆斯塔法和另外两个儿子。苏丹与他最年幼的儿子吉汗吉尔曾有一段令人心酸的对话。吉汗吉尔似乎十分受苏莱曼喜爱，他出生时就身体畸形，他父母仅存的几封信件显示，他们十分担忧他的健康。他们尽可能多地陪伴他。吉汗吉尔和他的异母兄弟穆斯塔法相处融洽，据称，他曾经问苏莱曼，如果穆斯塔法继位，自己身患残疾，能否免于一死。苏莱曼回答说，即便如此，吉汗吉尔也绝对无法幸免。事实上，即便继位的是他的同胞兄弟，即巴耶济德或塞利姆，他的命运也不太可能有所不同。当然，假设许蕾姆那时还在世，一位母亲对儿子，也就是新君的请求，或许可以保住吉汗吉尔的性命，毕竟，残疾使他几乎不会造成任何威胁。[20]

我们很难体会，一个知道自己的儿子终有一日会自相残杀的父亲会是何种心态。毫无疑问，人类会适应传统和习俗。无论在哪个时代，大多数王室男性都倾向于将自己的孩子当成王朝权力斗争的筹码。事实上，君主制的历史往往就是统治者为了王朝事业和权力逻辑而牺牲个人情感的故事。很多时候，是职位主导着职位上的人，以至于独立人格几乎失去迹象，当然，这也可能是由于文献有限而产生的错觉。在苏莱曼之前，奥斯曼的大多数苏丹都不怎么了解自己的儿子，因为他们在年幼时便与母亲一起被送走，去担任行省总督。苏莱曼则不同：在他身上，我们可以感受到一个人对爱和友谊的需求，尤其是在家庭内部。他与许蕾姆的大儿子穆罕默德王子英年早逝，这令他悲痛万分。继承政治的残酷现实有时肯定会给他带来沉重的压力。

1566 年，苏莱曼去世，此后不到 30 年，奥斯曼帝国便陷入了危机，直到 17 世纪 50 年代。促成这场危机的一个因素可能是气候变化：安纳托利亚地区是帝国的粮仓，人们通常认为，小冰河时代破坏了那里的农业，最终迫使部分农民为了生存而乞讨和偷盗。此外，美洲白银的涌入导致大规模的通货膨胀，1588—1597 年和 1615—1625 年达到最高膨胀水平。任何依赖固定收入维生的人都遭到毁灭性打击：其中包括官员和蒂马尔骑兵，这不可避免地使国家的行政和财政机构陷入混乱。另外，与哈布斯堡王朝和萨法维王朝的长期战争费用高昂，最终却没有为帝国带来胜利和战利品，也没有征服新的领土。到了 16 世纪 90 年代，哈布斯堡王朝在军事力量方面缩小了与奥斯曼帝国的差距。战争陷入僵局，两个庞大的军事机器双双破产。为了应对哈布斯堡王朝在步兵方面的优势——步兵日渐取代骑兵，成为占主导地位的军事武装力量，奥斯曼帝国招募了大量步兵，然而，帝国根本无力支付他们的薪水，哪怕仅是战时的军饷。士兵每年冬天都会离开军队，1606 年战争结束时则彻底退伍，这部分人增强了盗匪的实力。在伊斯坦布尔，苏丹禁卫军和卫队骑兵之间展开了激烈的竞争，以捍卫他们在财政中所占的不断缩小的份额。社会经济的混乱与皇宫和政府高层的政治危机紧密交织在一起。1574—1656 年的政治史极其复杂，但它仍有一条主要脉络：统治者领导能力低下，而宫廷派系势力日益壮大，其间穿插着少数苏丹重申专制权力的极端行动，一定程度上是滥用了恐怖手段。政治危机的一个关键组成因素 ——很大程度上是由于生物学偶然性 ——是 17 世纪上半叶继位的每一任苏丹，要么年幼，要么有智力障碍。[21]

在某种程度上，这场政治危机可以追溯到 1574 年，即苏莱曼的孙子穆拉德三世即位时。他的父亲塞利姆二世打破传统，仅将长子，也就是选定的继承人穆拉德任命为行省总督。他的另外五个儿子则被留在伊斯坦布尔，并在穆拉德即位后被立即处死。继承战争几乎是奥斯曼帝国的传统，当时哈布斯堡王朝和萨法维王朝正等着趁机发难，因而允许敌对的王子进行武装斗争实在是过于危险。穆拉德继续任用索库鲁·穆罕默德帕夏为大维齐尔，后者自苏莱曼时期就一直担任此职。索库鲁是塞利姆二世的女婿，后者十分乐于将大部分的行政事务委托给索库鲁。不可避免的是，当权多年的索库鲁及其党羽掌控了政府机构。无论在哪个前现代君主制国家，掌控任免权对首席大臣或"宠臣"来说几乎都是掌握权力的首要原则。将忠实的党羽安排在关键职位，通常也是确保命令得到遵守、政府机构正常运行的唯一方法。不出所料，新君对索库鲁的权力表示不满。更不满的是穆拉德担任行省总督期间召集的门客，当时他还只是皇位的指定继承人。索库鲁强敌无数，其中包括苏丹的母亲努尔巴努和苏丹最宠爱的妃妾萨菲耶。穆拉德与这两位聪明能干且雄心勃勃的女性非常亲近，她们也建立了自己的庇护网络，需要满足被庇护者的需求。

穆拉德三世在位 21 年，其间从未离开过伊斯坦布尔，而且大部分时间他都住在深宫大内，生活在后宫，在这一点上，穆拉德与他的大多数祖先对比鲜明。他很少在星期五的聚礼上露面，而这是首都居民以前见到君主的主要途径。穆拉德既不懒惰也不愚蠢，他是一个相对勤奋的统治者。但他深居后宫，这不可避免地增加了后宫女性和宦官 ——后宫与外界的主要联系媒介 ——的影响力。他们和其他心怀不满的朝臣一起，鼓动穆拉德任命更年长的杰出政治家谢姆西帕夏，作为他的"私人"顾问。谢姆西帕夏去世后，接替他的是多安哲·穆罕默德帕夏，后者是一名高级内廷官员，在皇家狩猎时因首席驯鹰师的身份得以接近穆拉德，后来成为皇家马场的主管。穆拉德很少接见大维齐尔，他坚持通过书信往来，禁止后者在没有得到自己批准的情况下任命官员。先是谢姆西，然后是多安哲，他们不得不阅读所有通信，不知疲倦地对抗一位又一位大维齐尔，最初是索库鲁，当他在 1578 年被一个失意的请愿者谋杀之后，是后续所有的大维齐尔。

结果，大维齐尔一职失去了原本的权力。在穆拉德统治时期，大维齐尔的平均任期缩短至不到两年，这种情况一直持续到 17 世纪 50 年代。在许多君主制国家的历史中数见不鲜的是，尽管统治者及其身边的女性、宦官和侍臣可以杀死一位宰相，但他们自身无法协调或指导政府的政策和行政机构，除非君主本人能力卓越、勤于国事。索库鲁的死在奥斯曼帝国的政治中心留下了一个空白。派系之间争夺权力和任免权的斗争使政府陷入一片混乱。17 世纪上半叶，君主多数是幼童或智力障碍者，这种局势不可避免地恶化了。[22]

在穆拉德三世死后的 50 年里，三位苏丹试图重整皇权。在恢复君主的权威和奥斯曼帝国的实力方面，穆罕默德三世和穆拉德四世都取得了一定的成功，但他们均在壮年就自然死亡。奥斯曼二世的情况则更加富有趣味。他的故事十分重要，因为它说明了任何藐视奥斯曼帝国习俗、挑战主要社会群体利益的君主会面临的风险。奥斯曼身着常服，骑马在伊斯坦布尔四处穿行，与普通市民交谈，这冲击了保守派的观念。到此时为止，人们一直认为君主应该时时守礼，保持庄严仪容，避免经常出现于大众视野，更遑论时常与民众交谈了。更糟糕的是，奥斯曼坚持迎娶伊斯坦布尔一个显贵乌理玛家族的少女，此举比苏莱曼迎娶许蕾姆更加激进，因为让一位出身显赫的自由穆斯林妇女入主苏丹后宫是史无前例的举措。像其他许多急于表现自己并获得政治影响力的年轻皇帝一样，奥斯曼决定率军亲征，他要对抗的是波兰人。苏丹禁卫军纪律松弛、战斗力低下，导致战争失败，这促使奥斯曼认为，彻底的军事改革势在必行。他计划通过前往麦加朝圣，摆脱伊斯坦布尔的反对者，获得皇家朝圣者的声望，并在各省招募新的军队。意识到他的意图，苏丹禁卫军在 1622 年推翻并杀死了年仅 17 岁的苏丹，这样的弑君行径在奥斯曼帝国历史上还是首次。政界和宗教界的大多数当权者都乐于奥斯曼被推翻，认为此举事出有因，不过，他们并不支持谋杀。[23]

　　奥斯曼王朝一片混乱，在 17 世纪上半叶濒临灭亡。一个原因是，部分苏丹在登上皇位的过程中不再杀死所有兄弟，而是把他们软禁在后宫的一个特殊区域，也就是所谓的"笼子"。这种情况第一次发生在 1603 年，当时年幼的苏丹艾哈迈德一世刚继位，他的兄弟穆斯塔法幸免一死。1617 年，艾哈迈德去世后，登上皇位的是穆斯塔法，不是艾哈迈德的儿子奥斯曼王子，尽管当时穆斯塔法的心智还远远没有发育健全。最后，兄弟阋墙的行为永远结束了，兄弟相继成为奥斯曼帝国的惯例，然而，在 17 世纪上半叶，一切都还在变化之中。许多苏丹仍然会杀死他们的兄弟，尤其是那些试图恢复苏丹权力的君主。穆拉德四世（1623—1640 年在位）是一个潜在的独裁者，他通过恐怖手段将自己的权威强加给政治精英，并亲自领兵作战。在即将离开伊斯坦布尔、外出征战之前，他几乎杀死了全部的兄弟，无论是同母兄弟还是异母兄弟，唯一的例外就是易卜拉欣王子。易卜拉欣的母亲柯塞姆恳求他留下自己儿子的性命，认为有智力缺陷的易卜拉欣不会构成任何威胁。1640 年穆拉德四世突然去世，年仅 27 岁，没有男嗣，易卜拉欣即位成为苏丹。

　　事实表明，新苏丹确实有智力缺陷。大臣们向他汇报时就像在对待一个孩子。不过，在他继位的第一年，大臣们最担忧的并非苏丹的精神问题。如果王朝想要存续下去，其最后一位男性必须留下男性继承人。易卜拉欣的叔叔，即疯狂的苏丹穆斯塔法一世，拒绝与任何女性发生关系，易卜拉欣似乎有同样的倾向。绝望之中，人们四处向人求助，其中包括曾在伊斯兰宗教学校接受教育的游医兼术士卡拉巴什扎德·侯赛因。他给易卜拉欣提供壮阳药、色情作品和诱人的女性，从而成功地治愈了后者的阳痿。可怜的易卜拉欣沉迷肉欲，在宫殿里举行盛大而奢靡的狂欢，大肆封赏他的宠臣，甚至将帝国的首席法官一职授予卡拉巴什扎德·侯赛因，这令宗教、法律机构的当权者怒火中烧。易卜拉欣荒废国事、任意妄为，几年间便让军队和财政系统陷入混乱，显然，奥斯曼帝国的政治组织极度依赖一个强大的皇帝或大维齐尔。易卜拉欣有三个儿子，他本人已经无足轻重，于是在 1648 年被推翻并谋杀。他年仅 6 岁的儿子穆罕默德四世继位。[24]

这一年，穆罕默德的母亲哈蒂杰·图尔汗年仅 21 岁，没有任何政治经验。虽然她是易卜拉欣长子的母亲，但苏丹从未表现出对她的特别宠爱。当他纵情狂欢时，她被贬黜到后宫的一个隐蔽角落里。因此，废黜易卜拉欣的政治和宗教领袖要求穆罕默德的祖母，即强大、睿智、经验丰富的太皇太后柯塞姆再次摄政，就像她在穆拉德四世统治初期所做的那样。对柯塞姆来说不幸的是，哈蒂杰·图尔汗是一个十分聪慧的年轻女子，她很快就掌握了政治游戏的规则。柯塞姆与苏丹禁卫军结成了紧密的联盟，对此心怀怨恨的主要政治人物鼓动哈蒂杰·图尔汗抵制这位摄政对于权力和任免权的垄断。意识到危险后，柯塞姆试图杀死哈蒂杰·图尔汗，将穆罕默德四世的异母弟弟推上皇位，后者的母亲不会对她产生任何威胁。阴谋泄露了，哈蒂杰·图尔汗抢占先机，柯塞姆被杀。哈蒂杰·图尔汗摄政的地位稳固了，但是她接手的帝国危机重重、濒临崩溃。军队混乱，国库空虚，到处都酝酿着反叛，到 1656 年，伊斯坦布尔也被威尼斯海军封锁，城内居民（更不用说驻守的苏丹禁卫军了）开始忍饥挨饿，逐渐生发暴乱之心。

哈蒂杰·图尔汗心里很清楚，她自己无法管理政府，也不能强迫军事、行政机构或政治精英配合、服从。最重要的是，即便是皇太后——帝国最自由、最有特权的女人，她也被禁止会见宦官之外的其他任何男人。她可以偶尔在屏风后与大维齐尔谨慎地交谈，或者在帷幔后倾听国务会议的讨论，但这都不足以管理奥斯曼政府和高层政治。如果哈蒂杰·图尔汗年纪更大一些，有女儿嫁给资深政治家，她的地位会稳固得多。由于没有这些优势，她亟须一位强大而忠诚的大维齐尔，1656 年，她终于找到了这个人选——柯普律吕·穆罕默德。在一定程度上，他是凭借传统方式恢复的秩序，换句话说，就是恐怖手段。不过，他将这种手段与智慧、现实主义和决心结合在了一起。1661 年柯普律吕·穆罕默德去世后，他的儿子"智慧的"艾哈迈德继承大维齐尔之职。1676 年艾哈迈德去世后，继承大维齐尔之位的是柯普律吕·穆罕默德最喜欢的女婿卡拉·穆斯塔法。卡拉是艾哈迈德的儿时密友，在成为大维齐尔之前的年月里，一直是后者忠诚而能干的副手。

自 15 世纪上半叶以来，除了柯普律吕家族，未出现过儿子继承父亲成为大维齐尔的现象。柯普律吕家族的大维齐尔掌控帝国 30 年，恢复了奥斯曼帝国的政治稳定和军事力量。克里特岛被征服，奥斯曼帝国由此完全统治了爱琴海地区。波兰也被击败。柯普律吕家族的政治势力建立在皇室和柯普律吕家族的紧密联盟之上。16 世纪，皇室已经比任何政治、宗教或司法精英的家族都庞大得多。然而，到了 1650 年，情况大不相同。主要的维齐尔、总督和军事指挥官的家族在规模和权力上都远超从前。一个明显的变化是，大维齐尔本人和他的家人已经从托普卡帕宫搬到伊斯坦布尔的其他地方，成了另一个权力焦点。这一变化无论是在象征意义上还是在日常现实中都意义非凡。哈蒂杰·图尔汗和之后的穆罕默德四世，举全国之力支持柯普律吕家族，借此重塑了奥斯曼政府的秩序、协调能力和意志。这听起来简单而平淡。然而，事实上，这需要哈蒂杰·图尔汗和穆罕默德四世极度自制，接受柯普律吕家族制定的一些他们并不总是喜欢的政策和任命，还需要坚定的决心，以确保将对手的诽谤、宫廷中的野心和阴谋、后宫，以及政治精英置于严密的控制之下。

在人们的印象中，哈蒂杰·图尔汗是奥斯曼宫廷政治中一位罕见的英雄。她睿智、坚韧而又充满人性，能够洞察他人的优缺点。她不允许个人的虚荣或野心影响自己的判断力。穆罕默德四世成年后明确表示，不希望他的母亲继续参与政治。穆罕默德本人住在埃迪尔内（或称哈德良堡），在那里，他可以放纵自己对狩猎的热衷，并摆脱首都时不时反叛的苏丹禁卫军造成的威胁。1666—1676 年，穆罕默德从未驾临伊斯坦布尔。1668 年，哈蒂杰·图尔汗搬回首都，她的存在和庇护弥补了穆罕默德的缺席，更不用说她还创建并资助了诸多慈善机构。她是帝国唯一偶尔能让苏丹履行职责、远离狩猎爱好的人。

这时，奥斯曼帝国关于兄弟之间的皇位继承习俗仍在转变之中，尚未完全结束兄弟相残的局面。在儿子们出生后，穆罕默德四世希望铲除自己的异母兄弟（年幼王子的母亲更是如此），以确保自己孩子的继承权。哈蒂杰·图尔汗成功阻止了穆罕默德。在托普卡帕宫，她将继子苏莱曼王子和艾哈迈德王子置于自己和值得信赖的守卫的严密保护之下。

1683 年，在她去世后不久，穆罕默德四世和卡拉·穆斯塔法过于冒进，试图占领维也纳，为此付出了惨痛的代价。围攻确实几近成功，但是面对奥斯曼帝国横扫欧洲中部的巨大危险，哈布斯堡王朝得以建立一个由德意志诸侯、威尼斯、教皇、波兰和俄国组成的强大联盟。这个联盟拯救了维也纳，然后将奥斯曼人赶出了匈牙利和特兰西瓦尼亚。结果，卡拉·穆斯塔法在 1683 年被处决，穆罕默德四世在 1687 年被废黜。在后宫藏匿 46 年后，苏莱曼王子终于重见天日，成为苏丹苏莱曼二世。[25]

苏莱曼后来说，当他被护送出后宫去继承皇位时，他还以为自己是被带出去处决的。他补充道，自年幼时有记忆以来，他每天都担心这是他生命的最后一天。他的恐惧是合理的。由于一生都陷于类似的恐惧状态，无法自拔，穆斯塔法一世和易卜拉欣一世出现了严重的精神问题。与他们相比，苏莱曼二世意外地心智健全、理智且得体。但是，在后宫深处的"笼子"里度过的漫长岁月无法培养领导能力。一旦被关在"笼子"里，奥斯曼帝国的王子就被禁止生育子嗣。只有在位的苏丹才有这项权利。作为王子，只要父亲还活着，还在以苏丹的身份进行统治，他们就可以在宫殿里享受相对自由的生活和教育。然而，苏丹很可能在儿子们进入青春期之前就去世。到 17 世纪下半叶，王子们不再互相残杀，法律规定，皇位由已故苏丹之子中最年长的幸存者继承。

伊斯坦布尔的主要教师、学者和精英官员都不能进入后宫，参与王子的教育。因此，王子接受的一切教育大都来自后宫的宦官。一些宫廷宦官确实很有教养，但是"笼子"里的生活远不能为王子提供足够的智识训练，以统治一个伟大的帝国。那些王子不掌握奥斯曼社会的第一手信息，没有受过政府方面的训练，在人际关系方面也缺乏经验。他们不能组建由朋友、门客和盟友组成的关系网，这种行为被绝对禁止，因而也就无法结交可以交换意见、能够在继位后有助于统治的人。在世袭君主制国家，王权交替常常能给政府带来新的活力、新的思想，以及到此时为止被排除在权力之外的新人。一朝天子一朝臣，随着新帝的继位，会出现新一代的政治家和顾问。奥斯曼帝国的制度保留了因继位者时常是上了年纪的王子而产生的劣势，却没有得到通常会有的补偿——经验丰富的新君。不出所料，穆罕默德二世、塞利姆一世和苏莱曼一世在当代土耳其仍然十分有名，至于 17、18 世纪的苏丹，只有历史学家还记得他们的名字。[26]

在这两个世纪里，奥斯曼帝国的政治制度有时被描述为"奥斯曼第二帝国"（the Second Ottoman Empire）或者"奥斯曼帝国宪政"（Ottoman constitutionalism），在我看来，后者有些误导意味。与前一个时代或后一个时代相比，这个时代的根本不同之处在于，苏丹的权力受到了有力的限制。创造"奥斯曼第二帝国"这一术语的历史学家称，它是一个原始民主化的时代，其最基本的前提条件是对皇权专制主义的限制。继承制度就是其中一个限制因素。在 17 世纪，尤其是 18 世纪，挑战伊斯坦布尔主要社会群体和既得利益团体的苏丹被废黜了。这些群体包括权臣的家族、宗教和司法精英，以及日益扩大的官僚机构。在很多方面，最重要、最能为皇权专制主义反对者提供力量的既得利益群体是苏丹禁卫军。[27]

17 世纪 50 年代之后，随着卫队骑兵的消亡，苏丹禁卫军成为伊斯坦布尔唯一规模庞大的军事力量。16 世纪，其人数大幅增加，最初是因为战争的发展要求奥斯曼帝国将远多于过去的步兵派上战场。为了节省国家税收，分担一部分军费，苏丹禁卫军甚至被鼓励在首都兼职从事贸易。17 世纪，德夫希尔梅招募制度停止运转，苏丹禁卫军改从穆斯林人口中招募。很快，招募过程就脱离了君主的掌控。最后，有成千上万的工匠、商人和店主购买加入苏丹禁卫军的名额，因为这样做不仅能成为苏丹的禁卫军士，还能同时获得地位、养老金，以及税收和法律特权。他们之中很少有受过训练的士兵，大多不能直接参战。此外，苏丹禁卫军与集市、手工业行会和苏菲派建立了紧密联系，这些人在伊斯坦布尔居民的生活中扮演着关键角色。在某种意义上，苏丹禁卫军成了"国民的武装协商会议"，如果其中的"国民"是指奥斯曼帝国首都民众的话。[28]

与其他所有以尊重既得利益团体为基础的政权一样，奥斯曼帝国的政策也是保守的。在 17 世纪下半叶的大部分时间里，直到 1768 年，它的政治都十分稳定，这为伊斯坦布尔的居民提供了充分的人身保障。生活相对可以预测，并受到法律、传统和习俗的约束。对奥斯曼帝国的许多臣民来说，这是一个相对安逸的时代，甚至是一个黄金时代。受益者还有奥斯曼帝国的王子们。"笼子"里的生活确实令人沮丧，但总比被登上皇位的兄弟勒死要好。虽然苏丹经常遭到废黜，但退位后，他们通常被允许拥有舒适的软禁生活。政治上的保守主义完全符合"奥斯曼文化大体保守的特性"。文化上的保守主义在一定程度上根植于对伊斯兰教逊尼派的深切拥护。尽管基督徒和犹太人普遍受到令人钦佩的宽容对待，但自 16 世纪早期以来，奥斯曼的皇室和精英一直将自身视为世界上真正的伊斯兰教信仰的主要捍卫者。无论是精英阶层还是大众圈子，公开引用非伊斯兰社会的思想都会受到谴责。最重要的是，奥斯曼精英对他们的帝国抱有强烈的自豪感，因为它历史悠久、伟大，在过去征伐无数。他们相信奥斯曼帝国是独一无二的，认为它辉煌的历史可以说明，它受到了真主的庇佑。至于遭受的挫折，人们通常认为它们是暂时的，是个人的过错和人类的罪恶造成的。通常的解决方案是呼吁恢复奥斯曼帝国"黄金时代"的法则，这指的一般是苏莱曼一世的时代。[29]

当奥斯曼帝国将注意力放在国内和过去时，欧洲主要国家的军事和财政力量则在不断增长。正是在 18 世纪，军事实力的天平决定性地从奥斯曼帝国倒向欧洲。在武器方面，关键的发展是刺刀和轻型野战炮，它们大大增强了欧洲军队的潜在火力和机动性。比武器史重要的是战术，当然训练士兵使其充分发挥武器实力同样重要。18 世纪，欧洲国家在战场上取得的胜利源于强大的火力和出其不意的战术，这些只能通过紧凑的阵形实现。已经成为核心作战力量的步兵需要接受训练，学会在战场上紧密有序地移动，在队、列和方阵之间顺利转化。只有训练有素、纪律严明的军队，才能在激烈的战斗中做到这一点。更困难的是步兵、炮兵和骑兵在战场上的协调。同样必不可少的还有规划和后勤，它们决定着数以万计的士兵和马匹的供养，使他们能够进行长距离作战，并顺利在作战地点会合。

从基本的战术训练到战略规划和指挥，每个层面的战争都需要军事领域的专业人士。18 世纪的欧洲战争需要庞大而花费高昂的职业军队，没有高效的财政机器，国家根本无法维持这样的军队。[30]

传统上，苏丹禁卫军一直是奥斯曼帝国军事力量的核心。据保守估计，自苏莱曼一世去世到 1700 年，苏丹禁卫军的规模已经扩大到过去的 5 倍，但是其大部分成员已经不配被称为士兵了。到 18 世纪末，苏丹禁卫军的薪资单上大约有 40 万人（每月领取军饷，每日还能领取口粮），然而，其中仅有 4 万人可以在战争中派上用场，但即便是他们，也缺乏训练、纪律松弛。苏丹禁卫军基本上已经变成一个奇怪的存在，成了一个带有福利性质、基金投资和逃税骗局意味的混合机制，似乎它的目的就是为伊斯坦布尔平民的利益服务。苏丹禁卫军不仅浪费了很大一部分的军事预算，还不断利用自己的武力，在伊斯坦布尔的街头阻止他人重塑苏丹禁卫军实力的努力，破坏他人组建新军的尝试，因为他们知道，后者将揭露苏丹禁卫军的冗余问题，挑战他们在奥斯曼帝国国内政治中的军事垄断地位。[31]

历史上，奥斯曼军队的第二个主要组成部分是蒂马尔骑兵，作为服役的报酬，他们被授予土地。16 世纪末和 17 世纪初，由于通货膨胀的影响，这些土地所能带来的收入往往不足以使一个骑兵养家糊口，为自己配备作战装备。从长远来看，更重要的是战争的变化：当奥斯曼人与欧洲的敌人作战时，骑兵变得越来越多余。这不是奥斯曼帝国独有的问题。在欧洲，骑士及其随从曾是中世纪军队的核心，此时他们也失去了价值。在 18 世纪的欧洲，封建骑士的后代，换句话说就是拥有土地的贵族和绅士，经常在其封君的军队中担任职业军官，为国家的军事效能做出了重要贡献。此外，通过庄园法庭、担任治安官和成为地方议会成员，他们在当地的管理中同样扮演了重要角色。地主精英和君主制的联盟是早期现代欧洲国家的支柱。大约在 1420—1580 年，蒂马尔骑兵是奥斯曼帝国地方政府的支柱，但他们既没有发展成职业军官，也没有成为当地的地主和官员。这不仅严重导致奥斯曼军队被进一步削弱，还使伊斯坦布尔对地方社会本就疲软的控制更加无力。[32]

17、18 世纪，苏丹和奥斯曼中央政府手中的权力越来越多地转移到地方精英手中。在一定程度上，这是有意采取权力下放政策的结果。由于终身包税制（malikane）的设立，财政系统大部分转为私有。自 1695 年开始，土地被终身出租，最初非常盈利。这些土地很快便落入地方精英手中。因为拥有土地、财富，以及庇护网络和同盟网络，这些精英大权在握，现在他们又额外获得了指派和征收税款的极大权力。不可避免地，地方越来越多的税收被截留下来，从未抵达伊斯坦布尔。到了 18 世纪，中央政府还得依靠地方精英招募士兵，一方面是为了在战时服役，另一方面也是为了维持其所在地区的秩序。地方精英指挥的实际上就是私军，他们对此几乎不做什么掩饰，这些军队在名义上为苏丹效命。它们缺乏训练、纪律废弛，在与俄国人和奥地利人作战时不堪一击，不过，他们大大加强了地方精英在各自家乡的实力。

事实上，考虑到前现代通信的规模和特性，所有帝国的统治都建立在权力下放的基础之上。它们都面临同一个基本难题：地方精英天然更愿意将物资和收入留给自己，而不是交给遥远的皇帝和中央政府。威胁、劝说和引诱地方精英将这些收入中的一部分上交中央当局，通常是皇帝最主要、最困难的任务。使帝国的军事和财政系统脱离控制的统治者不太可能长久存活。对于地缘政治条件不佳、强国环伺、易受攻击的奥斯曼帝国来说，情况尤其如此。到 18 世纪，奥斯曼帝国政权在最基本、最关键的任务上失败了。对奥斯曼王朝来说不幸的是，他们治理不力的同时，相邻的北部帝国正在发展它们的财政和军事机器，加强中央对地方精英和资源的控制。奥斯曼帝国的统治者和精英没有注意到这些发展，当然也有可能是注意到了却没有理解。[33]

在 1768—1774 年的对俄战争中，结果显现出来。奥斯曼帝国的精英对己方的失败深感震惊。1768 年之前的数十年里，奥斯曼帝国一直经济繁荣、政治稳定。这个帝国已经 30 年没有战事了。此外，最近的战争——至少是与奥地利的战争——在 1739 年以奥斯曼帝国的胜利告终，缔结的和平条约收复了在 1718 年割让给哈布斯堡王朝的领土。与哈布斯堡家族的盟友俄国的战事，进展得不是那么顺利，但是最终也没有遭受严重的失败。面对俄国的威胁，奥斯曼王朝依赖更多的是黑海北部沿岸和多瑙河下游的一系列强大要塞，而不是野战部队。他们的驻军一般仍然保有一定的军事技能和价值。为了抵达这些堡垒，俄国军队必须穿过近乎荒无人烟的广阔地带，也就是今天被我们称为乌克兰南部和西南部的地方。穿越这片土地、维持军队的粮草和物资供给已经足够艰难，更不用说运送笨重的攻城大炮了。彼得大帝低估了这一挑战，结果在 1711 年败于奥斯曼帝国之手，几乎一蹶不振。

奥斯曼王朝未能意识到，俄国对乌克兰大草原的殖民意味着，到 1768 年，它的基地距奥斯曼帝国的领土更近了。对于穿越南部草原远征并维持供给一事，俄国的将军已经从过去的战争中吸取了教训。到 1750 年，俄国军队已经不逊于其他任何欧洲军事机器。在 1756—1762 年的战争中，它通过与腓特烈大王的普鲁士军队作战吸取了宝贵的教训。1762—1768 年，在叶卡捷琳娜二世的全面指导下，这些教训被融入军事条例和训练中。在七年战争期间涌现的年轻一代将军排得上俄国历史上最优秀的将军之列了。其中，最著名的是彼得·鲁缅采夫和亚历山大·苏沃洛夫。这些人不仅是优秀的战场指挥官，还研究、讨论战争，留下了关于战争的著作。他们曾认真思考过的一个问题是，如何使现代欧洲军队适应截然不同于德意志和西欧战场的战区，并与非欧洲敌人（如奥斯曼帝国）作战。相比之下，奥斯曼帝国的军事思想自 1550 年以来几乎没有进步。1768 年，奥斯曼军队仍遵循惯例由大维齐尔指挥，当时的大维齐尔出身平民，没有军事经验。[34]

结果，奥斯曼帝国一败涂地，此后，在 1788—1792 年和 1806—1812 年的对俄战争中，奥斯曼接连失败。这些战争对奥斯曼帝国财政的影响是灾难性的。作为 1774 年和平条约的一部分，仅赔偿就占奥斯曼帝国年收入的一半。1788—1792 年的战争代价更加高昂。18 世纪 90 年代，当塞利姆三世开始改革时，政府破产使本就阻碍重重的改革难上加难。战争加强了中央对地区精英的依赖，税收和征兵在很大程度上由地方精英控制。战争失败导致的地缘政治后果也十分严重。300 年来，黑海一直是奥斯曼帝国的内海。在安全保障方面，奥斯曼帝国几乎没有付出什么代价，就控制了黑海贸易。1783 年，俄国吞并克里米亚地区不到 10 年，就在塞瓦斯托波尔建造了一个强大的海军基地，俄国舰队控制了黑海。凭借海军力量，俄国不仅控制了贸易路线，为在巴尔干半岛作战的俄国军队提供了重要的运输和后勤助力，还成了奥斯曼帝国首都的潜在威胁。从更宏观的视角来看，俄国的胜利是一个前奏，开启了对克里米亚、高加索西北部和巴尔干半岛三地主要穆斯林人口——数以百万计的此前属于奥斯曼帝国统治的臣民或生活在奥斯曼帝国保护之下的社会群体——持续 130 年的种族清洗和屠杀。军事史不只是关于国王和战争的轻巧叙事，还会讲述普通民众遭遇的毁灭性影响。[35]

　　1789 年，苏丹阿卜杜勒·哈米德一世（1774—1789 年在位）去世，皇位传给了下一代的继承人，即他 28 岁的侄子塞利姆三世。在塞利姆 13 岁前，坐在皇位之上的是他的父亲穆斯塔法三世（1757—1774 年在位），这段时间里，年轻的王子过着相对自由的生活，有时甚至可以陪同父亲会见维齐尔，参与其他公务。在叔父继位之后，塞利姆被送到"笼子"里，即便如此，他仍被允许拥有足够的自由，与政府的关键人物保持联系，并维持户外锻炼。此时，对于"笼子"的管理比以前更宽松了。1785—1786 年，有人试图发动政变，拥护塞利姆登上皇位，阴谋败露后，他的自由受到一定程度的限制，但年轻的王子仍然可以不受限制地阅读书籍，他与外界的沟通渠道也没有被完全切断。塞利姆登上皇位时，奥斯曼帝国正与俄国进行第二次灾难性的战争。在位 18 年，塞利姆主要致力于推动改革，以恢复奥斯曼帝国的军事力量。改革的核心是建立一支遵循欧洲规范的新军队。无论是苏丹本人，还是主要的改革者，都没有受到欧洲启蒙运动思想和文化的影响。还要经过一代乃至更多代人，奥斯曼帝国精英的价值观和文化才会真正开始西化。在塞利姆的时代，欧洲启蒙运动的影响仍然局限于技术领域，主要是军事方面。[36]

　　由于资料有限，我们无法深入而全面地认识塞利姆，但我们可以发现其性格的某些方面：苏丹塞利姆是一位优秀的诗人、一个杰出的音乐家和音乐赞助人。他是苏菲派梅夫列维教团的成员，会遵循传统奥斯曼君主的作风，乔装打扮，在伊斯坦布尔的街道上漫步，以便亲自观察民众的生活，并当场纠正官员的不公行为。塞利姆深爱他的姐姐和母亲，据称，他的母亲有时试图保护他不受坏消息的影响，不希望他意识到社会对其改革的敌意。正因如此，当时的记录普遍认为，塞利姆是一个正派、仁爱、敏感的人，他有正确的改革理念，却缺乏坚韧的心志和毅力，难以约束他的顾问，也无法粉碎他的保守派敌人。这种观点可能有合理之处，但人们需要知道，这种叙事的背后有一个古老的神话：君主是道德的，基本上是全能的，而他的扈从是破坏他良好意图的恶棍。塞利姆在继位之初似乎对改革的前景充满信心、十分乐观，还存有一些天真的期待。然而，因为多年的痛苦经历，这位苏丹知道自己的实际权力是多么有限，也明白改革面临的阻碍势力是多么庞大。不可避免地，他变得愈发沮丧和疲惫。1807 年，塞利姆在反叛中被赶下皇位，如果他能在反叛之初迅速而果断地采取行动，或许可以镇压此次反叛。他对这一危机的反应表明，这位疲惫的统治者已经对自己的改革、顾问，乃至本人，失去了信心。[37]

塞利姆有理由感到绝望。他面临的既得利益群体是可怕的，此外，奥斯曼社会对以"异教徒"原则为基础的改革的反感根深蒂固。支持其改革方案的顾问和官员，也因个人的野心和对各自派系的忠诚而分裂。他们对改革的承诺有时并非全心全意，很容易屈服于个人利益。而且改革方案推行时，国家已经破产，既有的军事预算大部分都浪费在了苏丹禁卫军身上。为了供养新军队，塞利姆不得不强制征收许多新税，这些税款被公开指定用于培养新军队。在公众看来，改革主要意味着更高的赋税。综观塞利姆的统治，奥斯曼帝国被无情地卷入了法国大革命，以及拿破仑时代的大国战争和竞争之中。国内外的挑战交织在一起，愈演愈烈。巴尔干半岛最有权势的人物可能是奥斯曼·帕兹万特奥卢。多年来，塞利姆不断尝试收买、招揽或威慑帕兹万特奥卢，均以失败告终，他意识到，想要摧毁帕兹万特奥卢，重新掌控巴尔干半岛北部几乎被其经营成独立王国的地区，需要一支强大的军队。一支 8 万人的大军包围了帕兹万特奥卢在维丁的要塞和统治中心，时间长达数月，这支大军中既有奥斯曼帝国的军队，也有忠于奥斯曼在当地的对手的民兵。之后，1798 年，拿破仑入侵埃及，迫使塞利姆放弃此次战役，转而将军队派往埃及，并承认奥斯曼·帕兹万特奥卢为维齐尔和巴尔干半岛北部的总督。这非但不能满足帕兹万特奥卢的野心，反而鼓励他以损害奥斯曼帝国为代价扩大自己的私人王国。[38]

塞利姆三世的皇位被叔父阿卜杜勒·哈米德一世的长子穆斯塔法四世夺走。在第二年的一系列政变和反政变中，穆斯塔法四世和塞利姆三世被杀。在被推翻并遭到谋杀前，穆斯塔法下令杀死自己的弟弟马哈茂德——奥斯曼皇室最后一个幸存的男嗣。千钧一发之际，马哈茂德从托普卡帕宫的屋顶逃到了安全之所，摆脱了谋杀者。王子幸免一死，奥斯曼帝国也因此得以幸存。后来，他继位为马哈茂德二世，统治帝国 31 年。经历了惊心动魄的逃亡，不难理解马哈茂德为什么会小心翼翼，唯恐那些在他继位时主导奥斯曼帝国政治的团体，也就是伊斯坦布尔的政治精英、地方显要和苏丹禁卫军感到不满。他缓慢而谨慎地引导这些团体相互制衡，开始在伊斯坦布尔组建支持自己的势力，争取地方精英的拥护，并创建了一个炮兵部队和海军小队。这股军事力量相当于塞利姆军队的缩小版，而选择设立炮兵和海军，则是为了尽可能避免苏丹禁卫军的恐惧和嫉妒。19 世纪 20 年代，他暗中支持一场舆论战，试图利用苏丹禁卫军在面对异国敌人和希腊起义时的接连失败，破坏伊斯坦布尔社会对他们的支持。1826 年，他在一场突然的政变中摧毁了苏丹禁卫军，此次成功取决于周密的计划和来自海军、炮兵的支持。

过去，塞利姆三世一直对马哈茂德很好，使后者得到了良好的教育和相当大的自由。他鼓励堂弟热爱音乐，有时甚至亲自教导他。在人们的印象中，马哈茂德比塞利姆更强硬、更粗野、更外向。他喜欢喝酒和恶作剧。最重要的是，他热衷于从军和军旅生活。不过，两位苏丹对政治的投入是一样的。处理完苏丹禁卫军后，马哈茂德继续推进塞利姆的军事改革和恢复中央集权的方案。在马哈茂德后代的进一步推动下，这些努力在 1914 年重建了有效的国家行政机构和军队，使奥斯曼能够在第一次世界大战中有力地抵抗俄国、英国和法国。[39]

第 12 章

莫卧儿王朝

印度最伟大的王朝

1526—1857 年，统治印度的是莫卧儿王朝，但是它的第二任皇帝（胡马雍）在流亡中度过了大部分的统治岁月（1530—1556 年），此外，从 18 世纪早期开始，莫卧儿王朝几乎不再拥有实权。在 17 世纪的鼎盛期，莫卧儿帝国贡献了全球经济产出的 20% 以上。这份巨额财富允许皇帝支持一流的高雅文化——文学、艺术和建筑。莫卧儿王朝的文化主要是"波斯化"的，起源于所谓的"大中亚"地区（Greater Central Asia），用现今的话语来说就是苏联的中亚五个加盟共和国所在地区，以及伊朗东北部（呼罗珊）和阿富汗。正如"波斯化"一词所暗示的，这种文化的主导元素是波斯的，但是"波斯化"文化区域也借鉴了伊斯兰教和大草原元素。此外，在印度刚建国，莫卧儿王朝就慷慨地资助当地的梵语文化。因此，莫卧儿的高雅文化是一个异常有趣的综合体，但同时也保留着其独特的一面。[1]

莫卧儿王朝的前六位皇帝都才干过人。除了王朝的遗传基因，他们的优秀在很大程度上还要归功于皇子之间激烈的继承竞争。想要赢得这场比赛，皇子们需要具备卓越的政治和军事才能。那个时代留存下来的许多文献，向我们展示了他们强大、生动和迷人的个性，其中两位皇帝甚至还留下了自传。然而，继承战争总是代价高昂，可能还会危及政局稳定。若是帝国过于依赖其君主的个性，会面临不可避免的风险。一些历史学家指责奥朗则布——六位伟大皇帝中的最后一位，认为正是他导致了 18 世纪早期莫卧儿帝国的崩溃。奥朗则布犯下了许多大错，其中之一就是统治时间过长。他于 1707 年去世，享年 89 岁，在位时长近 50 年。[2]

　　莫卧儿帝国的创始人是查希尔丁·穆罕默德·巴布尔，即历史上为人所熟知的"巴布尔"（在波斯语中意为老虎）。巴布尔出生于1483年，是帖木儿的六世孙，也是成吉思汗的直系后裔。在帖木儿死后的一个世纪里，他的帝国疆域急剧缩小，四分五裂，分属于他的诸多后代。帖木儿王朝的王公虽然自豪于他们的血统，但是完全缺乏王朝的团结意识。根据草原政治的传统，他们认为自己对帖木儿的遗产享有平等的权利，不断为争夺遗产而同室操戈。1494年，巴布尔丧父，这个年仅11岁的男孩继承了费尔干纳盆地的小公国，随即便遭到叔叔的入侵——想要抢占这片领土。由于帖木儿王室的内战，他们的强敌乌兹别克部落联盟征服了越来越多的中亚领地。在巴布尔尚处于青少年时期时，这个联盟的首领是昔班尼汗——成吉思汗的另一个后裔。在1494年之后的20年里，巴布尔主要致力于保卫并重新夺回他在中亚的家族领地。这位昔班尼王朝的建立者也是伊朗沙阿伊斯玛仪的死敌。在萨法维王朝的庇护下，巴布尔两次成功收复自己的祖传领地，并且占领叔父的撒马尔罕城，不过，两次都被重整旗鼓的乌兹别克人赶了出去。

　　有时，巴布尔就像一个身无分文的逃难者，带着一支蓬头垢面的小战团四处流亡。1504年12月，他的时运有所好转，抓住机会占领了喀布尔。他在那里自立为王，建立的政权很快便成为唯一幸存的帖木儿王朝的诸侯国。巴布尔欢迎出身突厥和蒙古的忠诚亲戚、家臣和盟友前来喀布尔，然而，他的侯国资源贫瘠，严重限制了他恢复王朝荣耀的野心。由于乌兹别克人的阻碍，巴布尔完全没有希望夺回北方的祖地，只得将野心转向南方，即旁遮普和印度大平原异常富饶的农田。经过多次试探性突袭，1525年，巴布尔入侵印度。在接下来的3年里，他在两场大战中击溃了敌人，松散地控制了印度北部的大部分农业中心地带。巴布尔一点都不喜欢这片新征服土地上的民众、文化、食物和气候。他曾经写道："印度斯坦是一个几乎没有任何魅力的地方。它的民众身上没有优点，那里没有优雅的社交，人们不具有诗歌天赋，也无法理解诗歌的魅力，缺乏礼仪，没有高尚的品质和坚毅的性格。那里的工艺品不讲究和谐和对称。那里也没有好马、好肉，没有葡萄、瓜类和其他水果……印度斯坦唯一的美好之处在

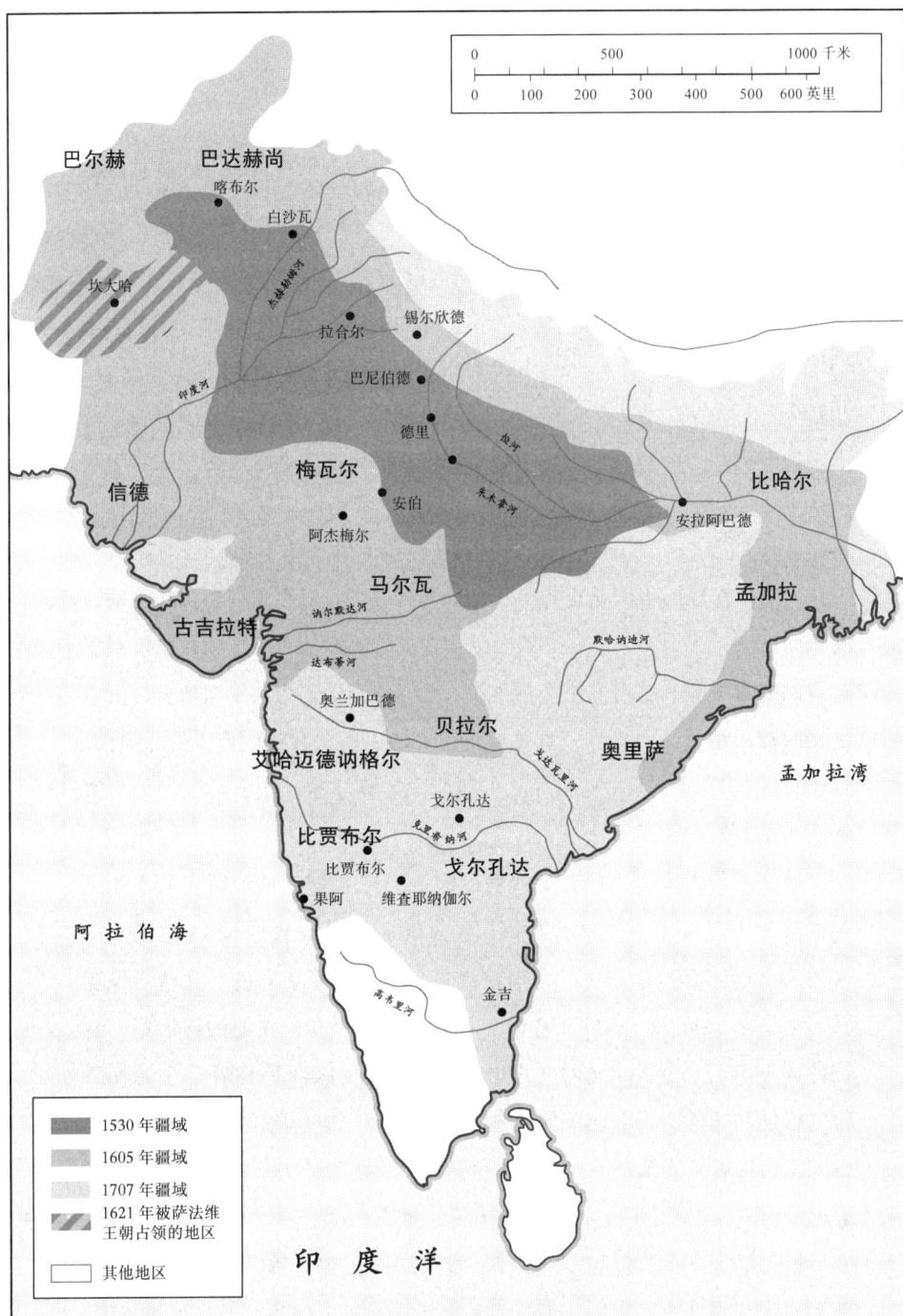

巴尔赫　　巴达赫尚

喀布尔

白沙瓦

坎大哈

拉合尔　　锡尔欣德

巴尼伯德

德里

梅瓦尔

安伯

比哈尔

信德

阿杰梅尔

安拉阿巴德

马尔瓦

孟加拉

古吉拉特

讷尔默达河

达布蒂河

奥兰加巴德

殿哈讷迪河

贝拉尔

奥里萨

艾哈迈德讷格尔

孟加拉湾

戈尔孔达

比贾布尔

比贾布尔　　戈尔孔达

果阿　　维查耶纳伽尔

阿拉伯海

高布里河

金吉

■	1530 年疆域
▨	1605 年疆域
░	1707 年疆域
▨	1621 年被萨法维王朝占领的地区
□	其他地区

印度洋

地图 12.1　莫卧儿帝国

于，它是一个遍地黄金和财富的大国。"新帝国的财富惊人，巴布尔得以重建王朝的荣光，将忠诚的突厥和蒙古盟友吸引到自己的宫廷，成为帖木儿家族毋庸置疑的领袖。[3]

巴布尔的首要身份是一位战士、一个高贵的王朝统治者，他决意恢复王朝的辉煌。但他还有一个仅次于恢复王朝辉煌的野心，他想使用母语，即察合台突厥语，成为一名受人尊敬的诗人。这提醒我们，如果说 15 世纪帖木儿王朝壮阔的政治史基本上是一场失败，那么它在文化赞助方面扮演的角色要成功得多。许多世纪以来，大中亚地区一直是世界科学、知识和文化中心之一。在伊斯兰教到来之前，它的文化传统既包含当地的阿契美尼德王朝和琐罗亚斯德教的元素，也包含亚历山大大帝时期希腊将军和移民带来的希腊化影响。从 10 世纪开始，该地区的伊斯兰统治者促进了伊朗传统的复兴。菲尔多西（940—1020 年）的《列王纪》是前伊斯兰时代伊朗最宏伟的丰碑，它的出版十分富有意义，保存了许多古代伊朗的文化和记忆。起源于大草原、信奉伊斯兰教的突厥伽色尼王朝，就曾大力支持此书的出版，还招揽菲尔多西加入他们的宫廷，为其添光加彩。该地区还因被吸纳进从西班牙一直延伸到中亚的伊斯兰文化世界，受益匪浅。10、11 世纪，世界上一些最伟大的哲学家、科学家、历史学家和数学家都生活在大中亚地区。

遭受了蒙古人的入侵和黑死病的摧残，15 世纪，该地区在帖木儿王朝的统治下经历了一次文化复兴。帖木儿的孙子兀鲁伯是 15 世纪最伟大的天文学家和数学家之一，他在撒马尔罕建立了著名的天文台。侯赛因·拜卡拉（1469—1506 年在位）是兀鲁伯的远亲，在他的统治下，赫拉特成了伊斯兰世界卓越的文化中心。涅甫伊（1441—1501 年）是侯赛因的密友和顾问，人们熟悉的通常是他的笔名"纳瓦依"，他不仅是出色的音乐、诗歌和艺术赞助人，本人也是一位著名的诗人。正是纳瓦依凭借自己的诗歌，近乎以一己之力，将其母语察合台突厥语转化为一种文学语言。纳瓦依是巴布尔的英雄和榜样。皇帝巴布尔也用察合台突厥语创作诗歌和自传，在这个过程中，他以一种直率和充满人性的笔触与读者交谈，那个时代的宫廷诗人和作家使用辞藻华丽的波斯语，因而这种气息早已消失殆尽。巴布尔使用祖先传下来的察合台突厥语写作，这反映了他对自身血统的自豪。皇帝的自传读起来十分有意思，他还哀叹地承认，采用波斯文学的传统风格、用波斯语写作时，他觉得自己是一个非常糟糕的诗人，这份坦诚令人疑虑顿消。[4]

巴布尔的职业生涯在很多方面都与马哈茂德相似，后者在 11 世纪初将伽色尼王朝发展成印度北部最早的中亚伊斯兰统治者。和帖木儿王室一样，伽色尼王室也被赶出了中亚故土，驱逐他们的是塞尔柱突厥人。在将喀布尔地区作为征服印度北部的基地之前，马哈茂德已经扎根于该地。与巴布尔的情况一样，占领之所以能够实现，完全是因为当时统治印度北部的政权十分软弱。这反映了印度的地缘政治情势。直接从中亚入侵印度是非常困难的，因为入侵者必须先穿越兴都库什山脉的高山隘口，才能穿越阿富汗，强行通过开伯尔山口。不过，即使已经占领喀布尔并将之作为据点，入侵者仍然面临严峻的挑战。任何一个控制印度北部资源的稳定政权，都可以驻守山口，阻止入侵者的脚步。13 世纪，德里苏丹国甚至成功阻止了蒙古人入侵印度次大陆的尝试。巴布尔的入侵之所以成功，在一定程度上是因为他占据了有利时机——统治印度北部的阿富汗洛迪政权在 16 世纪 20 年代内部分裂，而且在印度许多拉杰普特贵族臣民中极不受欢迎。他的第一步行动势必是征服旁遮普，并将其作为未来行动的基地。当巴布尔的军队抵达该地时，洛迪王朝的旁遮普总督立刻倒向莫卧儿王朝，巴布尔在旁遮普的成功很大程度上归功于这一事实。

1526 年，在发生于德里附近的巴尼伯德战役中，巴布尔粉碎了洛迪王朝军队的主要力量，次年又在坎努战役中击溃了拉杰普特王公，尽管在这两场战役中，巴布尔的军队人数都远远少于对方。巴布尔的胜利要归功于莫卧儿王朝实力强大的军队，以及他本人出色的战场协调能力。其军队的核心是蒙古弓骑兵，而"莫卧儿"一词实际上就是"蒙古人"一词在当地的译音。巴布尔将蒙古弓骑兵千锤百炼的战术技能和机动性，与欧洲、奥斯曼模式的步兵和炮兵结合在了一起。巴布尔的身边有奥斯曼帝国的军事专家，他在战场上使用的策略与奥斯曼苏丹塞利姆一世在 1514 年的查尔迪兰战役中对抗萨法维王朝的战术非常相似。他建造了一系列野战防御工事，还在中心工事后方部署了大炮和火枪手。这些防御工事的核心是用铁链拴在一起的马车。在巴尼伯德和坎努，洛迪王朝和拉杰普特王公的进攻失败了，面对这些防御工事和集中的火力攻势，他们损失惨重。士气低落的敌军随后遭到莫卧儿骑兵从马车营地后方及侧翼展开的夹击，溃不成军。一位军事史学家评论说："印度北部首次见识到了弓骑兵、野战炮兵、携枪步兵和重骑兵的协调部署……当地军队遭到的打击是毁灭性的。"[5]

巴布尔最优秀的传记作家将他的思想与马基雅维利和文艺复兴时期的意大利精英阶层进行了比较。冷静的政治现实主义和野心与出色的艺术审美和求知欲交织在了一起。根据他的自传《巴布尔回忆录》（*Baburnama*），他"毫不隐瞒自己的好斗，无愧于战士阶层一员的身份，其本职就是征服和统治"。巴布尔描述了他对喀布尔地区造成的破坏，为了震慑当地对其统治的抵抗，获得足够的资源来维持战争机器，他采用了恐怖手段。相较于皇帝，他更像一个战团领袖——相对平等，充满魅力，感念军营里的同袍之情。对这样一位领袖来说至关重要的是，他是一个优秀、成功而幸运的将军，而且慷慨地分配了成功带来的战利品。在《巴布尔回忆录》中，他强大、鲜明、不羁、自我的个性呼之欲出。事实上，"巴布尔本人，可能还有大多数突厥-蒙古战士，都将自我主义视为一种充满男子气概的美德"。但是，他不只是一个伟大的武士国王。他的求知欲是百科全书式的，他对印度动植物的描述精确、详细而科学。在众多君王的回忆录中，《巴布尔回忆录》因其坦诚和对自身内在人格的深入揭示脱颖而出。巴布尔一直没有将自己视为伊斯兰教的圣战士，更没有宣称自己拥有这样的身份，直到1527年关键的坎努战役前夕。当然，因为过去的敌人大多是穆斯林，他也没有选择的余地。然而，当巴布尔在坎努看到与自己对抗的印度拉杰普特军队的庞大规模时，他意识到，他及其军队需要争取一切可能的帮助。此时，他宣称自己是伊斯兰教的圣战士，并公开承诺，只要真主给予他胜利，他将永远戒酒。两年后，他在《巴布尔回忆录》的一处题外话中写道，他对葡萄酒的渴望太过强烈，以至于他几乎要哭了。[6]

1530年，巴布尔去世时，莫卧儿王朝对印度北部的控制尚不稳固。

其长子胡马雍巩固莫卧儿王朝统治的努力遭到破坏，因为他的兄弟竭尽所能地争夺巴布尔的遗产。结果，胡马雍被阿富汗苏尔部落的领袖舍尔沙赶出了印度，作为萨法维王朝的被庇护人在伊朗避难。直到舍尔沙及其子伊斯兰沙突然意外死亡（前者死于 1545 年，后者死于 1554 年），胡马雍才得到机会收复印度北部。伊斯兰沙去世后，德里爆发了一场混乱的王位继承斗争，短短一年内就有五位统治者相继占据王位。胡马雍于 1555 年夺回德里，但在一年后于图书馆意外摔倒而亡，将皇位留给了他 13 岁的儿子阿克巴。阿克巴在位 49 年，正是在这几十年里，莫卧儿王朝在印度扎下了坚实的根基，创建了确保其政权长久存续的制度和合法性。这是帝制王朝长久以来的发展模式。王朝想要存续，开国的征服者必须有一个能力非凡的继承者，他要巩固王朝对其新征服土地的控制。阿克巴跟随阿契美尼德王朝的大流士一世、唐太宗和阿拔斯王朝的哈里发曼苏尔的脚步。他和这三位著名君主一样，是伟大的统治者，也是历史上最令人印象深刻的皇帝之一。

阿克巴的儿子和继任者贾汉吉尔这样描述父亲：“他中等身高，有着小麦色的肌肤、黑亮的双眼和浓眉。他容光焕发，如雄狮般健壮，有宽阔的胸部、修长的双手和臂膀……他洪亮的声音充满威严，讲话的方式异乎寻常地友好。”阿克巴有着非凡的精力、耐力、勇气和韧性。他长于骑马，能够驯服愤怒而难以驾驭的大象，哪怕是经验最丰富的驯象人也不敢骑上的大象，他在这方面声名显赫。阿克巴患有阅读障碍，是文盲，但他拥有惊人的记忆力和过人的才智，能够敏锐地把握其主要顾问的个性和动机，这些能力弥补了这一缺陷。这位皇帝生性随和、魅力过人，他喜欢自己的公众角色，总是被描述为一个平易近人、友善、坦诚的人。他的形象介于祖父巴布尔与孙子沙·贾汗之间，前者是一位战团领袖，后者是一个威严、遥不可及和令人敬畏的普世帝国皇帝。在某种程度上，这种君主统治风格的演变在统治定居社会和帝国的征服者王朝中并不罕见，不过，阿克巴的统治风格仍然反映了他的个性。他拥有如此强大的权力，却又有着过人的魅力和才能，他的友善、坦率和平易近人完全不会让他面临失去帝王威严的风险。[7]

阿克巴是一个武士国王。他是一名优秀的战略家，在战场上是鼓舞人心的领袖，在营地是正直、和善的同袍。他还是一名高效而勤奋的管理者和政治领袖，因热爱正义、良好的判断力、能够选择忠诚而杰出的下属官员而闻名。和挚友兼大臣阿布·法兹勒一样，他还是一位宣传大师。阿克巴是一位异常积极、亲力亲为的领袖，考虑到他的个性，这点不足为奇。年轻时，他会在街上微服漫步，观察公众的情绪，了解官员对待普通民众的方式。皇帝心灵手巧，热衷于机械装置。他还有其他一些业余爱好，例如木工。在视察众多的建筑项目时，他有时会亲自开采石料。他也有对于君主来说更普遍的爱好，他是一个狂热的猎人和运动员，沉迷于拳击和观赏动物搏斗，他拥有一个兽园，宠物有狗、大象乃至猎豹，种类繁多。[8]

阿克巴虽然一直遭受忧郁和轻度癫痫不时的袭扰，但仍有更安静、更内省、更体贴的一面。他深爱着母亲和后宫其他许多地位较高的女眷，他也疼爱自己的孩子，作为一位君主，他与孩子共同度过的时间多得不同寻常。阿克巴对绘画的热爱和欣赏，在一定程度上揭示了他的内在。阿克巴自幼便接受绘画训练。在他统治期间，皇家画坊的规模和水平都得到了长足发展。他们发展出一种独特的绘画风格，这部分是因为他们融合了波斯、印度和欧洲的风格和技术。阿克巴每周至少视察一次画坊，发起许多项目，并密切关注项目的进展。他曾经写道："确实有很多人厌恶绘画，但我不喜欢这样的人。在我看来，画家似乎可以通过一种相当独特的方式去认识真主；因为当一个画家接连描绘一切有生命的存在，为它们设计肢体时，一定会意识到难以赋予作品以个性，这时他不得不想到真主，想到这位生命的赋予者，对他的认知势必会因此增加。"[9]

阿克巴对宗教问题深感兴趣。个人对真主的追寻是贯穿他一生的主题，有时这种求索还伴随着宗教上的难题和疑惑。帖木儿王室是传统的逊尼派穆斯林，是纳格什班迪耶苏菲派教团的支持者。在众多的苏菲派组织中，纳格什班迪耶教团的名声最好。他们将个人的虔诚、善行，与对社会秩序及其等级制度和习俗的尊重结合在了一起。然而，皇帝深爱的母亲是一名什叶派穆斯林。相对于逊尼派的乌理玛和教义，阿克巴本人一直对苏菲派的内在精神世界更感兴趣。他成了契斯提苏菲派教团领袖谢赫·萨利姆的亲密门徒。谢赫·萨利姆是皇帝的精神顾问，角色相当于天主教世界中的王室告解神父。阿克巴的长子，也就是未来的皇帝贾汉吉尔，就出生在谢赫·萨利姆的家中。阿克巴在新城法塔赫布尔·西格里建造的宏伟宫殿，就在谢赫·萨利姆之墓附近。到 1577 年，阿克巴开始践行契斯提教团信徒的苦修生活。这不仅包括严格的节食，有时还需要赤脚行走数十英里，"穿越拉贾斯坦的酷热沙漠"，朝拜契斯提圣地。契斯提教团比纳格什班迪耶教团更禁欲、更超脱凡俗、更倾向于神秘主义。他们的信仰和实践，与一些印度教精神领袖的信仰和实践重叠。谢赫·萨利姆有许多印度教徒追随者，数量几乎和他的穆斯林追随者一样多。[10]

1577 年，阿克巴在法塔赫布尔·西格里的宫廷开设礼拜堂。他在这里主持宗教辩论，不仅有伊斯兰教不同派别的代表相互辩论，还有婆罗门、基督教耶稣会修士、琐罗亚斯德教信徒和耆那教徒参与其中。回顾有史以来的其他王朝，罕有如此高质量的辩论。贾汉吉尔回忆道："过去，我父亲经常与各宗教、各学派的智者进行讨论，尤其是印度的权威专家和学者……他与贤人、名士促膝长谈，根本没有人能从外在表现看出他是文盲。他能敏锐地领悟到散文和诗歌的精妙之处，程度之深简直令人无法想象还有理解得比他更好的人了。"蒙塞拉特神父是一名耶稣会会士，他曾参加这些辩论，他发现，皇帝阿克巴在神学领域博学、见多识广。但随着时间的推移，阿克巴越来越排斥一神论的教条倾向，更支持一种兼收并蓄的精神，试图将所有主要宗教的见解融合起来，结果，这位耶稣会会士和参与辩论的穆斯林一样，开始感到沮丧。[11]

阿克巴个人对真主的探索，对其治下的宗教政策和意识形态产生了极大影响。此外，在莫卧儿王朝统治的这个国家，印度教徒占绝大多数，王朝的政策也是为了适应这一现实。在阿克巴时期，莫卧儿王朝不再是一个征服王朝，而是一个植根于印度土壤之上的王朝。那么，与治下的大多数人达成妥协，宽容他们的宗教，是十分有必要的。16 世纪 70 年代，一些针对非穆斯林的特别税和限制被废除了。随着时间的推移，阿克巴的宗教政策已经远不是单纯的宽容了。1579 年，皇帝颁布法令，将自己定为与伊斯兰教义相关的一切问题的最终仲裁者。自阿拔斯王朝的哈里发麦蒙时代以来，伊斯兰教逊尼派还从未见过这种地位主张。自麦蒙时代起，伊斯兰教就深受苏菲派运动的影响。在某种程度上，阿克巴及其首席顾问阿布·法兹勒正试图建立一个以阿克巴为圣人的帝国性的苏菲主义教派。精心设计的仪式引导着宫廷里的关键人物成为该教派的门徒。在个人层面上，这些门徒满足了阿克巴对于同伴和朋友的需求。本书论及的一些皇帝出于类似的目的创造了类似的群体，当然，它们因诞生于不同的王朝和文化而各具特色。更重要的是，帝国性的苏菲主义目的是，提高君主制在所有教派臣民心目中的神圣地位和合法性。官方政策贴合了伊斯兰教苏菲派的救世主和千禧年观念。1591 年，伊斯兰的千禧年即将到来，这些趋势尤其强烈。皇帝被描述为穆智台希德（mujtahid，伊斯兰教教法和教义的权威学者），换句话说，他是受到神启的宗教领袖，会在伊斯兰教的第二个千年重整并启发伊斯兰教。

官方意识形态也利用了伊朗和印度的神权君主制传统，即认为统治者与太阳、光和神授灵光有关联，换句话说，他们拥有神明直接赋予的近乎超凡的魅力。占星术在帝国的意识形态中扮演了重要角色。这个时代的人们普遍相信，研究星象可以解释上天给人类制定的命运。如前文所述，与阿克巴生活在同一时代的哈布斯堡王朝皇帝鲁道夫二世，对这一点深信不疑。即使是笃信基督教的腓力二世，也没有否认其可能性。相较于基督教世界，伊斯兰世界对占星术的研究更加系统。伊朗的占星术传统尤其强调木星、土星相合对尘世事件的重要意义。正是根据这些广为流传的占星术信仰，阿克巴被誉为"土木合相之王"（Lord of the Conjunction），被视为人类历史新篇章的开创者。萨法维帝国和奥斯曼帝国的宫廷占星家也曾为各自的君主——前者是沙阿伊斯玛仪，后者是苏丹塞利姆一世和苏莱曼一世——设计类似的头衔。[12]

在孙子沙·贾汗和曾孙奥朗则布在位期间，阿克巴的神权君主制意识形态有一部分被淡化或抛弃了，相较之下，这种情况在奥朗则布统治时期更为明显。如果严重违反伊斯兰教规，结果就更是如此。不过，有关阿克巴的记忆一直萦绕着莫卧儿王朝，直到其衰落，这些记忆甚至深入渗透进了乡村的民间传说。与此同时，阿克巴政权一些更世俗的元素幸存下来，直到 18 世纪早期莫卧儿王朝崩溃。

最明显的例子是阿克巴时期发生的大规模领土扩张。在阿克巴一朝，莫卧儿帝国巩固、加强了在印度大平原的统治，而那里是帝国的心脏地带。孟加拉、古吉拉特等富裕省份，以及具有重要战略意义的拉贾斯坦被征服。当然，军事力量在帝国的发展中发挥了关键作用。尽管不熟悉孟加拉丛林、沼泽、河流密布的地形，但是莫卧儿帝国的军事机器在克服这些阻碍的过程中仍然表现出了令人印象深刻的适应性。现实需要莫卧儿王朝组建一支舰队，采用配合两栖作战的战术和后勤保障，对莫卧儿王朝的军队及其领导者来说，这一切都是全新的。到 16 世纪 70 年代，莫卧儿王朝的军队名声和规模令人敬畏，以至于敌人常常拒绝在战场上与其正面交锋，而是选择在堡垒避难或进行游击战。

这些策略减缓了莫卧儿帝国前进的步伐，但未能阻止它。印度人的堡垒占地广阔，环绕有极为厚重的城墙，还坐落在丘陵起伏、难以接近之地，有时简直是难以逾越的障碍，例如，规模庞大的奇托尔堡和伦滕波尔堡。它们处于西索迪亚家族的控制之下，在拉杰普特的众多王公之中，这个家族是阿克巴最强大、最持久的敌人。1568 年，阿克巴在奇托尔城"所在的山上挖了一个巨大的豁口，因此得以将巨大的攻城炮安置在那里并近距离开火"。城墙遭到破坏后，守城的人仍然拒绝投降，随后该城不得不为惹怒攻城者付出极大的代价。出于报复，同时也是为了杀鸡儆猴，阿克巴下令屠杀守军。恐怖手段生效了。第二年，当伦滕波尔堡垒的城墙被攻破时，守军当即投降，以避免类似的命运。[13]

在极少数情况下，阿克巴确实会采取恐怖手段实现目标，但他更多是将军事力量作为一种威慑手段。没有誓死抵抗便主动投降的统治者和精英被纳入莫卧儿帝国的统治体系，他们被允许保留大部分的地方权力。这一政策在拉贾斯坦地区的拉杰普特（印度教徒）领袖身上取得了显著成效。将他们纳入精英阶层，莫卧儿王朝因此掌控了印度大平原与古吉拉特地区众多港口之间的通道，也掌握了那里的商业财富。而且，它还促使印度最优秀的本土骑兵开始为莫卧儿帝国服役。许多世代以来，拉杰普特人成了帝国统治精英的一大组成部分。他们的尚武精神和对君主的无限忠诚，十分符合皇帝的需求，尤其是减少了君主对突厥、蒙古武士贵族的依赖，毕竟，这些核心精英的忠诚有时变幻无常。莫卧儿帝国将拉杰普特精英吸纳进帝国贵族阶层的另一个方法是，将他们的女儿纳入皇帝后宫。阿克巴的继承人贾汉吉尔的母亲，就是一位拉杰普特公主。[14]

通常来说，与帝国贵族的性质和角色密切相关的是，将"农业剩余"从农民身上压榨出来并进行再分配的方式。莫卧儿帝国在定期进行土地测量的基础上，完善了一种高效而适度的农业生产税收制度，这一制度是帝国的根基所在。在印度大平原之外的地区，税额通常是固定的，因为在那些地区定期进行土地测量完全超出了政府的能力范围。在帝国外围，"课税"意味着定期进贡。无论以何种方式筹集，巨额税金都涌入了帝国国库。部分税收被用于供养"帝国"的精英部队（帝国卫队、炮兵部队、重要驻军）和大部分行政部门。大部分的税收被重新分配给帝国贵族（mansabdaris，曼萨布达尔制），主要是作为他们招募、供养、组织帝国绝大多数军队的回报。除了指挥军队作战，贵族还被要求担任政府职务，维持自己的家庭。贵族能分配到多少收入（jagirs，札吉尔，一种军事采邑制度），取决于他的等级。建立功勋不仅能提升等级，还能获得更多的札吉尔。

在某种程度上，可以将莫卧儿帝国的贵族看作一个世袭贵族阶层。它的很多观念和价值观通常与世袭的武士贵族精英有关。然而，这是一个军队精英团体，而不是欧洲模式下的世袭贵族。级别的晋升（偶尔也有降级），完全取决于皇帝。札吉尔不是贵族的私产，仅暂时授予他们几年。除了授予拉杰普特的，札吉尔向来不能世袭。莫卧儿有一项固定的政策，即不断轮换贵族持有的札吉尔，这样一来，不仅可以创造一个帝国性的精英团体，还能阻止贵族在地方扎下根基。一位贵族死后，他的大部分财富会回到皇帝手上，而皇帝会慷慨地将其中一部分还给该贵族的家人。他的儿子通常会进入帝国军队服役，但最初得到的等级要低于他的父亲，分到的札吉尔也要更少。17 世纪末，这个制度开始崩溃，此前，如果一位贵族最终能获得与父亲一样的财富和等级，他就必须建功立业。考虑到莫卧儿贵族在印度社会根基浅显、世系有限，他们充其量就是形成阶段的世袭贵族。直到后来接受英国的庇护，一些莫卧儿贵族家族才成为真正意义上的世袭贵族。和其他大多数帝国一样，大英帝国在印度的统治同样基于与当地贵族的联盟。以英国的情况来说，这种联盟也是"顺势而为"，它符合英国本身的情况——英国贵族在 18、19 世纪是欧洲最富有、最强大、最受尊敬的世袭统治精英。[15]

相较于印度历史上的其他统治者，莫卧儿帝国的制度使皇帝得以更好地控制空前辽阔的领土。然而，在描述莫卧儿帝国的统治制度时，人们必须谨慎使用"独裁"和"集权"这样的词。这是一个幅员辽阔的帝国，在大部分地区，君主的权威几乎难以察觉。他对印度大平原北部这片人口稠密的核心地区的控制相对严密，但是帝国的大部分地区都为森林、山脉、丘陵和丛林所覆盖。一位荷兰旅行者评论说，皇帝"只能被视为平原地区和畅通道路的统治者"。此外，在阿克巴的臣民中，有近 500 万人拥有私人武器，大多是步枪。这些人大多是农民，他们会根据季节，受雇于印度庞大的军事劳动力市场。武装抵抗政府的侵扰是经常发生的事情。皇帝还受这样的事实限制，即地方一级的权力属于土地所有者（zamindars，柴明达尔）。除了在拉贾斯坦（即拉杰普特人居住的地区），这些人在大多数情况下并没有深度融入政府，通常也不认同帝国贵族的价值观或忠诚度。由于莫卧儿帝国的权力，柴明达尔别无选择，只能将部分农业剩余上交帝国政府，当然，只有在帝国权力真实可见的情况下，许多土地所有者才会持续这样做。这就是皇帝定期带着穿戴华丽的宫廷人员和数千名士兵大规模巡视领土的原因之一。[16]

与其他帝国的比较，可以说明莫卧儿帝国权力的局限性。除开拉杰普特人，印度的柴明达尔几乎完全不像罗马精英那样认同自己的帝国和整个帝国范围内的文明。在 19 世纪英国人创建印度文官制度之前，印度一直没有形成类似于中国儒家行政机器提供的那种坚固框架。到 16 世纪，儒家的帝国统一思想已有近 2000 年的历史，在这段时期的大部分时间里，帝国一直是盛行的实际统治制度。中国的科举制度一直将所有的地方精英束缚于帝国的理念和儒家官僚的忠诚共识，直到早期现代。印度也不同于早期现代的欧洲，后者的整个世袭土地所有者阶层通常与君主制紧密结盟。这种联盟在俄国和普鲁士等国最为紧密，在这些国家，许多土地所有者至少有部分时间在君主的军队担任军官。阿克巴建立了莫卧儿帝国的统治体系，在这方面，他的成就堪称惊人。但是制度和价值观的形成源于不同地区数个世纪以来的政治、文化和社会演变，没有一个统治者或政权能一举创造出这样根深蒂固的制度和价值观。

一直以来，在莫卧儿帝国的诸位皇帝之中，阿克巴和奥朗则布十分突出，前者是作为英雄，后者则是作为恶棍。阿克巴通常被视为帝国真正的创建者，奥朗则布则被视为给帝国造成最大破坏的人。支持国民大会党的现代印度人试图维持一个世俗的、超越宗教和社群的政治秩序，在他们看来，阿克巴是一位英雄，因为他平等地对待一切宗教。奥朗则布则是一个反面人物，因为他导致多元的帝国退化，重新赋予伊斯兰教以特权。在印度现在的印度教民族主义领导人眼中，他更加恶名昭著。相比之下，阿克巴与奥朗则布之间的两位统治者——皇帝贾汉吉尔和沙·贾汗——曾经被巧妙地描述为莫卧儿皇帝中的"罗森克兰茨"和"吉尔德斯特恩"。事实上，以历史上大多数君主的标准来说，贾汉吉尔和沙·贾汗都是个性明确且强大的重要人物。[17]

贾汉吉尔于1605—1627年在位，他缺乏父亲那样的旺盛精力和行动主义。虽然他可以明智地任免官员，管理统治精英，但他从未亲自指挥军队作战，对自己作为统治者的日常责任，也采取了一种放松的态度。在很大程度上，他可以这样做，因为他从父亲那里继承了一台高效、运行平稳的政府机器。即便是在健康状况恶化的1622年，贾汉吉尔仍然可以在紧急情况下当机立断，处理其子库拉姆皇子（即未来的皇帝沙·贾汗）的反叛对其皇位造成的严重威胁。贾汉吉尔拥有敏锐的审美眼光，尤其是对珠宝和肖像画。他慷慨地赞助波斯语和梵语文化，还喜欢周游帝国，十分热衷于狩猎。

贾汉吉尔的主要问题是酗酒和吸毒。阿克巴的三个儿子都是酒鬼，而且吸食鸦片成瘾。结果，穆拉德皇子和达尼亚尔皇子早逝。贾汉吉尔的自传有时显得异常坦诚，他在自传中回忆说，因为在30岁前一直饮酒无度，他的手颤抖得太厉害，不得不让侍从用勺子喂他吃饭。"近来"，他补充说，"我喝酒只是为了促进消化"，而且只在晚上饮酒。不过，为了保持镇静，他仍然每天吸食两次鸦片。贾汉吉尔不是一位特别残暴的统治者，但是他的脾气十分暴躁：在酒精和鸦片的影响下，他有时很可能会成为像"金子"和"纯真"——罗马帝国皇帝瓦伦蒂尼安一世的食人宠物熊——一样令人"舒适"的邻居。意料之中地，贾汉吉尔的健康状况在年近 60 岁时已经非常糟糕。最终，他比之前的皇帝更多地将政府的责任移交给了最喜欢的妻子努尔·贾汉，因为贾汉吉尔觉得，她"比其他任何人都爱我"。[18]

和其他大多数世袭君主制国家一样，莫卧儿帝国的皇室女性有时会扮演重要的政治角色。她们既不是威胁，也不是竞争对手，因此皇帝可以信任他的女性亲属，允许自己与她们建立温暖的情感联系，这种关系是他与儿子和兄弟永远都不可能建立的。特别是在前三位皇帝的统治时期，地位高的皇室女眷拥有的自由要超过中国和奥斯曼帝国的后宫女性。阿克巴聪慧、独立的姑母甚至主导了前往麦加的朝圣之旅。唯一能使皇帝拜倒的人就是他的母亲。母亲、姐妹和姑母通常是深受皇帝信赖的心腹，也是帮助他解决家族内部纠纷的交际达人。尽管如此，在莫卧儿帝国的贵女之中，努尔·贾汉的个性和拥有的权势仍旧十分醒目。当代报道一致认为，她是一个能力卓越且独立、聪明的女人，还拥有罕见的美貌。她在狩猎之旅中展现出的射击技能令人印象深刻。1617 年的一天，骑着大象的努尔·贾汉6 枪便射杀了 4 只老虎，没有一枪脱靶。贾汉吉尔给了妻子无尽的财富。她亲自管理自己庞大的地产和广泛的政治庇护网络。在 17 世纪 20 年代贾汉吉尔生病之前，努尔·贾汉已经成为皇位背后的主要力量。她提拔自己的父亲和兄长阿萨夫·汗，在宫廷和政府授予他们高位。十分不寻常的是，她几乎等同于联合摄政王的地位并非秘密，有时甚至被记录在官方文件中。[19]

如果努尔·贾汉和贾汉吉尔有自己的孩子，那么整个宫廷政治模式都会改变。然而，他们没有生下孩子。努尔·贾汉最初与丈夫最能干的儿子库拉姆皇子（即沙·贾汗）结盟，他的母亲是一位拉杰普特公主。努尔·贾汉和库拉姆同样意志坚定、强大、雄心勃勃，他们两人之间的关系总是岌岌可危。到1620年，贾汉吉尔健康状况变差、精力衰退，努尔·贾汉随之成为帝国最有权势的人。然而，她及其派别都没有心存幻想，他们知道，一旦皇帝去世、库拉姆继位，这份权力会迅速烟消云散。于是，努尔·贾汉开始支持贾汉吉尔最年幼的儿子沙赫里亚尔皇子，并将自己在第一段婚姻中生下的女儿，也是唯一的孩子，嫁给了他。

1622年，库拉姆皇子30岁，渴望权力，傲慢自大，他能意识到自己正年富力强，而父亲明显日益衰老。随后而来的是反叛、失败和父子之间并不彻底的和解。1627年11月，当贾汉吉尔于克什米尔去世时，库拉姆正在遥远的南方，在德干地区作战。他之所以能够获得皇位，主要归功于他岳父（即努尔·贾汉的兄长）阿萨夫·汗的政治手腕和诡计。在宫廷和王朝政治中，个人野心、家族关系和政治考虑等问题通常是相互交织的。我们无法确定阿萨夫·汗为何放弃对自己恩重如山的妹妹，转而支持自己的女婿。不过可以确定的是，有一个因素十分重要，即阿萨夫·汗知道自己的女儿努尔·玛哈尔深受丈夫库拉姆皇子的宠爱。也许在他看来，比起自己的妹妹和客气而疏远的妹妹的女婿，依靠自己的女儿更能保证未来的地位。事实证明，他的判断是正确的。沙·贾汗大加赏赐阿萨夫·汗，余生一直将他当作最亲密的顾问之一。1631年，爱妻努尔·玛哈尔在生下第十四个孩子后去世，沙·贾汗悲恸欲绝。他的髭须一夜变白，人生自此留下了一个永远无法愈合的伤口。沙·贾汗一直醉心于建筑，他亲自设计并监督建造了爱妻的陵墓——泰姬陵。时至今日，泰姬陵（及其精致典雅的审美品位）不仅是莫卧儿王朝最伟大的纪念碑，也是最能代表世间君主真挚爱情的丰碑。[20]

库拉姆出生于1592年。在他的四位祖辈之中，只有阿克巴是穆斯林。年轻的皇子在阿克巴的宫廷里长大。在发现所有的儿子都酗酒并吸食鸦片后，皇帝阿克巴无疑希望监督下一代的教育，他们是王朝的未来。库拉姆余生一直远离毒品，几乎不怎么饮酒。莫卧儿皇子的教育是严格而困难的。库拉姆需要学习文学、数学、语言和历史，特别是其祖先的历史及其参与的战役。他5岁开始学习箭术，8岁就开始接受步枪、马术和骑兵作战技能的训练。一个尤为崇尚武术的社会要求它的皇子具有雄狮般的品质。懦弱的人无法统治莫卧儿帝国。莫卧儿的皇子们自幼接受训练，以便锻造独立、坚强和无情的个性。库拉姆熟练地掌握了这一课。至于其他的课程，他也掌握得很好，公正地说来：作为皇帝，他勤奋、自律、高效，明确知道自己的职责。[21]

像其他大多数莫卧儿皇子一样，库拉姆在年轻时被送出宫廷，通过指挥军队和管理行省来获得军事和政治经验。这些年里，库拉姆最大的成就是征服了梅瓦尔王国，其统治者是西索迪亚王朝的首领、最伟大的拉杰普特王公。面对战败的敌人，库拉姆表现得十分机敏、富有礼貌、慷慨大方。这是出于政治考量，但也反映了一个军事贵族对于另一个军事贵族的尊重。梅瓦尔王国的王位继承人卡兰·辛格成了库拉姆一生的挚友、臣民和盟友，是库拉姆关系网中的重要一员。

作为皇帝，库拉姆试图建功立业，不负"沙·贾汗"的头衔，也就是"世界的统治者"之义。对于阿克巴的神圣皇权意识形态，库拉姆摒弃了其中大部分明显的非伊斯兰元素，但是他喜欢"土木合相之王"的头衔，尽管它暗含千禧年、宇宙和占星术的寓意。他的统治在风格和实质上都是帝王式的。沙·贾汗放弃了贾汉吉尔相对克制的统治方式，开始施行全面扩张领土的政策。为了庆祝自己登基，他下令打造孔雀宝座。宝座的制作耗时七年，镶嵌了大量珍贵珠宝，花费高昂，称得上天文数字。当时，一位欧洲珠宝商怀着敬畏之心瞻仰孔雀宝座，称"这是世界上有史以来最富丽、最奢华的宝座"，他的评论可能是正确的。和其他大多数皇帝一样，沙·贾汗不惜成本打造如此壮观的象征物，主要是为了在外国人面前展示自己王朝的财富和辉煌。和其他所有皇帝一样，公众面前这个像神明一样、静止的偶像般的存在，也是一个有血有肉的人。统治30年后，沙·贾汗和其他君主一样，受到年老和继承政治的双重打击。儿子们相继反叛，奥朗则布夺得皇位，沙·贾汗被废黜，过着并不总是舒适的监禁生活，在耻辱中度过了生命的最后七年。[22]

不过，奥朗则布的恶名在大多数方面并不恰当。到此时为止，继承权斗争的残酷无情、落败的兄弟一个个被消灭，一直是莫卧儿政治游戏的惯例。相较于父亲沙·贾汗，奥朗则布获胜后，没有采取更加残忍的做法。

随后，他还让兄弟的子女与自己的后代结婚，将他们重新纳入王朝。可以说，奥朗则布的果决程度完全不及奥斯曼的一些苏丹，后者不仅要消灭自己的兄弟，还要消灭兄弟的所有男性后代。奥朗则布也没有过度迫害印度教臣民。这个帝国拥有数千座寺庙，而他摧毁的寺庙不过几十座。他未试图强迫臣民改宗，非穆斯林贵族仍然保有他们在帝国的地位。但是奥朗则布确实明确表示，他认为自己是一个伊斯兰君主。经过一个世纪，原本被阿克巴废除的针对非穆斯林的特别税恢复了。一些将君主制与印度教传统联系在一起的仪式也被终止了。

奥朗则布作为将军经验丰富，作为行政管理者也十分勤奋。作为一位统治者，他深知自己有责任为所有臣民提供正义。但是他缺乏阿克巴和巴布尔的魅力、欢乐友好和富有人情味的气质，在这些方面，他甚至连贾汉吉尔也比不上。他的自律和克制很容易发展成严苛。据记载，奥朗则布的一生挚爱是一位印度教女歌手（奴隶）。她去世时，奥朗则布痛不欲生，但随后则表示她的去世是一件好事，因为对她的爱已经威胁到他严格的自律和克制，而这些是他成功扮演将军、政治领袖和君主这三重角色的必备素质。在与重要的印度教领导人打交道时，笨拙和迟钝有时会让他付出惨痛的代价。临终前，年近九十的奥朗则布留下指示，作为一个罪人和政治失败者，他强烈要求安眠在最简朴的坟墓里。[23]

无疑，奥朗则布的个性和错误加剧了莫卧儿王朝的衰落，然而，帝国史学家熟悉的更深层次的结构性因素要负更大的责任。这些因素包括长久以来的继承问题、领土的过度扩张，以及年迈君主在位时间太长带来的影响。更重要的是君主与拥有土地的地方精英的关系，这是大多数帝国均会面临的根本挑战。拥有土地的地方精英不仅对帝国的政治稳定至关重要，还严重影响其任免权和财政、军事机构的运行。然而，正如本章上文所述，莫卧儿王朝与地方土地所有者，即所谓的柴明达尔，达成的协议十分脆弱。而继承斗争、过度扩张和统治者年迈等问题共同造成的危机破坏了这种协议，进而动摇了帝国的根基。

阿克巴是幸运的，在继承父亲胡马雍的皇位时，他所有的叔伯都死了。而他唯一的弟弟米尔扎·哈基姆（同父异母）还是个婴儿。米尔扎分配到的父亲的遗产是喀布尔地区。16 世纪 70 年代末，米尔扎成年，此后他成了一个威胁。但那时的阿克巴已经在位 20 年，在整个印度北部巩固了自己的权力。1582 年，他入侵阿富汗，将它并入自己的帝国。米尔扎·哈基姆尽管被相对轻松地击败了，但是对阿克巴仍然是一个重大威胁。关于阿克巴的统治，最基本的一点是，他将一个中亚征服政权变成了一个植根于印度次大陆的政治体系。正如草原帝国历史上常见的那样，精英阶层的重要成员厌恶这一进程，因为它同时挑战了他们的物质利益和文化、意识形态价值观。米尔扎·哈基姆将自己定义为帖木儿传统和中亚王权的捍卫者。许多突厥-蒙古贵族憎恨阿克巴将印度穆斯林和拉杰普特印度教徒纳入帝国贵族阶层的做法，他们被米尔扎打动了。纳格什班迪耶教团也是米尔扎的天然盟友。从更广泛的视角来看，他吸引了对阿克巴的宗教政策持怀疑态度的正统穆斯林的支持。类似的问题在 17 世纪 50 年代末再次出现，当时沙·贾汗的儿子展开了激烈的斗争，最后以奥朗则布的胜利告终。[24]

在阿克巴统治时期，新确立的习俗改变了继承政治的规则。帝国被认为是不可分割的，皇子也不会再得到永久封地。此后皇位继承权仅限于统治者的儿子，从而避免了此前叔侄、堂兄弟之间的继承混战，防止它们进一步削弱帖木儿王朝对中亚的控制。这些习俗当然不像法兰西的萨利克法那样一成不变。在争夺沙·贾汗皇位的继承斗争中，偶尔有人会建议，帝国可以遵照传统的草原方式分裂成多个部分，让一个儿子拥有皇帝的至高地位，其他兄弟在各自的地方王国行使事实上的自治权。然而，最终获胜的是帝国统一的原则，即整个帝国均由一位理论上全能的君主统治。

随着沙·贾汗日渐衰老，他的四个成年儿子在继承权上的竞争越来越激烈。皇帝的长子是达拉·舒科皇子，名字的意思是"像大流士一样威严"。这说明，莫卧儿王朝认同近东帝国的古老传统，而阿契美尼德王朝的皇帝正是其最引人瞩目的典范。沙·贾汗明确表示，他支持达拉·舒科作为自己的继任者，给予后者远多于其兄弟的财富和荣誉。皇帝最宠爱的长女贾哈纳拉大力支持达拉·舒科，这无疑影响了沙·贾汗的选择，但这个决定可能不只是出于个人偏好。或许，皇帝是在试图推动王朝制定一个新的惯例，即由皇帝选择哪个儿子将是他的继承人。可以确定，他甚至考虑了长子继承制的优势。沙·贾汗把长子留在自己身边，也就是宫廷，那里不仅有中央政府机构，还有帝国大多数最重要的贵族。而出生较晚的儿子——舒贾、奥朗则布和穆拉德，则分别被派去管理孟加拉、德干和古吉拉特这三个至关重要的富裕地区。

　　不出所料，弟弟们对父亲改变继承规则的努力感到不满，暗中结盟反对达拉·舒科。舒贾的子女和奥朗则布的子女联姻。奥朗则布与弟弟穆拉德达成一致意见，后者将拥有印度西部（包括穆拉德在古吉拉特的权力基础）的自治权，承认奥朗则布是全印度的皇帝，名义上服从于他的至高权威。1657年10月，沙·贾汗身患重病、似乎命不久矣的消息传开，身在孟加拉的舒贾自立为帝。达拉·舒科将帝国军队的精锐部分派往孟加拉，成功镇压舒贾。然而，他未能及时召回这支精锐部队，以对抗奥朗则布和穆拉德在德里集结的联军。达拉·舒科的巨额财富使他能够派出第二支大军对抗他的兄弟，但是他的军队不像敌军那样久经沙场、忠心耿耿，他本人既没有作战经验，又没有领兵天赋。相比之下，奥朗则布自年少时就开始指挥军队。他不仅在主要军官之中培养了极具感染力的团结和忠诚意识，还在莫卧儿精英和自己的士兵之间建立了广泛的同盟网络。1658年4月15日，达拉·舒科在德里附近的达尔马特战役中被击败。战斗持续了一年，但事实证明，这场胜利是决定性的。奥朗则布囚禁了他的父亲，俘虏、羞辱并杀死了达拉·舒科。而且，刚战胜达拉·舒科，他就使用诡计欺骗并杀死了穆拉德。

　　通过沙·贾汗晚年的继承战争，我们能得知很多关于莫卧儿帝国及其继承政治的信息。奥朗则布和达拉·舒科彼此怀有刻骨的个人仇恨，这种仇恨还交织了政治斗争与兄弟姐妹之间的嫉妒和怨恨。从更结构性的层面来看，这场战争表明，皇帝对中央军队和中央政府的支持与控制不足以确保继承战争的胜利，甚至可能对其不利。作为地区总督，皇子们拥有大量资源，还获得了无比珍贵的政治和军事经验。他们如果有利用这些机会的天赋，就会成为继承人的劲敌。达拉·舒科似乎没有完全理解莫卧儿帝国政治中的权力来源，他过于相信自己在资源和能力方面的优势了。

达拉·舒科和奥朗则布的性格截然不同，不仅如此，两人对帝国的愿景也完全对立。达拉·舒科追寻阿克巴的脚步，试图通过融合伊斯兰教和印度教，以及本国的神秘传统，实现个人满足，找到终极的宗教真理。与阿克巴不同的是，他是一名学者，将大量精力投入到创作神学著作上。作为帝国皇子，他本就极其自负，而作为一个聪明而虔诚的人，他同时还深信自己具有超凡脱俗的智慧和神圣性，这使他的傲慢更加令人难以忍受。他的行为经常触怒莫卧儿帝国的精英。达拉·舒科不够成熟、自制，做不到谨言慎行，他非常喜欢说俏皮话来取笑贵族和朝臣。骄傲的武士贵族极度在意自己在公众场合的荣誉，绝不会轻易原谅这些带有诋毁意味的话语。有一次，他甚至做出了十分具有侮辱意味的举动——用鞋子打了一位贵族。奥朗则布善于利用对手的行为和异端宗教观点。他将自己描绘成一个经验丰富、能力卓著的将军和管理者，与此同时，还展现了自己的谦逊有礼，以及对莫卧儿政权核心价值观的尊重。[25]

当然，在围绕沙·贾汗的皇位而展开的继承斗争中，因为各位皇子的不同性格和莫卧儿帝国的政治背景，许多元素是独特的。不过，也有一些元素能够在其他时代和政权的继承斗争中找到。哪怕是在看似风马牛不相及的苏联，更具体地说，在 20 世纪 20 年代为接替列宁之位而爆发的斗争中，也有相同的元素。正如托洛茨基和达拉·舒科发觉的那样，成为继承斗争中的领先者，通常会招致其他参与者的一致反对。托洛茨基比约瑟夫·斯大林聪明，当然也是比他更优秀的知识分子。但在政治世界中，这并不总是优势。他恃才傲物，肆意取笑曾经是工人、农民和下层中产阶级的人，然而，他们已经渐渐主导了政党和国家机器，这当然不会有助于他的事业。相较之下，斯大林和奥朗则布一样，将自己描绘成谦虚谨慎、尊重统治精英及其价值观的人。在某种程度上，对思想理论和国际社会主义这一伟大议题的兴趣，也使托洛茨基（像达拉·舒科一样）对苏联政治的真正权力来源视而不见。相反，斯大林专注于权力斗争，致力于控制布尔什维克内部的晋升和任命渠道，这一点虽然单调乏味却至关重要，它为斯大林赢得了大量盟友和追随者，形成了一张有力的人际关系网。

在某种程度上，将斯大林与奥朗则布做比较是荒谬的。斯大林经历了俄国十月革命，处于那样的情境之下，当时所有既存的政治制度和惯例都被摧毁了。他领导的是一个致力于千禧年计划、改造人类的新政权。奥朗则布则是一个世袭君主，在既定的政治、宗教和社会秩序习俗中进行统治。不过，即便是比较这两个看似无可比较的时代和政权，仍能揭示一些有关人类和政治权力的常量。实际上，这正是本书的潜在主题之一。

近年来，历史学家开始倾向于为莫卧儿帝国的继承制度辩护。的确，莫卧儿的习俗使帝国免于继承战争带来的一些潜在危险。竞争者仅限于皇子。年轻的皇子们被当作幼狮抚养，人们期待他们具有雄狮的品格。与其他大多数王朝相比，莫卧儿帝国的皇帝在面对儿子为提升继位机会而发起的反叛时，表现得极为宽容。将帝国分割给众多候选人的传统已被废止。消灭所有的失败者则意味着关于继承权的冲突止于一代。虽然失败对皇子来说是致命的，但对他的支持者来说并非如此。新帝向来不对兄弟的追随者进行大清洗。在人们眼中，他们不是叛徒，而是为了主人尽职尽责的人。忠于庇护人和大家族的首领，是莫卧儿精英的核心政治伦理原则。新帝会将能力卓著、有影响力的人重新纳入帝国的统治体系之中。通常，这也适用于新帝兄弟的男性后代，女性后代自然更是如此。与此同时，拥有地方权势基础的皇子之间的竞争，提升和确保了未来皇帝的政治和军事能力。成功需要建立和维持政治网络的能力，需要毅力、勇气，还需要不屈不挠地接受政治的洗礼。新君的继位为帝国的中央统治集团带来了新鲜的血液，其中大部分来自德里现有精英之外的团体或地区。

必要时，辩护者也可能会说，民主政治也堪称一种（诚然是手无寸铁的）内战，相较而言，莫卧儿王朝的夺权竞争更有利于锻炼实际的执政能力。另外，简单地与奥斯曼帝国进行比较，我们可以发现，莫卧儿帝国能够承担其继承制度造成的风险，因为该帝国拥有异乎寻常的地缘政治安全水平。外部大国根本无法利用莫卧儿帝国的继承斗争威胁它的生存。1652—1653 年，莫卧儿帝国试图从萨法维王朝手中夺回坎大哈，这是莫卧儿与对立的强国最接近战争的一次。这次尝试的失败是一个耻辱，但是坎大哈掌握在萨法维王朝手中，不会对莫卧儿造成威胁。一方面，莫卧儿王朝手中的资源远超伊朗的任何统治者；另一方面，萨法维王朝的注意力主要集中在与奥斯曼帝国的冲突上。鉴于坎大哈和旁遮普之间糟糕的交通联系，这座城市无论如何都无法成为入侵印度的基地。[26]

不过，继承权斗争不仅消耗资源，还会在短期内削弱国力。莫卧儿王朝的大多数皇帝统治时间长达数十年，事实证明，每隔一代遭受一次这样的损失尚且可以承受。然而，自 1707 年奥朗则布去世，此后的数年里皇权更替频繁。仅 1719 年就有三次皇权更替，其中两人在继位后不久死亡。在这种情况下，继承冲突造成的损失变得有些难以承受，特别是它们还伴随着领土过度扩张导致的危机。

到阿克巴统治末期，印度北部以及中部的大部分地区都掌握在莫卧儿帝国手中。进一步扩张会面临严峻的地理障碍。关于帝国的北部边界，这一点在沙·贾汗统治时期体现得淋漓尽致。这位皇帝追逐着他的王朝故梦——甚至比阿克巴和贾汉吉尔更加热切——一心夺回中亚的祖地。实际上，莫卧儿王朝的所有皇帝都为撒马尔罕的帖木儿陵墓的维护提供了补贴。沙·贾汗试图重新征服该地区，这场王朝身份政治运动声势浩大，且代价高昂。鉴于莫卧儿王朝控制着阿富汗，进一步将权力扩展至兴都库什之外的地区，并不像过去从旁遮普开展行动那样完全不切实际。即便如此，后勤方面仍面临重重障碍。军队无法仰赖兴都库什山脉以北的地区维生，并且需要维持和保护后方经由高山山口延伸到喀布尔的补给线。部分问题在于，莫卧儿军队与其政权一样，已经扎根于印度。原本在巴布尔军队中起到关键作用的蒙古弓骑兵已经基本消失，结果，军队难以对抗敌方的游牧骑兵流动性极强的袭击。对于莫卧儿帝国的士兵和将军（更不用说受沙·贾汗之命负责指挥军事行动的穆拉德皇子和奥朗则布皇子了）来说，这场战役似乎不仅令人疲惫、沮丧，而且毫无意义。兴都库什山脉以外的地区比印度本土要贫瘠得多，也更难开发。在该地区展开的军事行动永远无法指望能够偿还其付出的成本。[27]

1646—1647 年，在兴都库什山脉以北展开的为期两年的战争，消耗了莫卧儿帝国一半的岁入，但没有给王朝造成持久的损害。花费更加高昂的是征服印度中南部（德干地区）的战争，这场战争早在沙·贾汗继位之前就开始了，却一直持续到奥朗则布去世。此外，如果说它的财政成本已经足够高昂，它最终造成的政治损失则更加具有破坏性。诚然，比起在兴都库什山脉的另一侧作战，征服德干地区要合理得多。这个地区更加富饶，交通也更加方便。几乎所有控制着印度北部的政权都曾试图南扩。德干地区十分重要，一方面，其部分地区十分富饶；另一方面，一旦彻底控制德干地区，通往狭窄但肥沃的沿海平原，以及印度东南部和西南部港口的门户就打开了。然而，莫卧儿帝国征服德干的努力遇到了许多阻力。

这些阻力在很大程度上是地势、地貌和距离的缘故。德干地区大多山川纵横、森林密布。特别是德干西部，那里群山掩映、丘陵起伏，其上坐落着当地武士贵族的堡垒。与其他大多数帝国一样，莫卧儿王朝发现，最容易的是征服一个国家，并将其精英纳入自己的帝国体系。然而，这种方法在德干西部不易实现，因为那里的环境更接近无政府状态，权力高度分散。在德干的军事行动很快就降级成一场以围攻和伏击为主的战争。拖着攻城炮在这个地区四处跑是一项耗时而令人沮丧的任务。到这时为止，莫卧儿军队的训练都是为了适应平原作战，他们很难应对主要敌人——马拉塔轻骑兵——的突袭和伏击。此外，由于没有任何值得注意的地缘政治对手，一个世纪以来也没有在战场上面临过重大挑战，莫卧儿帝国的军队已经丧失了大部分锋芒。战争永无止境地拖延，却几乎没有回报，奥朗则布的许多将军热情和精力大减。[28]

征服德干成了奥朗则布的人生目标，他对此近乎痴狂。1682 年，他本人、他的宫廷，以及中央政府的主要成员，一起进一步南迁至德干。他们的指挥部建立在庞大的可移动帐篷里，在奥朗则布一朝的剩余时间里，这些帐篷取代了首都。他本人和随从人员都没有返回帝国的中心地带，直到 25 年后他去世。鉴于当时莫卧儿帝国位于印度北部中心地带的核心财政、军事机构正面临越来越大的压力，此举并不恰当。提高土地税，将其分配给持有札吉尔的贵族，安排这些贵族在帝国范围内定期轮换土地，是一项复杂的行政工作，它涉及的权力斗争也十分复杂。如果想要遏制主持此事的帝国官员与贵族、地方土地所有者（柴明达尔）的腐败勾结，就需要监督帝国官员。然而，奥朗则布远在南方，又过度痴迷于德干的战争，无法真正做到这一点。[29]

帝国官员敦促、胁迫柴明达尔交出部分农业盈余的能力，是整个统治制度的基石。17 世纪下半叶，许多省份的财富不断增长，柴明达尔因此变得更加富有，不再如往日般忠顺。在导致中央控制力衰弱的元素中，有一个相对细微但绝非无关紧要的因素，即远在德干的皇帝无法再继续定期巡游帝国的核心省份。而它们曾是皇帝展示仁慈、庇护和权力的主要舞台。到 17 世纪 90 年代，贵族越来越多地声称，除非能在自己的札吉尔居住多年，否则根本无法在这些土地上榨取应许的收入。结果是必然的，他们不愿意接受轮转。另一个问题是，奥朗则布试图使用莫卧儿帝国的传统手段——"胡萝卜加大棒"，来征服德干地区。他的"胡萝卜"势必包括通过大量授予札吉尔来收买、招揽德干地区的精英。鉴于德干的大部分地区一直遭受马拉塔人的劫掠，那里的农作物和牲畜又被莫卧儿军队消耗了，"胡萝卜"所需的札吉尔只能由北方提供。这给北部本就缩水的土地、税收储备增加了极大的额外负担。

奥朗则布日渐衰老，局势也随之越来越恶化。这位皇帝向来专横、顽固，近乎偏执。这些性格特征很少会随着年龄的增长而改善。到 17 世纪 90 年代，莫卧儿帝国的许多精英意识到，征服南方的努力事与愿违，即将迎来危险的后果。奥朗则布已经 80 多岁了，与他同一年龄层的人大多已经去世，那些比他年老、说法有分量的政治家和亲戚更是逝世已久。在他的扈从中，相对年轻的成员大多是"善于阿谀奉承的新贵，他们十分恐惧这位年过八十的固执老人，根本不敢建议改变政策"。在奥朗则布的儿子之中，聪明的穆阿扎姆皇子早就确信，武力不仅无法征服南方，还会带来危险。多年来，他对奥朗则布的劝说均以失败告终，随后他试图破坏父亲的政策，结果遭到监禁。[30]

奥朗则布去世时，就连他的一些曾孙也已经成年。这些年轻人中势必会有一些人因为漫长的等待而感到异常沮丧，而皇帝也会担心自己的皇位和安全。他保护自己不受儿孙伤害的主要策略是，从根本上减少他们的收入，进而缩小其家庭规模，限制其个人军事追随者的数量。用作札吉尔的土地和收入日益短缺，为这一策略提供了完美的借口。在过去几朝，皇子们比任何贵族都富有得多，然而，截至 1707 年奥朗则布去世，情况已经截然不同。在奥朗则布身后的继承斗争中，主要贵族保持中立，然后与新帝巴哈杜尔沙以近乎平等的地位讨价还价，在过去，这种行为是不可想象的。巴哈杜尔沙是个有才干的人。如果他的在位时间能够达到此前莫卧儿皇帝的平均值——25年，君权很可能会得到重塑。但他继位时已经64岁，这种可能性几近于无。1712年，巴哈杜尔沙去世，此后敌对的精英派系斗作一团，试图将自己阵营的皇子推上皇位。当然，这些派系最不想见到的就是一个致力于重振莫卧儿皇室权力的皇子。此后，莫卧儿王朝的皇子们在后宫度过了他们的年少时期和成年早期。自然，他们作为领导者的潜力被严重削弱了。[31]

君权衰弱，中央政府内斗，权力流向地方军事首领，这些故事在帝国历史上数见不鲜。当然，莫卧儿许多省份的总督借机在各自区域建立了世袭王朝。有时，他们这样做是被逼无奈。过去，他们依靠皇帝的帮助来控制当地的柴明达尔，管理各自的省份。而现在，他们必须依靠自身的力量进行管理。他们需要资源来维持庇护网络，威慑或胁迫顽固不化的柴明达尔，从而发挥管理职能（例如裁决当地纠纷），在当地树立统治合法性。

尽管为了管理各自省份而截留资源，一些总督对于莫卧儿王朝仍然保有忠诚。尼扎姆·穆尔克是古吉拉特、德干和马尔瓦等地的总督。他对于莫卧儿王朝保有十足的忠诚。到1722年，他大权在握，已经没有人能阻止他自主行事，建立自己的王朝，但他仍然选择担任皇帝穆罕默德沙的首席大臣。在职期间，他制定了一项改革方案，其中包括：剥夺那些不再有效履行兵役的贵族持有的札吉尔；消除政府中的腐败行为；以及从地方当权者手中夺回被其据为己有、对税收系统和此前归属皇室的土地的控制权。这个方案与柯普律吕·穆罕默德在17世纪40年代成功扭转奥斯曼帝国颓势的措施有很多相似之处。来自宫廷派系和宠臣的压力使穆罕默德沙反对尼扎姆·穆尔克及其改革方案。结果，尼扎姆返回德干，建立了自治的海得拉巴尼扎姆王朝，它是印度殖民地时期最大的土邦，一直存续到1948年英国殖民统治瓦解。[32]

古往今来，一旦统治印度北部大平原的国家内部崩溃，半游牧民族的骑兵就会借机越过其西北边境，大举入侵。1739年，纳迪尔沙洗劫了德里，夺走了孔雀宝座（以及更多的财物），作为伊朗的国王（沙阿）稳固自己新建立的王朝的合法性。纳迪尔沙是牧民之子，出身呼罗珊北部的半游牧部落阿夫沙尔，那里正是波斯帝国和草原世界交会之地。与过去的许多战团领袖一样，他的权力基础同样源于自己作为军事和政治领袖的才能，以及他的个人魅力、好运和恐怖手段。萨法维王朝的沙阿侯赛因于 1722 年被迫退位，衰落导致的混乱局势为纳迪尔沙提供了良机。控制伊朗后，他率领军队穿越阿富汗，进入印度北部。帖木儿是他的英雄和榜样。在占领德里后的第八年，纳迪尔沙去世。和其他许多由战团建立的帝国一样，他的帝国也没能在创始人死后幸存下来。[33]

1757 年，距纳迪尔沙去世仅 10 年，罗伯特·克莱武在普拉西战役中获胜。到了 1765 年，英国东印度公司确立了对孟加拉的统治。后来，英国人以孟加拉为基地，将统治逐渐扩展到整个印度。从地缘政治的角度来说，这相当于一次对于印度传统的大背离。过去，征服印度次大陆的一直是冲破其西北边界的战团领袖。这时则是它有史以来第一次被海上强国征服。英国征服印度，为欧洲主导世界迈出了一大步。我们在本书第 10 章看到了这个过程的第一阶段，当时，西班牙在查理五世和腓力二世的统治之下征服了中美洲和南美洲。自西班牙开始征服，到此时为止已有 250 年，欧洲人的实力大增。在实力和发展方面，英国更是居于欧洲前列。到 1815 年，他们强大的海军、军事、商业和金融实力主导了大西洋地区，而大西洋地区本身正逐步成为全球经济的中心。一直以来，美洲的白银是欧洲与中国、印度贸易的初始基础。此时，在皇家海军的支持下，印度鸦片成为英国入侵中国、控制其经济的关键武器。19 世纪 40 年代的中英鸦片战争是这一进程的关键一役。工业革命已经大幅增强了英国的实力。紧随英国的脚步，世界各国纷纷步入现代，而这也是欧洲帝国主义的时代。

19 世纪代表着与过去的彻底决裂。然而，欧洲和英国的帝国主义绝非处处皆新。恰恰相反，欧洲的帝国普遍在许多方面遵循了古老的帝国模式，在印度尤其如此。英国能够征服印度，其实力是最重要的原因，不过，英国统治的建立在很大程度上得益于发生于上一代人所处时期的莫卧儿帝国的内爆，与外力没有太大关系。帝国终会衰亡，和印度一样，奥斯曼帝国和中国清朝本身的衰落，降低了欧洲战胜它们的难度。传统的帝国地缘政治仍然非常重要。英国在印度的统治就得益于其北部边境山区的天然屏障。19世纪初，俄罗斯帝国的高级将领莱温·冯·本尼希森写道，英国在这片次大陆的地位无懈可击。英国在印度建立的现代欧洲式军队根本不会被以传统方式经西北边境入侵的骑兵击败。后勤、地形和距离则确保，现代以步兵、炮兵为主的部队无法经由阿富汗入侵。入侵只能自海上发起，然而，鉴于英国的海上霸主地位，这完全无法实现。在1815—1914年的国际关系中，英、俄两大帝国在亚洲的竞争是贯穿始终的一条线索。亚洲三大王朝的命运淋漓尽致地展现了英俄两大帝国的竞争现实。英国人独占了莫卧儿王朝的遗产。英国人在19世纪40年代之后的数十年里一直是欧洲国家在中国的主导势力。与此同时，他们还阻止俄国对于奥斯曼帝国的吞并。[34]

英国在印度的统治根植于一种强烈的文化优越感和教化使命。在这方面，大多数英国官员都将自身视为罗马帝国的继承人。然而，就像其他所有成功的帝国一样，征服者知道，他们必须调整自己的统治方式，适应当地的现实和传统。他们也明白，自己需要当地精英的合作。由1857年的印度民族大起义得出的教训，加强了对于这一点的疑义。英国在印度的统治植根于阶级和种族两方面的等级制度，但是这两种等级制度有时可能也会模棱两可。如大多数复杂的帝国制度一样，英国的统治制度也有其讽刺和微妙之处。

我的教父克里斯托夫·冯·菲雷尔-海门多夫是一名著名的人类学家，他一生的大部分时间都在研究印度的部落民族。他的家族起源丁神圣罗马帝国的一个小贵族之家。他最亲密的朋友中有睿智而教养极佳的海得拉巴贵族穆斯林，他们与国民大会党荣辱与共，希望超越社会分歧，建立一个独立的印度。他们与盖尔语学者、爱尔兰爱国主义者休伯特·巴特勒有相似之处。我在本书前言提到过这位新教徒绅士，童年时期，我在他家度过了许多个夏天。1939年，在印度做研究的海门多夫恰逢第二次世界大战，严格来说，他成了敌国侨民。在英国官员眼中——他有许多朋友属于这一群体——我的教父是可信的，尽管他与伊顿公学和温切斯特公学的毕业生相比，有稍许异国情调。他被扣押在"英属印度政府的管辖范围之内"，这是一片很大的区域，他在第二次世界大战期间不能离开此地。此后，他专注研究一些坐落于前线地区的部落，结果，到 1942 年日本军队抵达印度东北部的边境时，海门多夫不仅是最了解这些部落的专家，还是这些部落的首领最信任的欧洲人。他因此被任命为英国在该地区的官方代理人。他的职责之一是定期签署表格，确定本地区的敌国侨民处于严密的监控之下。有趣的是，表格上仅有他一人，后来，他对此津津乐道。弗兰茨·卡夫卡和尼古拉·果戈理曾分别见证奥地利和俄国的帝国官僚制度，他们会理解这个笑话。

第 13 章

中国最后的两个王朝

明朝和清朝

中国最后的两个王朝，即明朝和清朝，都延续了中华帝国历史一贯的模式。和汉朝、宋朝一样，明朝也是中原王朝。相较之下，清朝（统治者为满族）则是一个少数民族政权，起源于中国东北的马背上的武士世界。在军事上，少数民族政权通常比中原王朝更加强大。这使他们能够远远超越中国的民族边界，创建疆域更辽阔的帝国。以欧洲的标准而言，中原王朝统治的地域已十分广阔，不过，中华帝国的规模在清朝的统治下达到巅峰。相较之下，整个西欧的面积仅为 88.8 万平方英里（约 230 万平方千米），法国是其中面积最大的王国，其国土面积也只有 21.1 万平方英里（约 54.6 万平方千米）。即使与同时代的其他欧亚大帝国相比，清朝的疆域规模也是独一无二的。奥斯曼帝国的领土面积（210 万平方英里，约合543.9 万平方千米）还不到其一半，人口则仅为它的十分之一。巅峰时期的莫卧儿王朝统治着 150 万平方英里（约 388.5 万平方千米）的土地，人口不到 2 亿。只有 1800 年的俄罗斯帝国（880 万平方英里，约合 2279.2万平方千米）在国土面积上超过了清朝，但在人口规模上，沙皇的臣民大约仅是中国皇帝的八分之一。中国的帝国传统代表着人类制度和思想对于自然的胜利。而胜利是有代价的。[1]

现在，读者已经熟悉了中华帝国的主要制度，换句话说，就是皇帝和官僚制度，以及定义二者关系的儒家学说和古老传统。宋朝灭亡，中国随后被女真和蒙古政权统治，在理学学者看来，这是汉族背弃真正的儒家道路、宋朝君主沉迷法家思想受到的天罚。在众多的中国古代哲学家中，理学学者十分推崇孟子，而后者是古代儒家传统思想家中最反对法家思想和现实主义思想的一位。孟子强调对"仁义内在"的培养。在政治方面，他认为，为民谋福祉是所有政府合法性的起源和唯一来源。明朝的开国皇帝朱元璋（洪武帝，1368—1398 年在位）声称自己驱逐了蒙古人，恢复了真正的儒家原则，并以此为政权合法性的基础。他在很大程度上严格遵守了宋代理学创始人——程颐和朱熹——建立的准则。但是朱元璋不喜欢孟子的"民主"思想，拒绝在官方文本中引用他的言论。刑部尚书钱唐抬棺上殿死谏，称"臣为孟轲死，死有余荣"。在洪武帝无情的大清洗中，钱唐的许多同僚因此丧命。[2]

洪武帝之子朱棣（永乐帝，1402—1424 年在位）作为明朝的"第二创建者"，成功地巩固了明朝政权对中国社会的控制，并将其合法化。在皇室历史上，永乐帝是一个"毒辣的叔叔"，他篡夺了无辜的年轻侄子的皇位。因此，他总是急于让对此心怀不满的儒家学者承认他的统治合法性。他向士大夫妥协，承认孟子在官方正典中仅次于孔子本人的崇高地位。此后，明、清两朝政权都全面而明确地支持理学，将其作为国家的官方意识形态。他们将理学经典作为科举考试制度的核心，直到 20 世纪，这项制度在塑造中国精英的价值观和信仰方面，一直发挥着至关重要的作用。所有男性精英的教育都在迎合科举考试。虽然科举制度确立于隋唐时期、兴盛于宋朝，但其规模和影响在明清时期仍有显著提升。明朝将科举制度直接扩展到县级，并将其定为进入高级官员阶层的唯一途径。绝大多数的应举者甚至无法考上生员，换句话说，他们没有资格参与省级的乡试。能够通过乡试和会试，获得资格参与最高级别考试，即殿试的人，就更是凤毛麟角。[3]

到 1500 年，参与各级科举考试的应举者人数在 100 万左右。到了清朝，应举者的人数规模变得更加庞大，据估计，参加院试的清朝学子，仅有万分之一能够通过殿试。一个金榜题名的学子，需要掌握数万个汉字，其中包括当时的汉字和古体字。大多数参与院试的学子从未梦想过成为进士。对他们来说，成为生员就足够了，这个身份意味着食廪（不是所有生员都有）、免税和法律特权，还可以使他们在当地享有较好的声望和地位。不过，生员的资格不是终身的。为了保持自己的地位，他们必须定期接受考试，确认参加乡试的资格。大量的生员和数量更庞大的落第者，不仅吸收了理学思想和价值观，还掌握了科举考试制度规定的正确的思考、写作规范。[4]

在殿试中，主考官是皇帝本人。他提出一些问题，阅读成绩最为出众的那批试卷，并主持传胪大典。对于少数决心亲自扮演首席大臣角色的皇帝来说，参与到科举制度之中，可以了解最聪明、最雄心勃勃、最勤奋拼搏的新生代精英官员。永乐皇帝非常专制，他设于内廷的私人秘书处（即内阁）任用的是最令人印象深刻的进士。关于各种政治问题，这些人是值得信赖的幕僚，此外，他们还监管官僚机构，确保它有效执行皇帝的命令。对大多数皇帝来说，担任主考官主要是因为其象征性意义：他们扮演儒家皇帝的角色，担任臣民的最高导师和道德向导。皇帝对儒家合法性做出的另一个让步是，日常听取高级官员或翰林讲解儒家经义。翰林身处翰林院，是帝国最受尊敬的儒家学者和老师。这与那个时代为基督教君主进行的布道基本相似。

与基督教君主不同，中国皇帝是其统治领域内的首席"祭司"，亲自主持一系列的日常仪式和祭祀典礼，有时是私下在皇宫内举行，在重大节日里，则是在宫门外举行盛大而壮观的仪式。这些仪式可能融合了儒家、佛教和道教的元素。明朝的皇帝日常会前往奉先殿敬拜先祖。清朝的君主有时也参加满族的萨满教仪式。仪式和精心编排的举止，其意义远远超出单纯的宗教实践。自然，宫廷的盛大仪式、观众和游行都经过一丝不苟的精心设计，细致到皇帝的每一个动作和姿态。在生活的方方面面，儒家学说都强调举止得体、进退有礼，在人际交往中尤其如此。人世的和谐体现在得体、守礼的行为之中。其中一些规范是理学家重新构想出来的，但是它们都被描述成自古就流传下来的准则，进而拥有中国思想家心目中古代先贤具有的近乎神圣的品质。皇帝恰当的言行举止不仅可以垂范臣民，还能保证天地之间的和谐，因此他的一言一行都容易遭到臣子的评述。不端的行为会招致天罚，官员们很清楚，这样告诫皇帝，有可能约束他的行为。[5]

意料之中地，专制的君主有时可能十分反对这种批评。王朝创始人和他们的直接继承人，通常都是实干家，具有宫廷之外的生活经验。王朝初立时，判例和习俗可能尚未根植于政府的方方面面。少数民族政权的统治者有时可能会重拾祖先习俗，以摆脱儒家的束缚。数代之后，君主可能会难以忍受儒家官员对其施加的约束，这种情况在中原王朝尤其常见。明朝统治时间最长的是万历皇帝（1572—1620 年在位）。由于官员的批评和党争，万历皇帝心灰意冷，"作为一个长期罢朝以对抗其官员的皇帝，万历此举在史上可谓空前绝后"。[6]

1572 年，9 岁的万历帝登基。所有幼年继位的皇帝，都是在极大的压力和危险之下长大的。对于一个缺乏自信的胆小孩子来说，不得不在大庭广众之下展示自己，带来了巨大的压力。以路易十四为例，人们通常认为他的性格十分适合皇帝一职，然而，即便是他，也因为在公开仪式上忘记台词而失声痛哭。中国皇帝面临的特殊困境在明朝达到了顶峰。明朝的开国皇帝朱元璋给他的后代留下了一种极其专制的统治方式。至少有 185 种公务必须直接报告给皇帝。当然，一个孩子实际上不能决定这些问题，但出于规矩，这个形式需要保留。一个足够自制和温顺的孩子可以完成仪式和象征性的活动，而它们会占用中国皇帝的大量时间。研究资料表明，万历帝是一个十分自制、驯良、举止非常得体的孩子：他完美地履行了自己的仪式角色。据说，每十天里，他有七天在学习儒家经典，另外三天则用于举行仪式，与大臣议事。

路易十四很幸运，母亲给予了他无穷的爱和温暖。相较之下，无论是万历的生母，还是他父亲的正妻，也就是陈太后，都将纪律和严厉作为其教育的核心原则。据说，"如果他疏于学业"，他的生母"就罚他长跪。过去，她常常督促他起床，参加黎明前的早朝"。两位太后将监督万历教育的任务交给了司礼监掌印太监冯保。和明朝的其他许多宦官一样，冯保受过良好的教育，有很高的文化修养。他挑选最优秀的儒家学者来教导万历。这个小皇帝是独自被抚养长大的，没有兄弟姐妹。他唯一的玩伴就是年轻的宦官，而冯保严格限制他们与小皇帝的游戏，一方面，他担心这些宦官会忘记对皇帝应有的尊重，另一方面，他担心他们将皇帝带入歧途。

小皇帝的主要导师是睿智而经验丰富的首辅张居正。他在万历接受的严格的儒家伦理教育中，加入了关于治人和治国的建议。史料证明，万历是一个十分聪慧、近乎早熟的学生，学习时进步神速。他醉心书法，是一位杰出的书法家。虽然张居正悉心对待万历，但他劝阻万历，让他不要将太多时间用于书法这样的"消遣"。张居正在世时，万历一直听从他、称赞他。1582 年，张居正去世，此后 19 岁的皇帝开始随心所欲。这也许不足为奇。在日常生活中，有许多人在成长过程中遭受了过度的约束、压力和保护，因而在青年时期出现激烈的延迟叛逆。许多人都遇到过这种情形。[7]

张居正死后，人们发现他在任职期间积累了大量财富。这没什么不寻常的，但这一发现很可能震惊了这位年轻而天真的君主，他接受了严格的儒家规范教育，但到这时为止，仍不具备治理社会和政治的个人经验。像其他许多皇帝一样，他日后会注意到儒家官僚的崇高道德主张与许多儒家官员的行为之间的差异。儒家大力宣扬的节俭原则，在精英官员高雅、奢华的生活方式中常常缺席。意料之中的是，嫉妒张居正当权十年的政敌开始大举谴责他。万历理想破灭，越来越愤世嫉俗。每日勤于政务根本于事无补。明朝政府深陷烦琐公文和程序之苦。皇帝面对的是铺天盖地的公文。这些公文被呈交给君主时，它们的行文十分晦涩，有时近乎是礼仪性的。"这些文书通常十分冗长，专业论述混杂着观念之争。即使仔细阅读，也很难抓住主要的问题和次要的微妙差异，更不用说大量的行政术语和长篇累牍的专有名称了。"张居正死后，万历有数年一直试图尽职尽责、勤于政务，但是随着时间的推移，他似乎被挫败、无力、孤立无援和绝望等情绪攫住了。在位 17 年之后，他再也未曾离开过北京。

为了管理官僚机构，明朝的君主越来越多地将内廷宦官作为私人秘书处的工作人员。这使他们受到朝臣的严厉批评。传宗接代、延续香火，是儒家价值观体系的核心。因此，与其他大多数文化相比，中国的精英阶层更鄙视宦官。明朝最聪明的宦官在宫内的内书堂接受顶级教师——翰林院官员——的良好教育。尽管宦官有能力担任皇帝的助手，但他们和普通官员一样，倾向于党同伐异。在接受教育、入职期间，宦官可以与官僚精英建立许多联系，如此一来，党争也跨越了内廷和外朝之间的界限。儒家官员的言论再次与他们的行为形成截然的对立。到万历帝时期，皇帝若想控制朝政和官员任免，会面临艰巨的挑战。

万历帝想立宠妃郑氏之子为太子，而不是另一位妃子所生的皇长子，此举遭到官僚机构的极力反对，这成了压倒万历帝的最后一根稻草。对于朝臣来说，长子继承制代表的是儒家价值体系的核心——等级制度和宗法制。它还是稳定的保障。总的来说，万历在所有的回应方式中选择了最坏的一个。他缺乏决心，也没有信心强迫朝臣接受他选定的继承人，不情不愿地将长子立为太子。与此同时，他疏远太子，很晚才让郑氏之子就藩（不符合明朝惯例），给王朝带来了持续的潜在威胁和动荡。此外，他彻底怠政，拒绝接见朝臣、签署公文、任命官员。[8]

关于万历皇帝的老生常谈就此结束。这是一个有关玩忽职守和自私自利，又交织着贪婪和残忍的故事。然而，近来的研究表明，尽管万历帝绝望地放弃了内政，但他在外交和军事方面仍然是一个用心而有能力的领导人。有证据表明，他在这些方面远比宋徽宗有能力，毕竟，后者的失败导致了 12 世纪 20 年代的灾难。意料之中的是，万历的文官阻遏了他领兵作战的愿望。他们以明英宗（朱祁镇）为前车之鉴，万历的这位先祖渴望军功，结果在 1449 年与蒙古人的战役中被俘。虽然御驾亲征被阻，万历仍然十分关注军队，为其提供充足的资源，提拔有能力的将军。一位军事史学家曾评论道，自太祖、成祖以来，明朝军队在 1570—1610 年的实力远超其他任何时期。和其他许多领导者一样，万历对国内政治的党派之争、狭隘格局和僵局感到绝望，但十分喜欢在国际舞台上施展拳脚。他致力于维护明王朝和中华帝国在东亚的领导地位。他还相信，自己在军事和外交事务中保留了实际的行动自由和权力。[9]

1592 年，万历朝面临最大的危机，当时西北地区爆发大规模反叛，又恰逢日本大规模入侵朝鲜。几周后，明朝藩属国朝鲜的国王被赶出王京。万历的应对迅速而有力。他敲定战略重点，任命优秀的将军，给予他们相当的自主权，并为他们划拨出征所需的物资。他的援助迅速而有效，有力地支持了朝鲜国王，恢复了朝鲜人的士气。最终，陕西的反叛被镇压，朝鲜被收复。明朝文官轻视将领，担心他们有政治野心。在战争期

间，文臣意图争功，同时也试图限制将军的权力，批判他们眼中的一切
延误和失败，以此压制对方。在将领饱受文官和言官抨击的危急时刻，
是万历解决了问题，他指出，"任何人若在这种混乱形势下再加一句无
端的评论"，都会仕途断绝、惨遭流放。皇帝力排众议推行自己的政策，
支持值得信任的将领，平息党派之争，这是中国明朝军队战胜日本兵士的
基础。[10]

　　和其他王朝一样，明朝也有自己的统治方式。明王朝的创始人朱元
璋在位 30 年，从 1368 年统治到 1398 年。和西汉开国君主刘邦一样，他
也是出身农民，作为起义军首领登上权力巅峰。称帝后，西汉开国君主行
事温和，与长久以来值得信赖的左膀右臂共治天下。相比较而言，朱元璋
是一个彻头彻尾的专制君主，为了巩固权力，将权力最大化，也为了缓解
自己的多疑和不安，他反复进行清洗，杀了数以千计的官员。后继者不像
他一样残暴，但明朝的政治文化，尤其是君主对待官员的方式，比宋朝更
加专制和残忍，而明朝声称宋朝是他们的榜样。洪武帝之子永乐帝能力卓
越，明朝后续也出现过一些称职、负责的皇帝，但是总的来说，明朝涌
现的杰出君主数量少于中国其他大多数王朝，此外，他们管理政府的效率
也远不如之后的清朝。一个问题是，洪武帝要求后代跟随他的脚步，亲自
承担首相的职责，他制造的期望和传统是明朝后世的大多数君主无法负担
的。明朝遵循中国的传统，严格采取嫡长子继承制。这意味着皇位继承人
有时是平庸之辈，他们根本无法以朱元璋的方式进行统治。

　　1644 年，北京失陷，明朝最后一位皇帝自杀。明朝的灭亡在很大程
度上是因为大规模的农民起义，而这场起义是"小冰河时代"对经济造成
的毁灭性影响导致的。当然，党争导致的政府机构瘫痪同样是关键原因。
和宋朝一样，文臣统军制度降低了军事实力，引起许多将领的不满。在统
治的最后几十年里，明朝再次面临来自北方前线越来越大的压力。到 17
世纪，满族部落联盟在魅力惊人、身经百战的战团首领努尔哈赤的带领
下，实力大增、信心满满，成为明朝的主要威胁。面对农民起义和官僚的
阻挠，一些汉族大将最终投向满族，对他们来说，这个选择没有混乱无序
和政府瘫痪来得糟糕。

努尔哈赤出身女真族，这个民族是后来被称为满族的部落联盟的核心，他们的祖先擅长骑马作战，曾在 1127 年打败北宋，俘虏宋徽宗、宋钦宗，并在被蒙古人征服之前长期统治中国的北方。他们的祖地是中国的东北地区。女真族自古以放牧牛群、捕鱼、耕种和打猎为生。他们是令人敬畏的骑兵，拥有优秀的骑射技能，意志坚定、纪律严明、作战勇猛。与大多数成功的战士联盟一样，努尔哈赤所属的女真族最终融合了许多其他的部落。例如，在蒙古人统治时期，契丹人作为部族少见于史册，但他们的后代有许多曾追随努尔哈赤。1636 年，努尔哈赤之子皇太极称帝，改国号为清。

后来，清廷一直否认是他们推翻了明朝，这是他们在汉族中争取合法性的举措之一。他们认为，明朝失去天命而爆发的内部起义才是它被推翻的真正原因。当然，清朝的说法是为了自身的利益，但是它在一定程度上是正确的。1644 年，一支农民起义军占领北京，迫使明朝末代皇帝自杀，并洗劫了这座城市。汉族精英的重要成员支持清朝恢复社会秩序和帝国统一。如果没有他们的支持，满族统治者是无法站稳脚跟的。这个新王朝声称自己结束了中国的动荡，恢复了儒家的秩序和端正典范，因而在汉族臣民中稳固了自身的合法性。

不过，清朝是一个少数民族政权，来自欧亚大陆北部的骑兵统治了生活在南方的定居民族。虽然满族从来不是严格意义上的游牧民族，但他们拥有无异于草原游牧民族的军事能力。他们的速度和机动性给相对迟缓的明朝军队造成了很大的威胁。毫不例外地，从战团首领到半神圣化的君主，清朝君主在此过程中变得更加高高在上、威严和专制。同样，为了扎根于定居社会，清朝冒着引发满族战士不满的风险采取了许多措施，而满族战士是他们过去的权力根基。与许多过去的游牧王朝一样，清朝竭力延续满族的战士文化、团结和独特性，一方面，这是因为清朝统治者一直认同自己的满族身份，另一方面，则是因为独立的满族社群身份在王朝的统治体系中发挥了关键作用。

简要地说来，清朝成功的关键在于他们利用汉族的政治制度和思想来驯服满族政治中的贵族和部落元素，然后利用被驯服的满族精英来帮助他们管理和控制汉族的官僚机构。这听起来非常简单。然而，事实上，这是一个极其复杂的过程，不仅需要出众的政治敏锐性和过人的手腕，还需要不断妥协、制衡。后者包含众多，从平衡关键职位的满汉官员任命到设计既包含汉族传统色彩、章纹，又符合满族样式的官服。新的统治者要求所有汉族男性剃光前颅头发，将后脑头发编成长辫，以此作为服从和忠诚的标志。渐渐地，清朝君主得以将自己描绘成近乎普世的皇帝——兼具儒家圣王、蒙古可汗、佛教转轮王和满族世袭首领的身份。这个王朝的成功在很大程度上要归功于康熙帝（1661—1722 年在位）、雍正帝（1722—1735 年在位）和乾隆帝（1735—1796 年在位）祖孙三代帝王，他们英明睿智、能力卓越、勤于政务，统治中国近 140 年。[11]

清朝统治体系的核心是八旗制度，每一旗均分满、蒙、汉。一方面，八旗是经过大举扩充和规范化的战团；另一方面，它们与游牧民族依十进制组成的超民族单位一脉相承，过去许多游牧帝国（包括蒙古帝国）曾出于战争和管理的目的，将臣民划分成这样的单位。八旗制度不仅保障战士的生活，也保障他们家人的生活。它们试图通过确保这些家庭的生计，使战士们在国家需要的时候随时入伍。满族八旗最初建立于 1615 年，到 1642 年，整个八旗制度已经臻于完善。在清朝统治者眼中，八旗汉军地位最低但至关重要，因为它们可以招纳、组织并奖励那些生活于 17 世纪 40 年代以前就受清朝管制地区的汉族，以及来自明朝军队和管理机构的汉族。到 18 世纪中期，清朝在中国社会的统治根基已经稳固，八旗汉军显得既多余又费钱。因此，它们陆续遭到裁减。

八旗蒙古一直存续到清朝灭亡，是清朝成功招募、维持蒙古精英忠诚度的重要策略之一。蒙古文化源于半游牧的骑兵战士，与汉族文化相比，更接近满族文化。在努尔哈赤和皇太极统治期间，蒙古部落的许多成员加入清朝军队。在对整个蒙古地区实施统治后，清朝将它划分为四片地区，由部落首领进行世袭统治。蒙古贵族被清廷授予爵位，并经常与清朝皇室通婚，这是汉族从未享有的特权。蒙古王公为清朝提供的优秀骑兵，在 18 世纪收复西域的过程中发挥了至关重要的作用。蒙古人在清朝的地位在许多方面与印度莫卧儿王朝的拉杰普特人十分相似。他们是享有特权、深受信赖的盟友，被纳入管理体制，因忠诚而获得丰厚的回报。[12]

　　毫无疑问，满族在八旗制度中地位最高，是清朝的权力核心。努尔哈赤及其儿子皇太极赋予满族的不仅是民族名称，还有文字和组织形式——八旗制度，这巩固了他们的身份认同，使他们能够在保持一定独特性的情况下，管理、统一和统治中国。清朝皇帝总是强调他们对治下的汉族、满族和蒙古族臣民一视同仁。他们吸收、维护和推崇汉族的高雅文化。然而，他们永远不会忘记，他们是少数民族政权的统治者，其民族在帝国人口中所占的比例远远不到2%。不安感在一定程度上增强了清朝皇室和满族群体内的团结意识和警惕感。[13]

　　自 1635 年的皇太极开始，一直到 18 世纪结束，清朝皇帝不断强调满族维持军事技能、文化特质和忠诚的重要性，正是这些构成了他们的传统。康熙将汉族纳入满族的政治体系，使汉族承认清朝的合法性，在这方面，他的贡献远远大于其他个体。但直到 1707 年，也就是登基 46 年后，他还是私下里提醒一个备受信赖的满族大臣，永远不要忘记"汉族文人不希望我们满族长久统治，你们不要被汉族欺骗"。君主期望获得特别的忠诚，他们对满族旗人有一种特殊的社群意识。在与满族亲信官员进行个人书信往来时，皇帝经常表现出"一种在与汉族官员沟通时罕见的关怀和平易近人"。在使用满语时，即使是傲慢的乾隆，有时也会将自己和大臣称为"我们满族官员"。相较之下，没有哪位清朝君主曾经想过将这种具有平等意味的称呼用在自己与汉族官僚之间的关系上。[14]

　　满族文化尊重血统和世袭地位。八旗军队的统领之职均是父子相传。满族贵族拥有等级不同的世袭爵位。这些爵位通常仅能传续数代。在很多情况下，除非爵位持有者立下功勋，否则只能降等袭爵。无论爵位高低、正式地位如何，精英家族的成员比普通满族更容易接近皇帝，获得任用。这种差距在一定程度上被加入侍卫亲军的可能性消弭了，后者人数约1500 名，面向所有满族旗人，拥有精美的军服、较高的威望和惊人的集体荣誉感。加入侍卫亲军，就有了直接在皇帝面前露脸的机会。聪明的侍卫可能会被指派去执行特殊任务，在某些情况下，他们可以在朝廷和政府中平步青云。虽然爵位和血统意味着社会地位，暗示了可观的财富，但清朝精英仍然是处于服务地位的贵族，他们的权力完全取决于君主。在清朝统治体系的高层，满族精英的势力被汉族高官制衡，后者是通过以考核和功绩为基础的官僚机构获得晋升的。[15]

满族精英的核心是清朝的宗室成员。在一夫多妻制的王朝中，皇帝的"家族"规模可以变得十分庞大，对国家来说，供养他们是一个沉重的负担。到 1615 年，明朝宗室成员人数超过 20 万，供养他们的费用是国家土地税收的 1.43 倍。与其他国家一样，管理皇帝的男性近亲在中国也堪称挑战。在明朝，太子的弟弟们年少时便被送到外地，并在封地度过一生。这些藩王受到密切监视，被禁止扮演任何政治角色、发挥任何政治影响，他们的宅邸有许多成了文化赞助中心，在这方面发挥了有益的作用。一般来说，清朝对宗室的管理比明朝更加有效。清朝建立 250 多年后，爱新觉罗氏的成员也不到 10 万人，他们消耗的国家税收也少得多。清朝皇子受过严格的汉文化教育，有一部分成了著名的鉴赏家和赞助人。不过，皇帝的兄弟没有被驱逐出北京，反而在宫廷仪式中发挥了重要作用。尽管大多数王公过着非常低调的生活，一心追求文化，但他们并未被彻底禁止入朝为官。有时，皇帝信任的兄弟或叔伯会扮演重要的政治角色，特别是在社会动荡、危机重重的时候。1723 年之后，清朝再也没有发生过严重的继承危机，此外（与明朝不同），有清一代从未出现皇子发动叛乱、篡夺皇位的情况，不过，在康熙朝末年，诸位皇子因继承权之争而关系紧张，差一点爆发内战。[16]

1661 年，7 岁的康熙登上皇位，统治时间长达 61 年。几十年内，清朝从一个少数民族政权转变成一个根基稳固的政权，受到汉族精英的尊重和效忠，这在很大程度上要归功于康熙的睿智、政治手腕和勤政。这一成就绝非易事。1661 年，明朝最后的残余抵抗势力基本遭到粉碎，但是清朝中央政府对中国长江以南地区仅拥有名义上的统治权，控制那里的是三个汉族藩王，他们在清军入关时选择归顺。女真族，也就是满族的祖先，在 12 世纪 20 年代曾攻占中国北方，但从未成功将统治拓展到长江以南地区。同样的情况很容易发生在清朝统治者身上。元朝是中国历史上最强大的少数民族政权，但是他们统治中国的时间不到一个世纪，这在一定程度上是因为他们既没有将足够的汉族精英纳入政府体系，也没有让后者认同他们统治的合法性。康熙帝英明睿智，擅长以史为鉴，致力于避免重蹈蒙古族和女真族的覆辙。他的成功影响深远，意义非凡。在康熙朝，中国西藏和台湾被置于清朝的统治之下。在雍正帝、乾隆帝两朝，由康熙帝打造的强大帝国利用丰富的资源深入内陆亚洲，收复了现在被称为新疆的庞大地区。今天的中华人民共和国幅员辽阔、国力强盛，其基础是清帝国，而不是明帝国。

多亏了英裔美籍历史学家史景迁的著作，许多历史学者即使不懂中文，也能了解康熙帝对自己、身边世界和自身统治的想法。康熙才智过人、求知若渴、精力充沛、意志惊人。在这些方面，他可以与莫卧儿帝国的"第二创建者"阿克巴相媲美。不过，与阿克巴不同，康熙既非文盲，也没有阅读障碍。考虑到书面语在汉族官僚集团中的重要地位，一个目不识丁的统治者很难监管政府机构、赢得官员的尊重。此外，虽然康熙十分擅长自省，但他并不像阿克巴那样，苦苦求索个人信仰的真理和意义。对于伊斯兰教义，阿克巴形成了一种个人的非正统看法，而康熙从未如此质疑理学的价值观。康熙吸收了汉族有关贤君和仁君的传统思想，强烈认同自身作为皇帝的使命。他认为自己有责任为民谋利、维护王朝的声誉、确保长治久安，为此一生勤于政务，直到晚年才稍有放松。他在遗诏中说，自己自登基以来，"孜孜汲汲，小心敬慎，夙夜不遑，未尝少懈"，他对自己的评价十分中肯。[17]

康熙总是试图尽可能地充分了解每个问题，以避免完全依赖大臣的建议。作为皇帝，他首先需要处理的问题之一便是修订历法。这是皇帝的主要职责之一，神圣而又关乎宇宙。康熙需要做出决定，是依据中国官方天文学家的计算修订历法，还是根据生活在北京的耶稣会会士的计算。他选择了耶稣会会士，因为后者提出的经验证据证实了他们的观点。康熙最重视的始终是事实、证据和现实。此后，他任命一位耶稣会会士为师，从已经十分紧凑的日程中挤出数个小时，学习欧洲数学和天文学原理。康熙认为自己能够看到问题，并亲自问询负责解决问题的官员。这正是他多次巡行各省的主要原因。康熙帝还具有识人之明，是一位好领导。他任命的主要官员大多十分称职。面对阻碍，康熙也可以是强硬甚至无情的，面对抵抗时更是如此，不过，他支持并奖赏诚实、高效的官员，保护他们免遭不公、恶意的批评。面对齿德俱尊的老臣，他不仅公正地对待他们，有时甚至亲切到生发出近乎友谊的情感。康熙对臣子的相对宽容，在一定程度上反映了他的个性，但也有其政治目的。想要巩固清朝政权，赢得重要个人和精英阶层的忠诚，往往需要容忍一定程度的裙带关系和贪污腐败。[18]

康熙热衷于自身武士国王的角色，然而，与唐太宗和明成祖等"第二创建者"相比，他花在战争中的实际时间很少。康熙在位期间，其最重要的战争是平定三藩、重新统一帝国（持续了 8 年）。这场战争爆发于 1673年，当时这位年仅 19 岁的皇帝不顾大多数朝臣的反对，下旨削藩，试图剥夺南部三个自治藩镇王的权力。灾难降临了，一时之间，清朝的政权到了存亡之际。如果清朝灭亡，康熙将成为史册中又一个傲慢性急的年轻君主——追求军事荣耀，无视资深大臣的忠告，最终导致王朝覆灭。然而，事实恰恰相反，他的孤注一掷得到了回报，清朝成功控制了中国南部。

此后，康熙以惯常而可爱的坦率承认自己错估了风险，需要为战争初期的失利负全责。当胜利最终到来时，他公开拒绝接受祝贺和新的尊号，因为"八年之间，兵疲民困""疮痍尚未全复""其咎岂不尽归朕身"。官员试图掩盖这一真相、"诿过于人"的一切努力都是错误的。"其咎岂不尽归朕身"，如此公开承认错误的做法，即便是在政治家之中也很少见，更不用说皇帝了。它不仅体现了康熙的人格魅力，也完美体现了儒家自省、修身的原则。康熙想御驾亲征，但是他最终听从朝臣之请，在北京指挥战争行动。他的主要职责之一就是为将领提供足够的人员和物资，在战事失利、希望渺茫之际保持平静和自信。胜利的关键原因之一在于，皇帝意识到，中国南部地形复杂，面对爆发于此片地域的内战，以及相应的军事、政治现实，最初负责领兵的满族王公和将领能力有限，难以胜任。最终，他以优秀的判断力和灵活性，用同样忠诚但更有能力的汉族指挥官取代了他们。[19]

1696—1697 年，康熙终于实现了御驾亲征的愿望，这次的敌人是卫拉特（即漠西蒙古）的噶尔丹汗，后者长久以来一直是清朝的心腹大患。

康熙帝写道，想要在北方大草原上打败行踪不定的游牧民族军队，关键在于"密切关注运输和供应的细节。你不能像明朝那样，只是猜测他们"。尽管是他制定了战争的总体目标和战略，但他与经验丰富的将领就如何取胜进行了深入探讨。劳师远征、对抗游牧民族，令人精疲力竭，康熙帝一直与士兵同甘共苦，并为此感到自豪。他认为，能够摧毁噶尔丹，主要是因为周密的计划，以及"立心似石，主意如铁"，克服了一切障碍和疑虑。胜利令康熙喜不自胜。他写信给内廷的亲信宦官，称："朕之大事毕矣。朕两岁之间，三出沙漠，栉风沐雨，并日而飧……今蒙天地宗庙默佑成功，朕之一生可谓乐矣，可谓致矣，可谓尽矣。"噶尔丹的溃败对于清朝来说，确实意味着重大的战略和政治利益，但是康熙如此喜悦，在很大程度上可能是因为此举帮他实现了成为武士国王的理想。许多年后，康熙在反思武举制度改革的必要性时对官员们说："我已经处理了大量的军事事务。我个人领导过军事行动，我非常理解军事指挥实践。"他所言不虚，且为此而自豪。[20]

康熙的父亲十分崇尚汉族的高雅文化。他统治时间不长，其间，他试图将汉族的一些传统和制度融入清朝的政府体系之中。顺治帝猝然去世时，年仅 23 岁，此后，在辅政大臣中占主导地位的满族贵族推翻了他的变革，试图恢复满族的主导地位。一个小例子可以体现这个新时期的状况：年幼的皇帝只能偷偷跟明朝遗留下来的两个老宦官学习基础的儒学思想和汉族文学知识。从辅政大臣手中夺回朝廷大权后，康熙最先做的事情之一就是投身于对汉语、汉文化，尤其是儒学经典的研究之中。他逐渐对绘画、书法、诗歌和园林有了出色的鉴赏能力，大力支持这些文化的发展。当然，康熙对汉文化的热爱并不意味着他会排斥或轻视自己的满族身份。恰恰相反，他酷爱骑射，喜欢简朴的狩猎生活，非常致力于维持自身所属的满族的传统。皇帝在两种文化中如鱼得水、游刃有余，他对两者兼而爱之。

对于康熙帝来说，学习并熟练掌握汉族高雅文化的这些方面，不仅给他带来了快乐和满足，还带来了重要的政治利益。汉族文人会尊重强烈认同汉族艺术和伦理价值的皇帝。1677 年，出于对汉文化的强烈兴趣，康熙在皇宫内设立南书房，它成了杰出的翰林院学士的庇护所。其中一些人成了皇帝的亲信，与他形影不离，为他提供有关政策和文学的建议。1678年，康熙举行博学鸿儒科，这项考试只对"学行兼优、文辞卓越"的学者开放，是为精英文人提供的又一根橄榄枝。成功考取者荣耀加身，入职翰林院，负责纂修《明史》。当然，这样一部史书绝非纯粹的学术著作，但是康熙鼓励编纂者潜心考证，对于明朝君主，尤其是早期君主的成就，要给予应有的尊重。康熙此举是在重申之前的主张——他的王朝没有推翻明朝。相反，在明朝丧失天命、被暴起的农民赶出首都之后，是他们将这个国家和儒家文明从动乱中拯救出来。[21]

1711年，江苏乡试爆发科场舞弊丑闻，一批有钱、有人脉却明显学识不足的考生成功被录取。这很快变成了江苏巡抚张伯行与其上级两江总督噶礼之间的相互谴责和参讦——前者是一位有学养的汉族官员，而后者则是一位粗狂而现实的满族官员。江苏省所在的长江下游三角洲是清朝最富庶的地区。对于该省富有而基本自治的地方精英来说，接受清朝的统治只是形势所迫，并非他们所愿。在各自的精英群体——汉族和满族——之中，张伯行和噶礼均备受尊敬。因此，两人之间的冲突十分危险，会动摇清朝的统治基础。康熙先派张鹏翮、赫寿负责调查审理，之后又派出穆和伦、张廷枢，但他们在意的均是政治而非公正。他们都不想触怒噶礼及其背后的强大势力。实际上，两江总督噶礼的贪污程度更高，但前来调查的官员基本免除了他的罪名，并要求将张伯行免职、治罪。在清朝官僚政治中，面对这种情况，皇帝一般别无选择，只能支持这一判决。

然而，康熙有他自己的打算和解决方式。在过去的十年里，他一直在发展后来所说的"奏折"制度——一小部分深受皇帝信赖的臣子奉命直接向其密奏重要见闻。这项制度最初用于地方，后来则拓展至北京。他们的奏折绕过了所有官僚渠道，由皇帝最信任的宫廷宦官负责递送。康熙因此从亲信那里获得了额外、快速、秘密的信息。在江苏地区，皇帝的亲信之一是曹寅，他是江宁织造兼巡盐政。两者都是挑战多、责任重的官职，只有品德和能力都深受皇帝认可的官员，才会获得这些职位。

曹寅是康熙的"包衣奴才"，基本上可以将之理解为世袭家仆，乃至奴隶。和其他大多数包衣奴才一样，曹寅的祖先是汉族，17 世纪初期，他们在清朝占领东北地区的南部时遭到俘虏，处于半奴役地位。和奥斯曼帝国的情况一样，清朝君主的包衣奴才通常既是他的家仆，又是他的亲信官员，占据重要职位。曹寅的父亲一直监理江宁织造，时间长达 21 年，其间政绩显著、备受尊重。更重要的是，曹寅的母亲曾是康熙的乳母。无论是在汉族文化中，还是在满族文化中，这通常都是一条重要的纽带，皇帝一直十分关注她的生活幸福与否。年少时，曹寅和年轻的皇子常常一起玩耍。尽管两人地位悬殊，但康熙写给曹寅的信件充满热情、信任和关心。两人都欣赏汉族文人精英的文化、教养和娱乐活动，这一事实为他们的关系增添了一丝平等和相互之间的尊重。曹寅提交给康熙的密奏，透露了丑闻背后的真相，这是普通官僚不敢做的事。两江总督被革职，而江苏巡抚张伯行只是遭到平调。这个故事体现了两个重要信息：首先，皇帝会公正而平等地对待大臣，无论满汉；其次，他获得了一个强大的新武器，可以监督他的臣子。[22]

到 1711 年江苏科场舞弊丑闻爆发时，康熙已经因继承问题而心力交瘁，这是长久以来困扰所有年迈君主的噩梦。1674 年，康熙深爱的孝诚仁皇后在诞下皇子胤礽后崩逝。多年来，皇帝十分偏爱这个儿子，其根源或许部分在于此事。据《清史稿》记载，"太子方幼，上亲教之读书"。也许是皇帝太宠爱这个儿子了。1675 年，仅 18 个月大的胤礽被立为皇太子。毫无疑问，这在一定程度上反映了康熙对这个孩子的宠爱和对孝诚仁皇后的眷念。但同样毋庸置疑的是，这也是对汉族习俗的让步，当时"三藩"的平定并不顺利，康熙需要汉族精英的支持。然而，一个被指定为皇位继承人的男孩，会受到无数的奉承和诱惑。早在 17 世纪 90 年代中期，康熙就告诉胤礽，他希望在合适的时机退位，将统治的重担交给这位继承人，此举使情况变得更糟。对于在皇太子身边形成的派系来说，这进一步刺激了他们的欲望和急切的心理。许多满族精英都不赞成康熙遵从汉族的嫡长子继承制，在年幼子嗣证明自身的能力之前就被定为继承人，胤礽的异母兄弟对此更加不满。自然，胤礽遭到了许多怨恨和流言蜚语的攻讦。多年来，康熙一直对胤礽的罪行和堕落充耳不闻，最终却不得不在 1708

年废黜其皇太子之位，将其拘禁。当时，康熙在半公开的场合下情绪激动，最后潸然泪下、倒伏在地。[23]

康熙的麻烦还远未结束。他废黜胤礽，开启了其他皇子及其各自党羽之间的激烈的夺嫡之争。简略地说来，康熙倾向于皇八子胤禩，准备立他为储，然而，在发现胤禩的党羽——在胤禩不知情的情况下——密谋杀死前皇太子时，他不满地改变心意，将其关押起来。康熙无比悔恨，他说服自己，心爱的胤礽遭到了敌人的蓄意抹黑，甚至可能是被下了咒。1709年4月，胤礽被复立为皇太子，然而，他很快故态复萌。1712年，胤礽再次被废并遭到拘禁，皇位之争达到新高潮。相继指定了两个失败的皇太子，康熙决定在临死之前不再任命新的皇位继承人。

到1722年，占据优势的似乎是十四皇子胤禵和四皇子胤禛，前者继承了胤禩的大部分党羽，后者则是未来的雍正皇帝。两位皇子是同母兄弟，因此这次的皇位之争与后宫的残酷阴谋无关。1722年12月，康熙突然患病，不到十日便驾崩，当时胤禛身在北京，胤禵则远在西部，于西藏指挥军队。或许是康熙在临终之际立胤禛为储，胤禛迅速在北京被拥立为皇帝，没有遭到强烈反对，不过，人们对其继位的合法性半信半疑，这动摇了雍正朝前半期的政治稳定性。在西藏，皇子胤禵手握重兵，权力之大，如天子亲临。在这种情况下，如果是奥斯曼帝国或莫卧儿帝国的皇子，一定会挥师赶往京城。但清朝的传统截然不同：继承人是在家族内部决定的，而不是在战场上。一位历史学家指出，"满族精英内部有着令人印象深刻的团结意识"。这在一定程度上反映了满族对自身弱点的认识：在这个帝国之内，满族面对人数和发展水平远超自己的汉族，一旦皇子掀起内战，政权的存亡将面临危机。满族精英最关心的就是避免此事的发生，然而，在18世纪早期，即使是地位最低的旗人，也远比汉族农民生活得好。中层的满族家庭甚至拥有奴隶。[24]

总的来说，康熙是一个知人善任的君主，这正是人们相信胤禛确实是他选定的继承人的原因之一，因为事实证明，雍正皇帝确实是一个不错的选择。雍正完全支持父亲统治时期的主要原则：包括平衡满汉关系，保持满族八旗的身份认同，以及全心全意地支持儒学。他的首要任务是提高清朝政府机制的效率。此外，1722 年登基时，他还需要新的朝臣。在位数十年后，日渐年迈的康熙对国家的控制力不可避免地变弱了。衰老的皇帝本人也哀叹，曾经出色的记忆力业已衰退，而这是他过往处理朝政的重要倚仗。康熙一直是一位宽容的君主，这一方面是性格所致，另一方面则是出于政治考量。随着年龄的增长和精力的衰退，官员的腐败现象日益严重。夺嫡导致的冲突打破了约束，鼓励了党派之争，而这一直是中国官僚制度的一大弱点。

新帝继位后立即下定决心，全力解决这些顽疾。当时清朝的统治已经持续 80 余年，早已扎根于中国社会，雍正可以对腐败采取更加强硬的态度。当时，他已经 40 多岁，洞察人性，有着丰富的政治经验。他警告一位在他看来试图蒙混过关的大臣，"须知朕非生长深宫之主，系四十年阅历世情之雍亲王也"。和明朝的万历皇帝一样，雍正也注意到，儒家官员的崇高道德主张往往与他们的实际行为有所矛盾，不过，他的反应更成熟，应对更有力。他严密且有效地监控官僚机器，在这个方面，堪称帝王典范。他掌握着清帝国的最高行政权和任免权。他最优先考虑的是用人之事，确保信息流通，以及政策的下达和落地实行。他极力督促官员，对他们十分严厉。严明的雍正会将自己的意志强加给官僚机构，但他从未采取处决和公开施刑杖的羞辱性方式对待官员，相较之下，明朝政府深受其害。在整顿吏治、提高治理效率的过程中，他自我督促、率先垂范，通宵达旦地处理政务。和他的父亲一样，雍正也内化了儒家关于统治者的学说。他深感有责任指导和保护普通臣民，使他们安居乐业。[25]

继位之初，雍正便大举进行官吏调动，撤换地方督抚，以及东北地区的驻军和八旗长官等举足轻重的大臣。康熙朝末年，冗官堆积，那些站在各自支持的皇子背后的党派随时准备破坏新君的政策。雍正非常注重为关键职位挑选合适的官员。他曾经写道，"如能得人，何事不理。不得其人，诸事不举"。身处一个庞大的帝国，皇帝必将众多的权力下放给视线之外的官员，在这样的环境下，上述语句别具力量。雍正强烈怀疑当时精英官员的选拔、晋升方式。在政治上，挑战科举制度是不可能的，但皇帝认为，科举出身的人往往更热衷诗词歌赋，而不是务实工作、取得成果所需的专业技能和坚定决心。他认为官僚机构内部的晋升机制十分混乱，因庇护网络而徇私、腐败。他开辟了新的晋升渠道，在很多情况下，他亲自接见大臣举荐的人和重要职位的全部候选人。近年来，数百份有关皇帝主持的此类面试的记录相继出版：每份记录都包含候选人的简短经历，然后关于该候选人是否适合此岗，雍正会给出评分并做出评论。这些评论一语中的，绝非套话。[26]

雍正管理行政机构的核心手段是奏折制度。在康熙朝，该制度的规模相对较小，而且并非定制。雍正则将其规模显著扩大，让更大范围的京官，乃至整个帝国的官员都使用奏折：结果，他在一年内收到的奏折数量是康熙朝的十倍。在很长一段时间里，他每日都要接收、阅读并批示五六十份奏折。利用奏折制度，雍正加快了关键问题的决策速度，扩大了对行政机构的监督范围，还可以评估、鼓励和批评他的官员。这些批评直言不讳。有一次，异常恼怒的皇帝在一位大臣的奏折中批复道："你笨得像木头和石头！我认为你根本不是人。"官员们很快就吸取教训，不再用毫无意义的问题和华丽的言辞浪费雍正的时间。有时，他会警告行差踏错的官员，自己已经收到揭露其罪行的消息，会对其严加监督。当然，奏折中也经常包含热情的赞扬和鼓励。它们表明，雍正皇帝试图培养亲信官员对自己的个人忠诚，与他们一起实现为国为民的承诺。最重要的是，奏折制度允许雍正与其大臣就政策问题进行深入、详细且秘密的对话。奏折往来之中，地方财政改革等关键政策相继出台。在清朝这样一个幅员辽阔、环境复杂的帝国，中央政策必须不断根据地方现实和需要进行调整。[27]

雍正登基时，尽管天下承平日久，但国库空虚。地方政府的财政，导致了严重的低效和腐败。最根本的问题是政府资金不足，然而，清朝与汉族精英之间的政治协议包括低税收，因此雍正无法从根本上解决这个问题。他能够补救，也确实弥补了的是它附带的问题，即地方各省的财税存留过少，不足以支付官员的俸禄、维持行政机构运转。地方居民因此遭到一系列不完全合法且不公开的"盘剥"。对于这些税收，国家无法进行审计，因此各地之间的差异极大，很容易掩盖官员的腐败和压榨。还是亲王时，雍正执行的第一件有记录的官方任务是清查粮仓，这是各地政府为了应对饥荒而应该维持的粮食储备。但是他在自己负责清查的地区发现，由于地方政府的财政短缺和贪污腐败，近四成的仓库存在亏空，有些甚至空无一粟。当干旱和饥荒又一次发生时，这必然会给当地农民带来灾难。雍正坚持对地方政府的财政进行改革，正是因为他敏锐地意识到这种情况的弱点和危险。这项工作是艰苦的，没有为雍正带来赞誉，但至关重要，这正是雍正的一贯作风。他的改革不仅增加了地方政府赖以维持的税收，对其加以规范，甚至还提高了效率，减少了腐败，为地方政府提供了足以维持几十年的支持。他敏锐的眼光和对政府纪律的坚持，很快就使中央财政得以恢复，出现盈余。[28]

雍正在政府管理中扮演着十分积极的角色，其内廷的私人秘书处不可避免地因此得到发展。仅仅是为了处理无穷无尽的奏折，将其存档，跟进皇帝的决策，就需要增加人员数量，采取更系统的方法。当与准噶尔的战火重燃时，涌入内廷的文书急剧增多。1731 年，雍正十分自责：内廷缺乏体系和磋商，结果导致了一场严重的军事失利。一切均有代价：内廷"秘书处"的小规模行政团体和非正式流程，可以使皇帝获得最大限度的行动自由，培养其亲信官员的忠诚，这样做的风险则是对信息、咨询和决策过程的管理不善，而想要有效统治一个如此庞大的政府机构和帝国，这三者至关重要。

1730 年，雍正帝的弟弟兼议政大臣，堪比副君的怡亲王（胤祥）去世，这一事件同样重要。对此，雍正帝悲恸欲绝，他写道："凡宫中府中，事无巨细，皆王一人经画料理。无不精详妥协，符合朕心。"他补充道："濡毫纪行，书百幅以难宣；酾酒抒哀，泪千行而不竭。"雍正曾写道："一人识力有限，用是朝乾夕惕，晷刻靡宁。"他十分勤政，感到无比孤独，这是任何领袖都无法避免的命运，对于地位神圣、必须与臣民保持距离的帝国君主来说就更是如此。对他而言，一个忠诚、聪慧，同时又深入参与各方面政策的兄弟，是任何大臣都无法完全取代的同伴和挚友。不过，怡亲王的去世也有益处。此后，雍正在内廷设置军机处，它不仅能有效处理政务，还为雍正驾崩之后的日子做好了准备。最基本的一点是，其他君主普遍无法像雍正这样勤于政务，其他任何人都无法在漫长的统治生涯中始终这样勤奋。[29]

雍正绝不是一个只对政府实事感兴趣的强硬管理者。与大多数兄弟不同，他从不吹嘘自己的骑射技术。他不是一个军人。和清朝的其他皇子一样，他接受了全面的汉族哲学和文化教育。他沉浸于哲学问题，通晓汉族的经典、语言和历史，因此在众多兄弟中脱颖而出。青少年时期，雍正相当情绪化，喜怒无常、闷闷不乐。康熙曾经斥责他的这些弱点，雍正在继位后，将父亲的话裱起来，置于书桌上方。雍正后来十分信奉禅宗，这一佛教宗派有关禅定的严格修行，或许是他控制自身情绪的一种尝试。不过，他对佛教的兴趣绝不仅限于通过修行来实现平静和自控。雍正熟知儒家、法家和道家著作，对它们十分推崇，但他最信奉的是佛教。在他去世后，他原先的府邸雍亲王府成了北京的藏传佛教中心——雍和宫。

作为皇帝，雍正对宫廷艺术家和匠人的作品有着浓厚的兴趣。雍正朝宫廷艺术品的主题"大多来自道教、神话、传说和吉祥符文，皇帝深深沉浸于其中"。他对这些作品进行了许多评论，和往日一样，这些评论大多简短、中肯。不过，它们睿智、合理，体现了雍正对不同领域的详细了解和兴趣。他对此绝不是一知半解。雍正对绘画、陶瓷，以及其他艺术和工艺的兴趣也绝非只是为了赢取声名。他的品位十分高雅。一位研究中国皇帝进行的艺术赞助的历史学家，称雍正是"清朝皇帝中最有趣、最多面的一位"。[30]

不出所料，雍正对皇位继承人的安排十分有效。他悉心教导自己选定的继承人，即未来的乾隆皇帝。雍正制定了秘密立储制度，也就是皇帝选定储君，然后将储君的名字密封于匣内，只能等皇帝驾崩后再打开。这种制度在奥斯曼帝国和莫卧儿帝国的宫廷绝对无法实行，但是在清朝，它十分有效，至少只要在位的皇帝是一个能够独立选择储君的成年人，这项制度就能够起效。虽然乾隆不像他的父亲或祖父那样睿智、内敛，但事实证明，他是一位称职而勤奋的君主，对皇帝的天然职责有着强烈的责任感。1796 年，在位 60 年的乾隆退位归政，以免统治时间超过祖父康熙，有损孝道。与查理五世的情况不同，乾隆的退位只是一个幌子，他一直把控朝政，直到 1799 年去世。

从某种意义上来说，这种做戏的姿态概括了乾隆及其统治的一个方面。他立志成为完美的儒家君主和满族君主，甚至想要超越有史以来的成功标准和美德典范。例如，这位皇帝试图成为士大夫心目中的典范。由于汉族的儒家士绅惯于写诗，乾隆也写诗——他每年创作一本厚约 1 英寸（约 2.5 厘米）的诗集，其中的诗作通常十分平庸。但是，就这样彻底否定乾隆的所有努力是不公平的：他是一个非常具有吸引力的统治者，在文化和政治领域都有许多成就。出于篇幅和内容均衡的考量，本书对乾隆的研究十分有限，而他值得更深入、细致的研究。乾隆朝有一个众所周知的问题，其原因在于这位皇帝活到了 88 岁。到了晚年，乾隆的精力逐渐衰弱，腐败现象迅速加剧。一个更根本的问题则是，到了 18 世纪 80 年代，清朝正面临传统方法无法克服的挑战。内部的挑战主要在于人口数量的迅猛增长，而国家机器未能扩张、发展，以满足不断增加的人口的需求。而外部的挑战在于欧洲列强，尤其是英国的实力在不断增强。[31]

1780—1840 年，清朝在一定程度上走上了与奥斯曼帝国相同的道路。权力被下放，中央政府的权威和资源被削弱。传统的军事力量，也就是八旗军队，在朝廷的放纵下战力废弛，但一直是沉重的财政负担。这一切发生时，不断发展的欧洲列强正在旁窥伺，准备利用亚洲帝国的一切弱点。清帝国和奥斯曼帝国均坐视事态的发展，不过相较之下，前者还算事出有因。八旗制度对清帝国的合法性和统治来说十分重要，而苏丹禁卫军在奥斯曼帝国完全没有起到这样的作用。在 1768 年之前的几个世纪里，奥斯曼帝国与欧洲的基督教国家一直在进行直接的军事和政治竞争。他们本应更清楚这些宿敌的军事发展。比较而言，欧洲的威胁对中国来说相对遥远，直到 19 世纪。欧洲唯一与中国有重要政治关系的大国是俄国。一个多世纪以来，清朝和俄国一直维持和平关系，俄国在遥远的东亚地区的实力几乎算不上威胁。最重要的是，18 世纪晚期，作为奥斯曼帝国的宿敌，俄国是一个和它们一样的前现代欧亚帝国。而清帝国在 19 世纪 40 年代中英鸦片战争期间遭受的灾难性失败，很大程度上是因为当时的敌人——大英帝国——能够利用工业革命带来的前所未有的力量。中国和世界上的其他国家一起，正在进入一个新时代。

　　乾隆本人对军务很感兴趣。虽然他从未在战场上亲自领军作战，但这位皇帝试图为帝国和王朝赢得军事荣耀。由于继承了满族的军事遗产，乾隆认为，这是他的职责和义务。他还认为，清朝在汉族心目中的合法性，与其战士的声望和开疆拓土息息相关。他最伟大、最具深远影响的胜利发生在 18 世纪中叶，当时他平定蒙古准噶尔部叛乱，收复新疆。尽管中国对这一庞大地区的控制后来被大规模的汉族移民加强，但它到当时为止仍因少数民族、汉族移民和国家之间的冲突而伤痕累累。在乾隆朝，收复新疆带来的地缘政治影响是至关重要的。两千年来，中国面临的巨大地缘政治挑战，一直是保卫其北部边界免受游牧战士的侵袭。此时，这种威胁消失了。在这种情况下，愉悦、自满和沾沾自喜的心情是可以理解的。根据儒家学说，中国的君主制本质上是保守的。导致改革的最大刺激因素可能通常是来自外部的威胁。这时，所有的外部威胁似乎都消失了。

　　历史往往会提弄那些认为它已经结束的人，开一些令人讨厌的玩笑。不到一个世纪，清朝原本安全的南方海岸线就遭到西方列强的严峻挑战。到 19 世纪 40 年代中英鸦片战争爆发时，中国人面对的欧洲敌人，已经在拿破仑战争期间将他们的前现代军事体系改善得几近完美，又在工业革命中获得了额外的力量。中国帆船面对的是拥有强大火力的英国蒸汽船。面对这种前所未有的革命性威胁，清政府不应该因为没有充分做好与其作战的准备而遭到批判。军事游牧主义的消亡、工业时代战争的出现，以及欧洲列强在全球的主导地位，代表着欧亚地缘政治和全球历史的根本性突破。[32]

第 14 章

罗曼诺夫王朝

王朝统治者，俄罗斯帝国、欧洲乃至欧亚大陆的皇帝

俄罗斯帝国传承自莫斯科大公国，该公国形成于 13 世纪的最后数十年，最初的规模很小。莫斯科大公国的统治者是留里克的后裔，这位半传说式的维京人酋长，曾在 9 世纪末统治基辅的周边地区。有时，人们可能会将这些维京人描述为河流上的游牧战团。在接下来的四个世纪里，留里克王朝逐渐统治了现今俄罗斯欧洲部分、白俄罗斯和乌克兰的大部分地区。由于留里克王朝习惯将领地分给众多子嗣，到 1200 年，这片地区已经遍布错综复杂的公国，大多面积很小。到那时为止，最强大的留里克后裔是弗拉基米尔大公，他统治下的东北部领土（"大俄罗斯"地区）先后成为莫斯科大公国、俄罗斯沙皇国和俄罗斯帝国的核心。莫斯科大公国是弗拉基米尔公国分封而成。13 世纪 40 年代，蒙古人入侵，在此后近 250 年的时间里，留里克王朝的大部分土地都属于成吉思汗及其继任者的帝国。成吉思汗的后裔间接统治着他们的斯拉夫臣民，利用留里克王公搜集贡品，并呈献给在位的可汗。

14 世纪，莫斯科大公国的统治者成了"大俄罗斯"地区最有权势的王公。他们的"大公"地位不仅得到了蒙古可汗的承认，还得到了东正教会的认可，14 世纪上半叶，东正教的宗主教（原本在基辅）永久性地迁到了莫斯科。莫斯科大公国崛起的一个关键因素是，敌对的公国被分割给众多继承人，但在四代人的时间里，生物学机遇将整个莫斯科大公国的遗产统一起来。不过，好运在 1425 年结束了，当时瓦西里一世去世，他成年的弟弟和年仅 10 岁的儿子（瓦西里二世）成了角逐王位的竞争者。20年的残酷内战带来了混乱无序和外部统治者的干预，但是瓦西里二世的

最终胜利确定了由长子继承整个王国的制度，这成了王国内不可挑战的"律法"。

在瓦西里二世获胜之后的一个世纪里，莫斯科大公国在成为帝国的道路上迈出了第一步。1453 年，君士坦丁堡沦陷于奥斯曼帝国之手，这使莫斯科大公国的统治者就此成为唯一独立的东正教君主，他们也因此得以自称拜占庭帝国的遗产继承人。其中包括"沙皇"的头衔（"恺撒"的变体），以及拜占庭帝国的仪式、标志和意识形态。迟至 1520 年，大俄罗斯地区的其他留里克公国，以及辽阔而富有的贸易公国诺夫哥罗德均被兼并。16 世纪 50 年代，"雷帝"伊凡四世（1547—1584 年在位），在欧洲征服了蒙古帝国的主要继承国——信奉伊斯兰教的喀山汗国和阿斯特拉罕汗国。随后，他试图征服立窝尼亚（今拉脱维亚和爱沙尼亚的大部分领土的旧称），并在波罗的海沿岸建立本国势力，然而，俄罗斯沙皇国的资源无法负担这些行动，经济危机和政治危机爆发了。危机之下，伊凡对统治精英展开大规模清洗，被杀的除了统治者家族的旁系，也许还有他的长子兼继承人。对于他极端而又适得其反的残酷行径，有一个似是而非的解释——他利用汞来治疗令人痛苦不堪、极度虚弱的脊椎疾病，这对其大脑的影响越来越严重。1598 年，留里克王朝灭亡，随之而来的是 20 年的混乱、内战和外国势力的干涉，俄国这段"空位时期"在很大程度上要归咎于伊凡。混乱程度在波兰国王试图将儿子拥立为俄国沙皇时达到顶峰。之后，东正教和原始民族主义反叛爆发，波兰人被驱逐，米哈伊尔·罗曼诺夫被选为沙皇，他出身的贵族世家自莫斯科大公国创建以来，一直声名显赫，与统治王朝通婚。对"空位时期"的深刻记忆使人们进一步坚信，只有强大而合法的君主国，才能将俄罗斯人从国内的动荡和异国的统治中拯救出来。这段记忆是罗曼诺夫王朝及其帝国的开国神话之一。[1]

莫斯科大公国的政治制度和传统不可避免地深受其地理环境的影响。历史上，没有其他的定居大帝国的腹地处于纬度这么高、距国际贸易和文化中心这么远的地区。莫斯科位于君士坦丁堡东北方向约 1300 英里（约 2092 千米）处，古往今来，后者就处于连接地中海地区和亚洲的贸易路线的中心。莫斯科与大西洋的距离更远，而后者自 18 世纪开始便是全球经济的中心。从文化角度来说，莫斯科位于东正教和拜占庭文化圈的最边缘，到 1450 年，这个文化圈本身已经沦落为欧洲基督教世界的配角。远离主要的贸易路线和文化中心，意味着相对的贫穷，以及更少的城镇、商人、专业人士和能工巧匠。能够利用国际贸易的国家可以减轻民众的税收负担。直到 1700 年，沙皇的臣民仍以农民为主，他们的"生产剩余"不得不维持这个君主制国家及其军队。在世间大多数的"农业"大帝国，农民生活在人口稠密、土地肥沃的河谷地区。相较之下，俄罗斯帝国的农民稀疏地分布在一个广阔但贫瘠的地区。即便是在 1750 年，帝国的人口仍然少于法国。距离和气候给俄国国家、经济和民众的一切行动造成了沉重负担。将人口固定在土地上，换句话来说就是实行农奴制，是支撑国家、维持其武装力量和武士地主精英的唯一途径。

　　在莫斯科大公国的中心地带，一个强大国家的崛起绝非理所应当。不过，如果这样一个国家真的出现了，那么地理位置或多或少地决定了它扩张势力和领土的方式。莫斯科城得以建立的一个原因是，它与俄罗斯最大的河流伏尔加河有着优良的水路交通，进而与波罗的海和里海相连。任何以莫斯科为根基的国家都会试图控制这些水道及其出海口，以防竞争对手对其贸易进行限制、征税和阻截。而更主要的原因则是扩张的强烈欲望，他们想走出莫斯科大公国中心地带的贫瘠土壤，向草原上更肥沃的土地扩张。不过，俄罗斯中心地带的地理位置确实提供了一些优势。那里河网密布，河水在平坦的土地上缓慢流淌，在大多数情况下，即便是与尼罗河相比，也更便于管理和航行，更不用说与黄河相比了。偏僻而茂密的森林地带则在一定程度上是抵御游牧民族军队的安全保障。在面对早期现代的欧洲步兵和炮兵部队时，这里更加安全，因为敌人会发现，他们很难在俄国的土地上自给自足，想要穿越俄国的广阔领土更是难上加难，到了春秋两季，冻土融化，道路一片泥泞，情况更是如此。

　　最重要的是，公元 1500 年后，它受益于在欧洲国家体系中的边缘位置，成功地在整个亚洲北部进行扩张。通过西伯利亚的毛皮、金银和其他矿产，它获得了巨额财富。在彼得一世（1682—1725 年在位）统治时期，俄国的军事和冶金工业以乌拉尔山脉丰富的铁矿和林木资源为基础，建立于该地。根据帝国的说法，面对扩张，西伯利亚森林原住民的抵抗不堪一击。17 世纪末，俄罗斯人已经抵达太平洋，还与清帝国达成了稳定的协议，这成了导致蒙古军事游牧生活迅速消亡的因素之一。直到 19 世纪末日本崛起，俄国的亚洲领地才面临严重的军事威胁。从本质上来说，俄罗斯人占据了因蒙古帝国崩溃导致的地缘政治真空区。将俄国的情况与奥斯曼帝国的历史进行比较，极具启发性。在伊朗，成吉思汗的后裔统治的伊儿汗国瓦解后，萨法维王朝迅速取而代之，成为奥斯曼帝国东部边境的强大敌人。

控制河流贸易路线、向土地肥沃的大草原扩张，是当时的莫斯科大公国，也是之后的俄罗斯沙皇国和帝国的基本地缘政治要求，这些诉求极难实现，面临严重的抵抗。在向南扩张的路上，迎面而来的是游牧战士群体，其中最重要的是克里米亚汗国的鞑靼人。1500—1650 年，克里米亚汗国频繁劫掠奴隶，成千上万的俄罗斯人和乌克兰人沦为俘虏。欧洲最初一批以奴隶为基础劳力的糖料作物种植园诞生于塞浦路斯，而为他们提供的劳动力正是被俘的俄罗斯人和乌克兰人。迟至 1571 年，莫斯科大公国的大部分地区在克里米亚鞑靼人的一次袭击中被烧毁。从 16 世纪到 18 世纪，俄国的殖民地不断扩展，跨越大草原，想要建立保护这些殖民地的防线，为其配备足够的人员，一个有能力大规模调动资源和人力的国家必不可少。站在克里米亚鞑靼人身后的是他们的领主——奥斯曼苏丹。在军事方面，奥斯曼帝国一直强于俄国，直到 18 世纪。1711 年奥斯曼帝国差点摧毁彼得大帝及其军队，迫使这位沙皇签订屈辱的和约。即便是在 18 世纪后期，俄国也不得不在军事和后勤方面付出相当大的努力，以确保对黑海北岸的控制，从而使俄国南部和乌克兰的经济发展成为可能。

通常，对于一个以莫斯科地区为根基的国家来说，比起跨越大草原，挑战奥斯曼帝国在黑海沿岸地区的主导地位，进入波罗的海才是更为现实的第一要务。从早期开始，俄国的统治者就有南北两条战线。处理外交关系，以便利用某条战线的机会、避免双线作战，这需要外交技巧和经验。18 世纪早期，俄国实现了长期以来的目标，即控制波罗的海的东南岸。欧洲西部和中部的经济迅猛发展，开通到这里的贸易路线为俄国带来了巨大的经济收益，但也将其卷入了与欧洲大国的直接竞争。西方国家在经济和文化上更加发达，直到 1917 年，俄国沙皇最重要的任务仍是在与西方国家的竞争中维护帝国的安全和地位。沙皇的共产主义接替者也是如此。扎根于莫斯科大公国荒凉的腹地，任何能够克服这些地缘政治挑战而发展起来的国家，都不太可能成为自由和仁慈的典范。

再次与奥斯曼帝国进行对比是恰当之举。1500—1918 年，俄罗斯帝国和奥斯曼帝国是拉丁欧洲周边最重要的两个大国，在这个时代，欧洲的实力急剧发展，开始主导世界。俄国的国家和军事机器经常进行残酷剥削，民众为此付出了高昂的代价。正如我们所见，奥斯曼帝国未能维持国家的军事力量，结果，帝国北部边境有数百万穆斯林惨遭杀害和种族清洗，国家被欧洲掌控，伊斯兰中心地带甚至遭到殖民。根据传统的帝国标准，换句话来说就是军事实力和荣耀，18 世纪，俄国的表现比奥斯曼要好得多。在这场地缘政治竞争中，俄罗斯帝国的成功和奥斯曼帝国的失败，主要都取决于领导能力。两个长期的结构性因素对俄国的成功同样非常重要：第一，俄国建立了有效但残酷的制度，它可以通过农奴制和征兵入伍，控制和调动国内人力；第二，俄国精英的迅速西化。从长时段历史的角度来看，我们很容易看出，俄国十月革命流露出的可怕敌意和残暴，在一定程度上是民众对剥削成性、文化上格格不入的统治者的一种迟来的报复。对于早期现代和现代的俄罗斯帝国和奥斯曼帝国来说，面对地缘政治的挑战都绝非易事。[2]

俄国政治制度的核心是强大的君主制与世袭军事、地主精英之间的紧密联盟。13 世纪的莫斯科王公是战团领袖的典范。到 16 世纪末，莫斯科王公已演变成一个遥不可及、上帝任命的皇帝，被十足的世袭君主制仪式包围其中。莫斯科王公的领土征服使沙皇得以建立一支由骑兵组成的皇家军队，以及人数相对较少的射击军。前者被授予土地，作为服兵役的回报；后者则是一支全职受薪步兵。这与奥斯曼帝国的情况存在明显的相似之处。

俄国君主制的意识形态、标志和仪式源于拜占庭的东正教传统。在拜占庭帝国，东正教会对于半神圣的绝对君权的推崇，被继承自罗马帝国的政治文化平衡了。其王朝原则十分薄弱，皇帝和王朝屡屡因军事政变和首都街头的大规模民众骚乱而被推翻。被引入王朝原则强大的俄国后，拜占庭的意识形态帮助其构建了强大的君主制，其统治者有时甚至被描述成堪比基督的救世主。与拉丁欧洲的皇帝不同，沙皇不必面对一系列保护精英阶层生命和财产安全、通常给予贵族立法和税收领域话语权的法律、制度和惯例。彼得大帝的统治告诉世人，一个能力卓越、意志坚定的沙皇能拥有怎样强大的力量。1722 年，他轻而易举地颁布新法，赋予在位君主自王朝成员中选择皇储的权利，取代了原本的长子继承制。相较之下，18世纪的法国国王做梦都想不到可以废除决定王位继承权的萨利克法。没有任何法律或机构可以限制伊凡四世针对俄国贵族的恐怖统治。[3]

　　具有讽刺意味的是，伊凡四世的统治生动地说明了专制权力的范围和局限性。他的行动带来的唯一结果就是王朝覆灭和莫斯科大公国濒临崩溃。鉴于他的统治和"空位时期"，人们能得到一个重要教训，即沙皇和精英必须团结合作，政治制度才能发挥作用。新的罗曼诺夫政权尽其所能地恢复了两者的传统联盟。大量据称被伊凡摧毁的家族重新进入政治和社会精英阶层。罗曼诺夫王朝第五位沙皇——彼得大帝，在许多方面都是一个堪称革命性的独特人物，令人震惊，极具个人魅力。他改变了俄国的国际地位、中央政府机构，以及俄国贵族的心态和文化。但是彼得不想摧毁传统精英，如果他试图这样做，就会毁掉实现目标的一切机会。他改革并强化了君主制与俄国传统精英之间的联盟，使其能够满足早期现代不断变化的军事、政治和文化要求，这正是他获得成功的原因。

　　彼得继位时，传统的骑兵团已没有用武之地，因而拥有土地的军事精英面临被裁撤的危机。彼得的制度和文化改革，将这些精英转变成欧洲化军队和国家的军官。从此以后，在皇帝的陆军或舰队中担任军官，成了俄国贵族的荣誉勋章和他们追求的文化规范。沙皇打破了常规的"职业"和思维模式，让他发现并招募了传统精英阶层之外的一些人才，其中既有外国人，也有来自非精英阶层的俄罗斯人。然而，1730 年，最高级的军官和文职官员仍然主要来自传统的地主家庭。即使是在最后一位沙皇，也就是尼古拉二世在位期间，俄罗斯帝国仍有超过三分之一的部长、高级官员、外交官、法官、高级陆军和海军将领，出身前彼得时期的俄国精英家族。俄罗斯帝国的最后一位"首相"（即俄罗斯帝国大臣会议主席）是N.D. 戈利岑，他所属的家族自 15 世纪早期便开始在俄国的宫廷和政治中扮演重要角色。[4]

俄国拥有土地的世袭军事精英痴迷于系谱，非常注重集体的精英身份认同，他们更类似于欧洲贵族，而不是儒家官僚或 16 世纪奥斯曼帝国鼎盛时期构成其核心的奴隶士兵。他们与中国清朝的满族贵族和莫卧儿贵族有一些相似之处，但他们更古老，社会根基更深，对土地的占有更稳固。14 世纪，莫斯科大公国的贵族指的是一部分波雅尔家族，完全拥有自己的土地，不必履行任何兵役义务。到 17 世纪，必要时，所有的土地所有者都必须在沙皇的军队中服役，但原本作为兵役报酬、能暂时拥有的地产，此时已经成为世袭的家族财产。直到 18 世纪下半叶，俄国的土地才遵循欧洲路线，成为彻底的私产，不再附带任何法律义务。这是俄国精英欧洲化进程的一小部分，这一进程在沙皇阿列克谢（1645—1676 年在位）的领导下悄然开始，在他的儿子彼得大帝的巨大热情下得到进一步推进。然而，与法兰西贵族相比，即便是在 1789 年，俄国精英也更愿意为国家效力，却拥有更少的法律和政治权利，与英国的贵族和绅士相比就更是如此。[5]

这种比较有助于将俄国及其精英置于全球史的背景之下，但是这样做也有风险。拉丁欧洲的贵族规范形成于不同的环境之下，判断俄国贵族不符合该规范毫无意义。18 世纪前，俄国精英不用欧洲模式来衡量自身。他们根据自己的传统、需求和权衡行事。最基本的一点是，如果庄园地处荒芜的莫斯科公国腹地，该贵族仰赖庄园为生，他注定生活贫困、地位卑微。相反，与君主结盟并为其效命的贵族，因俄国的发展而受益匪浅，毕竟，后者从一个贫穷的小公国发展成了一个覆盖世界六分之一土地的大帝国。结果，俄国精英不仅获得了财富，还在世界历史上获得了荣耀的地位。他们的文学、音乐和艺术文化，结合了俄国、欧洲和帝国的元素，为现代全球文明添光加彩。这些成就绝非微不足道。另一方面，西方传统和俄国传统的融合是矛盾的根源，这些矛盾的影响史无前例，有时则是毁灭性的。

　　俄罗斯帝国是在"漫长的 18 世纪"达到鼎盛的，具体地说来，是在 1689—1815 年。在这段时期，大帝彼得一世和叶卡捷琳娜二世（1762—1796 年在位），主导着公众对 18 世纪俄国的认知，两位君主均超群不凡、耀眼夺目。在研究这两位非凡的君主之前，有必要先解释一下他们治下的社会和政治制度。这可以清楚地说明他们面临的机遇、限制和危险，如此我们才能更加明了，当时他们能做什么，不能做什么。[6]

　　它的政治制度的核心是专制君主，他不受法律和制度的约束，是一切合法权利的来源。对 18 世纪的精英阶层来说，挑战罗曼诺夫王朝的统治权是不可想象的。此外，彼得一世废除了旧有的长子继承制，削弱了个别统治者的合法性。尽管君主大多会指定继承人，但继承危机还是在 1727 年、1730 年和 1825 年爆发了。1741 年和 1762 年的政变中，继位不久的新君被推翻。1801 年，在位仅四年多的保罗一世被暗杀。这些政变的力量是近卫军团提供的，军团里出身高贵的军官经常与宫廷和政府的重要人物联系密切。明智的统治者知道如何使用"专制"权力，也了解它的局限性。他们小心翼翼，以防过度践踏贵族，尤其是重要廷臣和近卫军官的利益和尊严。彼得三世及其儿子保罗一世分别在 1762 年和 1801 年被推翻，原因之一是，当权的精英认为这两位皇帝的外交政策违背了俄国的利益。[7]

　　俄国的精英通常被分为两类，一类是主导宫廷、有权有势的家族；另一类则是人数更多、相对来说贫穷一些的地主家族，他们人生的核心就是维持地方庄园的生计，以及在沙皇的军队中服役。将前者称为"贵族"，将后者称为"绅士"是十分合理的。君主制的主要盟友是贵族，其不断增长的财富和领土的主要受益者也是贵族，但是有能力的君主永远不会成为任何贵族派系的傀儡。在某种程度上来说，他们不仅要平衡不同的个人和派系，还要平衡贵族和绅士之间的竞争。1730 年，俄国皇位因彼得二世的突然去世而空悬，主要的贵族廷臣选择拥立库尔兰女公爵安娜，即彼得大帝的异母哥伊凡五世的女儿。他们试图对君主制施加宪法制约，这种措施一旦实行，将大大增加主要贵族家族的权力。这一尝试在一定程度上被安娜粉碎了，她越过有限的贵族精英，向聚集在莫斯科恭贺新君的更广泛的绅士群体寻求帮助。很少有绅士阶层的成员愿意看到宫廷任免权，以及军事、行政系统的晋升权被一些贵族巨头及其党羽握在手中。除了自身的利益，还存在其他考量。专制政体的支持者指出，贵族寡头统治会损害邻国波兰和瑞典的国际实力和地位。

在彼得一世当政之前的 200 年里，莫斯科大公和俄国沙皇迎娶的女人通常出身可敬的绅士家族。难以选择欧洲公主的原因之一在于，很难说服她们改宗东正教。而与俄国贵族联姻，既会引发宫廷精英的强烈嫉妒，又会过度提升贵族世家的地位，极易造成威胁。因此，一个经过精挑细选、出身绅士家族的新娘是更安全的选择。婚后，新娘的近亲将被纳入宫廷精英阶层。事实证明，他们通常是沙皇的重要盟友，特殊的血缘纽带和依存关系将他们联系在一起。这个传统被彼得一世终结。从那时起，罗曼诺夫家族几乎只与欧洲皇室通婚。然而，这个新习俗需要一些时间才能生根。1727 年，彼得大帝的孙子、11 岁的彼得二世登上皇位。彼得一世的重要大臣之一亚历山大·缅什科夫，在政府中地位显赫，他立即试图将自己的女儿嫁给年轻的沙皇。这种争权夺势的行为激怒了其他重要的政治人物，缅什科夫被夺职流放。彼得二世则与叶卡捷琳娜·多尔戈鲁基订婚，她的家族是缅什科夫的死敌，并在缅什科夫倒台后掌控了政府。与出身卑微、因彼得一世的青睐而受到提拔的缅什科夫完全不同，多尔戈鲁基家族是古老的王公家族，是留里克的后裔。如果彼得二世寿命更长、留下了继承人，多尔戈鲁基家族或许至少可以在一代人的时间里掌控宫廷。可以想象，如果罗曼诺夫家族绝嗣了——这在 18 世纪险些发生——多尔戈鲁基家族甚至有可能继承他们的皇位。然而，彼得二世在年仅 14 岁时死于天花，这破坏了多尔戈鲁基家族的野心。[8]

在接下来的 66 年里，俄罗斯帝国一直由女沙皇统治，只有两年例外。安娜女皇（1730—1740 年在位）是一位寡妇。彼得大帝的女儿伊丽莎白（1741—1762 年在位）和大帝叶卡捷琳娜二世，前者未正式结婚，后者在彼得三世死后未再结婚，但事实上，两人可能分别与各自的宠臣——阿列克谢·拉祖莫夫斯基、格里戈里·波将金——缔结了秘密的婚姻关系。对于一位女皇来说，正式嫁给任何一位男人，都会赋予他极大的权力和极高的地位，进而大大削弱自己的地位，激怒对立的朝臣。宠臣及其家人扮演的角色，通常与前彼得大帝时期皇后的亲戚扮演的相似。这些宠臣大多出身体面的绅士家族，而非宫廷贵族世家。伊丽莎白最钟爱的两个宠臣分别是拉祖莫夫斯基和伊万·舒瓦洛夫，两人所属的家族在政治和政府管理中扮演重要角色。获得叶卡捷琳娜二世长久宠爱的格里戈里·奥尔洛夫和波将金，也是如此。1762 年，叶卡捷琳娜推翻了丈夫彼得三世，成功登上皇位，在这场阴谋中，奥尔洛夫家族扮演了核心角色。在接下来的十年里，她的皇位仍不稳固，其间，奥尔洛夫家族的人脉确保了近卫军团的忠诚。格里戈里·奥尔洛夫的兄弟能力卓著，其中最优秀的是他的弟弟阿列克谢，后者代表叶卡捷琳娜处置了被囚禁的彼得三世，在女皇的政府中担任多个要职，其中最引人瞩目的是俄国舰队的指挥官。1769 年，他率领舰队从波罗的海航行至地中海东部，摧毁奥斯曼海军，一举震惊欧洲。不过，叶卡捷琳娜最喜爱的宠臣是波将金，在女皇统治的后半段，他对女皇忠心耿耿、大权在握，是俄罗斯帝国南部诸省的总督，辖区包括刚从奥斯曼帝国手中征服的全部领土。[9]

　　一直以来，成为君主的情妇，可以为该女子及其家族开辟权力和财富之路。在 18 世纪的俄国，这一规则仍然适用，不过，此时争取帝王青睐的不是青春靓丽的女性，而是英俊年轻的近卫军军官。宠臣的工作并不总是舒服的。到了 18 世纪 80 年代，宠臣们面对的是年龄相当于他们祖母的女人，他们不仅要满足她的肉体和情感需求，还要在异常的三角关系中承受"叔叔"波将金时不时的窥探。但即便只是短暂受宠，也会获得丰厚的回报。对于大多数绅士家族来说，只有建立卓越的功勋，尤其是军功，才能晋升到贵族阶层。18 世纪，俄国军队参与了足够多的战争，加上唯才是用的制度，一些绅士子弟可以赢得名誉、高级军衔，有时也可以获得财富。俄国历史上最著名的将领、陆军元帅亚历山大·苏沃洛夫就是通过这一途径晋升的。大多数绅士阶层的军官最多晋升到少校军衔，在服役多年后退休，或是管理庄园，或是担任地方的中级官员。绅士家族的子孙大多生活相对贫困，对他们来说，军事生涯带来了必需的额外收入和地位。

　　与此同时，绅士官员和地主还为国家的效能高速运转做出了至关重要的贡献。1763 年，俄国政府雇用了 1.65 万名官员，仅比普鲁士王国多 1000 人，而仅仅是俄国欧洲部分的面积就是普鲁士的 100 倍。如果没有土地贵族——在一位皇帝口中，他们是国家在乡村的天然税务官和征兵代理人——沙皇政权根本不可能发挥功效。此外，在土地权贵的控制下，军队是一支可靠且不可替代的力量，可以镇压农奴起义，维持高度剥削的统治制度，而后者正是国家和绅士赖以生存的根基。军队及其军官是俄国政权合法性和统治体系的核心。军官的制服象征着贵族的地位和荣誉。18 世纪，军队屡获胜利，这使国家与绅士阶层的联盟沐浴在成功带来的威望和战利品之中。和早期现代的欧洲对手一样，俄国解决了曾覆灭许多王朝和帝国的难题。它的军队面对外敌战无不胜，而军队的贵族军官则对其武士国王和王朝忠贞不贰。在 18 世纪的俄国，政变被严格限制在宫廷和近卫军的范围内。没有一位俄国将军梦想进军圣彼得堡、支持罗曼诺夫家族的某位候选人，更不用说为自己夺取皇位了。

17、18 世纪，罗曼诺夫王朝不断开疆拓土，其地主精英完美地适应了帝国的秩序。他们管理地方政府，他们的许多子孙加入了帝国军队和官僚机构，在此过程中，他们成了君主制和帝国的忠诚仆人。他们，尤其是那些来自俄国波罗的海省份和异国、受过良好教育的新教贵族，有时会带来俄国亟须的技能。此外，在这些"外国人"中，有一部分生活在俄国贵族及其庇护、盟友网络之外，这也可能是令君主满意的另一个因素。他们是"他的人"，这是所有皇帝都喜欢的情况。[10]

对俄国来说，东正教会虽然没有地主重要，但仍然十分关键。最重要的是，作为俄国的国教，它的祈祷、布道和仪式赋予君主制以合法性。虽然叶卡捷琳娜二世信奉的完全是启蒙运动的不可知论，但她还是将大量的时间和精力用于参加礼拜仪式，在公开场合展示她对东正教的忠诚和慷慨。她的丈夫彼得三世有时会公开嘲弄教会，这促成了他最终的倒台，叶卡捷琳娜从他身上吸取了教训。无论是在拜占庭还是其他地方，东正教从皇室当权者手中获得的自主权，从来比不上天主教在拉丁欧洲的大部分地区获得的。彼得一世废除牧首制，设立以皇家督察官为首的新教风格的大主教委员会来管理教会，借此降低教会的独立性。教会庞大地产的命运告诉人们，俄罗斯帝国的权力到底属于谁。在宗教改革时期的新教欧洲，大部分教会土地被没收，通常最终落入贵族之手。在天主教欧洲，教会通常得以保留其土地。唯独在俄国，皇室（叶卡捷琳娜二世统治时期）在没收教会土地之后，亲自占据土地以及住在土地上的农民。其结果之一是，到19世纪初，大约有一半的俄国农民不是私人农奴，相反，他们的全部赎金和劳役都属于国家或罗曼诺夫家族。在整个18世纪，这些所谓的"国有农民"缴纳的税款和赎金成了国库最大的单一收入来源。[11]

彼得大帝创建了18世纪的俄国政府体系，其基础则继承自莫斯科大公国强大而扎实的制度。彼得的父亲沙皇阿列克谢去世时，与第一任妻子玛丽亚·米洛斯拉夫斯卡娅留下了两个儿子和许多女儿。彼得则是阿列克谢与第二任妻子纳塔利娅·纳雷什金娜唯一幸存的儿子。在17世纪的最后30年里，俄国政治在很大程度上可以归结为米洛斯拉夫斯基和纳雷什金这两大派系之间为控制权力和任免权而进行的斗争。而胜利的关键就是把"己方"皇子推上皇位。最终，纳雷什金家族获胜，这在很大程度上是因为医学和生物学上的巧合。1682年，阿列克谢的长子、年仅20岁的沙皇费奥多尔三世去世，没有留下子嗣。阿列克谢与玛丽亚的小儿子伊凡五世则患有严重的身心残疾。

主要由于这个原因，纳雷什金派、东正教宗主教，以及主要的"独立"贵族在1682年均拥立彼得为沙皇，尽管他只是一个10岁的孩子。对此，米洛斯拉夫斯基派利用莫斯科的射击军发动反叛，以强制推行另一种安排。结果，彼得和伊凡实行共治。不过，真正的权力属于伊凡的姐姐索菲娅，她是玛丽亚·米洛斯拉夫斯卡娅与阿列克谢的众多女儿中最令人生畏的一个。射击军在莫斯科的地位与苏丹禁卫军在伊斯坦布尔的类似。截至此时，他们作为士兵的作用已几近于无，但仍是国内政治中的一股强大势力，与宗教保守派和仇外派关系密切，致力于保护自身派系的利益。在1682年的反叛中，他们恐吓彼得及其母亲，杀死了纳雷什金家族和派系的一些杰出成员。对此，彼得一直耿耿于怀。1698年，射击军再次发动反叛，彼得残酷地惩罚了叛军，取缔了射击军军团。

尽管倾向于米洛斯拉夫斯基派，1682年的解决方案仍是一个折中方案。俄国的宫廷政治不是一场零和游戏。统治精英对伊凡四世的恐怖统治和"空位时期"记忆深刻，因而试图达成共识，避免杀戮。1682 年，射击军造成的混乱和犯下的谋杀罪行，对所有贵族来说都是潜在的威胁。在索菲娅摄政时期（1682—1689 年），彼得及其母亲自由地生活在莫斯科郊外普列奥布拉任斯科耶的庄园里，身边围绕着盟友和门客。索菲娅似乎根本没有想过要杀死彼得，如果她试图这样做，莫斯科的精英一定会无比惊骇。

索菲娅的时间非常紧迫。鉴于莫斯科大公国的惯例，一旦彼得长大成人并完婚，一个女摄政王很难拒绝他亲政的权利。米洛斯拉夫斯基家族的前途，取决于衰弱的沙皇伊凡是否能够生下儿子。如果他成功了，他们也许就有可能摧毁纳雷什金派，将彼得体面地放逐到修道院，监禁起来。鉴于俄国在与奥斯曼帝国的战争中取得了军事胜利，索菲娅的机会大大增加。普拉斯科维娅·萨尔特科娃的家族与米洛斯拉夫斯基家族关系密切，1684 年，她被迫嫁给伊凡五世。据说，可怜的普拉斯科维娅是俄国最美丽的女人，她很可能并不喜欢这种命运。后来，有流言称伊凡阳痿，普拉斯科维娅五个孩子的父亲是一个为米洛斯拉夫斯基家族效力的意大利医生。不过，在这件事中，谣言远不如一个事实——她的五个孩子都是女孩——来得重要。与此同时，俄国在 1687 年和 1689 年发起了两场针对奥斯曼帝国藩属国克里米亚的战役，均以惨败告终。1689 年，彼得年满17 岁并顺利成婚，斗争就此开始。当摄政王与彼得展开最终对峙时，莫斯科的精英选择支持沙皇。结果，在修道院度过余生的是索菲娅，不是彼得。彻底铲除了索菲娅这个阻碍之后，彼得和纳雷什金派很乐意维持假象，继续与伊凡五世共治。从彼得个人的角度来看，伊凡的存在十分有用，他可以负责参加冗长的东正教和新拜占庭风格的仪式，彼得本人十分厌恶这些笼罩在俄国君主制之上的仪式。[12]

不同寻常的童年和青少年时期，对彼得的统治产生了深远影响。沙皇阿列克谢在彼得 4 岁时就去世了，所以年轻的皇子从未得到父亲的教导，也从未受到父亲的限制。自 10 岁开始，彼得成为共治沙皇，但他住在普列奥布拉任斯科耶的郊区庄园，远离克里姆林宫。他似乎享受了一段格外自由、不必接受正规教导的青春时光。彼得一直对军事事务充满浓厚的兴趣,他灌注大量精力,组建了两个"游戏"兵团,以邻近的两个村庄之名——普列奥布拉任斯科耶和谢苗诺夫斯科耶——为其命名。"游戏"兵团的成员较为奇特,既有纳雷什金派的贵族子弟,也有庄园内的年少马夫和其他年轻仆役。这些男孩最初是彼得的玩伴,后来,其中许多人(包括亚历山大·缅什科夫)成为其核心集团的成员,是彼得推动俄国改革的忠诚代理人。随着时间的推移,外国雇佣军的一些军官加入了这两个团体,使它们成为帝国近卫军的精锐,一直存续到1917年。这两支部队是彼得在36年(1689年亲政)的统治期里组建起来的新式军队的核心力量和模范。

彼得正是在青少年时期,与许多生活在莫斯科的外国人建立了密切的联系。早在阿列克谢统治时期,大部分陆军便是由"新式"兵团组成的,士兵在俄国征集而来,军官则雇自欧洲,以便向士兵传授欧洲的战术、训练方式和武器用法。许多欧洲商人也住在首都的外国人聚居区,那里离普列奥布拉任斯科耶不远。由于与莫斯科的外国人群体交往甚密,彼得意识到,西欧在技术、组织和思想方面远比俄国先进。与这些外国人的接触,不仅对彼得的思想产生了重要的影响,还产生了直接的政治影响。彼得在莫斯科结识了众多的外国雇佣军军官,其中资历最深的是苏格兰将军帕特里克·戈登,他成了备受沙皇信赖的密友。1698年,莫斯科射击军反叛时,彼得正在西欧进行为期18个月的考察,以亲身学习国际关系、现代技术和欧洲文化。此次反叛被帕特里克·戈登指挥下的新式兵团镇压了。俄国的"苏丹禁卫军"无法阻止彼得迅速而激进地借鉴西欧的计划。

对彼得来说,军务是"世界上最要紧的活动"。鉴于他对君主角色的定义,其改革的首要关注点自然是军队,但他很快就意识到,如果政府机构和精英的观念不同步发生改变,军事改革不可能实现。在彼得统治的大部分时间里,战情紧迫,他不得不采取权宜之计应对危机,放弃了协调一致的改革计划。与瑞典的大北方战争开始于1700年,一直持续到1721年。是彼得单独做出决定,下令俄国开战。当时的局势似乎有利于俄国。丹麦和波兰都是俄国的盟友。瑞典则孤立无援,新国王卡尔十二世更是只有 17 岁。然而，事实证明，卡尔和瑞典是强劲的对手。瑞典军队是欧洲最优秀的军队之一，支持它的则是有效的行政和财政体系。1700 年，彼得的军队在纳尔瓦战役中被击溃，俄国开战失利。到 1706 年，卡尔已经通过一系列的辉煌战役，迫使丹麦和波兰退出战争，准备入侵俄国。

一波未平，一波又起。在战争的巨大压力下，俄国政府崩溃了。彼得及其大臣马不停蹄地处理紧急状况，打破瓶颈，为了强迫反对者服从，他们付出了巨大的个人努力，还经常诉诸强制手段。直到彼得统治末年，战争逐渐结束，持续的制度改革才成为可能。从 1718 年到 1725 年彼得去世，一系列的改革改变了中央行政机构、东正教会的管理方式、财政和军事征募制度，以及皇位继承规则，在这里只列出最重要的立法部分。1722 年的一项法律首次阐明身为俄国的贵族到底意味着什么，以及人们如何通过报效国家来获得贵族头衔。圣彼得堡这座新都出现在波罗的海岸边的沼泽之中，成了欧洲价值观和礼仪的象征和典范，而这正是彼得试图灌输给俄国精英的。他的改革为整个 18 世纪的俄国政府和精英文化打下了基础，在诸多方面，其影响一直延续至 1917 年。[13] 宏伟的圣彼得堡城兼具俄国和欧洲特色，它可能是现存的展示皇帝的远见卓识，以及这份视野对其国家乃至整个世界的影响的最重要的一座纪念碑。

彼得的一位传记作家描述道，他"天生迥异"。他身高 6 英尺 7 英寸（约 2 米），比同时代的大多数人都高。官方肖像显示，他英俊而庄严。他的眼中"充满激情和活力"。但是他手脚很小、肩膀偏窄，与身高不成比例。更糟糕的是，他的面部经常出现剧烈的抽搐和痉挛。当彼得勃然大怒时，它们最为明显、令人恐惧。到目前为止，在本书论及的所有君主之中，只有唐太宗能对他见到的人产生如此势不可挡的狂暴冲击。对俄罗斯人来说，这种冲击更大，因为彼得不蓄胡须，穿欧式服装，此举彻底打破了皇室惯例。彼得拥有巨大而狂暴的能量、毅力和意志力，他几乎将此全部灌注于击败瑞典人，以及改革俄国政府、军队和精英文化的任务上。与大多数君主不同，他甚至没有在狩猎中寻获宽慰。[14]

彼得完全坐不住。就像莫卧儿帝国的皇帝阿克巴一样，如果他看到正在工作的木匠或石匠，他会渴望加入进去。与阿克巴不同的是，彼得通常不太进行沉思，也不追寻个人的宗教真理或审美理想。在某种程度上，这只是个人性格的问题，但它也反映了更广泛的现实。与阿克巴和康熙分别继承的波斯高雅文化和汉族高雅文化完全不同，前彼得大帝时期的俄国没有值得注意的世俗高雅文化。它的美学和对意义的追寻，都存在于俄国东正教的圣像、音乐和沉思的世界中。尽管不关注基督教哲学，但彼得一直是基督及其教义的坚定信徒，然而，他摒弃了许多东正教仪式和习俗，将之斥为闹剧和迷信，更将它们视作前进的障碍。不过，直到他去世后很久，他发起的改革才为俄国创造出璀璨的世俗高雅文化，但其中仍然经常充满宗教方面的价值观和主题。

1690 年，彼得创建"全疯全乐全醉会议"，该会议在彼得此后的统治期内定期聚会，这是他对东正教礼仪进行的最恶名昭著的攻击。在某种程度上，这是一个私人饮酒俱乐部，彼得可以在可靠的朋友和同伴面前彻底放松，尽情享受美酒。像彼得这样勤政、试图对保守的社会实施激进改革的统治者，需要放松和陪伴，他比大多数君主更容易感到孤独。不过，该会议也是一条纽带，它通过成员对彼得的个人忠诚，将他们牢牢地维系在一起，其中许多人成了他的重臣。在军官食堂和学生的兄弟会中，酗酒和奇怪的仪式扮演着类似的角色。在某种程度上，该会议扮演的角色，与查理五世的金羊毛骑士团和阿克巴的帝国苏菲派教团别无二致。考虑到彼得对其大臣的高需求和他们面临的障碍，沙皇格外需要确保其核心助理群体的忠诚、团结和奉献。他们举行的狂欢节式的仪式，对教会仪式和老波雅尔精英古板作风的嘲讽，展现了他们对沙皇的忠诚和对西化事业的集体肯定。[15]

这种聚会中的行为绝非私密的。而且，这只是彼得冲击莫斯科大公国的传统臣民感受的众多方式之一。他如此激怒众多精英，又要求俄国社会做出巨大的牺牲，我们有必要发出疑问，他为什么没有被推翻，以及他究竟是怎样成功实现其大部分目标的。高压政治是一个必要因素，但远不够充分。一位合法性毋庸置疑的沙皇具有的巨大潜在权力这一因素也是如此。但彼得不是伊凡四世，不会用一种越来越随意、越来越适得其反的方式恐吓自己的臣民。他尽可能地与传统精英合作。他的至高目标——击败瑞典，并在波罗的海地区建立俄方势力——也是俄国的古老野心，只是常常受挫。

彼得以杰出的智慧和技巧去实现这个目标。事实证明，他是一位优秀的外交官和战略家。他选择能力卓著的将军，1706 年，当他面临统治期间最大的危机——卡尔十二世的入侵——时，他与主要军事顾问一起设计了一项防御策略，先是阻挠了瑞典军队，后来更是将其摧毁。成功几乎可以为一切统治者和策略提供合法性。1709 年，彼得在决定性的波尔塔瓦战役中亲自指挥作战，展现了一位英勇的军事首领的技巧、勇气和沉着，无愧于武士国王的称号。士兵热爱这位与他们生死与共的君主，他擅长与"普通"男性缔结情谊，这方面的能力之强在世袭君主中堪称罕见。当代研究彼得的主要西方学者评论说，波尔塔瓦一战大获全胜，瑞典军队随后几乎全部投降，这"不仅决定了战争的结局，还决定了彼得统治的结局，因为这极大地加强了他的底牌。对于早期现代的大多数君主来说，没有什么比惊人的军事胜利更能为其赢得权力和威望了"。和往常一样，运气在这场大胜中起到的作用不可小觑。在波尔塔瓦战役中，如果穿过彼得帽子的子弹再低 2 英寸（约 5 厘米），那么他在历史以及俄罗斯人记忆中的地位将截然不同。[16]

在彼得去世后近 40 年里，俄国的一系列统治者几乎都资质平庸，然而，他的遗产得以幸存，这或许是对他的最高敬意。回顾往事，我们至少可以发现，大多数的俄国精英都为他的成就而自豪，并吸收了他宣扬的欧洲文化。18 世纪，大部分的俄国君主宣扬自己对彼得大帝及其遗产的支持。在这个世纪里，俄国的人口、财富和实力显著增长，这在很大程度上受益于国家凭借军事实力获得的国际贸易路线和肥沃农业区。"俄罗斯帝国的人均国民收入在 1720 年前后到 1762 年增长了 70%，到 1802 年又增长了 70%，这是彼得一世时期无法想象的人均收入水平。"自然，繁荣使统治者的生活平顺许多。盟友可以通过收买获得，潜在敌人的敌意也得以平息。为了回报在 1762 年 6 月参与政变、将自己推上皇位的诸多主要共谋者，叶卡捷琳娜二世付出了高达 150 万卢布的酬金，这几乎占俄罗斯帝国年收入的 10%。[17]

　　叶卡捷琳娜的人生就像一个童话故事。她出生于德意志，家族与王室有血缘关系，但无权无势，也并不富有。15 岁时，这位少女被带到俄国，嫁给了皇位继承人。她逐渐学会享受奢侈的生活，在光鲜亮丽但危机四伏的宫廷中识破阴谋、生存下来。事实证明，彼得三世性格粗鲁，只对士兵感兴趣，这一点令她失望，不过，在俄国生活的前 20 年里，她找了 3 个有趣的情人来安慰自己：朋友们将她装扮成男人，偷偷送往她与情人幽会的爱巢。三个情人中，有一位英俊、聪明、文雅的年轻波兰贵族——斯坦尼斯拉斯·波尼亚托夫斯基，他后来被叶卡捷琳娜推上了波兰王位。1762 年 4 月，33 岁的叶卡捷琳娜诞下一子，孩子的生父（可能）是格里戈里·奥尔洛夫；6 月，她发动政变推翻了丈夫；9 月，在莫斯科举行了华丽的加冕礼。此后，在 34 年的统治生涯中，她成功扮演了皇帝的经典角色——立法者和制度开创者，并因此而闻名。她热衷于创作戏剧、歌剧剧本和讽刺散文，近乎痴迷。伏尔泰、狄德罗等欧洲启蒙运动中最伟大的思想家，与她书信往来，赞美她的天赋。她的军队百战百胜，为她的帝国征服了极有价值的领地。

　　1787 年，叶卡捷琳娜外出巡视南部新征服的领土，她的荣耀就此达到巅峰。在旅程的前半段，她随一队装修华丽的驳船一起，沿着第聂伯河自基辅顺流而下。船队中，最豪华的当数女皇乘坐的船，其上有一间挂着中国丝绸的豪华卧室套房、一个图书室、一间可容纳 70 名客人和一个管弦乐队的餐厅。利涅亲王是欧洲最出名、最见多识广的贵族之一，他写道，自克里奥帕特拉时代以来，没有其他任何存在可以与此媲美。护送叶卡捷琳娜巡视南部的是该地区总督格里戈里·波将金，后者也是她众多情人中最出众的一位。叶卡捷琳娜对男人的品位往往在两个极端之间摇摆，有时喜欢充满阳刚之气的军事英雄，有时又喜欢敏感、文艺（但同样英俊）的唯美主义者。波将金则以独特的天赋，将这两点完美地融于一身。利涅亲王在漫长的一生中遇到过欧洲诸多名人和杰出人士，但他称波将金是"我见过的最非凡的人"。叶卡捷琳娜称他是"我的小男孩，我的知己，几乎是我的偶像"，这一表述充分反映了她的本性，也展现了这种本性在她爱情生活中的体现方式。在克里米亚，波将金带领叶卡捷琳娜参观古希腊文化遗址、亚热带花园和汗王们充满异国情调的宫殿。这里既有奥维德诗歌中的古罗马特色，又有阿拔斯王朝时期巴格达的故事集《一千零一夜》中的风情。实际上，这完美地隐喻了叶卡捷琳娜的整个人生和统治生涯。[18]

史料呈现出的叶卡捷琳娜的一生如同童话故事，现实也大抵如此。但这种印象的产生，也是因为叶卡捷琳娜在回忆录和信件中用这种方式讲述自己的人生。女皇深受启蒙运动的影响。她知道如何打造一部自传，并在创作时敏锐地着眼于读者。她十分看重自己留于后世的名声和荣耀。她是一位造诣极高的女演员，有时人们会觉得她是在演绎自己的人生大戏，而且非常享受自己的角色。对于一个君主来说，这些都是无价的品质。戏剧表演是伟大的君主政体所固有的。君主要做到一人千面：去吸引、请求、说服、恐吓和激励他人。如果他或她喜欢这份工作，那么将受益匪浅。热爱有助于增强毅力，而毅力对于一个注定要终生从事某项工作的人来说，极其重要。不过，一位杰出的君主既需要成为一个演员，又必须能够脱离这个角色。沉迷于皇家剧院的幻象可能是致命的。

叶卡捷琳娜极为擅长避免这样的陷阱。她是一个非常聪明、坚强、自律、自知的现实主义者。由于受到德意志新教的教育，她形成了一种强烈的职业道德观。作为女皇，她勤于政务，每天早早起床，花几个小时阅读政府文件。对于一位君主来说，管理臣民要比理解政策和管理的复杂性更加重要。年轻的叶卡捷琳娜不具备倾世的美貌，她早早学会了如何投合、倾听和取悦他人。作为皇太子妃的生活教会她判断他人性格，并隐藏自己的观点。过往的经历、敏锐的感觉、如饥似渴地通读史书，均有助于她理解人心和政治。女皇以知人善任而知名，在这一方面，她名副其实。鉴于她并非生来就是皇位继承人选，这一点更是至关重要。她清楚，她篡夺的不仅是丈夫的皇位，在某种意义上，甚至还有儿子保罗的皇位。这使她充满警觉和戒心，而这两个特质对于任何统治者来说都是有用的。[19]

1767 年，叶卡捷琳娜在莫斯科召开了一场独特的集会，她用一句话向帝国各个社会阶层和民族的代表概括了自己的规划："俄国是欧洲强国。"至于皇权政治，叶卡捷琳娜面临一个不可逾越的禁忌。在这个帝国和我所知的其他任何帝国，女人都不能领兵作战。事实上，没有受此诱惑于她而言十分幸运，因为在战场指挥是一件困难而冒险的事，它将许多男性君主引向毁灭。1768—1774 年与奥斯曼帝国的战争，是叶卡捷琳娜统治时期的关键战事，其中，她扮演了一位干练的最高指挥官。她设立了最高战争委员会，并亲自担任主席。其成员提供了俄国范围内最出色的建议和专业知识，但最终做决定的是叶卡捷琳娜。与七年战争时的情形不同，俄国的战略没有再被相互矛盾的观点和野心搅乱。女皇很幸运，因为她拥有俄国历史上最卓越的一些将军，但是她必须透过敌对派系的驳杂争执发现他们的才能，此外，她不仅给了他们资源，还有自由，这些都有助于他们取得胜利。

特别是在战争的后半段，叶卡捷琳娜承受了巨大的压力。俄国的胜利引起了普鲁士和奥地利的警惕，两国威胁要进行干预。还有一场毁灭性的瘟疫降临莫斯科。哥萨克人，也就是乌拉尔和伏尔加边境地区的农奴和原住民，在叶梅利扬·普加乔夫的领导下爆发了一场大规模起义。极大的压力降至叶卡捷琳娜的身上，试图迫使她与奥斯曼妥协、达成和解，以集中精力处理其他威胁，但是她的立场十分坚定。事实证明，她对己方风险和优缺点的估计是准确的。她的宠臣格里戈里·奥尔洛夫在莫斯科担任指挥、控制疫情时，表现出了引人瞩目的勇气和能力。即使大部分军队还处于战争状态，但事实证明，俄国的国家和社会秩序足够强大，不会因哥萨克农民起义而崩溃。巧妙而无情的外交手段促使奥地利和普鲁士倒戈，转而与俄国一起瓜分波兰。叶卡捷琳娜对诸位将军的信任是有道理的：他们在 1774 年的胜利最终迫使奥斯曼接受了她的和约条件，为俄国赢得了巨大的利益。[20]

在国内政策方面，叶卡捷琳娜不仅延续了彼得大帝的欧洲化方案，还更进一步。她热爱圣彼得堡，给了它大量关注，认为它可以为俄国的未来提供一种有序、理性的欧洲模式。和叶卡捷琳娜一样，许多君主都试图通过纪念碑来实现自身的不朽。不过，叶卡捷琳娜在首都开展的建筑工程还是一份关于俄国身份认同的声明。她为 1767 年新法典编纂委员会颁布的《圣谕》（Nakaz）阐述了自己的愿景，她希望俄国成为欧洲文化和政治世界中繁荣、宽容、博雅且守法的部分。这份《圣谕》与其说是一项规划，不如说是一个愿景，叶卡捷琳娜越了解俄国的现实，这一点就越发明显。女皇不喜欢农奴制，但她知道，一旦她挑战这项制度，即使是宫廷中最有教养、最欧洲化的贵族，也会反对她。此外，她也无法利用政府的治安人员，以及税收或征兵官员来取代农奴主。普加乔夫起义的教训是，国家对俄国地方的控制力严重不足。被普加乔夫占领的喀山省有 80 名常驻的国家官员，其人口则有 250 万。叶卡捷琳娜的首要任务是扩充、优化地方政府，为其提供适当的资金，但是她明白，除非允许地方精英在行政、治安和司法领域发挥重要作用，否则基本无法实现这一目标。出于这个目的，她为地方贵族制定了团体制度，为地方政府中的这些团体安排角色，为提高俄国贵族的文化和教育水平做出了诸多努力。[21]

女皇是一位优秀的旅行家。她成长于德意志，在俄国度过的前 17 年里，又被束缚在皇宫之内，所以亲自了解帝国的现实对她来说十分重要。她旅行的另一个目的是，向臣民展示自己并检查改革的进展。叶卡捷琳娜享受旅行，为此会做好充足的准备，提前了解即将前往的地方和会遇到的人。有时，俄国地方的实际情况令人十分震惊。更令人震惊的则是非俄罗斯人聚居的地区。1767 年第一次访问喀山后，她写信给伏尔泰，讲述了在帝国内部进行立法的复杂性："气候、民族、习俗乃至思想都截然不同！我正在亚洲；我想用自己的双眼去了解现实。这个城镇有 20 个各式各样的民族，彼此之间毫无相似之处。然而，我们必须做一件适合他们所有人的外衣。"启蒙运动中制度化的进步思想家发现，帝国是一个诱人但也有潜在危险的挑战。帝国普遍意味着多样性。其规模通常会使中央政府无法对治下各地实行严密监管。试图将国家主导的"改良"和同质化的"开明"混合物强加给一个帝国，可能会引发民众激烈的反对。叶卡捷琳娜过于谨慎、现实，没有彻底推行启蒙运动的计划。她治下的政府机构也无力进行这一尝试，除了少数财政和军事机构。相较而言，她的朋友和盟友，即哈布斯堡王朝皇帝约瑟夫二世，受到的约束更少，也就不那么谨慎了。[22]

在同时代的西方，叶卡捷琳娜声名远播，不过，大多是聚焦于她令人兴奋的私生活。到 18 世纪 60 年代，以女子之身担任统治者，几乎不会在俄国引起涟漪，因为在彼得大帝去世到叶卡捷琳娜继位之间的岁月里，这个帝国一直由女性统治。年轻的安哈尔特-采尔布斯特的索菲娅公主，在改宗东正教时被授予"叶卡捷琳娜"一名，以纪念女沙皇伊丽莎白的母亲、彼得大帝的第二任妻子叶卡捷琳娜一世。1725 年，为了将叶卡捷琳娜一世的统治合法化，拥立她的宫廷派系面临前所未有的挑战，因为她不仅是一位女性，还是一位出身爱沙尼亚农民家庭，却逐步成为彼得大帝的情妇、最亲密的伴侣乃至妻子的女性。为此，国家和教会的领袖制定了许多策略：其中之一是加强对 4 世纪的殉道者亚历山大的圣加大肋纳的现有崇拜。在那个时代的俄国社会，援引先例，特别是《圣经》中的先例，可以对公众的思想产生最大的影响。圣加大肋纳由于在殉难时表现出的男性英勇气概而受到赞扬，这使她配享统治权。通过此种关联，她和女皇叶卡捷琳娜一世都因"以女性身体承载着男性的智慧"而受到教会统治集团的拥戴。同样，在东正教和君主的合法性备受关注之地，叶卡捷琳娜二世不辞辛苦培养民众对这位圣人的崇拜。前几代女皇的爱情生活则以一种更平凡的方式，创造了受欢迎的先例。伊丽莎白女皇因拥有诸多情人而闻名。她从皇室唱诗班挑选出最宠爱的情人阿列克谢·拉祖莫夫斯基。伊丽莎白写道，他可能是她见过的最英俊的男人。[23]

　　在绝大多数的政治传统中，轻易拥有任何美丽的性欲对象，都是权力带来的好处之一。对叶卡捷琳娜来说，没有人的地位能在她之上，因而也就没人能阻止她施行这个传统。毫无疑问，许多离异的年老女性喜欢挑选英俊的年轻军官，以排解孤独和衰老的痛苦。叶卡捷琳娜的成长经历使她极少压抑自己的欲望。相对笼统地说来，德意志新教上层阶级的性观念在很大程度上取决于该家庭是否受到虔敬派的影响。虔敬派信徒出现于 17 世纪中期，他们呼吁回归路德宗主张的原本圣洁的信仰和内在的灵性世界，勤勉、笃实，力行慈善。他们鄙视"法国"模式，认为法国人道德规范宽松、生活奢侈。叶卡捷琳娜由母亲抚养长大，后者显然不是虔敬派信徒，其宫廷文化也以路易十四的凡尔赛为典范，年幼的公主在童年和青春期接触到许多不正当性关系的例子。伊丽莎白女皇的宫廷在这方面更加随心所欲。一个极其无趣、冷漠的丈夫，意味着妻子需要从其他人那里获得性满足，甚至有可能从此种行为获得皇位继承人。作为女皇，叶卡捷琳娜从来没有达到组建后宫的程度。她似乎只有十几个情人，而且同一时期只有一位。每段关系都采取一夫一妻制，这或多或少是她的行事原则。大部分关系都在其年轻情人另寻新欢后结束。随着年龄的增长，她的不安全感愈发严重，这种结局一定越来越让她痛苦，但她总是慷慨地对待曾经的伴侣。她对新伴侣满怀爱意和热情，在这些关系破裂时又失魂落魄，这些情感经历令人动容。[24]

总的来说，即使是叶卡捷琳娜最不鼓舞人心的宠臣，也没有造成什么伤害。她承受着统治的压力，而他们不仅为她提供了性消遣，还提供了她渴望的陪伴。在人生的最后几年，她的情人几乎不比她的孙辈年长多少，直到此时，这种关系才变得难堪。她的最后一个情人是浅薄却自命不凡的普拉东·祖博夫，他以前所未有、令人恼怒的方式干涉政务。截至当时，叶卡捷琳娜已经在位 30 余年，她对政务的掌控力开始减弱。此外，波将金"叔叔"已经去世，无法再提供情感支持，也无法再令自以为是的年轻宠臣安分守己。但相较于苏莱曼宠爱许蕾姆一事对奥斯曼帝国政治造成的影响，即便是祖博夫，也显得无足轻重。在中国唐朝，年迈的唐玄宗痴迷于青春靓丽的宠妃杨玉环，最终使这个历史上最伟大的帝国之一走向毁灭。[25]

也许，最合理、最具启发性的是，将叶卡捷琳娜与同时代的法国国王路易十五（1715—1774 年在位）进行对比。路易有许多情妇，这在基督教君主制的历史上并不罕见。他在凡尔赛宫附近安排了一栋别墅，在那里与许多年轻女性寻欢作乐，其中一些甚至是半娼，他的行为远比叶卡捷琳娜放纵，制造了许多丑闻。路易既无法从告解神父那里获得赦免，也无法控制自己的性欲，他不再"触碰"瘰疬患者，法国君主制的神圣性在此情况下有所衰减。从某种方面来说，路易比叶卡捷琳娜不幸。在法国，早就存在酷爱污言毁谤的地下媒体和热衷于丑闻的市民社会。而俄国尚未出现这样的情况。路易最著名、最重要的情妇是蓬帕杜夫人。她很聪明，受过良好的教育，魅力惊人，在很多方面来说，堪称女性版的波将金，但是作为一个女人，她不能在战争和政府中扮演任何与波将金类似的公共角色。1755—1756年，法国与奥地利缔结了不得人心的联盟，蓬帕杜夫人的男性门客在其中牵扯甚深，随后又带领法国军队在七年战争中打了最耻辱的一些败仗。同样糟糕的是，蓬帕杜夫人与金融投机商帕里斯兄弟的关系密切，而他们在这些惨败的战争中为法国军队提供补给，借机发家致富。在法国人心目中，她的名字与腐败、战败、放荡和耻辱联系在一起。相比之下，格里戈里·波将金和奥尔洛夫兄弟在叶卡捷琳娜获得的一些大的军事胜利中发挥了主要作用。[26]

1796年11月，叶卡捷琳娜去世，她的儿子保罗一世继承皇位。他的统治持续到1801年3月，当时一场政变在圣彼得堡贵族和卫队军官的广泛支持下将他推翻并杀死。到此为止，我们已经在本章研究了罗曼诺夫王朝最伟大的几位君主。在某种程度上，这种对成功皇帝的侧重也存在于其他章节。因此，将保罗作为一个失败案例进行研究十分有帮助。此外，在帝国的历史中，也经常出现阴谋和暗杀。当然，尽管在推翻保罗的那场政变中有一些特殊因素，但他的倒台过程也反映了宫廷政治常规的方面。[27]

保罗被推翻，主要是因为他的个性。这位皇帝并不愚蠢，还受过良好的教育，但性情暴躁，十分不适合皇帝一职。他可能魅力惊人、消息灵通、心地善良，但他的情绪波动异常激烈。有时，这些会导致恐怖而剧烈的暴怒，以及一种近乎妄想症的多疑。我们介绍过的一些皇帝同样喜怒无常。雍正通过禅宗修行，在一定程度上解决了这个问题。贾汉吉尔吸食鸦片，其他皇帝有时纵情声色，以压制心中的恶魔。保罗的排解方式是追随其英雄，即普鲁士国王腓特烈二世的脚步，维持斯巴达式的军事心态和严格的自律。随着年龄的增长和职责负担的加重，这越来越不足以维持保罗内心的平衡和镇静。剧烈的情绪波动影响了他的决策，以及他对文臣、将军和廷臣的管理。因保罗的一时冲动而遭到降职、颜面扫地的人，可能又会因他的情绪改变而重新受到青睐。强烈而多变的情绪，使这位沙皇无法顺利判断他人的个性和忠诚。例如，他曾贬黜大将莱温·冯·本尼希森男爵。随后，恢复了情绪的保罗在其他人的说服下将本尼希森官复原职，并允许他回到圣彼得堡。说服他的是圣彼得堡总督彼得·冯·德尔·帕伦伯

12. 埃尔·格列柯的作品《崇拜耶稣圣名》，1577—1579 年。在画面底部的中央，西班牙的腓力二世正在跪拜。埃斯科里亚尔修道院，马德里（Bridgeman Images）。

13. 画面中，库拉姆皇子在贾汉吉尔面前称取与自己体重相同的金银（印度教的一种习俗），1615 年前后。大英博物馆，伦敦（Bridgeman Images）。

14. 路易十四被描绘成罗马神祇阿波罗，1664 年。凡尔赛宫和特里亚农宫，凡尔赛（Copyright © 2021 RMN-Grand Palais/ Dist. Photo SCALA, Florence/ Phot. Franck Raux）。

15.18 世纪的康熙帝画像（Pictures from History / Bridgeman Images）。

16.康熙之子雍正，出自《雍正行乐图》，宫廷画师绘于 1725 年前后。故宫博物院，北京（Bridgeman Images）。

17.彼得大帝。据称，让-马克·纳蒂埃绘于 1717 年。艾尔米塔什博物馆，圣彼得堡（Ian Dagnall /Alamy）。

18.玛丽亚·特蕾莎的肖像。她是奥地利女大公、匈牙利和波西米亚女王，以及神圣罗马帝国皇后。让-艾蒂安·利奥塔尔绘于 1747 年（Rijksmuseum, Amsterdam）。

19. 站在彼得大帝墓前的叶卡捷琳娜。1770 年，俄国战胜奥斯曼舰队。在这幅油画中，叶卡捷琳娜正指着这场战争缴获的旗帜及其他战利品。安德烈亚斯·胡纳绘，1791 年，沙皇村（Photo Josse /Bridgeman Images）。

20. 德意志皇帝威廉二世在御座上讲话。他身后是皇后奥古斯塔·维多利亚和皇储弗里德里希·威廉等皇室成员；御阶前是宰相奥托·冯·俾斯麦。安东·冯·维尔纳绘，1888 年（akg-images）。

21.《灵鹰奉献之图》，日本木版画，尾形月耕绘，1894 年（Art Gallery of South Australia, Adelaide. MJM Carter AO Collection through the Art Gallery of South Australia Foundation 2019）。

22. 慈禧太后。1905—1906 年，太后委任胡博·华士绘制肖像，当时她已经实际统治中国 40 年。慈禧并非显贵出身，更无皇室血统，她能获得晋封，是因为她为皇帝生下了唯一的皇子。胡博·华士绘，1905—1906 年。哈佛艺术博物馆，格伦维尔·L. 温思罗普遗产（Copyright © President and Fellows of Harvard College [1943.162]）。

23. 尼古拉二世的肖像，展现了当时的一大趋势，即试图将这个王朝与俄国人民及其民族宗教传统联系在一起。鲍里斯·库斯托迪耶夫绘，1915 年。俄罗斯国家博物馆，圣彼得堡（Album/ Alamy）。

24. 马其顿的亚历山大，雕像，塞萨洛尼基，希腊，2018 年。马其顿人和希腊人一直在激烈争论亚历山大到底有多"希腊"（Sakis Mitrolidis/ Getty Images）。

25. 日本德仁天皇（2019 年至今）参拜伊势神宫的外宫丰受大神宫，2019 年（The Asahi Shimbun/ Getty Images）。

爵，他深受皇帝的信任。在推翻、谋杀保罗的阴谋中，本尼希森是关键人物之一；帕伦是这个阴谋组织的首领。

皇帝保罗不仅缺乏情商，还缺乏政治理性和智慧。作为一个彻底的独裁者和军国主义者，他以军队和军纪为典范。对任何一个皇帝来说，最危险的错误就是相信官方言论，认为自己无所不能。在某些方面，保罗怀有一种士官心态：他甚至试图规范贵族女士在圣彼得堡参加私人舞会时的衣着。保罗不喜欢，也不信任俄国贵族。他曾经说过，在俄国，除了那些正在与皇帝交谈的人，根本没有什么尊贵的贵族（grands seigneurs），而一旦谈话停止，那些人也失去了这种地位。他的话有一定正确性：与法国贵族相比，俄国贵族更依赖君主制，与英国贵族相比就更是如此。但是他的观点也有错误之处，为此他付出了生命的代价。他任意贬黜、羞辱精英阶层的重要成员，不仅损害了他们的职业生涯和抱负，还侵犯了他们个人以及整体的荣誉和尊严。例如，他终止了贵族的肉刑豁免权，降低了民选贵族在地方政府中的地位。保罗的一系列行动，与早期统治者极力向俄国精英灌输欧洲文化和价值观的政策存在直接冲突，也与俄国贵族更古老的设想存在冲突，即他们有权成为皇帝最亲密的顾问。

保罗失败的第三个关键原因是在外交和战争领域，对于俄国和其他大多数君主制帝国而言，皇帝的核心决策责任就在这个领域。受法国实力增长的警示，保罗在 1798 年与英国和奥地利结盟，共同向法兰西共和国开战。当战争形势恶化时，皇帝指责盟友并退出联盟。到 1800 年年底，他已经走向另一个极端，几乎与法国结盟。他禁止一切对英贸易，这对俄国的经济和国家财政而言是一个毁灭性的潜在打击，因为英国是俄国到此时为止最重要的出口市场。他还怪异地模仿早期游牧时代的战争模式，命令哥萨克远征军穿越阿富汗，威胁英国在印度的统治。保罗的大多数顾问都有充分的理由相信，他与法国结盟的政策违背了俄国的利益，而且必然会失败。本尼希森将军随后在一篇明智、信息丰富且令人信服的文章中阐述了事态如此发展的原因。多年后，他在回忆录中写道，保罗年幼的女儿们伏在父亲的遗体上哭泣，亲吻他的手，这令他深受感动。但是对于这个帝国（以及其他任何帝国）的军事和政治精英来说，摆在第一位的往往要么是国家利益，要么是个人和团体利益，情感往往不是关键因素。[28]

关于导致保罗下台的众多事件，最了解内幕的记录要数多罗特娅·冯·利芬伯爵夫人所写的故事。她生活在帝国宫廷中心，熟知它的秘辛。她的母亲是与保罗的未婚妻，也就是未来的皇后玛丽，一起从家乡符腾堡来到俄国的，是玛丽的侍女和密友。多罗特娅的婆婆夏洛塔·冯·利芬伯爵夫人是俄国皇后最亲密的朋友，也是皇帝诸位子女的家庭教师。叶卡捷琳娜二世任命这位波罗的海的德意志虔信派贵妇担任这个要职，因为她相信夏洛塔可以保护她的孙子远离宫廷的恶习和诱惑。多罗特娅的丈夫克里斯托弗·利芬是保罗军事秘书处的负责人。克里斯托弗在大多数方面都是保罗的首席军事顾问，由于保罗亲自管理军队，过分关注细节，他每天与克里斯托弗一起度过的时间几乎多于其他任何人。克里斯托弗确实应该感谢保罗。别的不说，皇帝在他 22 岁时便任命他担任权力极大的要职。家族传统同样敦促他保持忠诚。17 世纪，利芬家族的许多成员与其他古老的封建武士地主阶级一样，成为王室军队的军官，利芬家族加入的是瑞典国王的军队。他们忠于自己的战团首领，视死如归地护卫在他身边，并为此自豪。在这个家族涌现的诸多将军中，他们的模范是一位为了保护自己的首领、以血肉之躯挡住炮弹的先祖。此事发生在 1721 年之前，彼时他们尚未成为俄国的臣民，被这位先祖救下性命的是瑞典国王。[29]

克里斯托弗·利芬的内心纠结不已，一方面，他对保罗忠心耿耿；另一方面，他从根本上反对保罗的政策。克里斯托弗是一名职业军人，却身具路德宗的良知。他厌恶与拿破仑的结盟。派遣哥萨克人远征印度的命令是以他的名义下达的，而让他痛恨的是，他知道这是一次徒劳的冒险，他正在将他们中的大多数人推上死路。此外，利芬家族对罗曼诺夫皇室和保罗一样忠诚。由于罗曼诺夫皇室成员发生内战，问题出现了。到 1800 年，保罗的妄想症日益严重，他甚至开始怀疑自己的妻子和长子亚历山大大公。保罗继位之初的举措之一就是颁布继承法，确立长子继承的原则，并将亚历山大指定为继承人。然而，到了 1800 年冬，他开始私下提及彼得大帝之子阿列克谢的黑暗命运，这位皇子被沙皇囚禁、折磨至死。保罗似乎正在培养其 13 岁的侄子，即符腾堡的欧根王子，准备将他作为可能的继承人备选。夏洛塔·冯·利芬对皇后忠贞不贰，极为凶悍地为皇后及其儿女遭受的指控进行辩护。克里斯托弗·利芬与亚历山大大公关系亲密，并在他的谢苗诺夫斯科耶近卫军团担任军官。最终，关于忠诚的冲突解决了，他突然身患难以治愈的疾病，卧病在床，只能寄希望于问题在需要他重新出现之前自行化解。问题在 1801 年 3 月 11 日得到解决，保罗被推翻并谋杀。

事实证明，托病在家是最明智的策略。推翻沙皇的阴谋没有成功的希望，除非它能得到一个可信的继任者的支持。1801 年，唯一可能的继任者是亚历山大。犹豫过后，他支持政变。相较于 1762 年政变之前的祖母叶卡捷琳娜二世，亚历山大对权力的欲望要小得多。对他来说，皇冠是一种命运，不是一种选择。他甚至曾经梦想逃离命运，和妻子安静地住在莱茵河附近。但是他恐惧保罗的专制主义，害怕父亲的外交政策将俄国引向灾难。亚历山大强调，必须保住他父亲的性命，允许他舒适地度过退位生涯。帕伦同意了，但是他很清楚，这个承诺绝对不会被兑现。活着的保罗会成为一个致命的威胁，原因之一在于，他对近卫军的普通士兵一向十分慷慨，因而备受拥戴。毫无疑问，近卫军中的一部分士兵更喜欢看到他们的军官遭受专制统治，而这往往是士兵才会遭受的命运。

亚历山大对父亲的去世深感悔恨，从未原谅那些反叛者。而克里斯托弗·利芬在这次事件中的角色几乎和亚历山大本人一样微不足道，因而更容易被后者接受，对玛丽太后来说则更是如此，而她的观点对新沙皇而言十分重要。在亚历山大统治期间，利芬一直是亚历山大在军事和外交方面的重要顾问。1825 年，皇帝亚历山大去世，继位者是他的弟弟尼古拉一世（1825—1855 年在位）。次年，夏洛塔·冯·利芬去世，尼古拉是她的四名扶灵者之一。他以绝对的自律而闻名，极少在公共场合落泪，而这场葬礼就是其中一次。保罗一世之女，后来成为荷兰王后的女大公安娜回忆说，夏洛塔"有一项独一无二的特权，她可以训斥皇子、公主……这既不是法令授予的，也不是世袭头衔授予的"。即使是成年后，尼古拉一世也称她为"妈妈"。与历史上大多数皇后一样，玛丽对她的年幼孩子而言，是一位冷漠而疏远的母亲。夏洛塔填补了他们情感上的空虚。从本质上来说，君主制就是一个家族的事务。与这个家族的成员保持密切关系，意义重大。[30]

对于真正的廷臣来说，皇帝的眼泪是一种认可，它比最高级别的勋章或奖章还要珍贵。这些泪水带有一些君主在加冕典礼上所涂圣油的气味。对一些廷臣来说，君主的承认和亲近成了目的本身，几乎无异于虔诚的崇拜。但是，历史上的大多数廷臣都头脑清醒。他们相信，眼泪之后会带来更多有形的回报。利芬家族的情况就是如此。从叶卡捷琳娜二世到尼古拉一世，罗曼诺夫王朝的四位君主相继赐予他们大量的地产、头衔、"养老金"和职位。在这股奢侈的赏赐浪潮结束时，他们可能是波罗的海各省最富有的土地所有者、级别最高的王公，此外，他们在俄国以及今乌克兰煤矿业核心区拥有大量地产。利芬家族历史悠久，在德意志骑士到来之前，一直担任酋长，在立窝尼亚的森林里崇拜异教神祇。1721 年，他们的祖地被俄国吞并，至此，他们已成为受人尊敬的男爵，偶尔也会成为伯爵，然而，罗曼诺夫家族的君主制帝国才是他们的"黄金国"。而"黄金国"的钥匙在于一位母亲及其子女对他们"保姆"的爱意。除此之外，我们还可以说，皇帝的情绪平衡及其兄弟姐妹之间的团结，是世袭君主制稳定的关键因素。有助于实现这一点的女家庭教师，扮演的不仅是纯粹的私人角色。按照王朝的标准，尼古拉一世与兄长、前任皇帝亚历山大一世，以及儿子和继承人亚历山大二世的关系，异常温暖，充满信任。[31]

亚历山大一世在位共 24 年。他是俄国历史上最睿智、最复杂、最迷人的统治者之一。他的童年和教育主要由祖母叶卡捷琳娜二世主导。她将自己长期以来备受压抑的母性本能灌输给他，并监督他接受最先进的启蒙思想教育。正是叶卡捷琳娜，将瑞士共和主义者弗雷德里克·拉哈尔佩选为他的首席导师。拉哈尔佩使亚历山大接受了优秀的教育，主要传授古典历史和哲学，但也讲授部分有关法国文学的课程。他的教育哲学在很大程度上要归功于卢梭。正如拉哈尔佩向叶卡捷琳娜解释的那样，他的目的是尽可能多地向亚历山大传授人文和科学知识，以便他能够理解它们的基本原理和重要性，不过，最重要的是让他意识到，他必须成为"一个诚实的人和一个开明的公民"。必须使继承人明白，权力被赋予他，只是为了使他给臣民提供正义、自由和安全，竭尽所能地提高他们的福祉。拉哈尔佩心目中最伟大的英雄和榜样是马可·奥勒留。这是最公正、最具公共福祉意识的皇帝，如果不是罗马帝国环境所限，他早就将它恢复成共和制了。很明显，他的情况与生活在专制统治和农奴制之中的开明俄国皇帝十分相似。亚历山大与拉哈尔佩的亲密关系一生不变，他说"我的一切成就都归功于导师"，甚至说"如果没有拉哈尔佩，就不会有亚历山大"。拉哈尔佩的观念主导了亚历山大改革俄国政府和社会的计划。[32]

到 1810 年，亚历山大的思想发生了转变，开始通过宗教解答生活中的疑难和问题。面对 1812 年拿破仑的入侵，这个敏感而精神高度紧绷的男人依赖勇气和坚定毅力担负的巨大压力，促使他更深入地探寻宗教真理和意义。他追求的是一种个人信仰：它基本不是依靠东正教或官方教会实现的。相反，它靠的是精读《圣经》和基督教神秘主义者的著作，其中大多数是天主教徒的作品。亚历山大那一代的许多人都走上了类似的道路，从启蒙运动到重新献身基督教。从某种程度上来说，是对法国大革命以及随后 25 年间的国际战争和内战的愤怒，引发了这种反应。亚历山大对神圣同盟的推动，与伍德罗·威尔逊在 1918—1919 年为国际联盟做出的努力有很多相似之处。经过多年的大屠杀，两人都试图找到国际和平与安全的道德和体制保障。亚历山大对于个人信仰的追求，与阿克巴皇帝的苏菲派神秘主义相似，与许多中国皇帝对佛教冥思的投入相同。在亚历山大的时代，一个欧洲人基本上仍然无法超越基督教思想和实践的传统，但在这个传统之中，皇帝的观点是普世的。他曾经写道："让我们践行《福音书》——这是重点。我相信，所有的基督教会团体终有一日会统一起来。"在生命的最后几个月里，他与梵蒂冈就天主教和东正教信仰的结合进行了秘密通信。[33]

亚历山大是一个复杂的人，他生活的时代充满严重冲突和大变革。自然，他的生活和统治都存在许多波折。但是，研究皇帝的两种惯常模式可以提供一些启示。与其他许多年轻君主一样，亚历山大在 23 岁登上皇位时，还带着有趣的想法和理想的治世意图。他沉浸在启蒙运动晚期那种萦绕着纯真、感性和友谊的文化氛围之中。母亲警告他，他单纯、友好的行为会带来危险。在经验丰富、老谋深算的大臣面前，年轻的君主需要培养距离感，并利用皇权周身的"威严魔力"来保护自己。拉哈尔佩提醒他，"皇帝必须具备一种威势""他不可能有真正的朋友"。1801—1805年，亚历山大聚集了一小群志同道合的朋友，这就是非正式"机密委员会"，让他们就一项激进的改革计划建言献策，然而，这些年轻人没有将计划转化为政策的经验，对政府机构的运转方式知之甚少。由于他们讨论的计划——废除农奴制和推行宪法——对当时的俄国来说过于革命性，他们的讨论必须完全保密，这是又一个难题。

和其他许多年轻君主一样，亚历山大也渴望军事荣耀。从他年幼时起，人们就提醒他，他的名字在一定程度上来自马其顿的亚历山大。1805年，他御驾亲征。在奥斯特利茨与拿破仑作战时，他听取随行的年轻贵族自以为是的建议，否决了总司令米哈伊尔·库图佐夫谨慎的防御策略。可想而知，结局是灾难性的。[34]

在统治中期，亚历山大取得了诸多非凡的成就，君主通常都是这样。到这个阶段，统治者已经获得了有关人事、制度和政治的经验。天真热情已然消散，而疲惫和幻灭等感觉尚未笼罩于身。以亚历山大为例，这些年来，中央政府和教育方面实施了重大而持久的改革，皇帝致力于击败拿破仑、在欧洲建立稳定的国际秩序，展现了娴熟而无畏的领袖风采。

1815年以后，政务越来越令亚历山大感到疲惫、沮丧。从解放欧洲、重整欧洲秩序到冒着对抗无能的官僚和社会中强大的既得利益群体的危险，应对国内政府部门的真实状况，为取得成果不得不排除万难，这是一种倒退。他的疲惫和沮丧更确切地说来是源于这种倒退。在统治的最后十年里，亚历山大在国内政治方面的主要举措是努力改革征兵制度。他继承的制度迫使年轻人终生服兵役，破坏了无数农民及其家庭的生活。在和平时期，数十万具有潜在生产力的年轻人被迫脱离经济。与此同时，当战争到来时，俄国也没有训练有素的预备役人员可供动员和调动。亚历山大将军队安置在军屯，命令他们在闲暇之余可兼农事，试图借此解决这些问题。他有一个宏伟的计划，要在军屯开办学校、推行福利事业。然而，面对农民和士兵的双重抵抗，加上负责政策实施的官员错漏百出、行径野蛮，这一倡议失败了。与此类似的是，700 年前的宋朝官僚机构未能实施同样全面的"新政"。亚历山大心目中理性而仁慈的政策惨然崩溃，这使他对人类日益悲观，越来越不相信政府政策能够改善人类的命运。在本书中，我们遇到的许多早期皇帝都经历了类似的疲惫和挫折，结果，他们同样转向宗教和内心世界：立刻浮现在我们脑海中的有 8 世纪初的唐玄宗。

　　刚登基两个月，亚历山大就致信拉哈尔佩："对我而言，最困难、最劳心劳力的就是调和个人之间的利益和仇恨，让每个人都为普遍有益的单一目标而合作。"毫无疑问，许多大公司的领导人和几乎所有的政府首脑都有同样的感觉。但亚历山大不像大多数通过斗争夺取权力的领导人那样脸皮厚，也不那么渴望权力。他注定要终生为皇，皇冠的压力让他越来越绝望。1815 年后，皇帝越来越喜欢女性的陪伴，而非男性，他不是耽于性欲，只是发现自己遇到的大多数男性都痴迷于野心、地位和恩宠，而根据他的经验，女性更倾向于真诚、情感和内心生活。1819 年，他告诉弟弟尼古拉："欧洲比以往任何时候都更需要精力充沛的年轻君主；至于我，我早已面目全非，我相信，我的责任就是在一切为时已晚前退位。"对亚历山大而言，这并非故作姿态。对解脱的渴望是真实的，但是俄国的先例和政治现实使他的退位异常艰难。[35]

　　和以往一样，关键问题是皇位继任。亚历山大在 16 岁时迎娶年仅 14 岁半的美丽公主巴登的路易丝为妻。渐渐地，年少时的爱情冷却了，亚历山大开始注意其他女人。他笃行真诚和友谊的原则（但也忠于他祖母的宫廷习俗），在妻子另寻新欢时宽容以待。亚历山大的妻子，也就是俄国的伊丽莎白皇后，与身为近卫军军官的年轻情人生下一个女孩。亚历山大将这个孩子认在自己名下，还因为她不是男孩而松了一口气，因为这避免了所有可能的继承权问题。家族和廷臣的核心圈子都知道这个秘密。皇位继承人是亚历山大的弟弟康斯坦丁大公。他似乎曾安排人谋杀皇嫂的情人，以避免后续可能出现的复杂问题。后来，康斯坦丁迎娶波兰女贵族，将皇位让给了保罗的第三个儿子，也就是未来的皇帝尼古拉一世，局势就此变得更加混乱。帝国法律不允许这样放弃继承权的行为，此事被严格保密。1825 年，亚历山大在远离首都的地方突然去世，混乱随之而来。一群激进的近卫军军官试图发动政变。一些人想迫使罗曼诺夫皇室实行宪政，还有一些人则想建立共和政体。这场政变被粉碎了，但对它的记忆一直笼罩着尼古拉一世整整 30 年的统治期。如果这场政变当初成功了，军事暴动的传统可能会渗入俄国政治，就像那些年的西班牙一样。一旦如此，俄国的历史可能会走上一条截然不同的道路。[36]

和其他许多皇帝一样，亚历山大发现在对外事务上更容易取得成功。外交政策的操作杆——他的军队和外交官——相对简单，而且执掌于他一人之手。他娴熟地利用他们，取得了他治下的决定性胜利，摧毁了拿破仑帝国，建立欧洲秩序，使俄国比 1793 年以来的其他任何时候都更加安全。是皇帝亚历山大亲自负责制定大战略、进行外交活动，才使这次胜利成为可能。他认为，想要摧毁拿破仑的庞大军队，唯一的办法就是诱敌深入俄国内陆，发挥俄国的优势，利用拿破仑的弱点，通过消耗战逐渐瓦解敌人。亚历山大的战略分两个阶段，这是第一阶段。他知道，仅将法国人驱逐出俄国并不会带来持久的安全保障。如果拿破仑自 1812 年的惨败中恢复过来，继续控制德意志和中欧，那么即使是从中期来看，俄国也将无力在这个强大的帝国面前保护自己。因此亚历山大乘胜追击，在 1813 年进军中欧，将奥地利和普鲁士纳入联盟，将法国人赶回莱茵河对岸，然后推翻了拿破仑。亚历山大战略的两个阶段都不受俄国精英的欢迎。执行这些计划，不仅需要他竭尽智慧、决心和筹谋，还需要独裁者的权力。[37]

相较而言，亚历山大的国内改革战略远没有那么成功。到此时为止，他从拉哈尔佩那里吸收的"进步议程"已经远远超越了叶卡捷琳娜时代的开明专制，开始期待农奴制的终结和宪法的建立。亚历山大相信这两项原则，但挑战是显而易见的，因为专制统治和农奴制是他的政权基础。他的大多数大臣和高级官员都拥有农奴。在外省，政府仍然需要依赖地主阶级的帮助来维护治安、征税和管理。俄国的疆域如此辽阔，即使是实际上被认为专制的君主，在推行政策时也经常遇到巨大的困难。他的政府里充斥着各种派系。建立一个由选举产生的独立立法机构，难道不会进一步削弱君权，加强派系斗争和分裂吗？拥有土地的贵族和绅士是俄国社会中最富有、最有文化、最有权势的群体。他们将主导宪制改革创建的任何立法机构。他们正是最致力于捍卫农奴制的群体。亚历山大的改革计划失败了，主要原因在于客观条件。1815 年以后，改革的失败加剧了他的疲惫感和幻灭感。

亚历山大击败了拿破仑，在关键方面结束了始于彼得大帝，乃至更久远的俄国历史循环。彼得的首要目标是使俄国现代化，使其能够与欧洲其他大国竞争。1815 年，俄国实现了这个目标。大多数观察者都认为，它是欧洲大陆最强大的国家。笼统地说来，人们甚至可以将尼古拉一世的统治与乾隆皇帝消灭北方游牧民族的威胁之后的统治情况进行一定的比较。两位皇帝的政府都相信自身地缘政治的安全性，认为不再有理由进行可能会破坏政治稳定的激进改革。

这两个政权都十分不幸，19 世纪上半叶，工业革命的冲击彻底改变了战争的形态，以及欧洲和全球的势力平衡。清朝在中英鸦片战争中率先了解到这一事实，罗曼诺夫王朝则是在 1854—1856 年的克里米亚战争中才了解到这一点。俄国的敌人，即法国和英国，将工业时代的技术用于行军、战斗和通信。他们通过铁路和蒸汽船前往克里米亚。俄国援军则是采用古老的前工业化手段前往那里的，换句话来说，他们依靠步行或骑马。从武器到财政资源，再到通信技术，俄国的实力基础全都十分落后。俄罗斯帝国的统治者不愿重蹈莫卧儿、奥斯曼和清朝的覆辙走向衰落，甚至在欧洲列强手中陷入分裂。1856 年后，他们启动了现代化计划，第一步就是废除农奴制。这项计划关乎王朝的存亡，但也将他们推入现代世界，给帝国和世袭君主制带来了极大的新挑战。在帝制时代，罗曼诺夫王朝的帝国取得了非凡成就。此时的问题则是将一个成功的前现代帝国转变为一个可以存续下去的现代政体。

第 15 章

现代性前夕的欧洲

哈布斯堡王朝、法国大革命和拿破仑

1700 年，在人们漫长的等待下，平庸又无子嗣的卡洛斯二世去世了，哈布斯堡家族的西班牙分支就此不复存在。这时，神圣罗马帝国的皇帝是卡洛斯的表亲利奥波德一世。利奥波德于 1658 年登上皇位，1705 年去世。历史上，哈布斯堡王朝的劲敌是法国的波旁王朝，它最著名的统治者是路易十四。虽然利奥波德被称为皇帝，而路易仅被称为国王，但这并不意味着法国君主或其他任何欧洲国王承认神圣罗马帝国的皇帝具有更高的级别和地位。1648 年，《威斯特伐利亚和约》结束了三十年战争，在之后的欧洲国际法和外交活动中，所有的主权君主均享有平等的权利。18 世纪，俄国确立了欧洲大国的地位，最终，哈布斯堡家族不仅被迫承认沙皇与自己平起平坐，还不得不承认欧洲存在两位皇帝。

在神圣罗马帝国内部，皇帝的地位确实高于其他任何统治者，包括七位选帝侯。利奥波德一世也确实因身为皇帝而获得了十分有限的实质性利益。不过，他真正的权力来自其他身份：他是波希米亚和匈牙利的世袭国王，还是哈布斯堡家族治下奥地利、阿尔卑斯山区和亚得里亚海沿岸领地的世袭王公。然而，1700 年，所有这些世袭领地加起来，人口也仅为法国的一半，税收仅为法国的六分之一，士兵则仅为法国的十分之一。在软实力方面，路易十四统治下的法国也在欧洲排名第一。凡尔赛宫及其宫廷社会是法国软实力的化身，拥有举世无双的规模和华丽装饰，是整个欧洲效仿的对象。在路易统治时期，法国的高雅文化和法语在欧洲获得了卓越的地位，并一直保持到 19 世纪后期。在路易十四的加冕典礼上，苏瓦松主教将他誉为"尘世间的万王之首"，在路易一朝，这个主旨频繁出现在布道、仪式、诗歌和绘画之中。他是那个时代的奥古斯都，是罗马帝国的继承人和太阳王。路易认为自己是世界发达地区最伟大的君主，认为唯有自己的权力受到唯一真神的祝福。[1]

毫无疑问，路易十四认为自己是万王之王，拥有至高无上的权力。这能够使他成为一个皇帝吗？在本书前言，我根据实力、疆域和民族多样性来定义帝国。如果说法国在实力上配称帝国，它的疆域则不符合帝国的规模。法国的领土面积略多于 19 万平方英里（约 49 万平方千米），远不如同时代的莫卧儿帝国和清帝国。因此，路易不必面对那个古老的帝国难题，即设法控制远离首都的精英和总督。法国的海外殖民地同样微不足道，以至于路易十四甚至忘记在回忆录中提到它们。民族多样性是一个更为复杂的问题。显然，法兰西王国的族群多样性低于本书此前论及的大多数庞大帝国。然而，法国西部和南部的许多人使用的语言，对巴黎人来说根本无法理解。各地区有不同的法律、制度、税收和忠诚度。一位研究法国"旧制度"的重要历史学者写道："与其将法国看作一个单一民族国家，不如将它看作一个多种语言并存的帝国，不同的地方制度对应不同的地方文化。"由此可见，现代西方人将帝国与国家相提并论。而以当代人的理解去看，路易十四的法国既不是一个完全成熟的帝国，也不是一个真正的民族国家。以清朝君主的视角来看，路易十四和利奥波德一世充其量不过是小国皇帝。争论帝国的真正定义徒劳无功，最有趣的地方或许在于，路易十四的法国证明，就实力而言，未来可能不属于幅员辽阔的庞大帝国，而属于更容易控制、开发和发展的中等规模政体。[2]

无论是作为个人，还是作为统治者，利奥波德和路易之间的对比都十分鲜明。17 世纪中期到 18 世纪中期，路易是许多欧洲君主的模范。他的派头和魅力举世闻名。他的一言一行都散发着威严。他向世人夸耀自己的军事荣耀、情妇和华美宫殿，使它们成为现代君主的风尚。相较之下，利奥波德矮小、丑陋且近视，缺少存在感，完全忠于配偶，不具有尚武精神。一位大使写道，肿胀的嘴唇令他看起来像一头骆驼，尽管大多数骆驼都不戴眼镜。这两个人之间的差异在某种程度上体现在他们的主要宫殿上。凡尔赛宫展示了国王路易的超凡品质和巨大成就，它是一流的、华丽的，甚至带有一定的异教元素。宫殿的各种装饰凸显了他的军事荣耀和征服之路。相比之下，利奥波德的霍夫堡则狭小、保守而朴素，这座石制城堡几乎是利奥波德皇帝个性的一个隐喻。维也纳的面积远小于巴黎，在利奥波德的时代，它几乎就是一座城墙包围之下的前线城镇，而霍夫堡就挤在维也纳城中。在 1683 年那场著名的围城战中，维也纳差点陷于奥斯曼帝国之手。[3]

利奥波德的祖父斐迪南二世（1619—1637 年在位）重申了哈布斯堡家族对天主教和反宗教改革的坚定承诺。在三十年战争的前半段，他已经继位，并将自己视为为信仰而战的战士，以及查理五世和腓力二世的真正继承人。在耶稣会会士的教导下，他是一名虔诚的天主教徒，睡醒后通常会花一个小时祈祷、阅读《圣经》，然后参加两次弥撒，其中一次是为了使第一任妻子的灵魂安息。他将大部分礼拜天和宗教节日都用于宗教反思、仪式和灵修。斐迪南二世确信，他的家族始终致力于上帝的事业，因此得到上帝的支持，这正是其王朝繁荣昌盛的根基所在。有关斐迪南二世最出名的形象和记忆之一，来自三十年战争中的一次失败和危急时刻。当时皇帝"在十字架前的地板上"躺了一个小时，他祈祷道，他只会献身于上帝的荣耀，为了上帝的事业，他将心怀谦恭和忏悔者的真正快乐，承担所有的考验和痛苦。随后，斐迪南回忆道，"祈祷使自己的内心充满希望，彻底平静下来"。他的臣民普遍相信，基督本人曾在十字架上对皇帝说话，向他保证"我不会抛弃你"。在斐迪南统治期间，圣餐、十字架，以及圣母玛利亚的圣灵感孕成为哈布斯堡王朝意识形态和身份认同的核心元素。[4]

直到 18 世纪中期，斐迪南二世的王朝身份认同始终主导着他的后世子孙。利奥波德一世是这种身份认同的完美化身。身为次子，他接受的教育是为了从事教会工作，安分守己地服从于自己的长兄、原本的未来皇帝和王朝首领，这一事实决定了他的个性——虔诚、相当内省的，没有超凡魅力或表演天赋。随着兄长和父亲斐迪南三世的接连去世，利奥波德突然发现，他正在从事一份不适合自己的工作，他既没有接受过相应的训练，也不具备所需的性格。传记作者称他是"一位安静的年轻绅士，满足

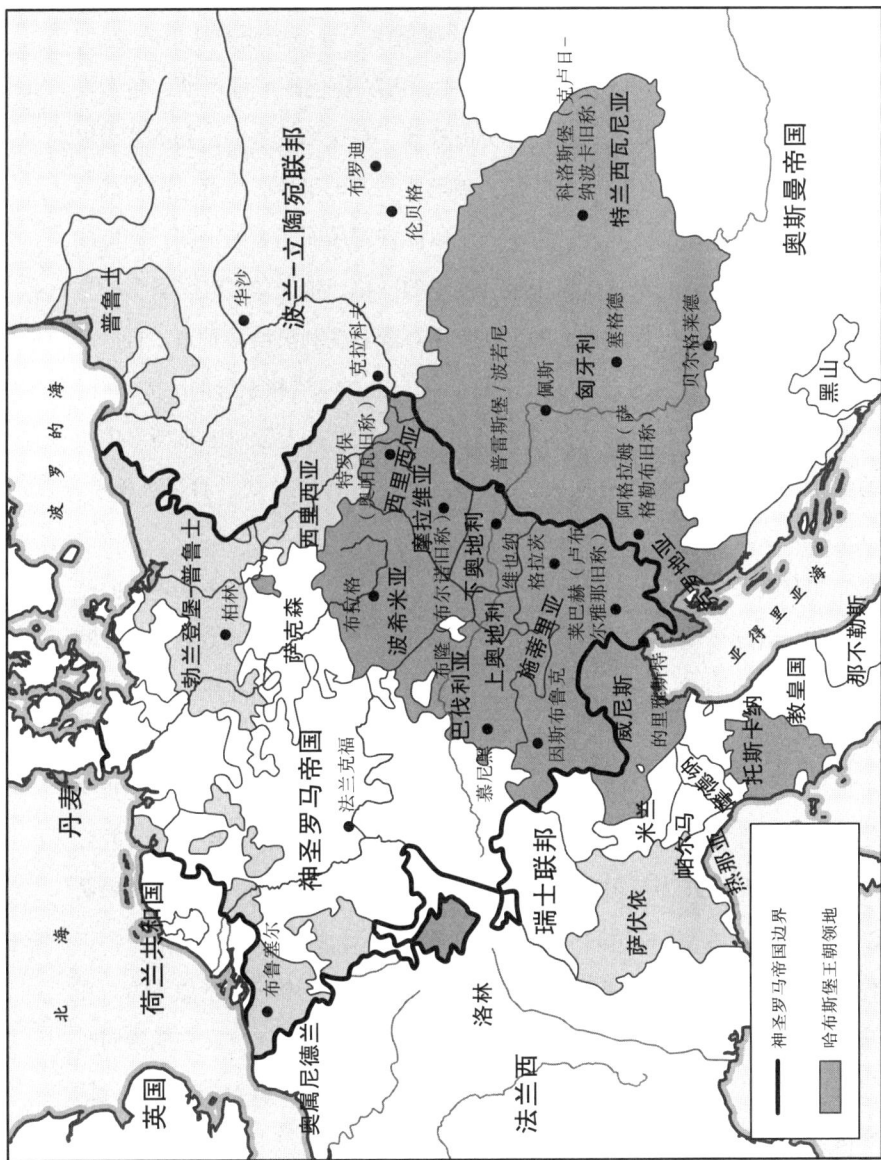

地图 15.1　哈布斯堡王朝领地，1748 年

于让事物一如既往地运转"。迫于无奈，利奥波德一边工作，一边学习统治之术，最初他对自己的能力和判断力缺乏信心，这完全不足为奇。随着时间的推移和经验的积累，他身上多了一丝见多识广且小心谨慎的现实主义气息。他变得善于识人。在他的统治风格中，有一个元素从未改变过：利奥波德丝毫不渴望军事荣耀。1683 年，奥斯曼包围了维也纳，皇帝安全撤退到后方，将军队托付给洛林公爵查理。在这场战争中，利奥波德极度展现了哈布斯堡王朝的一个特征：神圣罗马帝国很少有皇帝试图在战争中亲自指挥军队作战。此外，生于一个以欣赏音乐而闻名的王朝，利奥波德是哈布斯堡家族所有音乐家中最有才华的一位，他创作了许多圣乐。皇帝本人性格谦逊，但他对自己的王朝充满自豪。在利奥波德看来，自己的职责中最重要的就是通过捍卫天主教信仰，树立纯洁和慈善的个人榜样，以及履行"崇高的尘世职务的准神圣角色"，来维持上帝对哈布斯堡家族的保佑。上述所说的"角色"，主要意味着主导许多仪式、游行、朝圣，以及将天主教与王朝及其领地联系起来的仪式。[5]

　　如有必要，人们可能会将利奥波德描述为最接近儒家君主制理想的欧洲皇帝。这种比较并不像乍看上去那么牵强。就在一些耶稣会会士教导利奥波德一世的同时，另一些耶稣会会士正在北京致力于引导康熙皇帝和汉族精英改宗基督教。到当时为止，耶稣会的传教士已经在中国生活了近一个世纪。他们大多赞赏儒家思想，认为它是一种有益于道德伦理、高雅文化和社会秩序的体系。他们相信，天主教可以与儒家实践和谐共存，并弥补后者的不足。作为英国现代公学之父托马斯的儿子、诗人，马修·阿诺德十分钦佩马可·奥勒留的斯多葛派伦理和文化，在某种程度上来说，这种钦佩与耶稣会会士对儒家思想的赞赏如出一辙。马修·阿诺德认为，在马可·奥勒留的斯多葛主义中加入有关救赎和爱的基督教教义，能为同时代英国和帝国统治阶级的形成提供理想的基础。当然，祖先崇拜等部分儒家传统对耶稣会会士来说是有问题的，但耶稣会的传教士相信，这些问题是微小的。从某种意义上来说，天主教会，特别是耶稣会，与哈布斯堡王朝的联盟就是一个先例。哈布斯堡家族没有以儒家方式崇拜祖先，但驱动其认同感和使命感的是他们对王朝命运的深切信仰，它由其历史来彰显，源于对超自然真理由来已久的守护。[6]

利奥波德的长子和继承人约瑟夫一世（1705—1711 年在位）则截然不同，他是这个时代最不典型的哈布斯堡家族成员。他甚至没有这个王朝普遍的身体特征——突出的下巴和下唇。在哈布斯堡家族中，约瑟夫的独特之处还在于，他没有接受耶稣会会士的教导。他从未拜访过玛丽亚采尔的玛利亚圣殿——哈布斯堡王朝和帝国虔敬圣母的主要标志。他的诸多爱情故事和对军事荣耀的渴望，令利奥波德备感震惊。他还有许多将哈布斯堡王朝统治体系现代化的想法，它们同样令人目瞪口呆。1711 年，约瑟夫突然去世，只留下两个女儿，这个王朝在其弟弟查理六世（1711—1740 年在位）的手中恢复了原貌。查理曾是哈布斯堡家族西班牙王位的候选人，1705—1711 年，他曾在西班牙作战，以争取自己的继承权。在动身出征前，他给妻子留下指示，提醒她遵循哈布斯堡家族的传统，献身上帝和圣母玛利亚，他表示，"正是由于这种虔诚，他才见证哈布斯堡王朝的崛起和存续"。直到去世，查理一直坚信自己才是西班牙的合法国王，许多西班牙流亡者也仍旧是他的随从。查理致力于将克洛斯特新堡改造成自己的埃斯科里亚尔，这是他心目中最重要的计划。在世的研究 18 世纪哈布斯堡家族的知名专家称，查理"极其虔诚、偏执"。[7]

哈布斯堡缔结了王朝、贵族巨头和教会的三方联盟，此举代价不菲。特兰托公会议对天主教的定义与新教截然相反。相较于书写的文字、《圣经》和理性的文化，天主教会宣扬更多的是感官、符号和神秘主义。在神学上，哈布斯堡坚持三位一体的基督真实临在于圣餐礼中，信奉十字架的神秘性，崇拜圣母玛利亚，这些是攻击新教的核心元素。文化与宗教的发展势头越来越一致。"视觉、触觉、戏剧和情感，这些都是图像文化：任何与圣言相关的事物都明显缺失。"镇压和大规模移民代价高昂：在 17 世纪 20 年代，仅波希米亚和摩拉维亚就有约 15 万人迁移，其中包括四分之一的贵族。"因为受损的包括新教、资产阶级，以及城镇和城市文化"，哈布斯堡帝国在本质上变得"静止、保守，充满防御性"。自斐迪南二世统治时期到 18 世纪下半叶，哈布斯堡王朝没有诞生任何著名的哲学家或科学家。从欧洲的角度来说，哈布斯堡的经济和智识成了一潭死水。[8]

贵族和教会是哈布斯堡王朝的同盟，他们占据了帝国的大量财富，这一事实加剧了这场倒退对帝国实力的影响。摩拉维亚是帝国的富裕省份之一，在那里，五分之一的农村人口生活在列支敦士登亲王的领地之上，剩余人口则有一半以上生活在大修道院拥有的土地之上。在 17 世纪中期的匈牙利，13 位贵族拥有全国 37% 的土地。卡尼鄂拉的修道院拥有的土地占全省面积的一半。贵族和修道院院长控制着省三级会议，它们管理地方各省。真正的哈布斯堡行政机构只存在于维也纳。在某些地缘政治背景下，这种情况可能影响不大。但在多极的欧洲地缘政治世界中，诸多强敌虎视眈眈，流入中央政府的资源受限，因而这个帝国极易受到攻击。[9]

从表面上来看，查理六世的帝国国力强盛。他拥有西班牙帝国的部分领土，包括富裕的南尼德兰（即今比利时）和整个意大利南部，后者意味着哈布斯堡王朝统治了意大利半岛。与此同时，在萨伏依的欧根亲王鼓舞人心的领导下，哈布斯堡军队征服了整个匈牙利和特兰西瓦尼亚，以及贝尔格莱德的周边地区。通常来说，领土的增加意味着更繁重的军事任务：哈布斯堡王朝（即使不将尼德兰和意大利南部计算在内）的边界也长达 2500 英里（约 4023 千米）。不过，这些边界大多拥有良好的天然屏障，也就是山脉。帝国的核心地带四周群山环绕，多瑙河及其支流在战略、经济和文化上将它整合为一体。然而，即便是多瑙河，也有其局限性：与莱茵河不同，多瑙河不流经欧洲的经济中心地带。此外，哈布斯堡家族也未能控制多瑙河注入黑海的入海口。

最重要的是，神圣罗马帝国被潜在的敌人包围着，它们的资源总和远远超过帝国。外来入侵者可以在哈布斯堡的一些省份找到心怀不满的精英，与之结盟。匈牙利反叛的威胁年深日久、始终不散，在 1741—1742 年的危急关头，就连波希米亚和上奥地利也宣誓效忠新加冕的神圣罗马帝国皇帝、巴伐利亚选帝侯卡尔·阿尔布雷希特，以保留自己的领地，并讨好这个似乎不可战胜的入侵者。到 1700 年，法国的财富和人口均已超过哈布斯堡帝国。随着波旁王朝分支入主马德里，奥地利在 1714 年之后面临强烈危机，法国自多瑙河上游入侵帝国腹地，与此同时，法国和西班牙合力顺波河而下入侵意大利北部。到 18 世纪，奥斯曼人的威胁远不如过去，然而，他们仍有能力在 1737—1739 年击败奥地利，要是他们在战时与传统盟友法国合作，便能牵制哈布斯堡军队的大部分注意力。北方的威胁更加严重。三十年战争期间，斐迪南二世的军队所向披靡，几乎将整个德意志纳入哈布斯堡王朝的统治之下，最终却因瑞典的介入功亏一篑。瑞典败于彼得一世治下的俄国之手，此后威胁消退，但仅仅一代人的时间，普鲁士便取而代之，造成了更大的威胁。[10]

普鲁士本不应该是一个严重的威胁。1740 年，哈布斯堡王朝的皇帝统治着 2000 万臣民，而普鲁士国王的臣民不过 225 万。普鲁士地处多沙、贫瘠的平原，自然资源匮乏，也没有抵御外界攻击的天然屏障。三十年战争期间，霍亨索伦家族被迫坐视自己的领地被敌国军队摧毁。勃兰登堡大选帝侯腓特烈·威廉（1640—1688 年在位）在权力政治中吸取了深刻的教训。在漫长的统治生涯中，他为 18 世纪强大的普鲁士王国奠定了基础。他创建了一套中央行政机构，以监督众多独立的地方机构。他从地方庄园榨取了更多的税收，并利用这些收入创建了一支强大的军队。与法国的战争迫在眉睫，神圣罗马帝国皇帝利奥波德一世需要霍亨索伦家族的支持，为此他于 1701 年授予其普鲁士国王的称号。即便如此，普鲁士在 1700 年也并非一定能崛起为德意志北部的强大势力。例如，萨克森选侯国比普鲁士更富有，并且拥有一支同等规模的军队。它的统治者还是波兰国王。

腓特烈·威廉一世（1713—1740 年在位）的统治改变了当时的局势。腓特烈·威廉摒弃了父亲的奢华宫廷，生活节俭，远离一切文化项目，将每一分钱都花在"硬实力"上，创造了一支规模达 8 万人的强大军队，以及大量的财政盈余。据估计，在腓特烈·威廉一世一朝的鼎盛时期，其军队每次招募的人数超过普鲁士人口的 7%，而查理六世的士兵仅占其臣民的 1.5% 左右。萨克森选帝侯兼国王将德累斯顿变成了欧洲文化明珠之一，但到了 1740 年，他们的军队规模仅是普鲁士的三分之一。普鲁士军队拥有欧洲最训练有素的步兵，18 世纪 40 年代，腓特烈二世（1740—1786 年在位）利用这支军队征服了西里西亚。这是哈布斯堡帝国最富有的省份，它拥有帝国三分之一的产业，贡献了哈布斯堡帝国总税收的三分之一。征服了这一地区，普鲁士的人口几乎增加了一倍，普鲁士就此成为一个大国。很快地，高效的普鲁士行政机构在无须增加税收的情况下，从西里西亚筹到了两倍于哈布斯堡家族在该地区攫取的收入。同时代的人有时将普鲁士描述为斯巴达式的全民皆兵的国家。人们不应该过度发散这种比喻。这位国王对社会的控制力还远不够彻底。在前行之路上，他的障碍包括私有财产、新教良知、近乎自治的贵族庄园，以及腓特烈统治时期城市化的普鲁士逐渐形成的市民社会。即便如此，普鲁士仍然比路易十四的法国更能说明，相较于庞大的帝国，中等规模的王国能够更有效地管理、开发其国内资源，并征取税收。[11]

王室的领导对普鲁士的崛起至关重要。将大选帝侯和国王之职融于一身的腓特烈·威廉一世和腓特烈二世属于历史上最有才干（也最不和善）的世袭君主之列。腓特烈二世不仅是一流的政治领袖和行政长官，还是他那个时代最著名的将军。此外，他还是政治思想家、历史学家、作家、作曲家和出色的长笛手。正如路易十四在巴洛克时期定义了王权标准，腓特烈二世也是开明君主的典范。哈布斯堡王朝的奥地利"女皇"玛丽亚·特蕾莎（1740—1780 年在位）视他为恶魔，因为他公开支持无神论，无情地贯彻现实政治，还盗窃了她最富有的省份。令她惊恐的是，她的儿子约瑟夫二世（1765—1790 年在位）欣赏腓特烈二世竭诚奉献国家、功利主义的王权观念、刻薄的智慧和伟大的军事荣耀，几乎视他为榜样。腓特烈回避一切仪式和典礼，极少参与宫廷社交，全神贯注于自己身为普鲁士国家最高行政长官和军队指挥官的角色。约瑟夫试图在这些方面效仿他。[12]

腓特烈的战争对社会造成了毁灭性的影响。在七年战争期间，普鲁士无情剥削遭到占领的萨克森——几乎提供了约三分之一的战事资金。这场战争埋葬了普鲁士十分之一的人口。欧洲的战争绝不只是"国王的运动"。不过，它的残酷程度远低于中国战国时代的战争。即便是对腓特烈二世这样思想自由的马基雅维利主义者而言，这样的举措也远超其想象和道德底线。在地缘政治方面，普鲁士和秦国之间还有另一个关键性区别。1871 年霍亨索伦家族创建的"钢铁"王国统一了德意志，并在 20 世纪两次试图征服欧洲，造成了毁灭性的影响。与秦国不同，普鲁士并不处于其所属国际体系的边缘地带，因此能够利用腹地广阔这一优势。它的东方盘踞着横跨亚欧的庞大帝国——俄国，后者的干预才是阻止德意志建立一个欧洲帝国的决定性因素。

18 世纪 30 年代末，攫取哈布斯堡帝国的时机似乎已经成熟。帝国军队失去了欧根亲王鼓舞人心的领导，战力不断衰退。那不勒斯被输给了波旁王朝，贝尔格莱德沦陷于奥斯曼帝国之手。由于国家破产，查理六世不得不中途放弃在克洛斯特新堡修道院建造新埃斯科里亚尔宫的计划。最糟糕的是，查理只有两个女儿，长女就是未来的"女皇"玛丽亚·特蕾莎。没有女人可以成为神圣罗马帝国的皇帝，哈布斯堡王朝因此失去了与这一头衔相伴而来的地位和对于帝国部分资源的使用权。虽然查理几乎没有尝试为玛丽亚·特蕾莎的丈夫，即洛林公爵弗兰茨·斯特凡，争取这个头衔，但他确实竭尽全力地为自己的女儿保住了哈布斯堡家族自身所有领地的继承权。所谓的《国事诏书》（Pragmatic Sanction）保障了玛丽亚·特蕾莎的权利，这份诏书得到了哈布斯堡家族所有领地，以及法国、普鲁士等大多数欧洲强国的承认。但在查理死后，竞争对手是否会遵守这个承诺，这一点始终存疑。巴伐利亚和萨克森的选帝侯均迎娶了查理的兄长约瑟夫一世的女儿，他们有理由说，他们的妻子比玛丽亚·特蕾莎更有资格获得继承权。

作为哈布斯堡王朝的继承人，玛丽亚·特蕾莎是欧洲最受欢迎的新娘。如果嫁给巴伐利亚继承人的是她，而非她的堂姐玛丽亚·阿马利娅，欧洲历史可能会走上不同的道路。如果德意志的两个主要天主教王朝统一起来，将形成一个共同抵抗普鲁士扩张的强大共同体。尽管新教徒的经济和文化发展在 18 世纪和 19 世纪位于德意志前列，但是工业革命的腹地有很大一部分位于德意志西部和西里西亚，而这些地区都以天主教徒为主。到 1900 年，德意志的人数、地理位置，以及他们在经济、智识和文化方面的活力，使他们成为欧洲大陆占据领先地位的民族。关键问题是，德意志的实力能否被用于助益欧洲，而不是摧毁它。或许，遵循哈布斯堡帝国的传统，尊重多样性、多种族和法律，兼容并包大多数德意志天主教徒和中欧的其他民族，可以在某种程度上解决这个难题。相较于 20 世纪普鲁士传统的继承人的所作所为，这样做的结果很难会更糟糕。

由于王朝的偶然性，玛丽亚·特蕾莎无法与巴伐利亚联姻。从个人和遗传等层面而言，洛林的弗兰茨·斯特凡是她更好的丈夫人选。1683 年，弗兰茨·斯特凡的祖父曾解过维也纳之围。他在奥地利宫廷长大，这对年轻情侣坠入了爱河，他们的幸福婚姻一直持续到 1765 年弗兰茨·斯特凡去世。不仅是查理六世及其妻子不伦瑞克-沃尔芬比特尔的伊丽莎白-克里斯蒂娜公主，还有玛丽亚·特蕾莎和弗兰茨·斯特凡，均无很近的血缘关系。她生育了 16 个孩子，其中有 10 个比她活得更久。事实证明，这些孩子大多才智过人、能力非凡。相较之下，巴伐利亚最有可能迎娶玛丽亚·特蕾莎的选帝侯继承人马克西米利安三世·约瑟夫，在婚后没有留下子嗣。如果他娶了表亲（他的母亲和特蕾莎是堂姐妹）玛丽亚·特蕾莎，遗传结果可能十分不幸。

玛丽亚·特蕾莎所受的教育不低于同时代德意志天主教诸侯国王子的平均水平。主要区别在于，她没有受到任何有关法律的教育。正如更开明的奥地利贵族开始意识到的那样，典型的天主教教育——通常指耶稣会的教育——根植于古典历史，以及亚里士多德和阿奎那的学说，远不如德意志北部大学提供给新教精英的教育。与地位相同的天主教男性一样，玛丽亚·特蕾莎对托马斯·霍布斯、勒内·笛卡尔、塞缪尔·冯·普芬道夫和克里斯蒂安·沃尔夫一无所知，而他们是现代德意志的政治、管理、哲学和法律思想的主要来源。年少时的宫廷生活给了她一些在精英阶层内部处理个人关系和庇护关系的经验：无论是在维也纳，还是在其他任何君主制政权，这都是政治的重要内容。查理六世在自己的政治委员会和军事委员会中为弗兰茨·斯特凡提供了位置，却没有给自己的女儿留下一席之地。

玛丽亚·特蕾莎深爱弗兰茨·斯特凡，称他是"最好的丈夫"，然而，在 1740 年 10 月继位之后，她立即明确了谁是主导者。从 1745 年起，弗兰茨成为神圣罗马帝国皇帝，玛丽亚·特蕾莎只是皇后，但实际情况并非如此。此时，哈布斯堡家族的权力比以往任何时候都更加依赖王朝的世袭领地，而不是他们获得皇帝头衔的神圣罗马帝国。在整个统治期间，玛丽亚·特蕾莎不仅是其帝国的首席政治官员，还是首席行政长官。作为王朝领袖和哈布斯堡传统的继承人，这符合她对自身职责和权利的强烈认知。这还与她坚定的意志和强大的个性相匹配。无论是作为官僚机构的首脑和最终决策者，还是作为人员任免的负责人，她都十分勤奋。她认真地履行了统治者的仪式职责。与此同时，她还生下了 16 个孩子，而且相较于一般的 18 世纪皇后，她对孩子投入了更多的感情，也更加"亲力亲为"。这一点恰好说明，"女皇"拥有非凡的耐力和韧性。她兼具情商和智商，不仅天生便能洞察人的心灵，还将此种能力与健全的判断力、美貌和热情融于一体。她选贤任能，获得了高级顾问强烈而持久的忠诚，仅有少数失败案例。[13]

在成为统治者的第一年，玛丽亚·特蕾莎就面临了一场严重的危机。法国、普鲁士、巴伐利亚和西班牙的军队占领了帝国的部分地区。在 1741 年至 1742 年的冬天，哈布斯堡帝国似乎处于分裂的边缘，留给玛丽亚·特蕾莎的可能只剩匈牙利女王的头衔。哈布斯堡帝国能够幸免于难，部分原因在于利用巧妙的外交手段，分裂了敌人，获得了英国和荷兰的援助。帝国的"战略纵深"允许从未受入侵的南部（边境）和东部（匈牙利）省份调动大量资源。而此举能够实现，完全是因为奥斯曼帝国在此期间保持中立，不具威胁。在应对危机时，玛丽亚·特蕾莎展现了非凡的勇气、精力和政治手腕。关于她的应对，最著名的一段是她在匈牙利的加冕典礼，当时她做出前所未有的、直抒胸臆且情感丰富的呼吁，向匈牙利的精英寻求支持。一位历史学家称她对匈牙利议会的操控如同"一次公关胜利"。这无疑充分地展示了她的作秀能力和动员公众情感的能力。1740—1745 年是玛丽亚·特蕾莎的辉煌岁月。后来，她的朋友和导师埃曼努埃尔·席尔瓦-塔罗卡伯爵回忆说，在这一时期，年轻的"女皇"需要"学习统治的基础技能"。她努力工作，几乎以一当四，还每年生一个孩子，即便如此，她仍然有足够的精力去骑马、跳舞、社交，用魅力、活力和谈话鼓舞每个与她相见的人。"她有时间去做所有事，而且能够做得很好。"[14]

1748 年，和平终于降临，代价是割让西里西亚。在接下来的 15 年里，玛丽亚·特蕾莎一直致力于收复该省，惩罚腓特烈二世的背信弃义。为了报复普鲁士，她主要在三个领域做了准备工作：国内行政管理和财政；军事；外交。玛丽亚·特蕾莎在奥地利和波希米亚各省进行了激进的行政改革，使国家税收翻了一番。她以一些地方庄园在战争期间的不忠罪行为把柄，还利用了他们对腓特烈近在眼前的新教统治和剥削政权的恐惧。新的收入被用于创建一支与普鲁士军队规模相当、实力相差不多的军队。最引人注目的是，18 世纪欧洲最精明的政治家和外交官之一文策尔·安东·考尼茨伯爵（后来的亲王）联合奥地利、法国、俄国、瑞典，共同对抗普鲁士。他最大的成就是让路易十五放下了法国几个世纪以来对于哈布斯堡王朝的敌意，愿意提供支持。[15]

同盟的实力远超普鲁士，本应在 1756—1763 年的七年战争中取得胜利。然而，同盟未能取胜，原因在于法国将领无能、俄奥军事行动协同困难，以及糟糕的运气。哈布斯堡最高指挥部的过度谨慎和派系分裂也是一个重要原因。作为女人，玛丽亚·特蕾莎只能坐镇维也纳，奋力敦促将军们英勇进攻，恳求他们牺牲自己的个人野心，献身于更高尚的（即她的）事业。相较之下，身为君主和战场指挥官的腓特烈二世可以粉碎派系内斗，将自己的好战思维强加于麾下诸将。七年战争成本高昂，看似不可战胜的同盟惨遭失败，促使玛丽亚·特蕾莎在剩余的统治岁月里反对战争和冒险的外交政策。不过，这完全没有降低她对考尼茨的信心。18 世纪 60年代和 70 年代，考尼茨成了她最有影响力的顾问，不仅在外交政策方面影响显著，在关键的国内问题上也举足轻重。[16]

1765 年，弗兰茨·斯特凡去世，玛丽亚·特蕾莎悲恸欲绝。他们的长子约瑟夫二世继位为神圣罗马帝国皇帝。醉心于理性、功利主义和现实政治的新帝对这个职位不感兴趣。对他来说，更重要的是与母亲共治哈布斯堡王朝的权力。玛丽亚·特蕾莎保留了最终决策权，但在其统治的最后15 年里，约瑟夫的影响力变得越来越大。母子二人很少意见一致。在某种程度上来说，这是两个固执己见者之间的冲突，他们接受的教育就是为了实行最高统治权。两人之间的代沟导致了关键政策上的分歧，尤其是有关宗教的问题：玛丽亚·特蕾莎虔诚信奉哈布斯堡的反宗教改革和巴洛克文化，而约瑟夫信奉启蒙思想，推崇功利主义和理性。至于外交政策，约瑟夫穷兵黩武地贯彻现实政治，常常使他的母亲深感震惊，充满恐惧。他们的统治方式也有所不同。玛丽亚·特蕾莎通过维护个人关系、培养忠诚和信任来进行管理。而约瑟夫在处理人际关系方面的无能众所周知，他倾向于将统治视为操纵官僚机器的权术。这对母子均以自己的方式深爱着对方，他们将意见不合视为分歧乃至背叛，这为他们的关系增加了更激烈的情绪，使之变得更加反复无常。[17]

在这一时期非凡的三头政治中，考尼茨亲王相当于第三个支柱。约瑟夫和他的母亲一样，钦佩考尼茨的智慧：即便是在玛丽亚·特蕾莎去世之后，情况仍然如此，当时约瑟夫是唯一的统治者，而考尼茨几乎是唯一在某种程度上受到他尊重的顾问。在共治期间，这位总理大臣成了哈布斯堡皇室两位成员之间的调解人和平衡者。这考验了他的神经，但也增加了他的影响力，使他变得不可或缺。考尼茨本人古怪而自负，对人们的轻视极度敏感。他还患有疑病性神经症，畏惧新鲜空气和雨水，在危机时刻总是倾向于托病在床。哈布斯堡政府这三位首脑人物的关系，充斥着暴怒的情绪，以及辞职、绝交和退位的威胁。他们拥有一部好歌剧所需的素材。这部歌剧的人物和剧本精彩纷呈，但人们的注意力不应该完全被它们牵引，忽视这三人治下的政权具有的根本特征。玛丽亚·特蕾莎从未想过要剥夺约瑟夫的继承权。约瑟夫也一样，他甚至无法想象使用法外的手段取代母亲的可能性。将军队引入王朝政治同样是不可想象的。欧洲王朝的法定权利已经深深植根于普遍为人所接受的法律和合法性观念之中。神圣罗马帝国是历史上最信奉法律的帝国，他们作为这个帝国的君主长期实行统治，为这一欧洲传统增加了哈布斯堡王朝强有力的一笔。[18]

尽管顶层领导者脾气暴烈、意见不合，哈布斯堡王朝在玛丽亚·特蕾莎统治的最后几年仍旧取得了不少非凡的成就。中央政府的总收入从1763 年的 3500 万弗罗林增加到 1780 年的 5000 万弗罗林。军队扩充到30 万人，波希米亚建立起一排堡垒，阻止了腓特烈二世在 1778—1779 年的入侵。中央政府机构的协调能力和效率显著提高，此外，借由在省、地区两级进行的机构扩充，它首次得以有效地干预其治下农民的生活。玛丽亚·特蕾莎统治时期的一个关键潜在问题是，如果国家想要在竞争激烈的欧洲地缘政治世界中生存下来，就必须从农民的剩余中获得更大的份额。

随着官僚机构的下沉，玛丽亚·特蕾莎越来越意识到，只是粗暴地更用力压榨农民，既不道德又效率低下。1770—1771年的可怕大饥荒充分证明了这一点。约瑟夫巡游地方各省时留下的详细记录也证明了这一点。在统治的最后几年里，玛丽亚·特蕾莎一直朝着激进改革的方向前进，这些改革旨在提高农民的合法权利，使他们过上安稳、富裕的生活。

玛丽亚·特蕾莎最大的成功可能在于初等教育改革，这是她一心追求的事业。到她统治结束时，国内的6000所学校已有20余万学生，以及人数迅速增加的训练有素的教师骨干。玛丽亚·特蕾莎在教育改革方面的主要指导者是约翰·费尔宾格，他是奥古斯丁修道院的院长，但出身普鲁士。与许多君主一样，"女皇"吸纳了许多来自哈布斯堡王朝核心区域之外、不符合哈布斯堡传统的专家的意见。不过，到了18世纪70年代，她已经通过努力创造了一个受过良好教育的本土官僚精英阶层，致力于开展德意志启蒙运动的适度改革。它的口号是国家领导改革，以提高群众的经济、法律和文化地位，进而促进整体的经济繁荣，增加政府税收。

弗朗茨·冯·格赖纳是这个新精英阶层的成员，作为哈布斯堡政府核心的关键人物，他主导了初等教育的激进改革，承受行政部门和贵族的诸多批判。格赖纳将现代国家官员的公共服务观念和专业能力，与对君主深厚的个人忠诚和近乎信仰的崇拜结合在一起，在这一方面，他堪称典范。他的妻子夏洛特·希罗尼穆斯是玛丽亚·特蕾莎的服装师、发型师和朗读者，她早已成为"女皇"所有家仆中最忠诚、最可信的人。玛丽亚·特蕾莎"拯救"过一些新教孤儿，让他们改宗天主教，并负责他们的教育，为他们提供工作。夏洛特·希罗尼穆斯是这些孩子中最聪明、最成功的一个。弗朗茨·冯·格赖纳和夏洛特·希罗尼穆斯的故事概括了玛丽亚·特蕾莎的双重角色：她既是哈布斯堡帝国的最高行政长官，也是其民众的天主教母亲。[19]

18世纪50年代，玛丽亚·特蕾莎写下两份遗嘱，1765年，当18岁的儿子利奥波德动身继承托斯卡纳大公之位时，她给出诸多指示，通过她本人所写的这些文字，我们可以清晰地理解她对自身角色的认识，以及她对如何成为一位有力统治者的观点。她对君权的认知遵循了哈布斯堡王朝的传统。这个王朝因代代献身于上帝的事业而获得他的支持和祝福，并借此实行统治。她的主要信念是"唯信上帝，全能的上帝选中我担任此职，绝非出于我的愿望或行动，因此他将使我臻于完善，完成这项天赋使命"。

18 世纪 40 年代早期，一系列近乎灾难的事件告诉她，如果哈布斯堡家族想要存续下去并完成他们的使命，她必须对父亲留下来的国家进行深度改革。诸多改革的基础在于，皇帝必须占有更多的帝国收入，而这势必会牺牲精英阶层的利益。"女皇"绝非社会平等主义者。贵族阶层是她的天然盟友，其权利和地位必须得到尊重。君主制和等级制对于一个公正、有序而繁荣的社会的存亡十分重要。但在这个社会秩序之中，君主是其民众的母亲，是他们对抗不公和压迫时的唯一保护者。她告诉利奥波德，要将这种责任置于一切私人利益和感情之上，这对君主制的合法化、哈布斯堡王朝的繁盛，以及王朝使命的实现至关重要。[20]

玛丽亚·特蕾莎写道，她不会试图给予儿子有关统治托斯卡纳的详细建议，因为统治者只能在密切了解其国家和民众的情况下才能采取行动。利奥波德必须致力于获取这些知识，而在做到之前，他不能做任何重大决定。成为优秀的统治者没有捷径，勤奋必不可少。想要凌驾于众多顾问的不同观点和利益之上进行仲裁，君主必须深入细节，积累知识和经验，并形成自己的观点。"高居王座之上，想要获得真相千难万难，或许它被层层掩盖，让人们无法辨识。"利奥波德绝不能留下任何一个对他撒谎或故意掩盖全部真相的顾问。他必须公开将其贬黜，以警示他人。他不能立即或轻易地相信任何人，不过，一旦谨慎地考验了某位大臣，他就必须给予完全的、无条件的支持。密切监督官员是有必要的，但是公开削弱他们的权威或背着他差遣其下属，会降低管理效率，这样做永远都是错误的。他绝不应该不假思索地当即向请愿者或顾问做出任何承诺。他必须学会在不伤害人们自尊的前提下礼貌地说"不"。面对恶棍，他必须态度强硬，必要时施加惩罚，但不能因此变得心肠冷硬，也不能忘记作为君主应有的仁慈。他必须言行正直，严格遵守道德和宗教原则，垂范臣民。即便利奥波德业已成年，"女皇"仍然一如既往地在信中提醒他进行晚祷，即便他只是轻微不适，也让他每日给她和她的私人医生发送报告，此外，还要求他移走居所和宫殿中所有的裸体雕像和画作。[21]

1780 年，玛丽亚·特蕾莎去世，此后约瑟夫二世独自统治了十年。激进的改革原本因其母亲的谨慎和保守而受到制约，现在却极为迅速地接连展开。首先，是给予新教徒和犹太人宗教宽容和完全的公民权利。其次，大幅减少农民欠领主的债务，这使许多小贵族面临破产的威胁。与母亲不同，约瑟夫将他的宗教改革和土地改革扩展到了帝国核心领地之外的区域。他撕毁了匈牙利和比利时各省的法规，强制推行精简、专制的新制度，将地方介入的可能性降到最低。在外交政策上，他第二次尝试用巴伐利亚交换奥属尼德兰，仍以失败告终，在此过程中，他坐视腓特烈二世创建了一个几乎包含神圣罗马帝国所有主要诸侯的联盟，并领导它们直接对抗哈布斯堡王朝的进攻。1781 年，约瑟夫与俄国缔结联盟，导致奥地利在 1787 年卷入与奥斯曼帝国的战争，当时神圣罗马帝国内部的反对势力已经发展到顶峰。到 1789 年底，尼德兰全面爆发起义，哈布斯堡军队和行政机构被彻底驱逐。匈牙利的反叛也发展得如火如荼，其领导者希望推翻哈布斯堡王朝，另寻一位异国君主。普鲁士有意支援匈牙利，入侵似乎迫在眉睫。与此同时，奥地利各地和波希米亚的精英也怒不可遏。面对帝国崩裂的危机，约瑟夫撤回了许多主要改革。1790 年 2 月，约瑟夫去世，他的墓碑上刻着自己留下的铭文，他说自己是一位一事无成的君主。

约瑟夫有许多值得称道之处。他勤奋地为国家和公共利益服务，牺牲了自己全部的闲暇时间，不知疲倦地工作缩短了他的生命。在他的诸多进步的改革之中，最重要的一些得以幸存：包括宗教宽容和刑法彻底的人性化。其他旨在改善农民命运的改革，也为未来提供了指路明灯。约瑟夫的公共服务精神和开明的进步思想，一直影响着官僚精英，直到 1918 年帝国倾覆。为了实地了解真实情况，约瑟夫多次不辞劳苦地巡视整个帝国，这一举动在公众的想象和记忆中留下了浓墨重彩的一笔。在巡行过程中，他接见普通民众，听取他们的请愿，他对成千上万普通民众的亲切和仁慈，为他赢得了更多的赞誉。纵观 19 世纪，对这位"人民的皇帝"的记忆始终在加固这个王朝的合法性。在约瑟夫看来，广开言路是了解公众动向、约束官员不当行为的一种手段。他承认，官吏有时可以在他偶尔视察时遮蔽他的耳目，但他补充道，"如果多来几次，观察变化，倾听民众的抱怨，你会知道日后可以任用（谁），你评判他人的行为……最后，你或多或少地可以判断大臣们的能力和热忱"。他可能会补充说，现场考察成功地使中央政府（他的母亲更是如此）认识到边远地区普通民众的真实生活，以及他们承受的苦难和不公。[22]

约瑟夫的错误并非全部归咎于他本人。玛丽亚·特蕾莎生前最后几年就在计划进行激进的土地改革，以改善农民生活。18 世纪 80 年代，考尼茨是哈布斯堡王朝外交政策的制定者之一，他的野心不亚于皇帝。而与俄国结盟正是这一政策的基石，支持这一同盟事出有因。18 世纪 60 年代和70 年代，俄普同盟明显威胁着奥地利。1781 年，俄奥同盟为奥地利赢得了俄国的支持，倘若普鲁士发动进一步入侵，奥地利不会再两面受敌。考尼茨和约瑟夫对俄国在巴尔干半岛的野心均不抱幻想，但他们都认为，更安全的是与俄国结盟，设法约束它，一旦有必要，就在奥斯曼帝国支离破碎时共同分享战利品。如若不然，后方遭受普鲁士威胁的奥地利，只能坐视俄国吞并奥斯曼帝国，这显然不如人意。约瑟夫和考尼茨并未料到，奥斯曼帝国竟然会在 1787 年不顾一切地进攻俄国，这迫使奥地利不得不履行援助俄国的义务。他们更没有预料到，当 1790 年普鲁士的威胁逼近时，俄国正陷于与奥斯曼和瑞典的战争之中。

然而，不能否认的是，约瑟夫在许多方面同时采取的声势浩大的激进举措往往总是冒着灾难性的风险。玛丽亚·特蕾莎则远比他谨慎和现实，不会让自己的帝国面临这样的风险。她处事谨慎，从不与匈牙利精英对立，她从比利时各省获得了丰厚的收入，却从不挑战各省的古老法规及其精英的保守心态。关于这些问题，她警告过约瑟夫。在 1765 年对利奥波德的指示中，她强调自身统治的一个关键原则：专制在哈布斯堡帝国（和托斯卡纳）的作用不大。成功在于赢得人心。约瑟夫拒绝采纳这个建议。他无视资深、忠诚和开明的顾问们的请愿，拒绝承认自己的政策正招致灾难。

这在一定程度上反映了他固执、自以为是且傲慢的性格。列支敦士登王妃埃莱奥诺雷几乎比其他任何人都更了解约瑟夫，在约瑟夫开始独自统治后，王妃预言他会带来麻烦，因为"他刚愎自用"。皇帝十分聪明，他确信自己的智力高于身边的人。对于君主而言，这是一个危险的缺点，因为这意味着没有人能够质疑或反驳他们。在外交和军事事务上，约瑟夫会倾听考尼茨和陆军元帅弗朗茨·莫里茨·冯·拉西的意见，偶尔甚至会听从他们的建议，但在国内政策方面，他独断专行。此外，皇帝无法设身处地地理解他人，在伤害他人情感时，几乎像是患有自闭症。在皇帝眼中，只有少数人与他智力相当，堪称他的友人，其中之一就是他的弟弟利奥波德。不幸的是，身为王朝首领，约瑟夫对待自己兄弟姐妹的方式比对待普通臣民更加专制、粗暴。他坚持将托斯卡纳重新纳入哈布斯堡帝国，要求掌控侄子们的教育和职业，这些无情的举动使利奥波德与他彻底疏远。[23]

约瑟夫不善于处理个人关系，不仅如此，他信奉的启蒙思想对任何帝国统治者而言都具有天生的危险性。他相信，制度、同质性和理性是国家建立的关键原则。但是他的帝国由不同的历史群体组成，他能够获得统治他们的权利，是植根于历史、传统和家族继承等法律的结果。哈布斯堡帝国治下的领地形形色色，拥有各自的世袭私产、权利和特权，与赋予哈布斯堡王朝世袭统治权的法律具有相似的原则。仅靠自然法、功利主义和理性的抽象原则，无法统治帝国，使之绵延不绝。从这个意义上来说，约瑟夫的政策是一条死胡同，无法通往未来。[24]

约瑟夫有两段婚姻。他的第二段婚姻无关爱情，没有子嗣，且十分短暂。而他与帕尔马的伊莎贝拉的第一段婚姻虽然同样短暂，却是他人生中的情感高潮。伊莎贝拉的母亲是法国国王路易十五最喜爱的女儿路易丝·伊丽莎白公主。与玛丽亚·特蕾莎大多数子女的婚姻一样，这段婚姻也是为奥地利的主要外交政策服务，即与法国结盟。伊莎贝拉比约瑟夫小一岁，智力比后者优秀，情商和心智成熟度更是比后者高得多。在维也纳，她与约瑟夫最聪慧、最机敏、最有艺术天赋的妹妹玛丽亚·克里斯蒂娜女大公建立了深厚的情谊。玛丽亚·克里斯蒂娜的丈夫萨克森的阿尔布雷希特王子称，伊莎贝拉"确实是一个令人惊讶的女人"，当她抵达维也纳时，"还不到 20 岁"，然而，她"不仅被赋予了所有值得赞赏的美德……同时还拥有在最有成就的年轻男子身上所能期待的全部知识和天赋……她接受了全面的教育……不仅了解她所属阶层的女士必备的知识，还了解抽象的数学，乃至战术。她将这些与一些特殊的天赋融为一体，比如音乐、素描和绘画，她能够完美地演奏小提琴，对于某些手艺，她可以指导被雇用的工匠；她在写作时展现了出色的技巧和非凡的才思"。[25]

伊莎贝拉幸存下来的作品涉及贸易、教育、同时代的法国哲学和宗教沉思，也有零散的自传片段。自传中有她对自身王室公主生活的反思，她写道："她的命运无疑是最不幸的。""地位非但没有给她带来些微好处，反而从她身上剥夺了（其他人）人人皆有的人生至乐——陪伴……她不得不生活在这个庞大世界的中央，这意味着，她既没有熟人，也没有朋友。这还不是全部。最终，人们竭力逼迫她。她被判处放弃一切，她的家族，她的国家——为了谁呢？为了一个未知的人，一个她不了解其性格和思维方式的人……她不得不为所谓的公共利益做出牺牲，然而，真正让她牺牲的是一个大臣的糟糕政策，他再没有别的办法让这两个王朝缔结同盟，他宣称这个同盟牢不可破，但它初时看似有利，最终却仍破灭了。"约瑟夫对伊莎贝拉的爱起初笨拙而稚嫩，后来却变得深刻。与过往所有宫廷和王朝的情况不同，当她因为天花而奄奄一息时，他坚持要陪在她的身边。妻子的去世令他悲恸欲绝，1770 年，他们挚爱的独女夭折，年仅 8 岁，这给了他进一步的打击。所有的君主都是孤独的，而约瑟夫的性格、政治信仰和职业道德使他异常孤独。如果他的妻子和女儿还活着，他或许会成为一个情感更加完善的男人，更能理解别人的感受和观点。这本身就会产生重大的政治影响。此外，伊莎贝拉或许可以提供值得信赖的政治建议和现实主义观点。[26]

1790 年 2 月，约瑟夫去世，哈布斯堡帝国因此面临存亡危机，十分幸运的是，皇位被 43 岁的利奥波德大公继承，他已统治托斯卡纳 25 年，经验丰富。在玛丽亚·特蕾莎的儿子中，利奥波德是最聪明的一个。著名国际关系史学家保罗·施罗德称，利奥波德是"有史以来最精明、最睿智的君主之一"。他注定要继承父亲的托斯卡纳大公国，因此他接受的是未来统治者的教育，而不是次子的教育。利奥波德比约瑟夫小 6 岁。当他进入青春期时，维也纳的启蒙运动已经开始了。教育他的老师比约瑟夫的老师更优秀，与他母亲的老师相比，就更是如此。利奥波德一生热爱阅读。他的智慧和博学给他那个时代一些最伟大的人留下了深刻印象。他醉心于科学、技术和经济，但也十分关注哲学，对历史更是尤其重视。他致力于教育自己的孩子，彻底改革托斯卡纳的公共教育，并因此而闻名。同样出名的是，他日益沉溺女色，这几乎是他逃避衰老和统治压力、释放情绪的主要方式。[27]

利奥波德很幸运，他在 1765 年继承了托斯卡纳的统治权。哈布斯堡王朝和波旁王朝的亚平宁半岛之争持续了数个世纪，此时两个王朝的结盟为半岛带来了独特的一代人的和平时光。在托斯卡纳大公国内，古老的司法管辖权和特权错综复杂。1764 年，大公国遭受了一场严重的饥荒，这是意大利历史上距离我们最近的一次大饥荒。利奥波德的教育、法律、经济和文化政策将大公国变成了一个开明改革的实验室，并为他赢得了整个欧洲和北美地区进步人士的尊重。本杰明·富兰克林是他的众多通信者之一。利奥波德赞同约瑟夫对宗教的大部分观点。他的一些政策旨在减少教皇对神职人员的控制，这甚至超出了托斯卡纳改革派神职人员愿意遵从的范围。与兄长的差异在于，当利奥波德意识到这一点时，他及时妥协，并不需要他人的强迫。这反映了两兄弟之间的基本性格差异，这种差异对他们的统治方式产生了重大影响。对于批评和反对，利奥波德更加平和、小心谨慎和灵敏。他更愿意放下骄傲，在必要时，他甚至愿意退让。他具备一定的情商和同理心。

在人生的前 30 年里，利奥波德基本上和约瑟夫关系良好。后来，他们关系恶化，但由于利奥波德的谨慎和约瑟夫的迟钝，皇帝永远不理解他弟弟有多愤怒。关系破裂的核心问题在于，约瑟夫决心在利奥波德继承大公之位后，将托斯卡纳重新纳入哈布斯堡帝国。在利奥波德看来，这是对其毕生事业的威胁，但他无法反对王朝的首领，更何况，约瑟夫还掌握着他诸多子女未来的事业和婚姻。更本质来说，这两个人的政治原则存在严重分歧。利奥波德与约瑟夫不同，他不热衷于战争和军队。他认为，吞并更多的领土对哈布斯堡王朝而言可能会适得其反，而且获得新的领土只能依靠危险且代价高昂的战争。利奥波德还是一位坚定的宪政主义者。正如他写给玛丽亚·克里斯蒂娜的信件所称，好主意不能强加于人，必须与社会进行商讨并使其信服。对于健全的政府而言，代议制机构必不可少。利奥波德是一位做事有条不紊、行事高效、小心谨慎的管理者和改革家。尽管托斯卡纳大公国规模有限，他在全面推行改革之前，仍会在某个地区耐心地进行试验。在他看来，约瑟夫在哈布斯堡帝国范围内同时实施多项激进改革的策略，效率低下且危机四伏。18世纪80年代末的多个事件证明，他是正确的，因此他越来越担心约瑟夫会摧毁哈布斯堡帝国和家族遗产。

利奥波德希望在约瑟夫去世之前远离维也纳，他的愿望很有道理。无疑，他担心与兄长的政策扯上关系而陷入危险。如果想要避开灾难的旋涡，他必须使他的臣民相信，约瑟夫之死意味着与过去的诀别。1790年2月，约瑟夫去世，利奥波德立即在他的声明，以及与地方精英的会议中明确表示，他坚决致力于在被治者同意的基础上进行管理，且不会采取约瑟夫激进、有争议的政策。事实上，新皇帝并非反对兄长的一切措施。他成功地保留了一些政策，还准备在时机成熟时，以更温和的方式重新推行其他一些政策。但是利奥波德敏锐地意识到，他必须将自己塑造成反对派运动的首脑，在公众眼中，他必须是事件的主导者，而非大众需求的应声虫，因为这意味着软弱，会招致进一步的压力。他的承诺很快就满足了奥地利和波希米亚精英的舆论。这时，他的首要任务是处理匈牙利反叛和普鲁士入侵造成的危险，重新征服比利时，以及结束与奥斯曼帝国的战争。

利奥波德很快意识到，第一步必须缓和与普鲁士的关系，即使这意味着他需要停止以牺牲奥斯曼帝国为代价获得领土（在他看来，这没什么意义）。这一目的因适度而巧妙的外交手腕而得以实现，1790年7月，奥地利和普鲁士签订了《赖兴巴赫协定》（convention of Reichenbach）。随着普鲁士的援助化为泡影，匈牙利叛军降低了要求。双方达成妥协，基本上恢复了玛丽亚·特蕾莎去世时的状态。利奥波德对宪法的热情因匈牙利绅士的抵制而遭到削减，但是他小心翼翼地掩饰自己的胜利，允许匈牙利反对派贵族在保留尊严的情况下撤退。随着普鲁士和匈牙利问题的解决，收复比利时各省变得格外容易。利奥波德加冕为神圣罗马帝国皇帝、匈牙利国王和波希米亚国王，这象征着国内危机的结束。这恰好发生在法国大革命的国际影响在奥地利和欧洲爆发之前。1792 年 3 月 1 日，利奥波德突然去世。不然，即使他拥有非凡的智慧和政治技巧，也无法避免在接下来的 23 年里席卷欧洲的战争和动乱。[28]

如果不关注玛丽亚·特蕾莎的女儿们，那么对这个时代的哈布斯堡王朝的研究将是不完整的。在她、约瑟夫和利奥波德的眼中，她们大多数都是王朝外交政策的棋子。为了支持与法国的结盟，她们中有三位嫁给了波旁王朝的王子。例外的是玛丽亚·克里斯蒂娜女大公，她是母亲最喜爱的女儿，被允许与萨克森选帝侯的第六个儿子自由恋爱、走向婚姻，她拥有无穷无尽的礼物，"女皇"甚至允许她拥有巨大的权势。玛丽亚·克里斯蒂娜是一个极其聪慧、天赋过人的音乐家和画家。生日与母亲相同，似乎被玛丽亚·特蕾莎视为自己的再生。不可避免地，兄弟姐妹嫉妒母亲给予她的权势和庇护。约瑟夫继位后，遵循古老的哈布斯堡传统，任命玛丽亚·克里斯蒂娜及其丈夫阿尔布雷希特公爵共同担任尼德兰总督，但皇帝不允许他们拥有任何权力，并且无视他们明智的建议和警告。由于对约瑟夫的政策感到绝望，她与年轻自己 5 岁的利奥波德走到了一起。他们拥有共同的政治观点，均迫切希望能够拯救哈布斯堡王朝，这是两人联盟的基础，不过，没有子嗣的玛丽亚·克里斯蒂娜决定将利奥波德之子卡尔作为自己巨额财产的继承人，此举加快了联盟的进程。卡尔患有癫痫，受到约瑟夫的轻视。而利奥波德和玛丽亚·克里斯蒂娜颇为欣赏他的品质。在法国大革命时期和拿破仑时期，他成了奥地利最杰出的大将。[29]

玛丽亚·阿马利娅比玛丽亚·克里斯蒂娜小 4 岁，她嫁给了帕尔马公爵费迪南多，新郎比新娘小 5 岁，父母均出身波旁家族。他与约瑟夫挚爱的第一任妻子是姐弟。玛丽亚·特蕾莎一直质疑阿马利娅，认为她是自己最任性、最不听话的女儿。作为公爵夫人，玛丽亚和丈夫不仅公然反抗玛丽亚·特蕾莎，还公开违背费迪南多的祖父，即西班牙国王，以及外祖父，即法国国王，这令玛丽亚·特蕾莎无比震惊。婚约缔结时，每个人都对年轻的费迪南多公爵抱有极高的期待。他和姐姐伊莎贝拉一样，受过良好的教育，在童年和青少年时期就已经展现出非凡的智力和学习热情。教育他的是杰出的教师，他们是法国启蒙运动的追随者。接下来的故事与中国明朝的万历皇帝十分相似。一个被誉为神童、似乎还欣然接受了最高水准的严格教育的男孩，后来却"突然陨落"，成为一个巨大的遗憾。在费迪南多的故事里，叛逆表现为拒绝一切与启蒙运动有关的事物，并终生在谦卑的宗教朝圣者中祈祷。与大众宗教偶尔出现的情况类似，祈祷和禁欲往往穿插着断断续续的狂欢和自责。费迪南多唯一值得称道的地方在于，身为帕尔马公爵，他能造成的麻烦远远小于中国的皇帝。[30]

女大公玛丽亚·卡罗琳娜是玛丽亚·特蕾莎年龄第二小的女儿，她的丈夫是西班牙国王卡洛斯三世之子、那不勒斯国王费迪南多。与嫡亲堂弟费迪南多（帕尔马的）不同，没有任何维也纳人会幻想这位那不勒斯国王会成为年轻女大公的良配。他面目丑陋，身材比例失调，声音尖厉。更糟糕的是，他没有接受任何正规教育。当他的父亲继承西班牙王位时，他的父母将他留在那不勒斯（年仅 8 岁）担任国王。在本书中，我们偶尔会遇到一些因幸免传统宫廷教育而获益的王子。然而，费迪南多恰恰证明，这样的"幸免"可能导致可怕的后果。这位国王几乎不能完整说出一句有意义的话。后来，约瑟夫在访问那不勒斯之后厌恶地指出，这个国王只喜欢"打闹嬉戏和恶作剧，无休止的狩猎，与侍从嬉戏，拍打女士的臀部"。利奥波德在一次类似的访问后说了同样的话，不过他补充道，国王虽然有些天真，但确实有一些令人愉悦的品质。与费迪南多相处时，可怜的玛丽亚·卡罗琳娜表现出了英雄般的坚韧，为他生了许多子女，政府也基本是她在管理。有时，她的境遇几乎令人不堪忍受。

这位"天真"的国王频繁前往那不勒斯的妓院，其结果是可以预见的。1786 年，利奥波德向约瑟夫报告说，"国王九年来一直患有各种性病，它们尚未完全治愈，已经传染了王后。她已经因此多次重病，特别是怀孕和分娩期间。她的儿子真纳罗和两个女儿都受到严重影响。她曾多次昏厥、尿潴留发作，患有阴道坏疽性溃疡，最终不得不接受适当治疗"。近来，费迪南多再次强迫于她，她又一次带病怀孕。毫不意外，这对王室夫妇的关系受到了影响。玛丽亚·卡罗琳娜的兄弟们对她颇感同情，但是在他们看来，奥地利在意大利南部的影响必然重于一个妹妹的感受。[31]

玛丽亚·特蕾莎试图通过联姻巩固哈布斯堡王朝和波旁王朝的结盟，她的幼女玛丽亚·安东尼娅（即玛丽·安托瓦内特）正是这一战略的关键人物。1770年，她嫁给法国王位继承人，即后来的路易十六，当时玛丽·安托瓦内特14岁半，路易16岁。由于路易的母亲和祖母已经过世，她立即成为宫廷中地位最高的王室女性。四年后，她成了王后。年轻的公主没有为这一角色接受足够的教育，而法国宫廷无异于龙潭虎穴。它远比哈布斯堡宫廷奢华，年轻的王后很容易陷入纸醉金迷的诱惑。18世纪80年代，随着金融危机席卷法国，她被称为"赤字夫人"。法国的高级贵族比奥地利的高级贵族更加傲慢、独立。宫廷中许多高级职务都由同一个王公或贵族家族世代把控。玛丽·安托瓦内特把部分此类王室职位重新分配给自己的朋友，此举严重冒犯了法国贵族。最重要的是，她被视为奥地利盟友的代表，而这个盟友在宫廷社会内外都不受欢迎。事实上，她没有对法国外交政策造成任何影响，对法国国内政治的影响也十分有限，直到1787年路易精神崩溃，她才不得不发挥更积极的作用，而且象征意义多于现实意义。和以往一样，在政治上不受欢迎的王后常常被冠以性堕落的罪名。过去，地下色情报刊及其狂热读者一直关注着路易十五的情妇。此时，所有的注意力都转向了玛丽·安托瓦内特。[32]

王后倒台了，相较于她自己的错误，丈夫在政治上的无能是这一结局更重要的原因。路易十六并不愚蠢，他受过良好的教育，仁慈而善良。他对历史非常感兴趣，通晓数国语言，对国际关系有着深刻的理解。例如，他订阅了《旁观者》（Spectator）和《汉萨德英国议会议事录》（Hansard），逐字逐句地阅读了英国议会的关键辩论。不幸的是，路易的性格不适合当国王，更不适合当独裁者。与明朝皇帝一样，他所在王朝的"创始人"和典范同样坚决认为，一个真正的君主必须亲自承担首相的职责。在路易十六的案例中，这个人是路易十四，他的个性和统治风格影响着他的继任者。路易十六试图扮演一个不适合自己的角色，这严重导致法国政府缺乏协调、充满不确定性，最终瘫痪。路易十四的回忆录被子孙后代奉为圭臬，他在回忆录中警告说，决策或许令人痛苦，但绝不能逃避、拖延："不确定性有时会导致绝望；一旦已经花费足够的时间研究一件事，就必须做出决定。"在路易十四留下的所有规诫中，这是路易十六眼中最难实现的一条。摇摆不定、不确定性和拖延——在任何时候都很危险——在危机时刻和革命时期成了致命的弱点。[33]

在路易十六统治期间，法国国王面临严峻的挑战。在东西两侧，俄国和英国的实力日益增长，动摇了法国在欧洲的领先地位。面对这种相对的衰落，法国精英指责国王，但拒绝采取避免衰落必需的政策。结束与哈布斯堡王朝的竞争，集中资源对抗英国与日俱增的海军力量和殖民势力，这一决定十分明智，但不受欢迎。政权的基础是国王与精英的协议，现在协议需要重新协商，为税收的增加，以及政府和法律的合理化留出空间。这个方向的尝试被谴责为专制。然而，国王的处境并非糟糕透顶。可以将他与俄国的亚历山大一世相比较。亚历山大考虑开展宪政改革，解放农奴。但是他在社会上找不到任何可以求援的群体，如果他推行这些改革，不仅他自己有被推翻的风险，国家也会面临毁灭的危机。反对改革的保守派人士可能会狡辩称，改革会摧毁俄国的军事力量，危及俄国的国际地位和安全。[34]

而法国国王拥有更多的回旋余地。这里有一个庞大的、有文化、有教养的中产阶级。在贵族精英中，有许多人支持开明的改革。法国社会的特权人士也不总是铁板一块，捍卫同样的特权。在法国的环境下，想要保持国家的军事力量和国际地位，开明的改革势在必行。一个手腕高超、完全致力于启蒙原则的国王可能早已建立联盟，以继续推行改革计划。毫无疑问，期待波旁王朝和凡尔赛宫廷的文化世界孕育一个像彼得大帝这样非凡的君王并不现实。或许，法国也并不需要一个如此独特的人物。根据我的直觉——这样的判断不过是合理推断，如果路易十六的妻舅利奥波德（托斯卡纳的）在 1774 年继承了法国王位，法国大革命很可能不会发生。[35]

当然，很难想象利奥波德（和其他许多君主）会像 1789 年的路易十六一样，犯下如此愚蠢的错误。在危机时期，果断、自信、始终如一的领导力至关重要。他必须能够承担巨大的压力，根据不确定的信息迅速做出决定。或许，路易十六是波旁王室成员中最不擅长军事的一个。1789年，他惊慌失措，无法自己做出决定，然而，对于所有试图以他的名义采取果断行动的人来说，他都是一个障碍。1789 年 5 月，三级会议召开，国王理应主导改革议程。事实恰恰相反，他并不活跃，将主动权交给了代表们，坐视贵族和第三等级之间的紧张关系失去控制。他在改革派和"贵族"顾问之间摇摆不定，最后在同年 6 月转向保守派。军队开始在巴黎地区集结。极具影响力的财政大臣雅克·内克遭到撤职，这一事件成了攻占巴士底狱和巴黎政府失控的导火索。内克声望极高，这样的爆发并不意外。和以往一样，他在大量被召到巴黎的兵团抵达之前，就被罢免了。这也许是为了约束国王：保守派不相信路易会坚持他采用的保守路线。当代最有趣的中华帝国史学家之一写道："事实证明，在危急关头，在需要迅速做出果断决策的时刻，许多皇帝完全不称职，他们在相互对立的朝廷派系之间摇摆不定、反复无常，这加速了王朝的灭亡。"这段话很好地描述了路易十六在法国大革命期间的形象。[36]

过去，统治权属于受到上帝和历史眷顾的君主，而大革命将统治权移交给了人民。它将民族定义为以集体、政治形态存在的人民。在革命意识形态中，民族一词呈现出一种世俗的神圣性，尽管它的措辞带有宗教色彩。几千年来，神圣的世袭君主制一直是最经得起考验、最成功的政体。在 18 世纪的欧洲，它的主导地位似乎根深蒂固、无法撼动，常常被认为理所当然。但 1789 年之后，情况再也不一样了。意识形态斗争成了政治领域的关键问题。为了对抗革命原则，保守派不仅构想了反革命的政治思想，还重申了仪式、壮观场面和神秘感在将君主制合法化、通俗化方面的作用。19 世纪的君主制摒弃了以腓特烈二世和约瑟夫二世为典型的启蒙时代的统治模式。

如果说国家主权原则对所有的世袭君主制都堪称危险，那么它对通常统治着许多民族的皇帝来说尤其如此。如果每个民族都行使其作为独立民族的权利，那么不仅是君主制，就连帝国本身也难逃灭亡。现在，主权属于人民，故而精确定义谁是人民、排除"外人"变得至关重要。在一个主要由帝国和多民族国家组成的世界里，动乱的可能性是巨大的。到了 19 世纪的最后几十年，这种威胁在欧洲统治者面前越来越清晰。19 世纪 90 年代，俄罗斯帝国外交部的首席法律顾问费奥多尔·马顿斯写道，民族主义原则——每个民族都必须有自己的国家——是东欧混乱的原因，那里是由帝国统治的。他是正确的。那片地区经历了两次世界大战、残酷的种族灭绝和种族清洗，才转变成一种接近西欧民族国家的模式。[37]

民族主义对区域乃至全球秩序的潜在威胁并没有直接显现在法国大革命的煽动性话术中，后者将普通的公民身份视为国民身份的钥匙，而事实是，革命领导人及其追随者都是法兰西人，他们因特有的法兰西民族性而自豪，理所当然地认为存在一种植根于历史、语言和文化的法兰西身份认同。这种身份认同的起源可以追溯到中世纪早期。圣女贞德将英格兰的掠夺者逐出法兰西的神圣土地，因而成为民族圣人。18 世纪，历史学家所谓的"国家崇拜"——"祖国"（La Patrie）——在法国传播开来。路易十六的资深外交大臣韦尔热纳伯爵写道："法兰西人为这一称呼而自豪，他们将整个国家视为自己的家，将自己的无畏牺牲视为对兄弟的宗教责任。他将'祖国'视为崇拜的对象。"18 世纪的知识、文化发展与古老的仇外心理结合在一起，在法国乃至西欧的大部分地区孕育了这种民族主义。在英吉利海峡两岸，法国大革命前持续一个世纪的英法战争催生了这两个国家的民族主义。如果说民主是大革命的一个遗产，那么民族主义冲突就是另一个遗产。在大革命带来的极度兴奋中，个人甚至愿意为一个理念而牺牲自己。而现实很快就证明，大多数人都不愿意为一个与民族和历史认同无关的、纯粹的公民国家而赴死。大革命的一个直接结果是，一位魅力非凡的将军试图以法兰西民族的名义征服欧洲。[38]

乱世出英雄。在不确定性和惊人的急剧变化中，人们往往会从一个有魅力的领导者、保护者和指引者身上寻求安全感。法国大革命摧毁了曾经的政权基石——古老的制度和信仰。习惯、风俗和惯性制造的令人舒适的安全感消失了。大革命导致了内战、恐怖行为，以及与其他所有欧洲大国的战争。相较于更加稳定的时期，雄心勃勃的人在混乱时期拥有难以想象的机会。与那个时代涌现的大多数自诩魅力惊人的领导者不同，拿破仑确实天赋过人。他是历史上最伟大的将军之一，他经历了 70 场战役，其中 61 场以胜利告终，不仅如此，他还是一位精明的政治家和异常高效的最高行政长官。此外，他还创建并主导了一个第一流的宣传机器。这个机器在法兰西人之中培养了一种对皇帝的个人情感认同，它不同于传统上对国王的敬畏。拿破仑几乎每天都会接触的普通公民是他的士兵。对于一个依靠军队支持进行统治，将军事荣耀视为其合法性主要来源的人而言，他与军队的关系至关重要。就连一些世袭君主，也会在军中缔结一定程度的友谊，这种情况在和平时期的宫廷中从未出现过。而拿破仑塑造的"小下士"形象更进一步。

毫无疑问，拿破仑是一位魅力非凡的领袖，有着与亚历山大（马其顿的）相同的精神气质。他拥有极为优秀的个性和成就，似乎受到了命运、机遇或众神的青睐。若根据古希腊迷人英雄的范式，他是一位战团领袖。至于他是否符合马克斯·韦伯所说的与《圣经·旧约》的先知传统相关的魅力概念，这是一个更有趣、更具争议性的问题。法国大革命造就了拿破仑。在被他征服或控制的欧洲地区，一些革命性原则得到推行。其中包括选贤任能、教会财产世俗化和法律面前人人平等。此外，拿破仑是一个实用主义者，重视秩序，而非雅各宾派或空想家。他在法国的统治试图结束意识形态冲突，实现民众的去政治化，让旧制度和大革命原则达成稳定的和解。魅力型的先知则更倾向于宣扬永久的革命。要想在现代欧洲史中找到与他们相似的人物，需要等待列宁的出现。[39]

领导力是本书的重要主题之一。关于这个主题，我采用了马克斯·韦伯的著名理论，将其分为传统型、魅力型和法理型。本书的另一个重要主题是世袭君主制。拿破仑是试图建立王朝的魅力型领袖的优秀范例。在第二段婚姻中，他迎娶了哈布斯堡王朝的玛丽·路易丝，即后来的帕尔马女公爵，这表明，他试图获得欧洲古老王朝的接纳，同时还试图将自己塑造成一个超级君主——不只是简单的国王，而是古罗马式的皇帝。其政权的宣传充斥着罗马的主题和象征。当然，拿破仑本人的勃勃野心和自负，是他致力于开创一个王朝的主要原因。他显示出来的价值观也是如此，往往十分保守，注重家庭。然而，对于政治的考量同样起到了举足轻重的作用。十年间，传统习俗被连根拔起，领导者如走马灯般更替，但世袭君主制仍然是确保其政权长治久安的最佳方式。如果拿破仑政权的长期存续得不到保障，就没有多少法国精英会投身于拿破仑的事业或忠诚地为他效力。世袭君主制是他们所需的保证。

拿破仑不朽的魅力部分也在于本书的另一个重要主题，即结构性与能动性的关系，以及英雄人物及其施为环境的关系。拿破仑试图统治欧洲，这一进程的转折点是在 1812 年的对俄战争。在那之前，他似乎是命运的宠儿。接连不断的惊人成功滋生了狂妄自大，随之而来的是意料之中的惩罚。拿破仑在对俄战争中犯了一些关键错误，这不仅使其军队惨遭歼灭，还促成了欧洲其他所有主要势力的结盟，这导致了他的失败。1812 年对俄战争失败的原因之一就是拿破仑帝国的过度扩张，这也是众多帝国常见的问题。正如 1200 年前远征高句丽的中国隋朝皇帝，拿破仑也是在远离帝国中心、地形全然陌生的地区作战，那里的地形不适合他的战争方式。和高句丽一样，俄国的政治、军事首脑计划并发动的战役，充分发挥了己方的优势，利用了对手的弱点。

拿破仑最强大的对手是英国和俄国，它们同样是掠夺性帝国的典型例子，意图扩大自身帝国的权力和财富。它们的一个基本优势在于，到此时为止，在欧洲周边地区或欧洲之外建立帝国，要比在欧洲核心地区容易得多。几个世纪的战争不断地打磨欧洲的军事、财政机器，堪称世界之最。在欧洲以外的地区，这些军队可以用于对抗实力较弱的国家。任何在欧洲内部建立帝国的尝试，都势必要对抗大国联盟，而后者拥有最先进的军队。拿破仑战败的一个关键原因是，英国的海上实力将法国的帝国主义局限在了欧洲。对于一个想要成为欧洲皇帝的人来说，硬实力因素并非唯一的障碍。自千年前的查理大帝时代以来，没有一个帝国曾经统一过西欧。此外，自各国相继印刷出版本国语言版的《圣经》以来，到这时为止已经近 300 年了，想要在欧洲强制推行帝国通用语为时已晚。对抗拿破仑的许多王朝和政权，都拥有各自根深蒂固的群体历史和身份认同。相较之下，英国进入印度是占了莫卧儿王朝留下的空白。它面对的政权之中，没有一个拥有稳固的根基。更重要的是，基于上述原因，一旦英国凭借印度纳税人的供养组建起强大的现代军队，再考虑到其自身海上控制力的加持，印度的地缘政治可以令英国如虎添翼。

对于想要成为皇帝的人来说，欧洲的地缘政治是一个更大的挑战。法国人放弃了与奥地利的联盟，在陆地和海洋双线作战，导致了最终的失败。征服德意志、意大利和低地国家，换句话来说就是查理曼帝国和欧盟创始国的领土，十分困难，但并非毫无希望。想要成为欧洲的皇帝，势必会遭遇欧洲东西两翼的两个权力中心，即俄国和英国。这两个大国的结盟和反对近乎必然，因为他的政权威胁了英俄两国的安全和野心。想要在欧洲的加洛林王朝核心地区调动足够的力量，同时击败这两个外围敌人，难如登天。拿破仑需要不同类型的力量，挑战因此变得更加严峻。面对英国，他需要一支足够强大的海军来控制英吉利海峡。为了战胜俄国，他需要强大的军事和后勤机器，以征服和控制莫斯科以南和以东的俄国腹地。拿破仑未能克服这一挑战，20 世纪的德国人也是如此。

拿破仑最大的敌人是英国。始于 1689 年的英法冲突，直到 1815 年才宣告结束。而战胜拿破仑是英国在 19 世纪走向全球领先地位的决定性一步。胜利的好处是巨大的。在法国大革命时期和拿破仑战争期间，英国征服了此前属于莫卧儿帝国的大部分领土，尽管远非全部。1815 年，英属印度的税收超过俄罗斯帝国和奥地利帝国。同一时期，西属美洲起义反抗殖民统治。英国甚至无须支付进行直接统治的成本，就能主导拉美市场。战争期间，拿破仑曾试图通过拒绝英国进入欧洲市场，迫使其停火。他的尝试失败了，部分原因在于，英国正大规模开展跨洋贸易。与拿破仑不同，英国人不想也不需要征服欧洲。恰恰相反，他们支持欧洲大陆保持势力平衡，因为它可以保障英国的安全，且代价低廉，这意味着，这个（与帝国相比）相对较小的岛国民族能够集中资源，以建立一个世界帝国。从 19 世纪 20 年代开始，英国在海军、金融和商业方面势不可挡，之后又增添了作为第一个工业化国家获得的庞大的额外资源。下一章将专门介绍 19 世纪主导全球的欧洲各帝国，其中英国首屈一指。

第 16 章

皇帝与现代性

1815—1945 年

本章研究的是 1815—1945 年的皇帝和帝国，这一时期，欧洲支配着世界的大部分地区，工业革命和法国大革命改变了社会和政治形态。为了使这个极其复杂的时期变得简单易懂，我把本章分为五个部分。第一部分概述欧洲皇帝的统治环境，以及他们面临的挑战。在这个时期，欧洲最强大的帝国是英国、德意志和俄罗斯。第二、第三和第四部分依次介绍这三个帝国。选择英国、德意志和俄罗斯这三个帝国，具有额外的好处，因为它们采取了不同的存续策略。英国帝王成了宪制君主，他们是国家和帝国的代表，发挥象征性作用。俄国最执迷于神圣、专制统治的传统角色。德意志则采取了一种介于专制和宪政之间的混合制度。第五部分介绍这一时期欧洲以外的帝国。我从奥斯曼帝国和清帝国入手，但将更多的注意力集中在日本，它兼具本土、儒家和佛教的元素，以及自欧洲引入的影响。在所有非西方政体中，日本在适应一个由欧洲理念、技术和权力主导的世界方面最为成功。到 1900 年，它已经成为唯一的非西方大国。日本是本书最恰当的尾声。1945 年 8 月，裕仁天皇决定结束第二次世界大战，这是世界历史最后一次受到一位可以被合法称为皇帝的君主的重大影响。

工业革命改变了皇帝治下的社会和他们进行统治的国际环境。到目前为止，本书研究的所有帝国都以农业或畜牧业社会为根基，尽管它们通常也鼓励长距离贸易，并向其征税。19 世纪兴起的是工业、城市化和大众文化的世界，它使所有的世袭君主，更不用说帝国的世袭统治者，面临前所未有的巨大挑战。政府机构变得更加庞大和复杂。在政府规模和复杂程度方面，18 世纪的欧洲终于赶上了 12 世纪的中国，之后在 19 世纪超越了后者。在这个时代，只有最非凡的人，才能在整个成年期持续担任国家元首和政府首脑。即使是那些理论上仍然实行专制统治的皇帝，也把大部分政府事务交给了大臣，只保留了他们心中最重要的最终任命权和最终决策权。就像 12 世纪的宋朝皇帝一样，他们的个人作用在外交和战争领域，以及危急时刻才格外重要。

工业时代的社会甚至比政府机构更难管理。公民社会，换句话来说就是一系列在国家控制范围之外的自治团体和机构，在 18 世纪的西欧便已经繁荣起来，然而，工业时代使其大幅扩张、壮大。报纸是公民社会的核心，它塑造了公众舆论。19 世纪，它们的影响力，以及政治控制之外的自主权得到大幅增长，这尤其要感谢印刷和摄影技术的巨大变革，以及大众读者的出现。从长远来看，没有任何一个君主制国家能够承受忽视和违背公众舆论的后果。这是大背景下的一个关键元素。传统上，世袭君主的主要盟友一直是贵族和神职人员，尽管他们偶尔也是竞争对手。工业革命创造了许多强大的新团体和新利益，君主们必须承认并适应它们。

无论采取怎样的存续策略，一个君主的首要任务都是竭尽所能地让其核心族群将民族主义情绪与王朝联系在一起。这并不是全新的策略。博林布罗克子爵早在 18 世纪早期就在英格兰写下了《爱国者君主观》（*The Patriot King*），乔治三世成功地将原本陌生的汉诺威王朝变成了英格兰和不列颠爱国情绪和民族认同的中心。18 世纪，波旁王朝曾试图将自己塑造成法国人的爱国骄傲和荣耀，只是成果有限，这主要是因为他们在七年战争期间耻辱地惨败于英国和普鲁士之手。在法国大革命的背景下，民族的概念变得十分激进，因为它是一套意识形态的组成部分，这个组合还包括人民主权、共和主义、法律平等和民主。19 世纪，共和民族主义在欧洲的部分地区仍然是一股不可小觑的力量，然而，短短几十年里，民族主义越来越偏向于右翼。其关键转折点是霍亨索伦家族和萨伏依家族分别成功统一德意志和意大利。[1]

到 1900 年，民族主义显然已经是最有影响力、最流行的意识形态，它既可以对抗社会主义，也可以重新统一被资本主义、城市化改变和撕裂的社会。在新生的大众政治世界中，它也是使政府、精英和君主合法化的最有效方式。政府采取诸多方式进行政治宣传,其中最主要的是新的大众公共教育体制,向其臣民反复灌输民族主义情感,不过,民族主义也会产生于普通民众。许多人在工业革命塑造的超大城市中过着相互孤立的生活,而民族能为他们提供一种社群意识。在某种程度上,它可以扮演宗教的替代品,为个人提供一种使命感、尊严感和归属感,在共同的彼世为个人提供一席之地。有时,它甚至可以为短暂而单调的生活增添一丝英雄主义色彩,为其获得历史上的一席之地。缺乏人情味、越来越具侵扰性的官僚主义国家,可以被民族童话装饰成一个放大的家庭,并因此获得合法性。过去,君主一直被描绘成各自民众的父母。现在,他们可以被描绘成民族大家庭的父母。过着模范家庭生活的统治者最适合这一趋势。女性君主扮演这一角色时往往大放异彩,维多利亚女王就是个中翘楚。[2]

欧洲唯一没有试图将自己与民族主义绑定的王朝是哈布斯堡。历史上,在神圣罗马帝国占据支配地位的民族是德意志人,但是他们的规模不到总人口的四分之一。从哈布斯堡王朝的角度来看,更糟糕的问题是,其臣民中的德意志民族主义者越来越多地试图分裂帝国,他们日益希望团结在一个以柏林为统治中心的大德意志民族国家之下。由于这些独特的情况,奥地利——帝国的半壁江山——建立了一种令人印象深刻的制度,它通过协定,以及保障个人和民族-语言社群的法律权利进行管理。在1867年的《奥匈协定》之后,帝国基本上被一分为二,这就是它有时被称为二元君主国的原因。皇帝弗兰茨·约瑟夫同时担任奥地利皇帝和匈牙利国王,与此同时,他依然完全掌控着外交和军事政策。在帝国的另一部分——匈牙利,民族主义被允许自行其是。这使非匈牙利人大怒,削弱了他们对哈布斯堡王朝的忠诚。此外,匈牙利民族主义对王朝和帝国的忠诚也并不牢靠。哈布斯堡王朝无力吸引民族主义情感,这不仅削弱了帝国本身,更削弱了统治者和外部观察者对帝国的信心。结果,维也纳的统治圈滋生的悲观情绪,极大地助长了鲁莽和绝望的心态,以至于在1914年做出了开战的决定。[3]

以大陆西北边缘地区的发源地为起点,工业革命席卷欧洲,这也是欧洲势力平衡转变的根源所在。工业革命的最初影响是进一步强化了英国的

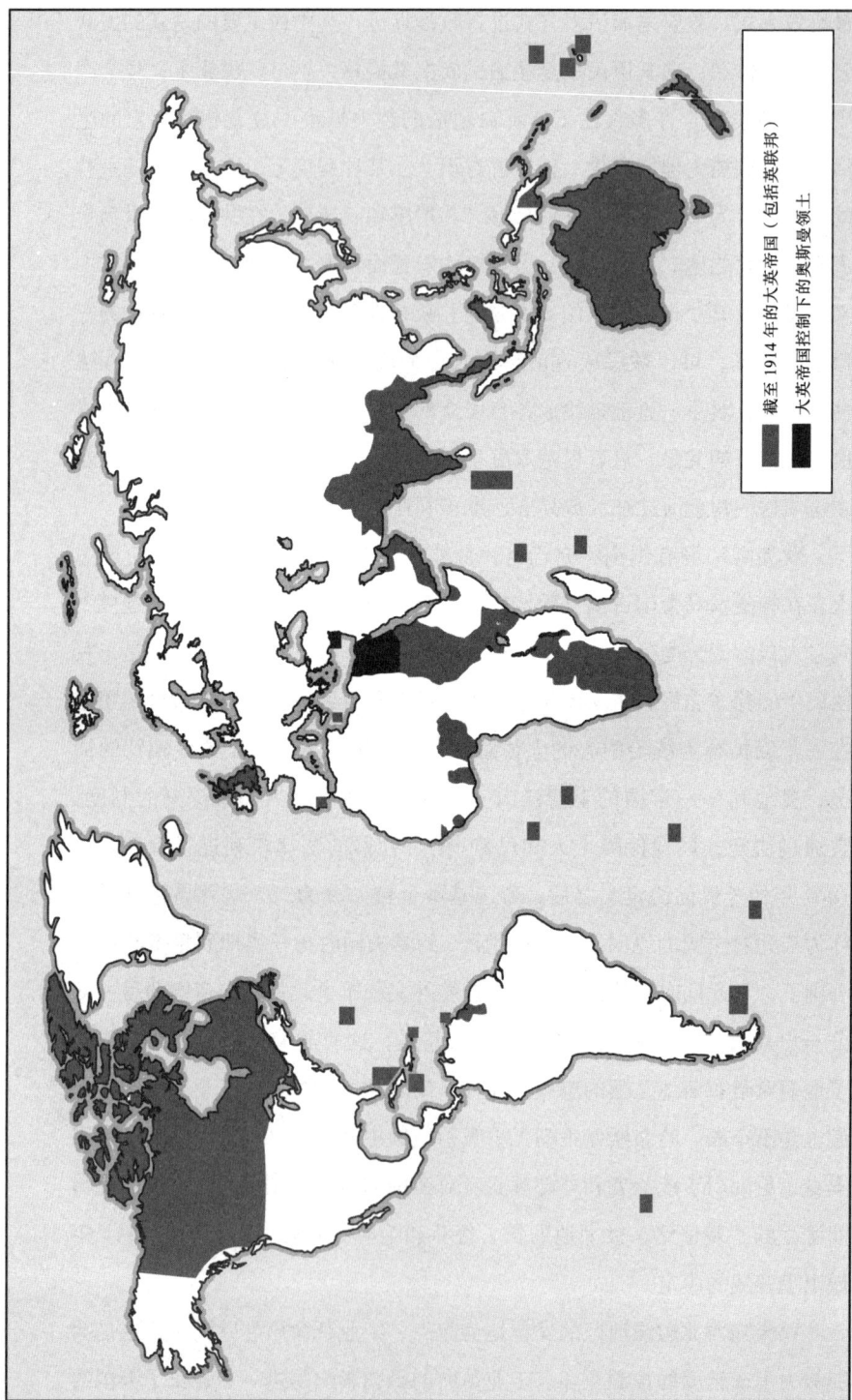

地图 16.1　1914 年的大英帝国

实力，从而加强了为英国利益服务的欧洲大陆的势力平衡。自从工业革命开始向东蔓延，它对欧洲国际关系的影响越来越倾向于破坏。到 1914 年，许多有识的欧洲人认为，如果德国是欧洲的潜在霸主，那么俄国将在短短一代人的时间内将之取代。德国的统治者自己也经常如此认为，为了阻止这一进程的发展，德国在 1914 年发动战争。第一次世界大战摧毁了四个帝国——德意志、俄罗斯、奥地利和奥斯曼，这几乎是漫长的帝制历史上的最后一幕。

要想了解 1914 年之前 50 年的国际关系，必须结合我们今天所谓的全球化背景。在 19 世纪上半叶蓬勃发展的欧洲民族国家，是到此时为止最强大的政体。它拥有前所未有的在广阔的领土上组织、动员、激励臣民的能力。然而，到了 19 世纪 70 年代，欧洲政治家和"公共知识分子"开始意识到，作为一个领先的欧洲民族国家，并不足以确保它在 20 世纪仍然拥有大国地位。

到这时为止，欧洲的繁荣离不开海外市场和原材料。因此，对于欧洲大国而言，其全球经济利益必须得到保护。美利坚合众国在南北战争（1861—1865 年）中的胜利，带来了接下来几十年经济和人口的快速增长。这令睿智的欧洲观察家相信，只有拥有大陆级资源的国家，才能在 20 世纪对抗这个竞争对手。与此同时，科学技术，尤其是铁路的发展，使殖民并发展北美大陆的中心地带成为可能。19 世纪 70 年代至 1914 年的"帝国主义巅峰期"正是基于这一地缘政治条件。思想潮流也有利于对于帝国的争夺。社会达尔文主义鼓励了这样一种信念——获得殖民地是男子气概和活力的标志，而这是一个民族在生存斗争中得以幸存必需的品质。现代的"科学"观念轻而易举地与古老的信念交织在一起，将尘世的成功视为天命。更重要的是，是否拥有一个帝国，普遍被视为决定一个民族能否跻身"世界历史性的"民族之林的关键，而只有这样的民族，才最适合决定人类的未来。矛盾的是，这个时代催生了民族主义，注定了传统的神圣帝制的灭亡，却也促进了世界帝国的形成。民族主义似乎是国内合法性和有效性的关键，但国际安全、地位和影响力需要帝国。在 1914 年之前的几十年里，尝试去解决这样一道几乎无解的难题，是皇帝和政治家面临的最大挑战之一。[4]

数千年来，神圣的世袭君主制和帝国一直在世界上占据主导地位。在本章涵盖的130年里，这样的帝国消失了。1945年之后，或许只有海尔·塞拉西的国度埃塞俄比亚和德黑兰新建立的巴列维王朝，才堪称皇权统治，不过，与本书论及的伟大帝国相比，它们的疆域和重要性都十分有限。即便如此，1815—1945年，皇帝和帝制的故事也绝非无关紧要。恰恰相反，一些皇帝对世界历史产生了重大影响，至今仍不时引发回响。本章通篇都在解释这段时期剩余的皇帝的重要性，关于这一点，我们有必要关注一下巴西的案例，它对大多数读者而言或许十分陌生，但是它不仅说明皇帝十分重要，还说明皇帝的重要性在许多情况下尚存争议，需要讨论。[5]

1807年，拿破仑的军队入侵葡萄牙，葡萄牙王室成员逃往巴西。1816年，国王若昂六世被迫返回葡萄牙，他将儿子佩德罗一世留在巴西担任摄政王。佩德罗很快就明白，想要保住布拉甘萨王朝在巴西的统治，唯一的途径就是成为独立运动的领袖。于是，他自立为帝。皇帝的头衔体现了巴西辽阔的疆域，以及成为未来大国的志气。佩德罗是一位致力于稳定和秩序的现代君主，但他尊重法国大革命对公民身份和精英统治的主张，而皇帝的头衔还反映了他试图将自己与拿破仑联系在一起的愿望。1831年，专横、极度活跃、魅力非凡的佩德罗在与巴西精英和议会发生冲突后被迫退位。他的长女在自由党人的支持下，战胜了以她的叔父米格尔为首的极端保守、支持教权主义的派系，继位为葡萄牙女王，即玛丽亚·达格洛里亚二世。在巴西，继承佩德罗一世之位的是他年仅5岁的儿子，即佩德罗二世。后者在位的58年，在很多方面都是帝制历史上最长久、最成功的大治时期之一。

佩德罗二世本应愚蠢无比，至少也应该是个无能的人。他从父亲那里继承了布拉甘萨家族和波旁家族的血脉。他的母亲则是神圣罗马帝国皇帝的女儿。他拥有的高祖辈人数不比查理五世多。他还是婴儿时就失去了母亲，而他的父亲在退位后连夜前往欧洲，甚至没有跟他告别。这位5岁的皇帝成了激烈的政治斗争的中心。斗争的受害者之一是深受他爱戴的家庭女教师，佩德罗二世称她为"妈妈"。与此同时，政治精英害怕巴西会同西属美洲一样，走向分裂，于是他们将这个孩子当作一根半神化的图腾柱，环绕他的是仪式和崇敬。毫不意外地，在青少年时期，这位年轻的皇帝在来访的外国王公眼中十分古怪。值得注意的是，早年生活对他影响深远，其中最持久的是不同寻常的高度内省，以及对书籍和学术的热爱。作为皇帝，佩德罗拥有维多利亚时代自由主义者的所有特征。他与维多利亚女王的丈夫阿尔伯特亲王一样，睿智、品格高尚、进步，致力于教育和文化改良。佩德罗梦想着，有一天，里约热内卢可以像他无比钦慕的巴黎一样，成为另一个知识和文化的世界。在某些方面，他或许有些过于睿智和开明了：他拒绝举办盛大的公共活动和典礼，而它们在 19 世纪下半叶日益成为成功君主拥有的特质。此外，他竭尽所能地利用巴西政府有限的资源，创建教育和文化机构。在巴西精英的容忍范围内，他尽可能最快、最深入地督促他们，先后废除奴隶贸易和奴隶制。

从表面上来看，巴西的政治制度是英国式的。它拥有政党，即"自由党"和"保守党"，拥有首相和内阁 —— 均选自这两个政党，还拥有议会 —— 内阁在某种程度上向其负责。在实践中，它更像 18 世纪的英国。政党就是派系，由庇护人主导，他们最渴望的是任免权。选举由政府"操控"，佩德罗是巴西真正的统治者，就像英国汉诺威王朝的前三位国王一样。作为统治者，他成就非凡。例如，在巴西、阿根廷、乌拉圭三国同盟与巴拉圭的艰苦战争期间，带领巴西走向胜利的是他，而不是大臣们。不可避免的是，58 年的统治令这位统治者精疲力竭，也耗尽了他对野心勃勃的政治家的耐心。19 世纪见证了思想和文化方面的变革，以历史的标准来衡量，其速度前所未见、令人目眩。佩德罗拥有巴黎人的博学和教养，在 19 世纪 50 年代的巴西，这使他显得十分新潮，但到了 19 世纪 80 年代，这反而使他看起来十分过时。当时，大众政治和大众媒体已经出现，至少在里约热内卢等城镇是这样。由于君主是这个国家的政治领袖，他遭到无数批评和诽谤。最终，佩德罗在 1889 年的军事政变中被废黜。这支军队是他为了战胜巴拉圭而创建的，恢复和平后，军队的地位急剧下降，经费也大幅削减。无论如何，这支军队不同于传统的欧洲军队，它的军官并非凭借古老的忠诚而与王室关系紧密的贵族。一些军官认为，他们自身和共和政体是进步、科学和精英统治的先驱。不过，大多数军官的动机更加狭隘、自私。

佩德罗及其女继承人伊莎贝尔公主都没有竭力反抗政变，他们也没有致力于恢复帝制。1815—1945 年，佩德罗可能是世界上最有才智的世袭皇帝。他总是说，他本就更愿意当一个共和国的总统。这揭示了一个拥有远见和雄心却生在 19 世纪的皇帝所处的窘境。这样的人很可能会意识到，他所代表的制度已经日薄西山，而他在历史上的作用就是为自己的消失铺平道路。佩德罗经常说，他之所以无法离开政治舞台，是因为他觉得巴西还没有做好迎接民主共和制的准备。现代的其他许多统治者也给出了类似的借口。但在佩德罗的案例中，我们可以公平地补充一点，他的悲观情绪在很大程度上被巴西后来的历史证实了。此外，巴西的将军和政客敢于废黜佩德罗，这一事实确实可以说明他的成功。1831 年，如果没有君主制，巴西很有可能分裂成众多的地方共和国，在各自铁腕人物的带领下陷入相互对立的旋涡。到了 1889 年，这种可能性已经彻底消失，这个国家的统一稳如磐石。巴西有着严重的内部问题，其中许多问题继承自殖民时期的遗产和奴隶制，如果巴西能够克服这些问题，意识到自身的潜力，那么佩德罗二世在世界历史上的地位和评价将会大大提高。[6]

18 世纪，英国的"自由"宪法受到开明欧洲人的广泛赞赏。然而，尽管英国的法律和代议制机构使其在欧洲大国中独树一帜，但英国国王的统治不仅仅是名义上的，还是事实上的。诚然，内阁必须得到下议院的同意，但这通常是可以操纵的。现代意义上的政党拥有明确的意识形态和存在于议会之外的组织，这种政党在当时并不存在。下议院分裂为众多派系，以各自的政治领袖和贵族庇护人为中心。议会选民规模有限，许多席位实际上被权贵占据。相较于政策，议会派系及其庇护人通常对任免权更感兴趣，任免、贿赂和腐败消耗了政府的大量资源。18 世纪的英国政治有一条惯例——组阁政党几乎从未在大选中失利过。

自 1783 年美国独立战争结束到 1837 年维多利亚女王继位，一切都截然不同了。英国以效率、诚信和经济的名义进行改革，大大减少了庇护和贿赂在政治中的作用。此外，政党形成了。1832 年的选举改革废除了许多"口袋"选区和"腐败"选区，大大增加了选民人数。1834 年，国王威廉四世对辉格党（自由派）政府失去了信心，命令持反对立场的保守党将之取代，并要求举行大选。结果，辉格党获胜，他被迫接受他们重掌政权。维多利亚女王吸取了教训，她从未重复伯父的举措，也没有试图重申国王日益减弱的权力。在 1867 年和 1884—1885 年，选举权扩大，加上以大众为基础的政党得到巩固，女王的权力进一步缩小。即便是今日，在艰深的政治领域，君主也绝非毫无权力。20 世纪早期，爱德华七世（1901—1910 年在位）提拔与自己观点一致的人 ——都认为英国需要亲近法国和俄国，以遏制德国的野心 ——安排他们担任高级外交官职务，进而对外交政策产生了重要影响。不过，到那时，君主最重要的角色无疑是象征性的。[7]

从本质上来说，世袭君主制是一种存在严重缺陷的统治制度，因而英国的政治发展对于人类来说堪称充满希望的曙光。无论是在何种时代和背景下，通过世袭继承的方式凭运气选择统治者，都充满了风险。考虑到现代政府面临的诸多挑战，采取这种方式近乎自杀。世袭君主制存在已久，因为实践证明，其他政治制度通常并不可行。英国之所以能够转变为议会制政府，是因为英国的精英阶层有足够的资源和智慧来推动政治制度和习俗的转变，因而可以填补之前由君主占据的空缺。19 世纪，他们对这些制度和习俗进行调整，将更广泛的社会阶层纳入政治体系。在大众文化水平、城市化快速提升，民主思想广泛传播的新时代，这一点对维持政治稳定、获得合法性而言至关重要。

关于新的君主制，最知名的著作是沃尔特·白芝浩在 1865 年撰写的《英国宪法》（The English Constitution）。他将政府划分为"富于效率"（efficient）的部分和"富于尊严"（dignified）的部分，并将君主政治归于后者。关于国王的政治角色，他说，"在我们这样的君主立宪制下，君主有三项权利 ——被咨询的权利、鼓舞人心的权利，以及提出警告的权利。一位足够理智和英明的国王不会奢求其他权利"。经过数代的时间，这种观念被反复灌输给王子，成了英国君主的基本信条。白芝浩绝非沉溺于幻想的保皇派，他几乎堪称共和主义者。他的书揭示了自由主义的弱点，哪怕是在其影响力和自信心的巅峰。白芝浩信赖理性、睿智且博识的上层社会的管理。"大众极其无知，无法管理自己，而且他们无法理解出众的思想。"因此，想要使他们遵循上层社会的管理，接受这种管理的合法性，就必须在他们面前挥舞魔杖，展现神奇的符号。其中，君主制是最有力的，至少在习俗、惯性强大的英国是这样。白芝浩相信，随着时间的推移，教育和文化将使大众更加理性，传统、神奇的权威象征也将不再如此重要。[8]

事实上，白芝浩高估了 20 世纪选民的理性，低估了君主制的持久性和创造性。在某种程度上，英国君主制能够幸存，是因为它不再参与公开政治。即便是那些不喜欢君主制的左翼人士，也相信还有更重要的敌人需要消灭。此外，直到 1945 年，英国社会的大部分成员在大多数核心价值观方面仍持极度保守、等级森严和恭顺的态度。和其他地方一样，英国的君主制和宗教一直紧密结合在一起。直到 20 世纪 60 年代，英国仍然是一个基督教国家，"民意调查显示，1964 年，有大约 30%（的人口）认为女王是上帝选中的，而在 20 世纪 50 年代中期，这个数字保持在 35% 左右"。考虑到这种情况，白芝浩会在 19 世纪 60 年代写"绝大多数臣民"都相信女王"'因上帝的恩赐'而统治英国"，并不奇怪。当然，受过教育的英国人不像传统中那般，认为他们的君主是"神圣的"，但是他们大多支持君主制，将其视为有助于统一和稳定，可以维护根植于历史的民族认同的力量。无论是在英国还是在其他地方，许多人对新工业世界的丑陋、物质主义和原子化持深刻的怀疑态度。工业革命引发了根本的、速度惊人的经济和社会变化。而君主制象征着稳定和对传统价值观的尊重，这是许多英国人都深切渴望的。[9]

幸存的君主制不仅仅是保守主义的支柱。它还在一些重要的方面适应了新的时代。它根据资产阶级的品位，调整了自己的行为方式，并利用现代技术来传播自己的信息。特别是从 19 世纪 70 年代开始，随着民主制度和发行数量很大的媒体在社会中生根发芽，君主制革新甚至发明了一系列的典礼、仪式和其他公共活动，将其打造成民族团结、体面、家庭价值观和伟大的象征。白金汉宫周围的地区被重新设计，为皇家游行和公开场面增势。英国国教转而采取半天主教仪式，以及英国音乐的复兴，都受到君主制的推动。这是爱德华·埃尔加创作《威仪堂堂进行曲》（"Pomp and Circumstance"）的时代。事实证明，国王爱德华七世是一个擅长在公众面前展示自己并致力于此的人。例如，他恢复了已经废止的仪式，亲自主持每一届议会开幕大典，而且以国王的规格盛装出席。君主制变成了一场精彩而华丽的盛会，为这个国家的故事增色。现代技术使普通民众像古代的廷臣一样，将自己视作观众和参与者。[10]

帝国提高了君主在英国人心目中的威望。在皇家仪式上，异国皇家代表团的存在为这场演出增色，它提醒观众，君主与英国在全世界的辉煌和地位紧密相关。本国贵族前来向英国君主致敬，这加强了等级观念。在伦敦的诸多皇室庆典中，1897 年的维多利亚女王登基 60 周年钻禧庆典是最恢宏、最富皇家气象的一次。与 1887 年的 50 周年金禧庆典不同，这一次获得首要地位的是英帝国的代表人物，而非维多利亚女王在欧洲的皇室亲属。和以往一样，帝国与军事实力密不可分。国王作为军队总司令的角色获得了格外的光彩。注重等级、纪律和服从的军事原则也是如此。毕业于英国公学的通常是上层中产阶级，他们可以扮演前现代统治者的角色，担任印度和整个帝国的地区官员。可以说，帝国推动了贵族和资产阶级价值观的融合，巩固了统治阶级。对于许多不喜欢工业时代大众社会的人来说，帝国的传奇色彩是一大安慰。[11]

君主制还帮助英国在殖民地的统治获得合法性。对君主的崇拜渗透到帝国的每个角落。非白人殖民地本身通常是具有神圣君主制传统的等级社会。他们发现，相较于共和国这样的抽象概念，效忠于君主更自然。虽说因此受益最大的是土著精英，但是在受到国王和皇帝的亲自奖赏和接见时，即便是有时对其英国长官印象平平的印度军团普通士兵，似乎也对其君主极度忠诚，充满热情。在非白人殖民地，英国官员进行直接管理。君主的象征意义是硬实力的附加物。相反的是，到了 1900 年，英国在白人自治领行使的直接权力极为有限，基本上依靠象征物和情感联系来获取忠诚。对君主的共同效忠几乎是唯一的根本纽带，而它通常由强烈的情感维持。1904 年，澳大利亚总督发现，澳大利亚人对英国和英帝国的态度模棱两可，对那位他们几乎从未见过的君主却情感深刻，这种对比令他有些惊讶。[12]

这有助于解释为什么 1936 年爱德华八世的退位是如此严重的问题。面对世界大战迫在眉睫的威胁，英国需要这些自治领的支持，因而担心任何会削弱后者忠诚度之事。加拿大是白人自治领中最大的一个，不需要英国的军事保护。但是与英国的联系，特别是君主制，是加拿大对抗美国经济和文化实力、捍卫自身独立身份认同的要素。从乔治六世加冕到第二次世界大战爆发之间的短暂时期内，他的主要对外访问对象就是加拿大。在盛大的仪式、极佳的氛围和公众热情中，国王自东向西横穿了整片大陆。他的努力得到了丰厚的回报。在第二次世界大战期间，加拿大海军承担了北大西洋西部海域的大部分责任。在 1944 年登陆法国并横扫北欧的两支英国军队中，有一支是加拿大的。[13]

随着君主制逐渐发挥象征性的作用，君主的智识和政治才能变得远不如过去重要。艾伦（"汤米"）·拉塞尔斯爵士曾担任三位君主的私人秘书（是其中两任君主的首席私人秘书），自出生起便是贵族。他的堂兄哈伍德伯爵娶了乔治五世唯一的女儿。拉塞尔斯致力于英国国内的政治稳定和在世界的崇高地位。对他来说，君主制的价值在于它有助于这两项事业。作为廷臣，他得以近距离观察皇室成员，客观冷静地评判他侍奉的诸位国王的个性。他曾将乔治五世描述为一个"可怜的小个子男人"，并补充说，国王"遥不可及，无疑是他见过的外表最冷淡的人"。在乔治五世去世几十年后，拉塞尔斯对他的评价稍显宽容，不过仍然程度有限。"毫无疑问，他十分无趣"，但是"他无论如何也称不上是一个坏人，他不像许多前任一样贪得无厌，不是骗子，不会诱惑有夫之妇，也不挥霍无度；他审慎正直，公平地对待大臣，不分阵营；甚至集邮的爱好也让他留下了一份价值连城的传家宝，只有上帝知道它们价值几何。事实上，他竭尽所能地完成自己枯燥的工作，而且尽可能延长自己的统治时间"。[14]

乔治五世拥有平庸的能力和强烈的责任感，这最适合他所继承的"枯燥工作"，拉塞尔斯或许会对此表示赞同。理查德·瓦格纳的赞助人、巴伐利亚国王路德维希二世是一位生活奢侈而古怪的天才，英国当然不想要一位这样的君主。比利时国王利奥波德二世（1865—1909 年在位）是维多利亚女王的表亲，他远比路德维希明智，但同样不受欢迎。利奥波德是 19 世纪最聪明、最雄心勃勃又最令人厌恶的君主之一。他是立宪国王，而他口中的"小国，寡民"，无法满足他的才能和抱负。许多立宪君主追求声望，喜欢别人说如果他们的国家变成共和国，他们将被选为总统。然而，当一个不谨慎的奉承者用这样的话术讨好利奥波德时，国王对自己的首席医疗顾问说："医生，如果有人称赞你是一位伟大的兽医，你会说什么呢？" [15]

利奥波德试图通过帝国来实现他的野心，并不断寻找他可能获得的殖民地，这是典型的 19 世纪风尚。19 世纪 80 年代，他终于在"瓜分非洲"的过程中获得了幸运的眷顾。利奥波德利用了自己与欧洲各国的联系，以及比利时作为无害中立小国的地位。他声称自己的动机是教化当地居民，使他们改宗基督教，借此精心引导国际，尤其是英国的公众舆论。1884—1885 年，欧洲列强在柏林会议上瓜分非洲，结果，利奥波德将刚果划为私产，这份领土的面积超过英国、法国、德国、意大利和西班牙的总和。这相当于一个私人的王家帝国。利奥波德是一位现代人，也是一位君主。在刚果，他寻求的不仅是地位和发泄精力的出口，还有尽可能大的利益。通过刚果的象牙和橡胶，他获得的利润远远超过今天的 10 亿美元，为此，他大规模采取恐怖行为和强制劳动。据估计，在他有生之年，他的私人王室商业帝国给刚果带去了大约 1000 万人的死亡。这些利润中的一部分将拉肯王宫的花园和建筑变成了利奥波德版的凡尔赛宫。19 世纪之前，萨克森-科堡是一个贫穷的小王朝。经过利奥波德二世的努力，这个王朝已经可以开始与富有的邻居 ——荷兰王室，也就是奥兰治家族，展开竞争了。

利奥波德在刚果的统治引发了国际丑闻，这使他在最后十年的统治岁月里，在比利时越来越不受欢迎。不过，广为人知的性剥削行为是他不受欢迎的更大原因，考虑到那个时代的欧洲价值观，这一点或许不足为奇。65 岁时，国王被 16 岁的交际花卡罗琳·拉克鲁瓦迷住了，她近乎公开地陪伴他度过了余生。英国的公众舆论比比利时更加苛刻，如果是英国君主做下如此明目张胆的恶行，基本上很难逃避惩罚。还未成为皇帝的威尔士亲王爱德华（爱德华七世）在全力追求美女时，有时就在陷入麻烦的边缘。当他在 1901 年登上王位时，一个敏锐的观察者评论说，爱德华拥有"亲切和包容的品质，能够容忍他人的罪恶和粗俗，这使他受到各种人的喜爱，无论是富人还是穷人，是证券交易所的犹太人，是赌注簿记员，还是大街上的路人。他将成为 20 世纪英国的优秀国王"。事实证明，这份评论是正确的，但作为王位继承人，爱德华挣扎在诸多浪漫的困扰之中，他要感谢妻子亚历山德拉的自律和对王冠的忠诚。有了她的沉默和支持，爱德华才得以维持他讨人喜欢的形象——一个忠诚的父亲和热爱家庭的男人。如果广受喜爱的亚历山德拉允许自己公开批评丈夫或暗示两人的疏远，那么爱德华的声誉可能会遭到不可挽回的损害。[16]

亚历山德拉的孙子爱德华八世（1936 年在位）不愿意为了王室责任而牺牲个人的感情和私生活，结果被迫逊位。他的弟弟乔治六世（1936—1952 年在位）则因对妻子、儿女的爱，以及一家人的亲密关系而受到拥护。君主制声称自身是家庭价值观的代表，自维多利亚时代以来，这已经成为其吸引大众的核心要素，而乔治六世真诚且令人钦佩地体现了这一价值。不过，乔治六世没有他的父亲乔治五世那么坚毅。此外，哥哥的退位使他仓促继位，无论是在政治能力上还是在心理上，他都没有为这个新角色做好准备，无法应对日益严重的国际危机，最终这场危机导致了 1939 年第二次世界大战的爆发。他勇敢地履行自己的职责，但他的口吃和烟瘾表明，即便只是立宪君主，也会遭受沉重的负担。对乔治六世来说，这份压力导致他年仅 56 岁就去世了。[17]

英国不是唯一成功地以和平方式转变为君主立宪制和民主制的欧洲国家。低地国家和斯堪的纳维亚半岛的国家也各自完成了相同的进程。然而，作为世界最庞大的帝国和第一个工业国家，英国向民主制的转变产生了独特的反响和重要价值。1914 年之前，许多欧洲君主都希望遵循英国模式，然而，这往往很难实现。英国政治制度的合法性主要基于一个事实，即联合王国是世界上最富有、最强大、最令人羡慕的国家。属于这样一个国家，一个苏格兰人会产生极大的自豪感，并获益匪浅。联合王国初创于 1707 年，这得益于机遇和成功。英国的一些制度根深蒂固，如君主制、议会、法院和地方治安法官，它们在公众眼中享有极高的合法性。英国的统治阶级在基本原则上团结一致，富有，并拥有长期的执政经验。其他欧洲国家无法兼具这些优势。

在某种程度上，1900 年的欧洲可以被视为两个部分，一部分是位于大陆西北的核心地区，也就是富裕的"第一世界"，另一部分则是南部和东部的边缘地带，也就是更庞大的"第二世界"。尽管"第二世界"具有显著的多样性，但也拥有共同的基本特征，当欧洲边缘地带的所有国家都面临现代性和大众政治的挑战时，这种相似性便成为人们关注的焦点。与"第一世界"相比，这里的中产阶级规模小，以农民为主，十分贫穷，通常渴望土地。各地区较少融入民族共同体，国家相对弱小、脆弱。知识分子试图从法国、英国和德国寻找灵感，但是欧洲"第一世界"的核心地带拥有理想化的政治、政府图景，与之相比，他们本国的政治往往腐败、分裂，相形见绌。大规模的社会主义运动在为数不多的城市兴起、发展，开始出现席卷乡村的态势，所有精英都开始担心自己的财产，尤其是乡村地主。

意大利在大多数方面都堪称"第二世界"国家的领头羊。但是以"第一世界"的标准来看，意大利国力弱小。这里只举一个关键的例子：直到 1914 年，意大利的教育体系也未能将强烈的意大利身份认同和忠于王国的观念灌输给大多数农民，就连意大利南部的城市居民也未接受这些观念。意大利王国仅能追溯到 19 世纪 60 年代。许多天主教徒和大多数南方人认为，皮埃蒙特人接管半岛更像是征服，而不是人们自愿的统一。意大利最强大的保守势力是天主教会。自 1871 年罗马和教皇国被合并以来，它一直是新的意大利王国的敌人。到 1900 年，奥地利和德国出现了一些右翼天主教政党。他们的规模、组织和大众吸引力，使之成为左翼社会主义政党的重要竞争对手。在意大利北部，社会主义自 19 世纪 90 年代起便获得了大众的支持。意大利政权无力动员大量天主教徒来反对社会主义者，这是它的主要弱点。

新的意大利王国宣称自己统一了意大利，因而为民族事业做出了贡献，这是其合法性的基石。不幸的是，王室军队在所谓的"复兴运动"中扮演的角色并没有那么光荣。到当时为止，意大利复兴运动中最英雄主义的事件是朱塞佩·加里波第征服西西里岛一事，他是一位魅力非凡的共和主义者。在 1849 年和 1866 年，奥地利人赢得了与意大利国王军队的每一场战役。意大利的统一主要归功于外部势力 —— 1859 年的法国，以及 1866 年和 1871 年的普鲁士。统一后，意大利成为欧洲的第六个强国，也是其中最小的一个。民族主义者的舆论希望这一地位名副其实。意大利的统治者有着这个时代的典型观念，也就是将成为帝国视为获得地位、荣耀和合法性的一种手段。征服埃塞俄比亚的企图导致了 1896 年的耻辱性战败。在埃塞俄比亚的惨败正值意大利北部工人动乱日益严重之际，因此严重动摇了意大利政权。对此，吓坏了的国王翁贝托一世（1878—1900 年在位）任命一位强硬的将军为首相，以恢复国家权威。[18]

1900 年，翁贝托被一名无政府主义者刺杀。他的儿子维克托·伊曼纽尔三世很快就放弃了父亲的立场。从登基到第一次世界大战爆发，他在这 14 年里，竭力强调自己是一个立宪君主，已经将政治留给了政治家。国王同意扩大选举权，将其赋予大多数意大利男性。他甚至允许文职大臣任命他的军事随从，此举不仅在德国难以想象，在许多彻底的立宪制国家也是惊人之举。在这些年里，他有时会触怒俄国外交官，他警告后者，他们的沙皇尼古拉二世危机四伏，因为这位政治领袖公然扮演着强势角色。相反，国王吹嘘自己的行事作风，因为他使许多工会主义者、温和的社会主义者和过去的激进共和主义者，开始接受意大利的君主立宪制。与尼古拉形成鲜明对比的是，维克托·伊曼纽尔在第一次世界大战期间隐身幕后，潜移默化地发挥了巨大的影响，不过，总的说来，他坚持自己身为立宪国王的象征性角色，在公共场合更是一向如此。

第一次世界大战结束之后的岁月危机四伏，国王发现自己不可能再继续这一策略。俄国十月革命和罗曼诺夫王朝的命运对所有的君主而言都是前车之鉴。1919—1921 年，意大利似乎存在走上俄国道路的极大可能性，那些觉得这种倾向令人惊恐的精英阶层尤其抱持这种想法。1922 年，墨索里尼的法西斯党进军罗马，当时决定是否出动军队以阻止其行动的权力仅掌握在国王手中。维克托·伊曼纽尔未能捍卫宪法，并任命墨索里尼为首相。为了巩固法西斯政权，墨索里尼有时会蓄意谋杀，采取罪恶昭彰的非法行为，即便如此，维克托·伊曼纽尔依旧支持他。当然，政治环境是国王如此决定的关键原因。但是人们也不能忽视这位国王的性格，他身材矮小，没有任何魅力，最重要的是，他缺乏自信。当时他无法继续依靠社会党、右翼国家主义党和天主教主流的支持，在这种情况下，比起镇压墨索里尼的运动、亲自担负起政治领袖的重任，允许墨索里尼掌权对国王而言更加轻松。或许还因为他担心自己的堂兄奥斯塔公爵会借法西斯之势成为代理国王。奥斯塔公爵是第一次世界大战期间英勇的军事领袖，他身材高大，魅力非凡，远非国王可比。毫无疑问，维克托·伊曼纽尔还担心引发王室军队与右翼民兵组织之间的内战，后者的成员中有许多是过去的前线士兵。法西斯领导人早已放弃他们早期的共和主义，他们此时宣布效忠君主制，这一事实无疑也是影响国王决策的重要因素。

维克托·伊曼纽尔鄙视自由主义政治精英的卑劣野心和仇怨，这使他对世界产生了一种厌倦感，也很可能左右了他的选择。许多年后，他的侄孙回忆道，他曾与国王单独出行，从罗马前往家族的夏季乡村别墅，途中，他们经过了许多政治要员的庄园和别墅。维克托·伊曼纽尔指出，一栋别墅的主人重用亲戚，另一栋别墅的主人贪污腐败，还有一栋别墅的主人蓄养情妇。与这个时代的大多数君主一样，国王自幼便被培养为一名战士，不太尊重党派政客。他不喜欢恢宏、壮丽、华美的宫廷世界和罗马上流社会。他的批评者私下指出，要不是生来就要继承王位，他会过上愉快的生活，成为一个倾向共和主义的会计师或小镇银行经理。维克托·伊曼纽尔忠于妻子，他的私人生活简单朴素，近乎舒适，有着明显的资产阶级特色。因为性格和教育，他不是一个天生的政治家，更不是一个鼓舞人心的领袖。维克托·伊曼纽尔与法西斯的联盟使社会主义者陷入困境，并在某些方面赋予君主制以新的合法性。在 1914 年的六位大国君主中，只有意大利国王没有皇帝的头衔。1936 年，墨索里尼正式宣布吞并埃塞俄比亚，这使意大利民族主义者及其国王感到满意。[19]

在法西斯党掌权之前，意大利在一种混合政体下运转，权力在原则上分属于君主和民选议会。这是19世纪下半叶欧洲大部分地区的常态。在宪法原则上，尤其是在政治实践中，政治体制不同，君主和议会之间的权力平衡也各不相同。给予公民权利和政治代表权，是对公民社会日益壮大的力量的承认。议会至少在预算和立法方面有相当大的发言权。至于行政权，特别是外交和军事事务方面，仍然掌握在君主手中。欧洲中上层阶级的许多成员希望，随着国民受教育水平、经济水平和政治"成熟度"的提高，权力会逐渐走向民主，进而降低君主及其官员提供监护权的必要性。然而，强大的利益集团和意识形态潮流反对这些自由主义设想，他们希望保留君主制，以掩饰一种更激进、更民粹主义的威权民族主义变体。早在1914年之前，意大利就开始走向自由民主。但是随着法西斯党的当权，它彻底转向相反的方向。

欧洲最重要的"混合君主制国家"是普鲁士王国，以及在1871年由普鲁士创建并在此后由它主导的德意志帝国。在1848年欧洲革命之前，普鲁士和皮埃蒙特都实行绝对君主制。在革命之后，两者均采用混合政体，这是两个君主制国家联合中产阶级，以及德意志和意大利民族主义的重要一步。据政府估计，1846年，有50%到60%的普鲁士居民仅能维持生计或根本无法维生。不断增长的人口，加上新工业时代的科技，降低了生活水平，还威胁到了公共秩序。"饥饿的四十年代"也是一个作物歉收、马铃薯疫病和经济衰退的时期。1848年夏天，柏林街头群众激进主义的势力日益增长，这场德意志革命运动中的激进分子——"雅各宾派"——要求男性普选权，这令大部分中产阶级惊恐万分。但考虑到当时的环境，这并不让人惊讶。霍亨索伦家族和他们的国家提供了一个安全的避风港，加上这个君主制国家愿意接纳一些自由主义者的要求，情况就更是如此。在之后的几十年里，城市工人阶级变得更富裕，有了更高的受教育水平。他们还得到了更好的组织，大量加入日益蓬勃的社会主义运动。这是一个大众政治的时代，强大的社会民主党基本上仍致力共和主义和马克思主义革命。对许多资产阶级来说，在这个时代，这个君主制国家是一个令人欣慰的存在。[20]

"混合君主制"有其固有的弱点。行政机构和立法机构之间的分歧有时会使政府瘫痪，这一点与如今的美国有些相似。不过，在 19 世纪的君主制国家，情况更加严重，因为其行政机构和立法机构的权威完全基于相互冲突的合法性原则。君主的统治依靠上帝的恩典和历史上代代相传的权利。而议会的权威则源于人民的投票。同样重要的是，混合君主制国家的宪法将巨大的权威留在君主手中，而后者往往无力，有时甚至是不愿行使这种权力。如此，政府的中心便出现了一个漏洞。此外，仍然扮演着重要政治角色的王朝，无法采用英国的策略来克服现代性的挑战，因为这种策略的关键原则是君主退出并超越政治领域，主要发挥象征作用。在大众政治、政党冲突和新闻自由的时代，不这样做就必然会招致危险。马克斯·韦伯写道，世袭君主天生就不适合现代政党政治和大众传媒的新世界，他是正确的。他还补充说，那些试图扮演公开政治角色的君主，会将他们的王朝乃至国家本身置于危险之中。[21]

1849—1866 年，普鲁士的混合君主制面临以上诸多问题。到 1862 年，君主和议会在军队的控制权问题上存在严重分歧，威廉一世（1861—1888 年在位）开始考虑退位。绝望之中，他任命奥托·冯·俾斯麦为首相，在大多数受过良好教育的普鲁士人眼中，俾斯麦是保守派。在接下来的 9 年里，俾斯麦战胜议会，为军事改革开辟了道路，使普鲁士军队在欧洲首屈一指。他出色的外交手腕和军队的强大实力，使普鲁士在面对奥地利和法国时赢得了决定性的胜利，并将德意志统一在普鲁士的王冠之下。普鲁士王国随着威廉一世的加冕，成为德意志帝国，一跃成为欧洲大陆的主要大国。统一的方式和条件为普鲁士君主制赢得了自由主义者的支持，同时还维护了霍亨索伦家族和普鲁士精英阶层的权势和利益。这对德意志乃至欧洲历史的影响是巨大的。

1861 年，威廉一世的兄长去世，没有留下子女，威廉一世继承王位，时年 64 岁。没有人预料到他能再活 26 年。他的长寿意义重大，因为俾斯麦能继续执政，完全取决于这位国王。威廉一世和俾斯麦的关系与路易十三和黎塞留的关系一样重要、有趣。两人并不总是政见相同，威廉通常会做出让步，即使他确信自己的观点是正确的，实际上，他确实通常是正确的。为了达到目的，俾斯麦会称病卧床，声称自己时日无多，以辞职为威胁，还热衷于上演大发脾气、哭天抹泪和情感勒索的惊人戏码。威廉的一次评论十分出名，他说，"在俾斯麦的压制下当皇帝十分困难"。大多数君主都无法容忍这种情况长达 26 年。做到这一点，威廉需要非同寻常的耐心、自律、无私和谦逊。1879 年，他评论说："俾斯麦比我更不可或缺。"年龄或许是他这样抉择的影响因素之一：年迈的国王害怕政治动荡，因此紧紧抓住他经验丰富的首相。当然，威廉也敬佩俾斯麦的天赋，担心他退休将导致的后果。

　　敬佩和担心都有充分的理由。俾斯麦是一位政治天才，1862—1871年，他在国内外政策方面都展现出了高超的手腕，并取得了惊人的成果。但是，他为新统一的德意志帝国建立的政治体系堪称怪物。管理普鲁士的混合政体是一项艰巨的工作。俾斯麦建立了一个以男性普选权为基础的帝国议会（Reichstag），因为他相信，可以依靠广大的乡村选民来支持保守派事业，反抗城市自由主义者和激进分子。他的想法基本上是正确的。1871—1914 年，一个庞大的乡村保守党成立了，并在德国政治中发挥了关键的作用。然而，由于工业的快速发展，到 20 世纪初，超过三分之二的人口居住在城镇。到 1914 年，社会民主党已经成为帝国议会最大的政党。结果，德意志帝国的君主需要协调不同机构的活动：帝国议会，更加保守、选举权更加有限的联邦议会，一个在原则上不向任何议会负责的行政部门，以及不受文职官员控制、仅服从于总司令（即普鲁士国王、德意志皇帝）的军队。俾斯麦差不多成功地控制并协调了这只怪物，但后世的首相都力不从心。[22]

　　威廉一世的长寿意义重大，还在于身为王储的弗里德里希比父亲更具自由主义思想，而且人们都知道，他不信任俾斯麦。1871—1888 年，人们一直在激烈争论，弗里德里希的自由主义倾向到底有多强烈，以及如果他继承王位，他是否会罢黜俾斯麦。弗里德里希有感于君主制带来的威严权势和诸多权利，和父亲一样对军队充满热情。19 世纪中欧的自由主义不同于英国的自由主义，与当代美国的自由主义更是相去甚远。作为一名优秀的普鲁士自由主义者，弗里德里希对普选权表示怀疑，还和俾斯麦一样对社会主义心怀疑虑，对庇护九世时期的罗马天主教更是充满敌意——这位教宗主张教宗无误论。作为皇帝，弗里德里希还一直为政治现实所制约。到 19 世纪 80 年代，自由主义正在沦为德意志的少数派事业，其民众支持度不如大规模的农业运动、天主教运动和社会主义运动。然而，有一点是肯定的。如果弗里德里希是普鲁士国王，他绝不会在 1862 年任命俾斯麦为首相；此外，如果他在此后四年的任何时间登上王位，他一定会撤换俾斯麦。然而，正是在这些年里，俾斯麦实现了他的基本目标，使普鲁士成功取代奥地利，成为德意志的主导国家，并按照国王的想法与普鲁士自由主义者达成妥协，实现和平。

如果弗里德里希在 1866 年之后登上王位并保留俾斯麦的职务，他将过上左右为难的悲惨生活，一方面是首相的歇斯底里，另一方面则是妻子维多利亚公主要求他撤换俾斯麦的巨大压力。弗里德里希的王妃，也就是未来的皇后，是英国女王维多利亚和丈夫阿尔伯特的女儿。她心直口快，常常显得有点不够圆通，对一切英国事物心怀优越感，而且对此毫不掩饰。弗里德里希非常爱慕她，称她是"自己生命中唯一真正的快乐"。他欣赏妻子的聪明才智和坚韧性格。作为一位英国女性，维多利亚的自由主义思想比丈夫的更加激进，但是弗里德里希通常会听从她的意见。在普鲁士精英的核心圈子里，这一事实众所周知，损害了他的声誉。一旦他罢黜俾斯麦，精英圈子便会掀起强烈的反英情绪，并且激烈谴责这位"英国女性"。当然，这一切仅是猜想，答案无从得知。1888 年，威廉一世去世时，弗里德里希已经因癌症而濒临死亡，作为弗里德里希三世，他的统治仅持续了三个月。[23]

维多利亚深爱弗里德里希，但丈夫的去世不仅是她个人的悲剧，也宣告了她人生使命的结束——她已经无法继续在德意志推动英国的自由主义原则。更让她悲痛的是，儿子威廉二世拒绝了她和她的原则。维多利亚十分崇拜自己的父亲阿尔伯特亲王，也是父亲最喜爱的孩子。她在德意志的使命感在一定程度上出于对父亲的怀念誓言，因为这个使命在很大程度上是父亲交给她的。阿尔伯特亲王在英国生活了 20 年，开始逐渐欣赏英国宪法，但他始终是一位德意志王子，关心德意志事务。他期待的德意志是普鲁士统一和领导下的德意志，而这个普鲁士必然是经过了革新的、自由的。这样的普鲁士会通过道德模范作用和权力来进行统治。阿尔伯特绝不会强迫自己的女儿与普鲁士联姻，他很高兴自己的女儿爱上了弗里德里希，随着时间的推移，他变得非常喜爱弗里德里希，也愿意指导后者。不过，他一直认为自己的女儿凭借对丈夫的巨大影响力，在德意志扮演着重要的政治角色。相较于玛丽亚·特蕾莎安排玛丽·安托瓦内特在凡尔赛扮演的角色，阿尔伯特赋予维多利亚的使命在许多方面要更加深远，具有更多的潜在危险。维多利亚不仅要维持普鲁士与英国的友谊，还要将普鲁士和德意志推向自由主义的、英国式的未来。[24]

　　1888 年，29 岁的威廉二世登基。作为德意志帝国的末代皇帝，他是历史上最广受研究、备受争论的君主之一。在这本书中，我只能简略介绍他的性格和重要性。将威廉与普鲁士过往的君主进行对比，是深入了解其性格的有效方法。他本人十分认可祖父威廉一世。他发起了一场重大的公共运动，将自己的祖父、德意志人记忆中的第一位皇帝尊为"威廉大帝"，在他口中，帝国宰相俾斯麦和陆军元帅毛奇与大帝相比，不过是"无足轻重"的"奴仆"，然而，毛奇指挥军队战胜法国和奥地利，是普鲁士军事胜利的铸就者。无论是第几次听到这些话，大多数受过教育的德国人都会因其君主的荒唐和夸张而羞耻，皇帝的运动失败了。为了纪念威廉一世，人们竖立起一些浮华的高大雕像，然而，真正受到民族主义者和保守主义团体尊崇的，是俾斯麦，而非老皇帝。想必谦虚、注重实际的威廉一世同样会对此感到羞愧。威廉二世不像祖父和传统的普鲁士上层阶级一样严格自律。他喜欢扮演普鲁士武士国王的角色，扮演这个角色甚至成了他身份认同的一部分，但与 17、18 世纪霍亨索伦王朝的杰出开创者相比，威廉二世既不够坚毅，也不够果敢和引人注目。

　　威廉在很多方面更像他的伯祖父腓特烈·威廉四世（1840—1861 年在位）。腓特烈·威廉有许多弱点，包括"容易兴奋""神经质、情绪不稳且不可预测""鲁莽轻率"和"异想天开"。这些特点在威廉二世身上也十分明显。腓特烈·威廉最终疯了。许多精英认为，威廉二世的神志从来没有完全正常过。腓特烈·威廉热爱演讲，且精于此道，善于掌握听众的情绪。在这一点上，威廉二世也很像他。威廉拥有语言天赋，但他不大擅长管住自己的舌头，也不是很能把握自己的言辞产生的影响。在大众媒体的新时代，这些言辞拥有更广泛的听众，听众的反应常常与威廉想要的截然不同。腓特烈·威廉知道，1815 年之后的普鲁士远比霍亨索伦家族旧日的东部腹地广阔，他试图向莱茵兰和威斯特伐利亚的新臣民发表演说，以确保他们的忠诚。威廉试图重新定义帝国，试图成为所有德国人的现代皇帝。威廉二世在位期间，帝国和皇权的概念都发生了变化。1871 年，皇帝的头衔意味着，普鲁士的君主统治着巴伐利亚、萨克森和符腾堡的国王。它暗示了一些与古老的"德意志民族神圣罗马帝国"一脉相承的元素。在威廉二世时期，这些含义一直没有消失，但是它们被世界帝国的概念掩盖了，这个概念适合全球化时代和帝国主义巅峰期。威廉热衷海事和现代技术，这些对传统的普鲁士乡村贵族来说毫无意义。他喜欢炫耀和奢侈，这些行事作风令他们反感。

与腓特烈·威廉相比，威廉二世的性格无疑更具缺陷，更令人不快。他的主要传记作者写道，皇帝具有"自大情结——一种脆弱、自恋的虚荣心，面对那些在他看来不如自己的人，他态度冷漠、咄咄逼人，又充满蔑视"。他恃势凌人，却又极度不安，这主要是因为他与母亲维多利亚的扭曲关系。维多利亚生性骄傲，但威廉作为她的第一个孩子和王位继承人，患有一定程度的残疾，维多利亚为此感到羞愧。但是公正地说来，威廉自幼便以巨大的勇气来克服身体的障碍，接受痛苦的治疗。他十分聪慧，有时还是一个有趣而迷人的伙伴。也许，人们可以为他做出更多的辩护：他所在的是大众政治、工业资本主义和帝国主义地缘政治的时代，夹杂了"科学的"种族主义思想，而腓特烈·威廉四世所在的世界则更加单纯，是虔诚而充满浪漫主义的童话世界，两者相去甚远。[25]

威廉二世的权力有多大？自他统治以来，历史学家一直就这个问题争论不休。可以肯定的是，他的权力不像普鲁士和德意志宪法描述的那般，更不如他自己吹嘘的那样大。大臣附和他的自吹自擂，因为他们知道，他们的主人极度敏感的自尊心需要这样的奉承，此外，这样做可以帮助他们在实践中控制威廉，降低他在政府中的实际作用。原则上，威廉可以利用为自己服务的行政秘书和军事秘书，实现对政府和政策的私人控制。在实践中，首席秘书们主要致力于维护政治制度和威廉本人，避免它们因为威廉偶尔放肆的言行而受到灾难性的影响。德意志和普鲁士的政府机构规模庞大，且还在不断扩大，十分复杂。要想维持政府的运转，其最高行政负责人需要对细节了如指掌，具有高度的专注力，以及不懈努力工作的意愿。但是，威廉缺乏这些特质。[26]

然而，所有高级官员都是皇帝任命的。无论是宰相、部长，还是高级将领，一旦触怒皇帝，都难以长久保住自己的职务。有时，威廉会将自己喜欢但能力不足的人委以要职，比如赫尔穆特·冯·小毛奇。他是威廉的侍从武官，唯心论的狂热支持者，他在1906—1914年出任总参谋长，但缺乏这个要职必需的才能和个性。因为威廉有权任命主要官员，雄心勃勃的人很可能会根据他的喜好来调整自己的行动。即便如此，也想不出有哪些重大的国内政策是由威廉发起，经大臣，以及德意志和普鲁士议会协商通过的。他在外交政策方面的权势更大，然而，即便是外交领域的倡议，也通常来自他的宰相。此外，威廉二世在外交事务方面最大的影响更多在于他的失败之处，而不是他做到的事情。在德意志帝国，只有皇帝才能协调外交、军事、海军和国内政策。仅仅笼统地宣称德意志追求"世界政策"，致力于赶超英国，还远远不够。威廉未能制定明确的大战略，没有确定达成目的的现实手段，又强迫外交官、海陆将领和大臣遵从他的意志，德意志因此付出了惨重的代价。[27]

皇帝个人提出的最重要的倡议是建立一支庞大的海军。从国内政治来看，他的倡议取得了巨大的成功。海军是新的德意志帝国的完美象征。作为武装力量的一部分，它代表了帝制的核心传统元素。但是海军力量与普鲁士传统毫不相干，它一直就是自由主义者和中产阶级珍视的事业。在威廉的海军中，军官有着与陆军军官大体相同的价值观，然而，陆军将领仍然大多出身贵族，海军将领则主要出身中产阶级家庭。海军为新帝国巩固了贵族和资产阶级的联盟，也是这一联盟的象征。1898年，旨在支持舰队的德意志海军协会成立了，它是一个庞大而复杂的现代组织，为海军乃至君主制及其价值观，动员了巨大的公众支持。在成立后一年内，该协会的会员就超过了 100 万。军舰采用了最先进的现代科技。海军实力与全球化、商业和帝国息息相关。军舰以陆军难以企及的方式，将帝国的影响力传遍全球。此外，宏伟的战舰有着冷峻的美感和魅力，这使其成为文化和政治双重意义上的象征。德意志与英国争相建造军舰，这场竞赛呈现出的一些特点与国际障碍赛相似，得到了英德民众的热切关注。[28]

威廉需要制订和实施海军建设计划，让最初对此心怀疑虑的议会接受它，这些都要依靠海军上将阿尔弗雷德·蒂尔皮茨。德意志海军协会也是在蒂尔皮茨的谋划下建立的。皇帝与蒂尔皮茨的关系往往摩擦重重。两人彼此需要，但是关于建造怎样的船只，以及怎样最有效地将它们投入战争，两人常常意见相左。1916 年，蒂尔皮茨被解职，此后他建立了德意志祖国党。1917—1918 年，祖国党在德意志的民众支持率高于其他任何政治运动。蒂尔皮茨与保罗·冯·兴登堡、埃里希·冯·鲁登道夫结盟，后两位将军获得的胜利为他们赢得了民众的极大信任。到 1917 年，这三位巨头获得了广泛的支持，威廉别无选择，只能屈从于他们的意愿。皇帝已经失去了德意志领导人的地位。这个君主制国家无法控制一场它自己发起的群众运动和组织。到 1916 年，强硬的军国主义和极端民族主义领袖取代了皇帝，导致德意志帝国走向失败，如果文职官员领袖更加睿智、灵活，这原本是有机会避免的。然后，他们成功地将失败归咎于敌人——社会主义者和自由主义者。[29]

舰队的基本问题在于，它的创立有损德意志的外交政策，使德意志在大国之中的处境更加孤立，这十分危险。在一定程度上来说，创建舰队背后的战略思想是合理的。全球化和工业发展已经将德国的关键利益与海外贸易和海外市场联系在一起。鉴于英国的海军实力，一旦德国与英国发生冲突，这些利益完全无法得到保障。没有哪个欧洲大国愿意接受这种程度的弱点。问题是，想要在陆上对抗法国、俄国的同时，在海上与英国展开竞争，德国需要具备足够的资源，尤其是一个联邦税收系统，但是德国没有。此外，部分人相信，强大的德国海军可以影响与英国的关系，结果事与愿违。它反而促使英国放下了过往与法国和俄国的殖民地竞争，与他们展开合作，共同遏制德国。这反过来又加重了德国对包围和孤立的猜忌。1912 年，陆上军备竞赛开始加速，部分敏锐的德国精英明白，英国赢得了海上竞赛，但是人们很难公开承认这一点。无论是威廉二世还是蒂尔皮茨，都不愿意放弃成为海上强国的梦想。威廉之父弗里德里希三世最优秀的传记作者基本上淡化了弗里德里希早逝的后果。然而，他仍写道："简直难以想象弗里德里希皇帝和维多利亚皇后会采取殖民和海军扩张的政策来对抗英国。"鉴于这些政策很关键，这份评论十分重要，它反映了威廉的性格在德意志历史上的作用。[30]

德意志的精英阶层和公众舆论对威廉二世的领导越发不满。1906 年，德国在第一次摩洛哥危机中失败，此后政府便开始试图限制威廉参政。在右翼和大部分中间派眼中，这一挫折通常被归咎于皇帝的软弱和优柔寡断，当时俄国在对日战争中失败，后续的革命更是让德国占据决定性的军事优势。领导这次抨击的马克西米利安·哈登，是德国的重要公共知识分子，《未来报》（Die Zukunft）的编辑。哈登利用了威廉通过媒体发表的又一次不当言论，即 1908 年，英国《每日电讯报》（Daily Telegraph）刊登的威廉的一次荒谬采访。最重要的是，他利用性丑闻，抨击皇帝的随行人员是同性恋，以动摇威廉的地位。皇帝的挚友奥伊伦堡亲王菲利普是他的主要攻击目标。

几乎就在同一时间，俄国民族自由主义者、政治家和报社老板亚历山大·古奇科夫利用拉斯普京事件抹黑尼古拉二世，迫使罗曼诺夫家族变成纯粹的英式象征意义的君主。这两起事件有许多相似之处，传统宫廷都需面对言论自由、散布丑闻的媒体，野心勃勃的政客，以及支持言论自由和公开辩论的议会。哈登和古奇科夫都认为，任命重要官员、决定关键政策的是一群隐藏在幕后的廷臣和个人亲信。这一指控对奥伊伦堡亲王而言相对准确，对拉斯普京而言则并非如此，后者对政策的影响力十分有限。然而，哈登甚至也夸大了奥伊伦堡亲王对政策的影响。就主要结果而言，这两场运动都严重损害了君主制和君主的威望。事实证明，这一结果对俄国来说是致命的。相对而言，哈登的运动破坏性较小，但也绝非毫无影响。

在他看来，奥伊伦堡亲王和威廉随从人员中的其他同性恋者软弱不堪，消灭他们将使德国的外交政策发挥全部实力，充满男子气概。这说明了一个更普遍的问题。哈登对威廉的抨击是一场传统君主政治与现代大众政治的斗争，但"现代"并不总是意味着明智或和平。奥伊伦堡亲王曾是威廉最爱好和平的顾问之一。他的下台在一定程度上促使德国进一步走向第一次世界大战。[31]

对于第一次世界大战的爆发，威廉在其中扮演的角色，是他一生中最臭名昭著、最备受争议的部分。1914 年 7 月和 8 月的一系列事件对于本书来说意义特殊，一方面，这是因为第一次世界大战摧毁了世界上最强大的帝国；另一方面，则是因为这几乎是皇帝们最后一次做出重要的外交决策。1914 年 6 月 28 日，弗兰茨·斐迪南大公与妻子索菲亚被刺杀，此事成为"一战"爆发的直接原因。而在此前 9 个月，奥匈帝国的部长会议决定，必须尽早摧毁作为独立国家的塞尔维亚。这一决定风险极大，很容易导致与俄国的战争，只有确保德国的支持，才能应对这一风险。部长们一致认为，除非奥地利受到塞尔维亚的公然挑衅，否则不会如此行事。而这场刺杀恰恰提供了绝佳的时机。死于这一事件的还有维也纳决策小组的成员，而该成员是最有权势的和平倡导者。从更广泛的意义上来说，奥地利与塞尔维亚之间的冲突是帝国与民族主义冲突的一部分。在欧洲东南部的这场冲突正导致一场将摧毁欧洲大陆的战争的同时，它还以阿尔斯特问题的形式使英国的国内政治陷入瘫痪。1914 年 7 月，奥地利面对七月危机的举措，与 1956 年英法应对苏伊士运河危机的政策有相似之处。面对地缘政治的衰落和日益强大的民族主义挑战，帝国精英的应对混杂着绝望、傲慢和错误的判断。关键区别在于，1956 年，华盛顿的"老大哥"表示拒绝，而 1914 年，柏林的"老大哥"表示赞同。[32]

德国的保守派群体中弥漫着文化悲观主义和无所顾忌的气息，这不仅影响了德国在 1914 年的决策，甚至在当代美国仍有令人担忧的回响。然而，在七月危机中，柏林只有三位影响重大的人物。他们分别是总参谋长赫尔穆特·冯·小毛奇将军、帝国宰相特奥巴尔德·冯·贝特曼·霍尔韦格和威廉二世。其中，小毛奇的影响最小。1914 年，他给出的建议与

1912—1913 年巴尔干危机期间的建议相同，换句话来说，趁着军事上的优势仍在德国一方，尚未不可逆转地转向俄国之前，立即发动进攻。在巴尔干战争期间，文官领导层驳回了小毛奇的建议。1914 年，他们选择支持他。其中的关键人物是贝特曼·霍尔韦格。在七月危机期间，皇帝一直征询他的建议，并据此采取行动。

宰相品格高尚，绝非投机取巧的人，也不是军国主义者，但他有着与自己所处的时代、阶级相同的地缘政治判断和民族主义价值观。换句话说来，他致力于为德国争取不逊于英国的国际地位和长远的历史意义，如果有可能，他甚至希望德国可以比肩美国。库尔特·里兹勒是宰相的首席外交政策顾问，他提出其他大国非常畏惧欧洲发生战争，因此德国可以在危急关头冒险采用边缘政策，或许是他的观点影响了贝特曼·霍尔韦格。又或许是近日爱妻的去世令这位宰相对未来的欧洲国际局势持悲观态度。贝特曼·霍尔韦格既要约束威廉二世，又要管理混乱的德国政治体系，一直承受可怕的压力，妻子是他的慰藉和支柱。从性格上来看，他相对忧郁，在气质上，他是一个具有学者风范的官员，而非厚颜无耻的斗士和政客。宰相遭到右翼疾风骤雨般的攻击，被指责缺乏男子气概、胆小懦弱。一位大臣妻子的去世可以促使世界陷入战火，导致数百万人失去生命，几乎将欧洲文明推到毁灭的边缘。这听起来十分荒谬、可怕，但这并不一定意味着，它是不真实的。[33]

威廉二世也对这场灾难负有一部分责任。面对这样一场至关重要的危机，德国政府的反应令人悲叹。反应本应更加迟钝的奥地利和俄国，在各自的部长会议上充分讨论了不同的选择，与会者包括两大帝国所有重要的军政领导人。而在德国，按时进行威廉的夏季巡游似乎更加重要，哪怕是一天，也不能推迟。德国没有召开所有主要领导人参与的集体会议。凭借当时的技术，完全可以召回驻圣彼得堡、伦敦和巴黎的大使，来参加这样的会议。驻圣彼得堡大使普塔莱斯伯爵或许可以重复在早期的报告中提出的观点：如果奥地利入侵塞尔维亚，俄国政府绝不会袖手旁观，但是没有一位俄国部长渴望战争，无论是在现在，还是在可预见的未来，因为革命的风险太大了。驻英大使利赫诺夫斯基亲王本可以从伦敦贡献他的观点：

当时英德关系有所改善，鉴于英俄关系日益紧张，完全有理由期待英德关系的进一步改善。不过，如果德国入侵法国，人们就不应该期待英国会保持中立。与此同时，德国驻巴黎大使舍恩本可以补充两点：由于人口和经济因素，法国的相对实力正在下降；此外，政治正日益左倾，雷蒙·普安卡雷强烈民族主义和走亲俄路线的领导很难长久。贝特曼·霍尔韦格对国际关系的分析相当悲观，为了加以平衡，应该将上述乐观的现实观点加入考量，毕竟，会议应该综合考虑所有对立的观点。

当然，即使威廉二世主持了一个这样的会议，可能也于事无补。自世袭君主制诞生之初始，君主主持的大臣会议便存在一些固有的问题。沃尔特·白芝浩将之简单地总结为一个问题："没有人可以在卑躬屈膝的情况下据理力争。"大臣们不会早早反驳君主的意见，尤其不会当着其他大臣的面违逆君主。疑神疑鬼的君主，以及认为自己的尊严不可侵犯的君主，对有理有据的讨论都会心生厌恶，更不用说异议了。路易十四给儿子和继承人的建议是正确的。英明的国王必须多听少说。他必须鼓励别人发表相反的观点。君主不能怨恨大臣的批评，也不能嫉贤妒能，害怕顾问比自己聪慧，因为权力和威严使他凌驾于臣子之上，并赋予他最终决策权。简而言之，君主需要谦虚、自律，以及一定程度的自信和心态平衡。

在历史上的所有皇帝之中，威廉二世最不可能遵循这个建议。皇帝常常喋喋不休，对他人的意见充耳不闻，此外，他对任何可以察觉到的轻视和批评极为敏感。奥伊伦堡亲王菲利普可能是最了解威廉的人，他在 1897 年曾提醒一位即将上任的外交大臣，威廉对一切分歧都耿耿于怀，讨厌被视为顺从他人建议的人，极度需要称赞，总的来说，必须把他"当作一个聪明的好孩子"来对待。大臣们要学会不与他争论，忍受他的夸夸其谈和虚伪作态，希望在危机时刻，威廉的夸夸其谈最终会转变成胆怯和退缩。1914 年 7 月，许多高级将领期待的正是这一场面。他们是正确的。随着欧洲战争风险的增加，威廉试图退缩。当时，他已经引发了一系列难以遏止的事件。要不是贝特曼·霍尔韦格和小毛奇在 1914 年 7 月的最后两天阻止，威廉兴许已经退让，他们这么做的部分原因是因为他们知道，此时退缩，不仅会对德奥同盟造成灾难性影响，还会严重损害君主制在德国精英和公众舆论中的声望。[34]

俄国坚持神圣和绝对的传统君权模式的时间长于其他欧洲列强。这在一定程度上说明，俄国社会比英国和德国落后。即便是在 1900 年，俄国也有超过 80% 的人口是几乎不识字的农民，他们的精神世界仍然是前现代的、宗教的。神圣而绝对的君主制能存续下来，还要感谢俄国统治者的理想和政治策略。这些策略在一定程度上源于对俄国传统的坚守，但是最重要的根源在于，人们相信西式的自由和民主原则势必会导致不同社会阶层和民族群体之间的冲突，从而破坏俄国社会和多民族的俄罗斯帝国。就人均收入而言，直到 1914 年，俄国仍处于欧洲"第二世界"边缘地带国家的末尾。它也是控制全球大部分地区的少数几个大帝国之一。20 世纪，"第二世界"几乎没有哪个国家能够和平地过渡成为民主国家。在两次世界大战之间的时段里，它们几乎都是由左翼或右翼的独裁政权来统治。1914 年还存在的帝国在战后都没有幸存下来。俄国的统治者则面临巨大的挑战，因为他们试图将一个成功的前现代帝国改造成 20 世纪一个可行的政体。

亚历山大二世（1855—1881 年在位）在许多方面都是罗曼诺夫王朝最具自由主义思想的君主。在 1853—1856 年的克里米亚战争中，俄国战败，此后亚历山大认为，如果俄国想要保住大国地位，就必须遵循西方路线，进行现代化改革。他解放农奴，引入西式法律制度，放松审查制度，并在各省——选举权规模很大但并不公平——建立代议制地方政府机构。但是亚历山大坚信其臣民对神圣君主制的信任，并据此调整了他的政治策略。1861 年，他对当时的普鲁士驻圣彼得堡特使奥托·冯·俾斯麦说："在整个帝国之内，人民仍将君主视为上帝为这片土地安排的父亲和绝对领主；这种信念的力量几乎堪比宗教信仰，且完全不依赖于对我的个人忠诚。我愿意相信，它在将来也不会严重褪色。放弃王冠赋予我的绝对权力，将削弱统治国家的权威。迄今为止，俄国民众对皇帝宝座怀有的深切敬意，基于一种与生俱来的情感，两者是不可分割的。如果我允许贵族或国家的代表参政，我会削弱政府的权威，且无任何补偿。"[35]

皇帝认为，只有一个强大的、凌驾于社会之上的合法君主，才能仲裁其臣民之间的价值观差异和利益冲突。1861 年，也就是农奴获得解放的那一年，最让亚历山大忧虑的是贵族和农民之间可能爆发的冲突。两年后，随着波兰爆发民族起义，保护帝国的君主重任占据了亚历山大的头脑。他的孙子尼古拉二世面临更严重的农村矛盾和民族冲突，城市里，工人和资本家之间的斗争也日益激烈。和祖父一样，尼古拉也认为，如果不希望阶级和民族冲突将俄国社会乃至整个帝国撕成碎片，就必须建设一个强有力的威权国家。他还希望农民保留他们幼稚的君主制思想，赋予国家合法性。现实不如他意，到了 20 世纪初期，农民的思想开始改变。国家推动的现代化改革正在破坏该政权的社会和意识形态基础。为俄国的国家地位和帝国创立新的基础是一个巨大的挑战，也是敌对政治团体和意识形态之间产生激烈冲突的根源。

尼古拉二世与他的祖父有着许多相似的政治信仰和打算。然而，这两位皇帝有着重大区别。亚历山大二世认为自己是一位伟大的欧洲君主、显赫的领主和俄国社会的第一绅士。他在圣彼得堡的贵族世界如鱼得水。有时，他会像伯父亚历山大一世一样感到挫败，甚至羞耻，因为落后的俄国似乎尚未做好进行"文明"欧式改革的准备。在他的儿子亚历山大三世（1881—1894 年在位）统治期间，俄国变得更加民族主义和民粹主义。在这个方面，尼古拉二世追随父亲，而非祖父的脚步，尽管他基本保留着欧洲绅士的价值观和行为方式。在工业革命创造的新世界中，政治现状陡然一变，在某种程度上来说，民族主义和民粹主义的趋势正是对这种转变的回应，不过，尼古拉的俄国爱国主义和民粹主义完全发自内心，十分真诚。亚历山大二世的宗教信仰传统而肤浅。在其统治生涯的后半段，对情妇叶卡捷琳娜·多尔戈鲁科娃的迷恋占据了他的私生活。相形之下，尼古拉深爱妻子亚历山德拉，对她忠贞不贰。他还是一名虔诚的东正教徒。这位皇帝政治信仰的核心是东正教沙皇与民众之间的共融感。他是东正教社群的父亲和监护人，对于那些会决定其民众命运的决策，他有责任保留最终决定权。他的精神世界十分纯洁，因此他并不适合政治生活。他接受了军事训练，对服从、忠诚和自我牺牲等军官准则充满敬意，这些也使他难以适应政治生活。与亚历山大二世不同，尼古拉二世在大臣乃至圣彼得堡的上流社会中，没有任何真正的朋友。他的妻子生性羞怯，不受上流社会欢迎，这使尼古拉进一步疏远了俄国精英，也使亚历山德拉愈发偏执地相信，真正支持君主制的只有东正教农民。[36]

尼古拉的政治立场源于 19 世纪俄国的保守政治思想。在彼时的俄国，斯拉夫主义是最具影响力、最有活力、最有可能受到大众欢迎的保守意识形态。它的核心宗旨是，俄国是一个不同于拉丁欧洲的独特文明。俄国想要繁荣、存续，就必须认识到这一真理，并根据俄国自己的身份认同和传统进行统治。斯拉夫主义者认为，相较于受过教育的精英，尤其是亲西方的激进知识分子，农民更加拥护这些思想。俄国身份认同的核心是东正教会。面对俄国内部（非俄罗斯人）和外部的敌人，沙皇是教会和东正教社群的守卫者和保护者。与教宗专制的罗马天主教会不同，斯拉夫派文献中描述的东正教会，其运行基础是群体决策和共识，这一特点体现在古代基督教会的大公会议中。

根据斯拉夫主义者的说法，集体主义、社群意识和共识已经从精神世界传播到俄国的文化和社会生活。一个关键的例子就是俄国村社。1861 年农奴制被废除时，村社作为传统的国家制度被保留下来，为普通俄罗斯人提供社会保障网，保护他们免遭自由资本主义的摧残。大部分的农民土地由村社集体所有，定期根据农民家庭的规模和需要重新分配，不可剥夺。村社还负责村庄的治安和司法。19 世纪 90 年代，工人阶级迅猛发展，国家秘密警察成立了由政府管理的工会组织，帮助工人捍卫他们的权利和福祉不受雇主侵害。警察工联主义建立的诸多总部位于莫斯科，受到莫斯科总督谢尔盖·亚历山德罗维奇大公的保护，他是尼古拉二世的叔父和连襟。莫斯科象征着古老的、前彼得大帝时期的俄国，一直是斯拉夫运动的腹地。反犹太主义是谢尔盖的思想和政治议程中一个更为"现代"的元素。俄国的保守派思想与墨索里尼社团国家背后的思想有一些相似之处。假如 1918—1920 年的白卫军反革命叛乱——白军运动——取得胜利，或者假如俄国君主制能够延续到 20 世纪 20 年代，那么意大利法西斯主义的元素很可能会在俄国生根发芽。[37]

对于新斯拉夫主义者想象中的俄国前景，最有趣的拥护者是列夫·季霍米罗夫，他过去是激进的革命领袖，19 世纪 80 年代末，他转换阵营，倒向右翼。1905 年，他的著作《君主制国家体制》（*Monarkhicheskaia gosudarstvennost*）出版，这是欧洲最后问世的为传统神圣君主制辩护的作品之一。宗教是季霍米罗夫思想的核心，具体到俄国，就是东正教。与绝大多数保守派人士一样，他认为，如果没有宗教提供的希望和伦理原则，人类会陷入虚无主义、绝望和极端的利己主义。社会将就此瓦解。他写道，尽管革命运动在理论上追求科学和理性，但它实际上是一场狂热的反宗教运动，然而，它又缺乏坚实的伦理基础。它的危险有一部分就源于这一点，因为俄罗斯人出于历史和宗教因素，追求信仰、确定性，以及对绝对真理的坚定承诺，他们也需要这些。他们很容易被革命者引入歧途。他写道，在可预见的未来，"根据各自的本性，一个俄罗斯人要么支持君主制，要么成为无政府主义者，没有其他的可能"。季霍米罗夫绝非彻底的反动分子。他认可彼得大帝的成就，也承认亚历山大二世的许多改革十分有必要。他谴责现存的政权控制和扼杀自治社会团体的企图，但他补充说，革命者对此负有重大责任，因为他们将每一次争取更大自由的行动，当成摧毁整个现有政治、宗教和社会秩序的机会。在一个拥有 70 个不同民族的帝国里，民主的党派政治势必会助长两极分化和分裂。相较于西欧和美国，民主制度在俄国会导致更多的灾难，因为无论是在哪个以计票为基础的体系中，政党的政客都会利用社会和民族的分歧。此外，在广大选民中，"大多数人总是属于最愚蠢、责任心不强、创造性较低，最后影响力也较小的那部分人"。[38]

在季霍米罗夫看来，社会必须被组织成社团的形式。所有的臣民都必须属于某个社团。传统上，俄国将社会组织成不同的阶层，这种模式可以作为基础，但必须做出调整，以适应俄国正在形成的、截然不同的现代世界。这一策略的关键部分在于，将社团主义原则推广到新的工人阶层，这一阶层正在城市迅猛发展。过去，农民生活在传统的、充满宗教色彩的乡村世界，现在他们与过去剥离开来，被扔进了陌生、空洞、充满剥削的现代资本主义世界。其中，大多数人的生活环境甚至无法保障家庭生活。如果他们的生活想要有序、有意义，他们就需要保护、指导和组织。在所有的俄国社团之中，最重要的是东正教会，它必须从国家的监管中解放出来，被赋予自主权和资源，以履行它的使命——成为俄国统一和理想的基石。皇帝是这种统一和理想的最高守护者。他绝对不能试图成为政府机构的最高管理者。这个角色会降低他的身份，也绝对无法在现代的环境下实现。皇帝是俄国的良知，是政府不会放弃俄国的核心原则和理想的保证。这将允许俄国保持其独特的身份认同，并履行其在世界历史中的使命。季霍米罗夫大力支持社团国家，但他不是法西斯主义者，更不用说萌芽期的纳粹党了。他是一个保守派，而保守派的核心信仰植根于宗教，而非种族。与他对俄国君主制的看法最接近的当代人物是伊朗的最高领袖和守护者。[39]

尼古拉二世在很多方面都是一个保守的斯拉夫主义者。他有着纯粹的、有时近乎天真的民粹主义本能，这与他性格中的其他元素相冲突。罗曼诺夫家族的传统盟友是俄国贵族和绅士。尼古拉本人就成长于这样的世界，他属于这个世界。他经常接触的绝大多数人都来自这个世界。面对更加时髦、"快节奏"的圣彼得堡上流社会，他越来越不自在，反而是与近卫军团的军官一起就餐最让他放松，在那里，贵族的价值观和军人的价值观融为一体。

与其他所有俄国精英一样，尼古拉也是欧洲人。就连斯拉夫主义的许多思想也源于德国浪漫主义时期的保守思想。皇帝还是维多利亚时代的欧洲绅士，具备所有必然会承袭的价值观、行为方式和束缚。他的妻子亚历山德拉是维多利亚女王的外孙女。

面对俄国的现实时，尼古拉二世的内心常常会因不同的利益冲突而饱受煎熬。在1905—1907年的俄国革命中，尼古拉就是这样，当时君主政体几乎濒临毁灭。这场革命存在危险的一面，即农民极度渴望没收贵族和绅士的土地。自1861年以来，传统精英阶层拥有的土地急剧减少，但是他们仍占据着俄国一些省份的大量（尽管从来不是大部分）农田。想要巩固"沙皇和人民的同盟"，使它符合现代的民粹主义政治，第一步就是同意征收这些大块田地。然而，尼古拉的选择恰恰相反，他坚持私有财产不可侵犯。他的决定具备充分的现实根据：没收土地会阻碍俄国农业现代化的进程，有导致国库破产的风险。欧洲的中上阶层普遍相信，私有财产的神圣性是欧洲文明社会的核心，也是欧洲崛起并控制世界的关键原因。而没收土地的做法，不仅会侵犯俄国精英的利益，也会触犯这一普遍共识。在 1905 年的革命中，俄国涌现了一批颇受欢迎的大型右翼政党。尼古拉向这些团体示好，但从未奢望成为他们的领袖，只将他们当作初级的盟友。[40]

尼古拉二世在 1905 年革命期间的立场，在很大程度上说明了民粹主义的君主政体的局限性。有些王朝的统治时间长达数个世纪，出身这些王朝的君主拥有不同的政治天赋，善于扮演蛊惑人心的民粹主义政客或领袖。他们的权力根植于不同的社会团体、不同的价值观，以及不同的策略。至少，他们不那么贪婪，不那么富有革新精神，也不那么残酷无情。马克斯·韦伯在对比传统型领袖和魅力型领袖时，就在一定程度上提出了这种区别。20 世纪早期的欧洲（和俄国）君主在某种程度上也遵循韦伯的第三种领导方式进行统治，这种方式通常被称为"法理型"。与本书论及的许多早期王朝不同，他们面对的是严格的继承制度、庞大且被规则重重束缚的官僚机构，以及一整部成文宪法。意大利的法西斯主义说明，君主可以在一段时间内与一个激进的民粹主义运动及其领导人分享权力，但这发生在战后时代，与 1914 年以前相比，王朝的信心已经被严重动摇。萨伏依家族确实是一个古老的王朝，但是与罗曼诺夫王朝乃至霍亨索伦王朝相比，1861 年以后的自由主义意大利王国仍然十分年轻，规模也相当有限。与梵蒂冈这个更古老、更令人敬畏的君主制国家比邻而居，意大利王国始终生活在阴影之下。此外，君主制与法西斯主义的关系并不稳固，总是令人十分担忧、充满疑虑。1943 年，维克托·伊曼纽尔罢免了墨索里尼的首相职务，推翻了法西斯政权。[41]

尼古拉二世不仅拥有"皇帝"的头衔，还有"全俄罗斯独裁者"的称号。沙皇不同于意大利国王，更不同于日本的天皇。根据俄国的传统和政治文化，沙皇不仅要统治，还要占据主宰的地位。俄国从未出现过类似于奥斯曼帝国大维齐尔或德意志帝国宰相的职位。君主制最坚定的追随者渴望沙皇的领导，在危机时刻更是如此。以第一次世界大战为例，当时战争的压力导致了严重的政治危机，值此之际，亚历山德拉皇后呼吁她的丈夫证明他自己是"俄罗斯的独裁统治者，没有他，俄国将不复存在"。考虑到尼古拉的性格，他不适合扮演独裁者的角色。他不喜欢政治，也不喜欢政治家，然而，命运偏偏将他置于政治旋涡的中心。尼古拉意志坚定，有时甚至有些固执，但他本质上是一个善良而敏感的人，他与政治世界中常见的那些野心勃勃、生性好斗的人格格不入。他害怕落入他们的掌控之中，为捍卫自己的自主权而斗争。[42]

鉴于本章前文所述原因，即使不考虑性格问题，20 世纪的君主也基本上没有机会担任实际上的政府首脑。统治者背负的压力过于沉重，政府也过于复杂。俄国是大趋势的极端个例。即使不计算初级的书记员、信使和看门人，圣彼得堡的政府文职人员也从 1880 年的 2.3 万人增加到了 1914 年的 5.2 万人。相较于"第一世界"的国家，俄国政府试图更深地介入社会和经济。如果俄国想要尽快实现现代化，以利用其急剧增长的人口，抵御"第一世界"中的对手，它几乎别无选择。当时，英国的财政部仍规模有限，且坚持不干涉主义，而俄国财政部正计划并监督工业和通信快速现代化的进程。1906 年以后，农业部实施了一项庞大的并行计划，旨在改变乡村的经济、教育、文化和土地所有制度，毕竟，仍有 80% 以上的俄罗斯人居住在乡村。俄国拥有欧洲规模最大、最资深的秘密警察部门，这个政府部门一直难以控制，因为它的运转处于秘密状态。尼古拉试图以独裁者的身份掌控这个庞大而复杂的机构，结果无功而返，不过，这个机构也没有使任何一位"首相"得逞。面对第一次世界大战带来的艰巨难题，政府中心的这个漏洞在现实层面和象征层面上都造成了巨大的灾难。[43]

1894 年，当尼古拉二世登上皇位时，他几乎没有任何管理经验和政治经验。他尊敬父亲亚历山大三世，继承了父亲的政治目标和政治原则。内政一直遵循亚历山大设定的路线，直到 20 世纪初，危机自此开始，之后几乎在 1905 年的革命中推翻君主制。与此同时，尼古拉授权叔父谢尔盖·亚历山德罗维奇大公在莫斯科地区试验所谓的"警察社会主义"（police socialism），而自己则遵循由来已久的皇家作风，将大部分精力集中在外交事务上。这主要意味着，在沙皇看来，亚太地区的局势决定着俄国的未来，事实确实如此。通过开发西伯利亚，与俄罗斯人一起对其进行殖民，政府可以结合国家和帝国的优势，从而解决所有欧洲大国的统治者面临的关键挑战。在几个世纪的扩张中，俄罗斯帝国从未在东部边境遭遇强敌，因此受益匪浅。日本的崛起，以及它控制亚洲大陆的朝鲜半岛和中国东北的企图，对于俄国来说，是一个令人厌恶的新生危机。不幸的是，沙皇低估了日本人的实力和决心。更谨慎、更老练的大臣们提出了中肯的建议，但是沙皇拒绝了，结果，1904—1905 年，俄国在他的领导下惨败于日本之手。这是尼古拉作为"独裁者"做出的最重要的自主倡议，他的威望因此遭到了致命的损伤。然而，即便制定更明智的政策，基本的战略困境仍然存在。1909 年，俄国战争大臣警告尼古拉，如果同时遭到日本和德国的威胁，俄国将陷入瘫痪。1941 年年底，要是日本在希特勒逼近莫斯科时选择向北进攻，而不是向南，我们今天所在的世界或许会截然不同。

　　除了俄国国内的反对意见不断增加之外，日俄战争的惨败更是导致了俄国国内的革命。结果，这导致了议会的成立和所谓的宪政时代。尼古拉自继位以来便面临的基本难题变得更加尖锐，但并未发生根本性的变化。1914 年，俄国总人口为 1.7 亿，其中，受过教育的城镇居民不到20%，不过，就绝对数量而言，与其他欧洲国家相比，这是一个庞大的数字。俄国的城市精英往往经验丰富。这个世界有发达的科技，有发行量有时能超过 10 万的报纸，还有先锋派的高雅文化，其中包括夏加尔、斯特拉文斯基和斯克里亚宾等知名人物。这个社会有时看似后现代，但从未稳固地资产阶级化和现代化。在它眼中，以 18 世纪的官僚专制主义原则为基础、根植于更古老的君权神授观念的政府体制，已经彻底过时了。更自由主义的大臣们在尼古拉的左耳边忠告道，任何试图剥夺这个社会被欧洲人视为理所应当的公民和政治权利的企图，都会导致革命。这个忠告是正确的。他的大臣非常圆滑，因此没有进一步指出，皇帝此时的中高级官员大多是高等教育机构的毕业生。哪怕仅仅是为了维持他们的忠诚，自由主义改革也必不可少。1915—1917 年，大臣频繁更替，这在很大程度上是因为大多数高级官员已经对尼古拉二世及其政治路线失去信心。1917 年 3 月，高级将领也抛弃了尼古拉，俄国君主制覆亡。

迄今为止，这种对事件的解释为英语世界所熟悉，然而，对尼古拉而言十分不幸，因为一切并不是这么简单。更保守、更专制的大臣们在皇帝的右耳边警告说，俄国同时面临农民、工人和民族革命的威胁。他们还警告他，地下革命运动永远无法被调停，它致力于摧毁俄罗斯帝国、私有财产，以及整个现有的社会秩序。它暗杀了他的祖父——俄国最倾向于自由主义的沙皇，也能轻而易举地杀死他。自由化会削弱警察国家（police state），民主化更是如此，而警察国家正是社会和帝国赖以存续的必需品，至少在现代化创造出强大的中产阶级和繁荣的农民阶级之前是这样。尼古拉十分不幸，这些忠告可能也是正确的。想要在对立的真理之间找到一条出路，难如登天。

即便如此，如果不是因为第一次世界大战，旧政权或许可以存续到 20 世纪 20 年代。这让我们回到了本书的一个关键主题，即外交、地缘政治和战争的重要性。1914 年之前的局势和 20 世纪 30 年代末一样，德国的实力和野心是俄国最大的威胁。面对这种威胁，任何一个俄国政府都只有两种选择。它可以设法与德国达成协议，使其转向西方，与法国和英国对立，寄希望于西方的局势长期陷入僵局，俄国则趁此机会实现经济现代化，稳定国内政局。这是彼得·杜尔诺沃和谢尔盖·维特敦促尼古拉二世采取的策略，这两人是尼古拉在位期间能力最为出众的政治家，他们都认为，与德国的战争会导致俄国的社会主义革命。这也是斯大林在 1939 年采取的策略，最后以灾难告终。通过闪电战，希特勒攻占了法国，迫使英国退回英吉利海峡对岸，此后，他在 1941 年整合欧洲大陆的资源来对抗苏联。

另一种策略则是与英法结盟，共同阻止德国的侵略，这是尼古拉二世在 1914 年之前采用的对策。他的大多数高级顾问，以及主要公众舆论，都支持这种威慑战略。这一策略的制定是为了避免亚历山大一世在 1812 年，以及斯大林在 1941 年面临的情况，换句话说，就是避免一个实力强大、侵略性强、注定会严重威胁俄国安全的帝国来统治欧洲大陆。这一策略同样给俄国造成了灾难性的后果，不过，如果英国在 1914 年之前明确、坚定可靠地支持威慑战略，那么 1914 年 8 月的战争或许不会爆发。"明确"意味着需要与法国建立防御性军事同盟，并且单方面保证比利时独立。"坚定可靠"则意味着征兵和足够武装军事同盟的庞大军队。不幸的是，英国人民因循守旧，怀有侥幸心理，从而使这一切变得毫无可能。1918 年 7 月 16 日深夜或 7 月 17 日凌晨，尼古拉二世夫妇及其 5 个孩子，与许多战争受害者一起，在叶卡捷琳堡惨遭屠杀。[44]

欧洲人对世界的统治，始于 16 世纪对美洲的征服。在大多数说英语的殖民地（北美洲和澳大拉西亚），原住民社会均遭到摧毁或被边缘化。相较之下，在南美洲（讲拉丁语，在南美洲，主要通行西班牙语和葡萄牙语，这两种语言均属拉丁语系）和新西兰，原住民的社会和文化保留得更好。19、20 世纪，欧洲几乎征服了整个非洲，不过，埃塞俄比亚的古老帝国臣服于意大利统治的时间非常短暂。在非洲，原住民从欧洲的帝国主义政策中幸存下来，最终重新掌控了这片大陆。亚洲的情况更加复杂。南亚，也就是莫卧儿王朝的遗产，落入了英国人之手。另外三个庞大的亚洲帝国 —— 波斯帝国、奥斯曼帝国和中华帝国 —— 受到了欧洲帝国主义的极大压迫，遭受了许多羞辱，丧失了众多疆土，但仍然存续到了 20 世纪。虽然奥斯曼帝国和清王朝都在 20 世纪的前 25 年就被推翻了，但它们留下了现代军队和其他国家机构，在西方帝国主义的侵袭下，这些遗产为保护帝国核心领土的独立发挥了至关重要的作用。[45]

亚洲帝国面临西方帝国主义的挑战，做出了各自的反应，对此进行比较，可以得出颇有价值的结果。欧洲的思想和意识形态威胁着传统君主制的合法性。这些思想在亚洲精英和不断壮大的中产阶级中间传播，合法性危机变得极为严重。与此同时，亚洲社会融入了由西方主导的全球经济，随即面临极大的压力。以中国为例，沿海地区和南方的商业世界、北京的政治精英，与内陆辽阔的农业地区之间由来已久的鸿沟，因此大大加深。亚洲的王朝和政权不断在西方列强手中遭受失败和羞辱，破坏了自身的合法性。由于不平等条约，这些政权失去了对贸易政策的控制权，大量西方商品得以进入它们的市场。居住在帝国的外国人获得了治外法权，在与当地商人和制造商竞争时，这不仅给予他们保护，还使他们占尽优势。[46]

1922—1924 年，前奥斯曼将领穆斯塔法·凯末尔·阿塔图尔克一举推翻了末代奥斯曼苏丹和哈里发。这位苏丹常常被描绘成英帝国主义者的傀儡，正是英帝国主义者摧毁了奥斯曼帝国，还要威胁瓜分土耳其人在安纳托利亚的家园。恺加王朝最终在 1925 年覆灭，部分原因在于他们实际上完全无法抵抗英帝国主义。清朝同样失去了它的合法性。清朝并非中原王朝，其统治者是势力均衡的满汉精英，这意味着，它更容易受到无法抵抗西方帝国主义，以及无法捍卫中国尊严、地位和领土等指控。

阿塔图尔克成了土耳其共和国的首任总统，但将领礼萨汗建立的新王朝，即巴列维王朝，在接下来的半个世纪里统治着伊朗。和阿塔图尔克、礼萨汗一样，袁世凯在 1912 年清朝被推翻时负责指挥国家的主力军队。和礼萨汗一样，他迅速称帝，试图建立一个王朝。礼萨汗是"一个缺乏学识但机敏、聪慧的农民"，袁世凯则不同，他受过良好的教育，具有丰富的经验，无论是在军中、在负责外交事务时，还是在总督任上，他都成绩斐然。然而，现代挑战和极为传统的挑战交织在一起，袁世凯失败了。中国南部沿海地区远比伊朗现代、复杂，例如，在礼萨汗当政时，即便是德黑兰，也没有电力供应。与亚洲大多数地区的中产阶级一样，中国新生的中产阶级拒绝接受世袭君主的统治，认为它已经过时了。同时，袁世凯的儿子们立即遵循由来已久的传统方式，就继承问题发生了争执。这个问题十分紧迫，毕竟，袁世凯称帝时已经 56 岁了。许多地方军阀拒绝承认袁世凯的权威，也拒绝将各自辖区的税收交给袁世凯。面对日本的再次入侵，新皇显然无法保卫中国，在这种情况下，他的政权迅速崩溃了。[47]

在亚洲的帝国之中，奥斯曼对西式现代性的挑战做出了最持久、最富有趣味的回应。在马哈茂德二世及其后继者的统治下，该政权推行现代化政策，旨在保护帝国，对抗欧洲列强。为了维持这一计划，奥斯曼政府培训并雇用了数千名军官、官员、工程师、医生和其他专业人士。到 19 世纪晚期，这些群体已经培养出一种强烈的社团团结感，并相信自己会在国家的未来发挥关键作用。他们的价值观世俗而科学，通常充满土耳其民族主义色彩，这与基于王朝、宗教和历史的忠诚几乎毫无相似之处，然而，一直以来正是后者支撑着奥斯曼帝国。睿智且老谋深算的阿卜杜勒·哈米德二世非常明白，这些新生的专业人士群体的势力日益增长，很有可能使奥斯曼帝国沦为纯粹的象征性角色，甚至有可能将帝国视为个人野心和社会进步的障碍，进而彻底摒弃。为了避免这种命运，他高度强调，甚至想要恢复苏丹作为全球伊斯兰社群哈里发的身份，希望借此将君主提升到远高于一切世俗政治势力的地位。阿卜杜勒·哈米德认为，在一个仍以乡村和农民为主体的社会中，他的大多数土耳其臣民都认同宗教和王朝，而非根植于种族和语言之上的民族认同，这不过是来自欧洲的新潮观念。关于这一点，他是正确的。[48]

到 1900 年，奥斯曼帝国许多信奉基督教的民族已经获得独立，其他民族则似乎迟早也会获得独立。苏丹治下还有穆斯林臣民，其中包括数百万的阿拉伯人和库尔德人。在上述情况下，巩固这些穆斯林臣民对帝国和君主制的忠诚非常重要。而强调苏丹-哈里发作为世界伊斯兰共同体领袖的角色，可以达到这一目的。这一策略还可以有效地用于抵抗欧洲大国——它们不断干涉奥斯曼内政，声称要保护苏丹的基督教臣民。英帝国、俄罗斯帝国和法兰西帝国内有数百万穆斯林，对其中一些人来说，哈里发之名意义重大。1908—1909 年，阿卜杜勒·哈米德被青年土耳其党人废黜，此后他们一直统治着帝国，直到帝国灭亡。他们将君主降级为纯粹的象征性角色和仪式性角色，但一直将其作为团结多民族帝国、提高帝国国际地位的关键力量。[49]

青年土耳其党人心目中的土耳其民族主义是民族-语言学意义上的，甚至是种族意义上的，这种观念与维持多民族帝国所需的政策存在矛盾。从长远来看，假如奥斯曼帝国幸存下来，这种矛盾会日益严重。然而，真正摧毁王朝和帝国的是地缘政治，更具体地说来，是第一次世界大战。尽管马哈茂德二世及其继任者重整了奥斯曼帝国政府，但他们无法为帝国重塑旧日的大国地位。在君主制存在的最后一个世纪里，奥斯曼帝国的所有政治家和大臣都明白，想要生存下去，就必须使欧洲大国彼此牵制，并且从中找到忠实的保护者。在帝国的最后 40 年，奥斯曼主要与德国结盟，这一选择十分明智。几乎可以肯定的是，假如德国人赢得了第一次世界大战，奥斯曼帝国至少能够再存续几十年，事实上，德国距离胜利仅有一步之遥。然而，协约国取得了胜利，之后甚至计划破坏土耳其对安纳托利亚的统治，这摧毁了奥斯曼王朝。1919—1923 年，英国和法国占领了伊斯坦布尔，将苏丹变成了傀儡。这也是那些年席卷英属印度的基拉法特（khilafat，即哈里发）运动的一个因素。1919 年 4 月，阿姆利则的许多抗议者在戴尔准将的命令下遭到杀害，这是此场斗争中最为人所铭记的事件。1924 年，阿塔图尔克废除了奥斯曼帝国的哈里发制，英国和法国的帝国主义者终于松了一口气。但是世界各地的大量穆斯林需要面对欧洲帝国主义的压迫和更为复杂的西方现代性挑战，对他们来说，哈里发制的消失留下了一片空白。[50]

与奥斯曼王朝不同，清朝的统治者无法宣称自己是某个伟大的世界宗教的领袖。此外，与土耳其人在奥斯曼帝国所占的比例相比，汉族在清朝人口中所占的比例要高得多。而且，由于地理因素，奥斯曼帝国受到欧洲压迫的时间要比东亚国家早上几代。鉴于以上原因，尽管清朝在 19 世纪失去了帝国边疆的部分领土，但它遭受的损失远远小于奥斯曼帝国。和奥斯曼一样，清朝意识到，想要存续下去，不仅需要遵循西方原则，重建国家的军事和财政机构，还需要分化帝国主义列强，坐收渔利。到 1914 年，日本日益成为中国最大的威胁，主要原因在于，日本是唯一将力量和野心集中在东亚的大国。第一次世界大战期间，欧洲在东亚的势力急剧下降，中国因此更容易受到日本的攻击。

到 19 世纪 60 年代，日本精英中更见多识广的成员清楚地意识到，日本要想避免大部分亚洲国家的命运，保持独立，就必须引入西方的技术、制度和思想，进行根本性变革。1868 年明治维新之后，日本的经济和军事实力在几十年间迅猛发展，这不仅震惊了世界，还打破了成功的现代性仅存在于欧洲的假设。到 1914 年，日本已经跃入大国之列，这在非欧洲民族中独树一帜，究其原因，十分复杂、繁多。一个重要原因在于，日本的民族构成较为单一，领土又相对狭小、四面环海，甚至比欧洲国家更适合民族国家的模式。相较于幅员辽阔、语言繁杂、管理松散的帝国，政府更容易改变这样一个国家。在获得独立后，同样是遵循欧洲的逻辑，日本自 19 世纪 90 年代开始，逐渐建立了一个相当庞大的海外帝国。无论是出于安全和地位的考虑，还是为了民族荣耀，它都需要这样做。[51]

明治维新之前，日本的君主制将本土的传统神道教仪式，与 6—8 世纪从中国引进的儒家和佛教观念融为一体。日本最早的文献是 8 世纪初编纂的《古事记》(Record of Ancient Matters) 和《日本书纪》(Chronicles of Japan)。这两部文献的核心是天皇家族和日本民族的起源神话。据称，天皇是天照大御神的后裔，这位太阳女神派自己的孙子琼琼杵尊离开高天原，统治苇原中国（即日本本土），并赐予他天丛云剑、八尺琼勾玉和八咫镜，这三件物品是日本天皇代代相传的王权象征。根据王朝神话，天皇是琼琼杵尊的后代，并一直统治到今天。类似的起源神话在亚洲东部和东北部的大部分地区屡见不鲜。这个王朝古老而神圣的家系一直是其合法性的关键，且与民间宗教紧密相连。这个王朝的古老习俗甚至给中国人留下了深刻印象。宋太宗评论日本时称："此岛夷耳，乃世祚遐久，其臣亦继袭不绝，此盖古之道也。"[52]

自 9 世纪上半叶开始，日本的天皇就不再拥有政治权力。他们的作用转而为国内武家王朝的统治提供合法性。德川幕府是最后的武家政治组织，它的统治从 1600 年持续到 1868 年。德川幕府的第一位将军通过规定，除了宗教仪式，"天皇在各种技艺能力之中应当以研习学问为先"，强化了这个古老的传统。裕仁天皇（1926—1989 年在位）研究海洋生物学、创作诗歌，在西方观察者看来，这似乎十分奇异，不过，学术研究和诗歌都是日本从唐朝引进的儒家君主制传统的一部分。从 9 世纪到明治维新的 1000 年里，日本天皇的生活通常非常苦闷。名义上统治国家的天皇极少离开京都，活动范围基本仅限于占地 220 英亩（约 0.9 平方千米）的皇宫。即便是以前现代时期的寿命为标准，皇室子女的预期寿命也十分有限。[53]

自 10 世纪到明治维新，日本皇帝甚至没有使用"天皇"这个头衔。事实上，即便是在他们能够行使权力的短暂时期，他们也从来不是本书所论述的"皇帝"，因为日本的领土过于狭小，民族成分过于单一，其统治者从来不及同时代的唐朝皇帝强大。在一定程度上，日本的皇室之所以能如此绵延不绝，正是因为它没有权力。对于实际统治日本的人来说，它构不成威胁，反而是一个有用的合法性来源。他们保留皇室，从未试图篡夺天皇之位，这一事实说明，他们和日本精英都尊重天皇在宗教和历史上的合法性。君主制能幸存下来，还在于日本是一个岛国，海洋可以阻拦草原游牧民族的侵犯，只不过拦阻的效果有限。1274 年和 1281 年，神风（即台风）两次摧毁了蒙古人的入侵舰队，在日本人看来，这证明上天在保护他们的神圣领土。

君主制对明治时代的改革者来说很有帮助。从国外引进的改革激进且不受欢迎，不过，有了将权力还给日本本土最古老的至高权威天皇的口号，改革获得了合法性。1889 年，《明治宪法》规定，主权在君，赋予了天皇至高无上的权力。该宪法的主要制定者伊藤博文写道："神圣的皇权创立于天地初分之际（《古事记》），天皇来自高天原，神圣非常。"这个王朝不仅被描述为永恒的存在，还被描述成日本民族的源头和祖先。君主是人民之父，这种比喻普遍存在于许多文化。然而，日本将这一观念发展到了极限。原则上，天皇不仅是其人民的政治领袖，还是宗教领袖。与欧洲和伊斯兰国家的情况不同，日本明治时代的领导人不必应对自治的宗教领袖。[54]

最妙的是，天皇非常神圣，不能陷入政治的肮脏泥潭，此外，王朝传统也不鼓励他担任政府首脑。因此，他的统治是寡头政治的完美掩护。在君主主权的原则下，他们可以拒绝人民主权和民主制度，而不必卷入吃力不讨好的工作，去控制一个想要成为独裁者的皇帝。在第一次世界大战之前，皇帝至高无上的权威在很大程度上由元老院代行，这是一个由资深政治家，即元老组成的非正式机构。为此，德国和俄国的高级官员十分羡慕日本。1912 年，俄罗斯帝国大臣会议主席对一位心腹说："圣彼得堡的政治家不止一次提问，如何才能避免皇帝时不时地受到背地里的影响，如何围绕皇帝建立一个特别的（与日本相似的）最高委员会。"这说明，许多统治精英对尼古拉二世的能力缺乏信心。当然，公平地说来，这也反映了官僚精英长久以来的偏好，他们想要垄断权力，降低君主的地位，使其成为仅负责提供合法性的象征性角色。[55]

1867 年，天皇睦仁继位，年仅 14 岁，年号明治。明治天皇统治着日本历史上的这个重要时期，直到 1912 年，然而，关于他私下里的生活和性格，我们知之甚少。我们只知道，明治天皇似乎与妻子昭宪皇后琴瑟和鸣，但是这对夫妇没有子嗣。为天皇生下子嗣的是侧室，最年幼的八个孩子都是园祥子所生。对于她，以及她与明治天皇的关系，我们一无所知。天皇践行儒家传统的节俭、责任和德行伦理价值观。东京的夏天闷热、潮湿，但是他仍然住在宫殿里，而不是前往山中避暑。在他看来，他应该与臣民共患难，树立一个负责任、自律和自我牺牲的良好典范。他将儒家伦理与斯巴达式的军事价值观和习俗结合在一起。这些军事观念既源于武士传统，也源于那个时代欧洲军官的风气。在日本王朝历史上，这些军事传统没有任何作用，但是它们在明治时期本土元素与外来元素的综合体中占据了核心地位。与同时代的欧洲一样，日本君主自 19 世纪 80 年代开始，越来越多地出现在人前，参与仪式和典礼 —— 有些是很古老的，但也有许多是新的或彻底改造过的。为了举办这些仪式，东京市中心的二重桥地区被重新开发，皇居附近青山区的田野和阅兵场也会举行盛大的阅兵式。明治天皇十分硬朗、健康。他的长寿，以及他统治时期取得的巨大进步，增加了他的威望。日本在他名义下先后战胜清朝和俄国，这些同样使他的威望更上一层楼。[56]

日本是混合君主制国家，宪法在一定程度上借鉴于德国。最高统治权和行政权属于皇帝，但议会在立法和预算制定过程中发挥着重要作用。意料之中的是，它也有混合君主制国家共有的问题。军队在名义上隶属于皇帝，不受任何文官控制，因此实际上得以自治。日本甚至没有一个堪比德国宰相的人物。与俾斯麦一样，元老填补了政府中央的空隙，但是元老们去世后，空隙变得越来越大。陆军、海军、外交和国内政府之间缺乏协调，这是导致德国跟跟跄跄地步入第一次世界大战的主要原因。而在日本陷入第二次世界大战的过程中，这些因素发挥了更大的作用。20 世纪30 年代，军队违背文官政府的意愿，开启侵华战争。后来，日本卷入了与美国的战争，更为现实的外交领导人和海军领导人都知道，日本绝无胜利的可能。但是到了 1941 年，想要与美国和解，需要撤出中国，这是日本陆军、海军，以及文官首脑都无法接受的耻辱（更不用说日本的公众舆论了）。考虑到日本在1941年的政治环境，它确实更容易做出偷袭珍珠港这个在战术上十分巧妙，但在战略上十分鲁莽的决定，而不是在美国石油禁运的压力下撤退。

后来，裕仁天皇经常因日本陷入战争，最终于1945年战败而受到指责。这么做并不公平。明治时期政治制度的创建者从未想过，天皇会扮演类似于德意志皇帝和俄国沙皇的领导和协调角色。甚至没有人期待天皇扮演季霍米罗夫口中的守护者角色。明治天皇偶尔会在幕后支持某位大臣或某项政策，但一般来说，他总是在公共场合保持沉默、仁慈和中立。即便是在明治时期，尽管天皇经验丰富、声望惊人，"大臣们只要认为天皇的意愿会引发麻烦，就会忽视它们，纵然他们一再重申对天皇的绝对忠诚"。到20世纪30年代，局势急剧恶化，原因与同时代欧洲局势的恶化一样。大众政治的时代到来了，这给政治体系施加了前所未有的压力。混合的宪政体制固有的阻碍和僵局，降低了民众对议会、各党政客和现有宪法的尊重。最重要的是，经济崩溃和大萧条导致左翼社会主义者和右翼极端民族主义者急剧分化。[57]

与维克托·伊曼纽尔三世不同，裕仁天皇并非故意将权力移交给极端民族主义者，他们自下而上，逐渐接管了军队的军官团。激进的民族主义军官坚信日本精神的独特性和优越性，他们违抗命令，暗杀文官首脑乃至军事首脑，并在1936年发动政变，险些成功，天皇的一些主要顾问死于这场政变。更糟糕的是，这些军官得到了民众、精英阶层乃至皇室的广泛支持。1941年，统治亚洲、驱逐欧洲人、争取重要历史地位的呼吁，获得整个日本政界的大力支持。无论是日本的传统，还是罗曼诺夫家族的命运，都迫使天皇无法在政治领域坚持强硬的独立路线。1937年，裕仁天皇考虑亲自干预政局，平衡军事极端分子的势力，最后一位元老西园寺公望警告他，君主不能因积极参与政治而引火烧身。1945年8月，日本的情况堪称末日，裕仁天皇才果断登上政治舞台，以结束第二次世界大战。不过，即便是当时，裕仁天皇能够这样做，也是由于文武大臣就战和问题截然对立，请求他进行调解。[58]

第 17 章

后　记

这本书是关于过去的。在世袭君主制的世界，人们认为权力来自上天，古老的历史对应合法性，等级制度被视为理所当然。前工业化时代的经济无法创造大量财富，也无法维持稳定的民主制度必需的教育和城市化水平。主要的例外是一些城邦，但长远来看，它们根本无法在规模更庞大的外敌面前保护自己。帝制还植根于这样一种假设，即大部分民众没有受过教育，忙于谋生，生性愚钝或罪孽深重，因此不能在政府中拥有发言权。如果认为过往世界的运行没有遵循当代政治原则，并为此始终心怀愤怒地阅读本书，是没有必要的。我们需要暂时搁置愤怒，过去需要以它自己的方式，为人所理解。

当然，这不意味着帝制的历史与当今世界完全无关。在中东，一些强大的世袭君主制国家仍然存在。不耐、骄傲而年轻的沙特阿拉伯王储充满使命感，他们属于本书曾论及的一类君主。在"第一世界"，君主基本上仅剩象征性作用，扮演着主权国家的代表，不过，君主仍然需要在神秘和亲民之间寻找平衡，前者需要远离大众视线，但现实压力迫使他们不断在大众面前演出。或许，那些凌驾于政党政治之上，能够将今日的民族与其根源和久远未来联结起来的君主，可以保留他们的价值。面对气候变化，即便是富裕的"第一世界"国家也会遭受极大压力，此时，共同体、自我牺牲和自律的传统价值观很可能至关重要。而君主制可以象征这些传统和价值观。此外，年轻的皇室成员则面临现代名流文化的所有陷阱。如今的年轻人认为，选择自己的人生道路是理所当然的权利。只有年轻的王子和公主要在公众的严格监督下，扮演被强加在自己身上、经过精心设计的终生角色，无异于玻璃缸中被人观察的金鱼。他们之中必然有一部分会拒绝扮演自己在国民幻想中的角色，或者扮演得很糟糕。

地缘政治、帝国、统治权和领导力是本书的关键主题。不可避免的是，尽管帝制消亡了，它们仍然十分重要。1914 年以前，一个大国的成功关键似乎在于，以某种方式将民族的优势（团结、奉献和合法性）与帝国的优势（大陆规模的资源、实力和安全）结合起来。这一点仍未改变。比其他所有帝国优越的是，中国在发展成一个现代主权国家的同时，保留了清朝皇帝统治的大部分领土。这是其国家实力的地缘政治基础。在欧亚大陆的另一端，欧洲人面临在气候变化和国际贸易等重要问题上没有发言权的隐患，除非他们能够建立以大陆规模的资源为后盾的机构。如何在首创了现代民族主义的欧洲大陆建立合法、有效的泛欧洲机制，仍然是欧洲联盟的主要问题。欧洲联盟在其南部前沿地区面临潜在的巨大挑战，不仅有非洲不断增长的人口，还有气候变化和移民等问题，通过欧洲联盟应对这些挑战的实际效果，我们可以很好地判断其机制的成败。

经历了两次世界大战、大规模的种族灭绝和种族清洗，东欧和中欧的帝国转变成为民族国家。在某种程度上，中东仍深陷后奥斯曼危机。欧洲的民族-语言国家模式不容易适应一个传统上由伊斯兰教和帝国主导的地区，因为在这片地区，不同的宗教、种族和语言群体杂居在一起。不同于欧洲的族群-民族政体，大多数亚洲大国仍然更类似于帝国。如果亚洲感染了欧洲的族群民族主义，那么地球很可能无法在由此产生的混乱中幸存下来。

印度就是此种危机的最佳范例。现代印度是莫卧儿帝国和大英帝国造就的产物。在独立后的两代人时间内，印度国民大会党与支持它的讲英语的精英统治着印度，这要归功于他们在成功反抗英国统治的斗争中建立的合法性和制度。如今，关于这场斗争的记忆已经消退，民主政治在印度国民之中的根基也更加深厚。结果，人们越来越呼吁族群民族主义，在印度，这通常意味着印度教社群主义，它将穆斯林少数群体视作内部敌人。在南亚，帝国的终结导致了分裂，印度和巴基斯坦这两个相互仇视的邻国就此诞生。经过多次战争，这两个国家现在都拥有核武器。气候变化将给世界各地的人民和政府带来极大的压力。而南亚将是受此影响最严重的地区之一，特别是，如果水成为一种日益稀缺的资源，对水源的争夺将越来越容易导致跨境国际冲突。中国可能同样面临严峻的缺水问题。政局已经不稳的巴基斯坦，也是如此。一些准军事"恐怖"组织躲在其军事领导人的庇护之下。在今后几年内，非国家组织将更容易获得大规模杀伤性生物武器。就像 1914 年一样，一场恐怖主义行动就有可能升级为一场毁灭性的战争，这种风险只是南亚可能遭遇的噩梦场景中最糟糕的一个。[1]

工业革命开始于英国，此后迅速蔓延至全球，在过去的两个世纪里，改变了国际关系，并破坏了它的稳定。中国的崛起是这出戏剧的最新一幕。人们常常将它与德国的崛起、1914 年欧洲陷入战争相提并论，这是巧妙而可怕的类比。1914 年之前，全球秩序主要由伦敦掌控，事实证明，将德国这个资本主义、半自由主义、实力日益强大的欧洲国家，和平地融入这套全球秩序，是不可能的。中国则是一个更大的挑战。在决定世界的未来时，北京发挥着革命性的影响，它不仅会影响掌权者是谁，还会影响哪些价值观能够占据主导地位。在过去的时代，很难想象中美竞争有战争以外的结局。核武器的存在极大地增加了战争的风险，任何堪称胜利结果的可能性都极其值得怀疑。这就是华盛顿和北京方面仍然不太可能进行全面战争的关键原因。但是，未必发生不等于不会发生。判断错误、意外和失败的边缘政策，都有可能发生。与病毒一样，战争有一种可怕的习性，它会为了生存不断演变。新技术提高了有限战争的可能性，而这意味着可以赢得战争。在一场需要在几分钟内做出决策的危机中，网络战或许能够破坏军事指挥和控制系统。

中美之间的竞争已经成为一场意识形态斗争。美国（和部分其他西方国家）正在公开指责中国，称中国试图渗透他们的经济、窃取他们的机密，并影响公众舆论。我觉得，无论中国的政策对"第一世界"有何目的，美国式民主对中国内部稳定的威胁都更严重、深入。中国的政治领导人肯定也这样认为。在本书第一章，我将美国描述为亚里士多德的继承者，将中国儒家官僚主义描述为柏拉图的继承者。这并非哗众取宠，有足

够的事实可加以佐证。它至少确实指出了这样一个事实：尽管共产主义在
美国国内政治中是一个有用的口号，但是它与当前的中美竞争几乎毫无关
系。撇开意识形态不谈，美国和中国的历史不可避免地使得这两个超级大
国在天性和观念上具有尖锐的分歧。中国的历史是一部苦难史，它极易遭
到攻击，不仅面临草原游牧民族的袭扰和生态灾难，每当王朝权力崩溃，
还会灾难性地失去大量人口。相反，没有任何一个大国的崛起之路比美
国更受好运的垂青。美国在大西洋和太平洋均拥有漫长的海岸线，这是世
界上最大的两个大洋。在它所在的半球，美国从未遇到棘手的地缘政治对
手。18 世纪，来自最先进、最雄心勃勃的欧洲国家的殖民者，拥有整个
大陆的资源。美国人以非凡的精力、智慧和进取心利用了这个机会。他们
在政治方面最大的成就是，既拥有帝国所需的大陆规模，又维持了地方的
共和自治。这就是美国联邦制的美妙之处。

然而，无论有多少差异，美国和中国有一个明显的相似之处 ——它
们都是超级大国。在气候变化的时代，帝国和国家截然不同的优缺点变得
更加明显。为了度过这场危机，各共同体可能需要高度的团结、自律和自
我牺牲。政府则需要合法性。规模较小、民族-语言、历史悠久的民族国
家更容易实现这一点。然而，世界能否应对前所未有的气候变化挑战，实
际上取决于大国。它们是最大的污染者。只有它们，才有能力在全球范围
内产生影响，而一旦地球工程被提上日程，情况将更是如此。面对气候变
化，大国之间的竞争和冲突将使一切协作失去可能。

鉴于辽阔的疆域和多样性，帝国总是难以管理。在前现代世界，有利
于皇帝的现实是，政府的责任十分有限，帝国的存续通常取决于维持小规
模社会精英群体的忠诚，对大多数民众而言，他们的地方庇护体系和高压
政治就是权力的日常现实。现代是大政府和大众政治的时代，情况发生了
变化。贝拉克·奥巴马在回忆录中写道，总统经历告诉他，一个现代民主
制度的领导人在国内政策方面的权力是何等有限，"尤其是像印度和美国
这种庞大的多民族、多宗教社会"。问题是，气候变化似乎必然会要求政
府和人民采取激进和痛苦的政策。尽管技术取得了惊人的成就，但它们本
身无法应对气候变化的挑战。有效而英明的政府管理将同样重要。即使是

在国内政策领域，这可能也很难实现。而说服自己的选民和其他国家同意全球协作，共同应对气候变化，更是难上加难。[2]

本书创作于新冠病毒肆虐全球期间，我很难不将这场危机视为即将到来的大规模危机的小小先兆。面对蔓延全球的新冠肺炎，各国的反应引发了一种令人不快的疑虑——中国的制度可能比美国的民主制度更适合我们的时代。如果接受这种假设，就更应该回顾本书研究的诸多帝国，它们的命运最终主要取决于各自应对外部挑战的效果。然而，仅根据新冠疫情就得出最终结论为时过早，而且这些结论在任何情况下都不可能非黑即白。与小国相比，缺乏自主权的新闻舆论和司法机制对帝国的危害更大。在没有它们的情况下，只有强大的独裁统治者，以及侵入性的、往往近乎粗暴的监察措施，才有可能控制下属官员，确保政策的执行，以及对普通臣民的保护。强大的独裁者可以摧毁社会，破坏经济，让邻国心生恐惧。正如本书经常描述的那样，他们的行事作风很少会在年老时得到改善。中国最后一位名副其实的伟大帝王是雍正。在理学之"公义"的表象下，他将身为皇帝的强烈责任感与人性的闪光，以及意料之外地富于幽默的自我意识结合在一起。

美国人民与任何一位儒家皇帝一样，相信其政治制度（民主制度）的优越性，相信其统治者（他们自己）的美德。毫无疑问，民主政治制度比君主制下的理学更适合现代世界。统治者的基本美德在任何政治制度中都是一个必要的神话。然而，帝国史告诉我们，当君主对自己的美德持保留态度时，政府运行得最好。无论在何种政治制度下，围绕继承权的斗争都意味着衰弱期。美国的选举周期意味着这种斗争永无止境。长期的规划和政策因而比大多数其他民主国家更难实现。美国政治阶层的部分成员已经证明，他们根本无需向过去的廷臣学习，就掌握了无情的利己主义、狭隘的视野，一心媚上，阿谀逢迎。公正地说来，控制君主向来绝非易事。但万不得已时，暗杀一个皇帝比安抚一个民族，要容易得多。

不幸的是，美国目前有很多理由感到愤怒。首先，"第一世界"的自由民主与全球资本主义和谐共存，这在一定程度上是因为"第一世界"本身占据了大部分利益，并将大部分成本转嫁给了"第二世界"。全球势力平衡的转变正在使重担的分配变得更加公平。中国日益增长的实力就是其中一个表现。其次，就在"第一世界"的工人饱受苦难时，10 亿乃至更多的亚洲人步入了中产阶级。在"第一世界"内部，那些在西方崛起为全球主导者的过程中成为"失败者"的群体——尤其是非洲奴隶的后代——正越来越多地发出自己的声音。白人选民的生计、地位和身份认同都受到了威胁。鉴于美国世代相传的不平等和特权局面日益严重，"普通"美国人有充分的理由怀疑，精英统治不过是应付自己的催眠曲。对于精英和政治阶层来说，在宣扬民主和平民主义的同时，鼓励日益接近前现代水平的不平等，势必会造成极为紧张的局势。在前现代时期，社会和政府的合法性来源是被广泛接受的明显不平等主义的意识形态。

创作本书时，看着工作中的唐纳德·特朗普，我对皇帝的看法变得更加宽容了。特朗普似乎与德国最后一任皇帝有着共同的特点——自恋、跋扈、夸夸其谈，最明显的就是无法闭上自己的嘴。但是他没有威廉二世时不时迸发的智慧闪光，也没有后者因维多利亚式教育而保留的道德约束。威廉与许多旧日精英一起开始了痛苦的流亡生涯，后来他将 1918 年的失败和革命部分归咎于犹太人。反犹太主义是现代西方历史中最"成功"、最具灾难性的阴谋论。迄今为止，唐纳德·特朗普鼓动的谎言和幻想似乎相对有限。但当年轻的威廉在 19 世纪 80 年代刚开始考虑反犹太主义时，人们根本想象不到 20 世纪 40 年代的种族灭绝。

与唐纳德·特朗普不同的是，本书研究的大多数统治者都将自己的身份及其要求的行为看得十分崇高，当然，偶尔有些过于崇高了。他们通常具有某种超越自我的责任感——即使有时只是为了他们的王朝。他们几乎总是被教育着对自己治下的社会充满责任感。他们中的大多数都拥有一定的伦理和宗教原则，即使它们在面对政治和权力的需求和诱惑时往往会动摇。当然，我并不是在主张神圣的世袭君主制是应对今日挑战的良方。或许，只有比我更古怪的人，才会持有这样的观点。今天，"第一世界"的领导人大多远比唐纳德·特朗普优秀。问题是，他们不仅要比特朗普优秀，还要比历史长河中的所有皇帝优秀。气候变化给政府带来的巨大挑战史无前例。如果今天的领导人不能应对这一挑战，那么人类的其他期望也将破灭。此外，从未有哪位皇帝在只持续了短短一个周末的国际危机中，就面临人类灭亡的可怕前景，这场危机起初于他而言不过是短暂地离开安逸的后宫或舒适的高尔夫球场。[3]

注　释

第1章　身为皇帝

1. 关于帝国，最完整、最新的历史著作是 Peter Bang, Christopher Bayly and Walter Scheidel (eds), *The Oxford World History of Empire*, Oxford, 2021。最全面、最容易理解的单卷本著作是 Jane Burbank and Frederick Cooper, *Empires in World History*, Princeton, NJ, 2010。最接近于对帝国君主制结构及其发挥作用的元素的比较研究专著是 Alois Winterling (ed.), *Zwischen Strukturgeschichte und Biographie. Probleme und Perspektiven romischen Kaisergeschichte*, Munich, 2011。

2. 分析本书的主要人物时使用的现代心理学理论，我参考了 Per Saugstad, *A History of Modern Psychology*, Cambridge, 2018。不过，关于这些人物，我们知之甚少，因此很难充满自信地将这些理论用于他们的案例。想要了解前现代世界君主的自传性作品，参考 Pierre Monnet and Jean-Claude Schmitt (eds), *Autobiographies Souveraines*, Paris, 2012。

3. 关于日本君主制的起源和早期历史，参考 Ben-Ami Shillony, *Enigma of the Emperors*, Folkestone, 2005, chs 1–5, pp.1–38。关于君主制和神道教，参考 Helen Hardacre, *Shinto: A History*, Oxford, 2017。关于史前君主制的人类学研究，参考 David Graeber and Marshall Sahlins, *On Kings*, Chicago, IL, 2017, 'Introduction', pp.1–22, Sahlins, ch.1, 'The Original Political Society', pp.23–69；以及 Kent Flannery and Joyce Marcus, *The Creation of Inequality*, Cambridge, MA, 2012。

4. 关于魔法、占星术、尤利安和约瑟夫，参考本书后续章节的讨论：ch.2, pp.4–5, ch.5, pp.72–5, ch.12, pp.254–5, ch.15, pp.356–7, 359–64。关于魔法思维在科学与理性面前的衰落，参考以下论著：Stuart Clark, *Thinking with Demons*, Oxford, 1997; Toby E. Huff, *The Rise of Early Modern Science: Islam, China and the West*, Cambridge, 2017; Keith Thomas, *Religion and the Decline of Magic*, London, 1971；以及 Michael Hunter, *The Decline of Magic*, New Haven, CT, 2020。

5. 友谊、君主拥有它的可能性，以及它的政治影响，是贯穿本书的一条主线。关于罗马帝国语境下的这一主题，参考 Daniel J. Kapust, *Flattery and the History of Political Thought*, Cambridge, 2018, esp. ch.1, pp.30–63。在早期现代欧洲的"嬖臣时代"，这一主题强势回归：可参考 J.H. Elliott and L.W.B. Brockliss (eds.), *The World of the Favourite*, New Haven, CT, 1999。路易十四的评论十分中肯，见 *Mémoire de Louis XIV*, Paris, 1806, (ed.) J.L.M. de Gain-Montagnec, pp.60–2。

6. Manfred Kets de Vries, *The CEO Whisperer*, Cham, 2021, p.4.

7. 关于路易十三的关键论著是 A. Lloyd Moote, *Louis XIII: The Just*, Berkeley, CA, 1989。关于波旁王朝，最好的入门书是 J.H. Shennan, *The Bourbons: The History of a Dynasty*, London, 2007，其中，关于路易十三的内容见 ch.4, pp.61–94。

8. Kets de Vries, *The CEO Whisperer*, p.157; J.H. Elliott, *Richelieu and Olivares*, Cambridge, 1984, p.38.

9. Barack Obama, *A Promised Land*, London, 2020, e.g. pp.228, 319, 534; David Runciman, *Where Power Stops*, London, 2019, pp.92–3.

10. Runciman, *Where Power Stops*, p.9; Kets de Vries, *The CEO Whisperer*, pp.11, 117. 在我读过的众多关于领导力的作品中，最有价值的三本是 Kets de Vries, *The CEO Whisperer*, Nannerl O. Keohane, *Thinking about Leadership*, Princeton，NJ，2010（引文来自 p.69），以及 Keith Grint, *Leadership: A Very Short Introduction*，Oxford，2010。

11. Louis XIV, *Mémoires*, Part I, pp.8–9, 114, 121, 140–1, 150–2, 164–6, 176–7, 185（严格自省）；Part 2, pp.16–20, 90–2（任命）。

12. N. Machiavelli, *The Prince*, ed. Q. Skinner and R. Price, Cambridge, 1998, pp.6, 67, 82–3.

13. 关于韦伯自己对权威和个人魅力的看法，主要参考 Max Weber, 'The Profession and Vocation of Politics', pp.309–69, in P. Lassman (ed.), *Weber: Political Writings*, Cambridge, 1994。还有许多关于韦伯和个人魅力的论述，入门可以先看 Thomas E. Dow, 'The Theory of Charisma', *The Sociological Quarterly*, 10:3, 1969, pp.306–18。

14. 引文出自 Eva Horn, 'Narrating Charisma', *New German Critique*, 38:3, 2011, pp.1–16, 第 8 页。

15. 关于王朝比较史的基本介绍，参考 Jeroen Duindam, *Dynasties: A Global History of Power, 1300–1800*, Cambridge, 2015。

16. 关于非洲和女性统治，除了 Duindam, *Dynasties*, 还可以参考 Jeroen Duindam, *Dynasty*, Oxford, 2019, pp.52–8。关于女性、君主制和权力，参考 Scott Wells and Ping Yao, 'The Gendering of Power in the Family and the State', pp.55–75, in Craig Benjamin (ed.), *The Cambridge World History*, Cambridge, 2015: vol. IV, *A World with States, Empires and Networks, 1200 BCE–900 CE*。*The Cambridge World History* 的总编辑是 Merry Wiesner-Hanks。

17. 关于这些要点，Wells and Ping Yao, 'The Gendering of Power', 是一篇杰出的论述。Anne Walthall (ed.), *Servants of the Dynasty: Palace Women in World History*, Berkeley, CA, 2008，很好地介绍了女性在宫廷扮演的角色。关于女性统治者的传记恒河沙数，但是对于特定时代、地区和文化中女性统治者及其地位的比较研究，在数量上远逊于前者。我们将在后续章节继续讨论这些内容。关于中国对女性统治的看法，参考 Keith McMahon, *Women Shall Not Rule: Imperial Wives and Concubines in China from Han to Liao*, Lanham, MD, 2013。

18. 关于奥斯曼帝国的后宫，参考 Lesley Pierce, *The Imperial Harem*, Oxford, 1993。关于清朝，参考 Evelyn S. Rawski, *The Last Emperors*, Berkeley, CA, 1998, esp. ch.4, pp.127–59。

19. Carolyn Harris, *Queenship and Revolution in Early Modern Europe*, Houndmills, 2016, 对

亨丽埃塔·玛丽亚和玛丽－安托瓦内特的角色和命运进行了有趣的对比。

20. Jacques LeGoff, *Saint Louis*, Notre Dame, IL, 2009, pp.62-3: 异国血统的摄政者布朗歇王后被指控挪用法国税收帮助自己的亲戚，此外，她还被指控贪恋权力和放荡，即与教皇使节发生性关系。想要进一步了解布朗歇和她的角色，可参考 Lindy Grant, *Blanche of Castile: Queen of France*, New Haven, CT, 2016。

21. 此处的所有要点都将在后续章节进行深入探讨。最主要的资料是 Pierce, *Imperial Harem*, Rawski, *Last Emperors*, 以及 Russell E. Martin, *A Bride for the Tsar*, DeKalb, IL, 2012。

22. 关于继承问题，最优秀的入门书是 Jack Goody (pp.1-56) in Jack Goody (ed.), *Succession to High Office*, Cambridge, 1966。关于本书此处提及的具体案例，详见后续章节。皇位继承与动物世界的继承有相似之处，参考 Stephen Moss, *Dynasties*, London, 2018, esp. ch.2, pp.73-123。

23. 所有统治者的传记都在讨论他们的教育和教养。关于皇家教育的比较研究比较少见，有两部作品十分优秀：Pascale Mormiche, *Devenir prince. L'école de pouvoir en France XVIIe–XVIIIe siècles*, Paris, 2009, 以及 Aysha Pollnitz, *Princely Education in Early Modern Britain*, Cambridge, 2015。

24. Antony Black, *A World History of Ancient Political Thought*, Oxford, 2016, pp.13-20, 出色地总结了神圣的世袭君主制在古代政治思想中占据主导地位的原因。该书的大部分内容都是对这一主题的延伸讨论。

25. 主要材料出处见本章第 3 条注释。除此之外，参考 Louis XIV, *Mémoires*, Part 1, pp.237-9; Part 2, pp.55-6。

26. Sarah Allen, *The Heir and the Sage*, Albany, NY, 2016, p.10. 关于古代王朝和民间传说，主要参考 Richard van Leeuwen, *Narratives of Kingship in Eurasian Empires, 1300–1800*, Leiden, 2017。

27. Aristotle, *The Politics and the Constitution of Athens*, (ed.) Steven Everson, Cambridge, 1996, pp.86-7, 108, 174. Plato, *The Republic*, (ed.) G.R.F. Ferrari, Cambridge, 2000, pp.122, 175, 190. 关于中国的政治理想、官僚体制和统治制度，参见本书第 6 章。

28. Baron Charles de Montesquieu, 'Réflexions sur la Monarchie Universelle en Europe', passim, but esp. p.19, in *Deux Opuscules de Montesquieu*, Paris,1891. 关于公共债务的历史，参考 David Graeber, *Debt: The First 5,000 Years*, New York, 2011, 以及 James MacDonald, *A Free Nation Deep in Debt: The Financial Roots of Democracy*, New York, 2003。

29. 迄今为止，关于普世帝国最全面的比较研究是 Peter Bang and Darius Kolodziejczyk (eds), *Universal Empire: A Comparative Approach to Imperial Culture and Representation in World History*, Cambridge, 2012；还可以参考 Peter Fibiger Bang, 'The King of Kings: Universal Hegemony, Imperial Power, and a New Comparative History of Rome', ch.14, pp.322-49, in J.P. Arnason and K.A. Raaflaub (eds), *The Roman Empire in Context: Historical and Comparative Perspectives*, London, 2011。

30. Clifford Geertz, *Negara: The Theatre State in Nineteenth-Century Bali*, Princeton, NJ, 1980, pp.4, 13.

31. 这是一个庞大而充满争议的话题。我认为最富有指导性的一本书是 C.A. Bayly, *The Birth of the Modern World, 1780–1914*, Oxford, 2004。

32. 关于哈里发，参见本书第 9 章。关于欧亚的地缘政治，参考 Victor Lieberman, *Strange Parallels: South-East Asia in Global Context, c.800–1830*, 2 vols, Cambridge, 2003，以及 Jos Gommans, 'The Warband in the Making of Eurasian Empires', ch.4, pp.297-383, in Maiake van Berkell and Jeroen Duindam (eds), *Prince, Pen and Sword: Eurasian Perspectives*, Leiden, 2018。

33. Anthony Kaldellis, *The Byzantine Republic: People and Power in New Rome*, Cambridge, MA, 2015, pp.xiv–xvi.

34. 关于宋朝的族群民族主义，参考 Nicholas Tackett, *The Origins of the Chinese Nation*, Cambridge, 2018。关于汉族族群民族主义的早期研究有 E. Dikotter, *The Discourse of Race in Modern China*, London, 1992。畅销作品有 Graham Allison, *Destined for War: Can America and China Escape Thucydides's Trap?*, New York, 2017。我的作品也涉及了这个主题，即为什么现在俄罗斯人缅怀 1812 年，却忽视 1813 年和 1814 年：*Russia against Napoleon: The Struggle for Europe, 1807–1815*, London, 2011。关于明清帝国的统计数据来自 vol.1 of Peter Fibiger Bang, Christopher Bayly and Walter Scheidel (eds.), *Oxford World History of Empire*, Oxford, 2021: ch.2, Walter Scheidel, 'The Scale of Empire: Territory, Population, Distribution', pp.91-110，此处出自 p.92。

35. Peter Fibiger Bang, 'Empire: A World History', *Oxford World History of Empire*, ch. 1, pp.1-87, 此处参考 p.78; Peter Vries, State, *Economy and the Great Divergence: Great Britain and China, 1680s to 1850s*, London, 2015, 将一个中等国家可以实现的集约化治理与英国在这个时代日益领先于中国的经济地位联系在一起。

36. Machiavelli, *Prince*, pp.6, 67, 82-3.

37. 可延伸的参考书目体量庞大。关于财政制度，参考 Andrew Monson and Walter Scheidel (eds), *Fiscal Regimes and the Political Economy of Pre-Modern States*, Cambridge, 2015。理解皇家正义的一个有趣渠道是从对立面入手，参考 Nikos Panou and Hester Schadee (eds), *Evil Lords: Theories and Representations of Tyranny from Antiquity to the Renaissance*, Oxford, 2018。

38. 近年来，关于宫廷的著作在质量和数量上都远超过去。入门者可参考 Jeroen Duindam, Tulay Artan and I. Metin Kunt (eds.), *Royal Courts in Dynastic States and Empires*, Leiden, 2011。关于狩猎，参考 Thomas T. Allsen, *The Royal Hunt in Eurasian History*, Philadelphia, PA, 2006。

39. 引文出自 p.209 of Alan Strathern, *Unearthly Powers: Religious and Political Change in World History*, Cambridge, 2019。

40. 关于选美皇后和模特的培训，我的评论要归功于我和我儿媳 Raine Baljak 的交流。她来自菲律宾，是菲律宾某个不小的地区的选美皇后，也是职业模特（她还在攻读大学学位和做生意！）。她发表过一篇演讲，关于成为一名选美皇后和模特需要付出什么。可以在 YouTube 观看，网址是 https://youtube.com/mef9MKEJnno，还可以访问 www.rainebaljak.com。

41. 芬纳的评论见 S.E. Finer, *The History of Government*: vol.1, *Ancient Monarchies and Empires*, Oxford, 1997, pp.472-3。

第 2 章　帝国的摇篮

1. Antony Black, *A World History of Ancient Political Thought*, Oxford, 2016, p34; Amanda Podany, *The Ancient Near East: A Very Short Introduction*, Oxford, 2014, p.27.

2. W.G. Lambert, 'Kingship in Ancient Mesopotamia', pp.54-70, in John Day(ed.), *King and Messiah in Israel and the Ancient Near East*, London, 2013.

3. Podany, *Ancient Near East*, pp.40-6.

4. Gojko Barjamovic, 'Mesopotamian Empires', pp.120-60（引文出自 p.138）, in Peter Fibiger Bang and Walter Scheidel (eds), *The Oxford Handbook of the State in the Ancient Near East and Mediterranean*, Oxford, 2013；Podany, *Ancient Near East*, p.103。

5. Bleda S. During, *The Imperialization of Assyria*, Cambridge, 2020, p.142.

6. Jon Taylor, 'Knowledge: The Key to Assyrian Power', pp.88-97（此处出自 pp.93-4）, in Gareth Brereton(ed.), *I am Ashurbanipal, King of the World, King of Assyria*, London, 2018。

7. Ibid, p.88.

8. Judith Bunbury 提到，"埃及是世界上最长的河流尼罗河造就的"：Judith Bunbury, *The Nile and Ancient Egypt*, Cambridge, 2019, p.2。

9. Black, *Ancient Political Thought*, pp.20-1. 对埃及君主制和美索不达米亚君主制的比较，主要来自编辑的简介（pp.3-32），也有部分参考了 Jane A. Hill, Philip Jones and Antonio J. Morales (eds), *Experiencing Power, Generating Authority*, Philadelphia, PA, 2013。

10. Arielle P. Kozloff, *Amenhotep III: Egypt's Radiant Pharaoh*, Cambridge, 2012, pp.2-4, 242-52; Ronald T. Ridley, *Akhenaten: A Historian's View*, Cairo, 2019, p. 216.

11. 此段和上段的记叙全部来自 Kozloff, *Amenhotep*。

12. 两本主要参考书是 Ridley, *Akhenaten* 和 Nicholas Reeves, *Akhenaten: Egypt's False Prophet*, London, 2019。需要注意的是，Kozloff 认为，埃赫那吞觉得阿蒙神和其他古老神明让他失望了：*Amenhotep III*, p.2。

13. Cecily J. Hilsdale, 'Imperial Monumentalism, Ceremony, and Forms of Pageantry: The Inter-Imperial Obelisk in Istanbul', ch.6, pp.223-65, in Peter Bang, Christopher Bayly and Walter Scheidel (eds), *The Oxford World History of Empire*, Oxford, 2021, vol.1. 引文出自 p.233。

14. 对俄罗斯帝国的仪式和典礼感兴趣的读者可以参考两卷本著作 Richard S. Wortman, *Scenarios of Power: Myth and Ceremony in Russian Monarchy*, Princeton, NJ, 1995 and 2000。

第 3 章　波斯皇帝和马其顿的亚历山大

1. A. Shapour Shakbazi, 'The Achaemenid Persian Empire', pp.120-41（此处参见 p.121），关于"历史演义"一说, in Touraj Daryee(ed.), *The Oxford Handbook of Iranian History*.

在 Larry Hedrick 的著作 *Xenophon's Cyrus the Great: The Arts of Leadership and War*, New York, 2006 中，色诺芬的著作被描述为一部第一人称自传，并被视为适合商学院的领导力手册。

2. 想更全面地了解此术语，参考 Antony Black, *A World History of Ancient Political Thought*, Oxford, 2016, pp.13-20。

3. 此段内容主要来自 Prods Oktor Skjaervo, 'Avestan Society', pp.57-119, in Daryee, *Iranian History*, 也有部分参考了 Abolala Sondaver, *The Aura of Kings: Legitimacy and Divine Sanction in Iranian Kingship*, Costa Mesa, CA, 2003。

4. Pierre Briant 将国王与波斯贵族之间的关系总结为"回报-效力交换"，并对其进行了详细的、令人信服的讨论：Pierre Briant, *From Cyrus to Alexander: A History of the Persian Empire*, Winona Lake, IN, 2002, esp. ch.8, pp.302-54。

5. Ibid, p.308.

6. Amelie Kuhrt, *The Persian Empire: A Corpus of Sources from the Achaemenid Period*, pt.III, ch.11, docs. C 16 and 17, pp.501-5.

7. 柏拉图的评论引自 p.3 of Richard Stoneman, *Xerxes: A Persian Life*, New Haven, CT, 2015。

8. Robin Lane Fox, *Alexander the Great*, London, 2004, pp.48, 64-5; Elizabeth D. Carney, 'Dynastic Loyalty and Dynastic Collapse in Macedonia', ch.11, pp.147-62, in Pat Wheatley and Elizabeth Baynham (eds), *East and West in the World Empire of Alexander*, Oxford, 2015: 关于宗教信仰的引文出自 p.149。关于腓力的内容，参考 Ian Worthington, *By the Spear: Philip II, Alexander the Great and the Rise and Fall of the Macedonian Empire*, Oxford, 2014。

9. Lane Fox, *Alexander*, p.48.Lane Fox 的传记出色地展现了亚历山大的精神。

10. John Boardman, *Alexander the Great: From his Death to the Present Day*, Princeton, NJ, 2019, pp.100-1. 在面对不熟悉的主题时，我一般先参考牛津大学出版社 *Very Short Introduction* 系列。关于亚历山大大帝，我参考的是 Hugh Bowden, *Alexander the Great: A Very Short Introduction*, Oxford, 2010。之后，我参考的是 Ian Worthington(ed.), *Alexander the Great: A Reader*, Oxford, 2012: 此书让我受益匪浅。此外，我还参考了 Lane Fox, *Alexander*, p.487。

11. Sarah Brown Ferrario, *Historical Agency and the 'Great Man' in Classical Greece*, Cambridge, 2014, pp.341-2.

12. 引文出自 pp.4-6, Lucy Hughes-Hallett, *Heroes: Saviours, Traitors and Supermen*, London, 2004。不过，整个序言和第 1 章（关于阿喀琉斯）均与此段内容有关。

第 4 章　罗马帝国君主制

1. Henri Pirenne, *Mohammed and Charlemagne*. 第一版在他去世后于 1935 年以法语出版。

2. 前两段中的观点基本全部出自 Edward N. Luttwak, *The Grand Strategy of the Roman Empire: From the First Century CE to the Third*, Baltimore, MD, 1990。

3. Stephen Mitchell, *A History of the Later Roman Empire A.D. 284-641*, Oxford, 2015, p.56.

4. 虽然我读了很多关于奥古斯都的书，但我仍应该在这里表示对 Jochen Bleichen, *Augustus: The Biography*, London, 2015 的感谢。关于皇帝的身份和地位，我要感谢 Fergus Millar, *The Emperor in the Roman World*, Ithaca, NY, 1992。

5. Peter Garnsey, 'Introduction: The Hellenistic and Roman Periods', ch.20, pp.401-14, in Christopher Rowe and Malcolm Schofield (eds.), *The Cambridge History of Greek and Roman Political Thought*, Cambridge, 2005, p. 411; Carlos F. Norena, *Imperial Ideals in the Roman West*, Cambridge, 2011, p.316.

6. Peter Fibiger Bang, 'The Roman Empire', ch.9, pp.240-89, in Peter Bang, Christopher Bayly and Walter Scheidel (eds), *The Oxford World History of Empire*, Oxford, 2021, vol.2. 引文出自 P.273。传统上认为，中央集权、官僚主义的汉帝国与权力更分散的罗马帝国形成了鲜明的对比。然而，尽管对比确实存在，但差异并不像传统的看法描述的那样大。最新的比较研究著作是 Walter Scheidel(ed.), *State Power in Ancient China and Rome*, Oxford, 2015。

7. 对本段有重要参考意义的著作还有：Christopher Kelly, *Ruling the Later Roman Empire*, Cambridge, MA, 2004, p.192; Peter Eich, 'Late Roman Imperial Bureaucracy from a Comparative Perspective', ch.4, pp.90-149, in Scheidel, *State Power*。

8. Kelly, *Ruling the Later Roman Empire*, pp.192, 197-8.

9. Antony Black, *A World History of Ancient Political Thought*, Oxford, 2016, p.185. 本段的大部分内容参考自 Irtai Gradel, *Emperor Worship and Roman Religion*, Oxford, 2002。

10. 本段内容主要参考自 ch.4, pp.161ff, Olivier Hekster, *Emperors and Ancestors: Roman Rulers and the Constraints of Tradition*, Oxford, 2015。

11. Bleichen, *Augustus*, p.31. 论述和统计数字引自 P. Garnsey and R. Saller, *The Roman Empire: Economy, Society and Culture*, Berkeley, CA, 1987, ch.7, pp.126ff, 以及 Richard Saller, 'Family and Household', ch.29, pp.855ff, in Alan Bowman, Peter Garnsey and Dominic Rathbone (eds) *The Cambridge Ancient History*: vol.XI, *The High Empire. A.D. 70-192*, Cambridge, 2000。

12. *Marcus Aurelius: Meditations*, London, 2006：此版本的译者为 Martin Hammond，书内有 Diskin Clay 所写的引言，pp.63, 89, 103-4。

13. 本段主要引用 Frank McLynn, *Marcus Aurelius: A Life*, Cambridge, MA, 2009。关于马可·奥勒留，我还要感谢 Anthony Birley 的传记作品 *Marcus Aurelius: A Biography*, London, 1966，以及 Christopher Rowe and Malcolm Schofield (eds.), *The Cambridge History of Greek and Roman Political Thought*, Cambridge, 2006 一书中以下章节的作者：chs 20 (Peter Garnsey), 22 (Malcolm Schofield), 26 (Miriam Griffiths) and 29 (Christopher Gill)。

14. *Marcus Aurelius: Meditations*, pp.5, 6-8, 51-2.

15. Ibid, pp.23, 71-2.

16. Ibid, pp.vii, 94.

17. 引文出自 Peter Sarris, *Empires of Faith: The Fall of Rome to the Rise of Islam, 500-700*, Oxford, 2011, p.23。这些问题非常复杂，我要感谢 Peter Sarris 的著作以及 Gilbert

Dagron, *Emperor and Priest: The Imperial Office in Byzantium*, Cambridge, 2003：整本书对我的工作都十分重要，不过，与君士坦丁的角色相关度最高的是 pt.1 and pt.2, ch.4, pp.125ff。

18. H.C. Teitler, *The Last Pagan Emperor: Julian the Apostate and the War against Christianity*, Oxford, 2017, pp.24-5.

第 5 章　阿育王、印度和佛教的起源

1. Antony Black, *A World History of Ancient Political Thought*, Oxford, 2016,p.68. 关于印度早期文明，Marc Jason Gilbert, *South Asia in World History*, Oxford, 2017 的前两章（pp.1-27）提供了最新的简明指南。

2. 关于轴心时代的优秀入门书是 Bjorn Wittrock, 'The Axial Age in World History', ch.5, pp.101-19, in Craig Benjamin(ed.), *The Cambridge World History*: vol.IV, *A World with States, Empires and Networks, 1200 BCE-900 CE* , Cambridge, 2015。迄今为止，关于《利论》的最佳论著是 Mark McClish, *The History of the Arthashastra*, Cambridge, 2019。关于《利论》的起源、历史和作者，我采用了这本书的观点。Nayanjot Lahiri, *Ashoka in Ancient India*, Cambridge, MA, 2015, p.63 提出，阿育王肯定知道《利论》的存在，但缺乏证据。

3. Upinder Singh, *Political Violence in Ancient India*, Cambridge, MA, 2017,p.123.

4. 我参考的《利论》是 2016 年 Eternal Sun Books 出版，亚马逊于英国印刷的版本。引文出自 pp. 30, 189 and 299。

5. Lahiri, *Ashoka*, pp.63-4; Kautilya, *Arthashastra*, pp.26-7, 188-90.

6. Black, *Ancient Political Thought*, pp.76-7; Singh, *Political Violence*, pp.120-1; Kautilya, *Arthashrastra*, pp.16-21, 26.

7. Lahiri, *Ashoka*, p.187.

8. 引文出自 "13 号大摩崖法敕"（the Thirteenth Major Rock Edict），引自 *A Translation of the Edicts of Ashoka*, 线上资源见网址 katinkahesselink.net/Tibet/asoka 1b。

9. Lahiri, *Ashoka*, pp.135-6.

10. 由于对佛教几乎一无所知，我最先阅读的是 Damien Keown, *Buddhism: A Very Short Introduction*, Oxford, 2013。此后，我又参考了 Peter Harvey, *An Introduction to Buddhism*, Cambridge, 2013。Alan Strathern, *Unearthly Powers: Religious and Political Change in World History*, Cambridge, 2019, 基本上是最优秀的比较研究著作了。尽管他研究的主要是改宗基督教的情况，但他对佛教的情况进行了详细的对比：pp.3-5, 131ff, 151ff。还可以参考 Romila Thapar, *Asoka and the Decline of the Mauryas*, Delhi, 2012, 尤其是前言和第 1 章，pp.xv-xliii and 1-7。

11. Singh, *Political Violence*, pp.44-5; Shonaleeka Kaul, 'South Asia', ch.18, pp.480-513, in Benjamin, *Cambridge World History*, vol.IV.

12. 引文出自 *Translation*, Tenth Major Rock Edict, Minor Rock Inscriptions-Schism Edict and Twelfth Major Rock Edict.

13. *Translation*, Tenth Major Rock Edict; John S. Strong, *The Legend of King Asoka: A Study*

and Translation of the Asokavadana, Princeton, NJ, 1983,p.143.

14. Strong, *Legend*, ch.2, pp.38-70.

15. 关于长期影响和尼赫鲁，参考 Singh, *Political Violence*, pp.1-3, 25-30。

16. 关于佛教的传播，参考 Tansen Sen, 'The Spread of Buddhism', ch.17, pp.447-82, in Benjamin K. Kedar and Merry E. Wiesner-Hanks (eds), *The Cambridge World History*: vol. V, *Expanding Webs of Exchange and Conflict, 500 CE to 1500 CE*, Cambridge, 2015，以及 Harvey, *Introduction*, esp. pp.100-2。关于佛教、当代西方和精神病学，参考 Keown, *Buddhism*, pp.138-41，以及 Manfred Kets de Vries, *The CEO Whisperer*, Cham, 2021, pp.27-33。

第 6 章　中国皇权帝制的起源

1. Yuri Pines, *The Everlasting Empire: The Political Culture of Ancient China and its Imperial Legacy*, Princeton, NJ, 2012, pp.56-7.

2. 观点出自 Michael Loewe, *Divination, Mythology and Monarchy in Han China*, Cambridge, 1994, esp. ch.4, pp.85ff，以及 Pines, *Everlasting Empire*, ch.2, pp.44ff。Mark Edward Lewis, *The Early Chinese Empires: Qin and Han*, Cambridge, MA, 2007, pp.62-6，部分内容持不同意见。此外，还可参考 T. Corey Brennan, 'Toward a Comparative Understanding of the Executive Decision-Making Process in China and Rome', ch.2, pp.39-55, in Walter Scheidel (ed.), *State Power in Ancient China and Rome*, Oxford, 2015。

3. Pines, *Everlasting Empire*, p.1.

4. Li Feng, *Early China: A Social and Cultural History*, Cambridge, 2013, pp.117, 142-4. 此段我还大量引用了 Sarah Allan, *The Heir and the Sage: Dynastic Legend in Early China*, Albany, NY, 2016。

5. Yuri Pines 提出，从来没有文人提倡多极政治：*Everlasting Empire*, p.19。

6. 仅凭一段文字，很难总结这样复杂的问题：参考 B. Schwarz, *The World of Thought in Ancient China*, Cambridge, MA, 1985，以及 Youngmin Kim, *A History of Chinese Political Thought*, Cambridge, 2018。

7. 此外还有更复杂的问题，例如，宗教的构成要素，以及儒家是否为一种宗教等问题，存在分歧：Damien Keown, *Buddhism: A Very Short Introduction*, Oxford, 2013, pp.5-16, 对第一个问题展开了清晰而简明扼要的讨论，令人钦佩。Yinzhong Yao, *An Introduction to Confucianism*, Cambridge, 2000, 详细地介绍了儒家思想的核心观念和历史发展。

8. Feng, *Early China*, pp.241-2. 关于长城和秦始皇，参见本章注释第 15 条。

9. Derek Bodde, 'The State and Empire of Ch'in', pp.20-102（此处参考 p.56）, in D. Twitchett and M. Loewe (eds), *The History of China*: vol.1, *The Ch'in and Han Empires: 221BC–AD220*, Cambridge, 1986；Gideon Shelach, 'Collapse or Transformation? Anthropological and Archaeological Perspectives on the Fall of Qin', pp.113-38（此处参见 p.129）, in Yuri Pines, Lothar von Falkenhausen, Gideon Shelach and Robin Yates (eds), *Birth of an Empire: The State of Qin Revisited*, Berkeley, CA, 2014。

10. Dingxin Zhao, *The Confucian-Legalist State: A New Theory of Chinese History*, Oxford,

2015, pp.266–8.

11. Lewis, *Early Chinese Empires*, p.61.

12. 与奥古斯都的对比出自 Peter Fibinger Bang and Karen Turner, ch.1, pp.11–38, in Scheidel, *State Power*。

13. Dingxin Zhao, 'The Han Bureaucracy: Its Origin, Nature and Development', pp.56–89, in Scheidel, *State Power*, 此处出自 p.80。对于秦始皇大一统之前的君主角色的看法出自 Yuri Pines, *Envisioning Eternal Empire: Chinese Political Thought of the Warring States Era*, Honolulu, 2009, esp. ch.4, pp.82ff。

14. 本段和下段关于汉武帝的内容，我要感谢与 Peter Bang 的讨论。

15. Lewis, *Early Chinese Empires*, ch.6, pp.128–39, 总结了汉朝与匈奴的关系。Nicholas di Cosmo, *Ancient China and Its Enemies: The Rise of Nomadic Power in East Asian History*, Cambridge, 2002, 是主要的参考论著。关于汉武帝推行的激进政策，参考 pp.89–93, Kim, *Chinese Political Thought*。

16. Michael Loewe, 'The Former Han Dynasty', pp.103–202, in Twitchett and Loewe, *History of China*, 此处参见 pp.153–5。在同一卷中，Robert P. Kramers, 'The Development of the Confucian Schools', ch.7, pp.747–66, 此处参见 pp.753–7。

17. Hans Bielenstein, 'Wang Mang, the Restoration of the Han Dynasty and Later Han', pp.223–90, in Twitchett and Loewe, *History of China*，此处参见 p.226。本段的大部分内容引自 Robert Cutter and William Crowell, *Empresses and Consorts*, Honolulu, 1999。

18. Bielenstein, 'Wang Mang', p.227.

19. Ibid, pp.251–90; Patricia Ebrey, 'The Economic and Social History of Later Han', ch.11, pp.608–48, in Loewe and Twitchett, *History of China*.

第7章 游牧民族

1. 引自 Christoph Baumer, *The History of Central Asia*, 4 vols: here vol. 1, *The Age of the Steppe Warriors*, London, 2012, p.224。

2. Ursula B. Brosseder, 'Xiongnu and Huns: Archaeological Perspectives on a Centuries-Old Debate about Identity and Migration', pp.176–88, in Nicola di Cosmo and Michael Maas (eds), *Empire and Exchanges in Eurasian Late Antiquity*, Cambridge, 2018. Brosseder 对于它们的关系十分谨慎, Barry Cunliffe, *By Steppe, Desert and Ocean: The Birth of Eurasia*, Oxford, 2015, p. 334, 也是如此。

3. 引自 p.27, Peter Jackson, 'The Mongol Age in Eastern Inner Asia', pp.26–45, in Nicola di Cosmo, Allen J. Frank and Peter B. Golden (eds), *The Cambridge History of Inner Asia: The Chingissid Age*, vol. 2, Cambridge, 2009。此段中的大部分信息来自 'Tatars', pp.528–30, in Christopher P. Atwood, *Encyclopaedia of Mongolia and the Mongol Empire*, New York, 2004。

4. 引自 Anatoly M. Khazanov, 'Pastoral Nomadic Migrations and Conquests', pp.359–82, in Benjamin Z. Kedar and Merry E. Wiesner-Hanks (eds) *The Cambridge World History: Expanding Webs of Exchange and Conflict, 500 CE–1500 CE*, vol. 5, Cambridge, 2015, 此

处引自 p.360; Cunliffe, *By Steppe*, p. 192，提出了掠夺性游牧起自东方的观点。

5.　贵族制是草原政治的指导原则，David Sneath 是这一观点的主要拥护者，*The Headless State: Aristocratic Orders, Kinship Society and Misrepresentations of Nomadic Inner Asia*, New York, 2007。对这一观点持怀疑态度的有 Peter Golden，他认为，尽管贵族制存在，但它在草原政权发挥的作用要比在定居者的社会小得多: Peter B. Golden, 'Migrations, Ethnogenesis', ch.6, pp.109–19, in di Cosmo et al., *Cambridge History of Inner Asia*, vol. 2。

6.　Christopher Beckwith, *Empires of the Silk Road*, Princeton, NJ, 2009, 为战团的重要性和非贵族性提供了强有力的论据。Jos Gommens 也是如此，'The Warband in the Making of Eurasian Empires', ch.4, pp.297–383, in Maiake van Berkell and Jeroen Duindam (eds), *Prince, Pen and Sword: Eurasian Perspectives*, Leiden, 2018。

7.　统计数据和大部分讨论引自 Pita Kelekna, *The Horse in Human History*, Cambridge, 2009, ch.5, pp.135–64. 关于游牧民族的弓箭，可参考 Mike Loades, *The Composite Bow*, Oxford, 2016。

8.　Christoph Baumer, *The History of Central Asia*: vol. 2, *The Age of the Silk Roads*, 记录了相关损失，London, 2014, pp.16–17。

9.　Carter Vaughan Findley, *The Turks in World History*, Oxford, 2005, pp.69–71, 评说了尼扎姆·穆勒克，并补充说帝国被深植于游牧民族信仰的继承权斗争而摧毁了，这个信仰即认为统治权归属于整个王室宗族。关于伊本·赫勒敦，可参阅 Robert Irwin, *Ibn Khaldun: An Intellectual Biography*, Princeton, NJ, 2018, esp. ch.3, pp.39– 64; Khazanov, 'Pastoral Nomadic Migrations and Conquests', p.360; Beckwith, *Empires*, p.339; Cunliffe, *By Steppe*, pp.8–16, 论述了生态脆弱性，尤其是对于蒙古游牧民族来说。

10.　关于匈奴历史的概述，可参阅 Ying-Shih Yin, 'The Hsiung-nu', pp.120–49, in Denis Sinor(ed.), *The Cambridge History of Inner Asia*, Cambridge, 1990, vol. 1。

11.　对于一个引人入胜但知之甚少的帝国来说，这份历史总结远不够全面: 进一步了解，可参阅 Baumer, *Silk Roads*, pp.47–60; Craig Benjamin, *Empires of Ancient Eurasia: The First Silk Roads Era, 100 BCE–250 CE*, Cambridge, 2018, ch.7, pp.176–203。

12.　引自 Findley, *Turks*, p.68。Findley 的论著十分有利于我们了解突厥民族的历史，它起到了很好的指引作用，而 Findley 的论著得益于 David J. Roxburgh(ed.), *Turks: A Journey of a Thousand Years, 600–1600*, London, 2005，在皇家艺术学院曾配有一场相关主题的出色展览。

13.　我最后两段参考的主要文献是 Baumer, *Silk Roads*, ch.5, pp.173– 206, and ch.8, pp.255–70, and Findley, *Turks*, pp.43–8。

14.　引自 Baumer, *Silk Roads*, p. 261。

15.　引自 p.119, Paul Kahn, 'Introduction to the "Secret History of the Mongols"', ch. 14, in William Fitzhugh, Morris Rossabi and William Honeychurch (eds.), *Genghis Khan and the Mongol Empire*, Washington DC, 2013. Ch. 13, by Morris Rossabi, 'Genghis Khan', pp.99–109, 是了解成吉思汗的个性、崛起和统治生涯的极好入门书。

16.　对于我来说，关于蒙古战争，最有用的两本入门书是 Timothy May, 'The Mongols at War', ch.26, pp.191–202, in Fitzhugh et al., *Genghis Khan*: 'Military of the Mongol Empire', and pp.348-54 in Atwood, *Encyclopaedia*. 与亚述的比较，Cunliffe, *Steppe*, p.422。

17. 关于法典和 "确实的事实证明"，可参阅 Christopher Baumer, *The History of Central Asia: The Age of Islam and the Mongols*, vol.3, London, 2016, pp.274-8。关于意识形态和腾格里，可参阅 Anne F. Broadbridge, *Kingship and Ideology in the Islamic and Mongol Worlds*, Cambridge, 2008, ch.1, pp.6-25。

18. 引自 Timothy May, *The Mongol Empire*, Edinburgh, 2018, p.84。关于 "蒙哥汗" 和 "蒙古帝国"，pp.362-9, in Atwood, *Encyclopaedia*，是了解蒙古的政治体系，以及蒙哥为了加固这个体系而做出的努力的极好入门书。

19. Barbara Forbes Manz, *The Rise and Rule of Tamerlane*, Cambridge, 1989, p.1.

20. Barbara Forbes Manz, 'Temur and the Early Timurids to c. 1450', ch.10, pp.182–98, in di Cosmo et al., *Chingissid Age*, 此处引自 p. 198; Irwin, *Ibn Khaldun*, p. 99。

第 8 章 帝国文明与中国传统

1. N. Machiavelli, *The Prince*, ed. Q. Skinner and R. Price, Cambridge, 1998, p.82.

2. 这个解释主要出自 Andrew Eisenberg, *Kingship in Early Medieval China*, Leiden, 2008, ch.6, pp.167-94。

3. 关于蝗虫，参考 Howard J. Wechsler, 'T'ai-tsung (r. 626-49) the Consolidator', in Denis Twitchett(ed.), *The Cambridge History of China*, vol.3, pt.1, Cambridge, 1979, p.189。关于唐太宗的战士经历，参考 David A. Graff, *Medieval Chinese Warfare 300-900*, London, 2002, pp.161, 169。

4. 对于身为军事指挥官的唐太宗的评论，主要来自 Graff, *Medieval Chinese Warfare*, ch.8, pp.160ff, 也有部分来自 Chinghua Tang, *The Ruler's Guide: China's Greatest Emperor and His Timeless Secrets of Success*, Stroud, 2017, ch.7, pp.67ff。可供参考的重要文章还有 Jonathan Karam Skaff, 'Tang China's Horse Power: The Borderland Breeding Ranch System', ch.2, pp.34-59, in Hyun Jin Kim, Frederik Vervaet and Selim Adah (eds), *Eurasian Empires in Antiquity and the Early Middle Ages*, Cambridge, 2017。

5. 这几段的信息部分出自 Wechsler, 'T'ai- tsung (r. 626-49) the Consolidator', pp.193-9, 部分出自 Tang, *Ruler's Guide*, passim。

6. 本段总结了 Jack W. Chen, *The Poetics of Sovereignty: On Emperor Taizong of the Tang Dynasty*, Cambridge, MA, 2010 一书的主要观点。

7. 两部作品的英文翻译根据 Denis Twitchett, 'How to be an Emperor: T'ang T'ai-tsung's Vision of His Role', pp.1-102, in *Asia Major*, 3rd Series, IX, 1996 一书中深思熟虑的长篇介绍，进行了转述。关于被记录的对话，参考 Tang, *Ruler's Guide*。

8. Twitchett, 'How to be an Emperor', pp. 16-24.

9. Ibid, pp.22, 26-7, 29-32.

10. Ibid, pp.56, 69.

11. Ibid, pp.51-3, 55-8.

12. Denis Twitchett and Howard J. Wechsler, 'The Kao-tsung Reign and the Empress Wu: The Inheritor and the Usurper', pp.242-89, in Twitchett, *Cambridge History of China*, vol.3. 引

文出自 pp.244-5。N. Harry Rothschild 的传记是关于武则天的最佳资料，ch.2, pp. 11-16，讨论了大草原传统对武氏掌权之路的影响：N. Harry Rothschild, *Wu Zhao: China's Only Woman Emperor*, New York, 2008。Keith McMahon, *Women Shall Not Rule: Imperial Wives and Concubines in China from Han to Liao*, Lanham, MD , 2013, ch.5, pp.181-208，在武氏的生平和大草原传统的影响方面提供了额外信息。

13. 统计数据来自 p.329，Richard Guisso, 'The Reigns of the Empress Wu, Chung-tsung and Jui-tsung (684-712)', ch.6, pp.290-332, in Twitchett, *Cambridge History of China*, vol.3。

14. Rothschild, *Wu Zhao*, ch.10, pp.137-56，详细地讨论了武则天与佛教的关系。Peter Harvey, *An Introduction to Buddhism: Teachings, History and Practices*, Cambridge, 2013, pp.284-6，将佛教徒、基督教徒、伊斯兰教徒，以及儒家学者对待女性的方式进行了有趣的对比。Mark Edward Lewis, *China's Cosmopolitan Empire: The Tang Dynasty*, Cambridge, MA, 2009, ch.8, pp.207ff，讨论了中国唐代的佛教。

15. 对唐玄宗统治的描述主要参考 Denis Twitchett, 'Hsuan-tsung (r. 712-56)', ch.7, pp.333-463, in Twitchett, *Cambridge History of China*, vol.3。关于安禄山、游牧文化和唐朝军队，可进一步参考 Skaff, *Sui-Tang China*, pp.86-7，尤其是 ch.7, pp.272ff，还可以参考 Graff, *Medieval Chinese Warfare*, ch.10, pp.205ff。关于妃子和荔枝，参考 McMahon, *Women Shall Not Rule*, ch.6, pp.211ff。关于东亚文化圈的诞生，参考 Lewis, *China's Cosmopolitan Empire*, pp.153ff。

16. Walter Scheidel, 'The Scale of Empire', *The Oxford World History of Empire*, 2 vols, Oxford, vol.1, p.103.

17. 关于正在兴起的汉族精英的族群-民族意识，信息几乎全部来自一本引人入胜但有所争议的著作，Nicholas Tackett, *The Origins of the Chinese Nation*, Cambridge, 2017。

18. 参考 Nicholas Tackett, *The Destruction of the Medieval Chinese Aristocracy*, Cambridge, MA, 2014。

19. 统计数据出自 Tackett, *Origins*, p.15。对于作为一种社会政治制度的理学的简要介绍，可参考 Dingxin Zhao, *The Confucian-Legalist State: A New Theory of Chinese History*, Oxford, 2001, ch.12, pp.331ff，对于作为一种智识体系的理学，参考 Xinzhong Yao, *An Introduction to Confucianism*, Cambridge, 2000, pp.96ff，不过，最关键的论著是 Peter K. Bol, *Neo-Confucianism in History*, Cambridge, MA, 2008。关于治水方面的努力，参考 Ling Zhang, *The River, the Plain and the State: An Environmental Drama in Northern Song China, 1048-1128*, Cambridge, 2016, 此书叙述生动、内容详尽。尽管作者对宋朝的努力持批评态度，但让我印象深刻的是，那个时代的其他政权做出的努力不及宋朝的十分之一。

20. 统计数据出自 Charles Hartman, 'Sung Government and Politics', ch.1, pp.19-136（此处引自 pp.52-3），in John W. Chaffee and Denis Twitchett (eds.), *The Cambridge History of China: Sung China 960–1279*, vol.5, pt.2, Cambridge, 2015。关于宋朝的政府系统如何运行，资料主要出自这一章，如果想要了解整体背景，可参考 Dieter Kuhn, *The Age of Confucian Rule: The Song Transformation of China*, Cambridge, MA,2009。

21. 此处仅对这个复杂的问题进行了简略的总结：我的主要参考材料是 Ari Daniel

Levine, *Divided by a Common Language: Factional Conflict in Late Northern Song China*, Honolulu, 2008, 以及 Jacyoon Song, *Traces of Grand Peace: Classics and State Activism in Imperial China*, Cambridge, MA, 2015。

22. 主要参考材料是 Patricia Buckley Ebrey, *Emperor Huizong*, Cambridge, MA, 2014, 但是关于作为画家、书法家和收藏家的宋徽宗，可参考 Jay Xu and He Li (eds), *Emperors' Treasures: Chinese Art from the National Palace Museum*, Taipei, San Francisco, CA, 2016, pp.1–35。关于皇长子以外的皇子的生活，参考 John W. Chaffee, *Branches of Heaven: A History of the Imperial Clan of Sung China*, Cambridge, MA, 1999, chs 2 and 3, pp. 21–63。

23. 本段的主要参考材料是 Wang Tseng-Yu, 'A History of the Sung Military', ch.3, pp.214–49, in Chaffee and Twitchett, *Sung China*, and 'The Defence of the Northern Frontier', ch.2, pp.74–104, in Tackett, *Origins*。

第 9 章 伊斯兰哈里发国

1. 关于罗马和伊朗之间的竞争，最好的入门作品是 James Howard Johnston, 'The Two Great Powers in Late Antiquity: A Comparison', ch.4, pp.157–226, in Averil Cameron (ed.), *The Byzantine and Early Islamic Near East*, Princeton, NJ, 1985。

2. 关于阿拉伯帝国的征服和早期伊斯兰教的文献数量繁多。关于征服，最简单的英语介绍性作品是 Hugh Kennedy, *The Great Arab Conquests: How the Spread of Islam Changed the World We Live In*, London, 2007, 其次是 Chase F. Robinson (ed.), *The New Cambridge History of Islam*: vol.1, *The Formation of the Islamic World*, Cambridge, 2010。关于伊斯兰政治思想，参考 Gerhard Bowering (ed.), *Islamic Political Thought*, Princeton, NJ, 2015, 其次可以参考 Antony Black 的叙述史作品，*The History of Islamic Political Thought*, Edinburgh, 2001，这是一本简单易懂的入门书。Robinson, *New Cambridge History*, pp. 190–2, 这本书的作者也是众多强调圣战在《古兰经》中的重要性的人之一。

3. 继任权斗争是一个极具争议性的问题。由于缺乏同时代的证据，分析这一问题变得更加困难。我主要参考了 Andrew Marsham, *Rituals of Islamic Monarchy: Accession and Succession in the First Islamic Empire*, Edinburgh, 2009, pt. I, pp.1–77; Jonathan Berkey, *The Formation of Islam: Religion and Society in the Near East 600–1800*, Cambridge, 2003, chs 1–8; Wilfred Madelung, *The Succession to Muhammad: A Study of the Early Caliphate*, Cambridge, 1997。

4. Andrew Marsham 评论道，世袭君主制"或许是伊斯兰教为了生存下去付出的不可避免的"代价：Marsham, *Rituals*, p.9。我关于《古兰经》的论述主要引自 Bowering, *Islamic Political Thought*，尤其是 Roy Jackson 写的文章，'Authority', pp.25–36, 以及 Gerhard Bowering, 'Muhammad', pp. 152–68。

5. 关于穆罕默德和哈里发的主要参考材料，参见第 1 章注释 13。关于《旧约》先知在韦伯关于个人魅力的思想中所占的地位，最好的介绍性作品是 Christopher Adair-Toteff, 'Max Weber's Charismatic Prophets', *History of the Human Sciences*, 27:1, 2014, pp.3–20。

6. Hugh Kennedy, *The Court of the Caliphs: The Rise and Fall of Islam's Greatest Dynasty*,

London, 2004, pp.130–59, 论述了阿拔斯王朝的建筑。

7. 用一段文字来总结伊斯兰教思想、宗教的复杂演变，是一个巨大的挑战：关于什叶派，我要郑重感谢 Najam Haider, *Shi'i Islam: An Introduction*, Cambridge, 2014。关于阿里后裔的历史，参考 Teresa Bernheimer, *The Alids: The First Family of Islam, 750–1200*, Edinburgh, 2013。

8. 除了 Haider, *Shi'i Islam*, 这个可能过于精简的段落还要感谢 Carol Kersten (ed), *The Caliphate and Islamic Statehood: Formation, Fragmentation and Modern Interpretations*, Berlin, 2015, 3 vols。这里主要参考了 vol.1, esp. ch.2, Josef van Ess, 'Political Ideas in Early Islamic Political Thought', pp.20–33, 以及 ch.4, Ira M. Lapidus, 'The Separation of State and Religion in the Development of Early Islamic Society', pp. 55–75。

9. 本段的主要内容来自 chs 5 and 6 (by Chase Robinson and Paul M. Cobb) in Robinson, *New Cambridge History*, vol. 1, pp.173–268。本段还大量借鉴了 Andrew Marsham 教授在剑桥发表的一篇关于伍麦叶王朝政权的精彩演讲，他正在撰写伍麦叶帝国史。

10. Kennedy, *Court of the Caliphs*, p. 6.

11. Tayeb el-Hibri, 'The Empire in Iraq, 763–861', in Robinson, *New Cambridge History*, pp.269–304（此处引自 pp.269–72），and Berkey, *Formation*, pp. 102–9, 174。

12. Kennedy, *Court of the Caliphs*, ch.2, pp.11–50。

13. Marsham, *Rituals*, pp.184–6. 关于新月标志：Aziz al-Azmeh, *Muslim Kingship: Power and the Sacred in Muslim, Christian and Pagan Polities*, London, 1997, p. 68; Kennedy, *Court of the Caliphs*, p. 137。

14. 关于税收的统计数据，参考 Kennedy, *Court of the Caliphs*, p. 132。

15. Ibid, pp.58–79, 是介绍哈伦早期统治，以及他与巴尔马克家族的关系的最佳作品：引文摘自第 63 页。但是引文和 Kennedy 的大部分描述都来自 al-Tabari 的杰作 *History*：al-Tabari 著作的最新英文版本由 C.E. Bosworth 翻译，由纽约奥尔巴尼（Albany）的纽约州立大学出版社以多卷本形式出版。介绍哈伦统治的是第 30 卷（1989 年），这一卷以及 Kennedy 的作品是下段内容的主要资料来源。

16. 引文出自 Tayeb El-Hibri, 'Redemption', p.188。

17. 誓言的文本出自 Tabari/Bosworth, *The Abbasid Caliphate in Equilibrium*, vol. 30, pp.185–95。

18. 认为塔希尔的军队可能主要由骑兵组成的说法来自 Hugh Kennedy, 不过，他也承认，无法确定其正误，因为阿拉伯文献中关于战争的证据非常少：Hugh Kennedy, *The Armies of the Caliphs: Military and Society in the Early Islamic State*, London, 2001, pp. 108–11。

19. 关于艾敏之死的叙述，以及全部的引文，出自 Al-Tabari, *The History of al-Tabari: The War between Brothers*, vol. 31, Albany, NY, 1992, 由 C.E. Bosworth 翻译和编辑, pp. 182–96。

20. 他参与编写的 *The Encylopaedia of Islam*, Leiden, 1991, 2nd edn, vol. 6, pp. 331–9, 称他为哈里发中最睿智的一位。本段的其他内容大量借鉴了 Al-Tabari, *The History of al-Tabari: The Reunification of the Abbasid Caliphate*, vol.37, Albany, 1987, translated and edited by C.E. Bosworth, pp. 244–6。

21. Michael Cooperson, *Al-Mamun*, Oxford, 2006, p. 4. 虽然我在这一段和下一段借鉴了许多资料，但 Cooperson 的作品是非常重要的一部。

22. Ibid, ch. 2, 'Education', pp.17−37.

23. Kennedy, *Court of the Caliphs*, p. 88; Cooperson, *Al-Mamun*, e.g. ch. 4, pp.57−79.

24. John A. Nawas, 'All in the Family? Al-Mu'tasim's Succession to the Caliphate as to the Lifelong Feud between al-Ma'mun and his Abbasid Family', ch. 16, pp. 281−90, in Kersten, *Caliphate*.

25. 本段主要感谢 Osman al-Bili, *Prelude to the Generals: A Study of Some Aspects of the Reign of Al-Mutasim*; 引文出自 p.33。

26. P. Crone and M. Hinds, *God's Caliph: Religious Authority in the First Centuries of Islam*, Cambridge, 1986, p. 91. Muhammad Qasim Zaman, *Religion and Politics under the Early Abbasids: The Emergence of the Proto-Sunni Elite*, Leiden, 1997，是关于这一问题的主要资料。我既没有足够的篇幅，也没有专业的知识，来展开介绍他与 Crone 针对哈里发与乌理玛的关系的争论。

27. 关于这个主题，我主要参考了 John A. Nawas, 'A Re-Examination of Three Current Explanations of al-Mamun's Introduction of the Mihna', ch. 15, pp. 265−80，以及 Muhammad Qasim Zaman, 'Defining the Role and the Function of the Caliph in the Early Abbasid Caliphate', ch. 14, pp. 235−64: both in Kersten, *Caliphate*, vol.1。

28. 这些问题将在后续章节论述，但也可以参考 e.g. Mona Hassan, *Longing for the Lost Caliphate*, Princeton, NJ, 2016。

第 10 章　查理五世和腓力二世

1. 近期，有一部发人深省的著作对欧洲的多极性和中华帝国进行了比较：Walter Scheidel, *Escape from Rome*, Princeton, NJ, 2019，他对地理影响的论述在 ch. 8, pp. 219−366。

2. Geoffrey Parker, *Emperor: A New Life of Charles V*, New Haven, CT, 2019, p. 96.

3. Peter Sarris, *Empires of Faith: The Fall of Rome to the Rise of Islam, 500−700*, Oxford, 2011, pp.84−8, 120−4; Jos Gommens, 'The Warband and the Making of Eurasian Empires', pp. 297−383, in Maiake van Berkell and Jeroen Duindam (eds), *Prince, Pen and Sword: Eurasian Perspectives*, Leiden, pp.373−5.

4. 本段不仅涵盖加洛林王朝，以及欧洲宪政的深层起源，还简略提及极具争议性的问题——封建主义，我当然知道自己这样做有些过于随心所欲了。我对封建主义的评论在很大程度上要归功于此书的讨论：pt.4, pp.259ff, in David Crouch, *The Birth of Nobility: Constructing Aristocracy in England and France 900−1300*, Abingdon, 2005。关于加洛林王朝和武士贵族，我在一定程度上参考了 Johannes Fried, *The Middle Ages*, Cambridge, MA, 2015, esp. ch.3, pp.44−81，以及 Rosamund McKitterick, *Charlemagne: The Formation of a European Identity*, Cambridge, 2008, esp. pp. 224ff, 也参考了 Janet Nelson 创作的章节，'Kingship and Empire', ch. 10, pp.211−51, in J.H. Burns, *The Cambridge History of Medieval Political Thought c. 350–c. 1450*, Cambridge, 1988。Nelson 特别评论了国王和武士贵族之间的契约关系，这是许多文学作品的主题，主

要参考 chs 9 and 15, pp. 174–210 and 423–53, by Ruan Caenegen and K. Pennington in Burns's volume。

5. 关于圣格列高利和克洛维，可以参考 Marie Tanner, *The Last Descendant of Aeneas: The Hapsburgs and the Mythic Image of the Emperor*, New Haven, CT, 1993, pp. 36–8。

6. 关于国王的两个身体，基本文献是 Ernst Kantorowicz, *The King's Two Bodies*, Princeton, NJ, 1957。

7. Lisa Jardine (ed.), *Erasmus: The Education of a Christian Prince*, Cambridge, 1997, pp.61, 65, 83.

8. 有许多资料可供选择：有关君主的价值观，Glenn Richardson, *Renaissance Monarchy: The Reigns of Henry VIII, Francis I and Charles V*, London, 2002, esp. pp.3–4, 5–6, 27–8, 36–54 极为优秀。想从更结构化的角度了解，参考 Philip T. Hoffman, *Why Did Europe Conquer the World?*, Princeton, NJ, 2015, 他评论称，"统治者的职责就是战争"，并引用马基雅维利的观点，声称军事荣誉是君主最重要的威望来源（第 19 页）。Lucian Bely 对此表示同意，称军事荣誉是诸侯在统治精英之间赢得声望的最主要的途径：p.87 in Lucian Bely, *La Société des Princes XVIe–XVIIIe siècles*, Paris, 1999。

9. 关于帽子和堂表兄弟，参考 Richardson, *Renaissance Monarchy*, p.163。Bely, *Société*, 关于不同君主制国家的王室、贵族精英阶层，本书信息丰富。

10. Henry Kamen, 'Alba: Statesman and Diplomat', pp.31–49（此处引自 p.41），in Maurits Ebben, Margriet Lacy-Bruijn and Rolof van Hovell tot Westerflier (eds), *Alba: General and Servant to the Crown*, Rotterdam, 2013。

11. 本段的大部分内容出自 Tanner, *Last Descendant*。关于马克西米利安临终时刻的叙述，在 p.107。

12. 关于巴佐什的内容，参考 Crouch, *Birth*, p.126。

13. Bely, *Société*, p.309. 关于欧洲贵族的继承问题和长子继承制的传播，主要参考 Hamish Scott, 'Dynastic Monarchy and the Consolidation of Aristocracy during Europe's Long Seventeenth Century', pp.44–86. in Robert von Friedeburg and John Morrill (eds), *Monarchy Transformed: Princes and Their Elites in Early Modern Western Europe*, Cambridge, 2017。

14. Svette Hakon Bagge, *State Formation in Europe, 843–1789: A Divided World*, Abingdon, 2019, p.35.

15. 这是近期著作的一个常见主题。Henry Kamen 总结出如下共识："16 世纪的西班牙没有任何关于绝对君主制的学说。"参考 Henry Kamen, *The Escorial: Art and Power in the Renaissance*, New Haven, CT, 2010, p.147。在 Robert Bireley, *Ferdinand II, Counter-Reformation Emperor, 1578–1637*, Cambridge, 2014 一书中，这也是一个贯穿始终的主题。

16. 哈布斯堡王朝、法兰西和奥斯曼帝国的收入数据，出自 Martyn Rady, *The Habsburgs: The Rise and Fall of a World Power*, London, 2020, p.66。Daniel H. Nixon, *The Struggle for Power in Early Modern Europe*, Princeton, NJ, 2009 一书的重要主题是，新教在团结人们反对复合制国家的统治者方面的作用。这些评论均出自 Ogier de Busbeq 的信件集 *The Turkish Letters 1555–1562*, Baton Rouge, LA, 2005。关于奥斯曼帝国的常备军和

欧洲的常备军，参考 James D. Tracy, *Emperor Charles V: Impresario of War*, Cambridge, 2002, p. 17。

17. 针对这两段涉及的问题，很容易就能列出一份长达 20 页的参考书目。关于军事革命，我最喜欢的介绍性作品是 Clifford J. Rogers, *The Military Revolution Debate*, Boulder, CO, 1995。关于全球背景下的欧洲战争，参考 Hoffman, *Europe*, and Tonio Andrade, *The Gunpowder Age*, Princeton, NJ, 2016。论小冰河时代和政治稳定性，参考 Geoffrey Parker, *Global Crisis: War, Climate Change and Catastrophe in the Seventeenth Century*, New Haven, CT, 2013。

18. 关于查理五世，我的主要参考资料有 Parker, *Emperor*, 以及 Tracy, *Emperor Charles V*, 此外还有 Karl Brandi, *The Emperor Charles V*, trans. C. V. Wedgwood, London, 1939 and 1980, 以及简短而有用的入门书 William Maltby, *The Reign of Charles V*, Houndmills, 2002。

19. 除了已经引用过的查理五世和斐迪南二世的传记，关于这个帝国的主要参考资料是 Joachim Whaley, *Germany and the Holy Roman Empire*: vol. 1, *Maximilian I to the Peace of Westphalia 1493–1648*, Oxford, 2013。

20. 本段的基本参考资料是 R.J.W. Evans, *The Making of the Habsburg Monarchy 1550–1700*, Oxford, 1979, Charles Ingrao 介绍哈布斯堡王朝历史的简短入门书也是个有用的补充: *The Habsburg Monarchy 1618–1815*, Cambridge, 1994。

21. Parker, *Emperor*, p.217. M.J. Rodriguez-Salgado 简要描绘了统治家族，不过，她对查理五世的描述只适用于他体力衰退、深度抑郁的晚年: *The Changing Face of Empire*, Cambridge, 1998, Introduction, pp. 1–12。

22. 关于这几位皇帝，参考 Rady, *Habsburgs*, chs 11–13; Paula Sutter Fichtner, *Emperor Maximilian II*, New Haven, CT, 2001; R.J.W. Evans, *Rudolph II and His World*, London, 1997。

23. 主要参考 Parker, *Emperor*, ch. 5, pp.101–30, 以及 Brandi, *Emperor Charles*, pp.50–5, 131。

24. Brandi, *Emperor Charles*, pp. 204–14, 391–5, 610–18; Parker, *Emperor*, pp. 376–92.

25. 关于圣路易，参考 Jacques Le Goff, *Saint Louis*, Notre Dame, 2009。

26. 关于查理五世在 1544 年的计划和《克雷皮和约》(Treaty of Crepy), 参考 Parker, *Emperor*, esp. pp. 308–12。关于大战略，参考 Geoffrey Parker, *The Grand Strategy of Philip II*, New Haven, CT, 1998, pp. 78ff; Brandi, *Emperor Charles*, p. 488。

27. 统计数据出自 Scheidel, 'The Scale of Empire', in Scheidel, *Oxford World History*, vol. 1, pp.92–3。

28. Parker, *Emperor*, ch. 17, pp. 305ff, 提到了 "英格兰计划"。在 p.306, 他介绍了胡安·德·苏尼加 (Juan de Zuniga) 撰写的备忘录，备忘录提出，入侵行动是 "西班牙最好的战略规划"。

29. 许多历史学家提出了这一点，但没有谁比得上 Sir John Elliott: 'Power and Propaganda in the Spain of Philip IV', pp. 145–73, in Sean Wilentz (ed.), *Rites of Power: Symbolism, Ritual and Politics since the Middle Ages*, Philadelphia, PA, 1985。虽然此书主要关注的是 17 世纪上半叶，但是 Elliott 明确表示，他的观点也适用于 16 世纪。关于这一点，还

可以参考 Parker, *Grand Strategy*, pp. 92–108。

30. Patrick Williams, *Philip II*, Houndmills, 2001, p. 11; Brandi, *Emperor Charles*, pp. 220, 238.

31. Parker, *Emperor*, ch.14, pp.247ff, Epilogue, esp. pp.368–70. 因为对手安东尼奥·佩雷斯（Antonio Perez）的阴谋，胡安·德·埃斯科贝多（Juan de Escobedo）于 1578 年被杀。

32. 主要借鉴 Kamen, *Escorial*, esp. ch. 5, pp. 117–41。

33. 关于卡斯蒂利亚王国相对简朴的风格，参考 Elliott, 'Power and Propaganda', pp.150–2; Kamen, *Escorial*, pp. 146–50。亨利与弗朗索瓦的比较，出自 Richardson, *Renaissance Monarchy*, pp. 145–51。

34. 1543 年两份备忘录的文本，出自 Brandi, *Emperor Charles*, pp. 489–93。关于美洲，还可以参考 Parker, *Emperor*, ch. 13, pp. 342ff。

第 11 章　皇帝、哈里发和苏丹

1. 关于这三个伊斯兰王朝的比较研究，参考 Stephen F. Dale, *The Muslim Empires of the Ottomans, Safavids and Moghuls*, Cambridge, 2010。

2. 关于奥斯曼帝国史，最近出版的单卷本英文著作 Douglas A. Howard, *A History of the Ottoman Empire*, Cambridge, 2017。

3. O. Turan, 'The Ideal of World Domination among the Medieval Turks', *Studia Islamica*, IV, 1955, pp.77–90; Colin Imber, 'The Ottoman Dynastic Myth', *Revue d'Études Turques*, 9, 1987, pp.7–27; Rhoads Murphey, *Exploring Ottoman Sovereignty: Tradition, Image and Practice in the Ottoman Imperial Household 1400–1800*, London, 2008, esp. ch. 2, pp.41–75.

4. 特拉布宗的乔治的话，参考 Abdurrahman Atcil, *Scholars and Sultans in the Early Modern Ottoman Empire*, Cambridge, 2017, p. 56。关于塞利姆的头衔，参考 H. Erdem Cipa, *The Making of Selim: Succession, Legitimacy and Memory in the Early Modern Ottoman World*, Bloomington, IN, 2017, pp.214–15。

5. Carol Kersten (ed.), *The Caliphate and Islamic Statehood: Formation, Fragmentation and Modern Interpretations*, 3 vols, Berlin, 2015: vol.2, ch. 11, pp.171–8, Hamilton A.R. Gibb, 'Lutfi Pasha on the Ottoman Caliphate'.

6. 关于 1479 年的继承法令，参考 Murphey, *Exploring Ottoman Sovereignty*, pp. 102–4。引文出自 Franz Babinger, *Mehmed the Conqueror and His Time*, Princeton, NJ, 1978, p. 66, 以及 A.D. Alderson, *The Structure of the Ottoman Dynasty*, Westport, CT, 1982, p. 62。

7. Cipa, *Making of Selim*, pp.187–208. 还可参考 Kaya Sahin, *Empire and Power in the Reign of Suleyman: Narrating the Sixteenth-Century Ottoman World*, Cambridge, 2013, pp.29–32。

8. 主要参考 Cipa, *Making of Selim*, esp. ch. 2, pp. 62–108。

9. 关于苏菲主义，参考 Lloyd Ridgeon (ed.), *The Cambridge Companion to Sufism*, Cambridge, 2015, esp. ch. 2 by Erik S. Ohlander, 'Early Sufi Rituals, Beliefs and Hermeneutics', pp.53–73, and ch. 4, Ahuret T. Karamustafa, 'Antinomian Sufis', pp.101–24. Antony Black, *The History of Islamic Political Thought*, Edinburgh, 2001 同样是一本优秀的入门书，可以帮助初学者了解苏菲主义和萨法维王朝，想要在更宏观的伊斯兰语境

中了解它们，重点参考 ch. 12, pp.128-34, 'The Politics of Sufism', 以及 ch. 22, 'The Safavids', pp.221-38。关于萨法维帝国的逐步形成和疆域扩张，Colin P. Mitchell, *The Practice of Politics in Safavid Iran*, London, 2012, ch. 1, pp.19-46, 是一本优秀的入门书。

10. Alan Mikhail, *God's Shadow: The Ottoman Sultan Who Shaped the Modern World*, London, 2020, ch.12, pp.185ff 详尽地描述了塞利姆和萨法维王朝的冲突。

11. 除了 Mitchell, *Practice of Politics*, ch. 1, 还可以参考 Cipa, *Making of Selim*, pp. 32-54。

12. 粗略的概述，主要介绍锡南的杰出建筑作品：参考 Michael Rogers, 'The Arts under Suleyman the Magnificent', pp.257-94（关于巴布尔的内容出自 p. 267, 同时请参考我在本书第 12 章对他的评论）, in Halil Inalcik and Cemal Kafadar (eds.), *Suleyman the Second [sic] and His Time*, Istanbul, 1993, 以及 pt. III, 'Culture and the Arts', pp.407-592, in Suraiya N. Faroqui and Kate Fleet (eds), *The Cambridge History of Turkey*: vol. 2, *The Ottoman Empire as a World Power, 1453-1603*, Cambridge, 2013。

13. 主要参考 Abdurrahman Atcil, *Scholars and Sultans in the Early Modern Ottoman Empire*, Cambridge, 2017, esp. ch. 10, pp. 188ff, 还可以参考 Madeleine C. Zilfi, 'Sultan Suleyman and the Ottoman Religious Establishment', pp.109-20, in Inalcik and Kafadar, *Suleyman*。

14. Colin Imber, 'Government, Administration and Law', ch. 7, pp.205-40, in Faroqui and Fleet, *Cambridge History*, vol. 2, 是一篇优秀的介绍。Kaya Sahin, *Empire and Power*, esp. pp.220ff, 增添了详细信息。关于蒂马尔骑兵和税收的统计数据出自 H. Inalcik and D. Quataert, *An Economic and Social History of the Ottoman Empire 1300-1914*, Cambridge, 1995。关于高级官员，现在有一些优秀的研究成果：重点参考 Kaya Sahin 关于 Celalzade Mustafa 的研究著作 *Empire and Power*，以及 Cornell H. Fleischer, *Bureaucrat and Intellectual in the Ottoman Empire: The Historian Mustafa Ali (1541-1600)*。

15. Muhammet Zahit Atcil, *State and Government in the Mid-Sixteenth-Century Ottoman Empire: The Grand Vizierates of Rustem Pasha*, PhD (University of Chicago), 2015, pp.21-5; Linda T. Darling, 'The Sultan's Advisors and Their Opinions on the Identity of the Ottoman Elite, 1580-1683', pp.171-81, in Christine Isom-Verhaaren and Kent E. Schull (eds) *Living in the Ottoman Realm: Empire and Identity, 13th to 20th Centuries*, Bloomington, IN, 2016.

16. 这两段的主要参考材料是 Muhammet Atcil, *State and Government*。关于在欧洲的辩论，参考 Michael Curtis, *Orientalism and Islam: European Thinkers on Oriental Despotism in the Middle East and India*, Cambridge, 2009。

17. 描述出自 Alan Fisher, 'The Life and Family of Suleyman I', pp.1-19（此处引自 pp.1-3）, in Inalcik and Kafadar, *Suleyman*, 以及 Leslie Peirce, *The Imperial Harem*, Oxford, 1993, p. 176。

18. 关于这段关系，参考 Leslie Peirce, *Empress of the East: How a European Slave Girl Became Queen of the Ottoman Empire*, New York, 2017, pp.150-8, 167; Sahin, *Empire*, esp. chs 2 and 3, pp. 49-100。关于易卜拉欣的抄书吏，出自 Muhammet Atcil, *State and Government*, p. 52。

19. 关于奥斯曼帝国的后宫和生育子嗣的政治，参考 Peirce, *Imperial Harem*。关于斯拉夫奴隶的统计数据，参考 p. 284, Inalcik and Quataert, *Economic and Social History*。

20. Peirce, *Empress*, pp.118-22, 143, 235, 243-4, 257-84.

21. 关于通货膨胀及其影响，参考 I. Metin Kunt, *The Sultan's Servants: The Transformation of Ottoman Provincial Government, 1550-1650*, New York, 1983, esp. ch. 5, pp.77ff。关于小冰河时代对安纳托利亚和驻扎在伊斯坦布尔的军事单位的影响，参考 Jane Hathaway, *The Chief Eunuch of the Ottoman Harem: From African Slave to Power-Broker*, Cambridge, 2018, ch. 5, pp.77ff (esp. pp.77-8)，值得注意的是，Wolf-Dieter Hutteroth 不相信小冰河时代对帝国的稳定造成了根本性影响：参考 pp.20-3 in Hutteroth, 'Ecology of the Ottoman Lands', pp.18-43, in Soraya Faroqui (ed.), *The Cambridge History of Turkey: The Later Ottoman-Empire, 1603-1839*, vol. 3, Cambridge, 2006。奥地利军队与奥斯曼军队的实力及表现对比，参考 Gabor Agoston, ch. 6, 'Empires and Warfare in East-Central Europe, 1550-1750: The Ottoman-Habsburg Rivalry and Military Transformation', pp.110-35, in Frank Tallett and D.J.B. Trim (eds), *European Warfare 1350-1750*, Cambridge, 2010。一项对奥斯曼—哈布斯堡西部边界的有限研究得出了同样的结论，即奥地利军队的实力在 17 世纪早期已经基本赶上奥斯曼：James D. Tracy, *Balkan Wars: Habsburg Croatia, Ottoman Bosnia, and Venetian Dalmatia, 1499-1617*, Lanham, MD, 2016。

22. 这两段的主要参考材料是一份尚未发表的博士论文：Cumhur Bekar, *The Rise of the Koprulu Family: The Reconfiguration of the Vizierate in the Seventeenth Century*, London, 2018, esp. ch. 1, pp. 13ff, 还可以参考 Hathaway, *Chief Eunuch*, pp. 55-9, Peirce, *Imperial Harem*, pp. 92-7, 以及 Murphey, *Exploring Ottoman Sovereignty*, pp.130-1, 150。

23. 主要参考 Baki Tezcan, 'The 1622 Military Rebellion in Istanbul: A Historiographical Journey', pp.25-43, in Jane Hathaway (ed.), *Mutiny and Rebellion in the Ottoman Empire*, Madison, WI, 2002; Gabriel Piterberg, *An Ottoman Tragedy: History and Historiography at Play*, Berkeley, CA, 2003: ch. I, pp. 9-29 论及这些事件，而该书其余部分研究的是后人对它们的理解。

24. 引文及基本故事出自 Peirce, *Imperial Harem*, pp.245-7, 补充参考 Bekar, *Rise*, pp.26-9, 以及 George Junne, *The Black Eunuchs of the Ottoman Empire*, London, 2016, pp. 168-9。

25. 这四段的主要参考材料是 Bekar, *Rise*, pp.57-82, 94-6, 116-24, 有关哈蒂杰·图尔汗, ch. 4, pp. 146, 有关柯普律吕家族及其把控的政权基础，Peirce, *Imperial Harem*、pp.25-63, 112, 143, 236-9。

26. 关于苏莱曼的评论，参考 p. 101，Peirce, *Imperial Harem*。关于后宫，她的著作最为杰出。关于宦官和奥斯曼帝国文化，主要参考 ch. 9, pp. 193ff in Hathaway, *Chief Eunuch*, and Junne, *Black Eunuchs*, pp. 140-2, 不过，他的证据主要来自 19 世纪。

27. Baki Tezcan, *The Second Ottoman Empire: Political and Social Transformation in the Early Modern World*, Cambridge, 2010, p. 77.

28. Ibid, p. 6. 有关苏丹禁卫军的文献汗牛充栋：优秀而全面的短篇介绍有 Gilles Veinstein, 'On the Ottoman Janissaries (fourteenth-nineteenth centuries)', pp.115-134, in Erik-Jan Zurcher (ed.), *Fighting for a Living: A Comparative History of Military Labour*, Amsterdam, 2013。

29. 引文出自 p. 52，Christopher K. Neumann, 'Political and Diplomatic Developments', ch.

3, pp.44-64, in Faroqui, *Cambridge History of Turkey*, vol. 3。尽管本段的论点可以在许多著作中找到，但我参考的主要是 Ethan Menchinger, *The First of the Modern Ottomans: The Intellectual History of Ahmed Vasif*, Cambridge, 2017, esp. pp. 28-30。

30. 关于 18 世纪的战争，文献众多。我从俄国的角度探讨了这个问题，参考 Dominic Lieven, *Russia against Napoleon: The Battle for Europe, 1807 to 1814*, London, 2009, 此外，我的部分注解也参考了这本著作，重点参考 pp.93-5。

31. 目前，有一本关于奥斯曼帝国军事史的相当重要的著作。可以先看 Virginia Aksan, *Ottoman Wars 1700-1870: An Empire Besieged*, Harlow, 2007 以及 Rhoads Murphey, *Ottoman Warfare: 1500-1700*, New Brunswick, NJ, 1999。关于这一主题，两者均贡献了许多言之有物的论述。关于奥斯曼帝国与俄罗斯帝国的军事实力对比，Gabor Agoston, 'Military Transformation in the Ottoman Empire and Russia, 1500-1800', *Kritika*, 12:2, 2011, pp.281-320, 意义非凡。40 万是指市面上流通的支付券数量: Virginia Aksan, 'Whatever Happened to the Janissaries? Mobilization for the 1768-1774 Russo-Ottoman War', *War in History*, 5:1, 1998, pp.23-36 (here p. 27); Tezcan, *Second Ottoman Empire*, pp.198ff。

32. 引用了 Murphey, *Exploring Ottoman Sovereignty*, p.266。关于欧洲贵族，可能的参考书目数量巨大：参考 Christopher Storrs and H.M. Scott, 'The Military Revolution and the European Nobility, c.1600-1800', *War in History*, 3:1, 1996, pp.1-41。

33. 我当然知道这一段会让许多人不喜：比如奥斯曼主义者，他们一生都在（令人钦佩地）驳斥奥斯曼帝国自苏莱曼时代开始衰落这一观点；比如不喜欢军事史的人；再比如那些与现代土耳其独裁传统做斗争的人，因为独裁传统往往将维持军事力量、保障国家安全作为其合法性来源。即便如此，我仍然相信本段的论点是正确的。迄今为止，最能涵盖中央地区与边缘地带的关系、公共财政等问题的是 chs 6 (pp.118-34), 7 (pp.135-56) and 8 (pp.157-85) in Faroqui, *Cambridge History of Turkey*, vol. 3。

34. 关于这场战争的历史，最优秀的英语著作是 Brian L. Davis, *The Russo-Turkish War, 1768-1774: Catherine II and the Ottoman Empire*, London, 2016, 他的另一部作品 *Empire and Military Revolution in Eastern Europe*, London, 2011 可以作为该书的入门。有关奥斯曼的视角，主要参考 Virginia Aksan 的著作，尤其是 *Ottoman Wars*, esp. ch. 4, pp. 129ff, 还可以参考 'The One-Eyed Fighting the Blind: Mobilization, Supply and Command in the Russo-Turkish War of 1768-1774', *International History Review*, 15:2, 1993, pp.221-38, 以及 *An Ottoman Statesman in War and Peace: Ahmed Resmi Efendi 1700-1783*, London, 1995, ch. 3, pp.100-69: 认为奥斯曼帝国的军事思想仍停留在 1550 年的评论，见 p.130。

35. 遭到屠杀或驱逐的穆斯林人口数据，参考 J. McCarthy, *The Ottoman Turks*, London, ch. 10, pp. 329ff。关于赔偿，参考 Menchinger, *First of the Modern Ottomans*, p. 143。

36. 关于塞利姆继位之前的经历，主要参考资料是 Aysel Yildiz, 'The "Louis XVI of the Turks": The Character of an Ottoman Sultan', *Middle Eastern Studies*, 50:2, 2014, pp. 272-90。

37. Aysel Yildiz, *Vaka-Yi Selimiye or the Selimiye Incident: A Study of the May 1807 Rebellion*,

Sabanci University, PhD, 2008. 有关塞利姆三世的个性及其对统治的影响，本篇论文 Ch. 6.5, 'The Myth of Selim III', pp. 741ff 是迄今为止最优秀的英语论述。作者篇幅较短的作品 *Crisis and Rebellion in the Ottoman Empire*, London, 2017 中没有完全复述这段内容，Yildiz, ' "Louis XVI of the Turks" ' 中更是完全没有提及。Coskun Yilmaz (ed.), *III. Selim*, Istanbul, 2010, 包含了章节的英文翻译。它们加深了我们对塞利姆的了解，另外，该书配有大量插图。

38. 关于帕兹万特奥卢，参考 Fikaret Adanir, pp. 180-3, in Adanir, 'Semi-Autonomous Forces in the Balkans and Anatolia', pp.157-85, in Faroqui, *Cambridge History of Turkey*, vol.3, 以及 Robeert Zens, 'Pasvanoglu Osman Pasha and the Pasalik of Belgrade, 1791-1807', pp.89-104, in Hathaway, *Mutiny*。

39. 目前还没有关于马哈茂德二世的优秀传记，不过，比起本章注释 37 提及的关于塞利姆的姊妹卷著作，Coskun Yilmaz (ed.), *II. Mahmud*, Istanbul, 2010 更广泛地揭示了马哈茂德的个性。

第 12 章　莫卧儿王朝

1. 波斯文化和梵语文化在印度的相遇，尤其是在莫卧儿王朝统治时期，是 Richard M. Eaton, *India in the Persianate Age*, London, 2019 一书的主题。有关这一主题更详细的探讨，参考 Audrey Truschke, *Culture of Encounters: Sanskrit at the Mughal Court*, New York, 2016。

2. 有关莫卧儿帝国在全球经济产出中的占比，数据出自 p. 1，Andrew de la Garza, *The Mughal Empire at War*, New York, 2016。

3. *The Baburnama: Memoirs of Babur, Prince and Emperor*, ed. Wheeler M. Thackston, New York, 2002, pp. 352-3.

4. 关于该地区的思想、文化史，最优秀的英语入门书是 S. Frederick Starr, *Lost Enlightenment: Central Asia's Golden Age from the Arab Conquest to Tamerlane*, Princeton, NJ, 2013。关于伽色尼王朝、巴布尔和中亚文化，参考 Stephen F. Dole, *The Muslim Empires of the Ottomans, Safavids, and Moghuls*, Cambridge, pp. 17-20, 以及 Stephen F. Dole, *The Garden of the Eight Paradises: Babur and the Culture of Empire in Central Asia, Afghanistan and India (1483-1530)*, Leiden, 2004, ch. 3, pp. 135ff, ch. 5, pp. 247-89, esp. pp. 247-54。

5. 引文出自 p.34，Pratyay Nath, *Climate of Conquest: War, Environment and Empire in Mughal North India*, New Delhi, 2019。这两段主要参考 Garza, *Mughal Empire*, esp. pp.33-43, 102-4, 191-2。

6. *Baburnama*: 关于他发誓戒酒，之后又感到后悔一事的评论，见 pp. 380-3 and 436。Dole, *Muslim Empires*, p.72; Dole, *Garden*, pp. 13-14, 33-4, 106, 172, 349-51, 430。

7. 引文出自 Wheeler M. Thackston (ed.), *The Jahangirnama: Memoirs of Jahangir, Emperor of India*, Oxford, 1999, pp. 35-7。Andre Wink, *Akbar*, St Ives, 2009, ch. 8, pp.109-16, 极好地总结了阿克巴的个性，同样优秀的著作还有 Abraham Eraly, *The Mughal Throne: The Saga of India's Great Emperors*, London, 2000, pp.163-79。Lisa Balabanlilar, *The Emperor Jahangir*, London, 2020, 基本上是对这位皇帝最杰出的研究著作。

8. Abul Fazl 是"官方正史"*Akbarnama* 的作者，此书记载皇帝阿克巴及其统治的历史。阿克巴本人密切监督了该书的内容。这是他提升自身及政权形象的关键举措之一。我翻阅了 Wheeler M. Thackston 编辑、翻译的 *The History of Akbar*, Cambridge, MA, 2015–19 的前五卷。这部史书的创作采用正规的波斯风格，相较于巴布尔和贾汉吉尔在各自自传中近乎虚伪的简单记录，此书十分难以理解。

9. J.M. Rodgers, *Mughal Miniatures*, Northampton, MA, 2007, p. 61; Lisa Balabanlilar, *Imperial Identity in the Mughal Empire*, London, pp. 62–6.

10. Eaton, *India*, pp. 233–5; Balabanlilar, *Imperial Identity*, pp. 83–4.

11. *Jahangirnama*, p. 35.

12. 这两段在很大程度上概括了 A. Azfar Moin, *The Millennial Sovereign: Sacred Kingship and Sainthood in Islam*, New York, 2012。还有一篇非常重要的文章，即 J.F. Richards, 'The Formulation of Imperial Authority under Akbar and Jahangir', ch. 3, pp. 126–67, in Muzaffar Alam and Sanjay Subramanyam (eds), *The Mughal State*, Delhi, 1998。

13. Garza, *Mughal Empire*, pp. 56–7, 116–24; Jos Gommans, *Mughal Warfare*, London, 2002, pp. 170–9.

14. 关于对拉杰普特的吸纳，重点参考 Norman P. Ziegler, 'Some Notes on Rajput Loyalties during the Mughal Period', ch. 4, pp.168–210, in Alam and Subramanyam, *Mughal State*。

15. 权威著作都讨论了土地税收制度和军事贵族制度。可参考 John F. Richards, *The Mughal Empire*, Cambridge, 1993, ch. 3, pp.58–78, 'Autocratic Centralisation'。还可以参考 Gommans, *Mughal Warfare*, ch. 2, 'Warband and Court', pp. 39–64。关于英国和欧洲的贵族，参考 Dominic Lieven, *Aristocracy in Europe, 1815–1914*, London, 1992。

16. 引文出自 p.188, Nath, *Climate*。关于柴明达尔的角色，最佳的简介是 S. Nurul Hasan, 'Zamindars under the Mughals', ch. 9, pp. 284–300, in Alam and Subramanyam, *Mughal State*。

17. Muzaffar Alam and Sanjay Subrahmanyam, 'Introduction', pp. 1–71（此处引自 p. 19），in Alam and Subramanyam, *Mughal State*, for Rosencrantz and Guildenstern.

18. *Jahangirnama*, pp.26–7, 49–50, 161; Eaton, *India*, pp. 244–72, 很好地描述了贾汉吉尔的经历，介绍了他作为统治者的优缺点。据 Balabanlilar, *Imperial Identity*, p. 94 所述，他"在履行帝国职责时"近乎"无为"。

19. Eaton, *India*, pp.247–8. 关于努尔·贾汉，参考 Ruby Lal, *Empress: The Astonishing Reign of Nur Jahan*, New York, 2018。

20. 关于继承危机，Fergus Nicoll, *Shah Jahan: The Rise and Fall of the Mughal Emperor*, London, 2009, ch. 9, pp.145ff 叙述详尽。关于他对爱妻之死的感受，以及他在泰姬陵建造过程中发挥的作用，参考 ch. 11, pp. 181ff。

21. Nicoll, *Shah Jahan*, pp. 27–31; Munis D. Faroqui, *The Princes of the Mughal Empire, 1504–1719*, Cambridge, 2012, p. 7. 对于身为君主的沙·贾汗，他的一名印度教高级官员进行了有些阿谀奉承，但相对可靠的完整描述：见 pp. 102–27 in Rajeev Kinra, *Writing Self, Writing Empire: Chandar Bhan Brahman and the Cultural World of the Indo-Persian State Secretary*, Oakland, CA, 2015。

22. Nicoll, *Shah Jahan*, pp. 89–90, 153–4; Moin, *Millennial Sovereign*, pp. 212–14. 引文出自 Eraly, *The Mughal Throne*, p. 311。

23. 关于奥朗则布，主要参考 Audrey Truschke, *Aurangzeb: The Life and Legacy of India's Most Controversial King*, Stanford, CA, 2017。Ch. 7, pp. 288–339, in Eaton, *India*，以及 ch. 10, pp. 205ff, in John F. Richards, *The Mughal Empire*, Cambridge, 1993, 对本段的创作帮助也甚大。

24. Faroqui, *Princes*, pp. 137–42.

25. Faroqui 全面介绍了这场继承斗争，不过，还可以参考 Truschke, *Aurangzeb*, pp. 19–35, 以及 Eaton, *India*, pp. 288–308。Supriya Gandhi, *The Emperor Who Never Was: Dara Shukoh in Mughal India*, Cambridge, MA, 2020, 是一部引人入胜的作品，它研究了达拉·舒科的观念和想法。

26. Nath, *Climate*, pp. 91–9.

27. 关于兴都库什山脉以北的战役，参考 ibid, pp. 99–112; Gommans, *Mughal*, pp. 179–87。

28. Garza, *Mughal Empire*, 仅论及 1605 年以前的历史，但是他的最后一章（ch. 7, pp. 182–99）极好地论述了莫卧儿帝国军事系统的衰落，主要是因为缺乏有力的敌人。Nath, *Climate*, 主要关注印度北部，但他有关生态因素制约军事行动的评论，也十分适用于德干地区。还可以参考 Gommans, *Mughal*, pp. 187–99。

29. Kinra, *Writing Self*, 是对一位（相当令人钦佩的）高级帝国官员的珍贵描写。

30. 引文出自 Eaton, *India*, p. 323; 关于穆阿扎姆，参考 Faroqui, *Princes*, pp. 303–8。

31. Faroqui, *Princes*, ch. 7, pp. 274ff.

32. 关于尼扎姆，参考 Eaton, *India*, pp. 346–7。

33. 关于纳迪尔沙，最优秀的参考指南是 Michael Axworthy, *Sword of Persia*, London, 2006。

34. 将欧洲扩张置于欧亚帝国周期性衰落的背景之下的重要著作是 Christopher Bayly, *Imperial Meridian: The British Empire and the World, 1780–1830*, London, 1989。从俄罗斯帝国的角度出发，参考 Dominic Lieven, *Russia against Napoleon*, London, 2009, pp. 64–5, 以及 Dominic Lieven, *Towards the Flame: Empire, War and the End of Tsarist Russia*, London, 2015, pp. 197–8。

第 13 章　中国最后的两个王朝

1. 统计数据出自 Peer Vries, *State, Economy and the Great Divergence: Great Britain and China, 1680s–1850s*, London, 2015, pp.49–52。关于明朝开国者与前朝蒙古人的复杂关系，参考 David M. Robinson, *In the Shadow of the Mongol Empire*, Cambridge, 2020。

2. 简要了解理学在儒家传统中的地位，参考 Xinzong Yao, *An Introduction to Confucianism*, Cambridge, 2000, pp. 70ff。想要深入了解，参考 Peter K. Bol, *Neo-Confucianism in History*, Cambridge, MA, 2008。还可以参考 Li Jia, 'Conflicts between Monarchs and Ministers', *Chinese Studies in History*, 44:3, 2011, pp. 72–89。

3. 关于永乐皇帝，主要参考 Shih-shan Henry Tsai, *Perpetual Happiness: The Ming Emperor Yongle*, Seattle, 2001。

4. 这两段是对一个复杂过程的简略总结：参考 Benjamin A. Elman, *Civil Examinations and*

Meritocracy in Late Imperial China, Cambridge, MA, 2013, esp. pp.1–10, 50–1, 92–114, 146–8,227。

5.　参考 David M. Robinson, 'The Ming Court', ch. 1, pp.21–60, in David M. Robinson (ed), *Culture, Courtiers and Competition: The Ming Court (1368–1644)*, Cambridge, MA, 2008, 以及 James Laidlaw, 'On Theatre and Theory: Reflections on Ritual in Imperial Chinese Politics', ch. 12, pp.399–416, in Joseph P. McDermott (ed), *State and Court Ritual in China*, Cambridge, 1999。

6.　Ray Huang, *1587. A Year of No Significance: The Ming Dynasty in Decline*, New Haven, CT, 1981, p. 75.

7.　这两段部分参考 Huang, *1587*, esp. pp. 7, 27–32，部分参考 727–8，F.W. Mote, *Imperial China: 900–1800*, Cambridge, MA, 1999。不过，它们的主要基础是我与研究助理 Hantian Zhang 的讨论。关于万历皇帝的母亲，参考 p. 129，Keith McMahon, *Celestial Women: Imperial Wives and Concubines in China from Song to Qing*, Lanham, MD, 2016。

8.　关于宦官，参考 Scarlett Jang, 'The Eunuch Agency Directorate of Ceremonial and the Ming Imperial Publishing Enterprise', pp. 116–79, in Robinson (ed), *Culture*, and Shih-shan Henry Tsai, *The Eunuchs in the Ming Dynasty*, Albany, NY, 1996。

9.　Kenneth M. Swope, 'Bestowing the Double-Edged Sword: Wanli as Supreme Military Commander', pp. 61–115, in Robinson (ed.), *Culture*. 他对明朝军事素养的评价出自 p.76。

10. Ibid, p. 95; 还可以参考 Kenneth M. Swope, *A Dragon's Head and a Serpent's Tail: Ming China and the First Great East Asian War 1592–1598*, Norman, OK, 2009。

11. 关于清朝做出的"妥协"，Macabe Keliher, *The Board of Rites and the Making of Qing China*, Oakland, CA, 2019 是一部优秀的著作，有关官服的讨论出自 pp. 98–102 and 146–66。

12. 关于八旗和满族的身份认同，参考 Mark C. Elliott, *The Manchu Way: The Eight Banners and Ethnic Identity in Late Imperial China*, Stanford, CA, 2001。关于蒙古人的角色，参考 Pamela Kyle Crossley, *A Translucent Mirror: History and Identity in Qing Imperial Ideology*, Berkeley, CA, 1999, pp. 311ff, 以及 Evelyn Rawski, *The Last Emperors: A Social History of Qing Imperial Institutions*, Berkeley, CA, 1998, pp. 66–70。

13. 关于满族人的背景，参考 Pamela Kyle Crossley, *The Manchus*, Oxford, 1997。

14. Elliott, *Manchu Way*, pp. 164–9.

15. 引文出自 Rawski, *Last Emperors*, p.81。

16. Ibid, pp. 88–126. 关于明朝藩王，参考 Craig Clunas, *Screen of Kings: Royal Art and Power in Ming China*, Honolulu, 2013。

17. 主要参考书是 Jonathan Spence, *Emperor of China: Self-Portrait of Kang-hsi*, London, 1974: 引文出自 p.170。

18. 关于数学、天文学和耶稣会会士，参考 Catherine Jami, *The Emperor's New Mathematics*, Oxford, 2012, esp. pp. 74–81。

19. Spence, *Emperor*, pp. 37–8.

20. Ibid, pp. 18–23; S.R. Gilbert, 'Mengzi's Art of War: The Kangxi Emperor Reforms the

Qing Military Examinations', pp.243–56 (here p. 250), in Nicola di Cosmo (ed.), *Military Culture in Imperial China*, Cambridge, MA.

21. 关于这些问题，最详尽的资料是 Lawrence Kessler, *K'ang-hsi and the Consolidation of Ch'ing Rule 1661–1684*, Chicago, IL, 1976, esp. ch. 6, pp. 137ff。还可以参考 Richard E. Strassberg, 'Redesigning Sovereignty: The Kangxi Emperor, the Mountain Estate for Escaping the Heat, and the Imperial Poems', ch. 1, pp.1–39, in Richard E. Strassberg and Stephen H. Whiteman (eds), *Thirty-Six Views: The Kangxi Emperor's Mountain Estate in Poetry and Prints*, Washington, DC, 2016。

22. 关于舞弊丑闻和曹寅，我的主要参考资料是 Jonathan D. Spence, *Ts'ao Yin and the K'angshi Emperor: Bondservant and Manchu*, New Haven, CT, 1966, esp. ch. 6, pp. 213ff，以及 R. Kent Guy, *Qing Governors and their Provinces*, Seattle, WA, 2010, pp. 248–58。

23. Spence, *Emperor*, p. 125. 关于这场继承权之争，Silas H. Wu, *Passage to Power: K'ang-hsi and His Heir Apparent 1661–1722*, Cambridge, MA, 1979 的介绍十分详尽、有序。

24. Elliott, *Manchu Way*, p. 356.

25. 关于雍正皇帝的著作，没有哪本可以与 Jonathan Spence 研究康熙的著作相媲美。有关雍正的个性和首要关注点，最好的入门作品或许是 Pei Huang, *Autocracy at Work: A Study of the Yung-cheng Period, 1723–1735*, Bloomington, IN, 1971（引文出自 P.116），以及 Jonathan Spence, *Treason by the Book*, London, 2001。

26. Guy, *Qing Governors*, pp. 121–2.

27. 引文出自 p.74，Silas H.L. Wu, *Communication and Imperial Control in China: Evolution of the Palace Memorial System*, Cambridge, MA, 1970: ch. 7, 'Changes in the Palace Memorial System in the Yung-cheng Reign', pp. 66–78 是本段的主要参考资料。还可以参考 Beatrice Bartlett, *Monarchs and Ministers: The Grand Council in Mid Ch'ing China, 1728–1820*, Berkeley, CA, 1991, esp. pp. 45ff。

28. 主要参考书是 Madeleine Zelin, *The Magistrate's Tael: Rationalizing Fiscal Reform in Eighteenth-Century Ch'ing China*, Berkeley, CA, 1984。她为 W.J. Peterson (ed.), *The Cambridge History of China: The Ch'ing Dynasty to 1800*, vol. 9, Cambridge, 2002 写的章节（ch. 4, 'The Yung-Cheng Reign', pp.183–229），是优秀的入门论述。

29. 引文出自 Bartlett, *Monarchs*, pp. 78, 134：有关军机处的演变，主要参考她的作品。关于怡亲王之死，参考 Wu, *Communication*, p. 90。

30. 关于雍正和文化，参考 Claudia Brown, *Great Qing: Painting in China 1644–1911*, Seattle, 2014, esp. pp. 45–8, 以及 He Li, 'Qing Dynasty', pp. 135–41, in Jay Xu and He Li (eds), *Emperor's Treasures: Chinese Art from the National Palace Museum*, Taipei, San Francisco, CA, 2016。关于他所受的教育、暴躁性格和文化，参考 Huang, *Autocracy*, ch. 2, pp. 27–50, esp. pp. 28 and 33。关于禅定和禅宗，参考 Peter Harvey, *An Introduction to Buddhism*, Cambridge, 2013, pp. 217–23。

31. 篇幅所限，此处对乾隆及其统治的总结过于简略，与他的重要性并不匹配。有关乾隆，参考 Mark C. Elliott, *Emperor Qianlong: Son of Heaven, Man of the World*, New York, 2009, 以及 Harold Kahn, *Monarchy in the Emperor's Eyes*, Cambridge, MA, 1971。

32. 关于清朝的军事文化，参考 Joanna Waley-Cohen, 'Militarization of Culture in Eighteenth-Century China', pp. 278–95, in di Cosmo (ed.), *Military Culture*。关于清朝的开疆拓土，参考 Peter C. Perdue, *China Marches West: The Qing Conquest of Central Eurasia*, Cambridge, MA, 2005。有关鸦片战争的文献卷帙浩繁，我主要参考了 Mao Haijian, *The Qing Empire and the Opium War*, Cambridge, 2016, 以及 James M. Polachek, *The Inner Opium War*, Cambridge, MA, 1992。

第 14 章　罗曼诺夫王朝

1. 关于这个时代，Nancy Shields Kollmann, *The Russian Empire 1450–1801*, Oxford, 2017 是一部杰出的入门作品，她对伊凡四世和汞中毒的讨论在 pp.153–4。同样杰出的还有 Paul *Bushkovitch: A Concise History of Russia*, Cambridge, 2012: chs 2 and 3, pp 19–58, 它对俄国历史进行了概括性介绍，内容涵盖这两段的问题。更多的细节可以参考 Maureen Perrie (ed.), *The Cambridge History of Russia*: vol. I, *From Early Rus'to 1689*, Cambridge, 2006。Charles J. Halperin 最新的英语版伊凡四世传记让我们知道，我们对伊凡的了解究竟有多浅薄，其中又有多少根植于传说的故事：*Ivan the Terrible: Free to Reward and Free to Punish*, Pittsburgh, PA, 2019。

2. 我最初提出这个观点是在 Dominic Lieven, *Empire: The Russian Empire and its Rivals*, London, 2000, esp. chs 4, 6,7 and 8。P.D. Curtin, *The Rise and Fall of the Plantation Complex*, Cambridge, 1990, ch. 1, 介绍了塞浦路斯的俄国奴隶。

3. 关于拜占庭东正教传统的影响，参考 Boris Uspenskij and Victor Zhivov, *Tsar and God and Other Essays in Russian Cultural Semiotics*, Boston, MA, 2012, ch. 1, 'Tsar and God: Semiotic Aspects of the Sacralization of the Monarch in Russia', pp. 1–112。有趣的是，他们声称，俄国引入了欧洲巴洛克时期有关绝对君主制的表述，却只从字面理解了它的意义，忽视了它的文化和政治背景。关于拜占庭的"共和主义"，参考 Anthony Kaldellis, *The Byzantine Republic: People and Power in New Rome*, Cambridge, MA, 2015。

4. Carol B. Stevens, *Russia's Wars of Emergence 1460–1730*, Harlow, 2017, 在 p. 235 强调彼得影响了贵族对兵役的态度。关于延续性和彼得一世，参考 B. Meehan-Waters, *Autocracy and Aristocracy: The Russian Service Elite of 1730*, New Brunswick, NJ, 1982。关于尼古拉二世时期精英阶层的起源和家族历史，参考 Dominic Lieven, *Russia's Rulers under the Old Regime*, New Haven, CT, 1989, pp. 1–51, especially ch. 1, 'From the Tartars to the Twentieth Century'。以戈利岑作为帝国统治精英内部延续性的隐喻，参考 E. Amburger, *Geschichte der Behordenorganisation Russlands von Peter dem Grossen bis 1917*, Leiden, 1966, p. 519。

5. 这些对比为本书原创。我在 Lieven, *Empire*, pp. 241–53 中做过类似对比。Kollmann, *Russian Empire*, pp. 219–21 简明扼要地做了类似的对比。

6. 关于 18 世纪早期的俄国社会和政府，除了已经援引的通史性著作，还有一部杰出的入门作品是 Lindsey Hughes, *Russia in the Age of Peter the Great*, New Haven, CT, 1998。关于 18 世纪下半叶，主要参考 John Le Donne, *Ruling Russia: Politics and Administration in the Age of Absolutism, 1762–1796*, Princeton, NJ, 1984, 以及 Isabel de Madariaga, *Russia*

in the Age of Catherine the Great, New Haven, CT, 1981。John Le Donne, *Absolutism and Ruling Class, 1700–1825*, Oxford, 1991, 是一部有用的参考书。本段部分还得益于 Dominic Lieven (ed.), *The Cambridge History of Russia*: vol. II, *Imperial Russia, 1689–1917*, Cambridge, 2006, 它对俄国政府和社会的各个方面提供了简洁而优秀的见解。

7. 了解为彼得三世（更确切地说，对其统治）所做的辩护，参考 Carol Scott Leonard, *Reform and Regicide: The Reign of Peter III of Russia*, Bloomington, IN, 1993。Roderick E. McGrew, *Paul I of Russia, 1754–1801*, Oxford, 1992 更加正统，但同样公平、全面。

8. 关于前彼得大帝时代的皇室婚姻（部分章节介绍了彼得的遗产），权威性著作是 Russell E. Martin, *A Bride for the Tsar*, De Kalb, IL, 2012。

9. Simon Sebag-Montefiore, *Prince of Princes: The Life of Potemkin*, London, 2000, 是一部优秀的著作，它研究了叶卡捷琳娜最杰出的宠臣，以及他与女皇的关系。

10. 关于地方政府和贵族，参考 R.E. Jones, *The Emancipation of the Russian Nobility, 1762–1785*, Princeton, NJ, 1973。

11. Gregory Freeze, 'Russian Orthodoxy: Church, People and Power', pp. 284–305, in Lieven (ed.), *Imperial Russia*, 是一部优秀的入门作品，介绍了他研究帝国时期教会和东正教的许多杰出论著。

12. Paul Bushkovitch, *Peter the Great: The Struggle for Power*, Cambridge, 2001, chs 2–4, pp. 49–169, 介绍了这一时期的政治，是一部杰出的指导手册。还可以参考 Lindsey Hughes, *Sophia, Regent of Russia 1657–1704*, New Haven, CT, 1990。关于普拉斯科维娅和她的婚姻，参考 Martin, *Bride*, pp. 220–2。米洛斯拉夫斯基派和纳雷什金派给 18 世纪的宫廷政治留下了强烈的印记：参考 John Le Donne, 'Ruling Families in the Russian Political Order, 1689–1825', *Cahiers du monde russe et soviétique*, 28, 1987, pp. 233–322。

13. Hughes, *Sophia*, p. 383.

14. Ibid, p. 357.

15. 关于"全醉会议"，最新的翔实论著是 Ernest A. Zitser, *The Transfigured Kingdom: Sacred Parody and Charismatic Authority at the Court of Peter the Great*, Ithaca, NY, 2004。虽然该书十分有趣，但它赋予会议活动的一些复杂象征意义可能已经超出了彼得及其同伴的理解，特别是当他们沉浸在节日气氛中的时候。Hughes, *Sophia*, pp. 249–57, 为 Zitser 的分析做了更现实的补充。

16. Bushkovitch, *Peter the Great*, p. 291.

17. 引文出自 Gary Marker, *Imperial Saint: The Cult of Saint Catherine and the Dawn of Female Rule in Russia*, De Kalb, IL, 2011, p. 8, 以及 Kollmann, *Russian Empire*, p. 368。关于她对共谋者的慷慨，参考 Simon Dixon, *Catherine the Great*, London, 2011, pp. 18ff。

18. 关于叶卡捷琳娜的南巡，以及她与波将金的关系，Simon Sebag Montefiore, *Prince of Princes*, esp. chs 23–5, pp. 351–77 做出了精彩描述。关于利涅亲王，参考传记 Philip Mansel, *Prince of Europe: The Life of Charles-Joseph de Ligne*, London, 2003。

19. 有关叶卡捷琳娜的研究全部基于她大量的通信和回忆录，其中许多有英语版和法语版，Sebag Montefiore, *Prince of Princes*, pp. 598–9。

20. 关于这场战争，最优秀的历史著作是 Brian L. Davis, *The Russo-Turkish War, 1768–1774*,

London, 2016。Madariaga, *Russia*, part iv, pp. 187–238 是一部优秀作品，研究了这场战争期间的外交，还整体研究了俄国的外交政策。

21. Madariaga, *Russia*, chs 18 and 19, pp. 277–307，探讨了地方政府和贵族的改革。关于喀山的统计数据出自 Dixon, *Catherine*, p. 228。注意，叶卡捷琳娜在 1767 年遇见地方绅士代表时震惊地评论道（Dixon, *Catherine*, p. 182）："无知贵族的数量……远多于我的想象。"

22. Dixon, *Catherine*, p. 169.

23. 关于圣加大肋纳，参考 Marker, *Imperial Saint*：p. 22。关于叶卡捷琳娜对拉祖莫夫斯基的评论，参考 Dixon, *Catherine*, p. 48。关于叶卡捷琳娜的爱情生活，以及个性和统治的方方面面，他的著作充满洞见和见解。

24. 针对虔敬派的发展和影响，Tim Blanning 给出了杰出、简练的说明：T. C. W. Blanning, *The Culture of Power and the Power of Culture: Old Regime Europe 1660–1789*, Oxford, 2002, pp. 55–8, 203–8。

25. 她在德意志度过童年和青少年时期，关于这段经历对她的影响，除已经援引过的参考书目，Klaus Sharf, *Ekaterina, Germaniia i nemtsy*, Moscow, 2015 充满洞见、信息丰富。

26. 迄今为止，有关路易十五的最全面的研究是 Michel Antoine, *Louis XV*, Paris, 1989。关于国王的私生活，主要参考 ch. 9, pp. 405ff。

27. 关于保罗，参考 McGrew, *Paul*，以及 Hugh Ragsdale (ed.), *Paul I: A Reassessment of His Life and Reign*, Pittsburgh, PA, 1979。关于他的心态，Richard S. Wortman, *Scenarios of Power: Myth and Ceremony in Russian Monarchy*, vol. 1, Princeton, NJ, 1995, ch. 6, pp. 171–92 的一章一针见血。

28. 我在 pp. 64–5，Dominic Lieven, *Russia against Napoleon: The Struggle for Europe, 1807 to 1814*, London, 2009 中探讨了本尼希森的观点，我的评论主要基于他的三卷本回忆录 *Mémoires du General Bennigsen*, Paris, n.d.。

29. 多罗特娅的记录最早出版于 *Istoricheskii Vestnik*, 5, 1906。再版于 D.K. Burlaka, *Pavel I: Pro et Contra*, St Petersburg, 2014, pp.333–49。对多罗特娅的近期研究，参考 John Charmley, *The Princess and the Politicians*, London, 2005。伏尔泰在书中评论过利芬家族的这位成员：*Histoire de Charles XII, Livre Second*, pp. 113–14。还可以参考 R.M. Hatton, *Charles XII of Sweden*, London, 1968, p. 195。

30. S.W. Jackman (ed.), *Romanov Relations*, London, 1969, Grand Duchess Anna to Grand Duke Constantine, 2 April 1828, p. 149. 除了多罗特娅的记录，本段的部分内容是我伯祖母亚历山德拉·利芬（Alexandra Lieven）留下的家族传说，在我 20 多岁时，她于伦敦去世，享年 96 岁。夏洛塔·冯·利芬是她的曾祖母，彼得·冯·德尔·帕伦是她的高祖辈。如果有（会德语的）人想要了解更多细节，参考 Alexander von Lieven, *Urkunden und Nachrichten zu einer Familiengeschichte der Barone, Freiherren, Grafen und Fursten Lieven* 2 vols, Mitau, 1910。

31. Marie-Pierre Rey, *Alexander I: The Tsar Who Defeated Napoleon*, de Kalb, IL, 2012, pp.3–12, 67–83，极好地记录了保罗的统治、亚历山大在这场阴谋中的角色，以及随后的悔恨。"一等王公"指的是高级贵族（svetleishie knyaz'ya），是为了与更普通的贵族

（knyaz'ya）做区分。

32. 引文出自 S.V. Mironenko, *Aleksandr I. 'Sfinks, ne razgadannyi do groba'*, SPB, 2005, pp. 10–59. 他是研究亚历山大的杰出的当代俄罗斯专家，此作是他在 2005 年为亚历山大展展出目录所写的文章。遗憾的是，无论是这篇文章，还是他的其他优秀著作，都没有可用的翻译版本。

33. 引文出自 Rey, *Alexander I*, p. 304。这是一份杰出的研究，现在可以找到英语版，也可以找到最初的法语版。书中涵盖了亚历山大的宗教追求。他与梵蒂冈的通信出自 pp. 366–76。

34. 引文出自 ibid, pp. 93–4, 以及 Mironenko, *Aleksandr I*, p. 67。

35. 引文出自 Rey, *Alexander I*, p. 309。越来越喜欢女性的陪伴，引自 V.M. Faybisovich, 'Aleksandr I–chelovek na trone', pp. 66–97, in Mironenko, *Aleksandr I*。

36. 关于伊丽莎白皇后的爱情悲剧，最详细的记录是 D.I. Ismail-Zade, 'Aleksandr I i Imperatritsa Elizaveta Alekseevna', in Mironenko, *Aleksandr I*, pp. 98–115。

37. 这是本人著作 *Russia against Napoleon: The Struggle for Europe. 1807 to 1814*, London, 2009 贯穿全书的主题。

第 15 章　现代性前夕的欧洲

1. Jeroen Duindam, *Vienna and Versailles: The Courts of Europe's Dynastic Rivals, 1550–1780*, Cambridge, 2003, p. 85; A. Wess Mitchell, *The Grand Strategy of the Habsburg Empire*, Princeton, NJ, 2018, pp. 27–34. Peter Burke, *The Fabrication of Louis XIV*, New Haven, CT, 1992, pp. 179–81; Francois Bluche, *Louis XIV*, Oxford, 1990, p.1.

2. James B. Collins, *The State in Early Modern France*, Cambridge, 2009, p. 8.

3. 关于利奥波德的描述出自 Jean Berenger, *Leopold Ier*, Paris, 2004, ch.3, pp. 75–6。

4. 关于斐迪南二世，主要参考：Robert Birely, *Ferdinand II, Counter-Reformation Emperor, 1578-1637*, Cambridge, 2014。关于他的日常宗教活动，参考 pp.179–80。关于哈布斯堡王朝的反宗教改革意识形态，特别是圣餐、十字架和圣母玛利亚，基础著作是 Anna Coreth, *Pietas Austriaca*, West Lafayette, IN, 2004（这是 1959 年德语原版著作的译本）。引文出自 pp. 39–40。

5. 本段内容主要参考 Berenger, *Leopold*，尤其是 pp. 75-106。利奥波德唯一一部现代英文传记是 J.P. Spielman, *Leopold I of Austria*, London, 1977，引文出自 p. 34。在与 Jeroen Duindam 的讨论中，我获得了许多有关利奥波德的信息。他对利奥波德的评价更加积极，异于传统观点。

6. 有关中国的耶稣会会士，文献浩繁：可以参考 Florence Hsia, *Sojourners in a Strange Land: Jesuits and Their Scientific Missions in Late Imperial China*, Chicago, IL, 2009。关于康熙与耶稣会会士，可以参考 Catherine Jami, *The Emperor's New Mathematics: Western Learning and Imperial Authority in the Kangxi Reign*, Oxford, 2012。关于马修·阿诺德和马可·奥勒留，参考 Marcus Aurelius, *Meditations*, Preface, p. xviii。

7. 关于约瑟夫一世，主要参考 C.W. Ingrao, *In Quest and Crisis: Emperor Joseph I and the Habsburg Monarchy*, West Lafayette, IN, 1979。对查理六世的描述出自 Derek Beales,

p. 89, in Beales, 'Clergy at the Austrian Court in the Eighteenth Century', pp. 79-104, in Michael Schaich (ed.), *Monarchy and Religion: The Transformation of Royal Culture in Eighteenth-Century Europe*, Oxford, 2007。

8. 前两处引文出自 T.C.W. Blanning, *Joseph II*, London, 1994, pp. 16-17。没有诞生哲学家或科学家的结论出自 C. Ingrao, *The Habsburg Monarchy 1618–1815*, Cambridge, 1994, pp. 101-3。

9. 关于匈牙利土地所有者和贵族的数量，参考 Ingrao, *Habsburg Monarchy*, p. 43，关于摩拉维亚和卡尼鄂拉地区修道院土地的数据，参考 p. 135。关于列支敦士登的地产统计数据，参考 James van Horn Melton, 'The Nobility in the Bohemian and Austrian Lands, 1620–1780', pp. 110-43（数据见 p. 131）, in H.M. Scott (ed.), *The European Nobilities*, 2 vols, London, 1995: vol. 2, *Northern, Central and Eastern Europe*。

10. 大部分数据和许多观点出自 Mitchell, *The Grand Strategy*，主要参考 pp. 6, 27-34, 127-8, 155。与法国的财政收入对比，参考 Duindam, *Vienna and Versailles*, p. 85。

11. Victoria Hui 在 *War and State Formation in Ancient China and Early Modern Europe*, Cambridge, 2005 中，对比了 18 世纪欧洲国家之间的关系与战国时期的中国，本段的诸多观点与此有关。她的研究发人深省，但是她忽略了欧洲君主无法像秦王一样调动王国全部资源的深层结构性原因。

12. 关于普鲁士和奥地利的统计数据出自 Mitchell, *Grand Strategy*, pp. 160-1。关于萨克森和普鲁士，参考 T.C.W. Blanning, *The Culture of Power and the Power of Culture: Old Regime Europe 1660–1789*, Oxford, 2002, pp.58-72。关于腓特烈二世，参考 T.C.W. Blanning, *Frederick the Great*, London, 2015。关于这个时代的普鲁士历史，参考 Christopher Clark, *Iron Kingdom: The Rise and Downfall of Prussia 1600–1947*, London, 2007。

13. 所有观点出自 Barbara Stolberg-Rilinger 的杰出传记 *Maria Theresia. Die Kaiserin in Ihrer Zeit*, Munich, 2017：关于她为未来身份接受的教育和做出的准备，主要参考 pp. 20-6 and 52-64。关于"女皇"的另一本优秀著作是 Jean-Paul Bled, *Marie-Thérèse d'Autriche*, Paris, 2001。

14. Stolberg-Rilinger, *Maria-Theresia*, pp. 118-20; Mitchell, *Grand Strategy*, pp. 167-8.

15. 关于军事事务，主要的参考材料是 Christopher Duffy, *The Army of Maria Theresa: The Armed Forces of Imperial Austria, 1740–1780*, Doncaster, 1990; G.E. Rothenberg, *The Military Border in Croatia 1740–1881*, Chicago, 1986; Mitchell, *Grand Strategy*, pp. 169-73。关于国内改革，参考 Stolberg-Rilinger, *Maria Theresia*, pp. 193ff。关于中央政府与地方庄园的关系，近期有一部杰作，即 William D. Godsey, *The Sinews of Habsburg Power: Lower Austria in a Fiscal- Military State 1650–1820*, Oxford, 2018。

16. Duffy 的 *Army*，以及 Mitchell 的 *Grand Strategy*，都强调七年战争期间防御性心态和进攻性目标之间的矛盾。对于当时的军事行动，Michael Hochedlinger, *Austria's Wars of Emergence 1683–1797*, Harlow, 2003, esp. ch. 11, pp. 246-64，提供了详尽的叙述和分析。

17. 关于这对母子之间的关系，参考 Derek Beales, *Joseph II: In the Shadow of Maria Theresa*, vol. 1, Cambridge, 1987, esp. pp.41-2, 148-9; Stolberg-Rilinger, *Maria Theresia*, esp.

pp.540-58, 745-8。

18. 关于考尼茨，参考 F.A.J. Szabo, *Kaunitz and Enlightened Absolutism: 1753–1780*, Cambridge, 1994。关于神圣罗马帝国，权威之作是 Joachim Whaley 的两卷本历史著作 *Germany and the Holy Roman Empire*, Oxford, 2012。

19. 关于统计数据，参考 Ingrao, *Habsburg Monarchy*, pp.189-91。关于希罗尼穆斯、格赖纳和教育改革，参考 Stolberg-Rilinger, *Maria Theresia*, pp. 365-70, 708-14。

20. Stolberg-Rilinger, *Maria Theresia*, pp. 217-21。

21. Adam Wandruszka, *Leopold II. Erzherzog von Osterreich, Grossherzog von Toscana, Konig von Ungarn und Bohmen, romischer Kaiser*, 2 vols, *Vienna, 1963-5*: here vol. 1, pp.109-18; Stolberg-Rilinger, *Maria Theresia*, p. 221.

22. Derek Beales 是研究约瑟夫的权威学者，引文出自其著作 *Joseph II: Against the World*, Cambridge, 2009 的 vol. 2, p. 147。

23. 引文出处同上，见 vol. 2, p. 23。埃莱奥诺雷是与约瑟夫关系最亲密的女性密友之一。在许多年里，他迷恋着她，渴望把她变成自己的情妇。关于埃莱奥诺雷本人、她的圈子，以及约瑟夫的性格，参考 Rebecca Gates-Coon, *The Charmed Circle: Joseph II and the 'Five Princesses' 1765–1790*, West Lafayette, IN, 2015。

24. 本段主要要感谢 Derek Beales，是他最先让我了解了这个时代的约瑟夫、利奥波德，以及哈布斯堡帝国。此外，本段还要感谢 Timothy Blanning, *Joseph*。

25. Beales, *Joseph*, vol. 1, p. 72.

26. Ibid, pp.69-82. 关于伊莎贝拉，以及她与约瑟夫的关系，它提供了极具说服力的敏锐观点。引文出自 p.72。

27. 关于利奥波德，主要素材仍是 Wandruszka 的两卷本传记。关于这对兄弟接受的教育，我的论述主要基于 Wandruszka, *Leopold*, vol. 1, pp. 40-52, 89-95, 以及 Beales, *Joseph*, vol. 1, pp.43-62；还有 Paul W. Schroeder, *The Transformation of European Politics 1763–1848*, Oxford, 1994, p. 64。

28. Schroeder, *Transformation*, pp. 64ff.

29. Stolberg-Rilinger, *Maria Theresia*, pp. 760-6; Wandruszka, *Leopold*, vol. 1, pp. 341-2, vol. 2, pp.186-7, 202-18.

30. Stolberg-Rilinger, *Maria Theresia*, pp.778-80.

31. Ibid, pp. 78-87; Beales, *Joseph*, vol. 1, p. 261, vol. 2, p. 501.

32. 关于皇后，最优秀的资料是 John Hardman, *Marie Antoinette*, New Haven, CT, 2019。Carolyn Harris, *Queenship and Revolution in Early Modern Europe*, Houndmills, 2016, 以比较的方式研究了她的命运。

33. 关于路易十六，主要参考 John Hardman, *The Life of Louis XVI*, New Haven, CT, 2016, 以及 Munro Price, *The Fall of the French Monarchy*, London, 2002; Louis XIV, *Mémoire, Fragments*, pp. 169-70。

34. 面对亚历山大的改革，最聪明的反对者是 Nikolai Karamzin，Dominic Lieven, *Russia against Napoleon: The Struggle for Europe. 1807 to 1814*, London, 2009, pp. 86-9 从这些方面研究了 Karamzin。

35. 相关的文献浩如烟海。为了了解那个时代的政治史，我从背景着手，首先参考了 Colin Jones, *The Great Nation: France from Louis XV to Napoleon, 1715–1799*, London, 2002，之后参考了 Julian Swann, *Exile, Imprisonment or Death; The Politics of Disgrace in Bourbon France*, Oxford, 2017。至于君主对 18 世纪 80 年代诸多危机的看法，有一部极为宝贵的著作，即 Julian Swann and Joel Felix (eds), *The Crisis of the Absolute Monarchy: France from the Old Regime to the Revolution*, Oxford, 2013。

36. 关于这些危机和路易的角色，Alexandre Maral, *Les derniers jours de Versailles*, Paris, 2018 的描述引人回味、思路清晰，堪称杰作。Yuri Pines, *Everlasting Empire; The Political Culture of Ancient China and Its Imperial Legacy*, Princeton, NJ, 2012, p. 74。

37. 关于马顿斯，参考 Dominic Lieven, *Towards the Flame: Empire, War, and the End of Tsarist Russia*, London, 2015, pp. 124–7。

38. David A. Bell, *The Cult of the Nation in France: Inventing Nationalism, 1680–1800*, Cambridge, MA, 2001, esp. pp. 103–5. 同样杰出的作品还有 T.C.W. Blanning, *The Culture of Power and the Power of Culture: Old Regime Europe, 1660–1789*, Oxford, 2002。

39. 这两段主要归功于 David A. Bell, *Men on Horseback: The Power of Charisma in the Age of Revolution*, New York, 2020, 以及 Christopher Adair-Toteff, 'Max Weber's Charismatic Prophets', *History of the Human Sciences*, 27:1, 2014, pp. 3–20。有关拿破仑的作品恒河沙数，我无从着手。感兴趣的读者可以参考本人著作 *Russia against Napoleon* 的注释。想要了解拿破仑与法国大革命的关系，可以从 David P. Jordan, *Napoleon and the Revolution*, Houndmills, 2012 入手。

第 16 章　皇帝与现代性

1. 关于 18 世纪和爱国主义，参考上一章的讨论和注释 38。

2. 有关民族主义的文献数量庞大，John Breuilly (ed.), *The Oxford Handbook of the History of Nationalism*, Oxford, 2013 是优秀的入门书。

3. 我在 Dominic Lieven, *Empire: The Russian Empire and Its Rivals*, London, 2000, esp. ch. 5, pp.158–200 and 461–4, 以及 Dominic Lieven, *Towards the Flame: Empire, War, and the End of Tsarist Russia*, London, 2015, esp. pp. 33–43 两本书中对这些问题进行了更加详细的讨论。自我的这两本书问世以来，最重要的补充性作品是 Pieter M. Judson, *The Habsburg Empire: A New History*, Cambridge, MA, 2016, 它十分发人深省。

4. 这是 ch. 1, pp. 17–45, of Lieven, *Towards the Flame* 的核心主题。该书的尾注列举了许多参考资料和延伸阅读书目。关于这个主题，还有一部优秀的补充性文献，即 Erik Grimmer-Solem, *Learning Empire: Globalization and the German Quest for World Status, 1875–1919*, Cambridge, 2019。S.Neitzel, *Weltmacht oder Untergang: Die Weltreichslehre in Zeitalter des Imperialismus*, Paderborn, 2000 是一部重要著作，可惜的是，此书没有译本。

5. 关于王权和贵族权力的存续，Arno Meyer, *The Persistence of the Old Regime: Europe to the Great War*, New York, 1981 是经典著作。我在本人著作 *The Aristocracy in Europe 1815–1914*, Houndmills, 1992 中的许多段落，尤其是 'Conclusion', pp. 243–53 中提出，

他的推论有些过度。

6. 主要著作是佩德罗二世的传记：Roderick J. Barman, *Citizen Emperor: Pedro II and the Making of Brazil, 1825–91*, Stanford, CA, 1999。同样有参考价值的是 Malyn Newitt, *The Braganzas: The Rise and Fall of the Ruling Dynasties of Portugal and Brazil, 1840–1910*, London, 2019。想要了解巴西历史的背景，可以参考 Boris Fausto and Sergio Fausto, *A Concise History of Brazil*, Cambridge, 2014。

7. 关于 18 世纪的君主制，主要参考 Hannah Smith, *Georgian Monarchy: Politics and Culture, 1714–1760*, Cambridge, 2006。关于爱德华七世在外交政策方面的作用，参考 Roderick R. McLean, *Royalty and Diplomacy in Europe, 1890–1914*, Cambridge, 2001, ch. 3, pp. 141–85。

8. Paul Smith (ed.), *Bagehot: The English Constitution*, Cambridge, 2001，引文出自 pp. 60 and 186。David M. Craig, 'Bagehot's Republicanism', ch. 5, pp.139–62, in Andrzej Olechnowicz (ed.), *The Monarchy and the British Nation 1780 to the Present*, Cambridge, 2007。

9. 引文出自 Andrzej Olechnowicz, 'Historians and the Modern British Monarchy', ch. 1, pp.6–46（引文见 p.246）, in Olechnowicz, *Monarchy*; Smith, *Bagehot*, p.37。

10. David Cannadine, ch.4, 'The Context, Performance and Meaning of Ritual: The British Monarchy and "the Invention of Tradition"', pp.101–64, in Eric Hobsbawm and Terence Ranger (eds), *The Invention of Tradition*, Cambridge, 1983.

11. 本段与下段的主要参考材料是 David Cannadine, *Ornamentalism*, Oxford, 2001。

12. D. Omissi, *The Sepoy and the Raj 1860–1940*, London, 1994, pp. 107ff. 关于总督的内容出自 Max Beloff, *Imperial Sunset*: vol. 1, *Britain's Liberal Empire, 1897–1921*, New York, 1970, p. 98。Luke Trainor, *British Imperialism and Australian Nationalism*, Cambridge, 1994 提出，君主制在 1900 年代受到的崇敬强于 20 年前。

13. Ashley Jackson, 'The British Empire, 1939–1945', ch. 22, pp. 558–81 (here p. 563), in Richard J.B. Bosworth and Joseph A. Maiolo (eds), *The Cambridge History of the Second World War*: vol. 2, *Politics and Ideology*, Cambridge, 2015.

14. Hugh Vickers (ed.), *James Pope-Hennessy, The Quest for Queen Mary*, London, 2018, p. 18. Duff Hart-Davis (ed), *King's Counsellor. Abdication and War: The Diaries of Sir Alan Lascelles*, London, 2006, pp. 433–4.

15. 本段以及下段内容主要基于 Adam Hochschild, *King Leopold's Ghost*, London, 1998。引文出自 pp. 36–39。

16. Jane Ridley, 'Bertie, Prince of Wales: Prince Hal and the Widow of Windsor', ch. 7, pp.123–38, in Frank Lorenz Muller and Heidi Mehrkens (eds), *Royal Heirs and the Uses of Soft Power in Nineteenth-Century Europe*, London, 2016. 引文出自 p.136。

17. 关于乔治六世，参考 Sarah Bradford, *George VI*, London, 1989。

18. 关于这一时期的意大利，基础读物有 M. Clark, *Modern Italy, 1871–1945*, Harlow, 1996; C. Duggan, *Francesco Crispi*, Oxford, 2002; G. Finaldi, 'Italy, Liberalism and the Age of Empire', ch. 2, pp. 47–66, in M.P. Fitzpatrick (ed.), *Liberal Imperialism in Europe*, New

York, 2012。

19. 关于维克托·伊曼纽尔，有两部重要且对比鲜明的著作，即 Frederic Le Moal, *Victor-Emmanuel III*, Paris, 2015, 以及 Denis Mack Smith, *Italy and Its Monarchy*, New Haven, CT, 1989。两部著作均论及国王屈服于法西斯主义这一重要问题，分别见 pp. 280-91 和 pp. 244-54。关于君主制的基本文献是 Catherine Brice, *Monarchie et identité nationale en Italie (1861–1900)*, Paris, 2010。关于维克托·伊曼纽尔和第一次世界大战，参考 Valentina Villa, 'The Victorious King: The Role of Victor Emmanuel III in the Great War', pp.225-50, in Matthew Glencross and Judith Rowbotham (eds), *Monarchies and the Great War*, Cham, 2018。多年前，我与尼古拉·罗曼诺夫大公共进晚餐，我能了解维克托·伊曼纽尔对政治精英的评论，便得益于此次讨论。大公的祖母是黑山公主，与维克托·伊曼纽尔的王后埃莱娜是姐妹。

20. 有关这个时代的普鲁士历史，我主要参考了 David Barclay, *Frederick William IV and the Prussian Monarchy, 1840–1861*, Oxford, 1995, 以及 Christopher Clark, *Iron Kingdom: The Rise and Downfall of Prussia, 1600–1947*, London, 2006。

21. 我在 Lieven, *Towards the Flame*, pp. 91-3 中对这些观点进行了更详尽的阐述。Weber, 'The Profession and Vocation of Politics', p.163。

22. 关于俾斯麦，主要参考 Jonathan Steinberg, *Bismarck: A Life*, Oxford, 2011, esp. pp. 196, 350, 358, 386, 403, 430: 2。

23. 讨论主要基于 Franz Lorenz Muller, *Our Fritz: Emperor Frederick III and the Political Culture of Imperial Germany*, Cambridge, MA, 2011。引文出自 p. 30。米勒认为，在1866—1886年的大部分时间里，弗里德里希会让俾斯麦继续当政。Jonathan Steinberg, *Bismarck*, e.g. pp. 381, 472 的观点恰好相反，不过，他同样认为，弗里德里希的继位会引发重大政治变动。

24. 关于阿尔伯特的使命，除了米勒的 *Our Fritz*，最优秀的资料是 Edgar Feuchtwanger, *Albert and Victoria: The Rise and Fall of the House of Saxe-Coburg-Gotha*, London, 2006, esp. pp.34-7, 77-83, and ch. 7, pp. 121ff, 'The Prussian Marriage'。想了解大概背景，参考 Stanley Weintraub, *Albert: Uncrowned King*, London, 1977。

25. John C.G. Rohl, *Kaiser Wilhelm*, Cambridge, 2014, pp. 9-10, 18 简单概括了威廉的生平。然而，作者一生致力于研究威廉，并将其融汇成一部三卷本传记: *Young Wilhelm: The Kaiser's Early Life, 1859–1888*, Cambridge, 1993; *Wilhelm II: The Kaiser's Personal Monarchy, 1888–1900*, Cambridge, 2001; *Wilhelm II: Into the Abyss of War and Exile, 1900–1941*, Cambridge, 2007。

26. Oliver Haardt, *Bismarcks ewiger Bund*, Darmstadt, 2020, 在一定程度上研究的是帝国中央行政机构的指数级增长。

27. 在有关威廉角色的争论中，最主要的英语作品是 Christopher Clark, *Kaiser Wilhelm II: Life and Power*, London, 2000, 以及 John Rohl。与历史学家间的其他争论不同，这场争论十分客气，这有助于阐明关键问题。以下两部有关威廉的论文集，可以让读者了解其他历史学家对威廉的理解: John C.G. Rohl and Nicholas Sombart (eds), *Kaiser Wilhelm II: New Interpretations*, Cambridge, 1982, and Annika Mombauer 以及 Wilhelm Deist (eds),

The Kaiser: New Research on Wilhelm II's Role in Imperial Germany, Cambridge, 2013。

28. 有关这些问题，Jan Ruger, *The Great Naval Game: Britain and Germany in the Age of Empire*, Cambridge, 2007 是一部杰出的入门读物。

29. Chs 8, 9 and 10, pp. 195–258, by Holger Afflerbach, Matthew Stibbe and Isabel V. Hull, in Mombauer and Deist (eds.), *The Kaiser*, 可以让我们清楚地看到，威廉的权力如何随着战争的发展而不断削减。

30. Muller, *Our Fritz*, p.274. 关于更宽泛的德国战略思想问题，可以从 Jonathan Steinberg, *Yesterday's Deterrent: Tirpitz and the Birth of the German Battlefleet*, London, 1965 入手。

31. 关于奥伊伦堡亲王和哈登，参考 Norman Dormeier, *The Eulenberg Affair*, Rochester, NY, 2015: pp. 41–53，它极好地介绍了哈登及其目标。还可以参考 Isabel V. Hull, 'Kaiser Wilhelm II and the "Liebenberg Circle"', ch. 7, pp. 193–220, in Rohl and Sombart (eds), *Kaiser Wilhelm II*。我在 Dominic Lieven, *Nicholas II*, London, 1993, pp. 164–70 and 227–8, 以及 *Towards the Flame*, pp. 104, 34 中探讨过拉斯普京事件。拉斯普京最支持的职位候选人是 Alexei Khvostov 和 Alexander Protopopov，前者是 1915—1916 年的内务大臣，后者在 1916—1917 年担任同一职务。Khvostov 曾担任省长，是议会的右翼成员。考虑到尼古拉的政治路线，任命这样一个人是合乎逻辑的。担任内务大臣时，Khvostov 曾试图谋杀拉斯普京。这很难说是他属于该派系的标志，不过，它进一步玷污了沙皇政权的声誉。Protopopov 是议会副主席，此前，前议会主席 Michael Rodzianko 曾向皇帝推荐他担任内务大臣。想要了解更详细的（不同）观点，参考 Douglas Smith, *Rasputin*, New York, 2016。近期的一些俄语著作与一般的英语著作观点相反，参考 A.N. Bokhanov, *Pravda o Grigorii Rasputine*, Moscow, 2011。

32. Lieven, *Towards the Flame*, pp. 275–6, 315–20.

33. 关于七月危机，Lieven, *Towards the Flame*, ch. 7, pp. 313–42 中的讨论更加详尽。T.G. Otte, *July Crisis: The World's Descent into War*, Summer 1914, Cambridge, 2014 对这一事件的描述极为优秀。贝特曼唯一的英文传记是 Konrad H. Jarausch, *The Enigmatic Chancellor*, New Haven, CT, 1973，这本书现在已经过时了。我对贝特曼的理解在一定程度上基于我与朋友 Stieg Forster 的交谈，更多的是基于我与贝特曼的孙女 Isabella von Bethmann Hollweg 的交谈，她是我阿姨的挚友。

34. Bagehot, *English Constitution*, p. 62; Rohl, *Kaiser Wilhelm*, pp. xx, 19–20, 43, 67.

35. 关于俾斯麦的引文出自 p. 142 of Lieven, *Nicholas II*，不过，第 5 章和第 6 章，也就是 pp.102–60，都与这个讨论相关。俾斯麦的话最初出自 l. Raschau (ed.), *Die politische Berichten des Fursten Bismarck aus Petersburg und Paris*, Berlin, 1920, vol. 2, pp. 129–30。

36. 没有合格的亚历山大二世传记，无论是哪种语言。我写的尼古拉二世传中有延伸阅读建议。自我创作 *Nicholas II* 以来，许多优秀的俄语作品陆续问世，其中包括 S. Podbolotov 的杰出论文 'Nikolai II kak Russkii Natsionalist', *Ab Imperio*, 3, 2003, pp. 199–223。

37. 有关俄国政治思想和斯拉夫主义，最优秀的简介是 Gary M. Hamburg, 'Russian Political Thought, 1700–1917', in Dominic Lieven (ed.), *The Cambridge History of Russia*: vol.2, *Imperial Russia, 1689–1917*, Cambridge, 2006, ch. 6, pp. 116–44。关于俄国的农民阶级和

村社，参考 David Moon, *The Russian Peasantry 1600–1930*, London, 1999。关于君主制，参考 Maureen Perrie, 'Popular Monarchism: The Myth of the Ruler from Ivan the Terrible to Stalin', pp. 159–69, in G. Hosking and R. Service (eds), *Reinterpreting Russia*, London, 1999。关于警察工会，参考 Jeremiah Schneiderman, *Serge Zubatov and Revolutionary Marxism: The Struggle for the Working Class in Tsarist Russia*, Ithaca, NY, 1976。关于与意大利的对比，见本章注释 16、17、19。

38. L.A. Tikhomirov, *Monarkhicheskaia gosudarstvennost'*, St Petersburg, 1905 (reprinted 1992). 引文出自 pp. 406 and 579。

39. 本段简要概括了一系列复杂的观点，必然会有所偏颇。近期有一本优秀的季霍米罗夫传，即 Aleksandr Repnikov and Oleg Milevsky, *Dve zhizni L'va Tikhomirova*, Moscow, 2011。

40. 关于尼古拉二世，参考 Lieven, *Nicholas II*, and pp. 93–105 in Lieven, *Towards the Flame*。关于俄罗斯帝国的财产，最好的入门作品是 Ekaterina Pravilova, *A Public Empire: Property and the Quest for the Common Good in Imperial Russia*, Princeton, NJ, 2014。

41. 关于墨索里尼，主要参考 R.J.B. Bosworth, *Mussolini*, Oxford, 2010。想要简单了解君主制与法西斯主义在意大利的关系，并进行比较研究，参考 Martin Blinkhorn (ed.), *Fascists and Conservatives*, London, 1990。

42. 亚历山德拉对尼古拉的呼吁，1915 年 8 月 22 日，出自 p.171 in Joseph T. Fuhrman (ed.), *The Complete Wartime Correspondence of Tsar Nicholas II and the Empress Alexandra*, Westport, CT, 1999。

43. 我在 Lieven, *Nicholas II*, pp.102–31 中对这些问题进行了更深入的研究。

44. 尼古拉及其统治，是本人作品 *Nicholas II* 以及 *Towards the Flame and Russia's Rulers under the Old Regime* 的主题。

45. Stephen R. Halsey, *Quest for Power: European Imperialism and the Making of Chinese Statecraft*, Cambridge, MA, 2015, pp. 1–51, 不仅介绍了欧洲帝国主义，还介绍了非欧洲国家的应对。不过，在为清朝辩护时，他夸大了清朝的独特性，弱化了奥斯曼帝国和伊朗人的成功。

46. 关于现代性对君主制（尤其是非欧洲君主制）的影响，最优秀的简介是 pp. 579–93 in Jürgen Osterhammel, *The Transformation of the World: A Global History of the Nineteenth Century*, Princeton, NJ, 2014。

47. 关于袁世凯，参考 Odd Arne Westad, *Restless Empire: China and the World since 1750*, London, 2012, pp.138–43, 以及 Jonathan D. Spence, *The Search for Modern China*, New York, 1999, pp. 269–70。引文出自 p.22 of Abbas Milani, *The Shah*, Houndmills, 2011。

48. 关于阿卜杜勒·哈米德二世，以及他对伊斯兰教的利用，主要参考 Kemal H. Karpat, *The Politicisation of Islam: Reconstructing Identity, State, Faith and Community in the Late Ottoman State*, Oxford, 2001。还可以参考 Selim Deringil, *The Well-Protected Domains: Ideology and the Legitimation of Power in the Ottoman Empire 1876–1909*, London, 1998。François Georgeon, *Abdulhamid II. Le Sultan Caliphe*, Paris, 2003 是一部优秀的阿卜杜勒·哈米德现代传记。

49. 关于国际背景下的泛伊斯兰主义，参考 David Motadel (ed.), *Islam and the European Empires*, Oxford, 2014, esp. ch. 6, Umar Ryad, 'Anti-imperialism and the Pan-Islamic Movement', pp.131–49。

50. 在 Mona Hassan, *Longing for the Lost Caliphate*, Princeton,NJ, 2016 一书中，有关基拉法特运动的论述随处可见，但主要集中在 pp. 150ff. 关于这个帝国在晚期的国际地位，以及它加入第一次世界大战的决定，参考 Mustafa Aksakal, *The Ottoman Road to War in 1914*, Cambridge, 2008, 以及 M. Kent (ed.), *The Great Powers and the End of the Ottoman Empire*, London, 1996。

51. 关于明治维新，近期有一部优秀的历史著作，Mark Ravina, *To Stand with the Nations of the World: Japan's Meiji Restoration in World History*, Oxford, 2017。

52. Ben Ami Shillony, *Enigma of the Emperors*, Folkestone, 2005, pp. 6–7.

53. Ibid, pp. 90, 94.

54. 关于这个问题，Walter A. Skya, *Japan's Holy War*, Durham, NC, 2009, p. 45. M.B. Jansen, 'Monarchy and Modernisation in Japan', *Journal of Asian Studies*, August 1977, pp. 611–22 不失为一份简短但有帮助的指南。

55. A.N. Naumov, *Iz utselevshikh vospminanii*, 2 vols, New York, 1955: here vol. 2, pp. 216–17.

56. 最完善的明治天皇传记是 Donald Keene, *Emperor of Japan: Meiji and His World, 1852–1912*, New York, 2002。关于君主制新的公共面貌，参考 T. Fujitani, *Splendid Monarchy: Power and Pageantry in Modern Japan*, Berkeley, CA, 1996。

57. 引文出自 p. 536 of Keene, *Emperor*。Skya, *Japan's Holy War*, ch. 1, pp. 33–52 杰出地介绍了明治时期的立宪政体。

58. 关于这些问题，最新的研究著作是 Noriko Kawamura, *Emperor Hirohito and the Pacific War*, Seattle, WA, 2015。尽管了解不多，但我同意她的判断。Alessio Patalono, 'Feigning Grand Strategy: Japan, 1937–1945', ch. 6, pp. 159–88, in John Ferris and Evan Mawdsley (eds), *The Second World War*: vol. 1, *Fighting the War*, Cambridge, 2015 对日本大战略的不连贯性进行了很好的解释。关于对日本发动 1931—1945 年战争的支持，参考 Eri Hotta, *Pan-Asianism and Japan's War 1931–1945*, New York, 2007。关于西园寺，参考 Lesley Connors, *The Emperor's Adviser: Saionji Kinmochi and Pre-War Japanese Politics*, Beckenham, 1987, pp. 168–79。

第17章 后 记

1. 为这些观点做注释极为困难，我只好推荐亲友的作品。我弟弟 Anatol Lieven 的 *Pakistan: A Hard Case*, London, 2012, 以及 *Climate Change and the Nation State*, London, 2020。关于生物战争，主要参考 Martin Rees, *On the Future: Prospects for Humanity*, Princeton, NJ, 2018, ch. 2, pp. 61–82。他是我在剑桥大学三一学院的同事。

2. Barack Obama, *A Promised Land*, London, 2020, pp. 602–3.

3. Graham Allison, *Destined for War: Can America and China Escape Thucydides's Trap?*, Boston, 2017, 有关这一问题，这是大众最熟悉的著作。Christopher Coker, *The Improbable War: China, the United States and the Logic of Great Power Conflict*, London, 2015, 我认

为，这本书的评论十分公允。关于特朗普，主要参考 John Bolton, *The Room Where It Happened*, New York, 2020，以及 Jessica Matthews in *The New York Review of Books*, LXVII:13, August 2020, pp. 19–21。

出版后记

本书作者多米尼克·利芬是伦敦政治经济学院荣休教授、剑桥大学三一学院高级研究员，也是英国当代研究俄罗斯帝国史的著名历史学家，他的许多著作已被译成中文，在国内出版，因而，想必读者对他一定不会感到陌生。

多米尼克·利芬教授由于家族背景，从小就对俄国的历史非常感兴趣，尤其是关于俄罗斯帝国的那一段历史，与此相关的著作还获得了沃尔夫森历史奖和普希金之家俄罗斯图书奖等殊荣。推而广之，他后来在全球历史的大背景下开始从事对于帝国的研究，即研究古今帝国的观念、诸多帝国的构造，并尝试将20世纪的政治、社会革命与它们关联起来，以此作为现代史上一个非常重要的主题。这也是本书产生的一个背景，作者融合毕生所思所学，撰写了这样一部关于皇帝的全球史，尽管作者主要将研究范围限定在欧亚大陆和北非。

帝国是历史上和政治上最具争议的词语之一，而皇帝在世界历史中的角色是一个宏大而迷人的主题，本书就是研究历史上许多强大且重要的帝国中世袭的最高权威的拥有者。由于作者的学术背景，地缘政治、外交和战争这三大因素对于帝国统治者来说至关重要。但与此同时，作者也未忽视皇帝本身具有的独特个性，考虑到了他们仍是有血有肉的人，因而像自然科学领域的研究员一样，也会考察他们在相似的实验条件下所做出的反应，换句话来说，就是当面临相似的国内政治困境和国际危机时，他们会做出何种决策。在叙述这些内容时，作者进行了一些比较研究，思考的角度和阐述的观点十分新奇，富有启发性和可贵的幽默感，读者看到这些奇思妙想时，肯定也会时而沉思，时而会心一笑。

作者在论述皇帝具有的四个必备要素时，特意强调了一点，即领导力，并将这一要素与当今许多总统和首席执行官的处境联系起来，他们之间具有颇多共性，当然也有一些区别，这个论述角度读起来颇为有趣。

说到帝制，必然绕不开中国，自秦始皇统一六国后，中国就开始了长久而独特的帝制历史，因而中国的皇帝是本书的重要角色，体现了中国帝制传统的本质，在本书所占的篇幅也不少。作者认为，中国的帝制历史为帝国与民族之间的复杂关系，提供了自己的处理方法。

第一次世界大战摧毁了德意志、俄罗斯、奥地利和奥斯曼等帝国，作者认为，这几乎是漫长的帝制历史上的最后一幕。帝制逐渐消亡，即便如此，皇帝和帝制的故事也绝非无关紧要，恰恰相反，一些皇帝和帝国对世界历史产生了重大的影响，至今仍不时引发回响。因而，从近东产生世界历史上的第一批帝国开始，这段漫长的历史仍具有重要意义和价值，希望读者阅读完之后能有丰富的收获。

本书是英文原书的编辑版，由于有些因素的限制，部分内容已被删减或稍作调整。也由于时间和编辑水平有限，本书可能存在一些错误，还请各位读者批评指正。

编者

2024 年 1 月

图书在版编目（CIP）数据

君临天下 / (英) 多米尼克·利芬著；王岚译 .
北京 : 九州出版社 , 2025.7. --ISBN 978-7-5225
-3827-3（2025.7 重印）

Ⅰ . K500.7

中国国家版本馆 CIP 数据核字第 2025Y0H981 号

In the Shadow of the Gods: The Emperor in World History by Dominic Lieven
Copyright © Dominic Lieven 2022
This edition arranged with Rogers, Coleridge & White Ltd (RCW)
Through Big Apple Agency, Inc., Labuan, Malaysia.
All rights reserved.

著作权合同登记号：图字：01-2024-3968
审图号：GS（2025）2040

君临天下

作 者	［英］多米尼克·利芬 著 王 岚 译
责任编辑	陈丹青
出版发行	九州出版社
地 址	北京市西城区阜外大街甲 35 号（100037）
发行电话	（010）68992190/3/5/6
网 址	www.jiuzhoupress.com
印 刷	河北中科印刷科技发展有限公司
开 本	655 毫米 × 1000 毫米 16 开
印 张	27.5
字 数	409 千字
版 次	2025 年 7 月第 1 版
印 次	2025 年 7 月第 2 次印刷
书 号	ISBN 978-7-5225-3827-3
定 价	110.00 元

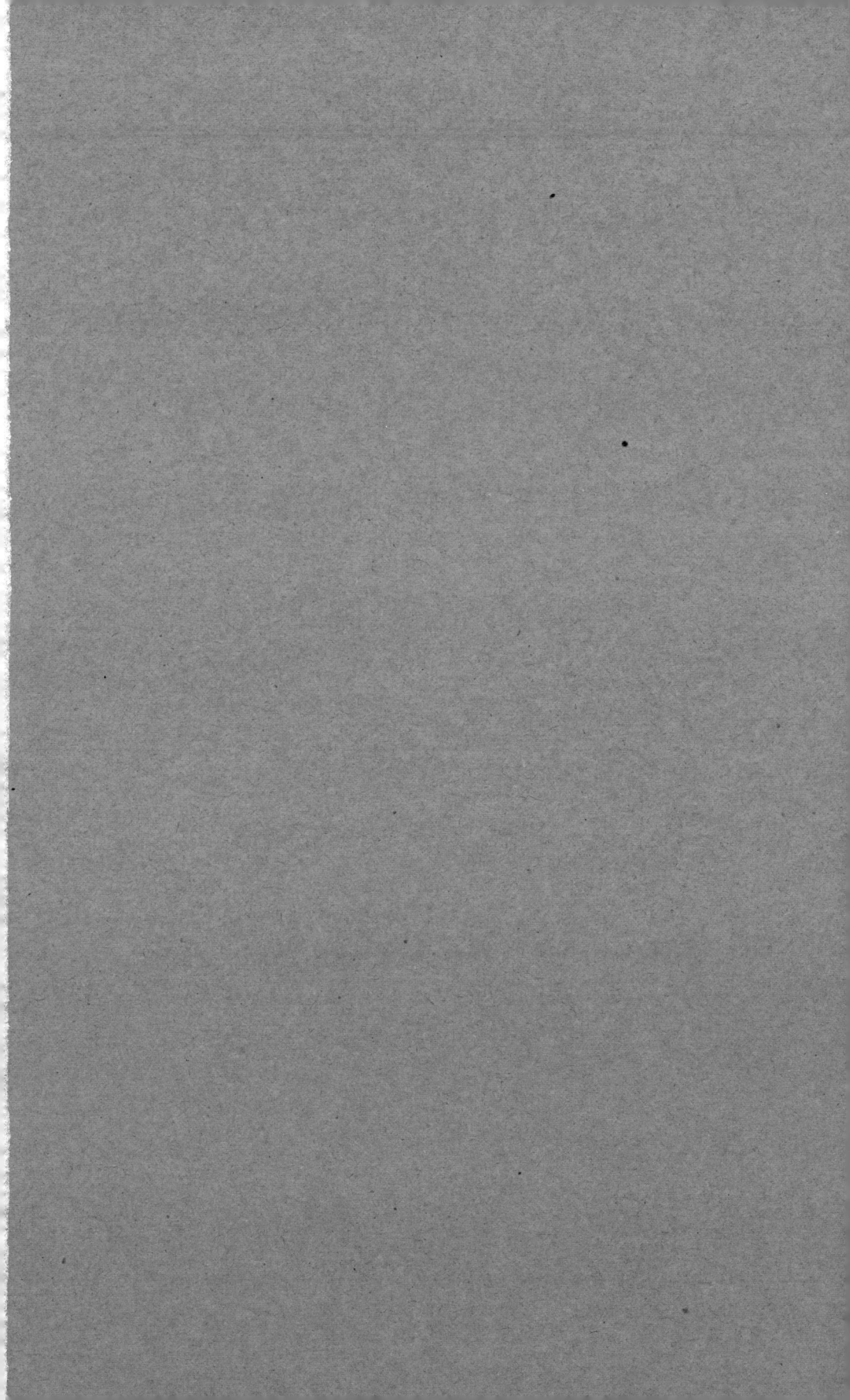